SV

I0571229

Hermann Hesse
Sämtliche Werke

Herausgegeben
von Volker Michels

Band 1

Hermann Hesse
Jugendschriften

Suhrkamp Verlag

Erste Auflage 2001
© Suhrkamp Verlag Frankfurt am Main 2001
Alle Rechte vorbehalten, insbesondere das der
Übersetzung, des öffentlichen Vortrags sowie der
Übertragung durch Rundfunk und Fernsehen,
auch einzelner Teile.
Kein Teil des Werkes darf in irgendeiner Form
(durch Fotografie, Mikrofilm oder andere Verfahren)
ohne schriftliche Genehmigung des Verlages
reproduziert oder unter Verwendung elektronischer
Systeme verarbeitet, vervielfältigt oder verbreitet werden.
Copyrightangaben zu den einzelnen
Texten am Schluß des Bandes.
Satz: pagina GmbH, Tübingen
Druck: Friedrich Pustet, Regensburg
Printed in Germany

Jugendschriften

Jugendschriften

Die beiden Brüder*

Es war einmal ein Vater, der hatte zwei Söhne. Der eine war
schön und stark, der andere klein und verkrüppelt, darum verachtete der Große den Kleinen. Das gefiel dem Jüngeren nun gar
nicht, und er beschloß, in die weite, weite Welt zu wandern. Als
er eine Strecke weit gegangen war, begegnete ihm ein Fuhrmann,
und als er den fragte, wohin er fahre, sagte der Fuhrmann, er
müsse den Zwergen ihre Schätze in einen Glasberg fahren. Der
Kleine fragte ihn, was der Lohn sei. Er bekam die Antwort, er
bekomme als Lohn einige Diamanten. Da wollte der Kleine auch
gern zu den Zwergen gehen. Darum fragte er den Fuhrmann, ob
er glaube, daß die Zwerge ihn aufnehmen wollten. Der Fuhrmann sagte, das wisse er nicht, aber er nahm den Kleinen mit
sich. Endlich kamen sie an den Glasberg, und der Aufseher der
Zwerge belohnte den Fuhrmann reichlich für seine Mühe und
entließ ihn. Da bemerkte er den Kleinen und fragte ihn, was er
wolle. Der Kleine sagte ihm alles. Der Zwerg sagte, er solle ihm
nur nachgehen. Die Zwerge nahmen ihn gern auf, und er führte
ein herrliches Leben.
Nun wollen wir auch nach dem anderen Bruder sehen. Diesem
ging es lang daheim sehr gut. Aber als er älter wurde, kam er zum
Militär und mußte in den Krieg. Er wurde am rechten Arm
verwundet und mußte betteln. – So kam der Arme auch einmal
an den Glasberg und sah einen Krüppel dastehen, ahnte aber
nicht, daß es sein Bruder sei. Der aber erkannte ihn gleich und
fragte ihn, was er wolle. »O mein Herr, ich bin an jeder
Brotrinde froh, so hungrig bin ich.« »Komm mit mir«, sagte der
Kleine und ging in eine Höhle, deren Wände von lauter Diamanten glitzerten. »Du kannst dir davon ein Handvoll nehmen,
wenn du die Steine ohne Hilfe herunterbringst«, sage der Krüppel. Der Bettler versuchte nun mit seiner einen gesunden Hand
etwas von dem Diamantfelsen loszumachen, aber es ging natürlich nicht. Da sagte der Kleine: »Du hast vielleicht einen Bruder,
ich erlaube, daß er dir hilft.« Da fing der Bettler an zu weinen

* Dies ist die früheste bisher bekannte Prosaarbeit Hermann Hesses, die
er im Alter von 10 Jahren zum 7. Geburtstag seiner Schwester Marulla
(am 27. 11. 1887) schrieb.

und sagte: »Wohl hatte ich einst einen Bruder, klein und verwachsen, wie Sie, aber so gutmütig und freundlich, er hätte mir gewiß gern geholfen, aber ich habe ihn lieblos von mir gestoßen, und ich weiß schon lang nichts mehr von ihm.« Da sagte der Kleine: »Ich bin ja dein Kleiner, du sollst keine Not leiden, bleib bei mir.« *(1887)*

Kleine Lieder

(für Fräulein Eugenie Kolb)
1892

Widmung

An Kunst und Glanz sind diese Lieder arm,
Schmucklos sind sie im Blumental erklungen,
Doch war das Herz, das sie geboren, warm,
Und stets von Herzen habe ich gesungen.

Nicht Weisheit lehrte mich den frohen Sang,
In eigner Brust ist jedes Lied geboren,
Und wenn's im Frühlingstale laut erklang,
War's mit dem Wind im Abendrot verloren.

Wenn du's verstehst, was ich in Lust und Scherz,
Was ich im Weh als Heiligstes empfunden,
Wenn du im Lied erkennst mein junges Herz,
So hab' ich den ersehnten Lohn gefunden.

Hermann.
Stetten 1. 12. 1892

April

Wir fluchen so oft dem Monat April:
Er zeigt uns des eigenen Lebens Spiel,
Er zeigt uns den Wechsel von Leid und Scherz,
Er zeigt uns so treu das eigene Herz.

*

Oft, wenn das Herz dem Bluten nah,
Wenn es im stillen ringt und weint,
Dann ist der Frühling plötzlich da:
Die Lerche singt, die Sonne scheint.

Dann blüht und fliehet Lieb' und Lust
Und zieht am Herzen fremd vorbei,
Es klagt das Herz mir in der Brust
Und drüber blüht und flieht der Mai.

Und wenn das Herz sich ausgeweint,
Dann ist der Rosenhag verblüht,
Und bis die Sonne wieder scheint,
Ist lang vergessen Sänger und Lied.

*

Ich sah im Traume heut ein Kind,
Mit Locken weich und fein;
Drin spielte sanft der Maienwind
Und sang manch Liedchen drein.

Die hellen Äuglein schauten treu
Aus trautem Vaterhaus,
Die Welt war fern und groß und neu
Und sah gar rosig aus.

Ein Mädchen hat mit ihm gespielt,
So unschuldvoll und süß,
Ein liebes, reines Engelsbild,
Ein kleines Paradies!

Verflogen ist der leise Wind
Mit Mai und Spiel und Stern: –
Ich selber war das blonde Kind
Und wär's noch, ach, so gern!

*

Ich träumte heut, es wäre Mai,
Mir war so wohl, so leicht ums Herz,
Ich dacht' an Lenz und Lieder.
Und als ich wieder war erwacht,
Da sah ich, daß es nur ein Traum,
Und daß der Traum verflogen.

Trennung

Es ist ein Vöglein geflogen
Von mir zur rosigen Maid,
Ist in die Ferne gezogen,
Von hier so unendlich weit!

Ich hab ein Liedlein gesungen,
Mein ganzes Herz drin geleert,
Doch ist es leise verklungen,
Und sie hat es nicht gehört.

Ich sandte liebebeklommen
Ihr einen glühenden Kuß; –
Die Winde sind wiedergekommen,
Doch brachten sie keinen Gruß.

*

Was soll ich noch singen und sagen,
Wie schön der vergangene Mai,
Ich kann ja nur singen und klagen,
Daß er verblühet, vorbei.

Es rauschet so kalt in den Hainen,
Ein trauriges Totenlied,
Ich möchte jetzt nichts als weinen,
Daß Frühling und Sommer schied.

Trost

O klage in den Nächten nicht,
Sie schwinden bald mit ihrem Leid,
Der neue Tag bringt neues Licht
Und alle Klage fliehet weit.

O laß das trübe Winterlied
Und schaue nicht so düster drein,
Jetzt bist du traurig wohl und müd,
Bald wirst im Lenz du fröhlich sein.

Was klagst du, daß die Nachtigall
Im kühlen Herbste klagend schied?
Birgt doch dein Herz den Widerhall
Zu ihrem maienfrohen Lied.

*

Besser wär es wohl im Leben,
Wenn an jedem Hang die Reben
Blühten und kein Winter wär,
Wenn die Vögel ewig sängen
Und die Lieder immer klängen,
Liebesfroh und hoffnungsschwer.

Schöner wär es, wenn die Liebe
Ewig jung und glühend bliebe
Ohne Frost und ohne Schnee,
Schöner, wenn es ewig tagte,
Wenn kein Leid mehr einsam klagte,
Wenn kein Elend wär und Weh.

Schön wär's, wenn der warme Süden
Uns von seinen bunten Blüten
Schenkte und von seiner Glut;
Doch es welken schon die Reben,
Denn es gibt in diesem Leben
Kein beständig, ewig Gut.

Die Liebe

Kennt ihr die Macht des Kindes mit dem Bogen,
Wie Rosenduft kommt es im Mai gezogen
Und trifft so süß, und trifft so scharf das Herz.
Da kann der Mensch sich einmal glücklich wähnen
In tausend Freuden und in tausend Tränen,
Und er vergißt des Erdenlebens Schmerz.

Der freie Mensch haßt alle ird'schen Bande,
Doch wie ein Traum aus fernem Märchenlande
Umschlingt der Liebe Rosenkette ihn.
Von Götterhänden unsichtbar gewoben,
Zieht sie den freien Menschengeist nach oben
Und führt den Schatten nach Elysium hin.

*

Ich habe zwei Steine von Meisterhand,
Der eine ist rot wie Blut,
Der andre ist weiß wie gebleichter Strand
Und beide sind teuer und gut.

Der eine verschafft mir die Güter der Welt,
Die Schätze von Land und Meer,
Der zweite schafft mir statt Gut und Geld
Die stärkste, goldene Wehr.

So bin ich der Reichste im ganzen Land,
Der beste Ritter dazu,

Hell glänzt der Rubin und der Diamant
Und doch hab ich keine Ruh.

Ich weiß eine Stirn, wie Marmor so weiß,
Ein Mädchen, so rot wie Rubin
Und denk ich daran, wird das Herz mir heiß,
Weil ich nicht reich genug bin.

Läg' dieses Köpfchen in meinem Arm
Und küßten die Lippen mich süß,
Ich gäbe die Steine und wäre arm,
Und wäre im Paradies.

*

Du glaubst es nicht und doch ist's wahr,
Ein Blick aus deinen Augen klar,
Ein Kuß von deinem lieben Mund,
Er machte jung mich und gesund.
Gib mir den Kuß, den Liebesblick,
Und wieder blüht mir auf das Glück,
Dann zieht der Lenz im Herzen ein
Mit seinem goldnen Sonnenschein
Und küßt hinweg den Winterschnee
Und küßt hinweg mein Leid und Weh.

*

Du küssest mich leis und dein strahlender Blick
Erzählt mir von großem, kommendem Glück,
Es rauscht so verlockend der heitere Quell,
Am Himmel erglänzt uns die Sonne so hell,
Es singen die Vöglein aus voller Brust
Und vor mir und hinter mir – Glück und Lust;
Die Welt so bunt und so groß und weit,
So goldig der Zukunft dämmernde Zeit.
Ich schau dir ins Auge und lächle stumm –
Mir ist so weh und ich weiß nicht warum.

Die alten Gesellen

Da lese ich alle die Lieder,
Die ich im Sonnenschein sang,
Doch kenne ich kaum sie wieder,
Mir ist so fremd ihr Klang.

Wo sind denn die frohen Gesellen,
Mit denen die Lieder ich sang?
Verschwunden wie tanzende Wellen
Des Baches am Felsenhang.

Wohl rauschen noch drüben die Wellen
Und schäumen am glänzenden Wehr,
Doch sind's nicht die alten Gesellen
Und kennen den Bruder nicht mehr.

*

Du weinst, weil deine grüne Au
Im Winterschnee erfror,
Weil unsres Himmels tiefes Blau
In Wolken sich verlor?

Du weinst, weil alle Vögelein
Entflohn mit ihrem Lied,
Weil der geliebte Sonnenschein
Mit Licht und Wärme schied?

O sing ein Lied vom schönen Mai,
Vom Grün in Busch und Baum,
Und ungesehn kommt Lenz herbei
Und weckt dich aus dem Traum.

Der Zecher nach einer frohen Nacht

Der Morgen dämmert rosig in der Ferne,
Als spräche er von fernem, großem Glück,
Mit bleichem Schimmer glänzen noch die Sterne,
Das Licht verlöscht und trüber wird der Blick.

Die Freunde sind allmählich weggegangen,
Ich bin allein und starre in die Nacht,
Es röten sich und glühen heiß die Wangen,
Still ist's, wo Freude eben noch gelacht.

Der Wein verschäumt im silbernen Pokale,
Ein Morgenschauer weht mich frierend an,
Zerreißt die grauen Nebel dort im Tale
Und spottet ob dem heimatlosen Mann.

Und durch die Seele zieht ein wildes Sehnen,
Ein bunter Traum von froher, alter Lust,
Und aus den Augen rinnen heiße Tränen
Und einsam stöhnt die wildbewegte Brust.

Verklungen ist das Klirren voller Becher,
Der Blick ist trüb und, ach, das Herz so leer,
Verschwunden sind die jugendlichen Zecher,
Der Instrumente Wirbel rauscht nicht mehr.

Wir haben manches frohe Lied gesungen,
Wir haben über manchen Scherz gelacht,
Die Lieder und die Scherze sind verklungen,
Und rings um mich ist rabenschwarze Nacht.

Was hilft der Zauber? Die verlornen Tage
Gehören ewig der Vergangenheit,
Das Käuzchen ruft; es stimmt in deine Klage
Um deiner Jugend, deiner Liebe Zeit.

Herbstabend

Es rauschet durch die Büsche,
Die Sonne sinkt ins Meer,
Ich möchte zur Harfe singen,
Ach ist mein Herze leer.

Es klagen leis die Saiten
Und stimmen im Abendwind
Ein liebes leises Liedlein
Von einem schönen Kind,

Von blauen, glücklichen Augen,
Von Freude und Seligkeit,
Von rosigen, duftigen Lippen,
Von sonniger, wonniger Zeit.

Am Himmel schimmert traurig
Ein einz'ger matter Stern:
Vergiß die seligen Tage,
Sie sind ja so fern, so fern!

Ins Album

O lache, so lange dir blüht das Glück,
Genieße mit hoffnungsfreudigem Blick
Die schönen, goldenen Tage!
O trinke die Liebe Kuß auf Kuß,
Es schwindet, es flieht der süße Genuß,
Der Liebe folgt die Klage.

Und wenn du im Schmerze lange geweint,
So denke an deinen liebenden Freund
Und denke seiner mit Treue.
Ist Glück und Liebe dir auch vergällt,
So fluche nicht gleich der ganzen Welt,
O fliehe, o fliehe – die Reue!

Das alte Lied

O singe mir das liebe Lied
Von Glück und Mai und Liebeskosen:
Es ist vorbei, die Schwalbe zieht,
Der Frühling in den Bergen flieht,
Es welken schon im Tal die Rosen.

Ich hab das alte Lied so gern,
Das ich zuhaus als Kind gesungen;
Ist auch versunken Blüt' und Stern,
Klingt's auch zu mir aus weiter Fern',
Ist's mit dem Mai doch nicht verklungen.

*

Leise, leise wieget der Kahn,
Leget verschwiegen am Ufer an,
Golden beleuchtet des Mondes Pracht
Wohl die seligste Maiennacht.

Leise, leise flutet das Meer,
Gleitet die Gondel darüber her,
Leise im flimmernden Mondenschein
Läßt seine Liebste der Knabe ein.

Leise plätschert die Welle im Meer,
Flutet wohl über die Gondel her,
Flüsternd noch küsset der heiße Mund,
Gleitet hinab in den blauen Grund.

Leise klingt es im Dämmerlicht,
Wo die Welle am Marmor sich bricht,
Klinget so weich und so traurig müd,
Klinget der Liebe das Abschiedslied.

Einsam stand ich an dem Ufer und versank in stilles Lauschen,
Hörte von dem schweren Mühlrad Well' um Welle weiter
rauschen,
Düster rauschten dort die Wasser, wie von alten Taten
singend,
Grausig wie der Chor der Priester durch die nächt'ge Stille
klingend.

Immer möcht ich noch dem Treiben der kristallnen Wogen
lauschen,
Und ein Lied dazu mir singen wie das dumpfe Wellenrauschen,
Aber immer bin ich träumend lang und sinnend dagesessen,
Dann erwach' ich – und das Rauschen und das Lied hab ich
vergessen.

❋

Ein einz'ger, kurzer Augenblick
Keimt, reift und tötet oft das Glück,
Das Glück so groß und das Herz so weit
Und so kurz, so spärlich die fliehende Zeit.

Es drängt der seligste Genuß
Sich eng: Ein Blick, ein Wort, ein Kuß,
Man schließet das Aug' vor der Liebe Schein
Und wenn man erwachet, so ist man allein.

Und doch, der süße Augenblick
Ersetzt mir jedes künft'ge Glück,
Ein Traum, ein Rausch der jungen Brust,
Geträumt, verträumt des Lebens Lust.

❋

Mein Grablied sei ein froher Klang,
Ein lustig Lied der Vögelein,
Ein frühlingsheiterer Gesang
Im hellen Morgensonnenschein.

Kein Kreuz bezeichne meine Ruh,
Kein Stein mit toter Worte Glanz;
Mit einer Träne deckt mich zu
Und weiht mir einen Blumenkranz.

Mein Name stirbt mit seinem Herrn,
Nur meine Lieder klingen nach,
Sie mögen klingen nah und fern,
In Wald und Tal, in Wies' und Bach.

Wenn eine einz'ge junge Brust
Das Lied versteht und singt und ehrt
In Liebesschmerz und Frühlingslust,
So ist mein letzter Wunsch gewährt.

*

Was will am schwarzen Himmel
Der Abendstern allein,
Einsam in Dunkel und Nebel
Mit flimmerndem Silberschein?

Was will das arme Blümlein
So wunderhübsch und blau?
Längst starben die Blätter und Blüten,
Es steht ja erfroren die Au.

Was willst du, einsames Herze,
So voll von Liebespein?
Das Lieben ist ja vergebens,
Du bist ja im Leben allein.

Herbst

Noch immer schaut der Lindenbaum
In's weite Land hinaus,
Doch all der schöne Liebestraum
Und alle Lust ist aus.

Vorbei ist all die Seligkeit,
Nun sing' ich von den Höh'n:
O Liebeslust, o Frühlingszeit,
Wie waret ihr so schön!

* * *

Liebeslust und Liebesleid*

(Seiner lieben Schwester Adele, 1892)

An Adele

Habe oft gesprochen
Zu der Sternennacht;
Daß sie mich nicht hörte,
Hab' ich nie gedacht.

Habe oft mit Liedern
Herzen bannen wollen;
Daß sie mich verlachten,
Hätt' ich wissen sollen.

Nimm sie mir nicht übel,
Diese kleinen Lieder,
Willst du es nicht haben,
Sing' ich nimmer wieder.

Kannstatt, Ende 1892
Hermann.

---

* Die nicht chronologische Anordnung der Gedichte entspricht ihrer
Abfolge im Manuskript.

Ja, wär' ich ein Ritter und groß und reich,
Ein Schloß mit Gärten böt' ich dir gleich,
Da wohntest und sängest und schliefest du drin
Als meine glückliche Königin.

Doch bin ich nicht reich und habe kein Schloß
Und keinen Hof mit prächtigem Troß;
Vom Wald nur das schönste Röschen klein
Darf mein Geschenk und mein Bote sein.

Basel, 1892

O eile, Wind, ins Heimattal
Beim letzten, müden Sonnenstrahl,
Und schau, wo meine Schöne blieb,
Und grüße, grüße mir mein Lieb.

Bad Boll, 1892

Immer, wenn am Morgen ich erwache,
Seh ich, daß die Träume mir gelogen,
Sehe, daß ich immer noch allein bin,
Daß die bunten, liebenden Gedanken
Wiederum das arme Herz betrogen.

Und am Fenster drüben seh ich stehen,
Die mein Herz mit einem Blick gefangen,
Und ich möchte jedesmal sie fragen
Und ich habe jedesmal gezaudert,
Bis sie drüben wieder weggegangen.

Göppingen, 1891

Will immer dichten und singen
Und finde doch nimmer den Klang,
So voll von unsäglichem Glücke
Und doch so unendlich bang.

Ich möchte ein Blümlein finden,
Das meinem Herzen wär' gleich,
Das Veilchen ist gar zu stille,
Die Rose ist gar zu reich.

Ich möcht' dir ein Wörtlein sagen,
Ein kleines, ein liebes Wort;
Doch bis ich mich drauf besinne,
Da bist du schon wieder fort.

Bad Boll, 28. Mai 1892

Du fragst, warum ich weine,
Warum ich traurig sei,
Und weißt's doch selbst am besten,
Du schöne Lorelei.

Bad Boll, Juni 1892

Hast du vernommen der Lieder
Leis lockenden, wiegenden Klang,
Und klang dir's im Herzen wieder,
Was ich am Abend dir sang?

O wüßtest du von den Grüßen,
Die ich dir gesungen hab',
Und ach, von den tausend Küssen,
Die ich im Traume dir gab!

Bad Boll, Mai 1892

O lang ersehnte, o ewige Lust,
Zu ruhen an deiner schneeweißen Brust,
Zu ruhen, zu kosen Arm in Arm,
So stille und glücklich und liebewarm!

Wenn ich ein seliges Wörtlein erlauscht,
Von deinen Küssen umwoben, berauscht,
So spräch' ich am liebsten kein einziges Wort
Und ruhte und küßte nur immer so fort.

Basel, Oktober 1892

Es tönt wie ein fernes Singen
Ein rieselnder Hauch durch mein Herz,
Ein seliges Wogen und Klingen,
Wie goldener Maienscherz.

O Frühling, wie soll ich dir danken,
Wenn lüstern um Liebchens Haar
Die üppigen Rosen sich ranken,
Wie loderndes Feuer so klar!

O Frühling, laß grünen die Triebe,
Laß blühen das Tal über Nacht,
Du hast ja die seligste Liebe
In's glückliche Herz mir gelacht!

Bad Boll, Mai 1892

Nur der Frühling bringt die erste Liebe,
Gar zu heiß und glühend ist der Sommer,
Und der böse Winter gar zu eisig,
Und der braune Herbsttag gar zu trübe.

Frühling bringt in's Herz die erste Liebe,
Streut auf grüne Fluren seine Blüten,
Läßt die Vögel in den Büschen singen,
Und die Sonne mild und freundlich scheinen.
Frühling, Frühling, deine leichten Klänge,
Deiner klaren Quellen fernes Rauschen,
Deiner Sänger buntbelebte Lieder
Haben mir die allererste Liebe
In die jugendliche Brust gesungen;
Und ich denke, auch der heiße Sommer,
Auch der Herbst mit seinen kühlen Schauern,
Auch des starren Winters rauher Nordwind
Soll die Liebe nimmer mir entreißen.
Liebe, Liebe, schmerzensreiche Wonne,
Laß mich lang in deinen Küssen träumen,
Lange deine Himmelslust genießen!

Bad Boll, Mai 1892

Es steht ein Haus bei den Linden
Wohl unter dem glücklichsten Stern;
Ich weiß nicht, wo es zu finden,
Ich weiß nur, daß es mir fern.

Es waren im Tal meine Lieben,
Das Glück war mir freundlich im Mai,
Ich weiß nicht, wo es geblieben,
Ich weiß nur, daß es vorbei.

Es wohnte im Schatten der Buchen
Ein Mädchen am seligsten Ort,
Ich weiß nicht, wo sie zu suchen,
Ich bin schon so lange fort.

Ich würde mit fröhlichem Herzen
Dem schrecklichsten Tode mich weih'n,
Könnt' ich nur noch einmal sie herzen
Und nennte sie wieder mein.

Ich weiß nicht, wie lang ich gelauschet
Dem Bach mit dem blitzenden Schaum,
Ich weiß nicht, ob er noch rauschet; –
Ich glaube, es war nur ein Traum.

Maulbronn, März 1892

Ich stand vor meiner Lieben Fenster
Und dachte an die alte Zeit,
An unsre Jugend, unsern Frühling,
An unsrer Liebe Seligkeit.

Und leise habe ich gesungen,
Als wartete ich auf mein Lieb,
Und sang und hab mich fast gewundert,
Daß ich so ganz alleine blieb.

Basel, 19. Oktober 1892

Als mich mein Mädchen nicht kannte,
Da hielt ich's zuerst für Spaß,
Doch aus den Schwarzäuglein brannte
Ein böser und echter Haß.

Sie glaubte, ich würde klagen,
Doch habe ich hell gelacht;
Das konnte sie nicht ertragen
Und hat sich davongemacht.

Und erst, als sie lang verschwunden,
Hab' ich nach ihr umgeschaut;
Und als ich sie nimmer gefunden,
Da stand ich und weinte laut.

Maulbronn, September 1892

Träumend saß ich einst am Bächlein,
Sah manch liebes, altes Bild,
Weite Fluren, grünen Frühling,
Sonnenstrahlen klar und mild.

Und ich sah mein liebes Mädchen
An der Hütte sinnend stehn;
Und ich kam daher am Stabe,
Wollte still vorübergehn.

Und es blitzt in ihren Augen
Lebensfroh und liebewarm,
Und sie rief den jungen Wandrer,
Sank ihm selig in den Arm.

Ihre weichen Rosenlippen
Küßten leise meinen Mund,
Da war aller Schmerz vergessen
Und da war ich ganz gesund. –

Leise rauschten noch die Wasser
Durch das stille Tal dahin,
O ihr frohen, klaren Wellen,
Könnt ich weiter mit Euch zieh'n!

Käm vielleicht an jene Hütte
Und mein Mädchen wäre dort,
Und sie küßt' den Wanderburschen
Und ich bliebe ewig dort.

Stetten, 1. Juli 1892

Ich bin in den Wald gegangen
Und habe lange geweint,
Das Herz voll Weh und Verlangen,
Und einsam und ohne Freund.

Die Blätter haben gewimmert,
Der Sturmwind hat laut getost,
Ein einsamer Stern hat geschimmert, –
Und das war mein ganzer Trost.

Maulbronn, November 1891

Steh ich an meiner Liebsten Grab,
So zieht es mir oft durch den Sinn,
Als wäre vorüber der böse Traum,
Als läge ich selber darin.

Kannstatt, 14. November 1892

Ich möchte schlafen wie ein Kind
Im üppigen Sauerklee,
Umküßt und umkost vom Blütenwind,
So möcht' ich verschlafen mein Weh.

Ich möchte schlafen immerfort,
Wenn Frühling still erfror,
Und von Liebe und Glaube und Hoffnung kein Wort
Soll klingen mir in's Ohr.

Maulbronn, Januar 1892

Wenn ich auf Gräbern wandle,
So kann ich es glauben kaum,
Wieviel in so kleinem Plätzchen,
Wieviel in dem Grabe Raum.

Ob wohl ein solches Gräblein
Mein ganzes, trauriges Herz

Und all meine Liebe könnt' fassen
Und all meinen großen Schmerz?

Kannstatt, November 1892

Ich saß in dämmernder Ecke,
Gehüllt in ein altes Tuch,
Das Liebchen mir einst geschenkt hat,
Und las ein vergilbtes Buch.

Ich warf in den glühenden Ofen
Gar viele Kohlen hinein;
Doch hat es mich immer gefroren,
Es konnt' auch nicht anders sein.

Es machten beim Lesen die Tränen
Die Augen mir wund und rot;
Ich lebte noch frierend weiter,
Das Herz war lange schon tot.

Stetten, 2. Oktober 1892

Ich stehe allein auf dem Berge,
Alleine mit all meinem Weh,
Und schaue hinab in die Weiten,
Hinein in den ruhigen See.

Der See ist so blau wie der Himmel;
Da wird mir so eigen zu mut,
Als sollt' ich hinein in die Fluten,
Als wäre dann alles gut.

Maulbronn, 6. März 1892

Ich wollt', ich wäre ein Papier,
Darauf ein Lied geschrieben,
Ein kleines, süßes Lied von dir,
Mein Lieb, und von meinem Lieben.

Du würdest zerknittern das kleine Gedicht,
Und würfest es in die Flammen;
Es strahlte wieder in deinem Gesicht
Und sänke knisternd zusammen.

Stetten, September 1892

Der Abend ist stille und heiter,
Es ziehet der Mond seine Bahn,
Es glänzen am Himmel viel Sterne,
Die schaue ich traurig an.

Am liebsten wär' mir's, die Sterne
Verlören all ihren Schein
Und schwänden mit all dem Geflimmer,
Und ließen mich ganz allein.

Am liebsten wär' mir's, ich könnte
Mich legen in's Grab hinein,
Und träumte von alten Zeiten
Und wäre da ganz allein.

Kannstatt, November 1892

Du weinst, mein Kind? O weine nicht!
O lache ob dem armen Wicht.
Auch ich sang froh in den goldenen Tag,
Zog singend und jubelnd durch's grüne Hag;

Das Grün ist verschwunden, verkommen, verdorrt,
Und die lieben, alten Zeiten sind fort.

Stetten, 1892

Laut über den Wassern, den klaren
Schaukeln die Kinder im Boot,
Und unten drohen Gefahren,
Und unten lauert der Tod.

Es färben sich goldig die Blätter,
So braun und so gelb und so rot;
Doch ist's nur ein Spiel vor dem Wetter,
Ein letztes Glück vor dem Tod.

Ich lache in lustigen Stunden
Und scheine gesund und rot,
Und blute aus tiefen Wunden
Und wäre viel lieber tot.

Stetten, September 1892

Mir träumte, ich wäre gestorben,
da ward mir so frei um's Herz,
Ich fühlte verschwinden die Liebe,
Verschwinden all meinen Schmerz.

Doch als eine Träne vom Liebchen
Aufs Grab mir gefallen ist,
Da wär' ich gern auferstanden
Und hätte sie wieder geküßt.

Bad Boll, Juni 1892

Es schleicht eine leise Träne
Mir über die Wange herab,
Sie fällt auf verwesende Blätter,
Fällt still auf des Frühlings Grab.

O wär' ich doch eine Träne
Und fiele vom Himmel herab
Und dürfte leise verschwimmen
In Frühlings traurigem Grab.

Basel, Oktober 1892

Ich dichte, weil ich eben muß,
Und eben nicht anders kann,
O scheltet ob seinen Liedern nicht
Den einsamen, traurigen Mann!

Hermann
Kannstatt, Dezember 1892.

* * *

Erfrorener Frühling

I

(Seinem lieben Bruder Karl Isenberg 1892/3)

»– aber Schnee, Schnee im Frühling,
tut den Blumen weh.«

Zlatarić

Prolog

Auf dem Lande lag ein junger Frühling
Und die Blumen blühten auf den Feldern
Und die Sträucher all am stillen Waldweg;
Sonnenschein und Duft und Vogelsingen
War auch mir in's junge Herz gezogen
Und der Liebe rosenklarer Maitraum
Zog sich leis' und bunt um meine Seele,
Wie ein seidner, goldner Feenschleier.
Aber wie es manchesmal zu gehn pflegt,
War der Traum ein Wahn; und Wahn ist Lüge.
Wie die Rose in der Sonne welkt,
Also ging's im Herzen meiner Liebe.
Denn die Liebe ist ein zartes Pflänzchen,
Wenigstens des Jünglings junge Liebe,
Und der Haß ist manchmal länger haltbar.
Mancher Tag ist nun in's Land gegangen,
Manche Blume blühte auf und welkte,
Seit die Liebe mir das Herz gestohlen.
Jetzt besitze ich nur noch die Hälfte
Von dem Herzen – und Ihr müßt für diesmal
Mit dem halben eben Euch begnügen,
Das noch immer nicht so ganz geheilt ist.
Darum laßt es nimmer Euch verdrießen,
Wenn es oft an Herzlichkeit mir fehlt,
Nehmt die Blätter, wie ich sie geschrieben,
Wie sie mir gefallen sind vom Baum.

1.

In Bergen und Tälern ist's einsam worden
Und alle Bäume sind jetzt erfroren,
Und alle Blumen sind jetzt verdorben
Und alle Frühlingsklänge verloren.

Im Herzen ist Haß und Liebe erfroren,
Die schönen Blüten sind alle verdorben,
Die Liederklänge sind alle verklungen,
Die Liebesträume alle gestorben.

Ich aber sitze voll Langeweile
Mit krankem Schädel in meiner Kammer,
Und denke an all den gestorbenen Frühling
Und schreib in dies Büchlein all meinen Jammer.

2.

Schöne Sonne, kehre wieder,
Ziehe, froher Frühling ein;
Ach, sonst werden meine Lieder
Blaß und kalt wie Mondenschein.

Meine armen, kleinen Lieder
Frieren all im Mondenschein,
Schöne Sonne, kehre wieder,
Ziehe, froher Frühling, ein!

3.

O wie mich die Leute ärgern
Mit Liebe und Mitleid und Hohn!
Ach, wenn's nur etwas hülfe,
Ich liefe noch heute davon.

4.

O Lenz, warum bist du gestorben,
O kehre wieder zurück,
Und bringe die Liebe wieder
Und all ihr seliges Glück!

Und bringe wieder die Mondnacht,
Die sich gespiegelt im Bach,
Und auch das lustige Mädchen,
Das mir die Treue brach.

5.

Die Blätter fallen langsam
Herab vom welken Baum
Und decken mit kalter Hülle
Der Liebe glücklichen Traum.

Fallt, ihr rötlichen Blätter,
Schneller vom Aste herab,
Schauriger Totengräber,
Schaufle rascher mein Grab.

Sollst alle Liebe begraben,
Die mir im Frühling gelacht;
Grabe, grabe noch tiefer,
Daß sie nicht wieder erwacht.

6.

Hatte viele schöne Worte
Mir im stillen ausgedacht,
Von dem weiten bunten Maitraum,
Von der Liebe Zaubermacht. –

Als du mich mit deinen Augen
Angeschaut so wonniglich,
Hatt' ich alles gleich vergessen,
Sagte nur: »Ich liebe dich«.

Als du meiner Liebe lachtest
Und ich von dir Abschied nahm,
Hatt' ich nie das Wort im Sinne,
Dir zu sagen meinen Gram;

Aber als du vor mir standest
Gar so schön und seelenvoll,
Hab ich alles gleich vergessen,
Sagte nichts als »Lebe wohl!«

7.

Man hat mir viele Mittel empfohlen
Gegen der Liebe höllische Lust,
Gegen die falsche, die uns gestohlen
Unschuld und Glaub' und das Herz aus der Brust.

Wein und Musik und allerlei Reisen
Haben sie mir als Bestes gesagt,
Aber die täuschten sich alle, die Weisen,
Immer noch hat meine Liebe geklagt.

Pulver und Blei jetzt hat mir geraten
Einer, der sich auf die Sache versteht;
Will's mal versuchen, was kann es schaden, –
Ob meine Liebe dann wohl vergeht?

8.

Ich küsse dich heiß und umarme dich
Still unter dem Blütenbaum;
Du lächelst mir selig, du hast mich lieb, –
Doch leider ist alles ein Traum.

Der Sommer versprach der Erde Treu
Und rauschte verliebt in den Bäumen,
Und treulos zog der Falsche vorbei
Mit Küssen und Liebesträumen.

Die Erde hüllte sich weinend ein,
Es welken die lustigen Bäume. –
Sie ließen auch mich Armen allein,
Die bösen, tückischen Träume.

Die Vögel hatten mein Lied gehört,
Die Nachtigall sang's in einsamer Nacht;
Es hat dich vom Schlummer aufgestört
Und träumend hast du dann mein gedacht.

So kennst du noch immer den alten Klang,
Wenn alle Vöglein singen im Baum,
Den alten, wehmütig heiteren Sang,
Und den alten, schlimmen, wehmütigen Traum?

Vergiß ihn und schlumm're du wieder ein,
Und träume nimmer von alter Zeit
Und denke nimmer, klein Liebchen, mein,
Sonst schleicht dir ins Herz noch mein eigen Leid.

Es klingen viele Lieder
Aus meinem kranken Herzen
Und künden auf und nieder
Von allen meinen Schmerzen.

Es ist ein reiches Singen
Und ziehet hin und wieder:
In Wald und Wiese klingen
Die kleinen, leisen Lieder.

Und nur die schöne Kleine
Weiß nichts von meinen Schmerzen,
Sie sitzt im Mondenscheine
Und weint so recht von Herzen.

12.

Hol' der Teufel die Lieder,
Samt dem Vogel im Baum,
Samt den neckenden Düften,
Samt dem Liebestraum!

Frierend sitze ich einsam,
Krank und düster und müd, –
Ach, und während ich fluche,
Schreib ich schon wieder ein Lied.

13.

Das Feuer knistert so hell und so laut
Und grüßt mich so lüstern und so vertraut,
Und wie ich so recht in die Flammen geseh'n,
Da kam mir's, weiß selber nicht, wie es gescheh'n,
So lockend und düster und dumpf in den Sinn,
Als wär ich so eine Kohle da drin
Und glühte stille und flammte rot
Und glühte – und zuckte – und wäre tot.

Du fragst mich, liebe Kleine,
Warum ich immer weine,
Und immer traurig sei.
Die andern alle schauen
Mich an mit stillem Grauen
Und geh'n an mir vorbei!

Und soll ich's sagen, Kleine,
Warum ich immer weine,
Warum ich traurig sei?
Du würdest auf mich schauen
Mit stillem, bösen Grauen
Und gingst an mir vorbei.

Mir hat einmal gar schön geträumt:
»Ein weites Blumenland,
Vom stillem Lärchenwald umsäumt,
Drin manche Rose stand.

Und eine weiße, schlanke Fee,
Die wohnte im Gebüsch,
Es heilte all mein kleines Weh
Ihr Lied so quellenfrisch.

Sie sah mich gar so selig an
Und küßte mich so süß,
Ich träumt' in meinem Liebeswahn
Mich gar in's Paradies.«

Der Traum ist lang verweht, verschäumt,
Wie all mein junges Glück,
An jenen Lenz, den ich verträumt,
Denk' kaum ich noch zurück.

Nur manchmal kommt mit Klang und Schaum
Wie ein unendlich Meer,
Zu mir gerauscht der Waldestraum
Und macht das Herz mir schwer.

16.

Wir haben vom lieben Gott ein Freilos,
Ein ärmlich Freilos zum Leben bekommen,
Drum ist auch das Glück uns gar so treulos,
Und schwindet, eh' man's beim Schwanz genommen.

Die Sonne winkte oft gar so goldig
Und schien so schmeichelnd in's Herz hinein,
Und wenn ich sie sah, gar manchmal wollt' ich
Auf's Wandern gehen und glücklich sein.

Doch wenn ich noch kaum den Weg begonnen,
Zu suchen nach meinem fernen Glück,
Dann kam ein trüber Regen geronnen
Und jagte mich schmählich nach Hause zurück.

17.

Und auch im Herzen zog der Winter,
Der Winter ohne Frühling ein,
Und ärgert mich mit seinen Träumen
Und läßt mich nicht einmal allein.

O könnt ich all den schönen Frühling
Und alles liebesfrohe Wort
Und alles Sonnenglück vergessen,
Und zieh'n an einen andern Ort,

Wo mich kein Vögelein erinnert
Mit Liedersang an Mai und Blüt',
Und wo ich immer könnte einsam
Und krank und traurig sein und müd.

Ich würde nichts als immer graben
An einem großen, weiten Grab,
Und wenn es tief genug und wohnlich,
Dann stieg ich still und kalt hinab.

18.

Es glänzte ein Stern am Himmel
Über das blaue Meer,
Er ist heruntergefallen,
Er glänzt jetzt nimmer mehr.

Es klangen von gold'ner Leier
Die Lieder auf und ab,
Sie sind zerstoben, es hängen
Zerrissen die Saiten herab.

Es hat mein junges Herze
Gehabt einen süßen Traum,
Es ist zersprungen, gestorben,
Aber ich merkt' es kaum.

19.

Die Leute können mich nicht begreifen
Und sehen mich immer so eigen an:
»Was bist du immer so krank und traurig,
O sage, was fehlt dir, närrischer Mann?«

Sie denken, weil ich ja immer zu essen,
Immer zu trinken reichlich hab',
Sei ich der glücklichste Mann auf Erden,
Und ich läge am liebsten im Grab.

20.

Der Himmel ist nimmer hoch und blau,
Er ist auf's Land heruntergesunken
Und hat von der weiten Blumenau
Den ganzen Zauber hinweggetrunken.

21.

Vorüber der Tag, der mir rosig gelacht,
Vorüber das glühende Liebeslied;
Fern über den Bergen die Winternacht
Mit bleicher Trauer herüberzieht.

Versunken die Sonne am Himmelssaum,
Zerstoben des Abends wehmütiger Hauch,
Verträumet, verdorben der schöne Traum,
O einsamer Träumer, o ende jetzt auch.

Die Träne ist auf der Wange erstarrt,
Es schauert das Herz wie im Sturm der Baum,
Versunken der Stern, auf den ich geharrt,
Verloren, gestorben, der Liebestraum.

22.

Der Frühling war in mein Herz gekommen
Und hatte drin singend Platz genommen,
Und all seine heiteren, lachenden Lieder
Hat meine Seele mit Lust vernommen
Und sang sie dem lauen Abend wieder.

Der Frühling ist wohl schon lange geschwunden
Und hat wohl anderswo Platz gefunden,
Und alle seine beglückenden Lieder
Sind still verklungen im Tale drunten,
Kein Frühling bringt die verlorenen wieder!

23.

Es war ein Lenz in meiner warmen Brust
Und hat mein Herz vom Kindheitsschlaf erweckt
Und sang mir tausend liebesfrohe Lieder.

Jetzt ist es Nacht in meiner kühlen Brust
Der Traum ist fort, das Herz ist liebekrank,
Und einsam sing ich meine eig'nen Lieder.

24.

Es ist so kalt ringsum im Tal,
Ich höre den Wind in den Ästen wimmern
Und sehe zwischen dem schwarzen Gewölk
Nur da und dort noch ein Sternlein schimmern.

Die Vögel sind alle lange fort,
Sind alle zum schönen Süden gezogen,
Nur da und dort wie ein Höllentraum
Kommt laut ein Rabe vorbeigeflogen.

25.

Ein Vöglein singt mir leis in's Ohr,
Es klagt und stirbt im Tannenbaum,
So klingt mein Lied der Liebsten mein
Zum Abschied nach dem Liebestraum.

Ich weiß nicht, ob mein Mädchen tot,
Ob sie in Nacht und Frost verdorben,
Weil alle Freuden so ganz dahin, –
Vielleicht bin ich selber gestorben.

26.

Es war im Mai und alle Bäume
Umschwebte Duft und Liederklang
Und stille, süße Liebesträume
Umküßten mich wie Elfensang.

Heut ist es Herbst und alle Bäume
Umzittert wilder Sturmgesang,
Und stille, blasse Liebesträume
Umschauern mich wie Totenklang.

27.

Der Maitraum ist so kurz und ärmlich
Und ist so bald wie Märzschnee zerflossen;
Und wär es nicht gar so dumm und erbärmlich,
Dann hätt' ich mich schon lange erschossen.

28.

Die Bäume stehen so jammernd da,
Verdorben ist ihr lustiger Schmuck,
Gestorben der Vogel oben im Nest,
Drum stehen die Bäume und klagen.

Es ist mit der Liebe ein' eigene Sach,
Sie kommt ganz ungerufen in's Herz
Und jagt uns allen Witz und Verstand
Und alle Gedanken zum Teufel.

Und hat man auch noch so großes Pech
Und war auch alles Lieben umsonst,
Am Ende klagen wir immer doch,
Daß all das Lieben so schön war.

Doch immer öder, immer trüber wird mein Lied
Und immer simpler reih ich Vers an Vers
Und wenn es nicht so wahr und kläglich wär,
So hätt' ich selber lang darob gelacht.
Statt eines Blumenkranzes voller Duft,
Statt eines Straußes von Vergißmeinnicht
Bring ich nur welkes Eichenlaub daher,
Wie ich's im Straßenkote hab' gefunden.

Ich selber rede immerfort mir ein,
Daß alle Liebe, alles Maienglück
Und alles Hoffen in der Blumenzeit
Ein ungeheurer, lächerlicher Unsinn.

Doch leider hilft das Kalkulieren nichts
Und all das böse, kaum gestillte Blut,
Das immer wieder aus der Wunde bricht,
Läßt sich mit Phrasen nimmermehr verstopfen.
Ist euch das Blut für's Aug nicht angenehm,
So gehet hin, wenn's wieder Frühling ist
Und rufet Amor her, den kleinen Gott
Und lasset Euer Herz einmal verwunden.
Wenn dann dahin der jungen Liebe Mai,
O dann verstehet ihr dies trübe Lied
Und lernt, wie ich, wenn aller Lenz verdorrt,
Mit welken Winterblättern euch begnügen.

30.

Wenn alle Freude dein Herz verließ,
So flieh in der Liebe Paradies,
Vergiß dich in Lieben und Werben. –

Doch schwand auch der letzte und schönste Hort,
Ist auch die Liebe im Herzen verdorrt,
Dann ist's am besten, zu sterben.

Komm wieder, Frühling, Lenzwind,
Blüht wieder, Bäume und Blumen,
Komm zurück, Elise!
Dein lieber Name klingt
Durch allen meinen Traum
Und macht mich weinen;
Komm zurück, Elise!

Durch Feld und Wälder schauert
Der böse Winterwind,
Der Wandrer wallt und trauert
Um sein geliebtes Kind.

Die Zweige knittern leise,
Und aus dem Sturm und Schnee
Klingt eine stille Weise
Von unsagbarem Weh.

Der Wand'rer hält – und schauert,
Sinkt leise in den Schnee,
Er schlummert ein und trauert
Und träumt von großem Weh.

Durch meine Seele ziehen
Viel Träume von stillem Weh;
Ich lehne mich an die Mauer
Und schaue hinauf in die Höh'.

Am Fenster huschen die Schatten
In Paaren, zu zweien und zwei,
Wie lustige Kirchhofgeister
Tanzen sie schwirrend vorbei!

Ich schließe die Augen. Mir schwindelt
Vor all dem wankenden Spiel:
Ich gleiche dem jungen Vöglein,
Das aus dem Neste fiel.

34.

Einst sang ich stolze Lieder
Von Sieg und heißem Strauß,
Sang sie mit heller Stimme
In's Frühlingstal hinaus.

Jetzt singe ich Liebeslieder
In kalter, finsterer Nacht,
So närrisch, daß droben am Himmel
Der Mond darüber selbst lacht.

Dein Name klingt in den Liedern
Durch's schneeige Wintertal,
Er klingt in einem Herzen
Täglich vieltausendmal.

35.

Was soll die stumme Trauer,
Mutter, um deinen Blick?
Weißt ja, daß ich verloren
All mein jungfröhlich Glück.

Laß doch die liebende Frage,
Laß doch den forschenden Blick,
Kannst mit dem allen nicht ändern
All mein böses Geschick.

Laß doch das Klagen und Mahnen,
Wenn ich gefehlet hab',
Kannst keinen Wunsch mir erfüllen,
Denn ich wünsch' mich in's Grab.

36.

Da steh ich an einem blauweiten See
Und blick' in die Tiefe, – und blick in die Höh',
Mir stehen im Auge die hellen Tränen:
Verlorene Liebe, verlorenes Sehnen!

Ich möchte im kleinen, ärmlichen Boot
Hinüberrudern in's Morgenrot,
Noch lieber möchte ich mich sterben legen
Und träumen der besseren Zukunft entgegen.

37.

Ein Reiter reitet den Bach entlang,
Er murmelt so wild und gurgelt so bang,
Und von den verwelkten Bäumen nieder
Klingen Herbstträume und Sterbelieder.

»Die Wunden bluten, das Lied ist aus,
Jetzt geht die Lust und die Jugend nachhaus.«
Der Rappen steht still und hängt die Ohren:
Das Herz gestorben, der Frühling erfroren!

H. Hesse
Februar 1893

Epilog

Die letzten Blätter sind heruntergefallen
Und der letzte Waldvogel ist weggeflogen,
Einsam weht der Abendwind noch im Walde,
Jetzt schweigen die Lieder.

Ich bin müde und krank, ich bin so schläfrig,
Der Kopf schmerzt und meine Augen brennen;
Klagt der Sturm in den kahlen Ästen
Oder ist's meine Seele?

* * *

Erfrorener Frühling
II

Spielmanns Fahrt zum Rhein

Und als ich mußte scheiden
Und gute Nacht dir bot,
Wünscht' ich bekümmert beiden
Im Herzen uns den Tod
Lenau

Ei, kennt ihr noch das alte Lied,
Das einst so wild die Brust durchglüht,
Ihr Saiten, dumpf und trübe?
Die Engel, die nennen es Himmelsfreud,
Die Teufel, die nennen es Höllenleid,
Die Menschen, die nennen es – Liebe!
Heine

I

Vor der Schenke tanzten die Burschen mit ihren buntge-
schmückten Mädchen. Es war ein lustiger Sommertag, voll
Freude und blauer Luft und goldenem Sonnenschein, die Vögel
waren gar heiter und sangen all die heiteren und klagenden Liebeslieder, die ihnen der Frühling leise eingehaucht. Es war schön,
und fast feierlich standen die grünen Berge da, als wollten sie das
kleine glückliche Tal ganz absperren, die Fröhlichen da unten
ganz allein lassen, und die Sonne vergaß beinah unterzugehen,
wie sie alle die Lustigen im Dorfe sah und die gelblichen Felder
und die weiten, blumigen Wiesen. Aber sie mußte gehen, immer
weiter; dann schlug sie einen duftigen, rosigen Schleier um und
sank rot und mild hinter den Höhen hinab, nur hie und da
zuckte noch ein lichterer Strahl um die fernen Wipfel, bis es
endlich ganz traulich und dämmerig war über Tal und Hügel.
Aber die vor der Schenke tanzten ruhig weiter, rot und heiß
hüpften die scherzenden Leute, Seite an Seite, um den alten
schläfrigen Ahorn, der nur da und dort, gestört durch Musik
und Lärm, warnend einen Zweig bewegte. Doch das leise Rau-

schen hat keiner gehört, und der alte Baum träumte weiter von ferner, alter Zeit. Erst wie die laue, milde Sommernacht still heraufzog, verlor sich unten die frohe Menge. Der eine ging singend weg, der andre scherzte und lachte, mancher schlich sich mit seinem Mädchen um den geduldigen, schlummernden Ahorn, – leises Flüstern, verstohlenes Küssen, rauschende, helle Gewänder – ich habe nicht mehr gesehen und gehört. Bald war es auch ganz einsam um den Baum her, und die Berge wurden dunkler und undeutlich, ein leiser Wind bewegte die Blätter, der goldene Sommertag war unmerklich eingeschlummert mit Strahl und Duft und Vogelsang und Himmelsblau, und die dunkle Nacht spannte ihre schweren Flügel langsam über das Tal.

Nahe bei der Schenke, in den niedern Büschen, liegt eine Gestalt, halb Knabe, halb Jüngling, schön und edel die Züge, aber in ärmlichem Gewand. Er schlummert sicher unter dem treuen Nachthimmel und träumt wohl von heimlichem, stillem Heimat- und Liebesglück, denn er lächelt sanft und sieht gar glücklich und selig aus.

Es ist ein Wandrer, der von der fernen, bläulichen Donau kam mit Stab und Zither; er wollte zum grünen Rhein ziehen und ihn von den Donauwellen grüßen mit fremden, schönen Liedern, wollte die blauen Berge dort sehen und die Burgen und Türme dort und die Rosen, und auch die blonden, blauäugigen Schönen am Rhein. Viele schöne Lieder brachte er mit, manche frisch und lachend wie der erste frühe Sonnenstrahl des Frühlings, manche stiller und wehmütiger, wie ein verlorener Strahl vom Mond, der sich im See spiegelt. Er sang von alten Sagen der Donau, vom bösen Wassermann und von den neckischen Undinen, von froher Stromfahrt im geschmückten Nachen und von den weißgekrönten Alpenbergen, und seine Lieder tönten so labend und traut und doch so fremdartig, daß jeder ihm verwundert und erfreut lauschte. Auch viele Tänze spielte er bei lustigen Leuten, die lockten jeden zu Tanz und Scherz und Liebeslust und klangen so eigen, bald heiter wie ein Bächlein, bald wild und gewaltig, wie wenn ein später Nachtwind durch Ruinen schauert. Da wurden die Mädchen bezaubert, da ward ihnen das Mieder enge, sie lachten und tanzten; aber oft überkam sie auch ein seltsames Grauen, wenn der Fremde von der Donau gar so wild in die Saiten griff, denn dann klang es wie Singen tief unten in lüsternen

Wogen, wie Nixensang aus bösen, tückischen Tiefen. Und wenn er früh morgens ein Dorf verließ, die Zither auf dem Rücken, den Stab in der Hand, sorglos wie ein Waldvögelein, da schaute ihm aus verborgenem Fenster manch schönes Auge mit innigem, traurigem Blicke nach und die Alten schalten, aber auch ihnen hatte es der hübsche Liedler angetan, auch sie konnten die wunderbaren Klänge lang, lang nimmer vergessen. Er aber zog fröhlich weiter, über Berg und Tal und Fluß und Wiesen, singend und spielend, frei und sorglos …

Leise flüsterte es in den dunkeln Blättern des Ahorn, er träumte von ferner Frühlingslust, von all den Liebenden, die er gesehn und gesegnet, aber der schöne Schläfer unten wollte ihm nicht gefallen: seine Lieder waren gar so seltsam gewesen; sie waren dem alten Gesellen durchs Mark gegangen, und das konnte er nicht ertragen. Der Fremde schlief ruhig unten, als wär er da ganz zu Hause, als rauschten die Zweige nur ihm zulieb; ein glücklicher, seliger Schein war über sein Gesicht gegossen; neben ihm ruhte die treue Zither.

Nicht umsonst schien des Sängers Schlaf so selig; die Liebe war in ihm aufgeblüht. Beim Tanz hatte er ein kleines, schlankes Mädchen gesehn, schwarz von Haar und Aug; sie schien einsam und traurig. Auch hatte sie manchmal innig und vertraulich herübergeblickt zum Spielmann, als sei sie ihm verwandt. Aber vor seinem freudigen Blick hatte sie die Augen niedergeschlagen und war früh weggegangen, ganz allein. Die andern hatten gesagt, sie wohne lang schon da, sei aber eine Fremde. Sie sei vor langer Zeit hergekommen, da habe sie ein einsamer Alter zu sich genommen, aber sie sei undankbar und unfreundlich, auch schaue sie einen oft so böse, so dämonisch an. – Der Spielmann hatte nichts gesagt, aber im Stillen dachte er immer nur an die einsame Schöne mit dem feurigen, schwarzen Blick und den langen, dunklen Haaren und den bleichen, weichen Wangen. Von ihr träumte er jetzt: Es träumte ihm, er läge an ihrer Brust auf weichen Rosen; die Vögel sangen und die Bäume nickten freundlich und überall war Maienlust und Liebe und Sonnenschein. Da wachten in seinem Herzen viele Erinnerungen und Träume auf, es war ihm, als führe er wieder des Abends auf der dunkeln, blauen Donau, die Nixen sängen und die Ruder plätscherten im

lauen Wasser. Er schaute in die Wellen hinein, da waren es wieder
die Augen der dunkeln, schönen Unbekannten, die schauten ihn
so fragend und bittend und traurig an, daß ihm das Herz eng
ward und überströmte von Liebe und Mitleid. Sie schien so unverstanden, so allein und ungeliebt zu sein und mahnte so sehr an
die ferne Donau, an die üppige Heimat. Da zog ein altes, trauliches Liedlein durch seine Seele, das er oft gesungen, aber lange
wieder vergessen geglaubt. Und der Wind fing sich in der Zither
und begleitete die einfache Weise, die ihm durch den Sinn ging:

> Laß mich in die dunkeln Äuglein
> Und in deine Seele schauen,
> Laß mich deinen schönen Liedern,
> Deinen schönen Äuglein trauen!
>
> Seid ja alle ohne Treue,
> Ist euch allen nicht zu trauen,
> Doch in deine schwarzen Äuglein
> Muß ich immer wieder schauen.
>
> Kenne manche schönen Augen,
> All die Braunen und die Blonden,
> Aber, Kleine, in die deinen
> Möcht ich träumend ewig schauen.

Diesem Träumen machte der helle Morgen ein Ende: der Jüngling sprang vom Boden auf, ließ prüfend die Finger über die
Saiten gleiten und schaute dann um sich. Die Vögel hatten kaum
ihr Singen begonnen und alles war noch ganz ruhig. Da drüben
stand das kleine Häuschen, in dem die schöne Fremde gestern
verschwunden war. Er schlich hinüber und wollte eben in die
Zither greifen zu einem frischen Morgengruß, als er oben eine
feine Stimme hörte. Das Mädchen sang ein traurig-schönes
Liedchen mit so weichem, bestrickendem Wohlklang, daß der
unten seinen Morgengruß vergaß und seine Zither und den goldenen Morgen ringsum und Vogelsang und den blauen Himmel.
Ihm war, als sollt' er nur immer so stehen bleiben, allein, ganz
allein, als sollte alles um ihn schwinden und schweigen, und nur
die Engelsstimme oben weiterklingen, immerfort; – dann wäre

alles andre vorbei, alles, alles gut und glücklich. Aber wie er näher lauschte, hörte er die leisen Worte und es mahnte ihn wieder, wie im Traum, an die lauen Abende der Heimat, an das Rauschen der Donau. Ja, es war eine heimische Weise, hierzulande ungekannt und ungesungen, die da oben so schmeichelnd und wehmütig klang:

Auf der Donau weichen Wogen
Hab ich dich zuerst erschaut,
Und du führtest kühn den Bogen,
Sangest Lieder lieb und traut.

Bei den weichen Donauwellen
Geh' ich traurig auf und ab,
Sehe nicht die Segel schwellen,
Sehe nur dein stilles Grab.

Die schöne Stimme oben war ganz langsam und weich verklungen, da nahm der Spielmann die Zither und spielte eine neckische Weise, ein heimisches Ständchen. Es war ihm zumut, als seien die Saiten noch nie so klar gestimmt gewesen, als hätte es noch nie so voll und wahr getönt; seine Finger glitten so leicht dahin, das Lied klang so echt und rein, daß er selber fast erstaunte. Und wie er geendet, da rauschte es oben, und die kleine, süße Gestalt beugte sich niedlich heraus. Sie winkte, lächelte traurig, dem Spielmann aber rieselte es siedend heiß durch den ganzen Leib, er stand still, atmete kaum und sah nur tief in die dunkeln, feurigen Augen. Da sprach die Schöne schüchtern wie ein Kind: »Wer bist du, daß du alle Lieder meiner Heimat spielst?« Freudig rief der Überglückliche herauf: »Von der Donau komme ich, und du auch, schönes Kind, komm herab, so können wir plaudern und singen und fröhlich sein.« Das Mädchen ward dunkelrot, aber schnell schloß sich das Fenster und aus der Hütte trat sie ihm entgegen. Dann zogen sie still hinaus in's reife Feld; da setzten sie sich am Waldrand, und es sah eines dem andern in die Augen, bis es den Liebenden unendlich warm und wohl um's Herz wurde. Er faßte ihre kleine Hand, zog sie langsam an sich, und plötzlich sprang er auf und umarmte das Mädchen und drückte einen raschen, warmen Kuß auf ihren kleinen, süßen

Mund. Sie wehrte sich kaum und legte ihr Köpfchen auf seinen Arm und weinte lange, immer stiller und ruhiger. Da küßte sie der selige Mann auf die Wangen und sagte: »Nun wollen wir weiter gehen und du wirst fröhlich werden und nimmer so traurig sein.« Sie stiegen einen Berg hinauf und wie sie oben waren, lag unten friedlich das einsame Dorf, alles war noch still, nur daß vom Ahorn ein leiser Hauch herüberzog, und es schien, als sagte er flüsternd: »Bleib da, bleib da.« Die beiden zogen weiter in's Land, über Berge und Täler. Und wenn die alte Traurigkeit der schönen Geliebten einmal wiederkam, so war sie bald weggelacht und weggesungen.

Einmal kamen sie in einen großen, stillen Wald, da hörten sie plötzlich Lachen und Schreien von Männerstimmen und Becherklang. Sie gingen dem Geräusch nach und fanden da drei Männer mit geschlitzten Wämsern und feinen Hüten, die saßen oder lagen um einen großen Stein, auf dem eine herrliche Mahlzeit stand, Wein und Braten und Brot und Früchte. Neben dem einfachen Tisch lehnten drei Spieße an einem dicken Baum, daneben lag ein Horn und sonstiges Jagdgerät. Die beiden Wanderer traten heran, der Spielmann keck, das Mädchen schüchtern, sie wagte kaum aufzublicken. Die Männer lachten und nickten, wie sie das Paar daherkommen sahen. Der eine war ein großer, dicker Kerl mit kurzem, grauem Bart; der schaute recht kriegerisch aus seinen grünen Äuglein, der zweite war fast noch Knabe, ohne Bart, mit langen hellen Locken und braunen Augen, der dritte war ein ernster Mann, wohl noch jung, aber sehr schön und stattlich. Seine Kleidung war reicher als die der andern, und er trug eine schwere güldene Kette um den Hals, daran eine kleine goldene Kapsel hing. Auch er lächelte, wie die beiden kamen.

»Wer seid ihr und woher kommt ihr?« fragte der Alte. Frisch antwortete der Bursch: »Wir kommen von der Donau.« »Und wer ist denn das kleine schöne Kind«? »Es ist meine Schwester.« Wie das der Bursch sagte, ward das Mädchen rot und sah den kecken Jungen an, aber die dreie lachten und sprachen: »Setzt euch daher und haltet mit; wir sind auf der Jagd und haben keine Gäste erwartet, aber ein Bissen und ein Schluck alten Weins vom Rhein wird wohl noch für euch übrig sein«. Dankend setzten sich die zwei, und der Liedler fragte, wie weit es wohl noch bis zum Rhein sei. »Einen guten Tagmarsch, Junge«, meinte der ernste, schöne Mann und sah den Spielmann an, so ernst und würdig, daß dem fast bang ward und sich alle seine Lustigkeit verlor vor lauter Scheu und Ehrfurcht. Der ernste Mann nahm dem Burschen die Zither ab und begann diese zu klimpern, das klang so frisch und duftig und klar wie Waldesluft; nie hatten die beiden Leute solchen Klang vernommen, er klang ganz anders als die lockenden, üppigen Donaulieder, so einfach und doch so seelenvoll. Als aber der stille Mann stärker anschlug, als er zu singen begann von lustigem Liebeswerben, da waren die Fremden ganz still und das Mädchen verlor alle Scheu und schaute den Ritter kindlich an, der Jüngling sah sinnend zu Boden. Darauf nahm er die Zither und begann zu singen: »Laß mich in die dunkeln Äuglein«. Als er geendet, sah ihn der jüngste von den dreien erstaunt an und sagte: »Solches Lied hab' ich noch nie gehört, es ist schön, aber so weich und sehnsuchtsvoll und träumend wie sommerlicher Mondschein; ich liebe unsre Lieder, die klingen wie der holde Lenz, die schimmern wie warmer Sonnenschein.« Und die beiden andern stimmten ihm bei.

Der Jüngling schaute die Männer an, und sie fürchteten sich fast vor dem bösen, schwarzfunkelnden Blick, den er unter seinen dichten Brauen hervorschoß. Das Mädchen aber nahm die Zither und reichte sie dem, der zuerst gespielt. Ihr Genosse schaute sie an, voll Schmerz und Wehmut, aber der böse Blick von vorhin war noch nicht ganz gewichen, er war beleidigt, aber er schwieg still und sah nur wieder vor sich hin. Der Ritter spielte wieder und sang und die andern lachten und aßen und tranken, bis es kühler ward unter den Bäumen.

Da sprach der Ritter: »Wollt ihr nicht mit uns kommen, auf mein Schloß am Rhein; der Wald ist groß, wir werden die ganze Nacht reiten müssen. Kommt mit und bleibt auf meinem Schloß, so lang es euch Wandervögeln gefällt.« Der Bursche sagte nichts, aber das Mädchen sprach: »Ach, gerne wollen wir mitkommen, und Ihr sollt auch noch mehr singen von Euren lenzfrischen Liedern.«

Da gingen sie mit den dreien; in der Nähe waren die Pferde, der Sänger saß beim lustigen Alten auf, das Mädchen beim Ritter. Die ganze kühle Nacht durch ritten sie durch den Wald, bis es heller wurde und ein kühner Berg vor den Reitern lag. Dem Jüngling war, als sollte er abspringen, der Berg lag so steil und schwer vor ihm, als könne, wer droben sei, gar nimmer herunterkommen. Doch die Pferde schritten langsam die Höhe hinauf, bis sie vor einem schönen Tore hielten. Der vornehme Ritter blies in's Horn und es erschienen Knappen im Torgang. Die Reiter stiegen ab und traten in einen weiten Hof. Da rauschten riesige Buchen zum Willkomm, und ein steinerner Brunnen funkelte im ersten Morgenschein. Das Wasser plätscherte melodisch, und der Himmel lachte, es war so traulich da und so heimatlich; aber wie sie an die Mauer des Hofes traten, lag vor ihnen ein frischgrünes Tal mit reichen Fluren und Feldern, dazwischen aber rollte ein breiter, hellgrüner Strom dahin, kräftig und königlich, der schöne, alte Rhein. Dem Fremden war weh um's Herz, er hatte sich seine Ankunft am Rhein anders gedacht, aber auch ihn ergriff diese unendliche Schönheit, es ward ihm festlich zumut, froh und doch so bang, daß sich ihm das Herz im Leib umwendete. Er schaute nach seinem Mädchen, die aber spielte mit der güldenen Kette des Ritters. Da blickte der Sänger wieder hinab das glückliche Land, von dem er lange geträumt, er verglich diesen grünen Strom mit der blauen Donau und wandte sich rasch um. Nun gingen alle in das Schloß hinein, über breite Treppen. Der Ritter bot seinen Gästen nochmals den Willkomm in seinem Heim. Es war traulich in den hohen, einfachen Gemächern und die kleinen runden Scheiben blitzten im Sonnenlicht. Den Gästen wurde ein geräumiges Gelaß zugewiesen; von da aus sah man weit in's Land, das da unten lag in stiller Morgenruh und wartete, bis es von der Sonne würde wachgeküßt werden.

2

Es war ein heiteres Leben auf der hohen Burg. Einer war dem andern wie ein Bruder beim Reiten, Jagen, Gelag und allerlei Spiel. Dem Wandrer ward immer freier um's Herz; er konnte nicht begreifen, warum er beim Einzug so düster gewesen war. Er sang alle Lieder, die er wußte, wie denn auch der ritterliche Wirt alle mit Spiel und Gesang ergötzte. Die Tage eilten, schon waren die Gäste eine Woche im Schloß, und keiner dachte an's Gehen. Der Ritter ritt oft mit dem Zitherspieler aus, an den Rhein hinab, wo es rauschte und blitzte, durch das milde Tal hin, wo alles blühte. Mit seinem Mädchen war der Gast fast nie allein und vermißte es nicht ...

Ihr wißt vielleicht, wie es ist, wenn einer, der so lange einsam war, in ein Haus kommt, wo man ihm gut ist. Wie da das Herz aufgeht und still das wonnige Glück genießt, zu lieben und geliebt zu werden, wie einst von Brüdern und Schwestern. Da vergißt man die kleinen Sorgen, da freut man sich am Morgen auf den schönen Tag und schläft am Abend ruhig ein, denn man weiß, ich bin sicher hier und bin daheim. »Heim«, du süßes Wort, du klingst so lieb und traut; glücklich, wer ein Heim hat, er hat den Himmel. Es ist ein Glück, um das man lang gerungen, es ist eine Himmelsgabe, nach der man sich sehnt und die der, dem sie zuteil wird, als etwas Seliges, Selbstverständliches genießt. Weil eine Heimat nicht durch Sorgen kann erworben werden, darum macht der Besitz so sorglos vergnügt, wie kein andrer.

So war denn auch dem Wandrer um's Herz, als sei er nach langer Fahrt in's Vaterhaus gekehrt, wo liebe Leute sind, wo jeder kleinste Ort unser ist in Gedanken und uns grüßt und lieb ist. Er war bald in allen Räumen so recht zu Hause und kannte jeden Baum im Hof, und wenn er frühmorgens beim Erwachen den Brunnen plätschern hörte, war ihm, als müsse es so sein und sei immer so gewesen und als werde es immer, immer so bleiben. Er hatte den schönen Strand der blauen Donau nicht vergessen, aber dort hatte er nichts gelassen, an jenes Land knüpfte ihn nichts als eine schöne, stille Erinnerung. Und hier war alles so artig schön und durch alles wehte ein frischkräftiger, lenzfröhlicher Hauch. Ja, der Rhein war, wie er ihn immer geträumt, so silbergrün und stolz, die Männer waren da so kühn und edel, aber die Frauen – waren sie so schön und blond und blauäugig, wie man ihm oft gesagt? Er wußte es nicht, im Schloß war keine Frau. Doch das kümmerte den Fröhlichen wenig: Er hatte alles so heiter und glücklich getroffen, daß er gar nichts mehr bedurfte und wünschte; sein Herz war so voll von Liebe und Lust, was sollte er sich noch nach irgend etwas sehnen. Ein einzig mal hatte er den Ritter über die deutschen Frauen wollen fragen, aber der hatte ihn gleich ganz finster angeblickt und drauf still gelächelt. – Doch das sah aus, als wäre es ihm nicht von Herzen gekommen.

Mit dem Alten machte er einst einen lustigen Streifzug in's Land hinein. Sie gingen in den nahen Wald und der Alte führte ihn zu einem moosigen Felsen, und beide legten sich leise nieder. Der Führer ließ einen Lockruf ertönen, und zwischen den Büschen zeigte sich eine zierliche Rehgeiß. Auch die Waldvögel und die Bäume und Blumen kannte der Alte alle und wußte von allem gar lustig zu schwatzen, erzählte auch schöne Märchen vom Rhein und den Bergen. Da kamen sie auch an den Platz, wo die beiden Wanderleute ihre Freunde zuerst getroffen, und sie saßen lange da und sprachen vom Schloß und dem Leben da, vom Rheinwein und den Rheinliedern, bis dem Jungen das Herz aufging. Lied um Lied ließ er in die Waldschatten hinein klingen, und der Alte fiel oft mit seiner Bärenstimme jauchzend ein, daß es eine Lust war, die zwei zu sehn. Das Sonnenlicht fiel golden zwischen den Blättern herab, und verstohlen schaute der hellblaue, liebe Himmel zwischen den dunkeln Bäumen durch und lauschte dem Klingen und Jauchzen da unten. Wollte vielleicht schauen, ob sich nicht ein paar Englein verirrt hätten in dem Wald und da ihr Spiel trieben. Aus der jungen Kehle quoll es reich hervor, so neckisch und lustig und schäkernd und schelmisch, daß der Graubart oft laut auflachte und jauchzte. Und wie sie so recht in der rauschenden Lust waren, da neigte sich der lichte Tag tiefer und tiefer und endlich verstummten die Vögel ringsum. Die Lustigen sprangen auf und der Alte sagte zu seinem Begleiter: »Ich will dir ein stilles und seliges Nachtlager zeigen im Wald, da sollst du schlummern wie auf seidenen Kissen, aber es ist eine schlimme Waldfee dort und gut für junge Spielleute, wenn sie die Augen nicht zu weit aufmachen, sonst werden sie bezaubert.« Er ging voraus; da kamen sie bald zu einer Hütte im Wald. »Still«, flüsterte der Alte, »gleich wirst du sie zu sehen kriegen, die kleine, böse Waldfee.« Er stieß kurz in ein kleines Horn, das er an der Seite trug, und aus der Hütte trat ein Mädchen. Der Jüngling staunte; das war ein Weib, wie man ihm die deutschen Frauen geschildert. Weichgoldenes Haar hing um die vollen Schultern, auf dem nackten Hals saß keck ein schöner Kopf mit großen, blauen Augen und duftigem Rosenmund – es war die Waldfee, von der der Alte gesprochen. Dieser trat jetzt heran und grüßte die Jungfrau mit derbem Handschlag und sagte. »Wir sind Leute vom Schloß da drüben und möchten bei euch bleiben die Nacht über.« »So seid willkommen«, sprach kurz die Blonde und öffnete den Wanderern die Tür. Sie traten über die Schwelle und kamen in ein einfaches, sauberes Gemach, geschmückt mit Fellen und Geweihen und Hörnern, wie sie ein Jägerherz erfreuen. In der Ecke hinten saß ein Alter, grau von Haar, aber groß von Gestalt und kräftig gebaut. Er grüßte die Eintretenden freundlich und hieß sie sitzen. Dann brachte das Mädchen, seine Tochter, die Becher und einen Krug kühlen, dunkeln Weins. Es war schon spät, und nach dem Willkommtrunk wies der Alte den Gästen ein Gemach an, klein und nieder zwar, aber freundlich und sauber, drin war ein einfach Lager von Fellen. Die Waldleute hatten bald ein zweites Bett gerüstet und wünschten freundlich den Gästen gute Nacht.

Am frühen Morgen standen sie alle auf im Waldhüttchen, und nach einem kräftigen Frühmahl zogen die zwei weiter, auf das Bergschloß zurück, wo man sie erwartete.

Der Spielmann lebte lustig dahin, als wäre er ganz zuhaus, und er merkte es nicht, wie der Ritter, der Schloßherr, das Mädchen immer inniger und begehrlicher ansah und wie das Herz des Mädchens dem stolzen Ritter entgegenschlug. Eine Tages ritt der Ritter mit der Jungfrau aus, am Rhein hin, durch blühendes Tal, und die Sommersonne durchwärmte die Luft und des Ritters Herz, daß er immer rascher ritt und endlich an einem lauschigen Plätzchen hielt. Da scheute mit einem mal sein Roß und warf den Ritter zu Boden. Erschreckt eilte seine schöne Begleiterin her und beugte sich über das bleiche Antlitz des Gefallenen. Sie nahm ihm das Barett ab und strich ihm die langen hellen Locken aus dem blassen Gesicht, dann legte sie sein Haupt auf den weichen Blumenboden und sah dem Daliegenden immerfort ins Gesicht. Endlich beugte sie sich nieder und drückte auf des Ritters Stirn einen leisen, leichten Kuß. Da schlug der die Augen auf. Das Mädchen ward rot und verlegen, aber er sagte noch mit schwacher Stimme: »Dank Euch, Dank Euch.« Bald richtete er sich auf und setzte sich neben die Jungfrau. Ihm zuckte es wie Feuer durch den ganzen Leib, wie er so neben ihr saß, Blumenduft und des Mädchens Kuß und ihr dunkler Blick stiegen ihm zu Kopf: In seinem Sinn wogte und blühte der bunte, selige Traum der Liebe, und in seligem Taumel legte er seinen Kopf an der Jungfrau Brust und flüsterte: »Hab' mich lieb, hab' mich lieb, schönes Kind.« Da streichelte sie seine heiße Wange und sagte: »O wie hab' ich Dich lieb, mein Ritter.« – Da hörten sie rasche Tritte eines Vorübergehenden, schnell schauten sie um, aber sie sahen nur noch hinter den nahen Bäumen eine Gestalt verschwinden. Als die Sonne höher stieg, ritten sie beide zur Burg zurück.

3

Der Donausänger ist weiter gezogen, und sein Mädchen ist dageblieben beim schönen Ritter. Sie hat ihn vergessen und nur hie und da im Traum denkt sie an ihn. Es ist eine langweilige Geschichte und hat vor mehr als zehntausend Jahren begonnen und geht immer weiter bis an's Ende der Welt.
Der Spielmann zog hinaus in's grüne Land mit Zither und Stab, allein und unbekannt ist er am Rhein hinabgezogen, weit, weit über die Berge und Wälder und Wiesen, und noch heute wandert er herum in den Ländern und singt viele Lieder, die kein Mensch gehört. Aber der Rhein hat es gehört und mir viel Lieder erzählt, im Abendglanz, wenn die Berge strahlten und die Glocken von den Weiden läuteten.

4.

Spielmann's Lieder

1

Am Rheine, da wohnt ein Ritter
Auf stolzer Burg in der Höh,
Und er allein ist schuldig
An allem meinem Weh.

Es war ein lauer Frühling
Voll Blumen und Liebesglück,

Der Ritter hat ihn verdorben,
Nun kommt er nimmer zurück.

2

Es wachsen viel Lieder hervor
Aus den blühenden Wiesen,
Sie kommen und zerfließen
Und klingen mir läutend im Ohr.

So kommt ein farbiger Traum,
Ein Klingen und Weinen und Wiegen
Ins Herz mir leise gestiegen
Vom goldenen Himmelssaum.

3

Die Sternlein da droben prangen,
Ach, mir ist bang und schwer,
Die Lieb ist heimgegangen,
Mein Stern, der fiel ins Meer.

Die Blumen alle, sie fragen:
»Was fehlt dir, trauriger Mann?«
Ich kann es euch nimmer sagen,
Die Liebe ist schuld daran.

Manch Mädchen schaut mit Blicken
Wie Himmelgold, mich an;
Ich möcht an's Herz sie drücken,
Und hab's doch nie getan.

Ich möchte die Blümlein pflücken,
Die Blümlein bunt und schön,
Ich tu mich auch manchmal bücken,
Laß sie doch immer stehn.

Sogar aus klarem Becher
Ruft oft es leis mir zu:
»Halt ein, du stummer Zecher,
Du trinkst dir keine Ruh.«

Ich glaube, erst im Grabe
Wird einst mein Weh gesund,
Weil ich so lieb dich habe,
Du Kind mit dem Rosenmund.

4

Die schönen Augen haben gelogen,
Die mir so wonnig ins Herz gelacht,
Mein heller Stern ist weitergezogen
Und läßt mich allein in finsterer Nacht.

Sie ist so sanft und traulich gewesen,
Sie war mein letzter, mein liebster Stern;
Jetzt hat sie mich schon lange vergessen
Und sagte, sie hätte mich gar so gern.

5

Von Stadt zu Stadt und von Land zu Land
Zieh ich mit meinem Singen,
Bin immer allein und unbekannt
Und lasse die Leier erklingen.

Sie geben mir manchen freundlichen Blick
Und wünschen mir Glück zur Reise;
Ich gebe die Blicke lächelnd zurück
Und singe dazu meine Weise.

Die Mädchen schauen mir nach, wenn ich geh,
Und grüßen und lachen und nicken;
Ich lache zurück, und mein großes Weh
Will mich dabei erdrücken.

Seit sie mich verlassen,
Klingt die Zither trüb;
Kann sie nie vergessen,
Hab sie viel zu lieb.

Alle meine Lieder
Haben toten Klang,
Seit in meinem Herzen
Goldne Saite sprang.

Kann jetzt nimmer singen,
Bin jetzt viel zu müd,
Seit aus meinem Leben
Aller Frühling schied.

Der Wald steht leer und einsam,
Kein Duft, kein Vogelsang,
Verflogen all der Zauber,
Der mir im Herzen klang.

Vöglein sind weggezogen,
Vorüber all ihr Lied,
Die Felder schlummern einsam
Und ich bin gar so müd.

Will mich zum Sterben legen,
Im Grab ist Glück und Ruh,
Dann kommt der weiße Winter
Und deckt mich sorgsam zu.

H. Hesse
December 1892

* * *

Lebensfahrt

Traum in vier dramatischen Bildern
1894

Personen des ersten Aufzugs:

DER VATER
DIE SCHWESTER, *etwa 6 Jahre alt*
ZWEI BRÜDER, *etwa 16 u. 17 Jahre alt*
HEINRICH.

Personen des zweiten Aufzugs:

HEINRICH
ELISA
FERDINAND
GEIST DES VATERS

Personen des dritten Aufzugs:

HEINRICH
FERDINAND
WALTER
GEIST DES VATERS

Personen des vierten Aufzugs:

HEINRICH
WALTER
HEINRICHS BRUDER

Wohin mit den schweifenden Träumen
Und mit dem sehnenden Sinn;
Schön ist's unter Heimatbäumen,
Du mutiger Jüngling, wohin?

Den ewigen Mai zu erfragen
Ziehst du in's Weite hinaus,
Hörst nicht das Weinen und Klagen
Der Lieben im Vaterhaus.

Du willst den Himmel erstürmen,
Du siehst nicht, wie schwankend der Steg;
O mög' dich ein Engel beschirmen
Auf deinem begeisterten Weg!

Ist mancher hinausgegangen,
Den ganzen Himmel im Blick,
Im Herzen viel heißes Verlangen, –
Kam keiner wieder zurück.

Hat mancher sich fest verschworen,
Die Welt zu erobern im Flug,
Und ging in der Fremde verloren,
Sein Hoffen war eitel Trug.

Du wirst ermattet einst hinken,
Ein Greis, gebrochen, am Stab;
Die Sterne dann über dir blinken
Und schauen mitleidig herab.

Du wirst in der weiten Ferne
Schweifen auf Land und Meer,
Du kehrtest zur Heimat so gerne,
Und findest sie doch nicht mehr.

Wirst endlich müde dich legen
Fern in ein einsames Grab. –
Drum flehe ich, Knabe, den Segen
Des Himmels auf dich herab.

1. Aufzug

Anmutiger Gartenplatz vor einem kleinen Hause, im Hinter-
grund ein Springbrunnen und Blumen. Sonniger, klarer Morgen.
Vater und Kinder stehen um Heinrich, der mit Stab und Ränz-
chen versehen ist. Der Vater ist grau und gebeugt.

VATER Noch einmal sieh' den morgenstillen Garten,
  Sieh dieses Haus, in dem du aufgewachsen,
  In dem die Mutter sorgsam dich erzogen;
  Sieh diese Blumen, die auch du gepflegst hast
  Und diese Bäume, die der Ahn einst pflanzte.
  Hier jeder Stein, im Lande jedes Pflänzchen
  Ist dir bekannt und ist mit deinem Herzen
  Verwachsen. Diese maienfrohen Lieder,
  Die aus den Büschen da und dort schon klingen,
  Hast du seit manchem Jahr gehört, geliebt schon.
  Am Springbrunn bist als Kind du schon gestanden
  Und sahst im Wasser klar dein Bild sich spiegeln
  Und sahst es leis im Wellenschaume zittern.
  Schau dort hinüber, wo am grünen Abhang
  Der Mutter Grab, der kleinen Schwester Grab ist!
  Und dieses Paradies willst du verlassen
  Und willst, was hier dein junges Herz gelernt hat,
  In's Treiben ferner Welt verwegen tragen.
  Noch einmal sieh' den stillen Heimatzauber,
  Sieh' mir in's Aug' und jetzt zum letztenmal
  Will ich dich fragen: »Kannst du uns verlassen?«
HEINRICH Wohl schmerzt es mich, euch alle zu verlassen,
  Wohl lieb ich diese Heimat meiner Kindheit,
  Doch weißt du, was ich fest in mir beschlossen.
  Ich habe Mut und habe Kraft und Hoffnung,
  Die Welt liegt vor mir und ich will sie sehen,
  Ich will den Lebensnachen jetzt besteigen
  Und aus der Bucht in volle Brandung rudern,
  Wo ich den Mut, die Stärke kann erproben.
  Was hilft es, immer in den Grenzen
  Der engen Kindheit kindisch sich zu fesseln,
  Ich will hinaus und voll das Leben sehen.

*Das Schwesterchen hat inzwischen Blumen gepflückt und sie zu
einem Sträußchen gewunden, das sie jetzt Heinrich bringt.*

SCHWESTER Nimm noch das Sträußchen mit auf deine Reise,
Es ist noch frisch und duftet gar so herrlich,
Schau diese Veilchen, wie sie stille schlummern,
Weil sie der Sonnenstrahl noch nicht geweckt hat;
Die Rosenknospen sind erst heut gesprungen
Und werden dir, Heinrich, so bald nicht welken.

HEINRICH *zur Schwester* Ich danke dir für deine lieben Blumen
Und will sie hier an meinen Hut noch stecken,
Wo schon von Mutters Grab der Rosmarin schweit.
Zum Vater So höre denn, wie fest ich noch entschlossen,
Und laß mich zieh'n und gib mir deinen Segen.

VATER So knie nieder, Sohn, ich will dich segnen
Heinrich kniet nieder, der Vater legt ihm die Hand auf
Leb wohl, ich geb' dir meinen vollen Segen,
Du bist mir stets ein guter Sohn gewesen.
Und wirst den alten Vater nicht vergessen
Mit zittender Stimme
Zwar werd' ich nimmer in der Heimat weilen,
Wenn du von deiner kühnen Fahrt zurückkommst,
Ein reifer Mann voll Kraft und voll Erfahrung,
So möge dich nun Gott durchs Leben führen,
Der dich bisher beschirmt hat und behütet.
Und wenn einmal die lockende Versuchung
An dich herantritt, sollst du tapfer sein
Und ihr mit starkem Herzen widerstehen.

HEINRICH *leise* Ich verspreche Dir's.
Heinrich steht auf und küßt den Vater

1. BRUDER *gibt Heinrich die Hand* Leb wohl, mein Bruder,
Du weißt es wohl, wie gern ich mit dir zöge,
Ich werde immer gerne an dich denken
Und für dich beten, bis auch ich einst mutig
Hinausziehn darf in's schöne, weite Leben.
Vergiß mich nicht und denk' an mich mit Liebe!

2. BRUDER Ade denn, Heinrich, was du mir gesagt hast
Von Kraft und Ernst, von Sohnes Pflicht und Liebe,
Das will ich immer fest bei mir bewahren;
Und kommst du wieder, werd' ich groß und stark sein

Und Vater soll mich, wie sonst dich, dann loben.
Küßt Heinrich.

SCHWESTER Behüt dich Gott, lieber Bruder, laß die Blumen
Nicht fallen; ja und komm' auch recht bald wieder
Und bring mir auch was mit von dieser Reise.
Heinrich nimmt sie vom Boden auf und küßt sie kräftig.

HEINRICH Lebt wohl, Ihr alle, sollt mich nicht vergessen,
Verzeiht mir auch, wenn ich euch je beleidigt!
Lebt wohl und weint nicht lang, als wär' ich
Für immer weggezogen aus der Heimat.
Er geht grüßend ab.

VATER Jetzt ist er fort, ich werd' ihn nimmer sehen,
O Heinrich, Heinrich, du mein liebster Sohn,
Ein treues Herz wird immer für dich schlagen,
Ein lieber Geist wird immer um dich schweben,
Auch wenn des Meeres wilde Wellenstürme
Den Nachen dir bedrohen und das Steuer
Der müden Hand im Sturme will entsinken.
*Schaut nach der Richtung, in der Heinrich gegangen, indem er
die Augen mit der Hand beschattet.*
Wie er dahingeht, welche Lebensfülle
Und welche Hoffnung! Wird er wohl
Als solcher Jüngling einstens wiederkehren?
Wie lange sah ich diese Stunde kommen,
Die mir den ersten Sohn entreißt und nimmer
Den kühnen Jüngling mir wird wiederbringen!
Wie oft hab ich gesonnen und gesonnen
An dem Gedanken von des Sohnes Zukunft.
Ich sah sein Schiff von Wellen viel umsauset,
Doch immer siegreich; werden meine Träume
Von meines Heinrichs großer, schöner Zukunft
Sich einst erfüllen? Möge Gott es geben!
S' war doch ein lieber, frommer, guter Jüngling,
Und gut und fromm und edel wird er bleiben,
Ich sah's am Scheine in den hellen Augen,
Ich hab's gehört im Zittern seiner Stimme,
Er ist mein Sohn, auf den mit Recht ich stolz bin.
O möge nie des Lebens bleiche Täuschung
Ihn fällen, möge nie der Lüste Zauber

69

Sein keusches Herz in seinen Wirbel reißen
Und nie verderben seine schöne Unschuld.
Wie viel mit einem solchen Sohn dahingeht,
Mein halbes Herz hat er mit fortgenommen.
Zu den Kindern O kommt an meine Brust, ihr lieben Kinder
Und betet für den Bruder, der jetzt fort zog.
Auch ihr sollt also stark und blühend werden,
Damit auch ihr den herben Kampf des Lebens
Einst könnet kämpfen; und einst könnet siegen.
Nehmt euch den Bruder immer treu zum Vorbild,
So stark und groß, und doch so still bescheiden,
So voller Ehrfurcht vor dem alten Vater
Und voll von Liebe für die tote Mutter!
Gebt mir die Hand, und lasset jetzt das Weinen!
Jedes gibt ihm einzeln die Hand und sieht ihn an.
Der Vater geht ab.

1. BRUDER   *zum 2. Bruder*
Bleib noch ein wenig, hab dir viel zu sagen,
Was Heinrich mir gesagt, daß wir dem Vater
Ersatz sein sollen für den Ältesten,
Das weißt du längst, das brauch' ich nicht zu sagen.

2. BRUDER   O ja, und laß mich alles hören, Bruder,
Was Heinrich dir gesagt, ich bin begierig,
Und auch mit mir hat Heinrich viel gesprochen.

1. BRUDER   Nun laß mich reden, unterbrich mich nicht,
Und staunen wirst du, wenn du alles hörst,
Was Heinrich mir so ernst und heilig sagte.
S' ist kein Geheimnis, alles sollst du wissen.
Pause
Es war ein trüber Abend und in der Ruine
War ich mit Heinrich, – es begann zu regnen.
Und während wir noch standen in den Steinen,
Begann ein Ungewitter, wilde Blitze
Umzuckten die Ruine und das Donnern
Ward immer schrecklicher; – da nahm mich Heinrich
geheimnisvoll Still an der Hand und eine niedre Türe,
Die ich vorher im Mauerwerke nie
Gesehen, stieß er auf. Ein enges Zimmer,
Von wenig Ritzen schwach erhellt, erschloß sich,

Doch waren wir vor Sturm und Regen sicher.
Er drückte leise mich auf einen Felsen nieder
Und setzte sich mir gegenüber, wo ein Stein
Vorragte aus der Mauer, dann begann er
Mir viel zu sagen; immer voller, klarer
Klang seiner Worte Laut und wie ein Heil'ger
Stand er vor mir, als wär' er nicht mein Bruder,
Als wär er eines Gottes heil'ges Werkzeug.
Er hob die Hand dabei und sah mir in die Augen –
O Bruder, wie der Sonne schönster Strahl
Erglänzte drin die göttliche Begeist'rung.
Ich hing an seinen Lippen, eifrig lauschend; –
Was er mir sagte, Bruder, kann ich nimmer
Mit diesen Worten sagen, doch will ich
Versuchen, alles deutlich mitzuteilen.
So etwa sprach er: »Seit Jahrtausenden,
In der Geschichte vieler, – aller Völker,
In jeder Brust war stets ein ewig Sehnen,
Ein eifrig Streben, Ringen um das Glück.
Es kamen Religionen, Weisheit, Lehren;
Der Menschheit größte, herrlichste Gedanken,
Sie alle sind nach ew'gem Glück ein Streben,
Das tausendmal bis heut' sich wiederholt hat.
Das Glück der Menschheit heißt der helle Stern,
Den manche schon in schönem Traum gesehen,
Der stolze Moses auf dem heil'gen Berge,
In Bethlehem die morgenländ'schen Weisen;
Doch keiner kann das Heil der Erde bringen,
Kein Opfer Einzelner kann uns erlösen,
Es müssen alle, alle mit uns streben
Und alle müssen noch sich lieben lernen
Und allem Haß der Religion, der Völker,
Der Stände und der Güter sich entringen.
Was Christus einst im Todeskampf gewollt hat,
Das haben sie in tote Glaubenslehren,
In eine Liebesreligion verwandelt,
Die voll von Haß und voll von falschem Stolz ist.
Die Reichen stehen über Armen, Schwachen,
Die Weisen über dem verlachten Pöbel.

O, bis das Gut, die Weisheit und die Herrschaft
Gerecht und gleich auf alle sich verteilt hat,
Solang ist all der Traum vom Erdenglücke
Nichts als ein Traum. Doch gibt es tausend Herzen,
Die edler schlagen und den Adel ehren,
Den jeder Mensch als Mensch in seiner Brust trägt.
Und diesen Edlen mich auch beizuzählen,
Das ist mein erster Stolz, das Leben meines Lebens.«
Noch vieles sagt' er so, und alles hab' ich
Wie eines Gottes Wort in mir verwahrt stets,
Und will es künftig als mein Höchstes ehren.
2. BRUDER Ich danke dir, mein Bruder, dein Vertrauen
Hast du nicht einem Feigen heut' geschenkt,
Ich will es ehren, will den Bruder ehren.
Die Schwester, während des Gesprächs weggehüpft, kommt
herangetänzelt, Blumen im Haar und um die Schultern be-
kränzt. Sie gibt den Brüdern die Hand. Blaues Licht, Blumen-
regen: Alle ab.

2. Aufzug

Freier Platz in einem Wäldchen. Kleine Bank. Abendhimmel.

Heinrich geht allein auf und ab.
HEINRICH Wird mir auch dieser Traum in Nichts zerrinnen,
Auch diese Hoffnung mich, die letzte, trügen?
Pause
Ich habe viel gerungen und verloren,
Und meine allzu hohen Jugendträume
Verirrten sich in ferne Ewigkeiten.
Die Heimat hab ich lange nicht gesehn,
Dort bin ich längst verschollen und vergessen.
Ob wohl die Blumen noch so bunt dort stehen?
In meinem Beete sind sie abgestorben,
Und auch in meinem Herzen sind die schönsten
Der Frühlingsblumen welk; und aller Traum
Von Kampf und Not und Siegen ist verschwunden;
Auf eine Nummer will ich alles setzen,

Mein Herz und meine Zukunft und mein Leben.
Bleibt stehen Von dem Entbehren müde kam ich hierher
Und wußte kaum noch, was ich lebt' und suchte,
Mein Himmel war verhängt und trüb und dunkel,
Des Lebens schwanker Nachen wollte sinken
In all den Meeresstürmen, meine Hoffnung
War ganz geschwunden und der Lebensmut.
Und wieviel hab' ich jetzt gesehen und gekostet,
Wieviel gelitten, und erreicht wie wenig!
Ich sah mit wundem Herzen, wie die Träume
Allmählich sich verloren, wie im Herzen
Die Ideale schwanden und Verzweiflung
An ihre Stelle trat mit bleichem Antlitz,
Des Lebens ganze Not ging mir vorüber
Und wenig rettete ich aus dem Schiffbruch.
So ganz verkommen, voll von Zorn und Elend,
Ein Toter halb, bin ich hieher gekommen,
Da ging in meiner schwarzen Nacht ein Stern auf,
Der wie ein Himmelstrost mir segnend glänzte,
Elisa sah ich und ich lebte neu.
Pause
Nach manchem trüben Wintertag nun endlich
Hat sie mir still gewinkt und – soll ich's glauben?!
Jetzt steh' ich hier und warte auf Elisen.
Der Liebe Glück soll endlich meinem Herzen
Die Heilung bringen. – Wenn zuviel ich hoffte
Von ihrem vielgepries'nen, sel'gen Zauber?
Das letzte Band, das an die Welt mich knüpft
Und an die Jugend, es ist meine Liebe.
Pause
Ungeduldig Wie doch so lang sie zögert. Weiß sie nicht,
In welchen Qualen ich sie hier erwarte?
Auch Ferdinand ist noch nicht da und hat doch
Mit Sonnenuntergang versprochen hier zu sein.
Die Sonne ist versunken, es ist Abend,
Die Luft ist weich und voll von Duft und Frühling,
Es ist die rechte Zeit für Liebende, der Abend.
Man hört hinter der Szene Schritte und Pfeifen.
Ha, Ferdinand, ich kenne wohl sein Zeichen!

Laut Komm, Ferdinand!
Ferdinand tritt vor und gibt Heinrich die Hand
Naht sie, ist sie schon hier?

FERDINAND Sie kommt –

HEINRICH Ich danke dir, wie soll ich –

FERDINAND So sei doch still, sie ist schon in der Nähe.

HEINRICH Elisa in der Nähe!
Elisa tritt auf. Heinrich fällt ihr zu Füßen, ferne sieht man den
Mond aufsteigen.

HEINRICH Sei gegrüßt mir,
Du liebes Bild, mein Herz liegt dir zu Füßen.

ELISA Steh auf, mein Ritter, reiche mir den Arm.

HEINRICH *aufstehend* O Seligkeit!

ELISA Wir wollen hier im Wäldchen uns jetzt ergehen.

FERDINAND Und ich will nicht stören. *Ab.*
Die beiden gehen Arm in Arm auf und ab und setzen sich dann
auf der kleinen Bank.

HEINRICH Elisa, kannst du ahnen, welche Wonne
Mein Herz erfüllt bei deinem lieben Anblick.
Im Herzen trag ich einen ganzen Himmel,
Seit du mir Lieb' und Treue hast versprochen.
Daß ich dich liebe, ist mein einzig Denken,
Daß du mich liebst, mein einz'ger Hoffnungsstern.

ELISA Laß das! Ich habe gestern dich gebeten,
Von deiner Heimat Kunde mir zu geben.
Heinrich faltet die Stirn.
Wer ist dein Vater, wo bist du geboren,
Wo bist du aufgewachsen, welches Land
Ist deine Wiege? Sprich doch!

HEINRICH Wenig ist es,
Was ich von meiner Herkunft dir muß sagen.
Geboren bin ich an dem Strand der Donau,
Nah bei der Kaiserstadt, dort war das Landhaus,
In dem mein Vater mich einst hat erzogen.
Die Mutter ging mir früh hinweg, zwei Brüder
Und eine Schwester hab' ich. Diese werden,
Denk ich, zuhaus den alten Vater pflegen,
Wenn er noch lebt. Ich bin dort längst vergessen.

STIMME Du bist es nicht!

HEINRICH *schaudernd* Was war das, welche Stimme?

ELISA Es ist der Wind, der sich im Baum gefangen,
  Was ist dir, warum wirst du bleich, was schaust du
  So angstvoll? Was soll dieses Zittern? Rede!
  Heinrich zittert und blickt nach hinten, wo der Geist des Vaters
  steht.

HEINRICH O weh!

ELISA Was gibts?

HEINRICH Mein Vater! Welcher Anblick!
  Der Geist tritt von hinten näher. Elisa sieht ihn noch nicht.

ELISA So sprich doch endlich. Wie du mich erschreckt hast!
  Der Geist berührt ihre Stirn von hinten.
  Weh, welch ein Eiseshauch, sind wir verzaubert?
  Sie blickt nach hinten, sieht den Geist und erschrickt heftig.
  Zitternd erhebt sie sich.
  Verfluchter Zauberer, dich könnt ich lieben?

HEINRICH Ich habe nichts getan.
  Fast wahnsinnig O bleibe, bleibe,
  Laß deinen Heinrich nicht verderben, bleibe!
  Gib mir die Hand, laß mich an deinem Busen
  Den bösen Spuk vergessen! Wie, du fliehst?

ELISA Abscheulicher, das ist dein Dank! Mit Teufeln
  Bist du im Bund und wolltest mich verführen.
  Stößt Heinrich weg.

HEINRICH Ich bin nicht schuldig, o vergiß, vergiß,
  Ich habe diese Geister nicht gerufen!

ELISA Schweig' still, Verruchter! *Sie flieht von der Szene.*

HEINRICH *will ihr nacheilen* Bleibe, laß dich halten!
  Geist hält ihn zurück.

GEIST *mit trauriger Stimme* Kennst du mich nicht mehr, Heinrich?

HEINRICH *verzweifelnd* Laß mich! Laß mich!

GEIST *wie vorher* Kennst du mich nicht mehr, Heinrich?

HEINRICH Vater, laß mich!

GEIST So kennst du mich – Und fliehst vor deinem Vater?
  Bist du der Sohn, den ich so fromm und heiter
  An seiner Brüder Seite einst erzogen?
  Den ich mit schwerem Herzen einst ließ ziehen?
  Heinrich liegt bewußtlos am Boden, sein Haupt liegt auf der

Bank. Er ist's, er ist's, o Heinrich, Sohn, erwache!
Pause Da liegt er bleich und schrecklich anzusehen,
O armer Sohn, was ist aus dir geworden!
Das ist die Frucht der jahrelangen Sorgfalt,
Die ich dem ersten Sohne einst geopfert;
Das ist der Jüngling, der vom Vaterhause
So kühn hinauszog und so voll von Hoffnung.
Wo sind jetzt seine stolzen Ideale,
Wo ist jetzt seine keusche Kindesunschuld,
Wo sind des Edlen farbenreiche Träume?
Er hält inne und sieht Heinrich schmerzlich an.
O welch ein Bild von ungestilltem Sehnen,
Von fehlgeschlagnen Hoffnungen; die Schmerzen,
Die er gelitten, stehn in seinen Zügen;
Er sah das Leben, und er war betrogen.
Reif ist aufs heiße Jünglingsherz gefallen,
Die Blüte ist verwelkt, o armer Heinrich!
*Er legt Heinrich die Hand auf die Stirne. Heinrich erwacht
und sieht mit wirrem Blick um sich.*
HEINRICH   Du bist noch da; so schere dich zum Teufel!
GEIST   Dein Vater –
HEINRICH   Kannst du mich nicht einsam lassen,
    Nachdem du mir der Liebe Glück vergällt hast!
GEIST   Ich bin dein Vater, bin dein guter Vater,
    Liebst du mich nimmer, Sohn?
HEINRICH   So laß mich jetzt,
    Ich kann dich nimmer sehen; mich zu quälen,
    Hast du dein Grab verlassen; meine Liebe
    Hast du zerstört, genügt dir das noch nicht?
    Willst du mich auch noch quälen?
GEIST   Laß mich reden!
    Es ist der Vater, der zum Sohne redet,
    Und der es mit dem armen Sohne wohl meint.
HEINRICH   O dieses Mitleid! Das kann ich nicht ertragen,
    Entferne dich, dein Sohn bin ich jetzt nimmer.
GEIST   *schmerzlich zitternd, das Haupt schüttelnd:*
    Nicht mehr mein Sohn?
HEINRICH   Willst du noch höhnen, Alter?
GEIST   Ich höhne nicht und will dich nimmer quälen,

Und du hast Recht, mein Heinrich bist du nimmer.
Mit Gott und Menschheit gänzlich schon zerfallen
Kannst du den Vater nimmer lieben, nicht verstehen.
O wär ich nicht aus meinem Grab gestiegen!
Ich wollte deine Siege seh'n, mich freuen,
Was du nach Not und Kämpfen dir errungen,
Zu neuen Siegen wollte ich dich stärken; –
Und finde einen Elenden, der alles,
Was einst ihm heilig war und seinen Vätern,
Mit Füßen tritt, der seinen eig'nen Vater
Mit kaltem Wort ins stille Grab zurückschickt.
Er richtet sich hoch auf und sieht Heinrich fest an.
Soll ich jetzt gehen, Sohn, schickst du mich fort?
HEINRICH Geh!
GEIST Bedenke, Heinrich, was du da gesagt hast.
HEINRICH Geh, ich bedenke. Willst du endlich weichen?!
*Donner und Dunkelheit, der Geist verschwindet langsam. Man
sieht den Mond nimmer. Trübe, unsichere Beleuchtung.*
HEINRICH *höhnisch:*
Der Liebestraum war kurz, das muß ich sagen.
Noch eh' ich seine halbe Lust genossen,
Ist er dahin. *Kalt* Nun, ich war längst entschlossen,
Die Brücke ist jetzt abgebrochen und mein Leben
Gehört nicht mehr der Menschheit und dem Schaffen,
Zerstören soll jetzt meine einz'ge Lust sein.
Furchtbar hart und kalt:
Von Liebe bin ich jetzt geheilt, seitdem mir
Des Vaters Geist den Liebeswahn zerstört hat.
Ich hätt' ihm danken sollen! Hat er doch
Von dieser Krankheit mich befreit, und hat mich
In wenig Augenblicken hoffnungslos gemacht.
Das war mein einz'ger großer Fehler bisher,
Daß ich im Herzen stets noch *Hoffnung* hegte.
Wer nimmer hofft, der kann auch nimmer fürchten.
Von heut erkläre ich den Krieg der Menschheit,
Mit Gott und Teufel will ich furchtlos kämpfen.
Wenn das mein Vater wüßte, daß durch sein Erscheinen
mit schrecklicher Schadenfreude
Er mich zum Feind der ganzen Welt gemacht hat.

Er würde noch im Grabe kindisch weinen.

FERDINAND *hinter der Szene:* Heinrich! Heinrich!

HEINRICH Was suchst du mich?

FERDINAND Da bist du!

Er tritt verstört auf mit mit einer Laterne.

HEINRICH Was willst du, Ferdinand?

FERDINAND *bestürzt* Du fragst noch, Heinrich?

HEINRICH Suchst du mit der Laterne Menschen – Geister?

FERDINAND Ich suche dich. – Und habe dich gefunden.

HEINRICH Sprich, was ward aus Elisa?

FERDINAND Sah sie nur
Mit wirrem Haar entfliehen. Die Gewänder
Umflogen rauschend die Gestalt, gespenstisch
Bleich war ihr Antlitz, daß ich schier erschrocken.

HEINRICH *sieht ihn fest an:*
Du kannst jetzt gehen! Deine viele Mühe
Will ich nicht lohnen. – *Kalt.* Wer vor einem Weibe
Erschrickt, der kann bei mir nicht bleiben, gehe!

FERDINAND *erstaunt und beleidigt:*
So willst du – doch wozu mich jetzt erregen?!
Du hast ja Geister heut gesehen und gesprochen,
Die haben dir den Sinn verwirrt – ....

HEINRICH Nun, – weiter?!

FERDINAND Ich denk, es ist genug. *Wärmer*
Doch komm jetzt, Heinrich!
Verzeih', wenn dich mein rasches Wort erzürnt hat.
Ich will dich nicht verlassen, denn mein Leben
Verdank' ich dir – das muß ich erst bezahlen.

HEINRICH Der Eide bist du quitt, die du geschworen,
Ich gebe dir dein Wort zurück. Ich brauche
Jetzt Männer, keine Freunde – keine Liebe.

FERDINAND Was soll das Wort? Was schaust du also lächelnd,
So böse lächelnd jetzt mich an? Mich schaudert –

HEINRICH Wer jemals schaudert, der kann mir nicht Freund
sein.
Pause. Doch willst du bei mir bleiben, höre erst:
Ich habe heute viel erlebt. Die Liebe
Zum Menschen ward mir endlich abgewöhnt.
Wer bei mir bleiben will, muß erst mir schwören,

Daß keinen Menschen auf der Welt er liebt, –
Und keiner ihn. Ich will von heute kämpfen
Mit jener Macht der Liebe, will mein Leben
Mit Leib und Seele diesem Kampfe weihen.
Nun sprich, willst du noch bleiben, willst du mit mir
Dem Riesenkampf dich unterzieh'n? Bedenk dich!
FERDINAND *nachdem er eine Weile sichtlich mit sich gekämpft, –*
stolz: Zwar hast du mich anfangs verblüfft. Doch weißt du,
Daß ich noch nie geliebt und niemals liebe.
Ich bleibe bei dir, und sei's auch nur aus Stolz.
Sie geben einander die Hand. Ein Blitz zuckt auf, der Wind
pfeift, die Laterne erlischt.

3. Aufzug

Es ist Morgen. Heinrich, Ferdinand und Walter sitzen in einer
Schenke allein. Heinrich ist gealtert und halb grau. Die Schenke
ist ärmlich eingerichtet, Gläser und Krüge stehen herum. Hein-
rich schläft.

WALTER Wir wollen stille sein. Er schläft nun endlich.
 Seit vielen Tagen hat er nie geschlafen.
FERDINAND *leise:* Er soll nur ruhen. Bald beginnt das Tagwerk.
 Es ist schon recht, in einer Stunde kommen
 Die Wagen an, dann müssen wir ihn wecken.
WALTER Erzähle doch, ich habe nichts gehört fast;
 Auf wen wird heute Jagd gemacht? Ich habe
 Gehört von einem reichen Adelsherren nur.
 Doch weiß ich wohl, der hohe Adel eben
 Ist's, den der Herr besonders haßt und feindet.
FERDINAND Es ist Herr von der Haid, der seine Braut holt.
 Leiser Die Sache eben ist, daß diese Braut einst
 Des Herrn Geliebte war, der sie verloren,
 In jener Nacht, von der ich dir erzählte.
WALTER Du meinst die Nacht, als ihm der Geist erschienen?
FERDINAND Ja, eben diese meine ich. Diese Dame,
 In die er damals war verliebt, führt heute
 Der Graf als Braut heim. Doch die frohe Hochzeit

Wird ihm versalzen, daß er ewig daran denkt.

WALTER Und er will ihn nicht töten, will ihn schonen?

FERDINAND Gewiß! Doch wie die ganze Sache geh'n soll,
Weiß ich noch nicht. Wir werden es erfahren,
Wenn wir dem Wagen folgen. – Sei vorsichtig!
Der Herr ist schlecht gelaunt –

HEINRICH *aufspringend:* Und wird dich strafen,
Wenn du das Maul nicht hältst, elender Schwätzer!

FERDINAND Verzeiht, verzeiht!

HEINRICH Was soll ich lang verzeihen!
Doch ärgere mich nimmer! *Pause* Heute gilt es
Ein selt'nes Stück; es muß bestimmt gelingen.

WALTER U. FERDINAND Es wird gelingen, Herr!

HEINRICH Es soll und muß gelingen!
Wir gehn in Hochzeitskleidern auf das Schloß,
Wir nehmen teil am Fest und wenn der Abend
Beginnt zu dämmern, wenn der Taumel anfängt,
Von Lust und Wein die Köpfe zu verwirren,
Dann führe ich die Braut hinaus und draußen
Wird gleich sie umgekleidet. Ihr Gewand
Wird eben passen mir. In ihren Kleidern,
Verhüllt von dichtem Schleier, tret' ich ein
Und setze mich zum Bräutigam. Er wird mich
Sobald nicht kennen. Endlich werd' ich ihn
In's Freie locken. Dann erst soll er sterben.
Jetzt mußt du, Walter, mir den Bart abnehmen,
Die Hochzeitskleider habe ich beschafft schon.
In einer Stunde sind wir alle fertig.

*Vorzimmer im Schloß. Heinrich, ohne Bart und in Festkleidern,
allein:*

HEINRICH Ich habe sie gesehen. Kaum verändert
Ist sie seit sieben Jahren, älter kaum
Geworden scheint sie mir. Ihr Auge blitzet
Feurig, wie mir's einst hat gelächelt.
Wahrhaftig, wär' mein Eid nicht und mein Stolz,
Ich raubte sie und würde mit ihr glücklich. *Pause*
Verlaßt mich nicht, Dämonen, steht mir bei,
Daß ich treu bleibe meinen alten Eiden,

Die ich auf meinen und des Teufels Namen
Geschworen einst! Verlaß mich nicht Erinnerung
An all die Not, das Elend, all das Hassen,
Das ich so lang und stets so stolz getragen. *Pause.*
Fest. Nein, ich bin sicher! Meine Hand ist blutig
Von Mord und Raub, mit Schmutz und Blut besudelt
Ist auch mein Herz und sicher vor der Liebe.
Es muß gelingen! Alle Bitterkeit,
Die jahrelang das volle Herz gesammelt,
Fließt wild zusammen, wenn ich heut' Elisa
Unglücklich seh', das allererste Mädchen
Und auch das letzte, das ich je berührte.
Man hört Lärm im Nebenzimmer und laute Rufe: »Haltet,
fangt ihn« etc., *daneben Lachen und Gläserklingen.*
WALTER *vermummt, kommt herein:* Es ist geschehen, Herr.
HEINRICH Ihr habt Elisa?
WALTER Gewiß. – Doch kommt, die Beute selbst zu sehen.
HEINRICH Gleich, gleich. Doch nein, führt sie zur Schenke.
   Dort muß sie sich umkleiden, in der Wirtin
   Schlafzimmer sind die Kleider; –
WALTER Aber du, Herr?
HEINRICH Ich bleibe hier. Daß ihr es recht besorgt!
   abgehend WALTER Du wirst zufrieden sein. Auf Wiedersehen!
HEINRICH So ist's gescheh'n. Nun ist es Zeit zur Rache.
   Geist des Vaters, kommt von links herein.
HEINRICH Was willst du, Alter?
GEIST Laß mich reden, Heinrich.
   Ich komme, dich zum letztenmal zu warnen.
   Eindringlich Laß diese Rache, laß das wüste Leben;
   Wozu mit aller Welt im Kampfe leben?!
   Ich will dich schützen und dir beisteh'n –
HEINRICH *verächtlich* Schwätzer,
   Ich brauche keinen Beistand. Ich bin selbst Mann.
GEIST *bittend* Sei nicht so stolz, sei nicht so trotzig, Heinrich.
   Ich kann es nimmer sehn, wie du dein Leben
   Dem Elend und dem Bösen hast gewidmet.
   Du dauerst mich.
HEINRICH Ich brauche nicht dein Mitleid.
GEIST Ich mein' es gut mit dir –

HEINRICH   Ist gar nicht nötig.

GEIST   Ich liebe dich

HEINRICH   *aufbrausend* Sei still mit deiner Liebe!
  Ich kenne sie. – Als ob ich Liebe brauchte!
  Mach, daß du fort kommst, Alter. Weißt du nicht,
  Was ich von Eurer Liebe halte? Wär's nicht
  Unmöglich mir, mit einem Geist zu kämpfen,
  Du kämest nicht von hier *abbrechend* – doch wozu schwatzen,
  Wenn schon zur Tat die Zeit ist. Ich muß gehen.

GEIST   Was sagst du mir zum Abschied?

HEINRICH   Dir zum Abschied?!

GEIST   Zum Abschied deinem toten Vater.

HEINRICH   Nichts! *Eilt hinaus.*
  *Der Geist sieht ihm traurig nach und verschwindet mit allen
  Zeichen verzweifelten Schmerzes.*

*In der Schenke. Heinrich sitzt auf einem niederen Stuhl, allem
Anschein nach todmüde.*

FERDINAND   *stürzt herein:* Auf, auf, man sucht uns! fliehe!

HEINRICH   Was ist mit Elisa?

FERDINAND   Das später! Still jetzt, man verfolgt uns,

HEINRICH   Verschließ die Tür. Wir haben Zeit. Nun rede,
  Was habt ihr mit dem Mädchen angefangen?
  Ist sie entfloh'n, gefangen – oder tot?

FERDINAND   Ach, Herr, verzeiht!

HEINRICH   Was sollt ich denn verzeihen?

FERDINAND   Wir flohen rasch, man war uns auf den Fersen
  Man holt' uns ein, es gab ein wildes Kämpfen,
  Wobei der eine Schurke mir Elisa raubte
  Aus meinem Arm und floh in das Gebüsch.

HEINRICH   Verfluchter –!

FERDINAND   Hört! Ich eilt' ihm nach und fand ihn
  Ausruhend unter einem Baum, wir kämpften.
  Elisa wollte fliehen, und im Drange
  Stach ich sie nieder

HEINRICH   Du hast sie ermordet?

FERDINAND   Ich tat es, denn es war der einz'ge Ausweg.

HEINRICH   *sinnend:* Ja, ja, – der einz'ge Ausweg – ja, der einzige!
  Tot – tot – ermordet von dem Liebsten – ha –!

Sich wild schüttelnd Fort, fort, verdammte Liebe! Ha, das
Letzte, das Größte hab ich jetzt getan! Doch nein. *Faßt Fer-*
dinand wütend Du hast es ja getan, hast sie getötet. Hast mir
die letzte Freude noch verdorben.
Ich hätt' sie töten sollen. All mein Sinnen
War dieser Mord, den jetzt ein andrer –
FERDINAND *sich losreißend* Laß mich!
HEINRICH Nun denn! Es ist geschehen, nicht zu ändern!
Ich sollte dir noch danken, daß du's tatest;
Es war nur der erste Zorn, der mich erfaßte.
WALTER *vor der Tür* Kommt doch, ihr seid verloren, eilet, eilet!
Man hört vor der Türe Ringen, wildes Geschrei, einen Pisto-
lenschuß. Man hört rasche Tritte, Fluchen, Scheltworte.
FERDINAND *öffnet ein Fenster* Wir müssen hier durchs Fenster.
Er steigt hinaus und ruft von unten Hier ist's sicher!
HEINRICH *schließt das Fenster* Kindischer Feigling. Ich bin im-
mer sicher.
Zieht seinen Dolch. Ich hab mich nie gefürchtet, warum jetzt?
Er öffnet die Türe, das Zimmer füllt sich mit Menschen. Einige
dringen auf Heinrich ein, der sich verzweifelt mit dem Dolch
Bahn bricht. Mit lautem Gelächter eilt er ab, den Dolch schwin-
gend.
EIN BOTE *hereinreitend:* Der Graf ist droben auf dem Schloß
erschlagen! *Getümmel – –*

4

Eine Felsenquelle, kahle, dunkle Ruinenmauer, kleine Fenster-
öffnungen. Heinrich, alt und verkommen aussehend, liegt auf
einigen Decken krank. Walter ist bei ihm und pflegt ihn.

HEINRICH O diese Hitze, Walter! Gib mir Wasser!
Walter reicht ihm ein Glas, das Heinrich gierig leert.
O diese Sonnenstrahlen! Schließ' die Fenster!
WALTER Mich friert, es ist November, und da draussen
Fällt schon der erste Schnee.
HEINRICH Was sagst du?
WALTER Es ist bald Winter und du wünschest Kühlung!

HEINRICH O laß mich, laß mich!

WALTER Bleibe ruhig liegen.

HEINRICH *will aufstehen:*
Da unten – ha – ich muß hinuntergehen.
Hast du das Haus im Garten dort gesehen,
Hast du gesehn das Grab, das Grab der Mutter?
Sie ruft mich heim, der gute Vater wartet,
Er fragt nach mir.

WALTER Wie? Der ist ja gestorben.

HEINRICH *stumpf mit irrem Blick* Mein Vater ist gestorben? ist
gestorben. Ich bin ja auch gestorben, – auch gestorben!
Und auch die Mutter ist gestorben und Elisa
Ist auch gestorben *kindisch weich* alle sind im Himmel,
Und meine gute Schwester, sie ist krank.
Die Blumen schenkte sie mir – meine Brüder
Gehn mir scheu aus dem Wege *wie erwachend* Was für Schritte!
Eine Felsentür öffnet sich und ein Mann tritt herein.

DER MANN Ich wollte Euch nicht stören, doch was wollt ihr
Zu dieser Zeit allein in der Ruine,
Habt Ihr den Weg verloren, kann ich helfen?

HEINRICH *sucht sich ängstlich zu verbergen.*

WALTER Mein Freund ist krank; ich denk, er hat das Fieber.

DER MANN *faßt Heinrichs Hand, dieser fährt zusammen – leise*
Der ist verloren.

WALTER Könnt Ihr ihn nicht wecken?

DER MANN Er ist verloren. Wo die Kräfte fehlen,
Da hat des Arztes Kunst ein Ende. – Woher kommt Ihr?

WALTER Vom Böhmischen.

DER MANN Und wohin wollt Ihr reisen?

WALTER Ich weiß noch nicht. – Wir haben keine Heimat.

DER MANN *auf Heinrich deutend* Der da hat seine Heimat jetzt
gefunden!

HEINRICH *nickt mit dem Kopf, wie um zu sprechen.*

DER MANN *sich über Heinrich beugend* Habt Ihr gesprochen?

HEINRICH *schüttelt schwach den Kopf*

DER MANN Seid Ihr lange krank schon?

HEINRICH *hart* Nein.

DER MANN Habt Ihr wohl Fieber, habt Ihr Schmerzen?

HEINRICH *wie oben* Nein.

84

DER MANN   Ich möcht Euch gerne helfen.

HEINRICH   *ärgerlich* Ist nicht nötig.

HEINRICH   *sinkt zurück, der Mann beugt sich dicht über ihn, da entdeckt er an Heinrichs Hals eine kleine Narbe.*

DER MANN   *dringend* Was! Heinrich! Du!

HEINRICH   Wer ruft mich? Seid Ihr noch da?

DER MANN   Mein Bruder, Bruder Heinrich!

HEINRICH   Ich dein Bruder?!
   Geh, schick den Mann jetzt weg, ich will's so, Walter.
   Was kommt er da herein, um mich zu ärgern!

DER MANN   Ich bin dein treuer Hermann, der dich lieb hat.

HEINRICH   Mach, daß du wegkommst, ich bin nicht dein Bruder.
   Bist du verrückt? Geh, schere dich zum Teufel!

DER MANN   Bist du nicht hier geboren?

HEINRICH   *gezwungen lachend* Hier geboren?!
   Da mußt du tausend Meilen weiter suchen.

DER MANN   So hab ich mich getäuscht?! Ist's wirklich möglich?
   Ich glaub es kaum.

WALTER   Verzeiht, doch geht jetzt wieder!
   Ich muß dem Herrn gehorchen, und er will es.

DER MANN   *ab*

WALTER   Wie, kennst du diesen Mann?

HEINRICH   *gleichgültig* Es war mein Bruder.

WALTER   Und konntest du ihn so – Gott helf mir, Heinrich!
   Heinrich ist vom Lager herabgesunken und liegt tot am Boden
   Er ist gestorben.
                              Vorhang fällt

                                        22. März 1894

                          * * *

                              85

Die Fremde

Von der Mutter begleitet, mit Ränzlein, Mantel, Schirm und Reisekiste traf ich an einem schönen Septembertag in Maulbronn auf einem langsamen Einspänner ein. Dunkel mit klaren Konturen lag im Tal das große Kloster mit Tor und Giebeln, mit beiden Kirchen, Refektorium und Paradies, mit dem schönen schlanken Giebel der Sommerkirche und dem kleinen nadelspitzen Turme. Im Tor empfing der Famulus uns und eine Menge anderer Kameraden, denn wir waren an fünfzig Neueintretende, welche fast alle von ihren Eltern begleitet waren.
Neugierig und schüchtern betrachteten wir künftige Kameraden einander, redeten uns bald Du, bald Sie an, einige hatten Angst und waren dem Weinen nah, andere zeigten sich als kecke Maulhelden und taten, als hätten sie ihre Eltern mitgebracht und nicht umgekehrt. Ein großer, hagerer Schwarzer fiel mir auf, mit heftig glänzenden Augen. Nun wurden Zimmer geöffnet, Laden und Pulte untersucht, Kasten eingeräumt, Wäsche, Betten und Bücher ausgepackt. Ich erinnere mich besonders daran, wie meine liebe Mutter vor dem mir angewiesenen Schrank auf dem steinernen Boden kniete und mit feinen gütigen Händen meine Wäsche im Boden des Schrankes einordnete. Hemden, Handtücher, Taschentücher wurden sorgfältig eingelegt, zurechtgerückt und glattgestrichen, dann kamen die Kleider und zuletzt Kragen, Halstücher und Sonntagshut. Alsdann besuchten wir den Ephorus und die Professoren, kauften einige Schreibhefte ein und setzten uns am Ende ausruhend auf eine Bank im Freien. »Wir könnten vielleicht auch dem Musiklehrer einen Besuch machen« sagte ich fragend, und die gute Mutter, so müde sie war, stand sogleich auf, ordnete die Falten ihres schönen schwarzen Staatskleides und fragte den nächsten Vorbeigehenden nach der Wohnung des Herrn Musik- und Zeichenlehrers Wolff. Diese war bald gefunden. Ein unrasierter Mann in Hemdsärmeln lag im Fenster. »Wohnt hier der Herr Professor Wolff?« fragte meine Mutter. »Bin ich selbst« rief er unfreundlich, verschwand vom Fenster und erschien bald mit einem Hausrock angetan an der Haustüre. Er führte uns ins Haus und bot meiner Mutter einen Stuhl, hinter den ich mich verschüchtert aufstellte.

»Sie bringen mir einen Schüler?« fragte er sogleich. Und so weiter. Schließlich trug er eine Geige herbei und ließ mich zwei Tonleitern spielen.

»Seit wann geigen Sie schon?«

»Seit fünf Jahren.«

»Hm. Der Ansatz muß sich noch bessern. Sie müssen den Bogen, ehe Sie streichen, stark auf die Saite drücken – so – dann beginnt der Ton sicher und fest.«

Ich hatte diesen schulmäßigen Ansatz schon überwunden, die Notiz ärgerte mich. Nun ergriff Herr Wolff selber Geige und Bogen und spielte die ersten Sätze eines bekannten Allegretto. Meine Mutter lächelte, sie wußte so gut wie ich, daß ich das besser spielen konnte.

Wenig erfreut verließen wir den »Professor« und wandten uns nach dem Kloster zurück, in dem ich nun meine erste Nacht zubringen sollte.

Nach langem unbehaglichem Stilleliegen in dem kahlen Schlafsaal schlief ich endlich doch den Schlaf der Jugend.

Am nächsten Vormittag fand die feierliche Aufnahme der Schüler statt, der Ephorus hielt eine Rede, die Statuten wurden ausgegeben. Dann fuhren nacheinander die vielen Väter und Mütter wieder ab, der Famulus schloß zum erstenmal für uns das Tor, und wir fünfzig Knaben waren in der Klausur des Klosters.

In den Monaten bis zur Weihnacht ging mir in mancher Beziehung eine neue Welt auf. Ich war zum erstenmal mit allen kleinen und großen Bedürfnissen auf mich selber und zum erstenmal unter so viel gleichaltrige Kameraden gestellt. Das enge Zusammenleben, die Arbeit, Spiel und Schlaf machte mir für den Anfang viel Freude. Man lernte sich so genau kennen, hing einander Spitznamen auf, lernte kleine praktische Kniffe von einander, erzählte sich von zu Hause, erfand Spiele, balgte und vertrug sich abwechselnd. In diesen ersten Wochen fand ich nichts Peinliches als die Violinlektionen, welche freilich immer mehr zu Marterstunden wurden. Was vielleicht noch lang in mir geschwiegen hätte, wurde durch die Unfähigkeit und Grobheit des Lehrers geweckt, das souveräne Künstlergefühl, das Bewußtsein der eigenen Begabung. Doch trat dies nur langsam hervor. *(um 1895)*

Hannes und Dadde

Eine Seminaristenhistorie,
in Trochäen gebracht
1895

I

In den grauen Klostergängen
Ist ein reges Leben. Neue
Schwarzbefrackte, hoffnungsgrüne
Zöglinge sind angekommen;
Drunter auch der blonde Dadde
Und der gleichfalls blonde Hannes,
Die ein Herz und eine Seele.
Beide waren schweren Herzens
Heut von Nürtingen geschieden;
Beide krankten schwer an Heimweh,
Ganz besonders, wenn sie abends
Im Dorment vor ihrem Kasten
Standen und die lieben Zeichen
Schwer entbehrter Mutterliebe
Ansahn: sechs Paar weiße Hemden,
Kragen auch und andres Weißzeug,
Und der guten Lehren dachten,
Die daran geknüpft die Mutter.
Armer Hannes! Armer Dadde!
Also schlossen sich die beiden
Immer enger aneinander,
Teilten Würst' und was sie hatten.

Hannes war's, der jeden Mittwoch
Die hebräisch schwere Arbeit
Fertigte für sich und Dadde;
Während dieser in Erwidrung
Solchen Dienstes jeden Samstag
Die lateinische vollendet.
Auch in andern Schwierigkeiten

Halfen sie einander treulich;
Und des abends saßen beide
Stets beisammen, und sie lasen
Schillers Werke, ganz besonders
Den Don Karlos. Dadde paßte
Ganz zum Karlos, und der Hannes
Ebenso zum Marquis Posa.
War ein Ausflug oder sonst ein
Großes festliches Ereignis,
Immer hielten sie zusammen,
Einer führte stets den andern,
Je nachdem Hannes oder Dadde
Mehr getrunken, saßen beide
Auch am selben Tag im Karzer.
Dadde legte sich mit Eifer
Auf das Flötenspiel, der andre
Geigte mit Gefühl und Ausdruck,
Also daß des abends öfters
Ihr zweistimmiges Allegro
Durch das Kloster war zu hören.
Endlich auch, nach langer Arbeit,
Hatten beide wohlbestanden
Den Konkurs (als echte Freunde
Waren sie in einer Klammer
Noch beisammen) und am letzten
Abend, da sie in Blaubeuren
Noch einmal beisammensaßen,
Hub der Hannes an zu sprechen:
»Dadde, lieber Freund, vier Jahre
Sind wir nun gut Freund gewesen,
Werden beide nun zusammen
Auch studieren, und ich denke,
Künftig soll es sein wie bisher;
Deshalb wollen wir uns schwören
Freundschaft bis zum Tod.« Der Dadde
Schwor begeistert und zitierte
Hochpathetisch aus »Don Karlos«
Weltberühmter Verse zwanzig.

Folgt mir nach des Neckars Ufer,
Wo seit alter Zeit das Stift steht
In der Musenstadt Tübingen.
Dort an seinem Stehpult lehnet
Unser Dadde. Aber nimmer
Steht bei ihm der blonde Hannes,
Und der Schiller ist, trotz Goldschnitt
Und »Don Karlos«, staubbedecket.
Dadde hat den Folianten,
Der ihm über Bengels Gnomon
Sollte tiefen Aufschluß geben,
Eben seufzend weggeworfen.
Denn in seinem genialen
Geiste wuchern die Gedanken
Gar zu üppig. Großes will er
Einmal leisten, und worin dies
Große nun bestehen solle,
Will er eben überlegen.
Er besinnt sich hin und wieder,
Stopft sich eine Pfeife, raucht sie,
Legt sie wieder weg, und immer
Hat er noch nichts ausgeklügelt.

– »Aber wo ist Hannes?« fragt ihr,
»Wie ist's möglich, daß Don Karlos
Ohne Roderich kann leben?«
Nun, ihr wißt, seit alten Zeiten
Ist es mit des Menschen Dasein
Und mit seinen schönsten Plänen
Gar ein ärmlich Ding gewesen.
Also konnt' es auch geschehen,
Daß die weiland besten Freunde
Kläglich auseinanderkamen,
Denn der Hannes ist Normanne
Und der Dadde Lichtensteiner.
Dazu kam, daß eines Tages
Hannes nimmer war zu finden.

Was an Geld und Pretiosen
Er besessen – wenig war es –
War verschwunden; nur zwei Reihen
Schwarzgebundner Bücher, ein Paar
Stiefeln nebst geflickten Hosen
Hatte er zurückgelassen
Und zweihundert Taler Schulden.
Keiner hat ihn mehr gesehen
Und es ging die dunkle Sage,
Daß er nach Amerika
Sei gefahren dritter Klasse,
Nach dem großen Land der Freiheit,
Wo sie ohne König kegeln,
Wo sie ohne Spucknapf spucken,
Wo die Freiheit und der Tabak
Üppig wachsen. – Nun war Dadde
Ganz allein, nun dacht' er oftmals
An den Freund, den er verloren,
An die einsam trübe Zukunft,
An das drohende Examen,
An verbummelte Semester,
Dachte auch für sich im Stillen
Manchmal an das Land der Freiheit,
Wo kein Stift und kein Examen.

Als nun kam der Tag der Schrecken,
Hatte Dadde zwar, der Schlaue,
Auf papierene Manschetten
Sich manch Wörtlein aufnotieret;
Aber alles war vergebens.
Solchermaßen durchgefallen
Dacht' er seiner alten Träume,
Trug zum Antiquar die Bücher
Und zum Juden Hemd und Flöte,
Pumpte noch bei guten Freunden
Ein paar Taler sich zusammen,
Und war eines Tags verschwunden.

Nun ist ja bekannt und wahrhaft,
Daß ein Stiftler nie zu Grund geht,
Sondern stets sich weiß zu helfen.
Ja, daß manche große Geister,
Denen man's nicht angesehen,
Sich als seinerzeit verschwundne
Stiftler mit eclat entpuppten,
Also sollt es Dadde gehen.

3

In Amerikas Prärien,
Wo das Elep und der Urstier
Hauset und das Pferd der Steppen,
Wo viel Meilen reichen Landes
Einsam liegen, nur zuweilen
Irr durchstreift von der Indianer
Rotten, heimatlosen Stämmen,
Dort, nicht weit vom düstern Urwald,
Hat sich Dadde angesiedelt,
Hat auch eine Frau genommen
Aus dem Stamm der Delawaren,
Und mit diesen sich befreundet.
Bald gedieh sein Werk, es wogte
Gelb sein reifes Feld, der Reis wuchs
Und das Mais, auch füllte bald schon
Seine Herde einen Corral,
Und es bargen feste Speicher
Korn und Mehl und viele Früchte,
Auch manch toll erlegter Büffel
Und das weißgestreifte Zebra.
Und in jedem Jahre zweimal
Brachten lange Wagenzüge
Seine Schätze nach dem Westen
Und von dort zurück den Eintausch.
Dadde freute sich im Herzen,
Wenn er alles überschaute,
Und er dachte nur im Traum noch

Selten an die ferne Heimat,
An das Stift und an's Examen,
Nur zuweilen, wenn der Regen
Tagelang herniederrauschte,
Fühlt' er sich im Herzen einsam,
Hätt er gern wie sonst im Schiller
Ein erbaulich Stück gelesen,
Aber freilich, wohl achthundert
Meilen in der Runde ringsum
War kein solches Buch zu finden.

Zur Erholung und Zerstreuung
Pflegt' er gern im Wald zu jagen,
Hirsche schoß er, Füchse, Büffel,
Manchmal auch fern im Gebirge
Trotzt er kühn dem grauen Bären;
Oft auch kam er ins Gedränge,
Wenn Indianer ihn gewittert,
Und besonders auf die Sioux
War er gar nicht gut zu sprechen,
Und es hingen ihm zu Häupten,
Wenn er schlief, die Siegeszeichen,
An die zwanzig dunkle Skalpe.
Eines Tages nun schritt Dadde
Durch den Urwald starken Schrittes,
Trug im Arm die schlanke Büchse,
Auf dem Haupte den Sombrero;
Männlich war er anzuschauen,
Stolz sein Blick und kühn die Stirne,
Und im Gürtel stak das Messer,
Fünfzehnzöllig, stahlgehärtet,
Festgefügt im Griff von Hirschhorn.

Da, mit einem mal, umschwirrt ihm
Jäh das Haupt ein Pfeil, ein zweiter
Bleibt im Hute zitternd stecken.
Dadde fluchte laut, die Büchse
Nahm er jählings auf und zielte
Kurzen Blickes in die Büsche,

Laut erklang der Schuß, dann eilte
Dadde keck dem Feind entgegen,
Dem verhaßten gelben Sioux.
Zürnend schwang er hoch die Büchse,
Mit dem Kolben Schädel spaltend,
Bis mit lautem Krach der Schaft barst.
Doch schon hielt er fest das Messer,
Stach um sich und streckte manchen
Roten nieder, doch am Ende
Führten sie ihn weg gefangen.
Zürnend, mit erhobnem Haupte
Schritt er, oft vom Troß geschlagen,
Stumm dahin, die Hände kreuzweis
Festgeschnürt mit zähem Bastseil,
Und aus mancher Wunde blutend,
Doch im Herzen ungebeugt.
Jauchzend führten ihn die Sioux
Fort ins Lager und zum Häuptling.
Dieser saß auf reichem Throne
Vor dem Wigwam ernsten Auges.
Gierig lauschte er der Kunde,
Daß der Farmer sei gefangen,
Der so oft den Stamm geschädigt,
Den er selbst noch nie gesehen.
Und als Dadde vorgeführt ward,
Maß er ihn mit wildem Blicke,
Fragte ihn, ob er er bereit sei
Heute noch den Tod zu leiden.
Aber Dadde schwieg verächtlich.
Nunmehr ward er an den Blutbaum
Fest gebunden, und zum Spiele
Zielten sie auf ihn und warfen
Dicht am Haupt vorbei die Speere.
Dadde schwieg und litt geduldig.
Aber als der Häuptling vortrat,
Ihm den Todesstoß zu geben,
Ward ihm bitter weh, und seufzend
In der schwäb'schen langentbehrten
Heimatsprache rief er schmerzlich:

»Bin so jung und soll schon sterbe.«
Sieh! Da hält der Häuptling inne,
Und er tritt vor den Gebundnen,
Schaut ins Aug ihm lang und prüfend,
Dann entfuhr ihm jäh der Ruf:
»Jerum, des isch jo der Dadde.«
Und der Duldende erkannte
Endlich wieder seinen Hannes,
Seinen blonden, lang vergess'nen
Jugendfreund vom Seminar her.
Rasch ward er befreit und festlich
Nun beging man diesen Glückstag.
Trotz der schwarzgefärbten Haare,
Trotz der angewöhnten Blutgier
War der Hannes doch im Grund noch
Ein fideler Kunde. Deshalb
Tranken nun die alten Freunde
Weidlich, nebst der ganzen Mannschaft,
Und sie sangen Gaudeamus
Und sie rieben Salamander.
Eine gelbe Weltpostkarte
Fand sich in des Farmers Tasche,
Und sie schrieben frohgelaunet
An die alten Kameraden:
»Sintemal wir beide eben,
Dadde Farmer, Hannes Häuptling
Bei den Sioux, uns gefunden
Und beim Trunk die Nacht verbringen,
Grüßen wir Euch alle bestens;
Einen Ganzen auf's Spezielle!«

Lieder vom Leben

(meiner lieben Mutter)
1896

Zueignung

Das kann des Tages Sprache nicht
Mit ihren kargen Worten sagen,
Was wir an Lieb, an Glück, an Licht
Und an Elend im Herzen tragen.
Ich sag's auch nicht von Mund zu Munde,
Was meine Seele liebt und haßt,
Was selten nur in stiller Stunde
Sich scheu in wenig Verse faßt.

Und dennoch will es mich betrüben,
Dir stumm und fremd vorbeizugehn;
Ich will dir nah sein, will dich lieben,
Und will, du sollst mich ganz verstehn.

Nimm denn die rasch erlebten Lieder
Im ersten Kleid noch, kunstlos, hin
Und finde mich zuweilen wieder
Und alle meine Lieben drin.

Hermann
Weihnachten 1896

Leben ohne Genügen

In meiner Brust erglüht
Einsam ein großes Dichterweh, –
Nun bin ich bald der Lieder müd,
Da ich die Welt so düster seh.

Eine andre Welt kennt mein Gesicht,
Wo rote Blumen im Sturme stehn
Und ein grüner Sommer in lohem Licht.

Glückliche hab' ich dort gesehn,
Die ich hier in der trüben Welt
Elend, elend gewußt. Sie gingen

Göttlichen gleich, frei, stolz dahin,
Und Kränze in ihren Locken hingen.
Und lachend mit ihnen ziehn
Sah ich Mich, frei, stolz, unter Blumen rot.

Einmal, wenn ich verwelkt und tot
Im engen Sarge werde getragen,
Dann hör' ich die Leute sagen:
»Ihm ist wohl, er ist heimgegangen.«

Sie wissen's nicht und reden wahr.
Dann wird mein Liebesverlangen
Mit ewigen Armen das liebe Leben
An's Herz drücken. Dann werd' ich singen
Neue Lieder und mit Stürmen ringen,
Lodernde Kränze im Haar,
Von klingendem Licht ganz umgeben!

– Noch glüht in meiner Brust
Einsam ein großes Dichterweh,
Was soll mir all meine Liederlust,
Da ich die Welt so verdüstert seh!
Ich muß mich durch die Tage lügen,
An keine Liebe glauben, an kein Genügen,

Bis ich tot und mit weißen Wangen
Im Sarge werde getragen.

Dann werden die Leute sagen:
»Ihm ist wohl, er ist heimgegangen.«

1896

An meine Kunst

Nur graue Sorge wirrt mir trüb den Sinn
Und müden Blickes schaue ich zurück –:
Die Rosen welk, Jugend und Klang dahin,
Und welk der Traum von Liebe und von Glück!

Nun schleicht mein Sinn matt durch der Tage Lauf,
Des Morgens bang, des Nachts in Kummer grau,
Und findet doch nicht Ruh – bergab! – bergauf!
Und Wolken hängen schwarz, wohin ich schau'.

Du erste Liebe, liebes Sonnenlicht,
Das mir so lang viel trüben Pfad erhellt,
O Poesie, verlaß, verlaß mich nicht,
Der liebend dich, ein Kind die Mutter, hält!

Bleib du mir treu, gib du in Not und Nacht
Ein Lied, das sehnend mich zur Höhe trägt,
Wo über mir ein Stern rotleuchtend wacht
Und stilles Heimweh meiner Seele weckt.

Laß mir die Harfe, deren froher Klang,
Ein lichtgebor'ner, sinniger Akkord,
Oft mir an's Herz in schwerer Stunde drang
Und mich entführt zu dir, zum Himmel fort!

1895

Et tu?
(Einem Freunde)

Auch du hast nun den Glanz verloren,
Den schönen Glanz, der doch so klar,
Aus Sonnenlicht so rein geboren,
Der keusch wie eine Blume war!

Ist's nur, daß mich ein Wahn befangen,
Der heimlich meine Augen trübt;
Bist du denn wirklich gar vergangen,
Du bester Stern, den ich geliebt?

Das schöne Bild ist ganz verdorben,
Das ich von dir im Busen trug,
Von Morgensonne frisch umworben,
Und um den Mund der liebe Zug.

Nur manchmal schaut aus deinem blassen
Gesicht das Einst mich schmerzlich an,
Daß ich im Herzen dich nicht hassen,
Nur bitter um dich weinen kann.

1896

Sommerfest

Heut saß ich mit fröhlichen Freunden
Im Garten bei Wein und Gesang,
Durch's Grüne rauschte der Neckar herauf,
Vom Berge der Musik Klang.

Ich leerte den klingenden Becher
Und füllte ihn wieder mit Wein;
Da gingen die andern zum Tanzen weg
Und ließen mich lachend allein.

Und wie ich den ganzen Abend stumm
Mit meinen Gedanken war,

Da kam im Traum meine Mutter zu mir;
Sie legte die Hand auf mein Haar.

Sie fragte gütig: »Wie geht's, mein Kind?«
Da brach ich in Weinen aus:
»Du weißt nicht, wie einsam, wie einsam ich bin!«
Und schweigend ging ich nach Haus ...

1896

Mein Stolz

Das ist's, woran sich mein Stolz berauscht,
Daß ich ein Verborgener bin,
Daß keiner, keiner mit frechem Sinn
Mein Herz in seiner Tiefe belauscht,
Daß die auch, die meine Freunde sich nennen,
Mich und mein Wollen von außen nur kennen.

Das ist mein Stolz und das macht mich stark,
Daß keinem, was meine Seele verbarg,
Meine lachenden Lippen verraten,
Daß ich im Leben noch keinen fand,
Der, mir gleich, heimlich im Sinne ahnt
Meine Träume von Liedern und Taten.

Daß ich mit ihnen immer gespielt
Und daß ich in Schweigen geborgen hielt
Mein letztes, eigenstes Wesen,
Daß keiner je in Glück oder Lust
Mit sehendem Auge in meiner Brust,
In meiner Seele gelesen.

Das ist mein Stolz und das ist mein Gram,
Daß ich einsam muß denken und leben,
Daß kein Herz je verwandt mir entgegen kam,
Dem ich ganz mich zu eigen gegeben.

1896

Ideale

Das war einmal mein bester Wunsch,
Im Almanach gedruckt zu stehen,
Mich neben andern Namen breit
Und scheingroß auch einmal zu sehen.
– Das war einmal mein bester Wunsch. –
Wie doch die Jahre weiter gehen
Und all die Wünsche und die Hoffnungen
In ihrem bunten Kreis verwehen!

Es war einmal mein bester Wunsch,
Dem »armen Volke« beizustehen,
Die wirren Massen alle froh
Und dankbar meiner Tat zu sehen.
Am Siegesfeste sollten mir
Zu Ehren sich die Fahnen blähen.
Das war einmal mein bester Wunsch.
Wie doch die Jahre weiter gehen!

Sie gehen hin und nehmen mit,
Was unsre Jugend ist gewesen,
Den Frohsinn und den hellen Blick,
Der in der Zukunft keck gelesen,
Sie ziehen ihre blinde Nacht
Eng um des einzeln Tages Sorgen,
Und endlich reicht enttäuscht der Blick
Vom Abend kaum noch auf den Morgen.

Und dennoch, immer schwerer wird's,
Den letzten Träumen zu entsagen,
Es lernt das Herz, nur immer heißer
Um seine Liebe sich zu schlagen.
Gott weiß, das ist mein letzter Tag,
An dem die Sehnsucht müd erliegt,
Und um die letzten Ideale
Des Tages Sorge mich betrügt.

1895

Leben und Liebe

Wie bald ist all mein Sang dahin,
Verweht mit Wind und Wellenklang;
Die Jugend flieht, Blumen verblüh'n,
Weiß keiner, was ich sang!

Wie bald ist all mein Träumen aus
Und all mein Tun vergessen gar,
Dann lieg ich still im engen Haus,
Weiß keiner, wer ich war!

Und auch der Liebe Traum so licht,
Wie bald, wie bald ist er zu End!
Das Herz verstummt, das Auge bricht,
Ist keiner, der mich kennt!

Drum sing ich heut und bin dir gut,
Drum gib mir Kuß um Kuß zurück.
Wie bald, daß Lieb' und Laute ruht!
Traum ist auch unser Glück.

1895

Herbstlied

Wehen Stürme durch den Garten,
Ziehen Wolken trüb und schwer,
Und die Blumen sind vergangen,
Und die Welt ist grau und leer.

Klingen Lieder mir im Sinne,
Scheidelieder wunderbar,
Und es ist mir wie ein Träumen,
Daß ich einst so glücklich war.

Fährt der Wind durch meine Laute,
Singt mit heimlich wehem Klang
Von dem süßen Traum der Liebe,
Der so sonnig mich umschlang.

Singt und trägt auf leisen Schwingen
Weit das Lied zu allen Höh'n:
Süßer Traum von Mai und Liebe,
Süßer Traum, wie warst du schön.

1892

Im Oktober

Nun tauchen schon die Nebel wieder
Wie weiße Geister aus den Matten,
Und früher schon mit jedem Tag
Senkt schwer der Abend seine Schatten.

In diesen Tagen weint mein Herz
Der Sonne nach, die langsam schwindet
Und schmerzlich mit gebroch'nen Blicken
Den nahen Winter mir verkündet.

In diesen Tagen fühl ich's leise,
Daß meine Jugend geht zu Grabe,
Daß ich dem Schnee entgegen reise,
Und daß ich keine Heimat habe.

1896

An Jens Peter Jacobsen,
den dänischen Dichter

Wenn ich, lustig oder betrübet,
In Kampf oder in Ruh,
Jemand so recht von Herzen geliebet,
So warst es du.

Wenn ich zuweilen mein liebstes Stück
Spielen höre von Freundes Hand,
Chopins innige, zarte Musik,
So voll Heimweh, so eigen und süß bekannt;

Dann seh' ich lächelnd dein bleiches Gesicht,
Schweigend, kränklich, im Mondenlicht,
Zu den schweigsamen Sternen empor gewandt,
Sehnend, suchend, in ewiger Frage
Nach dem Land deines Heimwehs, deines Glücks, deiner Klage,
Und dann muß ich gebannt deinen Wundern lauschen,
Deiner Wälder Gesang, deiner Meere Rauschen,
Bis mich alle die Schönheit, die du geliebt,
Mit ihren sehnsüchtigen Träumen umgibt ...

Wenn ich, lustig oder betrübet,
Im Kampf oder in Ruh',
Jemand so recht von Herzen geliebet
Dann warst es du!

1896

An Chopin

So mag ich gern im Polster lehnen,
Wenn am Klavier mein tauber Freund,
Berauscht von seinem wilden Sehnen,
Mit dir allein zu weilen meint.
Dann steigt erwacht und süß erschrocken
Dein Tönetraum zu uns empor
Und schüttelt seine wirren Locken
Und rauscht in unser lauschend Ohr.
Da ist ein tiefgeheimes Leben
In scheuen Klängen aufgewacht,
Dem Dämmern gleich, die Tag und Nacht
Verstohlen ineinander weben.

Du weckst in meinem tiefsten Herzen
Die Lieder auf zu hellem Glühn,
Daß sie in buntverliebten Scherzen
Und heiß in Leidenschaften blühn.
Und alle tragen stumm im Grunde
Die Liedermutter Einsamkeit,
Den wilden Stolz, die rote Wunde,
Von der das Leben nie befreit,

Den Pöbelhaß, das Sonnensehnen,
Das hell in kecken Liedern lacht
Und einsam nur die heißen Tränen
Vertraut der schlaflos schweren Nacht.

Ritornelle

Ich bin ein Stern am Firmament,
Der die Welt betrachtet, die Welt verachtet,
Und in der eig'nen Glut verbrennt.

Ich bin das Meer, das nächtens stürmt,
Das klagende Meer, das opferschwer
Zu alten Schulden neue türmt.

Ich bin von dieser Welt verbannt,
Von Stolz erzogen, von Stolz belogen,
Ich bin ein König ohne Land.

Ich bin die stumme Leidenschaft,
Im Haus ohne Herd, im Krieg ohne Schwert,
Und krank an meiner eig'nen Kraft.

1896

Meinen Freunden

Meine Stirn ist heiß, mein Herz ist schwer
Und bitter fühl' ich's mehr und mehr,
Daß ich ein Fremder bin auf Erden,
Ein Gast, dem Heim und Vaterland
Und Glück und Hoffen unbekannt,
Der Euresgleichen nie kann werden.

Das ist mein unverstand'nes Leid;
Mein Heimweh geht so weit, so weit,
Daß mir das heiße Aug' erblindet,
Daß meine Sehnsucht ewig lebt

Und weiter, höher, lichtwärts strebt
Und nirgends eine Heimat findet.

1896

Ein Dichter sein –

I.

Ein Dichter sein, das heißt, mit offner Brust
In jedem Augenblick, in jeder Lust
Des Lebens ganze Seligkeit empfinden,
In jeder Rose, die der Sommer bringt,
In jedem Vogel, der vom Zweige singt,
Die bunte Welt lebendig wiederfinden.

II.

Ein Dichter sein, das heißt, mit kranker Brust
In jedem Glück, in jeder kleinsten Lust
Den eig'nen Idealen zu entsagen,
Die Schönheit lieben und sie leiden seh'n,
Einsam, beleidigt durch die Menschen geh'n
Und schwer am Zwiespalt seines Lebens tragen.

Ein Dichter sein! Das heißt, bei Nacht und Tag
Gequält sein von des Herzens wildem Schlag,
Vom Stolz und von den quälenden Gedanken;
Nie ein Genügen finden, schaffend nur
Und schenkend wandeln auf des Glückes Spur
Und stets an ungebor'nen Liedern kranken.

1896

Zum Schlusse

Ich möchte fern von dieser Welt
Auf einem lichten Sterne wohnen
Und lenken seine stumme Fahrt
Durch reine, gold'ne Ätherzonen.

Ich möchte meinen Ekel all
Und meine Einsamkeit vergessen
Und meines Lebens rasche Bahn
Im stolzen Höhenflug durchmessen.

Dann läge weit im Nebel trüb
Des lauten Tages Staub und Enge,
Des Hasses und der Krankheit Schmach,
Und die verhaßte, ekle Menge.

Dann fänden meine Lieder auch
In neuen, vollen Wonnetönen
Den Klang des Glückes, das mir fehlt,
Im Silberblick des ewig Schönen.

Ich leide noch und irre noch
Im Bann des Kleinen, Kranken, Bösen –
– Wann kommst du, Stern, wann wirst du mir
Das Rätsel meiner Seele lösen?

Am Ende des Heftes als Nachtrag in der Handschrift von
Hesses Mutter: »Hermann seinem Vater zum 14. Juni 1897«:
[als Geburtstagsgeschenk in einem Album
über die Schwäbische Alb]:

Wo Fuß und Auge nimmer reicht,
Nimm dieses Bilderbuch zur Hand;
Es ist, als ob man selber steigt
Im Wanderschritt keck übers Land.

Und wo zu Ende Bild und Wort
Und wo zu Ende Nah und Fern,
Gehn die Gedanken weiter fort,
Zugvögeln gleich, von Stern zu Stern.

Wie bald, dann scheint uns arm und klein
Die Erde und die Menschenwelt,
Die doch von Lust und Sonnenschein
Ein reiches Maß im Schoße hält!

Dann freilich kennen wir nicht mehr
Das Maß von Stunde, Tag und Jahr,
Der Funkelsterne goldnes Haar
Und alles, was auf Erden war.

Heut aber wünsch ich dir die Lust,
Die unsre Erde geben mag:
Kraft, neue Jugend, frische Brust
Und Sonn genug für jeden Tag.

Und daß von dem, was du uns gibst,
An Sorg und Güte, Lieb und Treu,
Von mir und allen, die du liebst,
Ein kleiner Teil vergolten sei!

* * *

Für Adele

(Fünf Gedichte 1896)

Chopin-Abend

Eine Erinnerung
An ...

Fremdbekannt mit scheuem Laut
Sprachen deine Lieder mir
Von der Welt, die ich erbaut
Aus geheimen Liedern dir – – –

Am Klavier im Traum gebeugt
Über Chopins Zaubergarten,
Sah'n wir andre Welten werden,
Bunt aus Dichterkraft gezeugt.
Träumend hast du dich gesenkt,
Küssend mir das Haar berührt
Mit dem heißen, heißen Munde;
Und seit jener raschen Stunde
Hab ich's brennend oft gespürt,
Wie an dir mein Sehnen hängt.

Über meinen stillsten Nächten,
Wenn der Mond und meine Träume
In die nächtig schwarzen Räume
Silberbunte Lichter flechten –
Über meinen stillsten Nächten
Bangt ein fremdbekannter Laut,
Antwort gibt mein dunkler Sinn,
Und der Traum, den wir gebaut,
Und ein weher Jugendgruß
Rauscht, und jener heiße Kuß,
Über meinem Haupte hin.

Nachtfalter

In roter Sonnenflut versank der Tag,
Der sommerheiß auf meiner Seele lag
Und sommerheiß auf dem verdorrten Land.
Ein Wetterleuchten malt sich bleich im Weiher,
Es zieht die Nacht den schwarzen Wunderschleier
Um mich und um die Welt mit leiser Hand.
Horch! Scheu ein Ton am offnen Fenster klirrt,
Ein flügeldunkler Abendfalter schwirrt
Um meine Lampe. – Flammentrunknes Tier,
Was störst du in die Dichterträume mir?

Ich seh' ihm zu, wie er mit toller Hast
In dunklen Kreisen um die Flamme rast,
Und endlich scheucht den Wilden meine Hand
Zurück durch's Fenster in das nächt'ge Land.

Es hat des Falters wildes Schwanken
In meine träumenden Gedanken
Schwermütig und bekannt gerauscht
Mit seiner dunklen Leidenschaft,
In seiner irren Flügelkraft
Hab' ich mein eignes Herz belauscht.

Dir gleich ich ganz, du scheuer Abendgast,
Der du den hellen Tag verträumst,
Und dann aus schwerer Nacht in kranker Hast
Dich in die rote Flamme bäumst.
Der du nach einer Liebe bangst,
Die deinem schwachen Sinne wehrt,
Und stolz nach einer Lust verlangst,
Die dich und deinen Traum verzehrt.

Eine alte Weise

Die Nacht ist nun gekommen,
Die uns in dunklen Armen hält,
Auf leisen Sohlen wandelt
Der Gott der Träume über die Welt.

Das Lärmen ist zerronnen,
Das taglang mich geängstet hat,
Auf leisen Sohlen wandelt
Der Gott der Liebe über die Stadt.

Nun schläft mein liebes Blondchen
Von ihren kleinen Mühen aus. –
Auf leisen Flügeln eilet
Der Gott der Liebe über mein Haus.

Er streicht vorbei am Fenster
Und ist vom Wandern gut gelaunt,
Er hat mir für meine Liebe
Viel trauliche Namen zugeraunt.

»Und alle die süßen Worte,
Die ich dir ausgeplaudert hab',
Das sind die Kosenamen,
Die dir dein Lieb im Traume gab.«

Die junge Zweige flüstern,
In Wolken hängt ein halber Mond
Und blitzt im Fenster drüben,
Wo meine liebe Blonde wohnt.

Und alles ist zerronnen,
Was taglang mich geängstet hat,
Auf leisen Sohlen wandelt
Der Gott der Liebe über die Stadt.

Frau Nacht mit deinem Schleier,
Bewahre du mein Kleinod gut,

Das mit dem Kinderköpfchen
So sorglos dir im Arme ruht.

Wilder Mohn

Dich hab ich lieb, du keckes Rot,
So sonnenselig, wild und lebend,
Im Sommerduft zwischen Glück und Tod
So blühend und lustig schwebend!

Und doch zugleich so stumm verträumt,
Als hegtest du ein Trauern,
Daß deine Lust, so wild sie schäumt,
Nur einen Sommer soll dauern.

Die Schwalben

Hermanns Gruß zur Hochzeit*

Wenn der Frühling über die Berge geht,
Dann werden im Garten die Bäume wach;
Wenn der fröhliche Wind in den Veilchen weht,
Dann hängen die Schwalben ihr Nest ins Dach.
Sie schaffen und tragen und bauen vergnügt,
Da sind schon die zierlichen Wände gefügt;
Das Völkchen schaut munter zur Sonne empor,
Und wenn auf den Bergen der Abend liegt,
Dann sprechen sie höflich beim Nachbar vor,
Und fragen, ob er was Neues vernommen,
Ob ihm die Reise auch wohl bekommen,
Wie bald dies Jahr wohl die Kirschen reifen –
Das ist ein Schwatzen und Piepsen und Pfeifen,
Sie rühmen den Acker, der grünend steht
Als wäre für sie der Roggen gesät,

---

* Seines Halbbruders Theo Isenberg im Juni 1896 mit Martha Cohen.

Sie freun sich, daß endlich der Herbst gestorben,
Der ihnen so manchmal die Brut verdorben.

Da füllt ein Leben die ärmlichen Wände,
Man fragt sich und lacht sich und zankt sich aus,
Es nimmt das Gepfeif und Gepiepse kein Ende,
Kaum kommt die Familie vor Nacht noch nach Haus.

Gern mag ich dem Völklein, dem plaudernden, lauschen,
Wie sie solch wichtige Reden tauschen,
Sie schwatzen zusammen, hat jeder recht;
Ihre Nester winzig an Wänden kleben
Und sind doch so voll von begierigem Leben,
Als wär'n sie das einzige Herrengeschlecht.
Und sie haben Recht.

Wie die Schwalben vom schönen Süden kommen,
So kommen wir auf die Erde zu Gast;
Was wir haben, wir haben's geschenkt bekommen,
Unser Stückchen der Lust, unser Stückchen der Last.
Hat mancher viel Jahre gesorgt und gesonnen,
Am Ende ist alles wie Wasser zerronnen,
Ein andrer hat nimmer ans Sorgen gedacht,
Und fiel ihm das Glück in den Schoß über Nacht.
Und wo sich zwei zusammen geschworen,
Ihr Haus zu bauen auf Lieb und Treu,
Da hat ihre Lieb einen Maien geboren.
Der blüht und lacht alle Tage neu;
Auf ihren stillen, verborgenen Wegen
Tritt ihnen das Glück hellsonnig entgegen,
Das heimliche Glück, das kein Name nennt,
Nach dem laut lärmend die Menge rennt,
Und das versteckt in des Hauses Nacht
Vergnüglich aus jeder Ecke lacht,
Und sich freut, verschwiegen und ganz im Stillen,
Euer Haus mit lauter Sonne zu füllen.

Drum heget das Glück, das im Stillen wohnt,
Und gern Euch die sorgende Liebe lohnt;

Wenn Winde brausen und Wolken ziehen,
Es wird in duftenden Rosen blühen,
Wird mit Euch sorgen und tragen gern,
Eures Hauses Grund, Eures Hauses Stern.

Wenn der Frühling über die Berge geht,
Wenn der fröhliche Wind in den Veilchen weht,
Dann werdet Ihr glücklich die Schwalben schauen,
Geschäftig, an Euren Wänden zu bauen.
Sie werden schwatzen und piepsen und pfeifen
Und munter den neuen Besitz ergreifen,
Sie werden des Abends nach ihrem Schmaus
Besuch empfangen vor Eurem Haus,
Und werden, wie sie von Alters taten,
Viel wichtige Dinge wichtig beraten,
Als wär'n sie das einzige Herrengeschlecht.
Und sie haben Recht.

Hermann

Plauderabende

Meiner lieben Mutter
[zum 55. Geburtstag am] 18.10.1897

Doch pfeif's nicht aus als Wahn
Und Narrenmelodei,
Daß hinter'm Ozean
Auch noch ein Ufer sei.
Lenau

Ehre das Abenddämmern und
Morgengrauen!
Richard Schaukal

Widmung

Wenn mein Zimmer einsam ist
Und der Lampe spätes Licht
Fremd und matt die roten Strahlen
In den schwarzen Abend flicht,
Bin ich manchmal weich und müd
Und des Heute ganz vergessen
Wie in frühen Kinderzeiten
An dein Knie geschmiegt gesessen.

Und dann hab ich dir erzählt,
Was das Leben mir bedeutet,
Was aus einer andern Heimat
So in meine Seele läutet.
Und ich hätte gerne dich
Mitgeführt in meine Welt,
In die Gärten, deren Blüte
Meinen Blick gefesselt hält.

Gütig, wie die Mütter sind,
Sollst du dich, und lächelnd, neigen
Zu dem plauderfrohen Kind,
Das dir seinen Schatz will zeigen.

Hermann

I

Es ist schon spät

Meine Lampe brennt rot und müde. An den Wänden tritt hier und dort ein hart beleuchtetes Profil aus den Bilderrahmen oder eine einzelne, scharfe Farbe. In den Ecken und bis zu meinen Füßen her knien satte, schwarze, müde Schatten.

Es ist schon spät.

Meine Feder ruht. Auf dem Tisch steht mein Schlaftrunk.

Meine Seele ist unruhig und strebt ins Freie. Sie schwebt wie ein nächtiger Vogel wachsam und scharfäugig über meinem Leben.

Sie erschaut mein Leben, einem ruhenden Lande gleich, liegend in schweigsamen Dämmerungen.

Sie schaut, wie ich bergab der brütenden Zukunft entgegen schreite. Wie der wachsende Kreis sich rundet und verlangend dem Ende und Anfang näher reift.

Meine Seele hat ein Verlangen nach Wildwuchs, nach Überkraft, nach Chaos. Sie hebt das Haupt und späht. Sie lenkt schwermütig den Flug über Niederungen und abendliche Täler, nach dem Hochgebirg meiner Jugend zurück, wo die ersten Lieder und Lüste, Sturzbächen gleich, über morgenrotes Geklippe brausen.

Dort liegen in Knospenwiegen helläugig meine frühesten Lebensträume, dort jagen meine ersten Lieder schlank und leichtfüßig sommerfarbnen Schönheiten nach.

In dorischen Tempeln betet meine Frömmigkeit schöne, steinerne Götter an.

Meine Wünsche zimmern mächtige Wunderharfen, und meine Hoffnungen träumen fabelgroße, eherne Lieder dazu.

In Nebelformen wartet unten und lockt mich die Welt.

Es ist schon spät.

Meine Seele schauert dem neuen Morgen entgegen. Sie ist müde und streift noch mit wundem Vogelblick die zackigen Vorgebirge der Vergangenheit.

Sie will schlummern und von Chaos und wildwachsenden Lüsten träumen und schönen steinernen Göttern ...

Sie denkt an ihr Werk. An den Tempel lebendiger Götter, dessen

reine Säulenordnungen in Träumen oft ihr lechzendes Auge trösteten.

Sie ahnt, daß mein Leben ein Abendgrauen ist, umflort, sehnsüchtig. Erlöschend vor dem Morgen, für den Morgen, dessen goldnes Rot die Vollendung meiner frömmsten Träume birgt.

II

Jacobsen

Jacobsen! Wie doch dein Name und Andenken mir den trüben
Regenabend so licht macht! So oft ich der Menschen satt und
müde bin, so oft die Geheimnisse meiner Gedanken mich drängen und mir das Heimweh wachrufen nach Sonne und Kraft,
nach Freunden und Schutzgöttern, dann besucht mich dein Bild
sichtbar und lebend. Dann sehe ich deine feine Gestalt, dein
blasses Gesicht mit den klugen, leidenden Zügen, dann sehe ich
dein lichtdurstig, brennendes Auge, dem farbige Welten bekannt
sind, von welchen uns selten nur in Nächten der Sehnsucht
träumt.

Du warst ein Gast, wo du auch weiltest, und du konntest den
Glauben nicht finden, weil du nie ein Genügen kanntest. Du
fandest kein Wahres noch Schönes, die das Begehren deiner
Träume nicht wahrer und schöner geahnt hätte. Dir genügte kein
Wert, dessen Vollkommenheit du zu denken vermochtest.

Ich lese wieder »Niels Lyhne«. Das ist ein seltsames Wunder-
buch, als wär es geschrieben von einem , der eben aus Träumen
erwacht. Ich weiß nicht, ob es ein andres Buch gibt, in dem so der
Zauber des Ungesagten, der Stimmung, lebt, in dem so wenig
Worte sind und so viel Schönheiten, so viel Duft und so viel
Sonne. Wir lauschen dem Herzen Lyhnes, wir hören die Atem-
züge und Seufzer seines in tatenloser Unruhe sich verzehrenden
Lebens. Frühlingswinden gleich brausen seine ungesungenen
Lieder und Gedanken durch die flüchtige Erzählung seines Le-
bens. Und zwischen den lose verknüpften Kapiteln erblicke ich
dein Gesicht, du lieber Dichter, schweigend in melancholischer
Ironie.

Jacobsen ist vielleicht nicht ein Künstler zu nennen. Aber er hat viel Erlösung gebracht. Er hat auf viele schwere Fragen der neuen Dichtkunst geantwortet, denn er hat viele Werte des Lebens, des heutigen Tages, zu dichterischen Werten gemacht.

Er ist einsam und glücklos, denn er ist ein Vorgänger.

Herzlich wünsche ich für ihn und für uns, daß er als Vorgänger gehört und verehrt, und daß er als Künstler überwunden werden möge!

III

Chopin

Ein schmales, geistiges Gesicht mit großen Augen – Kinderaugen. Eine reine Stirn, ein feiner aristokratischer Mund. Und in jedem Zug das Heimweh.

Nocturno II

Winde einer Juninacht in jungen Birken. Fern eine Hirtenmusik. Noch ferner in nebelhaften Tönen die Welt. Über den Birken ein goldner Himmel, sommernächtig licht, mit verträumten Wolkenzügen. Alles trägt den Zauber einer letzten Liebe.

Berceuse

Eine bleiche Dame am Kamin. Draußen hört man späte Winde fliehn. Sie träumt beim Singen der Winde von ihrem lieben, verschollenen Kinde. Die alte Zeit wacht auf und spricht in wehen Flüstertönen. Die Frau ist müd. Die Flammen krönen das schwere Haupt mit braunem Licht.

Weißt du noch? so lang ist's her! Es steht ein Schloß im fernen Land – die Mainacht ist von Düften schwer und streut aus milder Götterhand achtlos der Liebesträume Mohn umher. Ein heißer, süßer Geigenton beginnt und fleht und weint und flattert weg im Wind.

Und dann die warmen Sommernächte lang Gekos, Gelächter, Zitherklang und farbige Lampen in allen Bäumen! O Jugend, o sommernächtiges Mädchenträumen! Die Flammen zucken wild und löschen aus. Ein Windzug geht aufschluchzend durch das Haus. Die Nacht bricht an mit den verschwiegnen Wehen. Die blasse Frau steht auf und schweigt und sinnt und schaut ihr Glück und schaut ihr fernes Kind mit leisem Schritt vorübergehen.

> Sie sinnt auf einen alten Klang
> Der war so süß und klagte so! –
> Und neigt das Haupt und lächelt müd und bang:
> Long, long ago!

Valses

Kerzenlicht auf kristallenen Kronleuchtern. Ein Ahnensaal. Lachende, trinkende, plaudernde, heißblütige Jugend in weißen Ballkleidern und prahlenden Uniformen. Vor den Fenstern liegt schwarz und trostlos ein verwüstetes Land.
Morgen ist die große Schlacht.
Sie wartet ihrer Opfer, ihr Schatten kriecht schon über's Feld und grinst in die erleuchteten Fenster.
Noch ein Becher, ehe der Walzer beginnt! »Es lebe die Jugend! Es lebe Polen! Es leben unsre Frauen! Es lebe das Heute, das rote, heiße, lachende Heute! Der Mut! Der Leichtsinn! Der süße, letzte Augenblick!«
Morgen ist die Schlacht.

IV

Gustav Falke

Wie eine klare Herbstnacht uns in's Fenster blickt, wie ein blanker Sommermorgen uns lachend weckt, so sind Falke's Lieder. Und viele sind wie alte, kostbare Bilder, die in vornehmen Häusern hängen, mit jenem Ton der Vollendung, mit jener eleganten

Pracht, jenen Gärten und Balkonen – es ist Licht und Adel darin und das Meisterlächeln das feine, gütige, kluge, das uns an Lichter und Höhen erinnert, an Homer – an Goethe. –

Verse, die Rehen ähnlich auf schüchternen Zehen wiegen, scheu, lauschend – man hält den Atem an, sie nicht zu stören. Und wieder Verse, deren reiner Bau in stolzer Tektonik an die Stanzen der großen Italiener erinnert.

> »Gleich des Tages Auf und Ab
> Wirft des Traumes Wechselflut
> An der Seele Strand verworrenes Gut,
> Und Gespenster steigen aus dem Grab.«

Oder: »Eine liebliche Stunde
> Stand er vor mir, den Finger am Munde,
> Große, klare Augen sagten
> Von Gedanken, die nicht hervor sich wagten.«

Und dann wieder:
> »Der Lampe Schein im schweigenden Gemach,
> In das ich mich zum Träumen eingeschlossen,
> Rief der entschlafnen Stunden eine wach,
> Die schenkte mir den prächtigen Bahngenossen,
> Der weit voraus im raschen Siegesgang
> Den Lorbeer schon in trunkenen Händen schwang.

> Ihm nach! Ihm nach! Die Geißel meinen Rossen!
> Es gilt dem Ruhm! Schon steht am Ziel und Sieg
> Der Freund von Glanz und Götterglück umflossen.
> Ein Lächeln, das ihm aus dem Herzen stieg,
> Winkt mich heran: Du wirst der nächste sein.

> – Was dunkelte jäh meiner Lampe Schein?
> Erschrocken sah ich zwischen Traum und Licht
> Die Muse stehn. Ihr edel Angesicht
> Sah mich mit feinem Spott von oben an –
> Ein Seufzer –, und ein stolzer Traum zerrann.«

Wenn ich Falke lese, wünsche ich alle meine Lieben her, um mit ihnen die Pracht zu teilen und freue mich doch wieder des stillen, reinen, ganzen Genusses.

Wenige Dichter haben sich so überwunden und so den Künstler in sich erzogen, wie Falke. Allen Dingen geben seine Lieder ihr wahres, sprechendes Wesen, und selten nur klingt ein rein subjektiver, undisziplinierter Ton hindurch, meist als lächelnde Resignation oder als bittere Frage und Klage. Klage über das Los des Dichters, der immer liebt, immer schenkt, und dessen zarte Wunder unter dem grellen Licht von heute leiden. Doch hat Falke die Grenze vornehmster Bescheidenheit nie überschritten. Unter den Großen von heute steht er, viel geliebt, doch immer etwas beiseite, vornehm bescheiden. Er liebt nicht das Heutige, Rasche, Unfertige, und hat selber die seltene Größe, uns nur das zu schenken, was sich von seinem Schaffen als reife, goldene Frucht gelöst hat.

V

Was ich liebe
Verse

Ich hab die stummen Frauen lieb
Mit königlichen, schmalen Händen,
Die streichelnd von den heißen Schläfen
Mir alle Traumgespenster wenden.

Ich hab die schlanken Säulen lieb,
Die stumm aus der Campagna steigen
Und von gestürzten Giebeln träumen
Und von gestürzten Göttern schweigen.

Ich hab die Dämmerstunden lieb,
Die weltverloren aus den düstern,
Leidvollen Tagestiefen duften
Und ungesungne Lieder flüstern.

August 1897

VI

Richard Schaukal
(»Meine Gärten«. Einsame Verse. Von R. Schaukal.
Berlin 1897)

Ein Buch Lieder, das Motti von Goethe trägt und dessen Kapitel
Jacobsen, D'Annunzio, Maeterlinck und einigen Freunden des
Dichters gewidmet sind. Bezeichnend ist das »Buch der Sehn-
sucht«, Jacobsen, das »Buch des Künstlers« D'Annunzio, das
»Buch der Schatten und Gestalten« Maeterlinck zugeeignet.
Und Motti von Goethe!
Goethe – der Meister, die Höhe, der Tempel! Jacobsen und die
Andern – Freunde, Führer, Übergänge, Propheten! Und hinter
den Marmortreppen und Taxushecken des Buches träumt die
unerlöste »neue Kunst« dem Tag entgegen. Sie schläft ja noch,
der erlösende Prinz ist noch nicht da; aber er wird kommen,
heute, morgen, übermorgen – einerlei! Er wird kommen.

Und nun das Buch!
»Du bist wie ein silbernes Saitenspiel,
Du bist wie ein Falke stolz und frei,
Ein Künstlergedanke, ein Ikarusziel,
Und träumen von Dir ist wie Luft im Mai.«

So heißt ein Vers in »Lied«.

Oder: »In rauschenden, roten Gewändern,
Mit goldnen Sandalenbändern
Trat mein Traum von einst hervor.

Er hob seine aderblauen
Hände und die von Frauen
Müdgeküßten Lider empor.«

Goethe – Jacobsen – Maeterlinck!
Wir sehen, das ist nicht der Prinz, der Erlöser. Schaukal wird nie
eine laute Menge entzünden, seine Verse werden nie in's Leben
gehen und in Herzen und Schicksale greifen. Sie wollen das auch

122

nicht. Sie lieben es, auf Teppichen zu gehen. Sie sind vornehme, graziöse Edelgestalten, mit goldenen Spangen über feinen Gelenken, mit Purpurmänteln über ungebeugten Schultern, mit Diademen um weiße, schöne, kluge Künstlerstirnen. Lyrik für Lyriker! Kunst für Künstler!

Ich liebe Schaukal deshalb. Ich hoffe ja auf den, der kommen wird, eine große, überzeugende neue Kunst freigebig in's Volk zu tragen, wie Schiller, wie Hauptmann, wie alle größten Dramatiker. Aber ich verstehe wohl diese Lieder, die für feine, liedergewohnte Ohren, diese Bilder, die für feine erzogene Kenneraugen, diese Gefühle, die für fein und rein gestimmte goldsaitige Herzen sind. Diese Kunst, die ewig dem leidigen Vorwurf der Eitelkeit ausgesetzt ist, hat viel Entsagung in sich. Sie gibt ihr Tiefstes, Eigenstes, Keuschestes, aber sie gibt es in edlen, überaus zart und sorgfältig geschliffenen Schalen, die nur für verständige, reine, zarte Hände gemacht sind. Da ist kein Bild oder ein Gedanke, die sich herausnehmen lassen und gangbare Münze abgeben würden.

Ein solcher Künstler entsagt von Anfang an der Liebe der Vielen, dem breiten Ruhm, den begeisterten Rufen der Masse, ihrer Liebe und Huldigung. Er entsagt den imponierenden, dramatischen Effekten, er begibt sich der Rechte dessen, der vor allem für den Augenblick und vor allem auf möglichst Viele wirken will. Dafür nimmt er entschieden alle Rechte des Künstlers im engeren Sinn in Anspruch, das Recht der farbigsten Phantasie und der seltensten, entlegensten Sprachreize. Er erzählt nur denen, die solche Rechte heilig halten, die es verstehen, Intimes in intimer Form sich schenken zu lassen, die als Publikum Künstler sind.

Seien wir ehrlich! Wir alle, die wir Poeten sind, haben oft den stillen und heißen Wunsch, für eine erlesene Freundesgemeinde zu schaffen, einem kleinsten, sensiblen Kreis unsre unentstellten Wunder zu zeigen; und es ist oft mehr Feigheit als Mut, wenn wir, vor Tadel oder Mißdeutung ängstlich, unsre Gedanken in gewöhnliche Röcke stecken, um ja überall mit ihnen durchzukommen.

Freilich, wir sollen die Manier fürchten. Aber der alte und beste Feind der Manier ist das Leben, und wem für das Leben Ohr und Auge fehlt, der ist nie ein Dichter gewesen. Genau genommen, sind es auch meistens nicht die ganz kleinen Talente, die an der Manier zugrunde gehen.

Beim Lesen des Schaukal'schen Buches habe ich einmal einen Augenblick an die Goncourts gedacht. Allerdings, nur einen Augenblick.

Schaukal ist jung und warmblütig und liebt das Leben. Wie könnte er uns sonst so oftmals mit süß bekannten Tönen treffen!

Für das gebändigte, feine, vorsichtige Wesen seiner besten Verse hat Schaukal selber ein gutes Wort gefunden:

»Erschrick nicht, wenn sie rauschen!
Du weißt ja doch nicht die verschwiegenen Qualen.
Ich streife nur an kristallene Schalen.
Du darfst sitzen und lauschen.«

VII

Lieben
Fragmentarisches

»Wir lieben in den Andern immer uns selber.«
Der das zuerst gesagt hat, war ein großer Mensch.

Der Künstler liebt die Natur, weil seinem Auge die Gnade gegeben ist, schön zu sehen und darum immer Schönes zu sehen. Er freut sich dieser Gnade, wenn Ihr glaubt, er freue sich des fremden Schönen.

Der Maler sieht einen schönen Kopf. Er sieht ihn aber in *der* Beleuchtung und in *dem* Geist, in welchem *er* diesen Kopf porträtieren würde. Und er freut sich zumeist *der* Eigenheiten, die er allein vermöge seiner besonderen Gabe entdeckt gefunden, entdeckt oder ausgewählt hat, die den Kopf ihm zu eigen machen.

Jeder Schöpfer liebt alles, was er liebt, als sein eigenes, ungeborenes Werk, als sich selber, als seine Kunst und seine Zukunft.

Dem Dichter ist das Leben, das er liebt, die Summe seiner ungesungenen Lieder.

VIII

Freudenstadt 1896

So mag ich gerne sehen
Bei Nacht in's dunkle Land,
Wenn die Gedanken gehen
Mit den Träumen Hand in Hand.

Wenn das Herz so ohne Sorgen
An alles Ferne denkt,
Mit gleicher Liebe am Morgen
Und am sonnigen Gestern hängt.

Sommer 1896

IX

Aus meinen Tagesnotizen
Persönliches

Am 9. Juni 1897
Morgen! Morgen – das ist, wenn mein Leben ein ebener Strom
sein, wenn meine Liebelust in Rosen wohnen wird. Morgen –
das ist die Zeit, wo ich mich und den Schwerpunkt meines
Wesens werde gefunden haben, wo meine Lieder Spiegel meines
Glückes und meine Gedanken selber Seligkeiten sein werden.
Morgen – wenn meine fressende Schuld erschlagen ist, und viele
Monate meines Lebens vertilgt sein werden. Morgen – der
Sonnenaufgang meines Geistes, der die Welt mir in lichter
Wahrheit zeigt!
Morgen – der Tag, der nie Heute sein wird.

125

Am 18. Juli 1897
Du sollst das Leben und die Bilder des Lebens in den tiefen
Brunnen deiner Seele senken, bis sie rein und nackt gewaschen
und dir lieb und eigen geworden sind. Du sollst selber in deine
Seele steigen und dich rein und nackt waschen und Ehrfurcht
lernen vor der Brunnentiefe deiner Seele.

Am 19. März 1895
Erinnerung an's Kloster – Krank und elend war ich damals,
drückend lag ein Weltschmerz und unstillbarer Drang in mir,
Drang nach Freiheit, nach Taten, wie ich meinte – in Wahrheit
Drang nach Liebe. Dann *floh* ich, toll, gedankenlos, müde,
lebenssatt. Sinnend stundenlang durch den Wald, über graues
Feld, bis mich die Nacht ereilte.
O jene Nacht! O jene Nacht!
Da lag ich im weiten, kahlen Feld auf hartem, durchfrorenem,
eisüberzogenem Stroh, viele Stunden lang, müde, frierend, starr.
Der Eiswind strich über die Fläche, hart und schneidend,
flimmernd standen die kleinen Sterne in der frostklaren Luft,
kalt, lieblos, teilnahmslos. Und ich lag und konnte kein Glied
mehr regen, ein ekelhaftes Mitleid mit mir selber im Herzen,
bereit zum Sterben. Meine Kleider froren an, eisig stieg es vom
harten Boden auf, kroch durch meine Glieder; das mußte der
Tod sein. Die tausend Sterne verwirrten sich über meinen
schlaflosen Augen, nur einmal schreckte ein lauter Tritt mich
auf, als ein Mann mit klirrendem Schritt im silbernen Mondlicht
nah bei mir vorüberlief. Ich lag atemlos in Furcht und Scham, bis
er ferne war. Dann hätt' ich ihn gerne gerufen, aber ich lag
unbeweglich und konnte mich nicht aufrütteln. Die langen
Stunden lag ich bis zum Morgen allein, gedankenlos, mit offenen
Augen, zuletzt ohne mehr die Kälte zu empfinden. Ich wußte,
daß ich sterben würde, ich sah die Sterne bleichen und
schwinden, sah um mich Nebel steigen – dann kam die Sonne in
einem schmutzigen Wolkenrot herauf.
Diese Stunden gehören in heißen, fiebernden Nächten zu
meinen quälendsten Träumen.

Fragmente aus einer Skizze »Wallfahrt«

Durch den kahlen Wald geht meine Fahrt. Die Luft ist rein und herb. Die Schritte rauschen schwer im dicken, weichen Laub, das in dunkler Masse sterbend den Weg polstert. Ich schreite gern auf den gehäuften Blättern und denke an späte Zeiten, wo über mir der Schritt der Wanderer geht, wenn auch mich der braune Herbst ereilt hat. Ich denke an den Tod. Wie ich liegen werde mit stummem Mund, wenn die Lippe bleicht und des Herzens lebendiger Schlag zuckend endet.

Dann ist mein Auge stier, das so gern sich zur lachenden Sonne erhob. Dann ist die Rechte schwer, die so gern zu den Lippen den Becher hob.

Dann sind die Lippen weiß, die so rot im Kusse geblüht.

Dann ist die Seele verwaist, die in der Liebe flüchtiger Lust von eignem Besitze so stolz geträumt hat.

Wo wird sie sein? Wo wird meine Seele sein?

Wird sie tun, was dem Leben nicht gelang?

Wird sie im schwellenden Föhn an verliebten Herzen klingen und Rosen der Liebe, wie sie kein Frühling erzeugt, in ihre Träume flechten?

Wird sie lächelnd durch eines Dichters Herz wandeln und ihm die blühende Welt entschleiern, die seine frühesten Lieder geahnt?

Wird sie Gutes tun?

Durch den kahlen Wald geht meine Fahrt. Der niedre nördliche Himmel, den die Sonne flieht, hängt trostlos über uns, über mir und den laublosen, zackigen Bäumen. Und ich denke an den Tod. An die Stunde, da mein Leib seines Sterbens und meine Seele ihrer Ewigkeit weinen wird. Denn ich weiß: dieser starke Leib, der dem Winde trotzt, wird fallen und andern ein Ekel sein. Und ich weiß: diese scheue Seele, die den Schlaf nicht kennt, die schweigsam und einsam ist, die so oft beschämt und weinend dem Leibe erliegt, sie wird leben und Ich sein, wenn kein Mensch mehr lebt, der mich kennt. Sie wird ihrer Hülle lachen, ihre Hülle wird ihr zum Ekel sein, aber sie wird leben und ihres Lebens stolz sein, weil sie einsam und ewig ist.

Denn es gibt auch Menschenseelen, die nicht ewig sind.

Da stehen am Weg noch zerzaust und dornig die alten wilden Rosensträucher, deren hellgoldene Blüte damals meine Freude war. Und vor dem Hause rauscht noch der Park, der meine Knabenträume umwob, der mein erstes Lied mit seinen leisen Melodien begleitet hat.

Mein erstes Lied!

Nie wieder war mir vergönnt, ungestört, ungekannt im lieben Grün zu liegen, Vögeln und Winden zu lauschen und den schlichten, starken Rhythmen der Naturklänge, denen ich leise singend schüchterne Worte unterdichtete.

Das erste Lied!

Kein Wort und Name birgt so viel Zärtlichkeit! Keiner, der es nicht selber erlebt, kann diese Welt voll zager Wonne denken, diese erste Liebe der Seele, die Geschautes und Erlebtes sich zu eigen zu machen beginnt. Süßer, berauschender ist diese Liebe, als die flammendste Frauenliebe. Sie bleibt für's Leben, und wächst, und macht stark und stolz.

Du liebste, eigenste Lust! Wie habe ich dich in jener fernen Zeit genossen, die weichen, einsamen Mainächte hindurch, wenn ich auf dem Teich weilte und den Tropfen lauschte, die licht vom Ruder in's dunkle Wasser klangen! Wie war ich unermüdlich, des Nachts den geheimen Takt des wachsenden und schwinden- den Windes zu erlauschen und die Melodie der wiegenden Bäume!

Wie freute ich mich des Tages, auf dem Rücken zu liegen und die purpurn erglühenden Blätter der Blutbuche zu schauen, wenn die Sonne ihr dickes Gebüsch durchdrang und den dunklen Ort um den Stamm her mit rotem, warmem Lichte erfüllte! Da ging meinem Sinn eine morgenrote Wunderwelt auf und er freute sich des lebendigen Lichtes, wie sich ein Schläfer freut, wenn die Sonne ihm die geschlossenen Lider trifft und sein erwachendes Auge in rotem Lichte badet. Da hatte ich Lust und Weile, im Gras zu liegen und auf tönende Reime zu sinnen, deren Schall und Wiederkehr mein Gehör liebkoste. Da begriff ich die Schönheit der Metren, des sprachlichen Wohllautes.

Einmal habe ich noch diese glückliche Wonne des Erfassens gefunden, als ich in späterer Zeit dem Geheimnis des Klanges in klassischen Oden und romantischen Ottaverimen und Sonetten nachging. Da ward mir bei einzelnen glücklichen Formen, bei besonders ausdrückenden Prägnanzen wieder jene fröhliche Empfänglichkeit und Klarheit – für Augenblicke!

Es war eben Frühling, um mich und in mir! Ich war noch nicht so einsam und stolz, ich gab und nahm noch gerne und liebte es, wenn mit Tagen des Träumens und Schweigens gesellig laute Stunden wechselten. Alles war mir noch rein, noch lieb. Es gab noch kaum ein Ding, zu dem ich sagte: »Bleib weg, du bist mir fremd,« und noch weniger kannte und lebte ich jenes große Wort: »Wenn ich dich liebe, was geht's dich an!« Ich liebte es noch, mich zu allen Menschen zu gesellen, über alles zu hören und zu sprechen. Ich mochte noch Abende lang mit Mädchen plaudern, oder, was mir nun so sehr zum Ekel ward, um der lieben Unterhaltung willen stundenlang beim Wein oder Tee über Dinge reden, von denen ich so wenig wie die andern verstand, von Politik, von fremden Ländern, von malerischen, musikalischen oder gar sozialen Sachen. Gelegentlich auf Kosten des wirklich besser Wissenden witzig sein, sprechen, um ein Mädchen zu lächern oder einen Philister zu verblüffen, etwas geistreich sein, etwas kokett sein, etwas lügen, war mir noch angenehm. Die kindliche Freude, die ich genoß, wenn die Damen mich lobten, glich nur jener, die ich etwas später empfand, als zum erstenmal unter ein paar [blaublauen]* Versen mein Name schwarz und breit neben andern ebenso geringen Namen gedruckt stand.
Glücklich vielleicht, wer sein Leben lang solch ein leichtvergnügtes Kind ist!
Vielleicht!

Scheue, knabenhafte Liebe, du einziges Stück Kindheit, das mir treu geblieben ist! Deine Sprache ist das Lied und der Blick der Augen. Du gabst mir Lieder, wenn mein Sinn zagend verstummt war, du hast mich mit Blumen umgeben, wenn ich welk war, und

---

* kaum zu entziffern. Evtl. gemeint: blauäugig.

oftmals hast du mir den Weg gezeigt, der zu den Sommern der Kindheit zurückführt. Du bist es, die mich Einsamen nicht karg und alt und hart werden läßt, du und die Liederlust, deine holdeste Gefährtin! Auch dir wollte ich entsagen, als ich einen eigenen Weg zu suchen mir schwor; aber du ereiltest mich des Nachts mit Tränen und warst meiner Einsamkeit freundlich; ich fürchtete mich, dich Zarte zu schrecken. Nun magst du gern bei mir Einkehr halten; du kommst zu mir, wie ein wahrer Freund, in meinen dunkelsten Nächten.

Damals! Jene erste Liebe!
Sie war rein, wie meine Liebe zum Wald und zu den Rosen. Und ich tat wohl, sie zu gestehen.
Ich wußte nicht, daß Ideale Schmetterlinge sind, nach deren Flügelsamt man nicht greifen darf.
Ich glaubte noch an die Vorherbestimmung der Seelen.
Ich glaubte noch, ein Leben allein an eine Leidenschaft knüpfen zu können.
Ich sah noch, wie alle Jungen, in der Frauenliebe das Höchste, was ein Leben zu geben vermag.
Denn ich glaubte noch an ein Genügen.

Mir wird weich –. O du sorglose erste Jugend, wo sind deine Wonnen geblieben, und wo deine beflügelten Hoffnungen! Einen Tag, eine Stunde gib mir wieder, sei noch einmal mein, die du so sehr mein eigen warst! Noch einmal möchte ich lachend unter lauter Freunden sitzen, noch einmal mit schallendem Hallo den Ball über den Rasen treiben oder warme Abende gesellig im schwanken Nachen verplaudern, den Mädchen erzählend, den Männern lauschend! Und noch einmal erschrockenen Herzens der Liebe ersten Ruf vernehmen!
Stark bin ich nun und sonnenverbrannt, und ein Fremder am alten Ort, nach dem so oft mir nächtliches Heimweh erwachte. Was ich schaffe und singe, es hat den jungen Duft, den weichen Schmelz nicht mehr. Die Schmetterlinge der Knabenträume haben im Sturm mich verlassen und kommen nur vereinzelt in seltenen Stunden, mit verwundertem Blick mich anzusehen. Dann schaue ich gerne ihr schimmerndes Spiel und liege schweigend und halte den Atem zurück, den Flatterer nicht zu verscheuchen.

Ich möchte in die Wälder singen von meinem Glücke und von meiner Kraft und meiner Verachtung. Mein Geist ist ähnlich dem frischen, starken Herbsttag und ihm verschwinden die blassen Gestirne der Dunkelheit. Ein Gestirn und Traum der Nacht war auch meine Laune von gestern und ehegestern. Wenn morgen der Frühwind geht, wird das töricht beschworene Bild hinter mir im Dämmer zerrinnen. Es wird wieder sein, was es mir lange gewesen ist: ein Gast, der mich selten nur in Sommernächten auf Flügeln des Traumes besucht.

XI

Die Blutbuche

Eine junge Blutbuche stand
Ob meiner ersten Liebe.
Und als ich mein erstes Lied erfand,
Sah sie zu, was ich schriebe.

So wie die Blutbuche kann kein Baum
In Frühlingswonnen schwelgen.
Hat keiner so farbigen Sommertraum
Und so ein frühes Welken.

Eine junge Blutbuche steht
In allen meinen Träumen.
Ein vergangener Mai umweht
Meinen Liebling unter den Bäumen.

XII

Es war ein milder Julitag

Ich möchte dich noch einmal sehn'
Im Garten durch die Wege gehn',

Noch einmal, rot von Sonnenlicht,
Dein schmales Königingesicht.
Gekränzt von deinem lichten Haar,
Das voll geheimen Zaubers war!

Es war ein milder Julitag,
Spätgold auf allen Bäumen lag.
Mein Haupt, verwirrt und müdgesehnt,
Lag schwer in deinen Schoß gelehnt,
Und stammelnd gab mein scheuer Mund
Dir meine junge Liebe kund.

Du neigtest dich. Es floß dein Haar,
Das voll geheimen Zaubers war,
Es floß so reich und königlich
In goldnen Fluten über mich,
Und flutend quoll der blonde Schein
Weich über meine Stirn herein.

Du hieltest meine heiße Hand,
Bis ich kein einzig Wort mehr fand.
»Ich glaub' dir,« sprachst du, »junges Blut,
Und bete, daß die junge Glut,
Die heut so ehrlich flammt und frei,
Dir immer, immer eigen sei.

Vergiß mich nicht; und dieser Tag,
Was auch das Morgen bringen mag,
Soll deinem Herzen heilig sein,
Solang du glücklich bist und rein,
Nun geh', sei stark und werd' ein Mann,
Der gleich dem Knaben lieben kann«!

Die Zeit verrann, die Glut verglomm,
Nur manchmal, wenn ich müd und fromm
Und einsam bin, ist mir bei Nacht,
Das alte Gartenbild erwacht;
Dann sah ich, rot vom Sonnenlicht,
Dein schmales Königingesicht.

Und um mich floß dein lichtes Haar,
Das voll geheimen Zaubers war ...

XIII

Maurice Maeterlinck

Obwohl ich von Maurice Maeterlinck nur wenig gelesen habe,
möchte ich nicht darauf verzichten, auch über ihn etwas zu plaudern, weil er der Originellste und Neueste unter den Neuen ist.
Er ist der Mystiker unsrer neuen Dichtung und seit Anfang der
neunziger Jahre bekannt. Octave Mirbeau war der erste, welcher
den neuen Namen in »weitere Kreise« trug.
Ich las zuerst wenige Skizzen und Aufsätze Maeterlincks in
Zeitschriften, dann zum erstenmal ein Werk von ihm. Von diesem will ich erzählen.

Ein Drama »Der Eindringling« (»l' Intruse«), von L. v. Schlözer
gut übersetzt.
Der Held dieses Dramas ist unsichtbar. Denn er ist – der Tod.
Aber wir spüren ihn. Er ist uns bemerklicher als alle Personen
und Worte; wir fühlen seinen Hauch, wir schauern, wenn wir
ihn fühlen, und wir haben Angst, er möchte plötzlich aus irgend
einem Vorhang treten.
Ein sonderbares Drama! Es geschieht nichts. Es wird fast nichts
gesprochen. Wenig Personen, kein Handeln, kein Ab- und Zu-
gehen, kein Ortswechsel!
Eine Familie sitzt um den Tisch bei der Lampe; im Nebenzimmer, von dem aber nichts zu sehen ist, liegt eine Kranke. Der
einzige gewissermaßen Handelnde im Stück ist ein blinder
Großvater, der vermöge des Spürsinns, den alle Blinden haben,
den in's Haus kommenden Unsichtbaren, das Unheil, den Tod –
fühlt. Der Vater und dessen Bruder sind während der ganzen
Szene ruhig und ahnungslos. Sie schwatzen harmlos, nur der
Blinde stört mit ängstlichen Ahnungen das Gespräch. Jemand
wird erwartet. Das Gartentor knarrt. Man hört die Schwäne im
Teich sich ängstigen und zur Seite rudern, wie wenn jemand
vorbeiginge; – aber niemand kommt. Vom Garten klingt ein

scharfes, deutliches Sensendengeln. Der Blinde fährt zusammen. »Es ist der Gärtner«, sagt jemand ruhig. »Siehst du nichts? Es ist einer im Garten«, sagt der Alte. Die Tochter sieht hinaus. »Nein, nur ein Wind macht die Bäume zittern.«
Die Lampe geht aus. Es ist kein Öl mehr drin. Der Mond kommt. Da fühlt der Blinde einen Fremden im Zimmer. Alle müssen ihm die Hand geben und sagen, daß sie da sind. »Aber da ist noch einer« sagt der Alte. »Nein! – Wie sonderbar doch die Blinden sind!« meint der Sohn.
Eine scheue, schwüle Stimmung wird das ganze Stück durch mit fabelhafter Technik gesteigert. Wir werden gespannt, ergriffen, entsetzt, und doch sehen wir in Wahrheit nichts als eine Familie, die ruhig um den Blinden versammelt sitzt.
Die Sprache ist, soweit ich aus der Übersetzung schließen kann, von raffinierter Einfachheit. Das Gespräch ist arm. Man höre:
Großvater »Mir scheint, die Uhr macht viel Lärm.«
Tochter »Weil wir nicht mehr sprechen, Großvater.«
Großvater »Aber warum schweigt ihr denn alle?«
Oheim »Wovon sollen wir denn sprechen? Du bist komisch heute abend.«
Großvater »Was ist das, was ich höre, Tochter?«
Ursula »Nichts, Großvater. Es sind die Blätter, die auf die Terrasse fallen.«
So geht das Gespräch. Aber man wird von der Angst des Blinden immer mehr ergriffen, sie geht auf uns über und sagt uns mehr, als die sparsamen Worte des Dichters.
Maeterlincks Worte alle sind dünne Schleier, hinter denen wir unergründliche Tiefen spüren, hinter denen man das Schicksal mit beängstigenden Schritten wandeln hört. Seine Tragik ist still, aber in dem kaum merklichen Fortschreiten der Handlung von ergreifend geheimnisvoller Düsterkeit.
Da werden keine Menschen gezeichnet. Die Personen Maeterlinck'scher Dramen sind Marionetten der Stimmungen viel mehr als Macbeth und Hamlet, Puppen des Schicksals, des Ewigen, dessen Darstellung Maeterlinck mit seiner transzendenten Kunst bezweckt.
In diesen Dramen ist alles »étrange«, seltsam, gesteigert. Ein scheues Tier, ein furchtsames Kind, ein ahnungsvoll mißtrauischer Blinder sind oft Träger der Stimmung und Wirkung. Oder

auch nur ein Bild, ein Symbol, z. B. eine erlöschende Ampel, ein aufrauschender Springbrunnen, ein Vogelruf, ein Gewitter, eine Windstille. Es fehlt alles Sinnliche, Körperliche. Hinter unendlich simplen, oft kargen Sätzen zittert eine feine, erregte Seele, furchtsam vor allem Störenden, Zufälligen, nicht Ewigen.

Maeterlinck ist der vollendete Impressionist. Seine Worte führen uns bis an die mystischen Grenzpunkte des Lebens, wo das »principe inconnu« beginnt und die »lois inexplicables et profondes«. Unsre Augen lesen Maeterlincks spärliche Zeilen, und zugleich beginnt unsre Seele ein bewußtes Leben. Die Worte sind nur Leiter. Sie sagen wenig, sie befriedigen nie, aber sie wecken das Unbewußte in uns, sie machen uns sensibler, reicher und – demütiger. »Tresor des humbles« heißt bezeichnend eines seiner Werke.

Ich habe versucht, das Unsagbare dieses Phänomens anzudeuten. Ich mußte darauf verzichten, nur Eigenes zu geben. Diese Skizze soll sich von den andern hier gegebenen dadurch unterscheiden, daß sie einen Dichter für sich, nicht speziell in seiner Wirkung auf *mich* schildern will. Ich benützte deshalb mehrere Quellen, während ich sonst solche Anlehnungen ganz vermied.

Daß sich »Zitate« aus Maeterlinck nicht geben lassen, leuchtet ein.

XIV

Abend

Im Teich ein trüber
Grauroter Schein.
Ein brünstiger Hirschruf waldüber
– Und ich allein!

Zum Teich ist müde
Mein Haupt gesenkt,
An eine verwelkte Blüte
Mein Heimweh denkt.

Ein Schwan im Teiche
Streift an das Rohr
Und reckt verschnittene, bleiche
Flügel empor.

Zum Teich ist müde
Mein Haupt gesenkt,
An eine verwelkte Blüte
Mein Heimweh denkt.

XV

Eine Stunde hinter Mitternacht

Eine Stunde hinter Mitternacht,
Wo nur der Wald und der späte Mond
Und keine einzige Menschenseele wacht,
Steht breit und groß ein schimmernd Schloß,
Nur von mir und meinen Träumen bewohnt.

Dort prunkt in Bildern Saal an Saal.
Und meine Träume sind zu Gast
Bei mir. Rundum geht der Pokal;
Und Plaudergruß und Liederfluß
Bringt erst der frühe Tag zur Rast.

Der pocht derbfäustig an die Wand,
Und tritt herein und schilt und hält
Die Sonnenfackel in der Hand. –
Und wie ein Licht flackernd zerbricht,
Zerstiebt mir meine Träumewelt.

Von allen Wänden fällt die Pracht,
Das strenge Leben tritt herein
Und ich muß dienen seiner Macht,
Scheu und verzagt, in's Joch geplagt, –
O Mitternacht, wie harr ich dein!

XVI

C. F. Meyer

Was mir Falke als Liederdichter ist, ist mir Meyer als Erzähler. Seine Bücher sind so voll klarer Luft, hohen Himmels, strenger, scharfer Konturen, so voll Sonne, Form und Farbe, daß man beim Lesen sich selber merkwürdig frisch und helläugig vorkommt. Da sind viele Zartheiten und geistreiche Spiele, die an Goethe erinnern, und mehr noch an alte Erzähler, an die Novellisten und Causeurs des Cinquecento.

Und da haben wir gleich Meyers Domäne, seine Heimat, seinen Liebling, – das Jahrhundert des erhöhten Lebens, der großen Künstler in Leben, Politik und Kunst, die Zeit der großen Römer und Florentiner, die Zeit Raphaels, Michelangelos, der Medici. Große, klarblickende Gestalten vornehmster Bildung stehen auf berückenden Lebenshöhen mit klugen Augen über großen, verflochtenen Schicksalen, deren Fäden in ihre Hände laufen. Daneben im Krieg zusammengewürfelte Nationen, darunter ausgezeichnet, des Dichters Landsleute, die Schweizer, mit derben Seelen und kräftigen Gebirgsnaturen. Aus ihnen wachsen starke, unbändige Leidenschaften, zuweilen in einem einzelnen, felsigen, fast übermenschlichen Mann verkörpert (am herrlichsten im Jörg Jenatsch).

Darüber aber sind nirgends, wie sonst in Staatsaktionen und Pompstücken, die großen und kleinen seelischen Zustände und Vergnügen vernachlässigt oder vergewaltigt. Eine einfache, tiefe, in hohem Grade künstlerische Menschen- und Seelenkenntnis frappiert in allen Werken Meyers. Aus seinen runden und edel gebauten Perioden und Kapiteln scheint oft das schlaue schelmische Auge Boccaccios zu blicken oder das dunkle, versehnte des Schwärmers Tasso.

Die Tragik in Meyers Novellen ist einfach, groß und zwingend. Sie hat nicht die ungeheure Tiefe, die grausam überlegene Willkür Shakespeares, aber ihre Entwicklung ist einzigartig in ihrer Klarheit und Stetigkeit.

Ähnlich sein Humor, sein Lachen. Das Lachen eines guten Menschen. Rein, silbern, olympisch, oder auch voll der Lustigkeit eines lebhaften Kindes.

Und dann das Letzte und Beste! Das, worauf wir schlecht erzogene Leser am spätesten zu achten gewohnt sind, – die Sprache! Es läßt sich eine Sprache, ein Stil nicht beschreiben. Man muß selbst ihren Reiz kosten und ihr mit Liebe nachgehen auf ihren verborgensten Wegen.

Bei Meyer lohnt sich das, denn er *hat* eine Sprache, er *hat* einen Stil. Seine Sprache wirkt wie die Luft im Hochgebirge. Alle Verhältnisse treten in guter Beleuchtung greifbar hervor; eine deutliche, kurz und rein umrissene Nähe, durch charakteristische Staffage sich einprägend, feine Abstufung der Lichter, eigene Perspektiven und eine rundende, milde Ferne in gütigem Lichte – Höhenhorizont! Zuweilen finden sich liebenswürdig naive Schweizer Spracheigenheiten.

Wer ein Liebhaber des Latein ist oder überhaupt ein Bewunderer des knappen, sicheren Ausdrucks, der Prägung, der muß sich an Meyers Sprache laben wie an einem römischen Historiker. Cäsar, Tacitus, auch Livius sind hier deutlich zu erkennen.

Die Verbindung einer großen Feinfühligkeit und Künstlerbegabung mit dieser Sprache ergibt den Hauptwert und Reiz der Meyer'schen Dichtung, die erstaunliche Plastik der Schilderung. Auch in seinen zwei oder drei schwächeren Erzählungen versöhnen solche einzelne Schilderungen reinlichster Zeichnung mit dem Mißverhältnis zwischen Stoff und Kunst. Eine Landschaft, eine Menschenmenge, von Meyer geschildert, sind herrlich; und wo es sich um Details handelt, um ein Portrait, um eine Architektur, ein Bildwerk, einen Schmuck, ein Wappen, – da ist er unerreicht, homerisch.

Aus all dem ergibt sich die großartig einseitige Begabung dieses Mannes zum Novellendichter. Was wir unter »Novelle« verstehen, reife Schicksale in ihren Höhepunkten von einem leidenschaftslosen Erzähler berichtet, dramatische Situationen, dritte und fünfte Akte, alles in sorgfältig gewähltem Rahmen, die Farben mit besonnener Technik auf Harmonien gestimmt, über dem ganzen der kostbare Hauch, der über alten Meistergemälden, die Patina, die über wertvollen Bronzen liegt, – das ist sein Gebiet, da liegt seine Begabung und Meisterschaft.

Meyer sagt in einer seiner besten Novellen von dem erzählenden Dante:

»Seine Fabel lag in ausgeschütteter Fülle vor ihm; aber sein strenger Geist wählte und vereinfachte.«
Man denkt beim Lesen unwillkürlich an den Dichter selber.

XVII

Dorfabend

Der Hirt mit seinen Schafen
Zieht durch die stillen Gassen ein.
Die Häuser wollen schlafen
Und dämmern schon und nicken ein.

Ich bin in diesen Mauern
Der einz'ge fremde Mann zur Stund.
Es trinkt mein Herz mit Trauern
Den Kelch der Sehnsucht bis zum Grund.

Wohin der Weg mich führet,
Hat überall ein Herd gebrannt.
Nur ich hab nie verspüret,
Was Heimat ist und Vaterland.

Dressur
Oder: »Die Sphynx«

Das ist die letzte Lebenslist:
Den Ort auf jeder Straße wissen,
Wo ihre Sphinx verborgen ist!

Ich fand im Leben keinen Tag,
In dessen Tiefe grinsend nicht
Das zwiegestalte Scheusal lag.

Bin oft an ihr vorbeigegangen
Und sah den krassen Hungerblick
An meinen Schritten gierig hangen.

Sie kennt und fürchtet mein Gesicht
Und folgt mir scheu mit Tigeraugen,
Aber die Krallen zeigt sie nicht.

Postscript

Diese Seiten sind für wenig Menschen, die ich lieb habe und
verehre, geschrieben, einerlei ob sie gefallen oder nicht, gelesen
werden oder nicht. Wenn das Ganze recht bald verbrannt wird
oder tief in die Truhe kommt, die man am seltensten öffnet, so ist
dies mir lieber als irgend jemand sonst. Will sagen, daß dies Heft
nicht für meine lieben Onkel, Tanten, Vetter und Basen gemünzt
ist.

*Auf der Schlußseite des Manuskripts befindet sich in der Hand-
schrift von Hermann Hesses Mutter ein Gedicht, das H.H. im
Mai 1896 in Freudenstadt in das Gästebuch des Kurhauses »Pal-
menwald« geschrieben hatte (ohne Titel):*

Ich liebe diese ernsten Tannen,
Wenn drin der junge Sommer spinnt.
Erschrocken rauscht das Reh von dannen,
Großäugig wie ein scheues Kind.
Im Winde schwankt die Heiderose
Grüßt frisch in meinen wachen Traum,
Die Gräser schaukeln über Moose,
Und auf den Bächen treibt der Schaum.

Da wird die Brust so weit, so offen
Und klar der Blick; es schlägt das Herz
Zu neuem Lieben, neuem Hoffen
In neuer Flamme himmelwärts.
Und in des Hauses stillem Wesen
Ist mir das Heimweh auch erwacht
Nach einem ewigen Genesen,
Nach einem Stern in unsrer Nacht.

O ewig banges Ungenügen!
O endlos herbe Erdenlast,
Bis wir geborgen endlich liegen
Im Bretterhaus zur letzten Rast!
O Gott der Liebe! sieh uns irren,
O reiche Deine starke Hand
Und führ uns durch des Lebens Wirren
Nach Haus, nach Haus ins Friedensland!

* * *

Zum 14. Juni 1898

(dem 51. Geburtstag des Vaters)

Tagebuchblatt

Seither ist mir im Gespräch und in der Literatur nichts mehr zuwider als alles Soziale und Sozialistische, oder was man so nennt, ferner alles Anfassen von Problemen mit den Fäusten und alles Freudehaben an Dingen, die man besitzen und beackern und mit Händen halten kann.

Seither liebe ich das, was Duft und Spiel und leichtfüßig ist.

An der Sprache die Gipfel, die zwischen dem Ernstesten und dem Lächerlichen hängen, die Gipfel, welche Bergluft und Heiterkeit und Gefahren haben. Am Leben die Stunden und Nächte, da der Schlaf zaudert und da die Seele allein stark und flugbereit nach neuen Ufern ist. Alles Lächeln im Schmerz, alle Erkenntnis, die mir aus wachen Nächten und aus Tagen der Schwäche ward. Denn alles wird erst kostbar durch Opfer und hohen Preis, nicht durch schlaue und wohlfeile Erwerbung.

So wurden meine Wünsche und Abneigungen andre oder es nahm doch die Leidenschaft darin andre und vielfältigere Töne an. Bis eines Tages ein Name mir vom Munde floß, leicht und wie altgewohnt, der mir seither zu allen Zeiten Qual und Trost zugleich geworden ist: »Leben ohne Genügen.«

Ich hatte auch in kranken und finstern Zeiten immer noch an ein Genügen geglaubt, – der einzige Glaube, der mich, heller oft und manchmal dunkler, seit den frühsten Kindergedanken niemals verlassen hatte. Es war kein Bruch und heißer Abschied – wie Freunde sind wir voneinandergegangen. Aber ich war um eine Sehnsucht und um eine Kindheit leerer. Seither hat dieser Unglaube immer mehr an jenen »Fragen« und »Interessen« genagt, welche sichtlich unsre Zeit in Atem halten, bis sie mir fremd geworden und fern gekommen sind. Die Ehrfurcht vor allen Sphynxen verließ mich und die Neugier nach jenen Philosophien, welche Glückseligkeitslehren sein wollen oder sind …

Aus meinem Traumbuch

I

Ich schlug einen wenig gepflegten Waldweg ein, der mehr und mehr verwilderte. Ein voller Wind fuhr über die Kronen alter Eichen, die mit vielfach gekrümmten Ästen, obwohl einer weitab vom andern stehend, einander umarmten und nach Raum und Licht rangen. Oft fand ich auf dem schwarzen Waldboden scharfe Spuren kleiner Hufe, den Pfad der Quere schneidend, und einmal meinte ich im Halbdunkel eines nahen Dickichts den feinen Kopf eines Hirsches über die Laubwand erhoben zu sehen. Ich spähte und lauschte und stand manchmal lange still mit verhaltenem Atem, bis meinen oft getäuschten und immer neu erregten Sinnen der Wald voll von Wunder und schweigsamen Geheimnissen war. Ein breiter Bach ging brausend über Stein und Moos talab. In seinen Rändern, wo er stiller floß, spiegelte sich unterhöhltes Wurzelwerk in krausen, zitternden Linien. In den Tiefen des Bettes, die oft von Wasserstürzen überwölbt waren, schwammen lautlos und dunkel die scheuen Forellen und verschwanden mit jäher Bewegung, sobald nur mein Schatten über ihre Schlupfwinkel hinwegstrich.

Dem fröhlichen Stürmer folgend, gelangte ich in ein wohlbekanntes Tal. An dessen Mündung bog ich um die vortretende Höhe und verließ den Bach, der zur andern Seite strebte und bald nur leise noch zu hören war. Ein junger Buchenstand, langsam sich lichtend, trat endlich ganz zurück und gab ein heimlich anmutendes Bild meinen Blicken frei. Mehrere Hügel streckten in ein breites Wiesental bewaldete Ausläufer vor. Vor mir lag in hohen Buchen ein dunkler Weiher, an dem ich als Knabe viele Mittagsstunden verweilt hatte. Einzelne Laubbäume, schlank mit astlosen Stämmen und hohen, schmalen Kronen, spiegelten sich voll in der bräunlichen Fläche. Meine ersten Lebensträume waren an diesem Schilfufer über die Tiefe meiner Kinderseele gegangen, sich in der unbewegten Fläche spiegelnd. Die ersten wunderlichen Dichtergedanken hatte diese freundlich ernste Einsamkeit in mir erregt.

Ich beschattete meine Augen mit der Rechten und sog die milden Farben in mich, und die Stille und den Frieden, von dem mir schien, als hätte ich ihn dort bei den Lieblingsplätzen einer anderen Zeit zurückgelassen. Die trockenen Spitzen der Halme und Schilfblätter bewegten sich unregelmäßig mit einem feinen Geräusch, welches die Stille noch fühlbarer machte. Am jenseitigen Ufer entstieg dem warmen, feuchten Boden ein dünner Dampf, der die weiter liegenden Hügel mit dem hellen Himmel zu einer sanften Ferne verband. Und über den nächsten Hügelrücken ragte schlank und spitz der Turm der Klosterkirche. Dort begann auch bald ein reines, schönes Geläut.

Die langen Töne gingen in milden Wellen über mich hin.

Hinter dem Hügel wußte ich das Kloster stehen, wo ich zum erstenmal über Heute und Morgen denken lernte, wo ich zum erstenmal die herbe Süßigkeit des Wissens kostete und die süßeren Ahnungen verborgener Schönheit. Zum erstenmal vernahm dort mein empfindlicher Sinn die großen Namen, die wie Türme über meinen Träumen standen, die großen Namen des Themistokles und des Perikles und den größeren des Homer.

Mein Geist sah die Wölbungen der Säle und die gotischen Fenster der Kreuzgänge deutlich vor sich, und es zog mich hinüber, die wehe Lust des Wiedersehens in vollen Zügen zu trinken. Aber ich blieb; ich fürchtete, mir das innere Bild zu zerstören; ich fürchtete, andere dort gehen zu sehen, wo ich in Träumen heimisch war.

Die Sonne glänzte auf der Spitze des Turmes. Der Hügelrücken stand scharf und ernst zwischen hier und dort, zwischen mir und jenen glücklichen Dämmerungen.

Ich streckte grüßend die Hand aus und war im Innern bewegt. Dort lag ein Stück von mir verloren. Ich dachte an verlassene Tempel, an einen verflogenen Vogel, an Sterne, die gefallen sind.

Ein schmaler Brettersteg ragte in den Weiher. Ich beschritt das zitternde Gerüst und beugte mich, wie ich früher oft getan, über die Brüstung vor. Mein Spiegelbild lag ruhig im blanken Wasser und ich suchte an ihm die Züge, welche mich an das Gesicht erinnerten, das damals aus der Tiefe mich ansah.

Als mein Spiegelbild den fragenden Blick verschleierte, als ein schwerer Tropfen ins Wasser fiel und die klaren Umrisse des Bildes zitterten und zerrannen, merkte ich erst, daß ich weinte.

II

An einer schmalen Straße stehn
In langen Reihen die Zypressen
Und legen breite Schatten vor sich nieder.

In Tempeldämmerungen liegt
Der schmale Weg, darauf die Schatten
Sich überkreuz in strenger Wölbung bündeln.

Mein Traum wird bang und zwingt den Schritt
Beklommen wie ein Dieb und schweigend
In scheuem Takt den rätselvollen Weg hin.

Da schwimmt ein schwacher Veilchenduft
Mir lockend nach und weckt verwehend
Nach Licht und Tag und Menschenlaut mein Heimweh.

Es kennt mein Herz den weichen Duft,
Der einer andern Zeit ist eigen,
Da meine Träume andre Wege gingen.

Mein Traum kehrt um – und stockt – und sieht
Ein Weib in seinen Spuren wandeln,
Das mit erhobner Hand die Rückkehr weigert.

Er schweigt und neigt das Haupt und zwingt
Den Schritt die lange Straße weiter,
Darauf sich überkreuz die Schatten bündeln …

III

Die Nacht zog ihren Kreis enger um die Gärten; sie kam rasch
und herrisch wie die Nächte des Südens. Nacheinander versanken Hügel, Gebüsch und Hain, bis auch die nahe stehenden
Bäume sich vor meinen Blicken verhüllten und ein fremdes Ansehen gewannen.
Ich saß zu Füßen der Königin in dem weiten Halbrund einer

offenen Halle. Die schweren Säulen hoben sich fest und ruhig, Wächtern gleich, von der matten Ferne ab; die Kapitäle standen rein und edel gegen den lichteren Himmel. Zwei rote Feuer brannten am Eingang in steinernen Becken, über uns hing eine runde, silberne Ampel mit vier Flammen. Von drei Seiten hatte die schwere Nachtluft Zutritt und führte den Duft des wohlriechenden Öles in langsamen Wogen davon. Das Meer, dessen Geräusch am Tage nicht bis an Palast und Gärten reichte, sang gedämpft in gleichmäßigen Intervallen.

Der Gesang der Frauen war kaum verstummt, in der Luft lag noch ein Nachhall festlicher Melodien. Mir wurde eine fünfsaitige Laute gebracht; die Augen der Wartenden hingen an meinem Munde. Ich schloß die Augen und sog den Duft der Nacht und fühlte ihren Atem in meinem Haar. Mein Herz war voll wehen Glückes und meine Stimme zitterte, als ich zu singen begann. Mein Finger rührte an die feinen Saiten – ich hatte lange nimmer gesungen. Takt und Tonfall der Verse stieg mir neu und berückend zu Häupten.

Ich sang von einem vergangenen Sommer, da zum erstenmal mein Knabenauge an der Gestalt und dem Gange eines jungen Weibes hing. Und sang von den späten Abenden, da der Lindenduft schwoll und da ich mein wehes Verlangen mit wildem Ruderschlag über den schwarzen Weiher ruderte, da ich die Bänke und Wege und Treppen besuchte und alle Stätten, an denen ich die schlanke Wohlgestalt am Tage aus banger Ferne erblickt hatte. Ich gedachte der voll erblühten Rosenhecken und pries die schattigen Gänge, welche der Duft des Jasmin erfüllte.

Von den Frauen lächelten manche, und manche sahen mich mit ernsthaft großen Augen an. Als ich aber den Blick nach der Schönsten wandte, sah ich breite, bläuliche Lider über ihren Augen geschlossen und sah ihren Mund und die zarte Färbung der Wangen und die kurz gelockten Haare über der Stirn. Ich erblickte das Bild meiner ersten Liebe, schön und rein und verzaubert von Erinnerung und Heimweh, wie ich's in Lieblingsträumen oft erschaute. Mir war das Herz erregt und schwer von Liedern und Sehnsüchten einer andern Zeit.

Ich berührte die Hand der Königin –

– »Erinnerst du dich noch?«

Sie schlug die Augen auf –
»Bist du nicht glücklicher als andre gewesen?«
Ich nickte mit dem Haupt und konnte das Auge nicht von den
Lippen wenden, die Elisens Lippen waren.
»Bist du nicht undankbar gewesen?«
Ich war traurig und mußte wieder das Haupt neigen …

IV

Ein Knabe mit schmalen Händen führte mich durch einen Gar-
ten. Seine nackten Füße traten weich in den Sand.
Ich hörte den Wind, und ich trank den lauen Duft, der in Wellen
über die Erde ging.
Ich fühlte die Sonne auf meinen Schultern und Händen und
schritt langsam die Terrasse empor.
Auf der erreichten Höhe stieß meine vorgestreckte Hand an die
niedrige Mauer. Dort setzte ich mich und hörte tief mit dunklen
Stimmen das Meer singen und den heimatlich einfachen Refrain
der Brandung.
Ich wußte kleine Schiffe mit farbigen Segeln und schlanken
Schnäbeln in der Ferne, und das Meer am Horizonte silbern, und
wenig aufragend in violetten Tönen das bewaldete Ufer der weit
entfernten Insel. Dort mußten jetzt die rötlichen Mittagslichter
glänzen und die hellen Felswände.
Und ich war blind.

Der Dilettant

Ich sollte ein Baumeister geworden sein. Mein Palast steht vor
meinem inneren Auge in reinen Maßen, groß und doch graziös,
ohnegleichen. Ich sehe die Front in lichter Eleganz, mit den
starken Vorsäulen, mit dem großen Portal und der reichen Fassade, die edlen Gesimse, die schlanken Pilaster, die wohl be-
messenen, hellen Felder des Frieses. Die niedrigeren Flügel mit
breiten Türstufen. Hohe Zimmer, Säle voll Licht und der geräumige Hof dreiseitig von offenen Säulengängen umgeben. Balkone, groß genug für eine mäßige Gesellschaft und noch nicht

zu weit für eine Schäferstunde oder ein Zwiegespräch von Freunden; Treppen, welche mühelos zu ersteigen sind.

Aber freilich – die Farben, die Farben! Wie begrenzt doch die Künste sind! Ein Maler müßte ich sein. Ich malte meinen Palast beim Abendlicht, in einem Garten, der schattige Baumgruppen und zarte Rasenflächen hat. Junge Männer und Mädchen spielen Ball, mit schönen, reizenden Bewegungen. Ein väterlicher Greis schaut ihnen zu. An einer Fensterbrüstung lehnt eine Dame, dunkelblond, mit klugen Zügen und Prinzessinhänden. Ein köstliches Bild! Aber auch hier – alles nur Form, nur Andeutung, nur Treppe und Brücke für den höheren Sinn!

Nein, – ich werde einen Gesang dichten, dessen Mittelpunkt diese Szene sein soll. Oder ein Schauspiel? – Nein, einen Gesang in Terzinen. Mit gefälligen Reimklängen, mit wohlverteilten, anreizenden Härten, mit seltenen Prunkworten. Die Überschrift ein Ritornell. Wenig Beschreibung, kurze Gespräche, ein eingeflochtenes Lied – das ganze nur Stimmung.

Stimmung! Aber eignet sich hierzu am meisten ein Gesang in Terzinen? O Ungenügen! Ach, nur die Königin und Seele aller Künste, nur die Musik wird mir dienen können.

Zum Beginn ein mildes, solides, pastorales Motiv. Eine Viola mit Klavier. Die erste Geige fällt mit vollerer Stimme ein. Das Cello gibt der leise wiederholten Melodie einen Zug von ironischer Wehmut.

Es fehlen nur eben die Virtuosen. Ich kann leider nicht vier Instrumente gleichzeitig spielen. Und der Ärger des Einstudierens, und die Not mit den verwöhnten Künstlern! Wie dumm! Eine Stelle für die Viola ist mir so gegenwärtig, daß ich sie singen könnte. Etwas Brahms freilich, aber vertieft, mit Bewußtsein und nicht ganz ohne Ironie verwertet.

Schade! Ich habe Unglück mit meinen besten Ideen!

Vor einem Bilde

War es ein Duft, eine Wolke, ein Ton verklingender Glocken?
Irgendwo, heimlicher Reiz, irgendwann trafst du mich schon!
Immer, so oft ich den Blick vom ernsten Tische erhebe
Und dein Anblick mich freut, lenkst du mein Sinnen zurück.

Aller Himmel gedenk ich und aller ragenden Berge,
Deren Bläue und Form je mir das Auge entzückt,
Aller Frühlinge auch und aller gesungenen Lieder,
Bis die vergangene Zeit mich wie ein Heute umgibt.
Schau, der springende Bach! Hier hab' ich den fröhlichen
                                        Wellen
Flüsternd mein frühestes Lied liegend im Walde vertraut.
Lämmerwolken bedecken die lieben Himmel der Kindheit –
Heimat, wie bist du so schön! Heimat wie bist du so fern!
Schweigsam auch und beglänzt von allen Lichtern des Sommers,
Schaut meine Liebe mich an, freundlich und traurig zugleich.
Freunde sprechen zu mir mit schwärmenden Reden der Jugend,
Freunde, die ich geliebt, die ich mit Schmerzen verlor.
Schauend senkt sich mein Geist in die tiefen Gründe des Lebens,
Wägend mit friedlichem Ernst, was ich verlor und gewann.
Lächelnd erheb' ich sodann das Haupt und sehe dich wieder,
Liebliches Bild, und dein Reiz dünket mich fremd und bekannt.
Dankend erkenn ich und nenn' ich das ewige Rätsel der
                                        Schönheit,
Deren beglückendem Dienst ich meine Jahre geweiht.
Alles, was ich geliebt und was mir nah ist im Herzen,
Führt mir dein stilles Symbol neuer und voller zu Sinn.
Feierlich wird mir ums Herz, und eine kindliche Ehrfurcht
Stimmt mir Gedanken und Wort unbewußt zum Gebet.

Jugendflucht

Der müde Sommer senkt das Haupt
Und schaut sein Spiegelbild im See,
Ich wandle müde und bestaubt
Im Schatten der Allee.

Durch Pappeln geht ein zager Wind,
Der Himmel hinter mir ist rot,
Und vor mir Abendängste sind,
Und Dämmerung, und Tod –

Ich wandle müde und bestaubt;
Und hinter mir bleibt zögernd steh'n
Die Jugend, neigt das schöne Haupt
Und will nicht fürder mit mir gehn.

Maria
Ein Gedichtzyklus

1

Ein Lieblingstraum aus goldnen Nächten
Vortretend, ernst, in schöner Ruh,
Den Zauberschleier in der Rechten –
So schön bist du!

Mein Blick erstaunt und muß sich senken,
Mein Herz schließt alle Tore zu,
Nur noch allein an dich zu denken –
So schön bist du!

2

Der Meister schwieg und tat die Geige aus der Hand.
Uns schlug das Herz. Du aber mußtest
Die Hand ihm geben. –
Ob du wußtest,
Daß ihr Glückskinder seid aus einem Vaterland?

3
(Nach einem Feste)

»Sie schweigen, Maria?«
»Ja. Das Fest ist vorüber. Man trägt die Instrumente weg. Welke
Blumen –. Was soll ich sagen?«
»Sagen Sie, ob Sie mich lieb haben?«
»Liebhaben? Ich weiß nicht.

Ich liebe es, wenn ich spät in Ihrem entfernten Zimmer Licht sehe; dann kommen die langen, verschleierten Klänge Ihrer Geige zu mir und sagen: Hörst du? Er spielt noch. Er ist traurig und denkt an dich. Er hat diese Nacht ein Lied über deine Hände gedichtet.

Ich werde Ihnen mein Bild schenken. Sie werden es betrachten und behutsam anfassen. –: So ist sie! Das sind ihre Haare! Wenn Ihre Geige stille ist, dann denke ich: Sieh', er sitzt und sieht dich an.«

»Ich werde bald wegreisen, Maria. Dann wird ein anderer in meinem Zimmer Licht haben; die Geige wird nimmer zu Ihnen sprechen.«

»Dann werde ich an Abenden, wenn ein Fest vorüber ist, oder wenn ich müde bin, Ihre Verse lesen. Und denken: Sie sind wie du heute, so müde und großäugig, wie wenn ein Fest vorüber ist. Man hat Lust, in niedern Sesseln zu liegen und ein Allegro von Chopin zu hören …«

4

So ziehen Sterne ihre Bahn,
Unwandelbar und unverstanden.
Wir winden uns in hundert Banden
Du steigst von Glanz zu Glanz hinan.

Dein Leben ist ein einzig Licht!
Ich muß aus meinen Dunkelheiten
Sehnsüchtige Arme nach dir breiten, –
Du lächelst und verstehst mich nicht.

5

Ich fragte dich, warum dein Auge gern
In meinem Auge ruht,
So wie ein reiner Himmelsstern
In einer dunklen Flut.

Du sahest lang mich an,
Wie man ein Kind mit Blicken mißt,
Und sagtest lächelnd dann:
Ich bin dir gut, weil du so traurig bist.

6

Wenn doch mein Leben fürder geht
Und manchmal noch aus reichen Ranken
Ein reifes Lied mir niederweht –
Ich hab's auch dir zu danken.

Du weißt es nicht, denn ich begrub
Dein Bild in meiner Nächte Schweigen,
Und was mein Lied zu Tage hub,
War schon zuvor dein eigen.

Der Strauß

Auf dem Tisch ein kleiner Strauß
Von Levkojen und Reseden
Lockt mein Sinnen weit hinaus
Aus der Stadt nach fernen Beeten.

Beeten, die voll Veilchen sind,
Von Syringen überhangen,
Und ein blondes Nachbarkind
Kommt vom Hause her gegangen.

Nahe ist ein Brunnen laut,
Tief in seinen Mauern schäumend,
Und ein Flug im Bienenkraut,
Sonst ist alles stumm und träumend.

Aller Friede, der mir fehlt,
Der mir früh mit wehem Schauern

Schwand im Kampf um Ruhm und Geld,
Schlummert dort und macht mich trauern.

Sarasate

Auf fernen Schwingen fliegt ein Ton,
Und einer noch, der letzte, rinnt
Ihm nach, und bebt, und ist entflohn –
O daß ich weinen dürfte,
Wie um sein Spielzeug weint ein Kind!

Ich sitze noch – der Beifall gellt –
Und meine Sinne trinken lang
Die Luft noch einer fremden Welt,
Die meine Kindersehnsucht
Mit heißen Armen schon umschlang.

Die Luft von einer fernen Welt,
Die nächtelang mit loher Brunst
Mein fiebernd Aug im Banne hält:
Das Land der Heimatlosen,
Das morgenrote Reich der Kunst.

Dichterlied

Das ist der Jungen Recht und Stolz:
Wir sind geschnitten aus andrem Holz
Als alle, die vor Zeiten waren,
Wir sind dem lieben Leben hold
Und zählen nicht nach Tag und Jahren.
Wir haben ja der Jugend Gold
Aus vollen Händen wegzugeben;
Kaum daß ein früh getäuschtes Streben
Sich lachend seines Wahns begibt
Und kecker nur die zweite Liebe liebt.

Nur manchmal muß ich drüber sinnen:
Wie dann, wenn Tag und Jahre rinnen,
Wenn diese Hand voll Blut und Kraft
Erschlafft,
Und mühsam nur ihr Tagwerk schafft?
Wie dann, wenn deiner Liebe Glut,
Die unerschöpfliche, einst müd
In armen Funken glimmend ruht,
Wenn deiner Lippen Rot verblüht?
Wird dann aus deinem Tagesjoch
Die flügelstarke Sehnsucht noch
Dich zu den blauen Inseln tragen,
Wo deiner Träume Brunnen quillt,
Und wo dein Herz der Schönheit Bild
Anbetend alle Not vergißt –
Nach jenem Land, das meine Heimat ist?

O Heimat, Heimweh! Gib mir Kraft,
Durch Tagesjoch und Leidenschaft
Die Flamme meiner Kunst zu retten!
Laß mein gequältes, schweres Haupt,
Das heiß an deine Wunder glaubt,
In deinen Schoß sich endlich betten.
Und gib mir Kraft, mein Leben lang,
Durch Kampf und Sieg und Untergang
Der Sehnsucht Adlertrotz zu wahren,
Der über Klüfte und Gefahren
Sein sonnenrotes Heimwehland
Noch mit dem letzten Blick umspannt.
Laß mir durch Leid und Schuld und Sorgen
Den Dichterblick in's lichte Morgen,
Und meine Liebe, die alles umschließt,
Was einsam, fern und zukünftig ist!

Mein Zimmer

(Mit Kopfweh und Langeweile geschrieben, aus Unfähigkeit
zu anderer Beschäftigung, 1. 6. 1898)

Mein Zimmer ist mäßig groß und fast so breit als lang. Die Höhe
ist eben noch genügend; sie erscheint geringer als sie ist, da die
Decke hell gemalt ist und etwas jäh von der grauen Tapete ab-
sticht. Im Zimmer steht ein Tisch mit Sofa und zwei Stühlen. Er
dient als Eßtisch und zum Ablegen der in Gebrauch befind-
lichen Bücher und Journale. Immer steht etwas Brot und ein
Glas Wasser darauf. Zum Schreiben wird er nicht benützt. Dazu
dient ein Stehpult, hoch und breit aus unlackiertem Holz, mit
zwei dreiseitigen Bücheretagen. Unter der Schreibplatte ist der
Raum für Briefe, Manuskripte, Papier. Auf dem Pultsims sind
Lampe, Tintenfaß, Federn, Aschenbecher, Papiermesser, Fe-
dernschachteln, eine Flasche Odeur, als Schmuck die Bilder der
Eltern und eine kleine, gelbliche Goethebüste. Die übrigen Möbel sind: Zwei Bücherständer, wobei der eine mit Pultplatte versehen, Kleiderkasten, polierte Kommode, zugleich Schmuck-
tisch, Waschtisch, Bett mit Stuhl und Nachttisch, dann noch ein
Rauchtischchen, aus Rohrgeflecht mit Bambusfüßen, leicht und
ohne festen Standort. Einige Zimmerpflanzen in Töpfen sind
nicht mehr da, weil der Verpflegungs- und Erhaltungsmodus
verfehlt oder ungenügend war. Eine Wand hat zwei Fenster, jede
andre eine Türe. Doch ist nur die den Fenstern gegenüber liegende Türe in Gebrauch; von den andern ist die eine durch den
Kasten, die andre durch einen Vorhang verdeckt. Dadurch ist ein
systematisches Arrangement des Wandschmuckes unmöglich
gemacht. Über dem Sofa hängt Böcklins »Villa am Meer« in
großem Stich und eine allzu kleine »Toteninsel«, Fotografien
von Teinach und Teinacher Sägemühle und ein Tschibuk. Links
vom Sofa zwischen Ecke und Fenster Georgi's »Alte Stadt«,
darunter in Oktavformat Portraits von Hauptmann, Nietzsche,
Chopin. Über dem Pulte, zwischen beiden Fenstern, ein hohes
und schmales Seestück. Über dem Bette hängen drei Bilder von
Adele und ein Damenbild von Franz [von] Stuck. Über dem
Waschtisch ein Spiegel, von dem darunterstehenden Rasierspie-
gel ironisiert. Über der Kommode ein größeres Chopinportrait,

von vier Oktavbildern: Beethoven, Mozart, Schumann, Weber umgeben. Unter Chopin steht ein bunter Papierfächer, als Hintergrund einer auf der Kommode stehenden Hermesbüste in schöner Größe. Auf der Kommode vereinigen sich einige Zinnbecher mit Bierkrug, Hermes, Muschelkorb etc. etc. zu einer künstlerisch barocken Gesamtwirkung. Auf dem Kasten ein Still-Leben von Zigarrenschachteln, Flaschen, Honigtopf etc. An Bildern sind noch mehrere Ölstudien, ein Bild von Spiro und der schöne »Faustturm« zu nennen. Der eiserne Ofen grinst vor Begierde, auch noch im Juni gelegentlich benutzt zu werden. Heute ist er's nicht. Wasserglas, Aschenbecher, Zigarrenspitzen und der »Kleine Meyer« bilden stündlich neue, überraschende Gruppen von behaglichster Wirkung, unterstützt von Lineal, Billardkreiden, Gummitopf, Schere, Buchhülsen, Buchzeichen, Besteck, Uhrständer und vielen anderen Manifestationen häuslicher Wirtschaft.

Notturno
(Tagebuch)

Ein sommerlicher Garten lag in den spätesten Abendfarben. Aus den dunklen Gebüschen glänzte das Weiß des Jasmin. Die Kronen der Eschen und Kastanien traten kaum an dem bewölkten Himmel hervor.

Ich ging, dem Hause nahe, einen Sandweg auf und ab. Ich betrachtete meine rechte Hand, mich an dem starken Lichte freuend, das den menschlichen Gliedern innewohnt. Eine Heliotropblüte, welche ich in der Hand trug, warf schon lange keine Schatten mehr. Die Nacht kam. Der Heliotrop war fast verwelkt, aber er hatte noch seinen edlen Duft, jenen feinen, der köstlicher als alle Gartendüfte ist.

Ich sann –: Schon einmal hat in einer solchen Stunde dich dieser Duft berührt. Wann oder wo, das ist vergessen. Auch dieser Abend wird mir einmal erscheinen, auf der Schwelle der Erinnerung, als Duft, oder als Stille, oder als umzogener Sommerhimmel.

Mir fiel eine liebe Melodie ein. Ich glaubte sie halblaut zu hören und summte in Untertönen mit. Nur langsam wurde mir klar, daß auf der andern Seite des Hauses Klavier gespielt wurde. Ich umschritt das Haus, dem Klang entgegen und hörte, an eine Holzsäule der Galerie gelehnt, dem Spiele zu. Chopin, Nocturne II.

Sie kam aus einem dunklen Fenster, von einer Dame gespielt.

Wie ich diese Harmonien liebe! Und diese zarten Melodien, welche jungen Menschen mit feinen, jugendhageren Gliedern ähnlich sind.

Und diesen Takt, wie Wind und bewegtes Laub, wie Licht auf einem unruhigen See!

Ich stand eine lange Zeit. Es wurde völlig dunkel.

Die Kronen der Eschen und Kastanien flossen in den schwarzen Himmel.

Meine Blume duftete noch schwach in milden, sterbenden Atemzügen.

* * *

»Hat Ihnen Sarasates Kreutzersonate gefallen, Maria?«

»Sehr. Ich habe Ihre Freunde darüber sprechen hören. Sie waren unzufrieden. Er verstehe die deutsche Musik nicht.«

»Sie glauben das nicht?«

»Vielleicht. Es ist mir einerlei. Warum soll ich von ihm verlangen, daß er die deutsche Musik versteht? Er ist kein Deutscher, er hat ein rascheres und leichteres Herz. Er ist nur Künstler, nur Geiger, kein Philosoph und kein Dichter.«

»Haben Sie aber nicht doch von der Kreutzersonate unsres Freundes C. einen tieferen Eindruck erhalten?«

»Doch – ja. Aber ich denke, das ist nicht das Wesentliche. Mir lag doch nicht daran, Herrn C. kennen zu lernen, sondern ein schönes Musikwerk. Sonst wäre ja die Dilettantenmusik die beste. –

Ich meine so –: Ihr Dichter seid gewohnt, euer Herz in der Hand zu tragen. Wenn ihr traurig seid, sagt ihr in einem Lied: Seht her, so traurig bin ich! Und nun wollt ihr von den andern Künstlern dasselbe, wenig Schmuck und viel Gefühl. Der Geiger soll euch sein Herz vorgeigen, so wie leidenschaftliche Dilettanten sich irgendein Leid oder einen Ärger vom Herzen spielen, um es los zu werden. Eben das liebe ich nicht. Ich fordere von einem Geiger am meisten, daß er zeigt: Ich kann geigen, meine Hand macht keine Bewegung ohne meinen Willen, ich herrsche über alle tausend Töne, über alle Rhythmen, über laut und leise. Deshalb gefällt mir Sarasate mit seinem ruhigen, gepuderten Kopf, mit seinen feinen Bewegungen, die so frei von Leidenschaft erscheinen. Ich mußte zuweilen an die strenge, ruhige Hand eines genialen Arztes oder Kupferstechers denken.«

»Ich verstehe Sie wohl. Sie selbst leben in dieser Weise. Ihr Gang und Ihre Stimme sind solche Kunstwerke. Man sieht Ihnen zu und fragt: Woher hat sie diese Ruhe? Hat sie immer dieses stille Herz? Hat sie nicht wie andere Stürme und Nachtstunden? Niemand versteht Sie. – Aber Sie haben Ihre vollkommene schöne Natur, ebenso wie Sarasate seine Reinheit und Eleganz der Töne. Wem dies fehlt, wer an Mängeln und Fehlern leidet, der kann nicht so einfach in sich selber ruhen, der bedarf der heftigen

Reden und Gebärden, der Sprache und vielerlei Verkehrs, um seinem Leben Gleichgewicht und Rundheit zu geben.«

»So sind Sie! Immer! Weil ich stark bin und das Spielen mit Leidenschaften nicht liebe, weil ich die Gaukler und Akrobaten nicht leiden mag, sagen Sie: Du hast einen leichten Weg, weil du schön bist; du hast geschenkt bekommen, was du zum Leben brauchst. Andere sagen: Du bist eitel und dumm, du weißt, daß dein Mund im Schweigen am schönsten ist. Und andere: Du bist feige, dir fehlt der Mut zur Tat und zum Bekenntnis, du bist zahm.«

»Was denken Sie aber zu diesen Vorwürfen?«

»Zunächst denke ich, daß diese alle gar kein Recht haben, mir Vorwürfe zu machen. Und dann: es ist Kleinheit. Was ist der Mut, der mir fehlt? Sein Herz zu Tollheiten stacheln, seine Gedanken zu Absonderlichkeiten zwingen, immer voll Lust, die andern aufmerksam zu machen! Ihr Dichter! Das Sehen und Erzählen ist euch zu schwer und mühsam, ihr verausgabt euch in eure Reden, ihr holt von dort alles Glänzende und Seltsame, bis ihr alles, was schwer und unmöglich ist, gesagt und eure Seelen erschöpft habt. Was ich vermisse an euch allen, das ist der Fleiß und der rechte, hohe Stolz. Wenn ihr stolz wäret, dann lägen eure Tempel nicht an der Landstraße, dann würdet ihr eure Geheimnisse nicht auf die Bälle und die Teeabende tragen. Ihr habt feine und dichterische Gedanken, aber sie gehen als kleines Geld durch eure und alle Hände. Sehen Sie, davon ist Sarasate das Gegenteil. Er besitzt Fleiß und Stolz. Er bewegt ohne eure Ekstasen seinen Bogen mit unendlicher Sorgfalt und Künstlerliebe. Ihr aber sagt: Er versteht die deutsche Musik nicht –«

(1898)

Früheste Prosa

(später revidierte Fassung einiger Impressionen
aus den »Plauderabenden« und »Zum 14. Juni 1898«)

Jens Peter Jacobsen

Jacobsen! Wie doch dein Name und Andenken mir den frühen
Regenabend so licht macht! So oft ich der Menschen satt und
müde bin, so oft die Geheimnisse meiner Gedanken mich drängen und mir das Heimweh wachrufen nach Sonne und Kraft,
nach Freunden und Schutzgöttern, dann besucht mich dein Bild
sichtbar und labend. Dann sehe ich deine schmächtig zarte Gestalt, dein blasses Gesicht mit den klugen, leidenden Zügen,
dann sehe ich dein lichtdurstig brennendes Auge, dem so viele
Stufen und Grade des Lichtes und der Farben bekannt sind.

Du warst ein Gast, warst ein Fremder, wo du auch weiltest, und
du konntest den Glauben nicht finden, weil du nie ein Genügen
kanntest. Du fandest keine Wirklichkeit und fandest nichts
Schönes, das deine begehrlichen Träume nicht wahrer und schöner geahnt hätten. Dir genügte kein Wert, dessen Vollkommenheit du zu denken vermochtest.

Ich lese wieder »Niels Lyhne«. Das ist ein seltsames, ein wundersames Buch, geschrieben wie von Einem, der eben aus Träumen erwacht und halb noch jenseits ist. Ich weiß nicht, ob es ein
anderes Buch gibt, in dem so sehr der Zauber des Ungesagten,
des nie ganz Sagbaren, der Stimmung und Ahnung lebt, in dem
so wenig Worte sind und so viel Schönheiten, so viel Luft, so viel
Sonne und Farbe. Wir lauschen dem Herzen Lyhne's, wir hören
die Atemzüge und Seufzer seines in tonloser Unruhe sich verzehrenden Lebens. Frühlingswinden gleich brausen seine ungesungenen Lieder und Gedanken durch die flüchtige Fabel seines
Lebens. Und zwischen den lose verknüpften Kapiteln erblicke
ich dein Gesicht, du lieber Dichter, schweigend in melancholischer Ironie.

Er ist einsam und glücklos, denn er ist ein Vorgänger.

Ich wünsche für ihn und für uns, daß er als Vorgänger gehört
und verehrt, und daß er als Künstler überwunden werde.

Chopin

Ein schmales, geistiges Gesicht mit großen Augen, Kinderaugen. Eine rührend reine Stirn, ein feiner, vornehmer Mund. Und in jedem Zug das Heimweh nach der Heimat, nach Polen, nach heimischer Sprache, heimischem Volkslied, und zugleich das Wissen um die Unstillbarkeit dieses Heimwehs, das Wissen darum, daß es nicht nur der Heimat, nicht nur einem Lande, einer Sprache, einer Gemeinschaft gilt, sondern allem Traum, allem zugleich Ersehnten und Unerreichbaren, allem Jenseits, aller Ferne.

Chopin-Walzer

Kerzenlicht aus kristallenen Kronleuchtern. Ein Ahnensaal. Lachende, trinkende, plaudernde, heißblütige Jugend in weißen Ballkleidern und prahlenden Uniformen. Die Luft schwer vom Duft der Parfüme und welkender Blumen. Vor den Fenstern liegt schwarz und trostlos ein verwüstetes Land.
Morgen ist die große Schlacht. Sie wartet ihrer Opfer, ihr Schatten kriecht schon über's Feld und grinst in die erleuchteten Fenster.
Noch einen Becher, ehe der Walzer beginnt! Es lebe die Jugend! Es lebe Polen! Es leben die Frauen! Es lebe das Heute, das lichte, heiße, lachende Heute! Es lebe der Mut! Es lebe der Leichtsinn! Der süße, letzte Augenblick!
Morgen ist die Schlacht.

Lieben

»Wir lieben in den andern immer uns selber.«
Der das zuerst gesagt hat, war ein großer Mensch.

Der Künstler liebt die Natur, weil seinem Auge die Gnade gegeben ist, schön zu sehen und darum immer Schönes zu sehen. Er freut sich dieser seiner Gnade, wenn Ihr glaubet, er freue sich des fremden Schönen.

Der Maler sieht einen schönen Kopf. Er sieht ihn aber in *der* Beleuchtung, in *dem* Geist, in welchem er diesen Kopf porträtieren würde. Und er freut sich zumeist *der* Eigenheiten, die er allein vermöge seiner besonderen Gabe entdeckt oder ausgewählt hat, die den Kopf ihn zu eigen machen.

Jeder schöpferische Mensch liebt alles, was er liebt, als sein eigenes, ungeborenes Werk, als sich selbst, als seine Kunst und seine Zukunft.

Dem Dichter ist das Leben, das er liebt, die Summe seiner ungesungenen Lieder.

Aus einer Skizze mit dem Titel »Wallfahrt«

Durch den kahlen Wald geht meine Fahrt. Die Luft ist rein und herb. Die Schritte rauschen schwer im dicken, weichen Laub, das in dunkler Masse, sterbend den Weg polstert. Ich schreite gern auf den gehäuften Blättern eines gewesenen Sommers und denke an späte Zeiten, wo über mir der Schritt der Wanderer geht, wenn auch mich der braune Herbst ereilt hat. Ich denke an den Tod.
Dann ist mein Auge starr, das so gern sich zu den besonnten Wolken erhob.
Dann ist die Rechte starr und schwer, die so gern den Becher zu den Lippen hob.
Dann sind die Lippen weiß, die so rot im Kusse geblüht.
Und wo wird meine Seele sein?
Wird sie tun, was ihr im Leben nicht gelang?
Wird sie im schwellenden Föhn an junge liebende Herzen klingen und Rosen der Liebe, wie sie kein Frühling erzeugt, in ihre Träume streuen?
Wird sie lächelnd durch eines Dichters Herz wehen und ihm die blühende Welt entschleiern, die seine frühesten Lieder geahnt?
Wird sie Gutes tun?

Durch den kahlen Wald geht meine Fahrt. Der niedere, nördliche Himmel, den die Sonne meidet, hängt trostlos über uns, über mir und den laublosen, zackigen Bäumen. Und ich denke an den Tod. An die Stunde, da mein Leib sein Sterben und meine Seele ihre Ewigkeit beweinen wird. Ich weiß ja: dieser starke Leib, der dem Winde trotzt, wird fallen und faulen und andern ein Ekel sein. Und ich weiß: Diese scheue und trotzige Seele, die den Schlaf nicht kennt, die schweigsam und einsam ist, die so oft beschämt und zornig dem Leibe erliegt, sie wird leben und dauern, wenn kein Mensch mehr lebt, der mich kannte. Sie wird ihrer Hülle lachen, ihre Hülle wird ihr zum Ekel sein, aber sie wird leben und ihres Lebens stolz sein, weil sie einsam und ewig ist.

Denn es gibt auch Seelen, die nicht ewig sind.

Da stehen am Weg noch zerzaust und dornig die alten wilden Rosensträucher, deren kindliche Blüte damals meine Freude war. Und vor dem Hause rauscht noch der Park, der meine Knabenträume beschattete, der mein erstes Lied mit seinen leisen Melodien begleitet hat.

Mein erstes Lied!

Nie wieder, seit damals, war mir vergönnt, ungestört, ungekannt im lieben Grün zu liegen, Vögeln und Winden zu lauschen und den schlichten Takten der Naturklänge, denen ich leise singend schüchterne Worte unterlegte.

Das erste Lied!

Kein andres Wort birgt für mich so viel Zauber, so viel Zärtlichkeit! Keiner, der es nicht in sich erlebt, kann diese Frühlingswelt voll zager Wonne denken, diese erste Liebe der Seele, die Geschautes und Empfundenes sich zu eigen zu machen beginnt. Süßer, berauschender ist diese Liebe, als die flammendste Frauenliebe.

Du tiefste und scheueste Lust! Wie habe ich dich in jener fernen Zeit genossen die milden, einsamen Mainächte hindurch, wenn ich auf dem Teich im Boot verzaubert saß und den Tropfen lauschte, die licht vom Ruder ins dunkle Wasser klangen! Wie war ich unermüdlich des Nachts den geheimen Takt des wachsenden und schwindenden Windes zu belauschen und die Melodie der wiegenden Bäume!

Wie war ich glücklich, des Tages auf dem Rücken zu liegen und die purpurn erglühenden Blätter der Blutbuche zu schauen, wenn die Sonne ihr dickes Gebüsche durchdrang und den dunkeln Ort um den Stamm her mit rotem, warmem Lichte erfüllte! Da ging meinem Sinn eine morgenrote Wunderwelt auf und erfreute sich des Lichtes wie sich ein Schläfer freut, wenn die Sonne ihm die geschlossenen Lider trifft und sein erwachendes Auge in rotem Lichte badet. Da hatte ich keine andre Lust noch Sorge als im Gras zu liegen und auf tönende Reime zu sinnen, deren Schall und Wiederkehr mein Gehör liebkoste. Da sprach die uralte Zauberin zu mir, die Sprache, ich begann ihre Mächte zu spüren und ihre Musik zu ahnen.

Es war Frühling, um mich und in mir. Ich war noch nicht einsam, und noch nicht stolz, ich gab und nahm noch gerne und liebte es, wenn mit Stunden des Träumens und Schweigens gesellig laute Stunden wechselten. Alles war mir noch rein, es gab noch kaum ein Ding, zu dem ich sagte: »Bleib weg, du bist mir fremd«, und noch weniger kannte und ahnte ich jenes große Wort: »Wenn ich dich liebe, was geht's dich an?« Ich liebte es noch, mich zu allen Menschen zu gesellen, über alles zu hören und zu sprechen. Auch gelegentlich auf Kosten eines wirklich Besserwissenden witzig zu sein, oder sprechen um ein Mädchen zum Lachen zu bringen oder einen Philister zu verblüffen, ein bißchen geistreich und kokett zu sein, war mir noch angenehm.

Der Dilettant

Baumeister hätte ich werden sollen.

Mein Palast steht vor meinem inneren Auge in reinen Maaßen, groß und doch graziös, ein Kleinod. Ich sehe die Front in edler Eleganz, mit den starken Vorsäulen, mit dem großen Portal und der still wirkenden Fassade, die schlanken Pilaster, die hellen Felder des Frieses in der Höhe. Die niedrigeren Flügel mit breiten Stufen vor den Türen. Hohe Räume, Säle voll Licht, der geräumige Hof dreiseitig von offenen Säulengängen umgeben. Schmale Balkone für eine Schäferstunde oder ein Zwiegespräch von Freunden, Treppen mühelos zu ersteigen.

Aber freilich – die Farben, die Farben! Wie begrenzt doch die Künste sind! Ein Maler müßte ich sein. Ich malte einen Palast beim Abendlicht, in einem Garten, der schattige Baumgruppen und lichte Rasenflächen hat. Junge Männer und Mädchen spielen Ball, mit gelenken, geschulten Bewegungen. Ein väterlicher Greis schaut ihnen zu. Auf einer Fensterbrüstung lehnt eine Dame, dunkelblond mit Prinzessinnenhänden. Ein schönes Bild. Aber es genügt doch nicht, es ist doch alles nur Andeutung, nur Treppe und Brücke für den eigentlichen Sinn.

Nein, ich werde einen Gesang dichten, dessen Mittelpunkt diese Szene sein soll. Oder ein Schauspiel? Nein, einen Gesang, in Terzinen. Mit dunklem Klang, mit wohlverteilten, anreizenden Härten, mit einigen seltenen Prunkworten als Juwelen. Die Überschrift ein Ritornell. Wenig Beschreibung, kurze Gespräche, ein eingeflochtenes Lied – das Ganze nur Stimmung.

Stimmung! Aber eignet sich dazu am meisten ein Gesang in Terzinen? O Ungenügen! Ach, nur die Königin und Seele aller Künste, nur die Musik wird mir dienen können.

Zum Beginn ein mildes, solides, pastorales Motiv. Eine Viola mit Klavier. Die erste Geige fällt mit hellerer Stimme ein. Das Cello gibt der leise wiederholten Melodie einen Zug von ironischer Wehmut.

Es fehlen nur eben die Virtuosen. Ich kann ja nicht vier Instrumente spielen. Langweilig! Eine Stelle für die Viola ist mir so gegenwärtig, daß ich sie singen könnte. Etwas Brahms freilich, aber vertieft, mit Bewußtsein und nicht ganz ohne Ironie verwertet.

Schade, ich habe Unglück mit meinen besten Ideen!

Nocturne

Ein sommerlicher Garten lag in den spätesten Abendfarben. Aus den dunklen Gebüschen glänzte das Weiß der Jasminblüte. Die Kronen der Eschen und Kastanien traten kaum noch an dem bewölkten Himmel hervor.

Ich ging, dem Hause nah, einen Sandweg auf und ab. Ich betrachtete meine rechte Hand, über das eigentümliche Licht grübelnd, das unsere Haut im Dunkeln auszustrahlen scheint, diese stille atmende Blässe. Die Nacht kam. Ich trug eine vor kurzem gepflückte Blume, eine schon halb verwelkte Heliotropblüte.

Ich sann: Schon einmal hat in einer solchen Stunde dich dieser volle, etwas schwüle Duft berührt. Wann oder wo, das ist vergessen. Auch dieser heutige Abend wird mir einmal erscheinen, auf der Schwelle der Erinnerung, als Duft, als Stille, oder als umzogener Sommerhimmel.

Mir fiel eine Melodie ein, die ich liebe. Ich summte sie kaum hörbar vor mich hin. Langsam wurde mir klar, daß die Musik nicht aus mir selbst kam, daß sie Wirklichkeit hatte, es wurde auf der rückwärtigen Seite des Hauses Klavier gespielt. Ich umschritt das Haus, den Klängen entgegen, und hörte, an eine Holzsäule der Galerie gelehnt, dem Spiele zu: Chopin.

Wie ich diese Harmonieen liebe! Und diese so einfachen und so blumenhaften Melodieen, welche jungen Menschen mit jungen, jugendhageren Gliedern ähnlich sind.

Und diesen Takt, wie Wind und bewegtes Laub, wie Licht auf einem bewegten See!

Ich stand eine lange Zeit. Es wurde völlig dunkel.

Die Kronen der Bäume flossen mit dem Wolkendunkel des Himmels zusammen.

Meine Blume duftete noch fort in milden, sterbenden Atemzügen.

* * *

Eine Stunde
hinter Mitternacht

Streute ewiger Lenz dort nicht auf stiller Flur
Buntes Leben umher? Spann nicht der Frieden dort
Feste Weben? Und blühte
Dort nicht ewig, was einmal wuchs?

Novalis

Geleitwort
(Zur Neuauflage von 1941)

Die »Stunde hinter Mitternacht« erschien im Verlage Eugen
Diederichs in Leipzig, »hergestellt von W. Drugulin im Juni des
Jahres 1899«, ein kleines, ungemein sorgfältig gesetztes, gedrucktes und geschmücktes Buch, den Sammlern meiner frühen
Bücher wohlbekannt, wenn auch manchen nur dem Titel nach,
denn ich kenne einige, die es jahrelang vergeblich in den Anti-
quariaten gesucht haben. Die kleinen Prosadichtungen, aus denen es besteht, sind in den Jahren 1897 bis 1899 in Tübingen
entstanden. Ich stand damals im Briefwechsel mit einer jungen
norddeutschen Dichterin; sie hatte mir nach dem Lesen eines
Gedichtes von mir, das sie in einer verschollenen Zeitschrift
fand, geschrieben, und hieß Helene Voigt. Gesehen hatten wir
uns nie, doch hatte sie mir vor kurzem geschrieben, daß sie sich
mit dem jungen Verlagsbuchhändler Eugen Diederichs verlobt
habe. Und da ich von diesem Verleger, dessen erste Bücher in
Florenz erschienen waren, mehrere interessante und neuartig
ausgestattete Bücher kennengelernt hatte, namentlich seine drei-
bändige Ausgabe der Werke von Jacobsen, machte ich den Versuch und schickte ihm mein Manuskript. Er wußte nichts von
mir, und mein kleines Buch paßte nicht so ganz in die Richtung
seines Verlages, und so verdanke ich es wohl hauptsächlich der
Befürwortung durch seine Braut und junge Frau, daß er sich
dennoch zum Verlag des Buches entschloß. Er vermißte in meinen »Skizzen«, wie er die Prosastücke nannte, »das Befreiende«,
und fuhr fort: »Also, wenn ich, offen gesagt, wenig Glauben an
den geschäftlichen Erfolg des Buches habe, so habe ich doch
desto mehr Überzeugung von seinem literarischen Wert.« Er
schlug eine Auflage von sechshundert Stück vor und schrieb in
einem zweiten Brief, nachdem ich mich mit allen seinen Vorschlägen einverstanden erklärt hatte: »Daß ich sechshundert ab-
setze, darauf rechne auch ich nicht, aber ich hoffe, daß es schon
durch die Ausstattung allein auffallen wird und der unbekannte
Name des Autors dadurch paralysiert wird.«
Von den wenigen Besprechungen, die mein Büchlein nach seinem Erscheinen erfuhr, waren nur zwei von einem gewissen
Gewicht, die eine von Wilhelm von Scholz, die andere von Rilke.

Der geschäftliche Erfolg blieb richtig aus, im ersten Jahre wurden dreiundfünfzig Stück abgesetzt. Einige Jahre später dann, als ich durch andere Bücher bekannt geworden war, wurde die kleine Auflage natürlich rasch vollends erschöpft. Inzwischen aber hatte meine eigene Einstellung zu dem Buch sich geändert, und ich veranlaßte den Verleger, von einem Neudruck abzusehen, der denn auch bis heute unterblieben ist.

Was den Titel meines ersten Prosabuches betrifft, so war seine Bedeutung mir selbst wohl klar, nicht aber den meisten Lesern. Das Reich, in dem ich lebte, das Traumland meiner dichterischen Stunden und Tage, wollte ich damit andeuten, das geheimnisvoll irgendwo zwischen Zeit und Raum lag, und ursprünglich sollte es »Eine Meile hinter Mitternacht« heißen, doch klang mir das gar zu unmittelbar an die »Drei Meilen hinter Weihnachten«, des Märchens, an. So kam ich auf die »Stunde hinter Mitternacht«.

Daß das Buch später aus der Liste meiner Bücher verschwand und einige Jahrzehnte lang verschwunden blieb, hatte seine biographischen Gründe. In den Prosastudien der »Stunde hinter Mitternacht« hatte ich mir ein Künstler-Traumreich, eine Schönheitsinsel geschaffen, sein Dichtertum war ein Rückzug aus den Stürmen und Niederungen der Tageswelt in die Nacht, den Traum und die schöne Einsamkeit, und es fehlte dem Buch nicht an ästhetenhaften Zügen. Wilhelm von Scholz meinte in seinem Aufsatz darüber, es stehe sehr unter dem Einfluß von Maeterlinck und Stefan George. Was Maeterlinck betrifft, hatte er recht, ich hatte den »Schatz der Armen« und den »Tintagiles« gelesen. Von George dagegen war mir, als mein Buch erschien, noch keine Zeile bekannt, ich habe die ersten Verse von ihm – es waren die Hirtengedichte – erst einige Monate später in Basel kennengelernt. Und wenn mir in jenen frühen Dichtungen Maeterlincks, so sehr ich sie damals liebte, eine gewisse künstliche Dämmerung, eine etwas kränkliche, in sich selbst verliebte Form der Introversion gelegentlich verdächtig wurde, denn gerade diese Gefahr bestand auch für mich und meine Dichtung, so lernte ich bald darauf in dem beginnenden George-Kult eine andere, mir noch fatalere Art des Ästhetentums kennen, die Pflege eines geheimbündlerischen Pathos, einer überheblichen Cliquen-Esoterik, die ich gefühlsmäßig von Anfang an ablehnte. Manche Äußerungen des Hermann Lauscher in der Erzählung

»Lulu«, welche wenige Monate nach dem Erscheinen der »Stunde hinter Mitternacht« geschrieben ist, geben darüber Auskunft, wie denn der »Lauscher« überhaupt ein Versuch war, mir ein Stück Welt und Wirklichkeit zu erobern und den Gefahren einer teils weltscheuen, teils hochmütigen Vereinsamung zu entkommen. Der nächste Schritt auf diesem Wege, ein das Gesunde, Natürliche und Naive schon beinah überbetonender Schritt, war dann der »Peter Camenzind«, in dem ich tatsächlich eine Art von Befreiung fand, der mir aber durch seinen unerwartet raschen und breiten Erfolg auch mehr als genug geschadet hat.

Heute nun scheint mir die »Stunde hinter Mitternacht« für den Leser, dem es um das Verständnis meines Weges zu tun ist, mindestens ebenso wichtig wie Lauscher und Camenzind.

(*1941*)

Eine langhin gewölbte, sanfte Welle hob meinen Kahn mit dem gerundeten Bug auf das Gestein. Ein schiffbrüchiger Träumer verließ die Ruderbank und dehnte die Arme dem stummen Lande entgegen. Mein purpurner Mantel war mürbe geworden und warf von den Hüften abwärts weiche, demütige Falten. Meine Arme und mein Hals waren von Rudern und Fasten mager geworden, mein Haar war lang gewachsen und bog sich in dichter Fülle in den Nacken. In dem dunkelgrünen, stillen Gewässer der Bucht lag mein Spiegelbild gebreitet, und ich sah, daß auf der langen Fahrt alles an mir anders geworden war, brauner, schlanker und biegsamer. Auf meinen Wangen hatten grausame Stunden Denkmale ihrer Gefahren und Niederlagen und Überwindungen geschaffen. Alle Morgen ohne Sonne, an denen ich mit wunden Gliedern an mein Fahrzeug geklammert hing, alle Stürme, die mir die Abgründe des Meeres zeigten, hatten sich mir in Ecken und Furchen mit tiefer Schrift auf Wangen und Hals geschrieben.

Aber meine Augen standen klar in weiten Höhlen, mit wachsamen Kinderblicken. Sie hatten viele Nächte durchwacht und nach den ewigen Sternen gesucht und die farbigen Nächte des Meeres aufmerksam durchdrungen nach aufsteigenden Segeln oder Gestaden. Sie hatten viele Tage lang keinen Staub gesehen und selten nur mit lächelnder Sehnsucht von ferne das Grün vorübergleitender Wälder und den Rauch aus fernen, verborgenen Städten gestreift. Nun lachten sie hell und groß mich aus dem glatten Spiegel an.

Und nun tranken sie den lange entbehrten Anblick der weißen Steine, der bräunlichen Erde, der Gräser und Gebüsche. Ich sah die Luft um die Gebüsche wie einen feinen, weißlichen Rand, denn ich war lange der Luft entwöhnt, welche über Erde und Grünem ist. Meine Nüstern sogen mit scheuer Lust den vollen, zärtlichen Duft der Wiese und des nackten Bodens, und mein Fuß trat stark und schonend zugleich auf das köstliche Gut des festen Erdreiches.

Ein Wind kam lässig vom Lande zu mir geflogen. Er trug einen Geruch von Waldkraut und einen leisen Duft aus entfernten Gärten. Da reckte ich in süßer Wonne ihm beide Arme weit entgegen und fühlte mit Lust seinen weichen Hauch meinen Fingern und Händen entlang und an meinen Schläfen hin gleiten, die der schneidenden Seewinde gewohnt waren.

Ich zog mein graues Boot auf den Sand und strich mit der Rechten über die harte Wölbung des Bordes, die von meinen klammernden Händen geglättet war. Darauf wandelte ich landeinwärts bis zu dem hohen Gebüsche, das dicht und ringförmig wie eine Mauer stand und sich weiter erstreckte, als meine Blicke reichten. Ich ging der grünen Hecke entlang und freute mich des warmen, bläulichen Schattens, der von grüngoldenen Lichtern durchwirkt war. Mein Gang führte über eine Wiese mit weichen Gräsern, welche allmählich höher wurden und mit seidenen Blüten meine Knie berührten. Die grasige Fläche lag im hellen Sonnenlicht, nur der Rand, den ich entlang schritt, war von den hohen Büschen mit einem gleichmäßigen Schattenbande gesäumt.

Indem ich weiterschritt und eine linde Müdigkeit meine Knie leicht befing, tat sich zu meiner Linken ein schmaler Eingang, einem Tore ähnlich, in die Gebüsche auf. Ich erblickte ein grünes Dunkel, von einem Muschelpfad durchschnitten, und im Hintergrunde ragende Baumkronen. Der Eingang aber war durch eine künstlich gewundene Blumenkette verboten. Ich stand eine Weile, und meine Augen badeten sich in dem zarten Dämmer und erfreuten sich an der Stufenfolge sanfter Farben. Denn von der lichtgrünen Hecke bis zu den halbsichtbaren Geheimnissen des innersten Haines zerfloß das Grün in tausend Schatten; das Auge folgte begierig dem mählich vertieften Dunkel bis zu den entferntesten, braunen Waldfarben und kehrte mit neuer Lust zu dem gelblichen Licht der besonnten Wiese zurück.

Ich löste die Blumenkette in fröhlichem Übermut von den rundköpfigen Pfeilern, daß der Eingang offenlag, und schlang das rote und weiße Gewinde um Hals und Hüften, so daß ich wie zu einem Sommerfeste geziert war. Darauf ging ich behutsamen Schrittes dem halben Dunkel entgegen. Ich fand ein genaues Kreisrund aus dem Dickicht geschnitten, mit dichten Wänden von jungen Stämmen und Büschen, und auch der schmale Pfad war künstlich durch das wilde Gehölz gehauen. Durch die Wipfel überhängender Bäume sank ein braun und grünes Licht. In dem runden Aushau war die Erde mit hellem Sande bestreut, und zwei schmale halbrunde Sitzbänke aus Marmor standen einander gegenüber. Eine tiefe Waldstille lag darauf. Ich wandte mich und folgte dem Pfad, der in die Tiefe des Haines führte. Mein Haupt ward von dem ungewohnten Dufte schwer, und ich hörte das Klingen meines raschen Blutes.

Als ich einige Zeit gegangen war, wuchs die Schwere meiner Knie, und ich ersehnte einen Ort, zu ruhen. Indem bog sich mein Weg und wurde breiter, und die auf beiden Seiten schnell zurücktretenden Waldwände gönnten den Anblick eines lichten Raumes, welcher sich weit ausdehnte und wie ein Garten anzusehen war. Viele breite und schmale Wege, oft von Gebüsch gesäumt, schlangen sich um Rasenflächen und um Beete, in welchen Rosen und andere vielfarbige Blumen in Pracht und Fülle wohlgepflegt und ohne braune Blätter standen. In der Mitte des ebenen Gartens erblickte ich edle Gruppen alter Bäume, hinter denen ein Bau, Palast oder Tempel, aus Marmor in dämmerndem Weiß sich zeigte.

Eine niedrige Bank, von großen Zypressen ganz beschattet, zog mich an. Ich setzte mich in den weichen Rasen und lehnte das Haupt mit darunter gekreuzten Armen gegen den steinernen Sitz, wie ich zuweilen in stillen Nächten an meiner Ruderbank gelegen hatte. Ich schaute hoch über mir den weiten Himmel in wunderbarer Bläue und wenige kleine, blanke Flaumwölklein ruhig stehend, dann schloß ich die Augen und ergötzte mich an dem roten Schimmer, der mir durch die Lider drang. Darauf neigte der Gott des Schlafes sich über mich und löste mir wohltätig die müden Glieder.

Meine Seele hob die Schwingen im Traum; die Bilder von gestern und ehegestern erwachten zu neuer Schrecknis oder Trauer. Das Meer umdrängte mein Fahrzeug mit peitschenden Wassern, und der Himmel zürnte in Unwetter. Und gewaltiger als der Himmel lag die lautlose, lang ersehnte, schwer zu tragende Einsamkeit über mir. Und dahinter das Land, aus dem ich mich gerissen, mit geräuschvollen Städten. Ein müdes Echo, ein halbverlorener Duft, ein halbvergessenes Jugendlied – so war in Schmutz und Geräusch ein Schimmer von Schönheit und Kunst gegossen. Wie oftmals sah ich dort ihr scheues Licht in ängstlichen Reflexen, und zitterte mit ihr, und litt mit ihr! Ferner noch mit altmodisch lichten Himmeln lagen die Frühlinge meiner Kindheit und rührten mit zärtlichem Dufte an mein Herz.

Auf leisen Fittichen flog mein Traum über die verschlungenen Pfade meines Lebens zurück bis zu den ersten Sonnenaufgängen, und schwebte lang in verflogener Schwermut über den ersten Bergen, die ich erstieg, und über dem Haus meines Vaters.

Die Sonne war über die Ränder der Zypressenwand gestiegen und traf meine schlummernden Augen mit heißem Lichte. Ich hob das Haupt und erwachte zum neuen Anblick des tiefen Himmels und des grünen Gartenlandes.

Helle Stimmen klangen in mein Ohr, und ich hörte, daß es Menschenstimmen waren, welche in übermütigen Rufen ihre Lust kundgaben. Es war aber in diesen Stimmen ein reiner, meertiefer, metallener Grund, den ich nie bei Menschen vernommen hatte und welcher an den unberührten ersten Fall einer frischen Quelle erinnerte, so ohne Wissen von Unrat und so voll Lust am Leben und an der eignen Schönheit. Es war darin der starke und süße Ton, den wir mit unbeschreiblicher Beklemmung zu hören vermeinen, so oft unsre Seele mit den Menschengeschlechtern der alten, goldenen Zeitalter traurige Unterredungen pflegt.

Indem ich vorsichtig die breiten Fächer der Zweige teilte, erblickte ich eine Schar junger Frauen mit schlanken Leibern um einen vergoldeten Ball bemüht. Sie waren in zwei Lager geteilt und führten einen anmutigen Krieg um den Besitz des blanken Zierats, den ein lachendes Mädchen immer von neuem über ihre Häupter hin empor warf. Sie trugen helle, weite Gewänder und die Haare zumeist in einfache Knoten gebündelt. Ich sah die reinen Linien der Hälse und Nacken, wenn sie sich bückten oder mit ganz zurückgelegten Häuptern nach dem Fall des Spielzeuges spähten. Ich sah die zarten Grübchenformen der Knöchel, über denen sich goldene oder weiße Sandalenbänder kreuzten. Ich sah die bewegten, schlanken Leiber, beim Laufen vorgebeugt, und die schönen leicht geröteten Arme, die sich häufig auf den weichen Falten der Oberkleider reckten.

Plötzlich vernahm ich ein Wipfelzittern über mir, und der goldene Ball fiel neben mich weich in den Rasen. Ich nahm ihn auf, und mein Herz begann mit hastigen Schlägen zu pochen wie einem, der einer großen Gefahr oder einem großen Glücke unvermutet ins Auge sieht. Die Spielerinnen eilten schon meinem Versteck entgegen.

Ich brach durch den Busch und stand wie ein Gespenst vor der hellen Schar, den Ball in der Rechten hoch empor haltend. Ich warf ihn in die Lüfte, aber sie wichen seinem Falle aus und standen mit erstaunten Augen vor dem Fremden. Da ich näher schritt, teilte sich ihre Menge und ließ eine breite Gasse meinem Wandel frei. Aufschauend gewahrte ich eine hohe Frau mir nahe gegenüberstehen, welche die Schönste und die Königin der andern war.

Ich schlug den Blick zum Boden nieder und neigte mich vor ihr. Ein weißes Kleid floß in priesterlichen Falten lang von ihren Knien, und sie war von einer solchen Reinheit und Würde umgeben, daß plötzlich mein Sinn klein und voll Scham wurde. Alle Irrwege, die ich gegangen war, alle Lästerungen, die ich getan hatte, und alles Häßliche und Kranke meines unsteten Lebens ward mir schwer bewußt, und aller Glanz und Stolz fiel von mir ab. Ich lag auf den Knien und beugte mein Haupt in Scham und Demut, da sie ihre reine Stimme erhob. Ihre Stimme war voller und prächtiger als die Stimmen der übrigen Frauen, und hatte einen fürstlich-hohen Ton, vor dem meine Scheu erschrak. »Was suchst du hier, mein Freund, und wie hast du den Weg zu uns gefunden?«

Ich schaute auf und sah große Augen ernst auf mich gesenkt. »Den Weg zu dir fand ich durch hundert einsame Tage und Nächte auf dem feindlichen Meer, durch hundert Ängste und bange Nachtwachen. Mein Arm ist hager geworden von der Mühsal der Fahrt, und meine Hände sind wund geworden. Ich trage einen Purpur, der aus deinem Lande ist und von dir mir in die Wiege ist gelegt worden. Aber meine Hände sind befleckt und meine Augen voll Ekels geworden, ich bin müde und unwert, den Purpur länger zu tragen, der für frohe Hände und selige Augen bestimmt ist. Und bin gekommen, ihn zurückzugeben.«

»So wenig gilt dir der königliche Schmuck?« fragte die Königin und heftete wieder unbeweglich den ernsten Blick auf mich. »Ich kenne dich wohl, du Müder. Ich bin über deinem Leben gewesen, ich habe deiner Kindersehnsucht von blauen Bergen und deiner Knabenfrömmigkeit von Göttern erzählt. Ich zeigte manches Mal deiner Ahnung die Bilder und Gleichnisse der Schönheit. Warst du es nicht, der die Tempel, in welchen ich dich beten lehrte, zerstört und der die Gärten der Liebe, deren Pforte ich dir zeigte, geschändet hat? Warst du es nicht, der die Lieder, die ich dich singen lehrte, in Gassenlieder verkehrte, und der die Becher der Freude, die ich dir reichte, zur Trunkenheit miß- brauchte?«

»Ich war es. Ich ging in der Irre, so oft du mir ferne warst. Ich habe oft die Arme verlangend nach dir gebreitet und habe nach dir gerufen und alles Ehrwürdige meiner frühesten Jugend be- schworen, aber du erhörtest mich nicht, und das Leben rollte tot an mir vorüber. Da verzweifelte mein Herz und fluchte seinen Göttern und sank von allen Höhen. Ich bin nun müde des Fal- lens und Wiederaufstehens – nimm dein Geschenk wieder, leg es auf härtere Schultern, und laß mich werden, wie andre sind!« Die Königin schaute zur Seite. Ich wagte einen schnellen Blick auf ihr Gesicht, das mir eigen vertraut erschien, und sah den Schatten eines Lächelns darauf. »Mich wundert«, sagte sie, »daß solcher Kleinmut den beschwerlichen Weg zu unsrer Insel ge- funden hat.«

»Nicht Kleinmut, meine Königin! Mich trieb der Ekel vom Le- ben, mich stieß der Dunst der Städte und die geräuschvolle Lust ihrer Tempel von sich, auf der Fahrt wuchs noch täglich mein Verlangen nach deinem Anblick. Arbeit und Gefahr hat mich herb gemacht, die Einsamkeit befreite mein Auge von den Dün- sten des verlassenen Lebens. Und da ich dein Land mit sanften Höhen aus blaueren Meeren langsam erstehen sah, da lernte mein verjüngtes Herz einen neuen, fröhlichen Stolz. Als ich dei- nen Boden betrat, reckte ich Beterarme nach seinen Wundern aus, ich ging durch deinen Wald als ein Wiedergeborener. Wahr- lich, fester zog ich den Purpur um meine Schultern, und mein Gang war nicht der Gang eines Büßers. Hinter jenem Dickicht lag ich im Grase gestreckt und belauschte das Spiel deiner Frauen, und mein Herz schlug tiefe Schläge. Aber mein Auge ertrug deinen Anblick nicht; alles, was unwert und krank an mir ist, übermannte mich vor deiner Reinheit.«

»Steh auf!« sagte sie nun mit einen gütig tiefen Ton, »und dränge mich nicht um eine Antwort. Sei mein Gast und versuche noch einmal, unter meiner Herrschaft zu leben!« Ich erhob mich mit unsicherem Blick. Die Schönste aber nahm meine linke Hand und führte mich zu den wartenden Frauen. »Begrüße meine

Freundinnen«, sagte sie, »und sieh, ob nicht eine dir bekannt ist.«

Da geschah meinem Auge etwas Seltsames, indem ich mit einem freien Gruße unter die schönen Gestalten trat. Überall sahen bekannte Augen mich an, ich fand Bewegungen und Blicke, die ich zu andern Zeiten schon gesehen hatte, und wunderte mich, daß ich die Schönen nicht mit Namen zu nennen vermochte. Allmählich erkannte ich einige, und bald merkte ich wohl, daß alle schönen Frauen, die ich gekannt und bewundert hatte, hier versammelt waren. Eine jede aber war nur kenntlich durch eben die besonderen Seltenheiten, durch welche sie für mein Auge irgend einmal reizend, verschieden von den andern und schöner als die andern, hervorgetreten war. Alle Augenblicke meines Lebens, welche durch den Anblick der Frauenschönheit wertvoll und liebenswert geworden waren, lebten hier unvergänglich in herrlichen und vollkommenen Bildern. Von diesen Frauen konnte keine den übrigen vorgezogen oder nachgesetzt werden, nur die einzige Königin vereinigte auf eine wunderbare Art die vielfachen besonderen Schönheiten in ihrem vollkommenen Wuchse und in der Bildung ihres Angesichts, deren Würde und Lieblichkeit ich über alle Bilder und Lobpreisungen erhaben fand. Ihre Augen aber, wenn sie die meinigen ruhig und freundlich trafen, riefen in mir den Frühling meiner ersten Liebe mit aller verlorenen und beweinten, scheuen Wonne wach.

Die Nacht zog ihren schwarzen Kreis enger um die Gärten; sie kam rasch und herrisch wie die Nächte des Südens. Nacheinander versanken Hügel, Wald und Gebüsche, bis auch die nahestehenden schnell und lautlos sich verhüllten und plötzlich in das Reich der Geheimnisse verschwanden.

Ich saß zu Füßen der Königin in dem weiten Halbrund einer offenen Halle. Die schweren Säulen hoben sich rein und ruhig, Wächtern gleich, von der matthellen Himmelsferne ab. Zwei rote Feuer brannten am Eingang in steinernen Becken, über uns hing eine silberne, vierflammige Ampel. Von drei Seiten kam die schwere Nachtluft herein und führte den Duft des wohlriechenden Öles in langsamen Wogen davon. Das Meer, dessen Geräusch am Tage nicht bis in den Palast und die Gärten reichte, sang gedämpft in großen Rhythmen. –

Der Gesang der Frauen war kaum verstummt, und in der Luft lag noch ein feiner Nachhall festlicher Melodien. Mir wurde eine kleine, fünfsaitige Laute gebracht, die Augen der Wartenden hingen an meinem Munde. Ich schloß die Augen und sog den Duft der Nacht und fühlte ihr lindes Wehen in meinem Haar. Mein Herz war voll wehen Glückes, und meine Stimme zitterte, als ich zu singen begann. Mein Finger rührte an die feinen Saiten – ich hatte lange Zeit nimmer gesungen, der Takt und Tonfall der Verse stieg mir neu und berückend zu Haupt.

Ich sang von einem vergangenen Sommer, da zum erstenmal mein Knabenauge an der Gestalt und dem Gange eines jungen Weibes hing. Und sang von den späten Abenden, da der Lindenduft schwoll und da ich mein wehes Verlangen mit wilden Schlägen über den schwarzen Weiher ruderte, da ich die Bänke und Wege und Treppen besuchte und alle Stätten, an denen ich die schlanke Wohlgestalt des Tages aus banger Ferne erblickt hatte. Von den Tagen, da meine Liebe mich auf heißem Pferde in langen Ritten umhertrieb. Ich gedachte der in Fülle erblühten Rosenhecken und pries die schattigen Gänge, welche der Duft des Jasmin erfüllt.

Von den Frauen lächelten manche, und manche sahen mich aus großen Augen ernsthaft an. Als ich den Blick nach der Allerschönsten wandte, sah ich breite, bläuliche Lider über ihren Augen geschlossen und sah einen holden Mund und feine Wangen in sanften Frühlingsfarben, und eine blanke Stirn von krausem Blondhaar fröhlich verschattet. Ich erblickte das Bild meiner ersten Liebe, schön und verzaubert von Erinnerung und Heimweh, wie es manchmal in Lieblingsträumen mir erschien. Mein Herz war erregt und schwer von Liedern und Sehnsüchten einer andern Zeit. Ich berührte die Hand der Königin. »Erinnerst du dich, Lieblichste?«

Sie lächelte und schlug die Augen auf. »Sag, bist du nicht glücklicher als andere gewesen?« Ich nickte leise mit dem Haupt und konnte mein Auge nicht von den Lippen wenden, die Elisens Lippen waren.

»Bist du auch dankbar gewesen?« Da ward ich traurig und mußte das Haupt wieder senken. Sie winkte einer der Frauen, welche aus dem mit reicher Kunst aus Silber getriebenen Mischkrug eine leichte Schale mit süßem Weine füllte. Sie nahm das zierliche Gefäß und bot es mir freundlich hin. »Du bedarfst nun der Ruhe. Trinke und lege dich schlafen. Meine Gastfreundschaft wird deinen Schlummer beschützen.«

Ich trank und reichte der Gütigen dankbar meine Hand. Die schöne Dienerin öffnete mir im Innern des geräumigen Palastes ein Gemach, entzündete eine hängende Ampel und verließ mich. Das Gemach war von mäßiger Größe, mit hohen Fensteröffnungen. In der Mitte war ein niedriges und einfaches Lager bereitet. Ich legte mich nieder und sah die Wände entlang in der Höhe des Estrichs einen schmalen Fries gezogen, darauf in halberhabener Arbeit die Tugenden Weisheit, Mäßigkeit, Gerechtigkeit und Tapferkeit der Schönheit dienten und Opfer brachten. Die sanften und edlen Formen dieser Bilder breiteten ihre Ruhe und Einfalt auf meinen erregten Sinn und begleiteten ihn als schwebende Traumbilder in den Schlaf.

Als ich am frühen Morgen stark und fröhlich erwachte, sah ich über mich ein helles Angesicht geneigt, das ganz von langen, mattfarbenen Haaren umkränzt war. Mein Herz erkannte das schöne Bild und begrüßte die Wartende mit dem Namen, den sie trug, als noch ihr leiser Schritt stundenlang neben mir durch Hain und Wiesen ging. »Frau Gertrud!«

»Komm mit«, rief sie bittend, »wir wollen die Wege aufsuchen, die wir sonst gegangen sind.« Hinter dem Palast und diesen weit überragend war ein Hain alter Platanen, welche in Paare und Gruppen verteilt wie Freunde standen. Frau Gertrud ging neben mir auf dem gewundenen Fußwege. Der Weg aber und der Hain waren vollkommen dem Weg und Hain ähnlich, in denen wir vor Zeiten zu lustwandeln geliebt hatten. Mein Herz war weich und hörte Winde und Vogelrufe mit leiser Wehmut klingen. Durch denselben Rasen war mein Fuß einst geschritten, dieselben Winde und Vogelrufe waren einst in mein Ohr gekommen, und ich wußte kaum: war das gestern oder war's vor vielen, vergessenen Jahren.

»Kennst du ihn?« fragte Frau Gertrud und legte ihre Hand an den gefleckten Stamm einer Platane, die wir damals, weil sie die älteste und höchste war, den »Vater« genannt hatten. Ich nickte still. »Und kennst du noch dieses Grün und Gelb, und diese Wege und Gebüsche?« Mir war wohl und müde zu Sinn. Ich nickte still.

»Dein Spätsommertraum!« sagte sie. »Dein Liebling! Die Lieder, die du von ihm gedichtet hast, die Tage, an denen du Heimweh nach ihm hattest, die Nächte, da er dich auf breiten Flügeln besuchte, deine eigene Erinnerung und Sehnsucht ist es, welche dich umgibt.«

Ich legte Frau Gertruds schmale Hand in meine Hand und fand wie vormals ein Wohlgefallen in ihrer adligen Form und Weiße, an den blaß gezogenen Adern und an dem Hellrot der zarten Finger. »Weißt du noch«, fragte Frau Gertrud, »jenen ersten Mittag unter den überhängenden Zweigen der Syringen?«

»Ich weiß noch. Ich weiß auch alles noch, was damals war. Wie du mein Trost und Ratgeber warst und an die ferne Mutter mich erinnertest. Ich war krank und verirrt gewesen, da wecktest du, was noch fromm und ehrfürchtig in mir war. Du lehrtest mich wieder die verlorene Schönheit suchen und jung werden, wenn ich sie in herrlichen Augenblicken erschaute.«

»Einmal, mein Freund, wolltest du von mir und deinem Glücke ein Lied erschaffen. Weißt du noch? Deine Tage und Nächte waren des werdenden Liedes voll, und mit fleißiger Liebe suchtest du nach allem, was selten und kostbar ist, nach Lichtern und Tönen, die noch kein Künstler fand, nach Liebesworten und Worten der Ehrfurcht, die noch kein Dichter sagte. Siehe um dich! Hier liegt in ungehoffter Vollendung dein ganzes Lied. Bäume und Büsche in edlen Gruppen, goldene und braune Lichter, Gesänge auserwählter Waldvögel. Und auch mich siehe an! Was noch klein und zufällig und künstlich an mir war, das ist von mir genommen. Was du hier siehst, das alles ist schöner als alle Wirklichkeit, und wirklicher als alle Wirklichkeit. Erlausche jeden leisen Tonfall des Windes, trinke mit ungetrübten Augen die vielerlei Farben des Laubes, sorge, daß dies alles dein eigen werde! In der Ferne wirst du des Nachts erwachen und wirst mit Qualen jeden Laut und jeden Schatten vermissen, dessen dein inneres Auge nicht mehr mächtig ist. Dann aber wird auf hundert Wegen dein Lied dir entgegenkommen, die Wonnen deiner ersten Gesänge werden dich heimsuchen, Fremdes wird mit Fremdem sich verbinden, dein Werk wird wachsen und an Leben zunehmen, bis es in einer stillen Stunde die Werkstätte verläßt und vollendet, rein und wohllaut vor dir steht.«

Frau Gertrud schwieg und legte wieder ihre Hand in meine

Hand. Das Rauschen entfernter Wasserkünste klang kühl und freundlich zu uns her. Über das Himmelsrund, welches von den Platanenwipfeln eingeschlossen war, glitt ohne Flügelregen langsam hoch oben ein großer Vogel.

Andern Tages wachte ich früh auf, noch ehe die ersten Vögel sangen. In der Nacht war ein schwacher Regen gefallen. Die Erde war noch feucht und duftete herb. An den Blättern hingen klare Wassertropfen. Mit jedem Schritt und Atemzug fühlte ich in mir Jugend und Gesundheit. Die Fernen und der kräftig blaue Himmel hatten ein heiteres und jungfräuliches Ansehen. Nur vor langer Zeit, als ich ein Knabe war und ehe die Ahnung der Liebe und heißblütiger Leidenschaften mich umtrieb, hatte die Erde mir dies genügsam fröhliche Gesicht gezeigt.

Ich schlug einen wenig gepflegten Waldweg ein, der bald gegen die Mitte eines alten Forstes hin mehr und mehr verwilderte. Ein schwerer Wind fuhr über die Kronen alter Eichen, die mit vielfach gekrümmten Ästen über ersticktes Untergehölz hinweg einander umschlangen und gemeinsam als ein einträchtiges Riesengeschlecht nach Raum und Helle sich streckten. Oft fand ich auf den schwarzen Waldboden scharfe Spuren kleiner Hufe gedrückt, den Pfad der Quere schneidend, und einmal meinte ich im Halbdunkel eines nahen Dickichtes den feinen Kopf eines Hirsches sich schlank und königlich erheben und wenden zu sehen. Ich spähte und lauschte und stand manchmal mit verhaltenem Atem lange still, bis meinen oft erregten und getäuschten Sinnen der Wald voll von Erscheinungen und schweigsamen Wundern war. Ein breiter Bach ging brausend über Stein und Moos bergab in ein plötzlich hereintretendes Tal. In den Tiefen seines Bettes, die von Wasserstürzen überwölbt waren, schwammen lautlos und dunkel scheue Forellen und verschwanden wie dunkle Blitze, sobald nur mein Schatten über ihren Schlupfwinkeln hinwegstrich.

Dem fröhlichen Stürmer folgend, gelangte ich unversehens in ein wohlbekanntes Tal. An dessen Mündung bog ich um die vortretende Höhe und verließ den Bach, der zur andern Seite strebte und bald nur noch leise zu hören war. Ein junger Buchenstand, langsam sich lichtend, trat endlich ganz zurück und gab ein heimlich anmutendes Bild meinen Blicken frei. Mehrere

Hügel streckten in ein breites Wiesental bewaldete Ausläufer vor. Vor mir lag in hohen Binsen ein dunkler Weiher, an dem ich als Knabe viele Mittagsstunden verweilt hatte. Einzelne Laubbäume mit astlos hagern Stämmen und hohen, spärlichen Kronen spiegelten sich voll in der bräunlichen Fläche. Die ersten Lebensträume waren an diesem Schilfufer über die Tiefe meiner Knabenseele gegangen, sich in der unbewegten Fläche spiegelnd. Die ersten, wunderlich krausen Dichtergedanken hatte diese freundlich ernste Einsamkeit in mir erregt.

Ich beschattete meine Augen mit der Rechten und sog die milden Farben in mich ein, und die Stille, und den Frieden, von dem mir schien, als hätte ich ihn dort an den Lieblingsplätzen einer anderen Zeit zurückgelassen. Die trockenen Spitzen der Halme und Schilfblätter bewegten sich unregelmäßig mit einem leblosen Geräusch, welches die Stille noch fühlbarer machte. Am jenseitigen Ufer stieg aus dem warmen, feuchten Boden ein dünner Dampf, der die weiter liegenden Hügel mit dem hellen Himmel zu einer sanften Ferne verband. Und über den nächsten Hügelrücken ragte kurz und spitz der schmale Turm der Klosterkirche. Dort begann auch bald ein reines Geläute. Die langen Töne gingen in milden Wellen über mich hin.

Hinter dem Hügel wußte ich das Kloster stehen, wo ich zuerst über Heute und Morgen denken lernte, wo ich zum erstenmal die herbe Süßigkeit des Wissens kostete und die süßeren Ahnungen verhüllter Schönheit. Dort vernahm mein empfänglicher Sinn alle großen Namen, die hoch und feierlich über meinen Gedanken standen, die großen Namen des Perikles, des Sokrates und Phidias, und den größeren des Homer.

Mein Geist sah die Wölbungen der Säle und die gotischen Fenster der Kreuzgänge deutlich vor sich stehen, und es zog mich stark hinüber, die wehe Lust des Wiedersehens zu kosten. Aber ich blieb; ich fürchtete, mir das innere Bild zu zerstören; ich fürchtete, andere dort gehen zu sehen, wo ich in Träumen heimisch war. Die Sonne glänzte auf der Spitze des Turmes. Der Hügelrücken stand scharf und ernst zwischen hier und dort, zwischen mir und jenen untergegangenen Dämmerungen. Ich streckte grüßend die Hand aus und war im Innern bewegt. Ein Stück von mir lag dort begraben, und welch eine Fülle unentfalteter Regungen und unerlöster Jugendträume!

Ein schmaler Brettersteg ragte in den Weiher. Ich beschritt das zitternde Gerüste und beugte mich, wie ich oft getan, über die Brüstung vor. Mein Spiegelbild lag ruhig im Wasser. Ich suchte Züge an ihm, die mich an das Gesicht erinnerten, welches damals aus derselben Tiefe mich ansah. Dann verließ ich den stillen Ort und wanderte langsam durch die Waldung zurück.

Im Garten fand ich die Königin mit ihren Frauen im Kreise sitzend. Eine Schale voll goldgelber, duftender Früchte ging von Hand zu Hand, und jede der Spielerinnen mußte ein Wort über die Früchte sagen, ehe sie eine der lockenden verspeisen durfte. Die Schale schwankte eben in dem Händlein einer kleinen Schwarzen, hinter deren Sitz ich gerade ankam, noch von einer Oleanderreihe verborgen. Die Kleine beugte sich über das schöne Gefäß, einen hellen Nacken mit schwarzen Ringelhaaren zeigend, und suchte mit bedächtigen Augen die reifste Frucht. Diese zog sie am Stiel mit zwei Fingern heraus, hob sie bewundernd über sich und näherte sie langsam ihrem lüsternen Munde. »Da derjenige nicht hier ist«, sagte sie lachend, »welchem allein ich die Süße gönnte, erlaubt mein Neid mir nicht, diese Schönste einer andern zu überlassen.« Sprach's und tat einen guten Biß in das süße Fleisch, indem ich eben aus dem Gezweige hervortrat.

Die Frauen, welche mir gegenüber saßen und mich zuerst erblickten, brachen in ein lustiges Gelächter aus, das sich zu beiden Seiten des Kreises, da immer eine Nachbarin der nächsten nach mir deutete, bis zu der vor mir Sitzenden fortsetzte. Diese blickte mit Verwunderung im Kreise umher, noch die Schale in der Linken, lachte mit, ohne zu wissen warum, stand schließlich auf und drehte sich um, wobei sie erschrocken und schnell errötend mich mit der angebissenen Frucht berührte. Dann aber faßte sie sich eilig, sagte herzhaft »Da!« und hielt mir den Bissen vor den Mund.

»Erst deinen Spruch!« ermahnte heiter die Königin. »Diese köstlichste eurer Früchte«, sagte ich schnell, »ist mir eine sichtbare Gunst des Glückes, welche abzuweisen mir verderblich sein würde. Also gönnt sie mir und erlaubt, daß ich meine tapfere Vorkosterin Fortuna nenne. Tibi, Fortuna!« Der süße Bissen erfrischte mich bis ins Mark.

Indessen war es Mittag geworden, und wir wichen vor der heißeren Sonne in die Halle zurück. Nebst den Früchten wurde Brot und Honig gebracht, Milch in Kannen und Wein in einem steinernen Krug. Wir bedienten einer des andern Hände mit Wasserbecken und saßen fröhlich zu Mahl. Neben mir saß Fortuna, viel geneckt und mit lächerlichen Kosennamen gerufen, tapfer und plaudernd. Sie schwieg aber und horchte, und ich auch, als eine der Frauen mit halbem Ernst Erzählungen aus meinem Leben vorzutragen begann, von den meisten oft durch Gelächter und neue Geschichten unterbrochen. Auch die Königin nahm teil.

»Erinnerst du dich noch«, sagte diese zu mir, »an die Geschichte vom Blondel, aus deiner Kinderzeit? Es ist den Dichtern gegeben, daß sie sich mehr als andere Menschen ihres frühesten Lebens erinnern. Wenn du noch weißt, so erzähle uns doch davon.«

Die Begebenheit aus meiner ersten Knabenzeit, an die ich Jahre lang nicht gedacht hatte, stand plötzlich wieder deutlich vor mir, wie eine schüchterne Kindergestalt. Und ich berichtete: »Als ich noch klein und keine sechs Jahre alt war, geschah es irgendwo und -wann, daß ich die Geschichte des Liedsängers Blondel zu hören bekam. Ich verstand sie wohl schlecht und vergaß sie bald, aber der zarte, freundliche Name Blondel blieb in meinem Gedächtnis und schien mir wunderbar fein und wohltönend, so daß ich ihn mir oft leise vorsagte. Mit diesem Namen genannt zu werden, dünkte mich über alles köstlich und herzerfreuend. Also überredete ich im Spielen bald einen nachbarlichen Kameraden, mich so zu nennen, was mir überaus angenehm und schmeichelnd war. Nun gewöhnte sich das Büblein an meinen Spielnamen, und eines Vormittags kam er vor unser Haus, um mich abzuholen, stellte sich an den Zaun und rief aus vollem Halse gegen die Fenster: ›Blondel! Komm herunter, Blondel!‹ Mein Vater und die Mutter und Besuche waren im Zimmer, und mein laut ausgerufenes Lieblingsgeheimnis beschämte und empörte mich so sehr, daß ich mich nicht ans Fenster zu gehen getraute und nachher meinem erstaunten Kameraden zornig die Freundschaft aufkündigte, welche freilich bald wieder zusammenwuchs.«

»So war es«, sagte die Königin. »Nun aber, wenn du willst, erzähle uns, wo du dich heute am Morgen aufhieltest. Ich hatte gedacht, dir das morgendliche Meer zu zeigen; du aber warst fort, ehe die Sonne schien.«

»Ich verspürte früh eine Lust zu laufen und geriet in einen tiefen Wald, der mich mit allerlei Schatten und Geheimnissen weiter lockte, bis ein liebliches Wunder vor mich trat. Ich stand vor einem Weiher, dessen Spiegelgewässer meine zartesten Jugendgedanken noch mit allem kostbaren Duft bewahrt hatten. Über einen jenseitigen Hügel blickte der Turm des Klosters, das vor Zeiten mich und meine liebsten Jünglingsträume beherbergt hat.«

»Ich weiß«, sagte die Schönste, »das war deine edelste und ehrfürchtigste Zeit. Damals sah ich dich schwermütige Waldwege tun und knabentraurig in gefallenen Blättern rauschen, und nie bin ich dir näher gewesen als an jenen Abenden, da du deine Geige an dich nahmst oder das Buch eines verehrten Dichters. Damals sah ich die Schatten der späteren Jahre sich dir nähern und fürchtete für dich, und ahnte wohl, daß du einmal mit einer neuen Jugend und einer neuen Trauer zu mir kommen würdest. Um jener sehnsüchtigen Zeit willen liebte ich dich noch in deinen verlorensten Jahren.«

Während sie dieses sagte, gliederte sich vor meiner Betrachtung wie ein Bild meine ganze Jugend und sah mich traurig mit Augen eines mißhandelten Kindes an. Die Königin aber ließ eine Geige herbeibringen, beendete das Mahl und bat mich zu spielen. Auch die Frauen bedrängten mich bittend und neckend, und Fortuna reichte mir mit einer gnädigen Bewegung den Bogen. So setzte ich leise an und zog den Bogen mild und probend, bis meine Finger sich wieder in die harten Geigergriffe gewöhnt hatten. Dann legte ich mich mit Lust in das Spiel und strich die leidenschaftlichen Takte einer dunklen Jugendphantasie. Und hernach, da ein langer Blick der schönen Frau Gertrud mich bat, spielte ich ein Notturno von Chopin, jenes schönste, windverwehte, dessen Takte sich wie die Lichter eines mondbeglänzten Meeres bewegen.

Ich war mit der Königin auf Waldwegen in ein Gartenschloß in der Nähe des Meerufers gegangen. Dort führte sie mich vor eine hohe, bemalte Wand. »Mein Lieblingsbild«, sagte sie. Mit großer Kunst war hier ein südländischer Garten gemalt, voll dunkler, tiefschattiger Gebüsche, mit griechischen Bildsäulen und einer springenden Wasserkunst, an deren unterstes Becken eine Leier gelehnt war. »Kennst du den Garten?«

»Nein. Aber die Leier ist Ariosts.« Sie lächelte. »Ariosto! Hier wandelt er noch zuweilen und sagt mir ein helles Spiel wiegender Oktaven vor und läßt sich unter Scherzen von mir bekränzen.«

Auf einen leisen Wink der Herrin ward plötzlich die ganze bemalte Wand hinweggerückt. Ein unermeßlicher Horizont rundete sich vor uns aus, und zu unsern Füßen lag dunkelgrün der ganze Garten des Bildes. Ein schlanker, dunkler Mann trat langsam aus einem Rondell, bückte sich nach der Leier und ahmte darauf spielend den Silberlaut der Fontäne nach. Darauf schritt er abwärts gegen das dunkelnde Meer und verschwand an der Gartenmauer. Mir ging die ganze Erscheinung vorüber wie ein Verspaar des Orlando, schlank, edelförmig und schalkhaft wie ein Mädchengelächter. Dann ging ich selber, an der Hand der Königin, an das Meerufer hinab. Die leicht bewegte Fläche der See lag blau und rot und silberschillernd weit hinaus. Auf diesem Farbenspiel ruhten unsere Blicke lang mit fröhlichem Ergötzen. Dann bog die Schönste einiges Zweigwerk auseinander und zeigte eine weiße, schmale Treppe, welche ins Wasser führte. An diese fand ich mein Boot gebunden. Die Königin brach einen Zweig Orangeblüte, warf ihn in das Boot, drängte mich sanft hinab und gab mir die Hand.

»Nun reise gut! Abschiednehmen ist eine Kunst, die niemand zu Ende lernt. Ich weiß, du wirst einmal wiederkommen, bei mir Licht zu schöpfen, und einmal, wenn du keines Ruders mehr bedarfst.«

Mit einem schweren Gurgellaut zerbrach eine Welle an den Stufen und nahm rückflutend mein Boot auf ihren Rücken. Ich breitete beide Arme nach der hellen Gestalt, bis sie mit einem leichten Grüßen seitab in die Wandelgänge Ariostos verschwand. Die Nacht kam schnell und schlug den schweren Mantel der Finsternis um meine Trauer, und blickte herrlich aus tausend tröstenden Augen auf meine langsame Heimfahrt.

Mein Erstling du, meine Blonde, Frühlingsbekränzte! Aus dem Frühlingsbilde des Sandro Botticelli blickst du mich zuweilen an, mit den vergessenen Zügen.

In einem unvergeßlichen Frühsommer, zur Zeit meiner ersten Lieder, war parküberschattet wenig Tage lang eine selige Nähe um mich, ein auferstandener Traum, mit unfaßbarem Traumgesicht, flüchtig und schwer mit Namen zu nennen. Und das warst du. Ohne Vorher und Hernach, wie ein einziger, niemals wiederkehrender Strahl glückfarben gebrochenen Lichtes – ich weiß nur noch, du hattest hellrote Mädchenlippen, du trugst einen schweren Bund blonden Haares und hattest eine zärtlich milde Liederstimme. Und hießest Elise.

Du Fee! Du Blüte, du Leichte, Körperlose! Du gleitest über den ausgespannten Teppich meiner jugendlichsten Glücksträume wie eine lind bewegte Musik, oder wie eine duftende Erinnerung, oder wie der Geist einer verklärten, tiefgründigen Jugendzeit. Nimm meinen heimlichen Gruß! Nimm den Feiertagszauber jener Sommerfeste im Park, und den Schatz meines Andenkens an alle Märchen jener Zeit! Nimm, was meine verschwenderische Jugend hat, die verwunschenen Kleinode von Träumen, über denen jene versunkenen Junihimmel in fabelhafter Blüte lohten.

Nimm auch noch, Prinzesssin, ein Lied von mir! Ich fand es dort, wo unser Tannenschlag endet und der Buchenhochwald der Berthaburg beginnt, auf der Bachbank, über unsrem durch den Waldrand leuchtenden Kornblumenfelde. Es ist das früheste meiner Lieder, dessen ich mich zu erinnern vermag.

> Der Zeller Hirt treibt heim. Der laute Bach
> Stürzt dunkle Wasser den besonnten nach.
>
> Die Ferne raucht; die ganze Welt liegt weit.
> So möcht ich stehen ein' und alle Zeit.
>
> So stehn und hold mit Träumerblicken schaun
> Lustwandeln dich, du schönste aller Fraun.

Da nahst du dich. Ich berge mein Gesicht
Von Tränen heiß. Du aber weißt es nicht.

Die Fiebermuse

Meine Fiebermuse ist heute bei mir. Sitzt ruhig und hält sich
stille, da doch sonst Gassenlaufen und Vagieren ihre Art ist. Sie
hat eine Anwandlung zu sitzen und mir zu schmeicheln wie vor
Zeiten, da wir beide noch liebe Brautleute und Blondköpfe gewesen sind. Sie lehnt im tiefen Polsterstuhl, hat den Kopf zu-
rückgelegt und hängt mit ihrem Blick an mir, mit dem blassen,
allwissenden, fiebernden, der ihr seit vielen Jahren eigen ist. Dieser Blick ist über vielen meiner Nächte gewesen seit jenem ersten
Jugendraub unserer Liebe, da wir beim Flackerlicht verbren-
nender Knabenlieder meinen Göttern Hohn sprachen und unsern Weg durch ewige Wildnisse zu nehmen uns gelobten.
Dieser Blick weiß von allem, was verborgen, tief und keimend
ist, er erbricht alles Knospende und schändet jede Heimlichkeit.
Jenseits entgötterter Tempel und verwelkter Liebesgärten erst
beginnt dieser Blick das Spiel der Frage und Antwort und Ge-
genfrage, er fiebert nach Geheimnissen, welche nie ein anderes
Auge erforscht hat.
Wir haben meine Seele ergründet und sind bis dahin gestiegen,
wo Horchen Mord ist. Wir waren mit scharf geschliffenen Augen überall, wo brechende Farben und zerrinnende Laute sind,
und waren begierig, die Gesetze des Zufalls zu finden. Die ent-
gleisenden Wellen sterbender Töne und die blassen Irislichter
sterbender Farben haben wir geliebt, und alle Grenzpunkte, wo
Zittern war, und Zweifel, und Agonie.
Aus brechenden Zittertönen und flüchtigen, irisschimmernden
Fieberfarben erbauten wir unsere Welt, unsere wunderbare, un-
begriffene, unmögliche Welt. Meine Muse aber wurde blaß und
hager, und schöner von Traum zu Traum. Wenn sie in meinen
Gedanken sich spiegelt, berückt ihr blasses Bild mit der Schlankheit der zarten Glieder, mit den schweren Hängelocken, mit den
adligen Händen und Gelenken, und mit dem tiefblutroten
Munde. Zu allen Zeiten haben wahnsinnige Maler in Augenblicken überirdischer Empfängnis solche Bilder geträumt und

mit verzaubertem Pinsel die flüchtigste Oberfläche glänzender Farben in scheuen, ahnenden Linien ängstlich erprobt. Ein solches Bild, in scheuer Entrückung erschaut, verfolgte die silbernen Träume jenes Sandro Botticelli, und lockte aus ihm eine feine, wunderbare Kunst, und trieb seine verfeinerte Hand von Bild zu Bild, bis ihm Pinsel und Finger zerbrach.

Meine Muse lächelt, wenn sie sich seiner erinnert. Sie ist hinter ihm gestanden und lockte durch ihren Blick aus seinen Bildern die flüchtige Glut sehnsüchtiger Lippen und Augen. Sie lockte seine Kunst von Bild zu Bild, bis ihm Pinsel und Finger zerbrach. Mir aber erzählte sie von ihm und erklärte mir die unerhörten Wünsche seiner brennenden Seele, und führte mich durch die sich schneidenden Kreise seiner hageren Dantebilder.

In anderen Stunden lehnte sie neben der schmächtigen Gestalt eines kranken Klavierspielers und reizte seine geschmeidigen Finger, nach dem Zartesten zu tasten, und lehrte ihn feine, brechende Klänge, die das klopfende Herz und den raschen Atem des Hörenden in ihre schwermütig wilden Takte zwingen. Diesen schmächtigen, kranken Chopin lockte sie von Reiz zu Reiz, sie lehrte ihn sein Herz belauschen und deuten und lehrte sein Herz in zitternd bewegten Takten schlagen, bis es in Müdigkeit und Sehnsucht vor dem treibenden Stachel erlag. Mir aber erzählte sie von ihm, ließ mein Herz in seinen müden, stachelnden Rhythmen schlagen und lehrte mich mein Herz belauschen und deuten.

Nun sitzt sie hinter mir, spricht leise zu mir und schmeichelt, und hüllt mich in ihren blassen, allwissenden Blick. Sie lockt meine Heimlichkeiten aus ihren Verstecken und entzündet meine Wünsche zu farbigen Spielen. Diese Muse tastet an das Zittern meines Blutes und stachelt mein durstiges Auge von Sehnsucht zu Sehnsucht und lächelt dazu, bis mir Blick und Herzschlag zerbricht.

Als sie zum ersten Male zu mir kam, trug sie schwarze Kleider und liebte Rieselbäche in spätsommerfarbenen Gehölzen und Schaukelkähne an laubüberwölbten Seerändern. Da hing zitternd mein Herz am zerrissenen Faden einer knabenhaften Liebe, da rief meine Sehnsucht einen lieblichen Namen in widertönende Wälder, und meine Liebe wiederholte zärtlich in Flüsterlauten ein trauriges Liebesgespräch.

Damals kam meine Fiebermuse zu mir, an einem silbernen Bach, spielte Freundschaft mit mir und gab mir die schwarze Laute zu schlagen. Dann half sie mir ein verbotenes Schloß erbauen, das rote Liebesschloß, vor dessen Fenstern wir im Dunkeln froren, während Hochzeiten und klingende Feste hinter seidenen Gardinen lärmten und geläutete Kristallbecher und fiebernde Geigenreigen. Sie zog Schleier und keusche Decken von der Schatzkammer meiner Seele, sie reizte mein Auge und erweckte in mir eine plagende Begierde, Schlösser und fabelhafte Herrlichkeiten zu bauen und mich im Golde zu spiegeln. Wir schufen rote, flackernde Märchen, Lustgärten und Wildnisse und bevölkerten südliche Landschaften mit schlanken, fürstlichen Wandelpaaren. Ich lernte meine Traurigkeit in lassen Vers-Takten wiegen und in dunklen Reimen spiegeln. Ich lernte spitz zulaufende Jambengänge fügen und schwere Versbrücken, deren Pfeiler dunkle Molosser waren. Darauf begannen wir Fabeln zu ersinnen, in welchen alles Leben umgewendet war wie in einem Höllenspiegel, geborene Greise, welche sich jung lebten und am Ende als Kinder ängstlich dem Ende ins Auge sahen, unselige Liebesschicksale und Geschichten, die voll von Grausamkeiten waren. Später, nachdem ich in einer Angstnacht meiner Muse in Untreue entlaufen war und mich auf die grünen Plane der Sonnenseite geschlagen hatte, kam sie noch manchmal, wie heute, und führte mich durch geisterbleiche Nächte, und heftete das schöne, allmächtige Auge voll List und Liebe auf mich, begierig, die grausame Wollust unserer früheren Träume zu erneuern.

Oft auch sehen wir uns verständig und traurig an wie geschiedene Liebende und wissen nicht, wer von uns der Dieb oder der Bestohlene ist. Dann öffnet sie leis die blutroten Lippen, regt die Hand und beschwört in mir das Bild des fensterroten Liebesschlosses und das verzweifelte Jauchzen lustgestachelter Geigenreigen. Sie sieht auch jetzt, was ich geschrieben habe, und seufzt und hat den bleichen Tod im Blick.

Incipit Vita Nova

In meinem Leben ist wie im Leben der meisten Menschen ein Punkt der Wandlung ins Besondere, ein Ort der Schrecken, der

Finsternisse, des Verirrt- und Alleinseins, ein Tag unerhörter Betäubung und Leere, aus dessen Abend neue Sterne am Himmel und neue Augen in uns hervorgehen.

Da ging ich frierend unter den Trümmern meiner Jugendwelt, über zerbrochene Gedanken und gliederzuckende, verzerrte Träume, und was ich anschaute, fiel in Staub und hörte auf zu leben. Freunde gingen an mir vorbei, welche zu kennen ich mich schämte, Gedanken sahen mich an, die ich vorgestern gedacht hatte, und waren so entfernt und fremd geworden, als wären sie hundertjährig und nie mein Eigentum gewesen. Alles wich von mir weg, ich war bald von einer ungeheuren Leere und Windstille umgeben. Ich hatte nichts Nahes mehr, keine Lieblinge, keine Nachbarschaft, und mein Leben stieg in mir als ein schüttelnder Ekel empor. Als wäre jedes Maß überfüllt, jeder Altar entheiligt, jede Süßigkeit verekelt, jede Höhe überklommen. Als wäre jeder Schimmer einer Reinheit verfinstert und schon jede Ahnung einer Schönheit verzerrt und mit Füßen getreten. Ich hatte nichts mehr, mich danach zu sehnen, nichts mehr anzubieten und zu hassen. Alles, was Heiliges, Ungeschändetes und Versöhnendes noch in mir war, hatte Blick und Stimme verloren. Alle Wächter meines Lebens waren eingeschlummert. Alle Brücken waren abgebrochen und alle Fernen ihrer Bläue beraubt.

Als alles Lockende und Liebenswerte mir so verschwunden war und ich wie ein Schiffbrüchiger des Geistes erschöpft und unaussprechlich beraubt und arm zum Bewußtsein meines Elendes erwachte, da senkte ich das Auge, erhob mich mit schweren Gliedern und wanderte aus allen Gewöhnungen meiner Vergangenheit wie ein Gerichteter, der bei Nacht seine Wohnung verläßt, ohne Abschied zu nehmen und ohne die Türen hinter sich zu verschließen.

Wer hat je der Einsamkeit auf den Boden geschaut? Wer kann sagen, daß er das Land der Entsagung kenne? Meinen Blicken schwindelte, als ich mich über den Abgrund bückte, sie fielen, ohne ein Ende zu finden. Ich wanderte durch das Land der Entsagung, bis meine Knie vor Müdigkeit brachen, und noch lag die Straße in unverminderter Ewigkeit vor meinem Schritt.

Eine stille, traurige Nacht wölbte sich tröstend und schläfernd über mir. Schlummer und Traum kamen zu mir wie Freunde zu einem Heimkehrenden und lösten eine tödliche Last wie ein Reisebündel von meinen Schultern.

Bist du schon schiffbrüchig gewesen und sahest Land und einen Schwimmer sich dir nähern? Bist du schon todkrank gewesen und tatest genesend den ersten Trunk frischer Gartenluft und spürtest das süße Wallen des sich erneuernden Blutes? Wie diesen Erretteten und diesen Genesenen, so überflutete mich ein Wirbel von Dankbarkeit, Ruhe, Licht und Wohlsein, als ich in jener Nacht erkannte, daß unerforschliche Wesen sich freundlich zu mir neigten.

Der Himmel hatte ein anderes Ansehen als jemals zuvor. Die Stellung und Wiederkehr der Gestirne trat mit meinem innersten Leben in einen vorbestimmten Freundesbund, und das Ewige verknüpfte etwas in mir deutlich und wohltätig mit seinen Gesetzen. Ich fühlte in meinem aus der Wüste aufgerichteten Leben einen goldenen Grund gelegt, eine Kraft und ein Gesetz, nach welchem, wie ich mit herrlichem Erstaunen empfand, künftig alles Alte und Neue in mir sich in edlen Kristallformen ordnen und mit allen Dingen und Wundern der Welt wohltätige Bündnisse schließen müßte.

Incipit vita nova. Ich bin ein Neuer geworden, mir selber noch ein Wunder, ruhend zugleich und tätig, empfangend und schenkend, ein Besitzer von Gütern, deren werteste ich vielleicht noch nicht kenne.

Das Fest des Königs

Im Schloß des Königs wurde ein Fest bereitet. Der Palast und alle vornehmen Häuser der Stadt waren mit Gästen überfüllt, denn zu den Festen des Königs pflegte der Adel des ganzen Landes sich einzufinden.

Die breite Allee, welche vom Schlosse in die Stadt führte und die an gewöhnlichen Tagen durch Ketten und Wächter versperrt wurde, war voll von Reitern, Wagen, Sänften, Lastträgern und Müßiggängern zu Fuße. Der König besaß einen Marstall von hundert Schimmeln, und außer den Prinzen und den Grafen des Landes durfte niemand ein weißes Roß reiten, bei Todesstrafe. Wenn nun auf dem überfüllten Fahrwege ein Schimmelreiter erschien, dem wurde eine breite Gasse gebahnt, und auf beiden Seiten drängte sich das wartende Volk, sich bückend und die Häupter zum Gruß entblößend. Da waren Handwerker mit Leitern, Seilen, Brettern, Teppichen und gemalten Schildern, buntgekleidete Musikanten, Trompeten, Geigen und große Trommeln tragend, Blumenverkäufer mit Karren, auf welchen bunte und rare Blumen in Haufen getürmt lagen, Herolde und Soldaten, Wagen, die mit vielerlei Geräten, Tapeten und Tüchern beladen waren. Unzählige Neugierige in Sonntagskleidern spazierten in dem geöffneten äußersten Ring des königlichen Parkes, durch den die Platanenallee gezogen war. Handwerker waren beschäftigt, zwischen den Bäumen lange Leinen mit aufgereihten, runden, roten und gelben Papierlaternen zu spannen, welche am Abend zur Belustigung des Volkes und als fröhlicher Anblick für die Herrschaften sollten angezündet werden. Die Arbeiter lachten oder fluchten durcheinander, je nachdem sie von der Menge ermuntert oder belästigt wurden. Trödler gingen umher, von vielen Kindern umringt, mit Schmuck und allerlei Spielzeug und Flitter handelnd, Weiber, welche Brot und Würste und Gebäck verkauften, und Blumenmädchen, die den jungen Städtern Veilchensträuße anboten. Diese alle erfreuten sich reichlichen Zulaufs, und zumal die Veilchenmädchen waren überall von eleganten, im Scherze feilschenden jungen Männern unter vielerlei Schmeicheleien und spaßhaften Angeboten umringt.

Am dichtesten drückte sich das Volk vor dem geschlossenen eisernen Hauptportal des Schloßhofes. Landleute und Städter drängten sich dort zu dem selten gewährten Anblick des Schlosses und brannten vor Begierde, hinter den Bogenfenstern einen vom Königshause zu erspähen, und wandten kein Auge vom Schloßhof, sobald ein Lakai in roter Livree sichtbar wurde, oder ein Offizier, oder nur ein gemeiner Diener, welcher Gerät trug oder Pferd oder Hund nach den seitwärts zurückliegenden Prachtställen führte.

Das Schloß bestaunte ein jeder, der es zum ersten Male sah, und am meisten die Landleute. Denn es war nach hierlands fremden Regeln unter dem Vater des jetzigen Königs von einem südländischen Werkmeister erbaut worden, von geringer Höhe, aber weitläufig und prächtig und ganz aus Marmor. Dieses Schloß und der dahinter liegende alte Park, der dem Volke unsichtbar und niemals zugänglich war, galten als die Wunder des Landes. Die sichtbare vordere Seite des Schlosses, mit zweimal vierzig Bogenfenstern, war von einem breiten Giebel gekrönt, in dessen Dreieck ungeheure Menschen und Pferde, auch aus Marmor gemeißelt, standen, die seitwärtigen in allerlei Lagen kniend, fallend und liegend und so der Dreieckform lebendig angeschmiegt. Kleinere Figuren von feiner Arbeit standen über dem Haupttor, den Empfang heimkehrender Sieger darstellend. Im Innern aber sollten Säle von unerhörter Höhe und Pracht und Zimmer mit seidenen und goldenen Wänden sein, angefüllt mit Schätzen aus vielen Zeitaltern und Kunstwerken berühmter Meister. Noch erstaunlichere Gerüchte wußten viele von dem geheimnisvollen Park zu erzählen, der sich drei Stunden weit erstreckte und von ausländischen Gärtnern und Förstern erhalten wurde, welchen verboten war, sich jemals außerhalb der ungeheuren Ringmauer zu begeben, die den ganzen Park in stattlicher Dicke und Höhe umgab. Hirsche und unbekannte Tiere und farbige, fremde Vögel, als Fasanen und Pfauen, wußte man dort verborgen, und jahrhundertealte Wildnisse, ferner künstliche Gewässer, Seen und springende Brunnen, Brücken und Beete voll seltener Blumen, sowie ein fabelhaftes Jagdschloß, den Lustort des verwichenen Fürsten, wo dessen lang verblichene Geliebten häufig umgingen, die Buhlereien und Eifersüchte ihres vormaligen Sündenlebens erneuernd. Was immer an dunklen Mordgeschichten und unerhörten verliebten Lustbarkeiten von heißen Köpfen ersonnen und von eiligen Weiberzungen verschwatzt war, wurde auf das unbekannte Jagdschloß gehäuft, welches den einen als ein schimmernder Himmel auf Erden, den andern als Sammelort aller Schrecken und bösen Geister erschien.

Die müßige Menge sog begierig die Geschwätze und geflüsterten Sagen und den Duft des Wunderbaren ein, der sie nebst dem Rausch des Feiertages und der Erwartung erhitzte und betäubte. Man sprach von den Pferden und Wagen der Gäste, von den bevorstehenden Vergnügungen des Hofes und denen des Volkes, welchem auf den Abend ein Feuerwerk versprochen war. Neben den anpreisenden Rufen der Verkäufer waren die von lautem Gelächter begleiteten Späße der Hanswurste zu hören, die Bettelreden sitzender Krüppel und umhergestoßener Einarmiger oder geführter Blinder, die ermahnenden, aber wohlwollenden Stimmmen anwesender Ratsherren, und das gelle Spaßen und jache Lachen der Freudenmädchen. Die Trinkbuden bevölkerten sich, und mancher Unkluge nahm den erwarteten Genuß des Festtages im vorzeitigen Rausch vorweg. Andere umstanden ein Kasperltheater oder ein Losrad oder die Wettspiele der Kinder, welche nach ausgehängten Preisen kletterten und sprangen. Balladensänger und Sackpfeifer wurden angehört, im Gedränge verloren sich Familien und Freunde auseinander, und fanden sich Liebespaare, denen die Wirre des Festplatzes ersehnte Gelegenheit zu verbotenen Zusammenkünften gab.

In den gewundenen Spazierwegen des äußeren Parkes saßen und lustwandelten die Alten, die Angesehenen der Stadt, reiche Bürger, Räte und Richter und langsame Pfarrer, im Genuß der gepflegten Zierbeete und Rasen und der schattigen Ruhebänke. Ein feister Ratsherr erklärte mehreren Fremden die Anlage der Alleen und Wege und die Lage des Schlosses, und rühmte den Wohlstand seiner Stadt und den freigebigen Reichtum seines Königs. Der Lärm, das Bürgergespräch, die modisch gekleideten Städter und das glotzende, schwergestiefelte Landvolk schändeten die Alleen und die Gärten, und stachen hart von dem Ernst der alten Platanen und von der eleganten Schönheit der fürstlichen Anlagen ab, deren verschlungene Wege, von allerlei seltenem Laub überschattet, dazu bestimmt waren, von Prinzessinnen in adliger Gesellschaft oder von den Phantasiebildern eines fürstlichen Dichters beschritten zu werden.

Um die Mittagsstunde sammelten sich große Volkshaufen vor den Portalen des Schloßhofes, neugierig auf die Tafelmusik und auf den erhofften Anblick der Herrschaften. Ein dröhnender Jubel brauste empor, da der Kronprinz am Fenster sich zeigte. Er war dunkel, mager, ein wenig gebückt und hatte ein scharfes, kluges, wachsblasses Gesicht mit dunklen, forschenden Augen. Er bewegte grüßend das Haupt, und in eben diesem Augenblick trat der König neben ihn, lächelnd und mit lebhafter Bewegung der grüßenden Hand. Er war groß, dick und aufrecht; die Farbe seines breiten Bartes schwankte noch zwischen blond und grau, sein Gesicht aber war frischrot und glänzend und die Stirne schien ohne Falten. Er trug ein rotes Gewand mit breiten, wei-

ßen Säumen. Er liebte alle Festlichkeiten und verbarg seine
Fröhlichkeit der Menge nicht. Kopfnickend verließ er mit dem
Kronprinzen das Fenster.

Während draußen die Rufe der beglückten Menge langsam zerrannen, setzte sich der König im roten Saal zu Tisch. Zwei
schimmernde Reihen geschmückter Herren und Edeldamen saßen an einer ungeheuren Tafel verteilt, immer eine Dame zwischen zwei männlichen Gesellschaftern. Zur Rechten des Königs saß die weiß gekleidete Königin, seine dritte Frau, von allen
ihrer schlanken, stummen Schönheit wegen bewundert. Zur
Linken des königlichen Sitzes saß ein schwarzhaariger Buckli-
ger, schweigsam und häufig aus tiefliegenden, glänzenden Augen umherschauend. Dieser war des Königs Bruder. Ihm war
der scharfe, zähe Verstand zu eigen, welchen man oft bei Krüp-
peln findet, und, unbekannt der Welt, leitete sein wacher Fleiß
und sein ernstes, scharfes Auge die Geschäfte der Regierung.
Ihm verdankte unwissend das Land seinen Wohlstand und der
leichtherzige König die Erhaltung seiner ererbten, unermeßlichen Reichtümer.

An die Enden der Tafel waren die Prinzen gesetzt, der Kronprinz und sein jüngerer Halbbruder aus der zweiten Ehe des
Königs, seiner Herzensehe entsprossen, ein heller, fröhlicher
Ritter. Die Grafen und Gräfinnen und Barone und ihre Frauen
und Töchter waren nach Neigung und Freundschaften gemischt, die drei vornehmsten und ältesten Vasallen dem Könige
gegenüber. Silberne Teller und kristallene Weinkelche wurden
von zahlreichen edelgeborenen Pagen bedient. In der Nähe des
Prinzen glänzte das helle Jünglingshaupt seines Lieblings, des
Sängers, welchen der König, da jener ein Meister seiner Kunst
und von feinen Sitten war, nach italienischem Vorbilde an sein
Haus gefesselt hatte. Er war dem König in kurzer Zeit lieb und
befreundet geworden, denn er verstand meisterlich alle angenehmen Künste, zumal Poesie und Gesang, und war ein Erfinder
vieler Feste, Tänze, Mummenschänze und sonst ergötzlicher
Belustigungen.

Der König redete viel mit den Frauen seiner Vasallen. Die Männer überließ er seinem Bruder, der durch kurze, schwere Fragen
und Blicke die Herren durchforschte. Die Königin allein saß
schweigsam und ohne viel zu lächeln. Ihr feines, blasses Haupt

wendete sich langsam zuweilen um, ihr dunkles Auge ging durch die Reihen der Tafelnden, ruhte auf den Stirnen schöner Ritter und ging weiter, den Schönsten zu suchen. Ihr geschlossener Mund war von hellem Rot, wie die Frucht der wilden Rose, fein und hochmütig, und karg mit Lächeln. Sie lehnte oft im Sessel zurück und hörte aufmerksam den Geigern zu, welche auf einer niederen Galerie gedämpfte, süße Melodien spielten. »Eure königliche Majestät lieben die Kunst der Musik?« fragte sie ehrerbietig ihr Nachbar, ein alter Graf. Sie wandte langsam das Haupt gegen ihn und die verschleierten Augen.

»Ihr rietet richtig, Herr Graf«, sagte sie dann würdig, wandte wieder den Blick und hörte wieder auf die feinen Töne. Einmal wandte der Sänger sich um und hüllte das Haupt der Königin in einen langen, glänzenden Blick und wog im Herzen sein Schicksal gegen eine junge, süße Sehnsucht.

Nach aufgehobener Tafel legten sich viele in die Polster, zu ruhen, und andere wandelten anschauend durch die Säle, deren Estriche mosaikgeschmückt und deren Wände mit Bildern und köstlichen, gewirkten Stoffen behangen waren. Der Prinz nahm den Arm des Sängers und zog ihn über die breiten Treppen ins Freie. An einer kühl verschatteten Ruhebank machten sie halt. Der Sänger setzte sich auf die Bank und lehnte sich an den gerundeten Stein. Der Prinz aber warf seinen Mantel ins Gras und legte sich darauf. Er lehnte den blonden Kopf an die Knie des Freundes und richtete die Blicke vergnügt auf den vom Gerank der Zweige vergitterten lichten Himmel. Nach kurzer Weile begann er zu plaudern. »Sag mir doch, du Kenner, was ist das Schönste und Begehrenswerteste in der Welt? Ist es der Schmuck des Reichtums oder des Ruhmes, ist es der himmlische Zauber der Kunst oder der brünstige Schrei eines entzündeten Weibes oder das Leben der Hirten?«

Der Sänger lachte. »Du Ungeduld! Du suchst den Schatz des Glückes in der Schale einer Nuß. Aber die Schönheit und das Glück sind reicher als wir, und haben tausend Wege, und tragen Früchte auf allen Bäumen. Was ist Reichtum ohne Liebe, oder Wollust ohne Schönheit? Am begehrenswertesten aber scheint mir vielleicht dieses: ein Weib von höchster Geburt und adligem Herzen, das in Liebe sich seiner Rechte entkleidet. Welches bittet, indem es schenkt.«

Der Prinz legte sich weiter zurück und lächelte, und spielte mit seinen schlanken, weißen Fingern. Der Freund fuhr fort: »Auch wird das, was uns gestern liebenswert und unübertroffen schien, im Schatten der Ereignisse mit den Tagen blasser und verliert seinen frischen Reiz. Ich erfand vor einigen Jahren, in Italien, als zum erstenmal eine verliebte Weiberhand mich streichelte und mein Herz voll neuer Wonne war – da erfand ich aus meiner Lust ein Lied für die Geige und tat darein, was ich Süßes und Heimliches wußte, und glaubte lang, in dieser Weise sei aller Zauber und alles Holde versammelt, so als wiege sich das Glück selber im Netz der Töne. Als ich dasselbe Lied hernach der zweiten und der dritten Frau zu hören gab, und als neue Lieder mich umtrieben und gesungen sein wollten, da sah ich den Boden der Tiefe und mußte lachen. Und jetzt scheint es mir ein liebliches Kinderlied zu sein.«

Vom breiten Weg her kam Geräusch. Der Kronprinz und des Königs Bruder traten in den Schattenkreis des Gebüsches. Da der Kronprinz den Bruder zu den Füßen des Sängers liegen sah, ging über seine harten Lippen ein scharfes Lächeln. Er grüßte nicht und kehrte nach dem Schlosse zurück, der Oheim aber senkte mit Wohlgefallen das ernste Auge auf die Befreundeten. »Siehe da, meine Blondköpfe! Nennt mir, worüber ihr redet, damit ich teilnehme!« Der Sänger verneigte sich und nötigte den königlichen Kanzler zu sitzen. Der Prinz, seines Kopfkissens beraubt, setzte sich mit gekreuzten Beinen gegen die Bank gewendet. »Euer Neffe wünscht zu erfahren, was wohl in der ganzen Welt das Schönste und Begehrenswerteste ist.«

»Eine leichtsinnige Frage«, sagte der Alte – »und eine schwere Frage! Hattet Ihr ihm eine Antwort?«

»Er meinte, das Höchste wäre: eine –« die starke Hand des Sängers preßte sich auf den lachenden Mund des Prinzen und erstickte den Rest seiner Antwort. »Narreteien!« Der Bucklige heftete seinen klaren Blick auf den Ungestümen und drohte scherzhaft mit dem Finger, »Eine Frau« – vollendete er den Satz. »Aber welche nun? Herr Künstler, Eure blonde Jugend weiß in der Liebe besser Bescheid als meine unreizende Person.«

»Eure Gnaden überfordern mich. Mir war bisher die Liebe nur ein Schmuck und Spiel, oder ein Gegenstand für meine Singweisen. Ein Künstler, wer er sei, bedarf der Frauen, denn ihre

Nähe macht glücklich und warm, was beides der Künstler zu seiner Arbeit sein muß.«

Der Prinz schnitt ein drolliges Gesicht. »Freilich! aber nicht die Künstler allein. Notwendig sind die Frauen auch für die Prinzen, die in Friedenszeiten an Langerweile leiden.« »Halt an!« rief der Oheim. »Deine Abenteuer sind uns sattsam bekannt. Mich wundert, wie lange du noch an Langerweile leiden willst. Wenn die Geschäfte dir widerwärtig sind, warum treibst du keine Studien und keine ernstliche Kunst? Dein Bruder studiert in der kargen Zeit, welche er nicht den Staatsgeschäften widmet, die Geschichte der Malerkunst und die Sammlungen meines Vaters.« Der Prinz unterbrach ihn heftig. »Mein Bruder! Er arbeitet, weil er geizig ist, und weil ihn zu regieren lüstet. Mag er studieren, so viel er will, er lernt doch nur Jahreszahlen und Namen, und sein Kunstverstand ist auf die Kenntnis der Bilderpreise beschränkt. Wieviel Goldstücke für eine Leinwand bezahlt werden, ist ihm wichtiger zu wissen als alle Geschichte. Sein Gehirn ist eine Rechentafel.«

Der Oheim gab keine Antwort und betrachtete mit Sorge die blanke Stirne des Prinzen, und seine frohen, genußsüchtigen Kußlippen, und die ganze ziere Gestalt. Er war das Abbild des Königs, in feineren, eleganteren Linien, mit denselben sorglosen Manieren, aber noch deutlicher mit dem Stempel des Leichtsinns gezeichnet. Da beide Jünglinge schwiegen, zog der Alte ein kleines, fein in Leder gebundenes Büchlein hervor und bat den Sänger vorzulesen, wobei er eine Stelle mit dem Zeigefinger bezeichnete. Die klingenden Verse eines italienischen Dichters flossen rein vom Munde des Lesers, dem beruhigenden Gesang einen fallenden Wassers zu vergleichen.

Während der Lesung entwich der Prinz leise seitab, ließ einen Schimmel satteln und tat einen übermütigen Ritt nach der Stadt, durch die hastig ausweichende Menge in schonungslosem Trab sich drängend. Er hatte für den Abend ein Maskenkleid zu arbeiten gegeben, nun wandelte in der letzten Stunde die Lust zu einer Änderung ihn an. Nach kurzer Frist ritt er den Weg zurück, vom scheuen Volk gegrüßt, über welches er hin und wieder einen Wurf von kleinen Münzen streute.

Der Sänger, nachdem ihn des Königs Bruder dankend und freundlich entlassen, ging nachdenklich in den Palast zurück. Er wandelte durch Gänge und Säle bis zu der schmalen Wand eines Kabinettes, wo das gemalte Bild der Königin in goldenem Rahmen hing. Vor diesem stand er lang. Und da er sich mit heißen Augen von dem Bildnis wandte, trat eben mit ihren Frauen die Königin selber durch die Türe. Er bückte sich tief. Sie fragte nach dem Prinzen. »Er verließ mich bald nach der Mahlzeit. Befehlet Ihr, ihn zu suchen?«

»Der Wildfang! – Bemühet Euch nicht. Habt Ihr Lust, mir zu dienen, so bringet Eure Violine her. Ihr Klang ist mir lieb, denn er erinnert mich meiner fernen Heimat.« Er eilte nach seiner Geige. Sie begehrte das schöne Spielwerk zu sehen und nahm es in ihre feinen Hände. Ihre Linke umschloß den schlanken Geigenhals. »Ein gepriesener Meister hat sie gebaut«, erklärte der Sänger, »und sie vermag mehr als irgend sonst ein ähnliches Stück. Man sagt, daß der langher verstorbene italienische Meister den Laut menschlicher Stimme aus ihr zu locken verstand.« Aus ihren Händen nahm er die Geige zurück und sah mit glänzendem Auge die Spur ihrer Finger, von einem schmalen Hauchstreif gesäumt, leicht und schmal auf die blanke Fläche gedrückt. Darauf preßte er das feste Kinn auf die Wölbung und geigte einen langen, wachsenden Ton. Der süße Laut erfüllte das ganze Gemach und zitterte und wurde zur Sprache einer brennenden Sehnsucht. Die Königin schloß die Augen und wiegte leise das zarte Haupt, auf dem das Auge des Spielers glühend und beschwörend ruhte.

In dieser Stunde erkannte der Sänger, daß seine neue Liebe kein Spiel und Schmuck war, sondern ein Ernst und eine Wunde. Er spielte seiner hohen Dame zu Dank. Sie gab ihm, was sie zuvor noch nie getan hatte, beim Weggehen die Hand, die schmale, königliche, und sagte: »Ihr verstehet Eure Kunst! Ich habe lange nicht so süße Töne vernommen. Habt Dank!«

Am Abend begann in dem größten Saal des Schlosses das Maskenfest. Die Gäste trugen Florlarven und allerlei Gewänder persischer, griechischer, spanischer und sonst fremdländischer Art, oder Tierfelle, oder die Kostüme heidnischer Götter. Der Saal war reich geschmückt und von goldenen Kronleuchtern erhellt.

Der König trug keine Larve und nur ein altertümliches reichzackiges Diadem als besonderen Schmuck. Der Kronprinz war in einer dunklen Mönchskutte leicht zu erkennen. Sein Bruder aber wurde von niemandem erkannt. Er war mit Wams und Hut eines Landsknechts bekleidet und nicht der einzige, der diese einfache Tracht gewählt hatte. Der Sänger trug einen künstlichen, schwarzen Bart und die volkstümliche Kleidung der Neapolitaner. Er suchte die Nähe der Königin, welche die bunte Volkstracht ihrer südlichen Heimat trug. Ein Gewimmel von Wilden und Bären, von Göttern und Göttinnen, von Schäfern, Gnomen und Bergknappen erfüllte den großen Saal.

Der Prinz verließ bald unbemerkt das Fest. Er warf einen schweren Mantel über und befahl einem vertrauten Diener, ihm zu folgen und ihm nahe zu bleiben, wohin er ging. Ihn verdroß das steife Volk der Edelleute und ihr höfisches Geschwatze. Er steckte ein Jagdmesser in den Gürtel, als handlichste Waffe für jede Not, und verließ den Palast. Der Schloßhof und die Allee und alle Anlagen bis zur Stadt waren von farbigen Laternen erleuchtet, und das trunkene Volk lärmte feiertäglich durch die Wege. Trinkbuden und Tanzplätze waren übervoll, und erhitzte Tänzer und Trinker lachten, jodelten und stritten miteinander. Der Prinz begab sich mitten in das Gedränge und hatte bald an jedem Arm ein lachendes Mädchen hängen. Er tanzte und trank und stand den Scherzworten der Zuschauenden und den Flüchen der Eifersüchtigen lachend Rede. Die Weiber wurden von den kecken Manieren und feinen Reden des Unbekannten gelockt, und seine Lippen brannten bald von vielen Küssen. Da waren Helle, Dunkle, Schlanke, Breite, Verschämte und Schamlose. Das Auge des Prinzen fand Gefallen am Gewühl der Tausende, sein verwöhntes Herz ward von dem raschen Takt der rohen Musik und vom Anblick des maßlosen Pöbels erregt und schlug in volleren Wellen.

Indessen lauschte die Gesellschaft des Königs auf die leichten, zarten Weisen einer auserlesenen Musik und genoß die Lust des galanten, maskierten Spiels. Es wurde wenig getanzt. Die meisten saßen auf niedern Polstersitzen oder standen und spazierten in kleineren Gesellschaften umher. Die Königin bewegte sich lebhaft und gesprächig zwischen den Gruppen. Man erkannte die Blasse, Schweigsame nicht mehr. Sie erinnerte sich der Feste ihrer Heimat, ihrer Pracht und Freiheit und nippte häufig ohne

Scheu am Weinkelch. Das leichte Fieber der Festfreude entflammte ihren sehnsüchtigen Sinn und stachelte ihr unbefriedigtes Herz und gab ihrer fremden Schönheit einen neuen, süßen Reiz. Sie versammelte einen Hofstaat junger Edelleute um sich her, welchen der verkleidete Sänger sich zugesellte. »Siehe da, ein Landsmann!« rief sie ihm zu. »Mir ist, ich wäre Euch schon am Posilippo begegnet.« Der Sänger grüßte mit einem blitzenden Blick. »Ich kannte Euch wohl!« antwortete er. »Solche Blumen wachsen hierlands nicht. Ich grüße Euch vom Golf, Herrin, als der Abgesandte Eurer Heimat.«

»Meinen Dank, Landsmann! Wem aber habt Ihr Euren Schatz zu hüten gegeben, da Ihr so weite Reisen wagtet?«

»Ich habe keinen. Mein Auge ging müßig, seit mein Stern mich verließ, und ich reiste, ihn zu suchen. Mich freut, ihn so glänzend zu finden.«

»Ich sehe wohl, Guter, man versteht in Neapel noch wie vordem zu schmeicheln.«

»Schmeicheln, Herrin? Wir sind nur gewohnt, der Wahrheit weniger rauhe Gewänder anzulegen, als in Nordland Sitte ist.« Die Königin reichte dem Höflichen einen vollen Becher. »Dies nehmt als Willkomm! Er wuchs am Vesuv.« Damen mischten sich unter den Kreis der Königin, so daß dieser sich bald in plaudernde Paare und Doppelpaare teilte. Der Sänger aber blieb der Königin nahe und umgab ihre Sinne mit dem Netz seines flüssigen, süßen Geplauders. Er sah ihren roten Mund, in häufigem Lachen glänzend, und sah ihre schneeweißen Zähne, und das sacht gerundete, reine Kinn, und glänzende Augen hinter der seidenen Larve. Zudem sah er hinter ihr den allein umherwandelnden Kronprinzen einen Augenblick stille stehen, mit widerlichem, horchendem Kopfdrehen. Dieser erkannte den Sänger nicht und wunderte sich über die verwandelte Laune der Stiefmutter. Einmal, da sein Schatten ihr wieder über die Schulter hereinfiel, wandte sie sich rasch und unmutig zu dem Sänger. »Sagt mir doch, Landsmann, was sucht der Mönch unter den Fröhlichen?«

Der Neapolitaner schaute in das harte Gesicht des Lauschers und antwortete spöttisch: »Ihr seht ja, er ist am unrechten Ort und kann die Türe nicht finden. Also ein Hausnarr wider Willen.« Der Mönch ging bitter lächelnd weg, gegen den Tisch des

Königs, welcher mit mehreren Alten sich abseits reichlichen Weines erfreute und des Gesprächs über die beendigten Jagden.

In einem Augenblick, da die Spielleute ruhten, wurden auf einen Ruf des Königs die Vorhänge von allen Fenstern gezogen. Jedermann erhob sich und blickte ins Freie. Da standen die unendlichen Reihen der Baumwipfel im Schimmer der bunten Lampen, das verworrene Jauchzen des Volkes schwoll her, vom Winde in schwankende Wellen gebrochen, und verschlungene Flammen eines großen Feuerwerks fieberten lohhell am matten, dunklen Himmel auf. Ein dünner Schleier von Dunst und Rauch hing ruhig über den hohen Bäumen, vom Feuerwerk mit breiten Flüssen roten und gelben Lichtes getränkt.

Zur selben Zeit kehrte leise der Prinz in den Saal zurück, mit verträumten Augen und schweren, lächelnden Lippen. Der Kronprinz erkannte ihn bald. Er ahnte seine verborgenen Lustbarkeiten und maß ihn mit häßlichem Hohn. Denn er haßte den weichlichen und verschwenderischen Bruder im Grunde seines herben Herzens. Eine Weile später, als der ernüchterte Prinz die Königin unter den Masken suchte, fand er sie nicht. Er fragte den zechenden Vater. Der hob kaum das verschleierte Auge vom Becher. »Such, junger Herr«, sagte er mit rauhem Lachen. »Ihr Jungen seid da, nach den Weibern zu sehen.«

Die Königin lauschte indes in einem entfernten Zimmer auf die unermüdlichen Scherzreden des Sängers und auf seine italienischen Lieder. Ihr brannte die Stirne vom starken Wein der Fröhlichkeit, und ihr Herz schlug berauscht in heftigen Schlägen. Sie saß tief in einem Ruhesessel und blickte mit entrückten Augen auf die zusammengepreßten Spitzen ihrer zarten Finger. Der Sänger saß auf einem höheren Stuhl ihr nahe, bewegte die Finger über den Saiten einer Gitarre und sang welsche Romanzen und plauderte und mischte den Ernst der brennenden Leidenschaft in sein buntes Geschwätz. Das Spiel der Worte rann ohne Hindernis über die Lippen des Liederfertigen, und ihn machte das schwindelnde Wandeln auf der Grenze des Scherzes trunken. Er verfolgte die Spur seiner Reden auf ihrem erregten Gesicht und im Zucken ihrer spielenden Finger. Seine Worte legten unvermerkt die Flitterkleider des Maskenscherzes ab, sie gewannen doppelte Bedeutung, sie begannen ihre verborgene Kraft und

Wärme hervorzukehren, und nur die gefährlichsten Verräter kleidete noch der hüllende Flor der galanten Komödie.

Die Königin hörte auf mit den Fingern zu spielen; sie schloß fein geäderte Lider über den heißen Augen und wiegte sich in ihrer Wärme und im halben Wissen von der Gefahr. Ihr Traum vieler sehnsüchtig durchwachter Nächte zog lebendig in lodernden Farben durch ihr Gemüt und alles, was ihr einsames Herz jemals Prächtiges und Wunderbares über die Liebe ersonnen hatte. Der Liedermeister senkte seine Stimme zu einem warmen Flüstern, er bog sich näher zu der Schauernden, er spann ihren Sinn dicht in den Schleier geflüsterter Schmeichelreden und verschwiegener Wünsche. Beiden blieb ein blasses, grausam verzogenes Antlitz verborgen, das einen Augenblick durch die sacht geöffnete Türe spähte und blaß und grausam wieder verschwand.

Der Kronprinz stieß, in den Festsaal zurückkehrend, auf den Prinzen, welcher seine Mutter suchte. – »Die Königin erwartet dich. Dort, im blauen Zimmer. Aber schone sie; sie ist müde.«

Der Kronprinz trat wieder in den Saal. Aus der vor ihm geöffneten Flügeltüre brauste ein Strom von Musik und Gelächter dem Prinzen nach, der auf die Schwelle des Zimmers trat, in dem er die Mutter erwartete.

Dem Eintretenden klang der Laut erstickter Seufzer und Liebesreden entgegen und erwiederter Küsse. Drei zu Tode erschrockene Menschen schrien in diesem Augenblicke weh und gellend auf. Die kalte Hand des Grauens trennte mit einer Berührung drei nahe Befreundete. Der blasse Prinz riß zitternd den falschen Bart aus dem Gesicht des erstarrten Liebenden und schrak vor dem erkannten Freund in zuckendem Schmerz zurück. Noch einen Augenblick standen sich die Männer mit stieren Augen schweigend gegenüber und leerten den Kelch der bittersten Bitternis bis auf die Neige.

Dann gewann der Prinz die Herrschaft über seine Sinne wieder. »Hol eine Waffe, Bettelbube!« rief er dem Freunde zu. Seine Stimme war schrill, brechend und ohne Nachhall, wie der Ton eines springenden Trinkglases. Das Herz wendete sich in seinem Leibe um und wurde voll Galle. Die beiden Menschen, auf welche er Jahre lang alles Gute und Zärtliche seines Herzens gehäuft hatte, standen vor ihm wie Tempelräuber.

Der Sänger rannte nach einem Schwerte. Der Prinz riß eines von der Wand des Ganges. Die Kämpfer klirrten wild und rasend aufeinander. Kaum daß der unsinnige Kampf begonnen hatte, fiel der Prinz mit blutendem Halse nieder. Dem Sänger rann ein roter Streif von der zerhauenen Wange. Er sah den Freund am Boden sich verblutend winden und sah über ihn die todblasse Königin gebückt. Sein Blick verwirrte sich, und seine Gedanken wurden uneins, flackernd und blutig. Er ging mit dem roten Schwert in der Hand nach dem Saal, von scheuen Lakaien geflohen und angekündigt. Er trat in die Flügeltür und stieß die Schwertspitze vor sich in den Boden, mit einem lauten, wahnsinnigen Gelächter.

Im Saal entstand eine enge Stille. Dem König rann der vergossene Wein übers ganze Gewand. Dann ward ein Lärm und eine Verwirrung ohnegleichen. Keiner rührte an den bluttriefenden Schwertträger. Verstörte Pagen, weinende und ohnmächtige Weiber, ratlose Männer, entsetzte Greise drängten sich zwischen umgestürzten Sesseln und Geräten. Krüge und Flaschen wurden umgestoßen, über zerrissene Tafeltücher floß in geruhigen Bächen der edle Wein. Die Musik spielte noch eine kleine Weile fort und brach dann jäh erschrocken mitten im Liede ab. Der Kronprinz trat dem Sänger zuerst entgegen. »Was ist's, Liedler?«

»Deinen Blonden hab ich erschlagen. Er liegt, und mein Schatz kann ihn nimmer wecken.« Die Diener hatten indes Waffen herbeigetragen, und zahlreiche Edle stürzten gegen die Türe. Der Kronprinz aber drängte sie zurück. »Haltet Ruhe, ihr Herren! Eilet lieber, nach dem Prinzen zu sehen.«

Der Erschlagene und die über ihn gebückte Königin wurden von einem großen Gedränge umringt. Im Saal blieb allein der König zurück, dessen Verstand vom genossenen Wein verdunkelt war. Zu ihm trat der entstellte Sänger, sein Liebling, und trank aus seinem Becher. Der Kronprinz stand in der Türe und betrachtete mit grausamer Neugier den Trunkenen und den Wahnsinnigen, welche in dem verlassenen Prunksaal, aus einem Becher trinkend, sonderbar und traurig anzusehen waren, wie ein fabelhaftes Fratzenbild eines seelenkranken Malers.

In diesem Augenblick loderte das letzte Feuerwerk prachtvoll hinter allen dunklen Fenstern auf. Das Volk wälzte sich in großen Haufen vor das still gewordene Schloß und schmückte mit seinem dankbaren Jubelgeschrei das Fest des Königs.

Du lächelst? Du wiederholst deine ungesagte Frage? Was soll ich dir sagen! Dieses dunkle Zimmer, diese ungeschmückten Wände mit den Viereckspuren von Bildern, die keine Nachfolger fanden, dieses Knisterfeuer im Öflein, dieses Mondlicht auf unsern Händen und auf dem geöffneten Klavier, diese Stille und späte Stunde redet verständlicher als mein Mund von dem, was in mir zu Worte kommen möchte.

Einem Jugendkameraden müßt ich mich vertrauen, flüsternd und mehr mit Blicken und Gebärden redend, einem, dem schon der Name eines Hauses oder Feldes genügte, um eine ganze Geschichte zu verstehen; einem, der mich oft mit »Weißt du noch?« und gesummten Liederversen unterbräche.

Was weißt du, wenn ich sage: meine Mutter? Du siehst dabei nicht ihre schwarzen Haare und ihr braunes Auge. Was denkst du, wenn ich dir sage: die Glockenwiese? Du hörst dabei nicht das Windrauschen in den Kastanienkronen, und spürst nicht den Duft der Syringenhecke, und siehst nicht die blaue Fläche der Wiese, welche ganz mit den schwanken Glockenhäuptern der blauen Kampanula bedeckt ist. Und wenn ich dir den Namen meiner Vaterstadt sage, dessen Laut mir schon das Blut bewegt, so siehst du nicht die Türme und den herrlich überbrückten Strom, und siehst nicht den Hintergrund der Schneeberge und hörst nicht die Volkslieder unsrer Mundart, und hast nicht selber Lust und Heimweh dabei!

Lieber laß mich dir ein Märchen erzählen. Zwei Geiger hatten eine gute Freundschaft untereinander und waren dabei bettelarm. Nun geschah's an einem schwarzen Tag, daß ihnen einfiel, die Wette zu spielen, wer von beiden der größere Geiger wäre. Von da an wuchs ihr Ruhm; aber einer traute dem andern nimmer, denn beide hatten ihre Seelen in Neid und Ehrgeiz bis in den Grund durchlauscht und alle Tiefen ans Licht ihrer Kunst gezogen. Da spielte der eine in einer mondhellen Nacht ein trauriges Lied. Das war so aus Nacht und Leid gezogen und so voll schwermütigen Andenkens an die eigene zerstörte Freundschaft, daß es tiefer und herzbannender als irgend sonst ein Lied zu hören war. Dieses Lied vernahm der andere Geiger voll Neides, drang in die Stube des Freundes und mordete Geiger und

Lied. Von dieser Nacht an ward er der erste Meister seiner Kunst. Er spielte an Fürstenhöfen und machte die Herzen der Könige zittern, denn seine Weisen drangen in den Grund der Seele, wo die Engel und Teufel der ungeborenen Gedanken und Taten wohnen. Sein Gesicht aber wurde mager, blaß und scharf, sein Herz wurde zu einem Sitz aller Ängste, alles Mißtrauens und aller Bosheit, und sein Spiel bestahl und schändete täglich die unantastbarsten Innerlichkeiten seiner Seele. Eines Tages nun vermaß er sich, vor vielen Hörern jenes letzte Lied seines Freundes zu spielen. Da stand plötzlich der Ermordete vor ihm, das Messer in der Brust, und spielte auf seiner Geige mit, noch weher, noch mächtiger, so daß der Meister schreckblaß und stieräugig vor der Menge stand. Diese sah den Ermordeten nicht und hörte nur mit einem Grausen, daß zweie geigten. Eine Angst ging durch den Saal, und als der Spieler zu Ende war, war eine Totenstille.

Du lächelst? Du wiederholst deine ungefragte Frage? Weiß ich, ob du ein Messer bei dir trägst? Hab ich nicht, während ich neben dir sitze und deine Hand halte, einen Schatz bei mir, dessen Wesen und Glanz dir noch unbekannt ist? Ein Lied, dessen Zauber zum Neid reizt? Einen Schmerz, der dich beschämen könnte? Und wie dann, wenn ich eines Tages dir ins Auge blickte und mein Lied mit dir spielte?

Du lächelst? Verzeih mir, Schweigsamer! Du bist das Marmorbild, dem ich spielend gern meine goldenen Ringe an die Finger lege. Wie aber, wenn du plötzlich aufhörtest zu lächeln und die steinernen Finger zusammenkrümmtest? Aber ich weiß noch ein anderes Märchen.

Einen Ritter, welcher einen einzigen Freund besaß, lüstete eines Tages, in die Zukunft zu sehen. Er fragte einen Zauberkundigen, den er reich beschenkte. Der Zauberkundige sah dem Ritter eine Weile ins Auge und sagte dann: »Diese Nacht, im Traum, wird dir Antwort werden.«

In der Nacht, in einem schwülen Fieberschlaf, sah der Ritter zwei Lebenslinien, Strömen zu vergleichen, nebeneinander laufen. Er erkannte sein Leben und das seines Freundes. Die beiden Linien verschlangen und wirrten sich, und nach einer kurzen Verknüpfung floß eine, die andere besiegend und fressend, breit und glänzend lange fort. Auf diesen Traum hatte der Ritter einen bösen Tag. Darauf beschlich er nächtens die Burg seines Freundes, ihn zu ermorden. Er kletterte auf den Wall, fiel in den Graben und brach den Hals. Der Freund betrauerte ihn lang, ward mächtig und reich und erreichte ein hohes Alter.

Mich wundert oft, welcher von uns das zähere Leben habe. Wenn mich nach einem grausigem Traum gelüstet, dann denke ich mir, du begännest einmal zu reden und sagtest mir plötzlich ein Wort von den vielen Worten, die du von mir gehört hast. Würde nicht die unerhoffte Rückkehr dieses Wortes mich zu Tode erschrecken? Oder du gingest von mir und trügest die Last meiner Geständnisse mit dir hinweg. Wäre mir da nicht wie einem Reichen, dessen Kleinode ein Kind durch die Raubgier einer bevölkerten Straße trägt? So gebe ich dir täglich einen neuen Schatz zu hüten und mache dich täglich nach neuen Bürden lüstern. Weißt du aber, ob ich nicht grausam bin? Oder weißt du das besser als ich?

Oft meine ich, daß du mich besser kennen müssest, als ich selbst vermag. Oder weshalb schüttelst du das Haupt, wenn ich dir eine alte Sache wieder erzähle und ändere darin eine Farbe, einen Namen oder nur eine Gebärde? Wenn du mich lügen hörtest? Wenn ein Streit zwischen uns entstände? Müßte es nicht ein Streit auf Leben und Tod sein? So weiß ich nicht, ob du meiner Langmut anheimgegeben bist, oder ich der deinigen.

Zuweilen, wenn dein Lächeln eine meiner Erzählungen begleitet, scheint es mir Augenblicke lang das Lächeln des Wiedererkennens zu sein. Bist du dabei gewesen, als ich dieses tat und jenes zu tun unterließ? Hast du zugesehen, als ich diesen Frevel beging und jene Wohltat übte? Ist das, was dich an mich fesselt, vielleicht die Folge einer früheren, mir unbekannten Gegenwart, ein böses Gewissen, eine Mitwisserschaft, ein böses Mitgewissen? So wäre der Grund unsrer Gemeinschaft ein Spiegel- und Trostbedürfnis, die Notwendigkeit eines Mitleidenden, und vielleicht der allezeit wache Argwohn zweier, die ein gemeinsames Verbrechen begangen haben. Also daß wir aneinander leben und aneinander zugrunde gehen müßten.

Oder wie kommt es, daß du gerade dann immer zu mir trittst, wenn eine Lust zu Rede und Vertraulichkeit sich in mir regt, als fürchtetest du, diese möchte sich einem dritten offenbaren? Was beschwert denn meine Erinnerung, das für Einen zu schwer zu tragen wäre!

In Stunden, welche schweren Träumen vorausgehen, in diesen unruhig trägen, bleigrauen, fiebernden Stunden hat mich oft eine stachelnde Begierde erfüllt, dich zu quälen, dir schmerzliche Geheimnisse zu rauben und dich stöhnen zu hören, dir den Fuß auf die Brust zu setzen oder dich eng zu würgen. Dann, wenn meine Einbildung schon dein Ächzen vernahm und Blut an deinem Halse sah, tratest du manchmal zu mir. Ich aber wurde von Angst und Mitleid ergriffen, streichelte deine Hände, nannte dich mit Schmeichelnamen und vermied es, in deine Augen zu blicken. Weshalb hatte ich Angst vor dir?
Oder weshalb liebe ich dich? Denn ich liebe dich mit der Liebe, welche jeder Verwandlung fähig ist und keine höchste Stufe kennt. Ich liebe dich wie ein gutes Haustier, ich liebe dich wie eine Schöpfung meiner Kunst, ich liebe dich, wie man die Rätsel und das Schauerliche liebt. Ich liebe dich auch wie ein Glied meines Leibes, und liebe dich wie einen morgenden Tag, und wie ein Abbild meiner selbst, und wie meinen Dämon und meine Vorsehung. Wie aber liebst du mich?

An Frau Gertrud

Im einsamsten Gemach meines Schlosses, unter der Wölbung des schmalen Fensters, sitzest du oft, freundlichste unter meinen Toten. Über alles Zusammensein und Händehalten hinaus dauert noch deine unbegreifliche, gütige Gegenwart, wie eines Sternes, der verschollen ist und dessen Strahlen doch lange Zeiten noch zu uns reichen.
Ich kann nicht mehr zählen, wie oft ich unter dem Himmel der Vita Nuova gewandelt bin. Ich kann nicht zählen, wie oft ich verzweifelte, ein anderes Bild deiner Erscheinung zu finden. Keine Schönheit, wenn nicht die jenes süßesten Gedichtes, ist dir zu vergleichen. Mir ist oft, als wärest du die gewesen, die einst an dem entrückten Dante vorüberging, und wärest nur einmal noch über die Erde gewandelt, im Schatten meiner sehnsüchtigen Ju-

gend. Daß ich dich mit leiblichen Augen gesehen habe, daß deine Hand in der meinen lag, daß dein leichter Schritt neben dem meinen über den Boden ging, ist das nicht eine Gnade der Überirdischen, ist das nicht eine segnende Hand auf meiner Stirn, ein Blick aus verklärten Augen, eine Pforte, die mir in das Reich der ewigen Schönheit geöffnet ward?

In Schlafträumen sehe ich oft deine leibliche Gestalt und sehe die feingliedrigen, weißen Finger deiner adligen Hände auf die Tasten des Flügels gelegt. Oder ich sehe dich gegen Abend stehen, die Farbenwende des erblassenden Himmels betrachtend, mit den Augen, welche von der wunderbaren Kenntnis des Schönen voll tiefen Glanzes waren. Diese Augen haben mir unzählige Künstlerträume geweckt und gerichtet. Sie sind vielleicht das Unschätzbarste, was meinem Leben gegeben wurde, denn sie sind Sterne der Schönheit und Wahrhaftigkeit, voll Güte und Strenge, unbetrüglich, richtend, bessernd und belohnend, Feinde und Rächer alles Unwerten, Unwesenhaften und Zufälligen. Sie geben Gesetze, sie prüfen, sie verurteilen, sie beglücken mit überschwenglichem Glück. Was ist Vorteil, was ist Gunst, was ist Ruhm und menschliches Lob ohne die Gewährung und das gnädige Leuchten dieser unbestechlichen Lichter!

Der Tag ist laut und grausam, für Kinder und Krieger gerecht, und alles Tagleben ist vom Ungenügen durchtränkt. Ist nicht jeder eindämmernde Abend eine Heimkehr, eine geöffnete Türe, ein Hörbarwerden alles Ewigen? Du Wunderbare hast mich gelehrt, heimzukehren und mein Ohr den Stimmen der Ewigkeit zu öffnen. Du sagtest, als schon das letzte Tor bereit war, vor dir die Flügel aufzutun, zu mir die Worte: »Laß dir die Abende heilig sein und dränge ihr Schweigen nicht aus deiner Wohnung. Auch vergiß der Sterne nicht, denn sie sind die obersten Sinnbilder der Ewigkeit.«

Und ein andermal hast du gesagt: »Denke daran, auch wenn ich dir genommen bin, Frieden mit den Frauen zu halten, denn alle Geheimnisse stehen ihnen am nächsten.« Seither habe ich mit niemandem solche Gespräche ohne Worte gehabt, wie mit Sternen und Frauen.

In der Stunde, da wir unsere Freundschaft beschlossen, trat noch einer zu uns, unsichtbar und unbegreiflich, ein Geist und

Schutzgott. Mir ist, er habe unsichtbare Gebärden eines Segnenden über mir gemacht und jene Worte geredet: apparuit iam beatitudo vestra. Dieser ist seitdem bei mir geblieben und hat sich vielfältig oft an mir erwiesen, als ein Arm des Trostes, als ein Rätseldeuter, als Dritter eines Glückes. Oft war meine Hand zu Übereilungen hingeboten, und er drängte sie zurück; oft war ich an einer Schönheit vorübergegangen, und er nötigte mich, still zu stehen und zurückzublicken; oft wollte ich ein grünes Glück vom Ast brechen, und er riet mir: »Warte noch!«

Was versöhnlich und liebenswürdig ist, was holde Stimmen hat und tröstliche Bedeutungen, was selten, edel und von abgesonderter Schönheit ist, hat seitdem eine sichtbare Seite für mich und irgendeinen Weg zu meinen Sinnen. Die Ströme in der Nacht reden mir deutlicher, die Sterne können nicht mehr ohne mein Mitwissen auf- und niedersteigen.

Dieser mein Tröster und unsichtbarer Dritter kam auch an einem Tage zu mir, da mein Herz den Takt verloren hatte und mein Auge zu erblinden schien. Er glättete meine Stirn, er lehnte zuweilen an mich und sagte mir etwas ins Ohr, er ging vorüber und drückte mir die Hand. Du aber lagest in lauter Teerosen gebettet, voller Friede, voller Verklärung, freundlich, aber ohne Lächeln. Du lagst und rührtest keine Hand, lagst und warst kalt und weiß.

Diese Stunde erschien mir als eine unergründlich schwarze Nacht. Ich stand in dichter Finsternis und wußte nicht, wo ich war, ohne Nähe und Ferne, wie von erloschenen Lichtern umgeben. Ich stand unbewegt und fühlte auf allen Seiten Abgründe neben mir offen, spürte nur meine ineinander gelegten Hände hart und kalt, und glaubte an kein Morgen mehr. Da stand der Tröster neben mir, umschlang mich mit festen Armen und bog mein Haupt zurück. Da sah ich im Zenith eines unsichtbaren Himmels inmitten der vollkommenen Finsternis einzig einen hellen, milden, strahlenlosen Stern von seliger Schönheit stehen. Als ich diesen sah, mußte ich eines Abends gedenken, an dem ich mit dir im Walde ging. Ich hatte meinen Arm um dich gelegt, und plötzlich zog ich dich ganz an mich her und bedeckte dein ganzes Gesicht mit schnellen, durstigen Küssen. Da erschrakest du, drängtest mich ab und sahest wie verwandelt aus. Und sagtest:

»Laß, Lieber! Ich bin dir nicht zu Umarmungen gegeben. Der Tag ist nicht fern, an dem du mich mit Händen und Lippen nicht mehr erreichen wirst. Aber dann kommt die Zeit, daß ich dir näher sein werde als heute und jemals.« Diese Nähe überfiel mich plötzlich mit unendlicher Süßigkeit, wie ein völliges Aug in Auge, wie ein Kuß ohne Ende. Was ist alle Liebkosung gegen dieses namenlose Vereinigtsein!

Auf Wanderungen durch die Orte, an denen wir beisammen waren, kam diese Wonne später noch manchmal über mich, schon lange Zeit nach deinem Tode. Einmal, als ich im Schwarzwalde bergan durch einen dunklen Forst wanderte, sah ich deine helle Gestalt von der Höhe her mir entgegengehen. Du kamst mit deinem alten Händewinken den Berg herab, begegnetest mir und warst verschwunden, während zugleich deine Gegenwart mein Inneres süß und tief erfüllte.

Am häufigsten aber trittst du an den Himmel meiner Träume wie damals am Tag meiner größten Finsternis, als der milde Stern der Gnade, voll seliger Schönheit.

An einem Abende, als Musik und lautes Gespräch dich bis in die letzten Gartenwege verfolgte, fand ich dich dort auf und nieder gehend, gab dir meinen Arm und begleitete dich. Da sagtest du: »Wenn ich nicht mehr hier sein werde und wenn du selber einmal leiser geworden bist, wird vielleicht dieser vergehende Abend und mancher, der schon vergangen ist, dir gegenwärtiger und wirklicher sein als deine eigene Hand. Dann wirst du mitternachts irgendwo in deinem Zimmer wach sein, vielleicht weit von hier. Von deinen Fenstern aber wird die nahe Welt zurückweichen, und du wirst glauben, diesen Weg und uns beide darauf wandeln zu sehen.«

Heute nun liegt dieser Abend vor mir, in die entfernte Musik mischen sich wieder unsere leisen Stimmen, daß ich nicht weiß, ob jener Abend oder der heutige wirklich und vom irdischen Monde erleuchtet ist.

Notturno

Mein Roß hält an, reckt den schönen Hals und wiehert in den Abend. Ich grüße dich!

Ich grüße dich, meine zederndunkle Zuflucht! Du Friedebringende, du Weltferne, Unberührte, mit dem schwarzen, kostbaren Gürtel!

In einem tiefen, tagebreiten Zederwald liegt ein See und eine granitene Burg verschlossen. Ein Schloß, für die Ewigkeit gebaut, kolossal und quaderfest, mit ungeheuren normannischen Ecktürmen und mit einer einzigen Türe. Diese öffnet sich auf eine Treppe aus breiten Quaderstufen, und die Treppe führt in den schwarzen, bodenlosen See. Der eisgraue Wächter hört und erkennt mein Roß. Er tritt bedächtig durch die eherne Türe und über die grünlichen Stufen. Er löst das Königsboot von der schweren Kette und rudert lautlos mit einem Ruder über das spiegelschwarze Wasser. Er nimmt mich auf und steuert zurück. Wir legen das Boot wieder an die Kette mit den eisernen Viereckgliedern.

Wir setzen uns auf die Schwelle der ehernen Tür. Das Wipfelflüstern wächst im Abendwind, die Dämmerung schleicht zwischen den Stämmen am Ufer hin. Der Wächter hat das Greisenhaupt auf beide harte Hände gestützt und dringt mit langen, ruhigen Blicken in den Abend. Vor uns liegen die vermoosenden Stufen und der unbewegte See, auf beiden Seiten steht die tausendjährige, hohe Wand des heiligen Waldes und schließt gegenüber am fernen Seerande den dunklen Ring. Stunden fliegen auf unhörbaren Fittichen über uns hinweg.

Jenseits des Wassers zittert über den Wipfeln ein kleines Licht herauf, hebt sich und wächst und beginnt hell zu leuchten und löst sich schwebend als voller Mond vom Walde los. Von unserem Sitze anhebend, verbreitet sein Licht sich langsam über den See, bis die runde Wasserfläche ohne Schatten in reinem, tiefem Lichte schwimmt, unbewegt, wie ein unendlicher Spiegel. Mit unvermindertem Glanze blickt der silberne Mond aus der unergründlichen Tiefe.

Der Wächter ruht mit unverwandtem Blick auf dem langsamen Wandel des Spiegelmonds. Sein Gesicht ist traurig, und ich fühle wohl, daß er mit mir reden möchte. Ich frage ihn, und ich dämpfe schnell meine Stimme zum Flüsterton, erschrocken über ihr Hallen in dem einsamen Waldrunde. Ich frage ihn: »Du bist traurig? Woran denkst du?«

Er wendet nicht den Blick, aber er senkt ein wenig das weiße

Haupt und seufzt. Und sagt: »Vor tausend Jahren saß ich hier auf dieser Türschwelle und blickte über den nächtigen See. Dort aber, in der Mitte des Wassers, wo jetzt der Mond sich abmalt, schwamm ein Totenkahn und brannte steilauf in lohroten Flammen. Der ganze See war rot vom Widerschein des brennenden Nachens. Und der darin lag, war mein letzter König.«
Der Greis bedeckt sein Haupt mit dem Gewand. Nach einer Weile enthüllt er sich und hat noch Tropfen im Bart. Er erzählt: »Wenige Zeit danach stieß ich den letzten Leichenkahn von dieser Treppe brennend hinaus. Lag eine übermenschlich schöne, schneeblasse Dame in purpurnen Prachtkleidern darin. Meine letzte Königin.« Der Zederwald rauscht tieftönig auf. Aus dem bodenlosen Wasser blickt traurig der runde Mond. »Diese hab ich geliebt.« –
»Seit allen vielen Jahren bewahrte ich das Schloß und saß stille Abende lang auf meiner Treppe. Aber du weißt dies ja wohl, denn du hast mich ja mit Namen gerufen und bist der einzige, der diese Zuflucht seit tausend Jahren betreten hat. Du hast ja auch die Schlüssel ihrer Gemächer! Willst du eintreten?«
Wir schließen hinter uns das Tor. Der Wächter nimmt die Fackel vom Ring und leuchtet mir die Treppen hinan. Ihr heimatliche, tausendjährige Treppen! Ihr bronzene Zierleuchter! Ihr Fliesengänge, in denen das Echo königlicher Schritte erwacht, wenn ich darüber trete! An der letzten Türe bleibt der Wächter stehen und bückt sich tief und läßt mich allein. Ich trete in das alte Zimmer, ich spüre den Gruß der vergangenen Zeiten, denselben, den ich schon als ein scheuer Knabe vor vielen Jahren hier verspürte. Gemach unserer letzten Königin! Scharlachene Teppiche, löwenköpfige, hohe Sessel, goldnes und edelsteinenes Frauenspielwerk. Ein heidnischer Gott, eine Kriegsbeute, steht mitten im Gemach, hat ein goldenes Stirnband umgelegt und die kleine Harfe der Königin im Arme hängen. Das ist die Harfe, welche Nächte lang mit langen Klagtönen den See und die stillen Schwäne bezauberte! Das ist die Harfe, die den Gesang des blonden Mitternachtsbuhlen begleitete!
Der rauschte in verwölkten Sturmnächten naß und blank aus dem zitternden See und trat durch die schlafenden Knechte, und kosete im dunklen, scharlachenen Zimmer mit der Liebeskönigin. Der stieß das lange Schlangenschwert durch die fröhliche

Brust des letzten Königs. Der küßte in einer brausenden Gewitternacht den Tod auf den roten, liebekundigen Mund der Königin.

Die ebenholzene Harfe hängt im Arm des stillen Gottes. Ich betrachte lang ihre schlanke, fremde Form mit dem perlgezähnten, smaragdäugigen Drachenkopf, und die feinen Saiten, und atme die unermeßlichen Schicksale und Leidenschaften einer vergangenen unvergänglichen, übermächtigen Zeit.

Das Fenster ist unverhängt; ich lege mich in das Gesimse. Treppe und See liegen unter mir. Der Wächter sitzt traurig auf seiner Stufe und sättigt sein Auge an der Seetiefe und bewahrt in seiner Eisenbrust das brandende Meer seiner unsterblichen Liebe. Wächter, See und Wald seit tausend Jahren ohne Tod und Zeit, zauberversunken, im Ring wachhaltender Jahrhunderte und darüber, ohne Tod und Zeit, der volle, ruhige Mond. Jeder Atemzug ein Trunk aus dem unerschöpflichen Becher der Ewigkeit, jeder Herzschlag eine stille, ungezählte Welle im Meer des Schweigens!

Nahe erscheint auf dem Wasser, wie ein leuchtender Streif, eine weiße Helle. Bleibt stehen, schlägt mit Flügeln und ist ein großer Schwan. Der Schwan rudert langsam fort. Fort und weit in den See hinein. Dort hält er an, ist kaum noch sichtbar, hebt sich wund und stolz und sinkt in Grund. Ein süßer, wunder Ton kreist über Schloß und See, und ich weiß nicht, ist es ein Schwanenlied oder ein erwachter Ton der schwarzen Liebesharfe. Der Wächter aber ist aufgestanden und blickt mit erhobenem Haupt entrückt und selig dem weißen Wunder nach, breitet beide Arme aus und steht noch lang, den süßen Ton im Ohr. Auch ich; und mich kühlt eine selig wohllaute Stille bis ins Herz.

Der Wächter fragt mit einem Blick herauf. Ich nicke zu, verschließe das Gemach der Königin und steige die breite Treppe nieder. Das Boot ist schon gelöst. Ich steige ein, und der Greis taucht das lautlose Ruder tief in die schwarze Flut.

Der Traum vom Ährenfeld

Einmal hab ich dich schon geträumt, mein Traum vom Ährenfeld! Überflute mich wieder mit deinem rot und goldenen

Leuchten! Tritt wieder über die Schwelle meiner Nacht und sei wieder der Vorbote eines neuen Glückes!

Siehe, er tritt hervor aus dem verschlossenen Garten meiner Frühe, dessen Luft voll Silbers und dessen Schatten voll Zukunft ist. Ich meine das Rauschen seiner Bäume zu vernehmen und den Geruch seiner Wiesen zu spüren; mein Heimweh sättigt sich an seiner Fülle, mein Auge verwandelt sich und ruht ungebrochenen Blicks auf den Frühlingen meiner frühesten Jugend. Der Traum wird mächtig und breitet ein gelbes Ährenfeld vor mir in sonnenheller Weite aus.

Ein Ährenfeld in heller Sonne! Eine Flut gelbroter Farben, eine Fülle stetigen Lichtes, in der Tiefe rötlich verklärt, an den Rändern von Glanzwellen und rastlosen Wechselfarben lebendig! Ein endloser Anblick voll Ruhe und Genügen, ein Born des Glückes und der Schönheit, ein angehäufter Schatz alles dessen, was urprächtig, unberührt, in sich beschlossen und unwiederbringlich ist. Dieses alles senkt sich in mein Herz, findet alle leeren Kammern, füllt und füllt und fließt über wie ein Strom aus einem tiefen See.

Wie vermöchte ich zu sagen, was mein kindgewordenes Herz nun erfüllt, was mein Blut so milde erwärmt und mein Auge so offen, still und glänzend macht! Erfüllt und eins mit dem Licht der Sonne und des stillen Feldes kehrt mir Auge und Herz unter die Brüder meiner Kindheit zurück, zu dem wogenden Feld, zu dem reinen Himmel, zu den geschwisterlichen Bäumen, Bächen und Winden.

Ich grüße euch, Brüder und Schwestern! Verzeiht, was in der Fremde geschehen ist! Ich war lange Zeit krank, mein Ohr und Auge reichte nimmer zu euch, mein innerster Grund war mir fremd geworden. Das in mir, was von Ewigkeit und Muttergeschenk ist, war in Ketten gelegt, sein schweres Atmen reichte nur in den stillsten Mitternächten noch zu mir herauf. Nun atmet es befreit und atmet mit meiner Brust, und erschließt alles in mir der entschleierten Gegenwart.

Du leuchtendes Ährenfeld! Tränkst du mein Auge mit deiner ruhigen Klarheit, oder ist es das Licht meines Glückes, das aus meinem Auge überquellend dich glänzen macht und die Sonne entzündet? Reich und nehmend, bedürftig und austeilend, zweieins, süßer Kern eines ewigen Rätsels, so ist meine Liebe

217

und deine. Wie bin ich befreit von allen Maßen und Mittelpunkten! Wo ist noch Anfang oder Ende, wo ist noch Wille und Ziel, oder Ursprung und Brücke?

Du leuchtendes Ährenfeld, bist du nicht ein Bild meiner befreiten Seele? Du und ich, beide in flutender Helle, beide reich an Unaussprechlichem, beide einander beschenkend, und beide sich neigend unter einer süßen Last? *(1898/1899)*

Hinterlassene
Schriften und Gedichte
von Hermann Lauscher

Herausgegeben
von Hermann Hesse

Geleitwort
(Zur Neuausgabe von 1933)

»Hinterlassene Schriften und Gedichte von Hermann Lauscher, herausgegeben von H.Hesse« war der Titel einer kleinen Broschüre, die im Jahr 1901 in Basel erschienen ist. Es war meine dritte Veröffentlichung, vorausgegangen waren die »Romantischen Lieder« und das Prosabuch »Eine Stunde hinter Mitternacht«.

Im Jahr 1907 veranstaltete Wilhelm Schäfer »für die Mitglieder des Verbandes der Kunstfreunde in den Ländern am Rhein« eine Neuausgabe des inzwischen selten gewordenen Basler Bändchens. In dieser Ausgabe, deren Text seither unverändert geblieben ist, wurden die beiden Stücke »Lulu« und »Schlaflose Nächte« neu aufgenommen, beide stammten aus denselben Jugendjahren, in welchen auch der »Lauscher« entstanden war, waren aber bis dahin nicht in Buchform erschienen. Die Niederschrift der »Kindheit« wurde schon im Jahr 1896 begonnen, die andern Stücke des Lauscher stammten alle aus der ersten Hälfte meiner Baseler Zeit; ihnen folgte, ebenfalls in Basel 1902 bis 1903 entstanden, der »Peter Camenzind«.

Bei jeder Durchsicht des »Lauscher« sind mir im Lauf der Jahre Stellen aufgefallen, die ich gern gestrichen oder geändert hätte, zum Beispiel jene jugendlich-hochfahrenden, törichten Worte über Tolstoi am Anfang des Tagebuches. Es schien mir jedoch nicht erlaubt, mein eigenes Jugendbildnis nachträglich umzufälschen.

Der ersten, pseudonymen Ausgabe von 1901 gab ich damals ein Vorwort mit, das hier unverändert wieder mitgeteilt sei.

Vorrede zur Ausgabe von 1907

Auf den Wunsch einiger Freunde, namentlich aber auf die Aufforderung Wilhelm Schäfers hin, soll der verstorbene Hermann Lauscher wieder ausgegraben und noch einmal unter die Leute geschickt werden. Da bin ich denn eine Erklärung und Rechenschaft schuldig, zumindest eine bibliographische.

»Hinterlassene Schriften und Gedichte von Hermann Lauscher« war der Titel einer kleinen Schrift, die ich Ende 1900 in Basel erscheinen ließ und in der ich pseudonym über meine damals zu einer Krise gediehenen Jünglingsträume abrechnete. Ich dachte damals, mit dem von mir erfundenen und totgesagten Lauscher meine eigenen Träume, soweit sie mir abgetan schienen, einzusargen und zu begraben. Das Büchlein erschien, in kleiner Auflage, beinahe mit Ausschluß der Öffentlichkeit, und ist kaum über meinen Freundeskreis hinaus bekannt geworden. Wenige andere griffen, da sie meine späteren Bücher kannten, nachträglich zu dem Schriftchen und sahen darin eine Art von literarischem Kuriosum.

Der Gedanke eines Neudrucks ist mir nie gekommen, bis in der letzten Zeit Freunde ihn lebhaft aussprachen und schließlich Wilhelm Schäfers Vorschlag kam. Da ich keinen Grund sehe, ein Stück meines Jugendlebens wegzuleugnen, und da ich schließlich den Lauscher noch heute zu verantworten bereit bin, gab ich nach.

Nun war die Frage in welcher Form die Jugendsünde wieder aufleben sollte. Ich dachte an eine Überarbeitung, sah aber sofort, daß die Gedanken und Stimmungen eines Zwanzigjährigen nicht nach zehn Jahren von ihm selber neu redigiert werden können, da ihr einziger, relativer Wert im Ausdruck, im Rhythmus, in der Gebärde liegt. Und Einzelnes zu streichen oder zu beschönigen, schien mir wieder unerlaubt.

Der Text blieb also, auch wo er mir heute fremd, ja zuwider ist, wörtlich derselbe. Dagegen schien mir eine Rundung der fragmentarischen und allzu umfanglosen Büchleins wünschenswert. Etwas Neues hinzuzufügen hätte keinen Sinn gehabt und dem Ganzen geschadet. Doch besaß ich noch zwei kleine Dichtungen (»Lulu« und »Schlaflose Nächte«) aus jener Zeit. Die erste ist bisher nur in einer schweizerischen Zeitschrift, die zweite überhaupt nicht veröffentlicht worden. Beide stehen zum »Lauscher« in engster Beziehung und sind in der selben Zeit wie er entstanden. Diese beiden Stücke fügte ich ein.

Und nun liegt das Ganze da und schaut mich nicht eben glücklich an: Dokumente einer schönen und innigen, doch nicht leichten Jugendzeit. Was ich damals wollte, habe ich nicht erreicht; was ich seither erreichte, kam beinahe ungewollt und wiegt mir nicht schwer. Dagegen finde ich jetzt betroffen und erstaunt in

diesen frühen Dichterversuchen Töne klingen und Wege ange-
deutet, die mich heute wieder frisch und ernsthaft anmuten und
von denen ich nicht weiß, wie sie mir jahrelang fremd werden
und beinahe verloren gehen konnten. Da ist Vieles, was meine
seitherigen Wege mir selbst zweifelhaft macht und mich zu bitteren Erkenntnissen nötigt.

Aber bittere Erkenntnisse sind besser als keine, und wer einmal
den gefährlichen Pfad der Selbstbeobachtung und der Bekennt-
nisse betreten hat, der muß billig die Folgen tragen, auch wenn es
unerwartete und peinliche sind.

Daß nun manche kommen werden, die mir Sünden von damals
vorhalten, als wären es heutige, und daß Andere finden werden,
ich hätte besser getan, Neues zu arbeiten statt Jugendversuche
wieder auszugraben, das ficht mich nicht an. Diese wissen und
fühlen nicht, wie peinlich mir diese Neuherausgabe wurde, und
begreifen auch nicht, daß ich sie eben darum doch ausführte und
damit mein Gewissen erleichtert habe. Im übrigen soll der Lauscher, der jetzige wie der alte, eben nichts als ein Bekenntnisbuch
für mich und meine Freunde sein.

Hermann Hesse.
Dezember 1907.

Vorwort der ersten Ausgabe
(Ende 1900)

Der Name Hermann Lauscher tritt mit der vorliegenden Publikation zum erstenmal in die Öffentlichkeit. Lauschers Dichtungen, unter fremdem Namen im Druck erschienen, sind einem
bestimmten engeren Leserkreise wohlbekannt.

Leider hat der verstorbene Dichter mir verboten, sein Geheimnis preiszugeben und seine früher gedruckten Schriften ihm zu
vindizieren. Es war ein Abend in der Weinstube des »Storchen«;
Lauscher war von seiner gewöhnlichen traurig bitteren Stimmung befallen, vielleicht warf auch sein bald darauf erfolgter
Tod den Schatten einer ängstigenden Ahnung voraus. Er bat
mich förmlich, zu schwören, seine Anonymität aufs treueste
wahren zu helfen. Vor mir, als dem einzigen Literaten seiner
Freundschaft, schien er in diesem Punkte besonders ängstlich zu

sein. Ich schwor lachend ewiges Stillschweigen, das Gespräch wendete sich zu literarischen Fragen, wobei Lauscher alle Quellen seiner fast feindseligen Ironie springen ließ. Dann versank er in Schweigen, trank hastig mehrere Becher Wein und nahm plötzlich kurzen Abschied. Ich sah ihn seither nicht wieder – zehn Tage darauf starb er plötzlich auf einer Reise.

Lauschers literarischer Nachlaß enthielt fast nichts als die hier mitgeteilten Stücke. Nächst dem rein persönlichen Wert, den diese für seine Freunde haben, dürften sie als Dokumente der eigentümlichen Seele eines modernen Ästheten und Sonderlings das Interesse aufmerksamer Leser verdienen, namentlich durch die herbe, selbstquälerische Wahrheitsliebe des »Tagebuchs«. Sie entbehren fast ganz die fleißig geschliffene, preziöse Form, welche Lauschers Dichtungen eigen ist, und dürften so, ganz im Sinn ihres Verfassers, auch gewandten literarischen Spürern keinerlei Schlüsse auf dessen anderwärts existierende Autorschaft zulassen.

Durch weitere Notizen über den Dahingegangenen oder durch eine vielleicht zuweilen erwünscht scheinende abrundende Redaktion den persönlich lebendigen Duft der nachstehenden Blätter zu beeinträchtigen, schien mir unerlaubt.

Mögest du mir verzeihen, mein armer, toter Freund, wenn diese Veröffentlichung deiner letzten einsamen Gedanken und Leiden nicht deinem stumm gebliebenen letzten Wunsch entspricht!

Zu allen Zeiten meines späteren Lebens ist meine Kindheit oft in vielfachen Bildern zu mir getreten, lockig, fremd und unerlöst wie ein blasses Märchenkind. Am meisten suchte mich diese Erinnerung in schlaflosen Nächten heim, mit einem Blumenduft oder einer Liedweise beginnend, bis zu Trauer, Ungemach und Todesbitterkeit, oder zu einer zärtlichen Sehnsucht nach Streichelhänden und einer milden Neigung zu Gebet und Tränen. Wenn jetzt noch die Kindheit zuweilen an mein Herz rührt, so ist es als ein goldgerahmtes, tieftöniges Bild, an welchem vornehmlich eine Fülle laubiger Kastanien und Erlen, ein unbeschreiblich köstliches Vormittagssonnenlicht und ein Hintergrund herrlicher Berge mir deutlich wird. Alle Stunden meines Lebens, in welchen ein kurzes, weltvergessenes Ruhen mir vergönnt war, alle einsamen Wanderungen, die ich über schöne Gebirge gemacht habe, alle Augenblicke, in welchen ein unvermutetes kleines Glück oder eine begierdelose Liebe mir das Gestern und Morgen entrückte, weiß ich nicht köstlicher zu benennen, als wenn ich sie mit diesem grünen Bilde meines frühesten Lebens vergleiche. So ist es mir auch mit allem, was ich als Erholung und höchsten Genuß mein Leben lang liebte und wünschte, alles Schreiten durch fremde Dörfer, alles Sternezählen, alles Liegen im grünen Schatten, alles Reden mit Bäumen, Wolken und Kindern.

Der früheste Tag meines Lebens, an den ich mich mit einiger Deutlichkeit erinnern kann, mag etwa in den letzten Teil meines dritten Jahres fallen. Meine Eltern hatten mich auf einen Berg mitgenommen, der durch eine weitläufige Ruine von beträchtlicher Höhe täglich viele Städter anlockte. Ein junger Onkel hob mich über die Brüstung einer hohen Mauer und ließ mich in die ansehnliche Tiefe hinuntersehen. Davon ergriff mich die Angst des Schwindels, ich war aufgeregt und zitterte am ganzen Leibe, bis ich zu Hause wieder in meinem Bette lag. Von da an trat in schweren Angstträumen, denen ich damals oft zur Beute fiel, häufig diese Tiefe herzbeklemmend vor meine Seele, daß ich im Traum stöhnte und weinend erwachte. Was für ein reiches und geheimnisvolles Leben muß vor jenem Tage liegen, von dem mir keine einzige Stunde bewußt ist! So sehr ich mich plagte, vermochte mein Gedächtnis niemals weiter als bis zu jenem Tage vorzudringen. Wenn ich mich aber streng auf meine früheste Zeit und ihre Stimmungen besinne, habe ich den Eindruck, es müsse nächst dem Sinn für Wohlwollen kein Gefühl so früh und stark in mir wach gewesen sein wie das der Schamhaftigkeit. Ich fand bei Kindern von fünf und mehr Jahren manchmal Äußerungen der Schamfreiheit, von denen ich weiß, daß ich ihrer in meinem dritten oder vierten Jahre unfähig gewesen wäre.

Eine genauere Erinnerung an Erlebnisse und an fortdauernde Zustände kann ich nicht weiter als bis in mein fünftes Jahr zurück verfolgen. Hier finde ich zuerst ein Bild meiner Umgebung, meiner Eltern und unseres Hauses, sowie der Stadt und der Landschaft, in welcher ich aufwuchs. In dieser Zeit hat sich die freie, sonnige Straße mit nur einer Häuserreihe vor der Stadt mir eingeprägt, in der wir wohnten, ferner die auffallenderen Gebäude der Stadt, das Rathaus, das Münster und die Rheinbrücken, und am meisten ein weites Wiesenland, hinter unserem Hause beginnend und für meine Kinderschritte ohne Grenzen. Alle tiefen Gemütserlebnisse, alle Menschen, selbst die Porträts meiner Eltern scheinen mir nicht so früh deutlich geworden wie diese Wiese mit unzähligen Einzelheiten. Meine Erinnerung an sie scheint mir älter zu sein als diejenige an Menschengesichter und erlittene eigene Schicksale. Mit meiner Schamhaftigkeit, welche schon früh von einem Widerwillen gegen eigenmächtige Berührung meines Leibes durch fremde Hände des Arztes oder der Dienstboten begleitet war, hängt vielleicht meine frühzeitige Lust am Alleinsein im Freien zusammen. Die vielen stundenlangen Spaziergänge jener Zeit hatten immer die unbetretensten grünen Wildnisse jener großen Wiese zum Ziel. Diese Zeiten der Einsamkeit im Grase sind es auch, die beim Erinnern mich besonders stark mit dem wehen Glücksgefühl erfüllen, das unsere Gänge auf Kindheitswegen meist begleitet. Auch jetzt steigt mir der Grasduft jener Ebene in feinen Wolken zu Haupt, mit der sonderbaren Überzeugung, daß keine andere Zeit und keine andere Wiese solche wunderbaren Zittergräser und Schmetterlinge hervorbringen kann, so satte Wasserpflanzen, so goldene Butterblumen und so reichfarbene köstliche Lichtnelken, Schlüsselblumen, Glockenblumen und Skabiosen. Ich fand nie wieder so herrlich schlanken Wegerich, so gelbbrennenden Mauerpfeffer, so verlockend schillernde Eidechsen und Schmetterlinge, und mein Verstand beharrt nur müde und mit geringem Eifer auf der Erkenntnis, daß nicht die Blumen und Eidechsen sich seither so zum Üblen verwandelt haben, sondern nur mein Gemüt und mein Auge.

Beim Darandenken ist mir zumut, als wäre alles Kostbare, was ich später mit Augen sah und mit Händen besaß, und selber meine Kunst, gering gegen die Herrlichkeiten jener Wiese. Da waren helle Morgen, an denen ich, ins Gras gestreckt, den Kopf auf den Händen, über das von Sonne flimmernde, gekräuselte Meer der Gräser hinwegschaute, in welchem rote Inseln von Mohn, blaue von Glockenblumen und lilafarbene von Schaumkraut lagen. Darüber flatterten und reizten mich die blitzgelben Zitronenfalter, die zarten Bläulinge, die in einem kostbaren, gleichsam antiquarisch seltenen Schimmer aufleuchtenden Schiller- und Distelfalter, die schweren Flügel der Trauermäntel, das Edelwild der Segler und Schwalbenschwänze, der schwarzrote Admiral, der seltene, mit Ehrfurcht genannte Apollo. Dieser, den ich aus Beschreibungen meiner Kameraden schon kannte, flog mich eines Tages an, setzte sich in meiner Nähe an die Erde und regte langsam die wunderbaren, alabasternen Flügel, daß ich ihre feine Zeichnung und Rundung sehen konnte, und die blanken Diamantlinien, und auf den Flügelpaaren beide hellblutrote Augen. Weniges aus dieser fernen Zeit hat sich so stark und frisch in meinem Gedächtnis erhalten wie die atemlose, herzklopfende Wonne, welche mich bei diesem Anblick durchdrang. Aber nach der unberechenbaren und grausamen Art der Kinder beschlich ich bald das edle Tier und warf meinen Hut nach ihm. Er schaute um sich, stieg mit elegantem Schwunge auf und war allsogleich in der flirrend goldenen Sonnenluft verschwunden. Irgendeine Art von wissenschaftlichem Interesse war in meinen Jagden und Sammlungen niemals. Die Raupen und die Namen der Schmetterlinge, dortlands Sommervöglein, »Summervögli«, genannt, waren mir nicht wichtig, und für viele erfand ich eigene Namen. Eine Art von rötlichen Fliegen nannte ich »Zitterlinge«, eine Gattung brauner »Schnabler«, und für den gesamten Pöbel der Weißlinge, Waldteufel und anderer wenig schöner und rarer Schmetterlinge hatte ich den verächtlichen Sammelnamen Tolpatsch. Für die gesammelte tote Beute hatte ich wenig Sorgfalt und habe es nie zu einer sauberen Sammlung gebracht.

Von musikalischen Eindrücken vermag ich in diesen Wiesensommern nichts zu finden, es sei denn meine außerordentliche Empfindlichkeit und Furcht vor den Pfiffen der fern vorüberfahrenden Eisenbahn.

Dennoch muß schon damals die Musik mir nahe getreten sein, denn auch die frühesten, undeutlichsten Dämmerbilder des Münsters, welche in mir sich unscharf spiegelten, scheinen mir unzertrennlich vom Schall der Orgel.

Dieses Münster und die Stadt überhaupt lernte ich später und langsamer kennen als die grüne Natur. Denn während ich mich in dieser halbe Tage lang nach Lust allein umtreiben konnte, war mir von den Eltern nicht erlaubt, allein in die Stadt zu gehen, wovon mich auch die Furcht vor dem ungewohnten Gedräng der Menschen und Wagen abschreckte.

Obwohl die grünen Monate meiner Wiesenzeit mir wie ein schöner, gleichmäßig heller, ununterbrochener Traum im Bewußtsein liegen, steigen doch einzelne Tage von besonderem Glanz mit weichen Umrissen daraus auf. Ich gäbe Schätze dafür, von solchen Tagen mich mehrerer erinnern zu können. So oft ich in Gedanken den Weg meines Lebens zurückgehe, so oft überfällt mich eine milde Trauer um die tausend vergessenen Tage. Es lebt niemand mehr, mir von mir selber zu erzählen, und der größere Teil meiner Kinderjahre liegt unerschlossen in unbegreiflicher, goldener Glückseligkeit wie ein Wunder vor meiner Sehnsucht. Es gehört zu den Unvollkommenheiten und Entbehrungen des menschlichen Lebens, daß unsere Kindheit uns fremd werden muß und in Vergessenheit fällt wie ein Schatz, der spielenden Händen entgleitet und über den Rand eines tiefen Brunnens fällt. Bis in die Knabenzeit kann ich den Faden meines Lebens zurückfinden, weiter zurück aber ragen zerstreut in Duft und Dämmerung nur wenige klare Tage, ihn daran zu knüpfen. Von dem Gedächtnis dieser Tage aus blicke ich oft wie von einem Turm rückwärts in meine ersten Jahre und kann nichts als ein bewegtes Meer von Rätseln und Anfängen sehen, ohne Formen, aber mit einem heiligen Ferneduft, einem Schleier, der über Wunder und Kostbarkeiten gelegt ist.

Unter jenen vereinzelten Silberblicken ist mir ein Spaziergang besonders teuer, da er das früheste Bild meines Vaters enthält. Der saß mit mir auf der von der Sonne durchwärmten Mauerbrüstung des Bergkirchleins Sankt Margarethen, zum erstenmal mir von der Höhe aus die dortige Rheinebene zeigend. Der erste Eindruck dieser anmutig hellgrünen Landschaft vermischt sich in meiner Erinnerung mit dem klaren Bilde, das ich später durch den häufig wiederholten Anblick gewann. Aber dies älteste Bild von meinem Vater unterscheidet sich von allen späteren. Sein schwarzer Bart berührte meine blonde Stirn, und sein großes, helles Auge ruhte freundlich auf mir. Ich glaube wieder sein Gesicht so von der Seite her zu sehen, wenn ich an jene Rast auf der Mauer denke, mit dem schwarzen Bart und Haar, mit der starken, edlen Nase und dem festen, roten Mund, mit den dunklen Locken im Rücken, dabei das große Auge nach mir gesenkt, der ganze Kopf fest und würdig auf dem blauen Hintergrund des Sommerhimmels ruhend.

Demselben Sommer mag ein anderes Bild angehören, das ohne Zusammenhang, aber erstaunlich klar und treu mir eingeprägt ist. Ich sehe die ganze hohe, magere Gestalt meines Vaters aufrecht mit zurückgelegtem Haupt einer untergehenden Sonne entgegengehen, den Filzhut in der Linken tragend. An ihn ist meine Mutter sanft im langsamen Gehen gelehnt, kleiner und kräftiger, mit einem weißen Tuch auf den Schultern. Zwischen den kaum noch getrennten dunklen Häuptern glüht die blutrote Sonne. Die Umrisse der Gestalten sind fest und goldleuchtend gezogen; zu beiden Seiten steht ein reiches, reifes Kornfeld. An welchem Tag ich so hinter meinen Eltern herwanderte, weiß ich nicht, der Anblick aber ist mir frisch und unverlöschlich geblieben. Ich weiß kein lebendiges oder gemaltes Bild, das mir in Linien und Farben prächtiger erscheint und das mir teurer ist als diese edlen Gestalten auf dem Fußpfad zwischen den Ähren, der roten Glut entgegenwandelnd, schweigsam, vom jenseitigen Glanz übergossen. In ungezählten Träumen und wachen Nächten hing mein Auge an diesem liebsten Kleinod meiner Erinnerung, dem Vermächtnis einer meiner goldensten Stunden. So ist mir nie wieder eine Sonne untergegangen hinter Ährenmeeren, so rot, prächtig, friedsam, so voll Glut und Genüge. Und käme sie mir wieder, es wäre doch nur ein Abend, wie viele sind, und ich würde die vermissen, in deren Schatten ich damals ging, müßte mich abwenden und trauern.

Die Erinnerung an Vater und Mutter beginnt von hier an klar zu werden. Neben meiner Wieseneinsamkeit ging unabhängig ein freundliches, häusliches Leben her. Von diesem ist mein Bewußtsein, der vielerlei Menschen und Anregungen wegen, nicht so einheitlich und deutlich wie von dem Leben im Grase. Wie früh die Neigung meines Vaters zum Genuß der bildenden und der Dichtkunst und die meiner Mutter zur Musik auf mich einwirkten, ist mir unmöglich zu erkennen, denn einzelne Eindrücke dieser Art sind mir erst aus etwas späterer Zeit erinnerlich und müssen notwendig schon viel früher dagewesen sein.

Ich wage nicht, von meinen Kinderspielen viel zu reden. Es gibt nichts Wunderbareres und Unbegreiflicheres und nichts, was uns fremder wird und gründlicher verlorengeht als die Seele des spielenden Kindes. Bei dem leidlichen Wohlstand und der überaus freigebigen Güte meiner Eltern fehlte es mir an reichlichem Spielzeuge nicht. Ich besaß Soldaten, Bilderbücher, Legsteine, Schaukelpferd, Pfeife, Peitsche und Wagen, später auch Kaufladen, Waage, Spielgeld und Vorräte, und zum Theaterspielen standen die Kasten der Mutter zur Verfügung. Dennoch hängte sich meine Phantasie gerne an weniger kommode Gegenstände und schuf Pferde aus Schemeln, Häuser aus Tischen, Vögel aus Tuchlappen und ungeheuerliche Höhlen aus Wand, Ofenschirm und Bettdecke.

Daneben war in den Erzählungen meiner Mutter ein Überfluß von Welten und Brücken für meine Träumerei. Ich habe Leser und Erzähler und Plauderer von Weltruhm gehört und fand sie steif und geschmacklos, sobald ich sie mit den Erzählungen meiner Mutter verglich. O ihr wunderbar lichten, goldgründigen Jesusgeschichten, du Bethlehem, du Knabe im Tempel, du Gang nach Emmaus! Die ganze überschwenglich reiche Welt des Kindeslebens hat kein süßeres und heiligeres Bild als das der erzählenden Mutter, an deren Knie sich ein Blondkopf mit tiefen Staunaugen schmiegt. Woher haben die Mütter diese gewaltige und heitere Kunst, diese Bildnerseele, diesen unermüdlichen Zauberborn der Lippen? Ich sehe dich noch, meine Mutter, mit dem schönen Haupt zu mir geneigt, schlank, schmiegsam und geduldig, mit den unvergleichlichen Braunaugen!

Nächst dem unerreichbaren Klang und Sinn der Bibelgeschichten sog ich tief aus dem Quell der Märchen. Rotkäppchen, der treue Johannes und Schneewittchen bei den sieben Zwergen über den sieben Bergen nahmen mich in ihren geschwätzigen Kreis. Mein begieriger Sinn erschuf bald aus freier Kraft Gebirge mit mondglänzenden Elfentanzwiesen, Paläste mit seidenen Königinnen, fabelhaft tiefe und greuliche Berghöhlen, von Geistern, Eremiten, Köhlern und Räubern abwechselnd unheimlich bevölkert. Ein schmaler Raum im Schlafzimmer, zwischen zwei Bettstellen, war vorzüglich der ständige Wohnort schlitzäugiger Kobolde, rußiger Bergmänner, geköpfter Umgänger, traumwandelnder Totschläger und grünschielender Raubtiere, so daß ich eine Zeitlang nur in Begleitung Erwachsener und noch lange später nur mit äußerster Aufbietung alles Knabenstolzes daran vorübergehen konnte. Einmal befahl mir mein Vater, von dort seine Pantoffel zu holen. Ich ging in das Schlafzimmer, wagte mich aber nicht an den Ort des Entsetzens und kehrte kleinlaut zurück, vorgebend, ich hätte die Schuhe nicht gefunden. Mein Vater, der etwas Phantastisches ahnte und ein strenger Feind auch der Notlüge war, schickte mich nochmals hin. Ich betrat wieder das Schlafzimmer, aber meine Angst war nur größer geworden, so daß ich unverrichteter Dinge wiederkehrte, mit derselben Entschuldigung. Der Vater, der mich durch den Türspalt beobachtet hatte, sagte sehr ernst: »Du lügst. Sie müssen dort stehen.« Gleichzeitig ging er selber, sie zu holen. Meine Beklemmung aber war so gesteigert, daß ich selbst den allmächtigen Vater vor meinen Unholden nicht sicher glaubte und mich heulend an ihn hängte, wobei ich ihn unter heißen Tränen beschwor, sich dem Winkel nicht zu nähern. Er ging aber doch, zwang mich mit, bückte sich und kehrte wohlbehalten aus der greulichen Höhle zurück, was ich lange Zeit, unter Dankgebeten, allein seinem unerhörten Mut und einem ganz besonderen Schutz des lieben Gottes zuschrieb.

Ein anderes Mal wuchs mein Angstgefühl vollends ins Krankhafte. Die Begebenheit hat sich mir scharf und genau mit allen peinlichen Zügen eingegraben und hängt wie ein Medusenhaupt schauerlich schön, aber vorwiegend schauerlich, über jener ganzen Zeit der Kinderromantik.

Bei Dunkelwerden kehrten wir, schon ein wenig gruselig gestimmt, einst aus der Stadt zurück, zwei etwa vierzehnjährige Töchter eines Nachbars, ihr Brüderlein und ich. Die hohen Häuser und Türme legten zackige Schatten auf die Straße, Laternen wurden schon angezündet. Dazu kam im Vorübergehen ein Blick in eine Schmiede, wo rußige, halbnackte Männer an der aus dem Dunkeln aufsprühenden Esse mit großen Zangen wie Folterknechte standen, und das mir vorher unbekannte trunkene Gejohle einiger Wirtshausbrüder, das mir raubtierartig und verbrecherisch vorkam. Nun, schon fast im Finstern, erzählte eines der Mädchen, selber gruselnd, mir die Geschichte von der Glocke Barbara. Diese hing in der Kirche Barbara und war aus Zauberei und Verbrechen hervorgegangen. Sie rief immerfort den Namen einer ruchlos erschlagenen Barbara mit blutiger Stimme aus und wurde deshalb von den Mördern gestohlen und vergraben. Da, als es Zeit zum Nachtläuten wird, beginnt die Glocke aus der Erde laut und jämmerlich zu tönen:

> Barbara bin ich genannt,
> In der Barbara bin ich gehangt,
> Barbara ist mein Vaterland.

Diese halbgeflüsterte Geschichte regte mich schrecklich auf. Mein Grausen wurde dadurch gesteigert, daß ich es in mir zu verbergen bemüht war, denn der kleine Mitgänger hatte nichts verstanden und steuerte sorglos in den Abend hinein, und vor den älteren Begleiterinnen, obwohl sie selber Angst hatten und nur flüsternd noch redeten, schämte ich mich. So stieg mein Schaudergefühl mit jedem Wort der Erzählung, bis mir die Zähne klapperten. Als aber nach eben beendeter Geschichte auf Sankt Peter die Abendglocke zitternd anschlug, ließ ich in rasender Angst die Hand des kleinen Jungen fahren und rannte, von der ganzen Hölle gehetzt, in die Nacht hinein, stolperte, stürzte und wurde keuchend und zitternd heimgebracht. Die ganze Nacht zitterte ich in schmerzhaften Angstschauern, und eine Zeitlang ging mir, so oft ich das Wort Barbara hörte, etwas Eiskaltes durch das innerste Mark. Von da an glaubte ich noch lebhafter an Kobolde, Vampire und böse Geister, denn sie waren mir mit allen unerhörten Schrecken selber im Nacken gesessen.

Etwa um diese Zeit machte mein eben erwachender Verstand seine ersten Ansprüche und quälte mich so sehr, daß ich häufig tobende Anfälle von machtloser Wut und Ungeduld gezeigt habe. Hier ist auch ein Stück Kindheit, das, wie mir scheint, den meisten Menschen allzu gründlich verlorengeht, der Drang nach Wahrheit, das Verlangen nach Übersicht der Dinge und ihrer Ursachen, die Sehnsucht nach Harmonie und sicherem geistigem Besitz. Ich litt unter zahllosen Fragen ohne Antwort und fand allmählich heraus, daß den befragten Erwachsenen meine Fragen oft unwichtig und meine Nöte unverständlich waren. Eine Antwort, die ich als Ausflucht oder gar als Spott erkannte, schüchterte gar oft meine Seele wieder in ihr allmählich wankendes Gebräu von Mythen zurück.

Wie viel ernster, reiner und ehrfürchtiger würde das Leben vieler Menschen werden, wenn sie etwas von diesem Suchen und Nach-Namen-Fragen auch über die Jugend hinaus in sich bewahrten! Was ist der Regenbogen? Warum winselt der Wind? Woher kommt das Verwelken der Wiesen, woher das Wiederblühen, woher Regen und Schnee? Warum sind wir reich und der Nachbar Spengler arm? Wohin geht am Abend die Sonne?

Auf diese Fragen ging mein Vater, wenn die Weisheit oder Geduld der Mutter zu Ende war, oft mit unvergleichlicher Liebe und Feinheit ein. Als die ständige Begründung, »das hat der liebe Gott eben so gemacht«, nicht mehr zureichte, erklärte er mir in großen Künstlerzügen die sichtbare Welt, die Oberfläche der Erde mit Kraut und Getier, die Wiederkehr der Gestirne. Zugleich ließ er neben meinem Märchenwald die Edelgestalten der alten Geschichte aufsteigen, und griechische Städte und das alte Rom. Kinder sind weitherzig und vermögen durch den Zauber der Phantasie Dinge in ihrer Seele nebeneinander zu beherbergen, deren Widerstreit in älteren Köpfen zum heftigsten Krieg und Entweder-Oder wird. Dennoch, da ich selber gerne erfand und mit der kindlichen Schöpferkraft spielte, entstanden vielerlei Zweifel. Davon war der lebhafteste gegen die Wahrhaftigkeit eines orbis pictus gerichtet, eines Lieblingsbilderbuches, das mich von der ersten Schaulust bis weit in das reifende Knabenalter begleitete und so in meiner Geschichte die umgekehrte Rolle des Robinson und Gulliver in der wirklichen spielte. Ich zweifelte eine Zeitlang sehr stark daran, daß diese Bilder Originale in der wirklichen Welt besäßen und nicht lediglich ergötzliche Phantasien eines Malers seien. Beim Betrachten der Abbildungen von Rittern oder Bauten oder andern historischen Gegenständen erinnerte ich mich mit behaglicher Schlauheit, daß ich auch Achillesse und große Kirchen und ähnliches gezeichnet oder gebaut und meinen Kameraden als die wahren Dinge oder als treue Abbilder ausgegeben hatte. Als mein Vater dahinterkam, schlug er auf einer der letzten Seiten des Buches das mir bisher entgangene Bild einer Kirche unsrer Stadt auf, welche ich sofort mit großer Betroffenheit wiedererkannte. Von da an waren mir auf eine gute Weile wenigstens alle Worte meines Vaters wieder unzweifelhaft und beweiskräftig. Ein Nachbarsjunge teilte mir eines Tages geheimnisvoll und wichtig mit, der »wilde Mann«, eine Hauptfigur in unsern Geschichten und ausgetauschten Phantasieerlebnissen, wohne nicht weit vom Tor am Petersgraben in einem Kornspeicher, sein Vater hätte es ihm gesagt. Der Trumpf war vergebens ausgespielt, denn mein Vater hatte mir bereits eine bessere, wenn schon nicht so deutliche Erklärung gegeben. Ich blieb daher nicht nur skeptisch und ungerührt, sondern antwortete dem Freunde hohnlächelnd und mit großer Genugtuung, er möge nur wieder zu seinem Vater gehen und ihm sagen, er wäre ein Kamel. Diese Antwort trug mir erst von dem Beleidigten und dann von meinem Vater Prügel ein.

Solchen Züchtigungen von der Hand des geliebten Vaters pflegte ich zwar meistens Trotz und Schweigen entgegenzusetzen, aber mein kleines Herz empfand sie unsäglich bitter, weh und beugend. Sie sind die frühesten Leiden, auf die ich mich besinnen kann, und in der Vorstellung, die ich von meinen Kinderjahren habe, die einzigen Trübungen, die noch vor der Schulzeit eintraten. Auch war es mit dem Schlagen und Trotzbieten keineswegs getan, sondern der bittere Kern der Strafe war die Nötigung, mich zu demütigen und um Verzeihung zu bitten, ehe ich das Auge der Eltern wieder freundlich und ihr Ohr mir offen fand. Freilich wurde dadurch und durch die jedesmalige freundlich-ernste Versöhnung der Züchtigung der Stachel abgebrochen, aber bis ich müd und verständig genug zum »Verzeih«-Sagen war, kostete es immer wieder einen bitteren, tränenrei-

chen Kampf. Der erste Abend, an dem ich ohne Kuß und ohne
Begleitung der Mutter stumm und scheu zu Bette ging, ist mir
noch wohl erinnerlich. Vielleicht hat, so oft auch später mir das
Wasser an die Kehle ging, doch das Gefühl namenlosen Schmerzes und Zwiespaltes niemals mehr so unsäglich auf mir gelastet
wie an jenem traurigen Abend. Es war auch der erste Abend, an
welchem ich nicht zu beten vermochte. Der Wortlaut meines
Betverses stockte mir auf der Zunge, zeigte mir zum erstenmal
seinen schweren Ernst und würgte mich wie einen Erstickenden.
So diente diese dunkelste Stunde dazu, mir auf einmal das Beten
ohne Gedanken unmöglich zu machen.

Indessen wuchs mein Verstand und begann, auf die ersten Be-
lehrungen und Erfahrungen bauend, sich allmählich einer stiller
werdenden eigenen Tätigkeit zu erfreuen. Meine Spiele nahmen,
ohne Vorbilder zu haben, die verwickelteren, intelligenteren
Formen der eigentlichen Knabenspiele an. Das Abc gab mir einen angenehm herben Vorschmack der Schule. Ich besaß schon
Erinnerungen und gewöhnte mich, nachdem ein bestimmter
Tag für meinen Schulbeginn mir angesagt war, an morgen und
übermorgen zu denken.

Dieses wenige ist der ganze Schatz von Erinnerungen an die
ersten Jahre, den ich noch besitze. Oder nicht der ganze, denn
ich vermochte das Beste nicht auszusprechen, die Empfindungen durchträumter Frühlinge und beglückender Liebhabereien,
das milde Nachgefühl kindlicher Freuden und Wehen, herzlicher genossen und tiefer erlitten als viele größere Freuden und
Wehen der späteren Zeiten. Ich vermochte nicht die feinen Erinnerungen niederzuschreiben, deren ich einen holden Strauß besitze, an Waldbesuche, an Nachbarfreundschaften, an belauschte
Katzenjunge und gestreichelte Lämmer.
Komisch wehmütig berührt mich die letzte Zeit vor dem Besuch
der Schule, das Erwachen des Knabenstolzes, das Unsichere des
Übergangs vom Träumen zum Denken und das langsame Ver-
blassen der farbigen Phantasie und des ganzen unbeschreiblichen Goldgrundes, auf welchen alle diese frühesten Bilder gemalt sind. Mein Gedächtnis schließt mein letztes freies Kinder-
jahr mit einem merkwürdigen Abend ab. Es war kurz vor meinem Eintritt in die Schule und der Geburtstag einer kleinen

Schwester, der 27. November. Dieser Schwester war für den Augenblick alle Sorgfalt und Liebe des Hauses zugewendet, und ich saß beklommen und allein an einem dunkelnden Fenster. Draußen war Spätherbst und eine frühe, sternhelle Nacht. Neben dem Gedanken an den erwarteten ersten Eintritt ins wirkliche Leben war eine Abschiedsstimmung in mir lebendig, und ein halbbewußtes Rückverlangen nach der Ungebundenheit und Traumtiefe der bisherigen Tage. Da war's, daß ich eine Bewegung unter den Sternen zu sehen glaubte. Ich blickte nun starr und unverwandt an den Himmel, und siehe, ein Stern begann seltsam zu flirren und schoß plötzlich in die Finsternis, ohne Spur verglimmend. Und da wieder einer, und dort zwei zugleich und am Ende eine ganze bewegte Menge. Der Vater kam herein, und die Dienstboten, und so standen wir eine gute Weile still im Dunkeln, das seltene Schauspiel unzähliger Sternschnuppen betrachtend und von der merkwürdigen Stunde berührt, jeder, wie ich glaube, mit dem Gedanken, daß dieser Blick aus dem dunklen Zimmer auf die gleitenden Sterne ihm unvergeßlich bleiben würde.

Mit dem Besuch der Schule begann nun mein menschlich gesellschaftliches Leben. Hier wird das Dasein zuerst zum Bild der Welt im kleinen, hier treten die Gesetze und Maßstäbe des »wirklichen« Lebens in Kraft, hier beginnt Streben und Verzweifeln, Konflikt und Bewußtsein der Person, Ungenügen und Zwiespalt, Kampf und Rücksichtnahme, und der ganze endlose Kreislauf der Tage. Zuerst die Teilung der Zeit in Alltag und Feiertag! Man muß nach Stunden leben und arbeiten, jeder Tag erhält sein Gesicht und seine feste Geltung und löst sich aus der Zeit als ein besonderes Stück heraus. Die Unergründlichkeit der Monate und Jahreszeiten, das Leben aus dem Vollen hat ein Ende; Feste, Sonntage, Geburtstage treten nicht mehr als Überraschungen vor uns hin, sondern ihre Zeit und Wiederkehr ist gleich den Stundenzahlen auf der Uhr fest angeschrieben, und wir wissen, wie lange der Zeiger braucht, bis er sie erreicht.

Der Wunsch meines Vaters, mich selber zu unterrichten, hielt dem allgemeinen Brauch und dem Rat aller Freunde und Verwandten nicht stand. Ich wurde einer öffentlichen Schule übergeben, hatte mehrere Lehrer, die jährlich wechselten, und litt unter allen Übelständen dieser Anstalten. Schule und Haus waren zwei streng getrennte Dinge, mein Gehorsam hatte zwei Oberhäupter, von denen das eine mit meiner Liebe, das andere mit meiner Furcht rechnen mußte. Das erste Übel lag darin, daß ich, von einem strengen Lehrer an häufige Schläge und Arrest gewöhnt, die väterlichen Strafen bald nicht mehr in der früheren Weise achtete, so daß häusliche Züchtigungen ihren Wert verloren und meinem Vater dieser einfachste Austrag moralischer Unebenheiten allmählich unmöglich gemacht wurde. Daraus folgte für ihn unendlich viel Sorge und Mühe und für mich viel Elend, da nun alle Besserungen und Verzeihungen erschwert waren und lange Zeit erforderten. In solchen kritischen Zeiten war ich manchesmal verzweifelt, krank vor Sorge und Wut und plagte mich mit Elend, Scham, Ärger und Stolz. In der Schule übel behandelt, zu Hause von irgendeiner begangenen Übeltat schweigend bedrückt, warf ich mich oft in der großen Wiese zu Boden und rang schluchzend gegen eine unbekannte, grausame Übermacht. Diese Stunden am Mittagstisch, wenn kein Gespräch möglich war, wenn ich mit Angst an die nächste böse Schulstunde dachte, während eine zurückgedrängte väterliche Strafrede den Eltern, den jüngeren Geschwistern und sogar den Dienstboten in allen Mienen zu lesen war, diese schweigsamen, trotzigen Spaziergänge mit meinem Vater, auf denen ich die Bitte um Verzeihung oder sonst eine Aussprache, welche er erwartete, aus Trotz und Scham in mir niederhielt, liegen mir noch mit aller Schwere hart und widerlich im Gedächtnis.

Da meine Unruhe und eingedämmte Leidenschaftlichkeit und Lebensfülle Raum forderte, warf ich mich auf die mir bisher fremden Knabenspiele mit aller Wildheit meiner jungen Sinne. Ich sprang bald allen Kameraden voran, als Turner, als Feldherr, als Räuberhauptmann oder Indianerhäuptling, am hitzigsten, wenn zu Hause schlechtes Wetter war. Meine Eltern und am meisten die bekümmerte Mutter sahen mich mit Trauer in den Ruf eines Wildfangs und Anstifters geraten, während ich unter ihren Augen meistens stumm und bedrückt umherschlich.

In meinem dritten Schuljahr hatte ich eines Tages einem armen Handwerker in unserer Straße ein Fenster eingeworfen. Der

Mann lief zu meinem Vater, erzählte ihm meine, wie er glaubte, absichtlich begangene Tat und fügte noch hinzu, daß ich auch außerdem ein Tunichtgut und Straßentyrann wäre. Als am Abend mein Vater mir dies alles wieder berichtete und auf ein Geständnis drang, war ich über den Ankläger so empört, daß ich auch den unbestreitbar geschehenen Fensterschuß hartnäckig leugnete. Ich wurde ungewöhnlich hart gezüchtigt und glaubte nun vollends meinen Trotz nicht brechen lassen zu dürfen. So verhielt ich mich einige Tage scheu und feindselig, während mein Vater schwieg und ein Schatten auf dem ganzen Hause lag. In diesen Tagen war ich unglücklicher als jemals vorher. Nun mußte mein Vater für eine Woche verreisen. Als ich an jenem Tag aus der Schule kam, war er schon abgereist und hatte ein Brieflein für mich dagelassen. Nach Tisch begab ich mich in die oberste Bodenkammer und öffnete den Brief. Ein schönes Bild fiel heraus und ein Zettel von der Hand des Vaters:

»Ich habe Dich für ein Vergehen gestraft, das Du nicht gestanden hast. Hast Du die Sache dennoch begangen und mich also angelogen, wie soll ich dann noch mit Dir reden? Ist's anders, dann habe ich Dich mit Unrecht geschlagen. In einer Woche, wenn ich wiederkomme, sollte doch einer von uns dem andern verzeihen können. Dein Vater.«

Den ganzen Tag lief ich beklommen und erregt mit dem Zettel in Haus und Garten herum. Dieses Wort von Mann zu Mann erfüllte mich mit Stolz und Reue und traf mich im Herzen, wie kein anderes Wort es hätte können. Am nächsten Morgen kam ich mit dem Blatt ans Bett meiner Mutter, weinte und fand keine Worte. Darauf ging ich im Hause umher wie nach einer langen Abwesenheit, alles war so alt und neu, war mir wiedergeschenkt und von einem Bann erlöst. Abends saß ich seit langer Zeit zum erstenmal meiner Mutter zu Füßen und hörte sie erzählen wie in den Kleinkinderjahren. Es kam so süß und mütterlich von ihrem Munde, aber was sie erzählte, war kein Märchen. Sie sagte mir von Zeiten, da ich ihr fremd geworden sei, und wie da ihre Angst und Liebe mich begleitete; sie beschämte und beglückte mich mit jedem Wort, und dann redeten wir beide mit Namen der Liebe und Ehrfurcht von meinem Vater und freuten uns mit Sehnsucht auf seine Heimkehr.

Der Tag seiner Zurückkunft war zugleich der letzte Tag vor

meinen Sommerferien und vollendete so mein Glück. Nach einer kurzen Unterredung kam der Vater mit mir aus seinem Studierzimmer hervor und führte mich der Mutter zu, indem er sagte:

»Hier hast du unseren Buben wieder, Mama. Er gehört seit heute wieder mir.«

»Mir schon seit einer Woche!« rief sie lächelnd dagegen, und wir saßen fröhlich zu Tische.

Die mit diesem Tag beginnende Ferienzeit liegt in meinen Schuljahren wie ein umzäunter, grüner Garten. Tage volle Sonne, Abende mit Spiel und Geplauder, Nächte festen Schlafs mit gutem Gewissen! Jeden Abend wanderte mein Vater Hand in Hand mit mir in einen Steinbruch, der eine halbe Stunde weit vor der Stadt lag. Dort bauten wir Häuser und Höhlen, schleuderten Steine nach dem Ziel und hämmerten nach Versteinerungen. Auf dem Rückweg tranken wir Milch und aßen Brot in einem Meierhof und verzichteten darauf stolz auf das mütterliche Abendessen, die Mutter mit allerlei Geheimnissen neckend und uns jedes Meisterwurfes und jedes gefundenen Rötels oder Glitzersteines rühmend. Mein Vater erwies sich als Pfadfinder, Jäger, Scheibenschütz und Erfinder. Halbe Tage wanderten und ruhten wir in Wiesen und an Waldabhängen, ganz mit uns allein, einen Brotlaib in der Tasche, Wege entdeckend und Pflanzen sammelnd, und ich spürte etwas davon, daß mein Vater seine eigene Jugend wieder aufsuchte und sich seiner erfrischten Brust und seiner geröteten Wangen erfreute, denn er war von zarter Gesundheit und wurde viel von Kopfschmerzen und anderen Leiden heimgesucht. Nun wanderten wir wie zwei Knaben miteinander, schnitten Lanzen, ließen Drachen steigen, gruben im Garten und zimmerten im Hofraum allerlei Gerät und Kasten zusammen.

In dieser Zeit etwa begann mein Ohr zu erwachen und meine Phantasie sich mit Melodien zu beschäftigen. Ich liebte es, in Freistunden zum Münster zu gehen und mich durch das Tor zu schleichen, um das Spiel des Organisten zu hören, der stundenlang dort sich seiner Kunst erfreute. Ich summte und sang auf dem Schulweg, im Garten, sogar im Bett und prägte mir viele Choräle und Liedermelodien früh ein.

Und mit neun Jahren, an meinem Geburtstage, schenkten mir

die Eltern eine Geige. Von diesem Tage an ist das hellbraune Geiglein auf allen Fahrten mit mir gegangen, viele Jahre lang, und von diesem Tage an hatte ich ein Abseits, eine innere Heimat, eine Zuflucht, wo seither unzählige Erregungen, Freuden und Kümmernisse sich versammelten.

Der Lehrer war mit mir zufrieden. Mein Gehör und Gedächtnis war scharf und peinlich treu, und allmählich zeigte sich im Lauf der Lehrjahre das, was den Geiger macht, der feste, fähige Arm, das freie Gelenk, die ausdauernden, kräftigen Finger.

Fürs erste erwies sich leider die Musik als ein unerwartetes Übel, denn sie nahm mich fast völlig gefangen und verleidete mir den Schülerfleiß. Dagegen lenkte sie meinen Ehrgeiz und meine Knabenwildheit von den gröberen Spielen und Freveln ab, sie milderte meine Hitze und Leidenschaft, sie machte mich schweigsam und verträglich. Ich wurde keineswegs zum Geiger erzogen, mein Lehrer war sogar ein Dilettant, daher war der Unterricht mir ein Vergnügen und zielte weniger auf strenge Übung und Präzision als auf ein baldiges Etwaskönnen. Der erste Choral, zum Geburtstag der Mutter gespielt, war ein festliches Ereignis. Und alsdann die erste Gavotte, die erste Haydnsonate! Ich war selber voll Freude und Eitelkeit, aber allmählich spürte meine Natur doch einen Mangel, so daß ich vor einem gewissen flotten Strich, einer Dilettantenverve gefährlicher Art bewahrt blieb.

Die Schule ging neben dem her und behielt für mich alle die Jahre bis zum vierzehnten hindurch die Schwüle einer Zwangsanstalt. Wieviel von meinem Leiden und und meiner Verbitterung, neben meinen eigenen Fehlern, der ganzen Erziehungsart zur Last fällt, kann ich nicht beurteilen; aber in den acht Jahren, welche ich in den niederen Schulen zubrachte, fand ich nur einen einzigen Lehrer, den ich liebte und dem ich dankbar sein kann. Wer die Kindesseele ein wenig kennt und selber einen Rest ihrer Zartheit sich bewahrt hat, der kennt das Leiden, dessen ein Schulknabe fähig ist, und zittert noch in Scham und Zorn, wenn er sich der Roheiten mancher Schulmeister erinnert, der Quälereien, der berühmten Wunden, der grausamen Strafen, der unzähligen Schamlosigkeiten. Wahrlich, ich meine nicht die fleißige Rute, deren jeder Knabe bedarf; ich meine aber die Frevel, die an dem Glauben und dem Rechtssinn des Kindes geschehen, die rohen Antworten auf schüchterne Kinderfragen, die Gleichgültigkeit gegen den Trieb der Kindheit nach einer Einigung ihrer stückweise erworbenen Kenntnis der Dinge, den Spott als Antwort auf kindergläubige Naivitäten. Ich weiß, daß ich nicht allein in solcher Weise gelitten habe und daß mein Unwille darüber und meine Trauer um zerstörte und verkümmerte Teile meiner jungen Seele nicht die Verbitterung eines nervösen Einzelnen ist; denn ich habe von vielen diese Klagen gehört. Ich weiß wohl mit der eigentümlichen Art des Knabenalters zu rechnen, als einer heiklen, problematischen Zeit der Scheidungen, Beschneidungen und Häutungen, voll von schwer verständlichen Erregungen und Exzessen; aber ich kann mich der Trauer und der Anklage nicht enthalten. Die ganze Zeit meines späteren Lebens bin ich mit einer besonderen Vorliebe den kleinen Knaben zugetan gewesen und fand gar oft meine ehemaligen Ängste in errötenden Knabengesichtern wieder.

Es widerstrebt mir, einige dieser Bitternisse aufzuzeichnen, meine Erinnerung irrt in dieser Zeit der verwelkenden Kindheit und erwachenden Jünglingszeit befangen und bedrückt umher.

Hell und verklärt von Verehrung und Liebe zeigen sich mir die Unterweisungen, die ich in Garten, Feld und Studierzimmer von meinem Vater genoß. Diese schlossen mir die verschwisterten Reiche der Geschichte und der Dichtung auf. Mit gekrönten Königen und geschlagenen Duldern, mit Heerzügen und prachtvollen Städten breitete sich die Geschichte der Griechen aus, und die der Römer mit ruhmbekränzten Siegern, unterjochten Erdteilen und fabelhaften Triumphzügen, neben welcher Pracht und Höhe lange Zeit die Jagden und blutigen Wanderungen der ältesten deutschen Zeit mir wenig Freude machten.

Der freundschaftlich in Frage, Antwort und Erzählung erteilte väterliche Unterricht legte einen guten Grund in mir. Was in der Schulstube und im Mund der Lehrer mir langweilig und peinlich erschien, gewann hier anziehende Formen und schien mir alles ernstlichen Fleißes würdig.

In meiner Klasse pflegte ich, obwohl ich nie ein Lehrerliebling war, mich meist auf den oberen Plätzen zu halten und besonders im lateinischen Unterricht mir gute Zeugnisse zu erwerben. Die lateinische Sprache lernte ich leicht und mit Eifer, sie blieb durch meine Schülerzeit und durch mein Leben mir befreundet und geläufig.

So fand man mich zur Vorbereitung auf den Eintritt in eine schwäbische gelehrte Schule würdig. Das Examen wurde leidlich bestanden. Meine erste Schulzeit war zu Ende, und ein sommerlicher Ferienmonat lag vor dem ehrgeizig erstrebten Eingang der gelehrten Klosterpforte.

In diesen Ferien las mir mein Vater zum erstenmal Lieder Goethes vor. »Über allen Gipfeln« war sein Liebling.

An einem silbernen Abend, im frühen Monde, stand er mit mir auf einem bewaldeten Berg. Wir atmeten vom Steigen aus und schwiegen nach einem ernsten, herzlichen Gespräch vor der Schönheit der mondhellen, stillen Landschaft.

Mein Vater setzte sich auf einen Stein, blickte rundum, zog mich zu sich nieder, schlang den Arm um mich und sprach leise und feierlich jenes unergründliche, wunderbare Lied:

> Über allen Gipfeln
> Ist Ruh,
> In allen Wipfeln
> Spürest du
> Kaum einen Hauch;
> Die Vöglein schweigen im Walde,
> Warte nur, balde
> Ruhest du auch.

Hundertmal habe ich seitdem diese Worte gehört und gelesen und gesprochen, in hundert Lagen und Stimmungen – die Vöglein schweigen im Walde –, und jedesmal befiel mich eine milde, herzerlösende Schwermut, und jedesmal senkte ich dabei das Haupt und hatte ein seltsam wehes Glücksgefühl, als kämen die Worte aus dem Munde meines an mich gelehnten Vaters, als fühlte ich seinen Arm um mich gelegt, und sähe seine große, klare Stirn, und hörte seine leise Stimme. (*1896*)

Die Novembernacht
Eine Tübinger Erinnerung

Über Tübingen hing eine schwarze, verwölkte Novembernacht. Sturm und Sprühregen klirrte und zitterte durch die engen Gassen, aufflackernde rote Laternenlichter glänzten trüb auf dem nassen Pflaster wider. Trüb und schwarz mit zwei, drei kleinen roten Fensteraugen lag das alte Schloß wie ein halbschlafendes träges Untier auf seinem langen Hügel, Fetzen von Wolkenschleiern um die spitzen Dächer. In den großen, ernsten Alleen standen die alten Kastanien, Linden und Platanen kahl und hager im Sturm wie eine trübselig standhafte Armee von Greisen. Blätterwirbel trieben über die feuchten Wege, faul und grau lagen die großen Herbstwiesen, an den Rändern da und dort von einer windscheuen Laterne zackig und roh beleuchtet. Der langgezogene, müde Pfiff des letzten Reutlinger Zuges drang vom nahen Bahnhof durch die schwere Luft und paßte mit seinem heiseren, hinsterbenden Geräusch vortrefflich in die Tonart des ganzen Abends.

In den Pausen des Sturmes ward das kühle Rauschen des Nekkars laut. Die Ufer lagen tief in graue, traurige Ruhe gehüllt, und von den vielen hellen liederlauten Sommerabendfesten war keine leise Spur mehr geblieben, so wenig dem breiten, traurigen Stiftsgebäude noch eine Spur von den zahlreichen, glänzenden Geistern anhing, die darin vor Zeiten schwärmerische, dämmernde Jugendsemester verlebten. Es seien denn einzelne nachklingende, elegische Laute aus der umflorten Harfe des armen Hölderlin. Statt dessen brannte dort die strenge, fleißige Gegenwart in zahlreichen Studierampeln über die ganze Breitseite des Stifts verteilt und glänzte mattrot durch die breiten, niederen Fenster. Dort lagen jetzt Kompendien, Wörterbücher und Texte ohne Zahl vor ernsthaften, jungen Augen aufgeschlagen, Ausgaben des Platon, Aristoteles, Kants, Fichtes, vielleicht auch Schopenhauers, Bibeln in hebräischer, griechischer, lateinischer und deutscher Sprache; vielleicht brütete hinter diesen Fenstern zur Stunde ein junges philosophisches Genie über seinen ersten Spekulationen, während zugleich ein zukünftiger schwergeharnischter Apologet die ersten Steine seines Trutzgehäuses legte.

Zwei junge Männer, die jetzt von der unteren Neckarbrücke her durch die Platanenallee gegangen kamen, blickten lachend hinüber und zeigten wenig Respekt vor der ernsten zukunftsschwangeren Geistesburg. Sie wandelten, in grauen Lodenmänteln, des Regens ungeachtet langsam durch die stürmende Herbstnacht. »Hast du noch was drin?« fragte der Kandidat Otto Aber seinen Begleiter, worauf dieser, der Dichter Hermann Lauscher, eine bauchige Benediktinerflasche aus der Manteltasche zwängte und dem Kandidaten reichte.

»Der letzte Schluck!« rief dieser und schwenkte die Flasche gegen das jenseits des Flusses ragende Stift. »Prosit Stift!«
Er leerte die Bouteille mit einem kurzen Schluck.

»Was machen wir mit dem Scherben?« fragte Lauscher. »Wir könnten auf die Wache gehen und ihn der lieben Tübinger Stadtpolizei verehren.«

»Was Stadtpolizei!« lachte Aber. »Da!« und er schleuderte die Flasche über den Neckar, daß sie an einem Pfeiler des Stiftsbaues zersplitterte. »Jetzt wohin?«

»Ja wohin?« sagte Lauscher nachdenklich. »In der ›Steinlach‹ krepiert man am Wein, in der ›Silberburg‹ ist die Schorschel nimmer da, im ›Kaiser‹ säuft der Roigel, in der ›Sonne‹ ist's zu voll, im ›Löwen‹ –«

»Hallo, in den ›Löwen‹!« rief Aber. »Mir fällt ein, daß der Säbelwetzer und der Elenderle heut abend dort sind und die Mensur vom Donnerstag verschwellen. Komm! Übrigens ist's ein Sauwetter.«
Der Kandidat zog seinen langen Mantel enger an sich und schlug ein rascheres Tempo an.

»Was rennst du!« rief Lauscher. »Für uns ist das Wetter lang gut genug. Mir paßt's so besser, als Lump im Sonnenschein zu spielen. Wenn der Benediktiner nicht ausgepfiffen hätte, wär ich für eine Naturkneipe. Außerdem ist der Säbelwetzer langweilig, und der Elenderle wird schon bald wieder am Heulen sein. – Trinken sie Uhlbacher? Dann geh ich nicht mit, der Uhlbacher vom ›Löwen‹ haßt mich. Aber was versteht ihr von Wein!«

»Weinprotz!« lachte Aber. »Nein, sie haben eine uralte Moselwette dort stehen, oder Winkler oder was Ähnliches. Jedenfalls was Besseres. – Dabei fällt mir ein: warum gründen wir eigentlich nichts? Wir vier oder fünf hocken doch ewig zusammen, man könnte den Appenzeller und so ein paar Bierhühner mitlotsen, es gäbe so was wie eine Ausstellung der Zurückgewiesenen.«

»Gründen?« brauste Lauscher auf, der damals das spätere cénacle noch nicht ahnte. »Lieber werd ich Eremit.«

»Warum nicht gar! Es gäbe ein Kollegium von Ausgetretenen aus allen fashionablen Verbindungen oder von Rettungslosen aus allen Fakultäten. Der Elenderle würde die Sündenlast der Gesellschaft in Tränen umsetzen, der Säbelwetzer bekäme ein Dauerpaukwams und würde auf alle Waffen für uns losgehen, ich wäre die Bierkommission, du Schrift- und Weinwärtel …«

»Und so weiter. Schon gut.«

»Der Appenzeller würde sich unübertrefflich dazu qualifizieren, Mitteilungen und Forderungen der Gesellschaft den Chargierten der Verbindungen zu überbringen. Der Nebukadnezar wäre ein censor morum ohnegleichen. Der Kaißer hat einen Onkel, der Weinberge besitzen soll; der Schnauzer ist reich und dumm –«

»Und dann würden wir eine Kneipe mieten und zweimal in der Woche ›Altheidelberg‹ und ›Es geht ein Lumpidus‹ miteinander singen. Und Füchse keilen. Und Präsidepauken schwingen. Ich danke.«

»Warum? Wir könnten im ›Schwarzwälder‹ kneipen und im Komment alle anständigen Lokäler verbieten. Zum Beispiel: Wer im ›Ochsen‹ oder im Innern der Aula betroffen wird, zahlt eine Mark Buße. Wer fachsimpelt, zahlt zwei Maß …«

»Nein, bitte, du fängst wieder an, nach Komment zu riechen.«

Die Freunde waren auf der alten Brücke angelangt. Aus der Kneipe der Burschenschaft klang lauter Chorgesang. Der Nekkar strömte wild um den breiten Brückenpfeiler, auf dem raschen Wasser glänzten unruhig die Laternenlichter, schwarz und großartig streckte sich die Platanenallee in die Nacht. Vom Turm der Stiftskirche tönte das Stundenhorn, zackig und wechselvoll beleuchtet stand die malerische Häuserreihe des hohen Neckarufers bis zum alten Stift hinab. Beide Freunde schwiegen, solange sie über die Brücke gingen. Vielleicht stieg beim Anblick der schönen, nächtlichen Stadt, beim Rauschen des Neckars und Singen der Studenten in beiden das Erinnern an die kaum vergangenen Tage auf, da ihnen noch die eigentümliche, romantische Schönheit und Stimmung dieser Stelle ahnungsvoll und freudig ans Herz gerührt hatte, da sie noch mit der Hoffnung und dem ganzen süßen, krausen Stimmungsduft der ersten Semester hier gegangen waren.

Sie bogen um die Brückenmühle, stiegen die steile Gasse zum Holzmarkt hinauf, gingen an der Stiftskirche vorüber, über die schmale Kirchgasse und den öden Markt an der »Sonne« vorbei und gelangten durch Nässe und Schmutz an die Hintertür des »Löwen«, durch welche man über drei steile Stufen hinab direkt in das »Nebenzimmer« tritt. Ehe sie eintraten, blickten sie durch eins der niederen Fenster in die schmale Stube hinab und sahen Elenderle und Säbelwetzer am letzten Tisch beim Wein sitzen.

»Sie trinken Winkler!« frohlockte Aber. »Hab ich's nicht gesagt? Du meldest dich mit deiner Blume, wegen ungebührender Respektlosigkeit.«

»Prolet! Meinetwegen«, murrte Lauscher und trat zuerst in die schmale Tür. Aber folgte nach, drehte unwillig ein an der Wand hängendes Gerolsteiner Mineralwasserplakat um und ließ sich von der herzueilenden Wirtstochter Mathilde den Mantel abnehmen.

Jetzt bemerkten die Weintrinker die Ankommenden.

»Höchste Zeit«, rief der Säbelwetzer. »Wollet ihr trinken? Wollet ihr ein Bad nehmen? Wollet ihr euch ersäufen? An Winkler fehlt es nicht. Mein Leben mach ich keine solche Wette mehr. Fünfzehn Flaschen, ist's nicht zum Langweiligwerden?«

»Keine Angst!« rief Lauscher. »Mathilde, zwei Gläser!« Er prüfte eine der im Kübel stehenden Flaschen und schenkte ein. »Meine Blume, Aber!«

»Sauf's!«

»Na?« fragte der Säbelwetzer.

»Er ist gut«, gab Lauscher kurz zur Antwort, ließ den linken Arm über die Stuhllehne hängen, füllte seinen Römer nach und trank ihn mit einem langen sicheren Schluck hinunter.

»Wo spukt's wieder?« fragte der Säbelwetzer. »Du hast deinen allerbeinernsten Schädel aufgesetzt.«

»Du weißt«, fiel Aber ein, »Schnaps verträgt er nicht. Der Benediktiner –« Lauscher stieß durch die Zähne einen langen Pfiff.

»Halt's Maul, Aberchen! Überhaupt fragt man nicht so dumm, Säbelwetzer.« Er trank ein neues Glas an. »Ihr seid eigentlich doch eine Schweinebande, liebe Freunde«, fuhr er dann langsam und ernsthaft fort, »rund mich wundert's selber, daß ich allemal wieder bei euch bin.«

Elenderle lachte und trank dem Dichter zu.

»Aber was tun? Ihr seid wenigstens bloß langweilig und im übrigen gute Brüder.«

»Hm – hm –«

»Ja, brummt nur! Oder hat vielleicht einer von euch etwas anderes an Geist zu verbrauchen als die übrigen Brocken aus seiner Fuchsenzeit? Oder hat einer von euch eine Ahnung von Humor, von Philosophie, von Kunst? Oder –«

»Na, hör mal«, lachte der Kandidat Aber, »eh du so proletest, sei doch so gut und serviere uns einmal deine Kunst, deine Philosophie, deinen Humor! Er muß anderswo als in deinen sentimentalen Versen stecken –«

»Das tut er auch. Was Verse! Daß ich hier sitze und euren Wein mit euch trinke und eure desperaten Schädel betrachte, während ich Gold, Silber, Paläste, Märchen und Kleinode in mir liegen habe, das ist der Humor. Was verbummelt ihr? Was ersäuft ihr? Ein Examen, ein bißchen Vermögen, ein Ämtchen, in dem ihr euch geschunden und gelangweilt hättet. Warum? Weil es euch dämmert, daß es sich um solches Zeug nicht zu leben lohnt. Und ich? Schluck um Schluck ersäufe ich ein Stück blauen Poetenhimmel, eine Provinz meiner Phantasie, eine Farbe von meiner Palette, eine Saite von meiner Harfe, ein Stück Kunst, ein Stück Ruhm, ein Stück Ewigkeit. Warum? Weil es sich auch um alles das nicht zu leben lohnt. Weil es sich überhaupt nicht lohnt zu leben; denn Leben ohne Zweck ist öd, und leben mit Zweck ist eine Plage.«

Elenderle lachte fortwährend. Aber nahm einen langen Schluck und sagte gutmütig: »Trink, Lauscher, und mach uns nix Blaues vor.«

»Aber sag«, redete er darauf Elenderle an, »was machst du denn jetzt eigentlich? Weiß dein Alter schon?«

»Was denn?« fragte Lauscher.

»Weißt du nicht? Er ist zum drittenmal nicht ins Examen gestiegen und außerdem relegiert. Na, Elenderle, was denkst du?«

»Denken? Ich hab mich anwerben lassen.«

»Sackerlot! Anwerben?«

»Ja ja ja ja!«

»Zu was denn? Ist eine Deliriantenarmee gegründet worden?«

»Ganz so was! Ich meinte, ich hätte in meinen vielen Semestern genug Jammertränen vergossen, um mir dafür ein Freibillett in die Gefilde der Seligen zu kaufen.«

»Auch gut«, lachte der Säbelwetzer. »Das ist nicht mehr als billig. In die Hölle wärst du sowieso nicht gekommen, das weiß ich, denn ich habe einmal drei Semester württembergische evangelische Theologie studiert.«

»Aber wer hat dich denn angeworben?« fragte Lauscher.

»Ei wer? Ja, den möchtest du kennen! Ein Herr, sag ich dir, ein feiner Herr –«

»Rindvieh!« rief Lauscher. »Was du einen feinen Herrn nennst! War er feiner als ich?«

»Viel, viel feiner! Ein Gentleman, sag ich euch. Übrigens dummes Geschwätz! – er kommt heut abend her, er hat's versprochen.«

»Wa-as? Kein Schwindel? Auf dein Wort?«

»Natürlich, auf alle meine Wörter. Prost, Lauscher!«

»Prost, Elenderle!«

Lauscher zog ein Paket seiner Giftschlangen hervor, schwarze, lange, dünne Zigarren, und bot den anderen an. Er zündete sich eine an, blies Wolken, streifte die Asche ab, nahm hin und wieder einen schnellen Schluck und verfiel in eine träumerisch schwere Trägheit. Auch die andern widmeten sich nun still dem Wein und der Zigarre. Eine bläuliche Wolke hing über dem Tische, man hörte die wenigen übrigen Gäste reden und lachen. Die Freunde tranken Glas um Glas und saßen einander versonnen und fast völlig stumm gegenüber, wie sie schon viele Stunden und viele ganze Abende und Nächte versonnen und stumm beisammen um irgendeinen Trinktisch gesessen waren.

»Ich bin doch neugierig auf deinen Werber«, sagte Aber nach einer langen, langen Pause.

Keine Antwort. Mathilde öffnete zwei neue Flaschen. Der Säbelwetzer schenkte ein.

»Übrigens«, begann Aber wieder, »übrigens, meine Lieben, was könnte eigentlich aus uns noch werden? Wer wird uns anwerben? Sei's noch um zwei Semester, so ist bei mir die Gnadenfrist vorbei.«

»Und bei mir der Mammon«, sagte der Säbelwetzer. »Umsatteln kann ich nimmer.«

»Ich auch nicht«, gähnte Aber. »Mein Alter ist jetzt schon scheu – Amerika?«

Lauscher lachte.

»Afrika, Asien, Australien?« äffte er nach. »Das nenne ich Sorgen! Weißt du denn, ob du in zwei Semestern noch lebst? Zwei Semester! Bedenke, was in zwei Semestern alles anders werden kann!«

»Zum Beispiel?«

»Zum Beispiel könntest du gerade jetzt, wo du so unvorsichtig deine Zigarre anzündest, dem Mund zu nahe kommen und in Spiritusflammen aufgehen. Ein schöner Tod! Oder du gründest, was ich kommen sehe, deinen Klub, ihr baut ein Klubhaus, und du wirst Kellermeister –«

»Dunder!« rief Aber erregt. »Dunder, noch mal! Das ist eine feine Idee!«

»Oder du gehst«, fuhr Lauscher fort, »du gehst –«

Er brach mitten im Satze ab und stierte blaß auf das gegenüber offenstehende Fenster.

»Na? Was ist los?« rief der Säbelwetzer.

Lauscher deutete mit dem Finger auf das Fenster.

»Da!« rief er stotternd. »Wir spielen doch nicht Freischütz.«

Alle wendeten die Blicke dem ausgestreckten Finger nach. Im Fenster stand ein Mensch von schmaler, hoher Figur, regungslos, hager, frech, blaß, mit Spitzbärtchen am langen Kinn, hoher Stirn, stand und blickte aus hellen, stechenden, stahlgrauen Augen in die Stube.

Der Säbelwetzer war der einzige, der nicht erschrak.

»Sieht aus, als wüßt er nicht, ob er Kaspar oder Samiel mimen soll«, lachte er. »Soll ich den frechen Bruder anrempeln?«

Der Fremde verschwand vom Fenster. Einen Augenblick später ging die Tür, und er trat ein, schritt durch die Stube und nahm am Tisch der Kameraden Platz.

Der Säbelwetzer wollte aufstehen und den Eindringling mit einer Grobheit fortweisen, da streckte über den Tisch herüber Elenderle dem Gaste die Hand entgegen und lachte.

»Entschuldigen Sie, Herr, ich erkenne Sie eben erst. Darf ich Ihnen meine Freunde vorstellen?«

Mit schon etwas betrunkenen Gesten führte er die Vorstellung aus. Den Namen des Fremden vergaß er zu nennen.

Man saß wieder lange trinkend, stumm und träg am Tisch, bis Lauscher sich erhob.

»Ich gehe. Macht einer noch ein Billard mit?«

Die Freunde schwiegen.

»Ich, wenn Sie wollen«, sagte aufstehend der Unbekannte. »Wir könnten ja alle zusammen in den ›Walfisch‹ gehen. Ich kam eben dort vorbei, das Billard ist frei.«

Alle tranken nun aus und folgten dem Vorschlag. Draußen rann Regen, es war frostig naß und die Kornhausgasse ein Meer von Schmutz. Der »Walfisch« war bald erreicht. Elenderle ging voran die Treppe hinauf. Bei der Gasflamme im Gang hielt Aber den Fremden an.

»Einen Augenblick, wenn Sie erlauben!«

Er blickte nach der Treppe. Die andern waren schon oben.

»Nun?« fragte der Lange.

»Elenderle hat von Ihnen gesprochen«, sagte Aber verlegen. »Sie werben für eine Gesellschaft?«

»Allerdings.«

»Ich könnte – es wäre möglich, daß – kurz, ich möchte Sie kennenlernen.«

»Freut mich. Ich bin nur heute hier, aber Ihr Freund kann Ihnen ja morgen Auskunft geben. Ich komme ziemlich jedes Semester einmal nach Tübingen.«

Sie stiegen den andern nach in das räucherige, verrufene Café hinauf. Elenderle hatte oben schon Sekt bestellt und sich faul in ein Sofa geworfen. Lauscher kreidete schon seinen Billardstock.

Fremde ergriff einen andern. Er spielte brillant.

Die Partie war schnell zu Ende.

»Sie spielen hübsch«, sagte der Lange zum Dichter.

»Wenn Sie sich Ihre Scheu vor dem Fiedelstoß abgewöhnen, werden Sie vielleicht bald genial spielen. Hier fängt das Billardspiel erst an. Sehen Sie –«

Er ergriff noch einmal das Queue und tat einen seiner glänzenden, fabelhaften Stöße. Der Ball rollte, nachdem er den weißen

Ball berührt, in einem eigentümlichen, unglaublichen Bogen zum roten.

Lauscher staunte. Dann setzten sie sich zu den andern. Aber und Lauscher tranken Kaffee, die andern Sekt und Sherry. Die kleine, unbändige Molly trank mit und freundete sich mit Elenderle auf dem Sofa an.

»Was halten Sie von ihm?« fragte der Fremde Lauscher, indem er leise nach jenem hindeutete.

»Ein Schwein«, flüsterte Lauscher, »ein komplettes Schwein. Aber seelengutmütig.«

»Und der?« Der Lange bewegte das Kinn gegen den Säbelwetzer.

»Nicht ganz so dumm«, urteilte Lauscher, »und auch nicht so geschmacklos. Aber ein Säbelheld. Er verschmerzt es nie, daß ihn die Burschenschaft an die Luft gesetzt hat.«

»Hm. Und der dritte?«

»Aber? Der beste von den dreien, nur ohne Rückgrat. Er hat im stillen heillos vor seiner Krisis Angst.«

»Sie sprechen nett von Ihren Freunden.«

»Warum nicht? Verschiedene Grade von Fäulnis, die verschieden phosphoreszieren.«

»Sie gefallen mir.«

»So?«

Lauscher erhob sich. »Komm!« rief er Aber zu, »wir gehen.«

Der Fremde grüßte die Abgehenden mit einem blanken, häßlichen Lächeln. Der Säbelwetzer war eingeschlafen. Elenderle und Molly schienen die Anwesenheit anderer zu vergessen.

Aber und Lauscher irrten eine halbe Stunde lang im Regen durch die finsteren leeren Gassen. Der »Löwen« war geschlossen, in den »Schwarzwälder« mochten sie nicht gehen, es schlug drei Uhr.

»Komm, ich geh nach Haus!« rief Aber endlich ungeduldig aus.

»Ich nicht.« Lauscher blieb stehen und blickte um sich. »Alles tot! Was diese Leute schlafen!«

»Komm, wir tun's auch.«

»Nein. Schlafen!« Der Dichter wendete sich um und blickte Aber in das breite, etwas angetrunkene Gesicht. »Du, Aber! Möchtest du jetzt nicht auch ›Pfui Teufel‹ zu allem sagen?«

»Hilft nichts. Lieber gehen wir in den ›Schwarzwälder‹.«
»Was dasselbe ist. Meinetwegen.«
Sie betraten das Lokal und ließen sich Gilka geben. Aber wurde allmählich von der traurigen Laune seines Begleiters angesteckt. Trüb und unzufrieden blickten sie mit toten Augen über die Zigarren weg in den Raum. Drei späte Bummler würfelten an einem Kaffeetischchen, am Büfett schlief die Kellnerin, eine einsame Winterfliege kroch am Gasrohr und schien jeden Augenblick in die Flamme fallen zu müssen, an den Fensterladen hörte man den Regen tropfen.
»Nicht sentimental werden!« sagte Aber nach einer Stunde. Er stürzte sein Gläschen Gilka hinunter; beide verließen den öden Saal und stiegen die steile Judengasse hinab. Im Vorbeigehen hörten sie den Knecht im »Walfisch« die Türen schließen. Am Ende der Schmiedtorgasse, bei der alten Ammerbrücke, hielten sie einen Augenblick an.
»Gehen wir links!« gähnte Aber.
»Es ist näher über die Brücke«, meinte Lauscher heiser; sie gingen hinüber.
Jenseits der Brücke lag auf den Stufen zur Ammer köpflings gestürzt ein Mensch.
»Holla«, rief Aber lachend, »der hat einen guten Schlaf.«
»Jedenfalls einer vom heiligen Verein«, sagte Lauscher und trat näher. »Er wird sich morgen über seinen Heiligenschein wundern.«
»Herrgott«, unterbrach ihn Aber plötzlich, »das ist ja der Elenderle. Kein Mensch in Europa besitzt einen ähnlichen Bratenrock.«
Sie stiegen einige Stufen hinab, Elenderle lag mit dem Gesicht auf den Stufen. Sie hoben ihn auf, geronnenes Blut war auf seinem ganzen Gesicht verschmiert.
»Der ist bös gefallen!« seufzte Aber. Da klirrte etwas am Boden. Aus der starren Hand Elenderles war ein Revolver gefallen, und nun sahen die Freunde auch an der rechten Schläfe eine kleine schwarze Wunde. Lauscher steckte ein Streichholz an.
»Bleib du hier«, sagte Aber mit verwandelter Stimme, »ich gehe zur Polizei.«
»Lassen Sie mich das besorgen«, rief da eine scharfe Stimme. Der Fremde kam vom Ammerweg her die Treppe herauf. Er rückte

giftig lächelnd am Hut und blitzte die Freunde grinsend aus den frechen Augen eiskalt und höhnisch an. Beide erschraken bis ans Herz und rannten durch die Nacht davon.

Als sie am andern Tag erwachten, glaubten beide den ganzen Spuk geträumt zu haben. Die Hauswirtin pochte an Lauschers Tür und kam mit dem Kaffee herein.

»Denken Sie, Herr Lauscher, der Jammer! Heute nacht hat sich ein Student das Leben genommen.«

Ein Kranz für die schöne Lulu
Ein Jugenderlebnis,
dem Gedächtnis E. T. A. Hoffmanns gewidmet

I

Die schöne alte Stadt Kirchheim war soeben von einem kurzen sommerlichen Regen abgewaschen worden. Die roten Dächer, die Wetterfahnen und Gartenzäune, die Gebüsche und die Kastanienbäume auf den Wällen glänzten freudig neu und stattlich, und der steinerne Konrad Widerhold mit seiner steinernen Ehehälfte freute sich still beglänzt seines noch rüstigen Alters. Durch die gereinigten Lüfte schien die Sonne schon wieder mit kräftiger Wärme herab, in den letzten hängenden Regentropfen des Gezweiges blitzende Funkenspiele entzündend, und die freundliche breite Wallstraße floß vom Glanze über. Kinder sprangen einen fröhlichen Reihen, ein Hündlein kläffte jauchzend ihnen nach, die Häuserzeile entlang flatterte in unruhigen Bögen ein gelber Schmetterling.

Unter den Kastanien des Walls, auf der dritten Ruhebank rechts von der Post, saß neben seinem Freunde Ludwig Ugel der durchreisende Schöngeist Hermann Lauscher und erging sich in heitern und anmutigen Gesprächen über die Wohltat des niedergefallenen Regens und die wieder hervortretende Bläue des Himmels. Er knüpfte daran phantasierende Betrachtungen über Dinge, die ihm am Herzen lagen, und lustwandelte nach seiner Gewohnheit unermüdet auf dem Anger seiner Redekunst. Während der langen schönen Reden des Dichters lugte der stille und vergnügte Herr Ludwig Ugel öftere Male scharf über die Boihinger Landstraße hinaus, in Erwartung eines Freundes, der von dorther eintreffen sollte.

»Ist's nicht, wie ich sage?« rief der Dichter lebhaft aus und erhob sich ein wenig von der Sitzbank; denn die schlechte Lehne war ihm unbequem, auch war er auf einem Stücklein dürren Zweiges gesessen. »Ist's nicht so?« rief er aus und entfernte mit der Linken das Holzstück und dessen Eindruck auf seiner Hose. »Das Wesen der Schönheit muß im Lichte liegen! Glaubst du nicht auch, daß es da liegt?«

Ludwig Ugel rieb sich die Augen; er hatte nicht gehört, wovon die Rede war, und nur die letzte Frage Lauschers verstanden.

»Freilich, freilich«, entgegnete er hastig. »Nur kann man es von hier aus nicht sehen. Es liegt genau dort, hinter der Schlotterbeckschen Scheuer!«

»Wie? Was?« rief Hermann heftig. »Was, sagst du, liege hinter der Scheuer?«

»Nun, Oetlingen! Karl hat keinen andern Weg, er muß notwendig von dorther kommen.«

Verdrießlich schweigend starrte nun auch der durchreisende Dichter auf die helle weite Landstraße hinüber, und wir können beide Jünglinge auf ihrer Bank sitzen und warten lassen; denn der Schatten muß dort noch bei einer Stunde anhalten. Wir wenden uns indessen hinter die Schlotterbeckschen Scheuer, finden dort aber weder das Dorf Oetlingen noch das Wesen der Schönheit liegen, sondern eben den erwarteten dritten Freund, den Kandidaten der Jurisprudenz Karl Hamelt. Dieser kam von Wendlingen her, wo er die Ferien zubrachte. Seine nicht übel gewachsene Figur gewann durch ein verfrühtes Fettwerden einen komisch behäbigen Anflug, und in seinem gescheiten, eigensinnigen Gesicht lag die kräftige Nase mit den wunderlich feisten Lippen und den übervollen Wangen im Streit. Das breite Kinn warf über dem engen Stehkragen reichliche Falten, und zwischen Stirn und Hut ragte verschwitzt und ungescheitelt das kurze freche Haupthaar hervor. Er lag rücklings hingestreckt im kurzen Grase und schien ruhig zu schlafen.

Er schlief wirklich, vom heißen mittäglichen Weg ermüdet; ruhig aber war sein Schlummer nicht. Ein seltsam phantastischer Traum hatte ihn heimgesucht. Ihm schien nämlich, er liege in einem unbekannten Gartenlande unter sonderbaren Bäumen und Gewächsen und lese in einem alten Buche mit Pergamentblättern. Das Buch war in wunderlich kühnen, wirr ineinander geschlungenen Lettern einer völlig fremden Sprache geschrieben, die Hamelt nicht kannte noch verstand. Dennoch aber las er und verstand er den Inhalt der Blätter, indem immer wieder, so oft er ermüden wollte, auf zauberische Weise aus dem krausen Durcheinander der Schnörkel und Schriftzeichen sich Bilder hervorlösten, farbig aufglänzten und wieder versanken. Diese Bilder, einander folgend wie in einer magischen Laterne, schilderten die nachfolgende, sehr alte, wahre Geschichte.

Mit demselben Tage, an welchem der Talisman des ehernen Ringes durch betrügerische Magie der Quelle Lask entrissen und in die Hände des Zwergfürsten gefallen war, begann der helle Stern des Hauses Ask sich zu trüben. Die Quelle Lask versiegte bis auf einen schier unsichtbaren Silberfaden, unter dem Opalschlosse senkte sich die Erde, die unterirdischen Gewölbe wankten und brachen teilweise zusammen, im Liliengarten begann ein verheerendes Sterben, und nur die doppelkrönige Königslilie hielt sich noch eine Zeitlang stolz und aufrecht; denn um sie hatte die Schlange Edelzung ihren engsten Reif geschlungen. In der verödeten Askenstadt verstummte Fröhlichkeit und Musik, im Opalschlosse selbst klang und sang kein Ton mehr, seit die letzte Saite der Harfe Silberlied gebrochen war. Der König saß Tag und Nacht wie eine Bildsäule allein im großen Festsaal und konnte nicht aufhören, sich über den Untergang seines Glückes zu verwundern; denn er war der glücklichste aller Könige seit Frohmund dem Großen gewesen. Er war traurig anzusehen, der König Ohneleid, wie er im roten Mantel in seinem großen Saale saß und sich wunderte und wunderte; denn weinen konnte er nicht, da er ohne die Gabe des Schmerzes geboren war. Er wunderte sich auch, wenn er am Morgen und am Abend statt der täglichen Früh- und Spätmusik nur die große Stille und von der Tür her das leise Weinen der Prinzessin Lilia vernahm. Nur selten noch erschütterte ein kurzes, karges Gelächter seine breite Brust, aus Gewohnheit; denn sonst hatte er an jedem lieben Tage zweimal vierundzwanzigmal gelacht.
Hofstaat und Dienerschaft waren in alle Winde zerstoben; außer

dem König im Saale und der trauernden Prinzessin war einzig der getreue Geist Haderbart noch da, der sonst das Amt des Dichters, Philosophen und Hofnarren versehen hatte.

In die Macht des ehernen Talismans aber teilte sich der feige Zwergfürst mit der Hexe Zischelgift, und man kann sich vorstellen, wie es unter ihrem Regimente zuging.

Das Ende der Askenherrlichkeit brach herein. Eines Tages, an dem der König kein einziges Mal gelacht hatte, rief er abends die Prinzessin Lilia und den Geist Haderbart zu sich in den leeren Festsaal. Ein Wetter stand am Himmel und leuchtete durch die schwarzen großen Fensterbogen mit jachem Blitzen fahl herein.

»Ich habe heute kein einziges Mal gelacht«, sagte der König Ohneleid.

Der Hofnarr trat vor ihn hin und schnitt einige sehr kühne Grimassen, die jedoch in dem alten bekümmerten Gesichte so verzerrt und verzweifelt aussahen, daß die Prinzessin die Augen wegwenden mußte und der König das schwere Haupt schüttelte, ohne zu lachen.

»Man soll auf der Harfe Silberlied spielen«, rief König Ohneleid.

»Man soll!« sagte er, und es klang den beiden traurig durchs Herz; denn der König wußte nicht, daß Harfner und Spielleute ihn verlassen hatten und daß die zwei Getreuen seine letzten Hausgenossen waren.

»Die Harfe Silberlied hat keine Saiten mehr«, sagte der Geist Haderbart.

»Man soll aber dennoch spielen«, sagte der König.

Da nahm Haderbart die Prinzessin Lilia bei der Hand und ging mit ihr aus dem Saal. Er führte sie aber in den verwelkten Liliengarten zur versiegenden Quelle Lask und schöpfte die allerletzte Handvoll Wasser aus dem Marmorbecken in ihre Rechte, und sie kamen damit zum König zurück. Nun zog die Prinzessin Lilia aus diesem Wasser Lask sieben blanke Saiten über die Harfe Silberlied, und für die achte reichte das Wasser nicht mehr hin, so daß sie von ihren Tränen zu Hilfe nehmen mußte. Und nun strich sie mit der leeren Hand zitternd über die Saiten, daß der alte süße Freudenton noch einmal selig schwoll; aber jede Saite brach, nachdem sie angeklungen, und als die letzte klang und brach, da kam ein schwerer Donnerschlag und brach die ganze

Wölbung des Opalschlosses stürzend und krachend zusammen. Dieses letzte Harfenlied aber hatte gelautet:

> Silberlied muß schweigen;
> Aber einst muß steigen
> Aus der Harfe Silberlied
> Dieser selbe Reigen.

(Ende der wahren Geschichte vom Wasser Lask.)

Der Kandidat Karl Hamelt erwachte von seinem Traume nicht eher, als bis die beiden Freunde, die ungeduldig ein Stück weit die Landstraße entgegengegangen waren, ihn im Grase liegend fanden. Diese fuhren ihn über seine Saumseligkeit mit unsanften Worten an, auf die jedoch Hamelt mit Schweigen antwortete und sich nur zu einem flüchtig genickten »Guten Morgen!« verstand.

Ugel war besonders ungehalten. »Ja, guten Morgen!« zürnte er. »Es ist lang nimmer Morgen! Antizipiert hast du wieder, in der Oetinger Kneipe bist du gewesen, der Wein glänzt dir noch aus den Augen!«

Karl grinste und rückte den braunen Filz weiter in die Stirne. »Nun, laß gut sein!« sagte Lauscher. Die drei Freunde wandten sich gegen die Stadt, am Bahnhof vorüber und über die Bachbrücke, und wandelten langsam auf dem Wall dem Gasthaus »Zur Königskrone« entgegen. Dieses war nämlich nicht nur der bevorzugte Bierwinkel der Kirchheimer Freunde, sondern auch die derzeitige Herberge des durchreisenden Dichters.

Als die Ankommenden sich schon der Kronentreppe näherten, öffnete sich die schwere Haustüre plötzlich weit, und ihnen entgegen stürzte mit Blitzesschnelle ein weißhaariger graubärtiger Mann, mit zornrotem Gesicht, in heftigster Erregung aus dem Hause. Die Freunde erkannten befremdet den alten Sonderling und Philosophen Drehdichum und vertraten ihm am Fuß der Treppe den Weg.

»Halt, werter Herr Drehdichum!« rief ihm der Dichter Lauscher entgegen. »Wie kann ein Philosoph so das Gleichgewicht verlieren? Kehren Sie um, Verehrter, und klagen Sie uns Ihren Schmerz im Kühlen drinnen!«

Mit einem schiefen, spitzen Lauerblick des Mißtrauens hob der Philosoph seinen struppigen Kopf und erkannte die drei jungen Männer.

»Ah, da seid ihr«, rief er, »das ganze petit cénacle! Eilet ins Innere, Freunde, trinket Bier und erlebet Wunder daselbst; aber verlanget nicht die Teilnahme des gebrochenen Greises, in dessen Herz und Gehirn die Dämonen wühlen!«

»Aber, teurer Herr Drehdichum, was fehlt Ihnen denn heute schon wieder?« fragte teilnehmend Ludwig Ugel, taumelte aber sogleich entsetzt wider die Treppenbrüstung; denn der Philosoph hatte ihm einen Fauststoß in die Seite versetzt und rannte schäumend und fluchend in die Straße.

»Infame Zischelgift«, brüllte er im Wegeilen, »unglückseliger Talisman, in rotblauer Blume verzaubert! Mißhandelt die einzige, in Staub getreten ... Opfer satanischer Bosheit ... Erneute qualvolle Erinnerung ...«

Verwundert schüttelten die drei ihre Köpfe, ließen jedoch den Wütenden laufen und schickten sich endlich an, die Vortreppe zu ersteigen, als die Türe sich von neuem öffnete und mit einem ins Haus zurückgewinkten freundlichen Abschiedsgruß der Pfarrvikar Wilhelm Wingolf hervortrat. Er wurde von den Untenstehenden mit Heiterkeit begrüßt und sogleich von allen um die Ursache des seligen Glanzes befragt, der sein breites Würdehaupt vergoldete. Geheimnisvoll streckte er den fetten Zeigefinger auf, nahm den Dichter vertraulich beiseite und sagte ihm schalkisch lächelnd ins Ohr: »Denk dir, heute habe ich den ersten Vers in meinem Leben gemacht! Und zwar soeben!«

Der Dichter riß die Augen so weit auf, daß sie oben und unten über die schmalen Ränder seiner goldenen Brille ragten. »Sag ihn!« rief er laut. Der Pfarrvikar wendete sich gegen die drei Freunde, hob wieder den Zeigefinger und sagte mit selig verkniffenen Augen seinen Vers auf:

> Vollkommenheit,
> Man sieht dich selten, aber heut!

Ohne ein weiteres Wort zu verlieren, verließ er hutschwenkend die Kameraden.

»Donnerwetter!« sagte Ludwig Ugel. Der Dichter schwieg

nachdenklich. Karl Hamelt aber, der seit seinem Erwachen im Grase noch kein Wort von sich gelassen hatte, sagte mit Nachdruck: »Der Vers ist gut!«

Auf irgend etwas Ungewöhnliches gefaßt, betraten nun endlich ohne weitere Hindernisse die durstig gewordenen Freunde den kühlen Wirtsraum der »Krone«, und zwar die bessere Stube, wo die junge Wirtin selber zu bedienen pflegte und wo sie um diese Tageszeit stets die einzigen Gäste waren und mit der Frau ihre scherzhaften Höflichkeiten trieben.

Das erste Merkwürdige nun, was alle drei bald nach dem Eintreten und Niedersitzen bemerkten, war dieses: daß ihnen die kleine runde Wirtin heute zum erstenmal gar nicht mehr hübsch erschien. Das rührte aber, wie jeder im stillen bald wahrnahm, davon her, daß im Halbdunkel über die blanke Galerie der geräumigen Kredenz ein fremder schöner Mädchenkopf hervorragte.

2

Das zweite nicht minder Merkwürdige war aber, daß am nächsten kleinen Trinktische, ohne die Ankommenden irgend zu bemerken oder zu grüßen, der elegante Herr Erich Tänzer saß, ein intimes Mitglied der Brüderschaft des cénacle und Karl Hamelts besonderer Herzensfreund. Er hatte einen Becher helles Bier halb ausgetrunken vor sich stehen und in das Bierglas eine gelbe Rose gestellt; dazu rollte er langsam seine großen, ein wenig hervorstehenden Augen und sah zum erstenmal in seinem Leben albern aus. Zuweilen bog er seine stattliche Nase gegen die Rose hin und roch an ihr, wobei er einen nahezu unmöglichen Schielblick nach dem fremden Mädchenkopf hinüberlenkte, ohne daß hierdurch der Ausdruck seines Gesichtes wesentlich gewonnen hätte.

Und als dritte Absonderlichkeit saß neben Erich mit großer Ruhe der alte Drehdichum, hatte einen Pfiff Kulmbacher vor sich stehen und eine von des Kronenwirts Kubazigarren im Munde.

»Zum Teufel, Herr Drehdichum«, rief aufspringend Hermann Lauscher, »wie kommen Sie hierher? Sah ich Sie doch soeben um den obern Wall davonlaufen …«

»Und haben Sie mir doch eben noch in der größten zitternden Wut Ihre Faust in den Magen gebohrt!« rief Ludwig Ugel.

»Nichts für ungut«, rief der Philosoph mit dem gewinnendsten Lächeln zurück, »nichts für ungut, lieber Herr Ugel! Ich empfehle Ihnen das Kulmbacher, meine Herren!« Damit leerte er ruhig sein Glas.

Indessen rief Karl Hamelt seinen Freund Erich an, der gegenüber noch immer entrückt und schlaff vor seiner ins Bierglas gesteckten gelben Rose saß.

»Erich, schläfst du?«

Erich antwortete ohne aufzusehen: »Ich schläfe nicht.«

»Man sagt nicht, ich schläfe, man sagt, ich schlafe«, rief Ugel.

Da aber bewegte sich der Mädchenkopf hinter der Schenkgalerie, und die ganze fremde schöne Person trat hervor und an den Tisch der Freunde.

»Was wünschen die Herren?«

Wem nicht schon, da er vor dem schönen Gemälde einer Frau in seliger Begeisterung stand, plötzlich aus der Landschaft des Bildes heraus die Schöne lebendig entgegentrat, der weiß nicht, wie den Brüdern des cénacle in diesem Augenblick zumute war. Alle drei erhoben sich von ihren Stühlen und machten drei Verbeugungen, jeder eine. »Schöne, teure Dame!« sagte der Dichter.

»Gnädiges Fräulein!« sagte Ludwig Ugel, und Karl Hamelt sagte gar nichts.

»Nun, trinken Sie Kulmbacher?« fragte die Schöne.

»Ja, bitte«, sagte Ludwig, und Karl nickte, Lauscher aber bat um einen Becher Rotwein.

Als die Getränke nun von der leisen, schlanken Mädchenhand elegant serviert wurden, wiederholten sich die verlegenen und ehrerbietigen Komplimente. Da kam aus ihrer Ecke die kleine Frau Müller gelaufen.

»Machen Sie doch nicht solche Umstände, meine Herren«, sagte sie, »mit dem dummen Ding; sie ist meine Stiefschwester und zum Bedienen hergekommen, weil wir eine Hilfe nötig hatten ... Geh ins Büfett, Lulu; es schickt sich nicht, so bei den Herren stehen zu bleiben.«

Lulu ging langsam weg. Der Philosoph kaute wütend an seiner Kuba, Erich Tänzer wälzte einen fabelhaften Jongleurblick nach der Richtung, in der das Mädchen verschwunden war. Die drei

Freunde schwiegen ärgerlich und verlegen. Die Wirtin trug, um sich gefällig zu zeigen und Unterhaltung zu machen, vom Fensterbrett einen Blumentopf herbei und zeigte ihn prahlend am Tische vor.

»Sehen Sie, was für ein Staat! Diese Blume ist vielleicht die allerseltenste, die man nur kennt, und man sagt, sie blühe bloß alle fünf oder zehn Jahre.«

Alle betrachteten aufmerksam die Blume, die zart rot-blau auf einem kahlen langen Stengel schwankte und einen seltsam trüben, warmen Duft ausströmte. Der Philosoph Drehdichum geriet in eine große Erregung und warf einen schneidend grimmigen Blick auf die Wirtin und ihre Blume, was aber niemand beachtete.

Da plötzlich sprang Erich am andern Tische auf, kam herüber, riß die Blume mit einem gewaltsamen Ruck mitten ab und war mit ihr in zwei Sätzen im Büfett verschwunden. Drehdichum brach in ein leises Hohngelächter aus. Die Wirtin kreischte entsetzlich auf, rannte Tänzer nach, blieb mit dem Rock am Stuhle hängen, fiel zu Boden, der nacheilende Ugel über sie weg und über ihn der Dichter, der im Aufspringen Weinkelch und Blumentopf mit sich riß. Der Philosoph stürzte sich auf die hilflos liegende Wirtin, hielt ihr die Fäuste vors Gesicht, fletschte die Zähne und achtete es nicht, daß Ugel und Lauscher ihn wie toll an den reißenden Rockschößen zurückzuzerren strebten. In diesem Augenblick eilte der Wirt herein; der Philosoph, wie verwandelt, half der Frau auf die Beine, aus der Tür der angrenzenden Stube glotzten Bauern und Fuhrmänner in den Skandal. Im Büfett hörte man die schöne Lulu weinen, und Erich trat mit der ganz zerknitterten Blume in der Hand heraus. Alles stürzte sich scheltend, fragend, drohend, lachend auf ihn los; er aber hieb mit der zerbrochenen Blume wie ein Verzweifelter um sich und gewann ohne Hut das Freie.

3

Am nächsten Morgen hatten sich die Freunde Karl Hamelt, Erich Tänzer und Ludwig Ugel im Herbergzimmer Hermann Lauschers versammelt, um seine neuesten Gedichte anzuhören.

Eine große Flasche Wein stand auf dem Tisch, aus der sich jeder bediente. Der Dichter hatte mehrere anmutige Lieder vorgetragen und zog nun das letzte kleine Blättlein aus der Brusttasche. Er las: »An die Prinzessin Lilia ...«

»Wie?« rief Karl Hamelt und fuhr vom Kanapee empor. Etwas indigniert wiederholte Lauscher den obigen Titel. Karl aber legte sich in tiefem Nachdenken in die geblümten Polster zurück. Der Dichter las:

> Ich weiß einen alten Reigen,
> Ein helles Silberlied,
> Das lautet fremd und eigen,
> Wie wenn aus leisen Geigen
> Ein Heimwehzauber lockend zieht ...

Hamelt lenkte die Aufmerksamkeit der beiden andern ganz von der Fortsetzung des Liedes ab. »Prinzessin Lilia ... Silberlied ... Der alte Reigen ...«, wiederholte er immer wieder, schüttelte den Kopf, rieb sich die Stirn, stierte leer in die Luft und heftete sodann den Blick glühend und heftig auf den Dichter. Lauscher war mit dem Lesen zu Ende und begegnete aufschauend diesem Blicke.

»Was ist?« rief er verwundert. »Willst du den Blick der Klapperschlange an mir armem Vogel versuchen?«

Hamelt erwachte wie aus einem tiefen Traum. »Woher hast du dieses Lied?« fragte er tonlos den Dichter. Lauscher zuckte die Achseln. »Woher ich alle habe«, sagte er.

»Und die Prinzessin Lilia?« fragte Hamelt wieder. »Und der alte Reigen? Siehst du denn nicht, daß dieses Lied das einzige echte ist, das du gedichtet hast? Alle deine andern Gedichte ...« Lauscher unterbrach ihn schnell.

»Schon gut; aber in der Tat«, fuhr er fort, »in der Tat, liebe Freunde, ist dieses Lied mir selber ein Rätsel. Ich saß und dachte nichts und glaubte nur, nach meiner Gewohnheit, aus Langeweile Figuren und Zierbuchstaben auf das Blatt zu kritzeln, und als ich aufhörte, stand das Lied auf dem Papier. Es ist eine ganz andere Hand, als ich sonst schreibe, seht nur!«

Damit gab er das Blatt dem zunächst sitzenden Erich in die Hände. Der hielt es vors Auge, erstaunte höchlich, sah noch einmal schärfer hin und sank alsdann mit dem lauten Ausruf: »Lulu!« in den Stuhl zurück. Ugel und Hamelt stürzten hinzu und schauten auf das Papier. »Alle Wetter!« rief Ugel aus; Hamelt aber hatte sich ins Kanapee zurückgelehnt und betrachtete das merkwürdige Blatt mit allen Zeichen des maßlosesten Erstaunens. Höchste Freude und unheimliche Befremdung wechselten auf seinem Gesicht.

»Nun sag mir, Lauscher«, rief er endlich aus, »ist dies unsere Lulu, oder ist es die Prinzessin Lilia?«

»Unsinn!« rief ärgerlich der Dichter. »Gib mir's her!«

Aber während er das Papier an sich nahm und noch einmal überblickte, machte plötzlich ein fremdes, kühles Schaudern seinen Herzschlag stocken. Die unregelmäßigen flüchtigen Schriftzeichen flossen in unbeschreiblicher Weise zu dem Umriß eines Kopfes zusammen, und beim längeren Betrachten entwickelten sich aus dem Umrisse feine Züge eines Mädchenangesichts, die niemand anders als die schöne fremde Lulu darstellten.

Erich saß wie versteinert im Sessel, Karl lag murmelnd auf dem Kanapee neben dem kopfschüttelnden Ludwig Ugel. Der Dichter stand bleich und verloren mitten im Zimmer. Da klopfte ihm eine Hand auf die Schulter, und als er aufschreckend sich umwendete, stand der Philosoph Drehdichum da und grüßte mit dem schäbigen steifen Hute.

»Drehdichum!« rief der Dichter erstaunt. »Zum Hagel, sind Sie durch den Plafond herabgefallen?«

»Wieso?« entgegnete lächelnd der Alte. »Wieso, lieber Herr Lauscher? Ich hatte zweimal angeklopft. Aber lassen Sie sehen, Sie haben ja hier ein prachtvolles Manuskript!« Er nahm das Lied oder vielmehr das Bild sorgfältig aus Lauschers Händen. »Sie erlauben doch, daß ich das Blatt betrachte? Seit wann sammeln Sie solche Raritäten?«

»Raritäten? Sammeln? Werden Sie denn aus dem Wische klug, Herr Drehdichum?« Der Alte betrachtete und betastete das Papier mit großem Behagen.

»Ei freilich«, erwiderte er schmunzelnd, »ein schönes Stück eines wenn schon verdorbenen und späten Textes! Es ist askisch.«

»Askisch?« rief Karl Hamelt.

»Nun ja, Herr Kandidat«, sagte freundlich der Philosoph. »Aber gestehen Sie doch, bester Herr Lauscher, wo Sie den seltenen Fund gemacht haben! Es möchte weitere Nachforschungen lohnen.«

»Sie fabeln, Herr Drehdichum«, lachte beklommen der Dichter. »Dieses Blatt ist nagelneu, ich selbst habe es gestern nacht geschrieben.«

Der Philosoph maß Lauscher mit einem argwöhnischen Blick.

»Ich muß gestehen«, antwortete er, »ich muß wirklich gestehen, mein lieber junger Herr, daß diese Späße mich einigermaßen befremden.«

Lauscher wurde nun aber ernstlich ungehalten.

»Herr Drehdichum«, rief er heftig, »ich muß Sie bitten, mich nicht mit einem Hanswurst zu verwechseln und sich, falls Sie selbst, wie es scheint, diese heitere Rolle agieren wollen, gefälligst einen andern Schauplatz als meine Wohnung zu suchen.«

»Nun, nun«, lächelte gutmütig Drehdichum, »vielleicht denken Sie der Sache noch einmal nach! Indessen leben Sie allerseits wohl, meine Herren!« Damit rückte er den grünlich schillernden Hut auf dem weißen Kopfe zurecht und verließ lautlos das Zimmer.

Unten fand Drehdichum die schöne Lulu allein im leeren Wirtszimmer stehen und Weingläser mit einem Tuch ausreiben. Er schenkte sich seinen Becher selber am Fasse voll und setzte sich dem Mädchen gegenüber an den Tisch. Ohne etwas zu reden, blickte er zuweilen freundlich aus seinen alten hellen Augen der Schönen ins Gesicht, und sie, da sie sein Wohlwollen spürte, fuhr unbefangen in ihrer Arbeit fort. Der Philosoph ergriff ein leeres geschliffenes Glas, füllte ein wenig Wasser hinein und begann den Rand, den er befeuchtet hatte, mit der Spitze des Zeigefingers zu reiben. Bald kam ein Summen hervor, und dann ein klarer Ton, der ohne Unterbruch bald schwellend, bald schwindend die Stube erfüllte. Die schöne Lulu hörte das feine Singen gern, sie ließ die Hände ruhen und lauschte und ward von dem ewigen süßen Kristalltone ganz bezaubert, indes der Alte manchmal vom Glase weg ihr freundschaftlich und eindringend in die Augen blickte. Das ganze Zimmer klang von dem Singen des Glases. Lulu stand ruhig damitten und dachte nichts und hatte die Augen groß wie ein horchendes Kind.

»Lebt noch der alte König Ohneleid?« vernahm sie eine Stimme fragen und wußte nicht, war es der Alte, der fragte, oder kam die Stimme aus dem Ton des Glases. Auf die Frage aber mußte sie durch ein Nicken antworten, sie wußte nicht warum.

»Und weißt du noch das Lied der Harfe Silberlied?«

Sie mußte nicken und wußte nicht warum. Leiser tönte der Kristallklang. Die Stimme fragte:

»Wo sind die Saiten der Harfe Silberlied?«

Der Ton klang immer leiser und schwang in kleinen zarten Wellen aus. Da mußte die schöne Lulu weinen, sie wußte nicht warum.

Es war ganz still im Zimmer geworden, und so blieb es eine gute Weile.

»Warum weinen Sie, Lulu?« fragte Drehdichum.

»Ach, hab ich geweint?« antwortete sie schüchtern. »Mir wollte ein Lied aus meiner Kinderzeit einfallen; aber ich kann mich nur halb darauf besinnen.«

Heftig ward die Tür aufgerissen, und die Frau Müller kam hereingerannt. »Was, noch immer an den paar Gläsern?« rief sie keifend. Lulu weinte wieder, die Wirtin rumorte und schimpfte; beide bemerkten es nicht, wie der Philosoph aus seiner kurzen Pfeife einen großen Rauchringel blies, sich darein setzte und leise auf einem sanften Zugwind durch das offene Fenster fuhr.

4

Die Mitglieder des petit cénacle waren im nahen Walde versammelt. Auch der Regierungsreferendar Oskar Ripplein war mitgekommen. Die schwärmerischen Gespräche der Jugend und Freundschaft entspannen sich zwischen den im Grase liegenden Kameraden, durch Gelächter ebenso oft wie durch Pausen des Nachdenkens unterbrochen. Besonders war von des Dichters Meinungen und Absichten die Rede, denn dieser wollte nächster Tage eine weite Reise antreten, und man wußte nicht, wann und wie man sich wiedersehen würde.

»Ich will ins Ausland«, sagte Hermann Lauscher, »ich muß mich absondern und wieder frische Luft um mich her bekommen. Vielleicht werde ich gerne einmal zurückkehren; für jetzt aber bin ich dieses engen, burschenhaften Lebens und der ganzen leidigen Studenterei von Herzen satt. Mir ist, als röche mir alles nach Tabak und Bier; außerdem hab ich in diesen letzten Jahren schon fast mehr Wissenschaft aufgesogen, als für einen Künstler gut ist.«

»Wie meinst du das?« fiel Oskar ein. »Ich denke, bildungslose Künstler, speziell Dichter, hätten wir genug.«

»Vielleicht!« antwortete Lauscher. »Aber Bildung und Wissenschaft ist zweierlei. Das Gefährliche, was ich im Sinne hatte, ist die verdammte Bewußtheit, in die man sich allmählich hineinstudiert. Alles muß durch den Kopf gehen, alles will man begreifen und messen können. Man probiert, man mißt sich selber, sucht nach den Grenzen seiner Begabung, experimentiert mit sich, und schließlich sieht man zu spät, daß man den besseren Teil seiner selbst und seiner Kunst in den verspotteten unbewußten Regungen der früheren Jugend zurückgelassen hat. Nun streckt man die Arme nach den versunkenen Inseln der Unschuld aus; aber man tut auch das nicht mehr mit der ganzen unüberlegten Bewegung eines starken Schmerzes, sondern es ist schon wieder ein Stück Bewußtheit, Pose, Absichtlichkeit darin.«

»An was denkst du dabei?« fragte hier lächelnd Karl Hamelt.

»Du weißt es schon!« rief Hermann. »Ja, ich gestehe, mein kürzlich gedrucktes Buch beängstigt mich. Ich muß wieder aus dem Vollen schöpfen lernen, an die Quellen zurückgehen. Mich verlangt nicht so sehr etwas Neues zu dichten, als ein tüchtiges Stück frisch und ungebrochen zu leben. Ich möchte wieder wie in meiner Knabenzeit an Bächen liegen, über Berge steigen oder wie sonst die Geige spielen, den Mädchen nachlaufen, ins Blaue hineinleben und warten, bis die Verse zu mir kommen, statt ihnen atemlos und ängstlich nachjagen.«

»Sie haben recht«, klang plötzlich die Stimme Drehdichums, der aus dem Walde hervortrat und mitten zwischen den ins Gras gelagerten Jünglingen stehenblieb.

»Drehdichum!« riefen alle fröhlich aus. »Guten Tag, Herr Philosoph! Guten Morgen, Herr Überall!«

Der Alte setzte sich nieder, sog seine Zigarre kräftig an und wendete sein wohlmeinendes, freundliches Gesicht dem Dichter Lauscher zu.

»Es ist«, begann er lächelnd, »noch ein Stück Jugend in mir, das sich gerne wieder einmal unter seinesgleichen ausplaudert. Wenn Sie erlauben, nehme ich an Ihrer Unterhaltung teil.«

»Gerne«, sagte Karl Hamelt. »Unser Freund Lauscher sprach eben davon, wie ein Dichter aus dem Unbewußten schöpfen müsse und wie wenig ihm mit aller Wissenschaft gedient sei.«

»Nicht übel!« entgegnete langsam der Alte. »Ich habe immer zu den Dichtern eine besondere Neigung gehabt und manchen gekannt, dem meine Freundschaft nicht ohne Nutzen blieb. Die Dichter neigen auch heute noch mehr als andere Menschen zu dem Glauben, daß im Schoß des Lebens gewisse ewige Mächte und Schönheiten halbschlummernd liegen, deren Ahnung durch die rätselhafte Gegenwart zuweilen hindurchschimmert wie ein Wetterleuchten durch die Nacht. Dann ist ihnen, als seien das ganze gewöhnliche Leben und sie selber nur Bilder auf einem gemalten hübschen Vorhang, und erst hinter diesem Vorhang spiele das eigentliche, das wahre Leben sich ab. Auch scheinen mir die höchsten, ewigsten Worte der großen Dichter wie das Lallen eines Träumenden zu sein, der, ohne es zu wissen, von den flüchtig erblickten Höhen einer jenseitigen Welt mit schweren Lippen murmelt.«

»Sehr schön«, rief hier Oskar Ripplein, »sehr hübsch gesagt, Herr Drehdichum, aber weder alt noch neu genug. Diese schwärmerische Lehre ist vor hundert Jahren von den sogenannten Romantikern gepredigt worden: man träumte damals auch solche Vorgänge und solches Wetterleuchten. Man hört in den Schulen noch davon reden als von einer glücklich überwundenen Dichterkrankheit, und heute träumt längst kein Mensch mehr so, oder wenn er träumt, so weiß er doch, daß das Gehirn ...«

»Satis!« rief da der Kandidat Hamelt. »Vor hundert und mehr Jahren sind auch schon solche ... solche Gehirnmenschen dagewesen und haben langweilige Reden gehalten. Und heute nehmen sich jene Träumer und Phantasten immer noch stattlicher und liebenswürdiger aus als diese allzu verständigen Schlaumeier. Übrigens was das Träumen betrifft, auch mir hat es dieser Tage merkwürdig geträumt.«

»Erzählen Sie doch!« bat der Alte.

»Ein andermal!«

»Sie wollen nicht? Aber vielleicht können wir's erraten«, meinte Drehdichum. Karl Hamelt lachte laut auf.

»Nun, wir versuchen's!« beharrte Drehdichum. »Jeder stellt eine Frage, auf welche Sie ehrlich mit Ja oder Nein antworten. Erraten wir's nicht, so war's doch ein lustiger Zeitvertreib.«

Alle erklärten sich einverstanden und begannen nun kreuz und quer zu fragen. Die besten Fragen stellte aber immer der Philosoph. Als wieder die Reihe an ihn kam, fragte er nach einigem Besinnen: »Kam in dem Traume Wasser vor?«

»Ja.«

Nun durfte, weil die Frage bejaht war, der Alte noch eine stellen.

»Quellwasser?«

»Ja.«

»Wasser aus einer Wunderquelle?«

»Ja.«

»Wurde das Wasser ausgeschöpft?«

»Ja.«

»Von einem Mädchen?«

»Ja.«

»Nein!« rief Drehdichum. »Besinnen Sie sich!«

»Ja doch!«

»Also von einem Mädchen wurde das Wasser geschöpft?«

»Ja.«

Drehdichum schüttelte heftig den Kopf. »Unmöglich!« sagte er wieder. »Hat wirklich das Mädchen selber aus der Quelle geschöpft?«

»Ach nein!« rief Karl verwirrt. »Es war der Geist Haderbart, der zuerst schöpfte.«

»Ah, nun haben wir's!« frohlockten die andern. Und nun mußte Karl die ganze Geschichte seines Traumes von der Quelle Lask erzählen.

Alle hörten verwundert und seltsam ergriffen zu.

»Prinzessin Lilia!« rief Lauscher aus. »Und Silberlied? Woher sind mir doch die Namen so bekannt?«

»Ei«, sagte der Alte, »die Namen stehen beide in der askischen Handschrift, die Sie mir gestern zeigten.«

»In meinem Liede!« seufzte der Dichter.

»In dem Bilde der schönen Lulu«, flüsterten Karl und Erich.

Der Philosoph hatte inzwischen eine neue Zigarre angesteckt und qualmte mächtig ins Grüne hinein, bis er ganz in eine blaue Wolke von Tabaksrauch eingehüllt war.

»Sie rauchen ja wie ein Schornstein«, sagte Oskar Ripplein und wich der Wolke aus. »Und was für ein Kraut!«

»Echte Mexikaner!« rief aus seiner Wolke heraus der Alte. Dann hörte er auf zu qualmen, und als nun ein Windzug die ganze stark riechende Wolke von hinnen führte, war er mit ihr verschwunden.

Karl und Hermann rannten hinter der zerstiebenden Rauchwolke her in den Wald hinein. »Dummes Zeug!« brummte der Referendar und hatte das unangenehme Gefühl, in zweideutiger Gesellschaft gewesen zu sein. Erich und Ludwig hatten sich schon fortgemacht und wandelten im Golde des klaren Spätnachmittags der Stadt und dem Gasthaus »Zur Krone« entgegen.

Karl und Hermann ereilten die letzten zerflatternden Schleier der Tabakswolke im tiefen Walde und standen ratlos vor einer dicken Buche still. Sie wollten sich eben ins Moos niedersetzen, um wieder zu Atem zu kommen, als hinter dem Baum die Stimme Drehdichum laut wurde.

»Nicht dort, ihr Herren, dort ist es ja feucht! Kommen Sie doch auf diese Seite!«

Sie kamen und fanden den Alten auf einem großen verdorrten Aste sitzen, der wie ein unförmlicher Drache am Boden lag.

»Gut, daß Sie kommen!« sagte er. »Nehmen Sie doch bitte hier neben mir Platz! Ihr Traum, Herr Hamelt, und Ihr Manuskript, Herr Lauscher, interessieren mich.«

»Zuerst«, fiel ihm Hamelt ungestüm ins Wort, »zuerst sagen Sie mir doch um des Himmels willen, wie Sie meinen Traum erraten konnten.«

»Und mein Papier lesen!« fügte Lauscher hinzu.

»Ei nun«, sagte der Alte, »was ist da zu wundern? Man kann alles erraten, wenn man vorsichtig fragt. Zudem liegt mir die Geschichte der Prinzessin Lilia so nahe, daß ich leicht darauf fallen mußte.«

»Eben das ist es ja!« rief wieder der Kandidat. »Woher wissen Sie denn diese Geschichte, und wie erklären Sie es, daß mein Traum, von dem ich noch niemandem ein Wort gesagt hatte, plötzlich in dem rätselhaften Lied unseres Lauscher so auffallend anklingt?«

Der Philosoph lächelte und sagte mit einer milden Stimme: »Wenn man sich mit der Geschichte der Seele und ihrer Erlösung viel beschäftigt hat, kennt man ähnliche Fälle ohne Zahl. Es gibt von der Geschichte der Prinzessin Lilia mehrere, stark variierende Fassungen; sie spukt vielfach entstellt und verändert durch alle Zeiten und liebt namentlich die bequeme Erscheinungsform der Vision. Nur selten zeigt sich die Prinzessin selbst, deren Vollendungsprozeß übrigens in den letzten Stadien der Läuterung stehen muß – nur selten, sage ich, erscheint sie sichtbar in menschlicher Gestalt und wartet unbewußt auf den Augenblick ihrer Erlösung. Ich selbst sah sie kürzlich und versuchte mit ihr zu reden. Sie war aber wie im Traum, und als ich es wagte, sie nach den Saiten der Harfe Silberlied zu fragen, brach sie in Tränen aus.«

Die jungen Leute hörten dem Philosophen mit aufgerissenen Augen zu. Ahnungen und Anklänge stiegen in ihnen auf; aber die wunderlich krausen Redensarten und halb ironischen Grimassen Drehdichums verwirrten ihnen die Fäden unlöslich zu peinlichen Knäueln.

»Sie, Herr Lauscher«, fuhr jener fort, »sind Ästhetiker und müssen wissen, wie lockend und gefährlich es ist, die schmale, aber tiefe Kluft zwischen Güte und Schönheit zu überbrücken. Wir zweifeln ja nicht, daß diese Kluft keine absolute Trennung, sondern nur die Spaltung eines einheitlichen Wesens bedeutet und daß beide, Güte sowie Schönheit, nicht Prinzipien, sondern Töchter des Prinzips Wahrheit sind. Daß die beiden scheinbar einander fremden, ja feindseligen Gipfel tief im Schoß der Erde eins und gemeinsam sind. Aber was hilft uns die Erkenntnis, wenn wir auf einem der Gipfel stehen und den klaffenden Spalt stündlich vor Augen haben? Das Überbrücken dieses Abgrundes aber und die Erlösung der Prinzessin Lilia bedeutet ein und dasselbe. Sie ist die blaue Blume, deren Anblick der Seele die Schwere und deren Duft dem Geist die spröde Härte nimmt; sie ist das Kind, das Königreiche verteilt, die Blüte der vereinten Sehnsucht aller großen Seelen. Am Tag ihrer Reife und Erlösung wird die Harfe Silberlied erklingen und die Quelle Lask durch den neuerblühten Liliengarten rauschen, und wer es sieht und

vernimmt, dem wird sein, als wäre er sein Leben lang im Alp-
druck gelegen und hörte nun zum ersten Male das frische Brausen des hellen Morgens ... Aber noch schmachtet die Prinzessin
im Bann der Hexe Zischelgift, noch hallt der Donner jener un-
heilvollen Stunde im verschütteten Opalschlosse wider, noch
liegt dort in bleiernen Traumfesseln mein König im zertrüm-
merten Saal!«

5

Als die beiden Freunde eine Stunde später aus dem Walde her-
vorkamen, sahen sie Ludwig Ugel, Erich Tänzer und den Regierungsreferendar mit einer hellgekleideten Dame vom »Drei-
königskeller« her den Berg hinaufspazieren. Bald erkannten sie
mit Freuden die schlanke Lulu und eilten den Ankommenden
aufs schnellste entgegen. Sie war heiter und plauderte mit ihrer
weichen Liebesstimme harmlos in das Gespräch hinein. Alle
setzten sich in halber Höhe des Berges auf eine geräumige Ruhebank. Die helle Stadt lag blank und fröhlich im Tal, und
ringsum glänzte der goldene Duft des Abends auf den hohen
Wiesen. Die träumerische Fülle des August war herrlich ausgebreitet, aus dem Laub der Bäume quoll schon das grüne Obst,
Erntewagen fuhren auf der Talstraße bekränzt und leuchtend
gegen die Dörfer und Gehöfte.
»Ich weiß nicht«, sagte Ludwig Ugel, »was diese Abende im
August so schön macht. Man wird nicht fröhlich davon, man
legt sich ins hohe Gras und nimmt teil an der Milde und Zärtlichkeit der goldenen Stunde«.
»Ja«, sagte der Dichter und blickte der schönen Lulu in die
dunklen reinen Augen. »Es ist die Neige der Jahreszeit, die so
mild und traurig macht. Die ganze reife Süßigkeit des Sommers
quillt in diesen Tagen weich und müde über, und man weiß, daß
morgen oder übermorgen irgendwo schon rote Blätter auf den
Wegen liegen werden. Es sind die Stunden, da man schweigend
das Rad der Zeit sich langsam drehen sieht, und man fühlt sich
selber langsam und traurig mitgetrieben, irgendwohin, wo
schon die roten Blätter auf dem Wege liegen.«
Alle schwiegen und lauschten in den goldenen Späthimmel und

in die farbige Landschaft hinein. Leise begann die schöne Lulu eine Melodie zu summen, und allmählich ging das halbe Flüstern in ein zartes Singen über. Die Jünglinge lauschten und schwiegen wie berauscht; die weichen süßen Töne der edlen Stimme schienen aus der Tiefe des seligen Abends heraufzukommen wie Träume aus der Brust der einschlummernden Erde.

> Aller Friede senkt sich nieder
> Aus des Himmels klaren Weiten,
> Alles Freuen, alles Leiden
> Stirbt den süßen Tod der Lieder.

Mit diesem Verse war ihr Abendlied zu Ende. Sogleich begann Ludwig Ugel, der sich zu Füßen der andern ins Gras gelegt hatte, zu singen:

> O Brünnlein unterm Laube, du feiner Silberquell,
> Fließe verstohlen hinunter zur weißen Waldkapell!
> Dort liegt auf harten Stufen im Moos Marienfrau,
> Du sollst sie stille rufen, mit Murmeln und nicht rauh,
> Und sollst ihr leise künden von meiner tiefen Not:
> Mein Mund sei, ach, von Sünden und lauter Liedern rot.
> Und sollst ihr von mir geben eine Lilie, weiß und rein:
> Sie möge mein rotes Leben und meine Sünden verzeihn!
> Vielleicht, daß ihre Güte sich lächelnd zu dir neigt,
> Der holden weißen Blüte ein süßer Duft entsteigt:
> Weil Lieb- und Sonnetrinken des Sängers Sünde ist,
> So sei der rote Liedermund in Hulden rein geküßt!

Darauf sang auch Hermann Lauscher eines von seinen Liedern:

> Der müde Sommer senkt das Haupt
> und schaut sein falbes Bild im See;
> Ich wandle müde und bestaubt
> Im Schatten der Allee.

> Ich wandle müde und bestaubt,
> Und hinter mir bleibt zögernd stehn

Die Jugend, neigt das schöne Haupt
Und will nicht fürder mit mir gehn.

Mittlerweile war die Sonne untergegangen, der Himmel floß in rotem Licht. Der vorsichtige Referendar Ripplein wollte eben schon zur Heimkehr mahnen, da begann die schöne Lulu noch einmal zu singen:

Mein Vater hat viel Schlösser
Und Städte weit und breit,
Mein Vater ist der König,
Der König Ohneleid.

Und käm ein schöner Ritter
Und wollte mich befrein,
Dem würde wohl mein Vater
Sein halbes Reich verleihn.

Man erhob sich nun und stieg langsam den verglühenden Berg hinab. Jenseits auf dem Gipfel der hohen Teck prangte verloren noch ein später Streifen Sonne.

»Woher haben Sie dieses Lied?« fragte Karl Hamelt die schöne Lulu.

»Ich weiß nicht mehr«, sagte sie, »ich glaube, es ist ein Volkslied.« Sie ging jetzt schneller und wurde plötzlich von Angst ergriffen, sie möchte zu spät heimkommen und von der Wirtin gescholten werden.

»Das leiden wir nicht«, rief Erich Tänzer heftig aus. »Überhaupt habe ich im Sinn, der Frau Müller einmal meine Meinung deutlich zu sagen. Ich werde sie schon ...«

»Nein, nein!« unterbrach ihn die schöne Lulu. »Es würde dann für mich nur schlimmer werden! Ich bin eine arme Waise und muß tragen, was mir auferlegt wird.«

»Ach Fräulein Lulu«, sagte der Referendar, »ich wollte, Sie wären eine Prinzessin und ich könnte Sie befreien.«

»Nein«, rief der Schöngeist Lauscher, »Sie sind wirklich eine Prinzessin, und nur wir sind nicht Ritter genug, Sie zu erlösen. Aber was hindert mich? Ich tue es heute noch. Ich nehme die verdammte Müllerin beim Kragen ...«

»Still, still!« rief Lulu flehentlich. »Lassen Sie mich doch mein Schicksal allein ertragen! Nur heute tut mir's um den schönen Abend leid.«

Man sprach nun wenig mehr und näherte sich rasch der Stadt, wo sich Lulu von den anderen trennte, um allein in die »Krone« zurückzukehren. Die Fünfe sahen ihr nach, bis sie in die erste dunkle Straße hinein verschwand.

> Mein Vater ist der König,
> Der König Ohneleid ...

summte Karl Hamelt vor sich hin und machte sich auf den Heimweg nach dem Dorfe Wendlingen.

6

Spät am Abend desselben Tages dauerte Erich Tänzer noch in der »Krone« aus, bis auch Lauscher mit der Nachtkerze in sein Gastzimmer abging und er allein in der stillen Schenkstube war. Lulu saß noch mit am Tische; da stieß Erich plötzlich sein Bierglas heftig zur Seite, ergriff die Hand des schönen Mädchens, sah sie an, räusperte sich und tat folgende Rede: »Fräulein Lulu, ich muß Ihnen eine Rede halten. Ich muß Sie anklagen. Der künftige Staatsanwalt regt sich in mir. Sie sind unerlaubt schön, Sie sind schöner, als man sein darf, und machen damit sich und andere unglücklich. Versuchen Sie nicht sich zu verteidigen! Wo ist mein schöner Appetit? Und mein herrlicher Durst? Wo ist der Vorrat sämtlicher Paragraphen des Bürgerlichen Gesetzbuches, den ich mir mit Hilfe von Meisels Repertorium so mühselig in den Kopf getrichtert hatte? Und die Pandekten? Und das Strafrecht und der Zivilprozeß? Ja, wo sind sie? In meinem Kopf steht nur noch ein einziger Paragraph, der heißt Lulu! Und die Fußnote heißt: O du Schönste, o du Allerschönste!«

Erichs Augen standen weit hervor, ingrimmig knetete seine Linke den neuen modischen Seidenhut zuschanden, seine Rechte umklammerte Lulus kühle Hand. Diese spähte ängstlich nach einer Gelegenheit zu entrinnen. Im Büfett schnarchte Herr Müller, sie mochte nicht rufen.

Da ward unversehens die Türe ein wenig geöffnet, eine Hand und ein Stück Flanellhemdärmels drang durch den Spalt, etwas Weißes entglitt der Hand und flatterte zu Boden; dahinter schloß sich eilends wieder die Türe. Lulu hatte sich losgemacht, sie sprang hinzu und hob ein beschriebenes Blatt Briefpapier vom Boden auf. Erich schwieg verdrossen. Sie aber lachte plötzlich und las ihm das Blatt vor. Darauf stand:

> Herrin, wirst du lachen müssen?
> Sieh, ein heißes Dichterhaupt,
> Das du stolz und kühl geglaubt,
> Liegt beschämt nun dir zu Füßen,
> Und ein Herz, dem alle höchste Lust
> Wie das tiefste Leiden ward bewußt,
> Zittert scheu in deiner kleinen Hand!
> Rote Rosen, die ich Wandrer fand,
> Rote Lieder, die ich Sänger sang,
> Sehnen sich und welken bang,
> Liegen arm zu deinen Füßen – – –
> Wirst du lachen müssen?

»Lauscher«, rief Erich entrüstet, »das Aas! Sie werden doch nicht glauben, es sei dem Luftibus Ernst mit seinen verdammten Versen? Verse! So was schreibt er alle drei Wochen einer andren!«
Lulu gab dem Erregten keine Antwort, sondern lauschte nach dem offenstehenden Fenster hinüber. Von dorther kamen wirre Gitarrengriffe geklungen, und eine Baßstimme sang dazu:

> Ich stehe hier und harre
> Und spiele die Gitarre ...
> O zögere nicht länger
> Und liebe deinen Sänger!

Ein Windstoß warf das Fenster klirrend zu. In diesem Augenblick erwachte der Wirt im Büfett und kam verdrießlich aus der Schanktüre hervor. Erich warf Geld auf den Tisch, ließ sein Bier stehen, verließ ohne Gruß die Stube und rannte mit einem Satze die Vortreppe hinunter dem Gitarrespieler in den Rücken, der niemand anders als der Referendar Ripplein war, welcher nun mit Erich zankend und grimmig auf dem Wall unter den Kastanien davonging.

Die schöne Lulu löschte die Gasflammen in Wirtsstube und Flur aus und stieg in ihre Kammer hinauf. Sie hörte beim Vorbeigehen in Hermann Lauschers Zimmer aufgeregte Schritte und öftere lange Seufzer tönen. Kopfschüttelnd erreichte sie ihr Schlafgemach und legte sich zur Ruhe. Da sie nicht sogleich einschlafen konnte, überdachte sie noch einmal den Abend; aber sie lachte jetzt nicht mehr, vielmehr war sie traurig, und alles kam ihr wie ein mißratenes Possenspiel vor. Sie wunderte sich in ihrem reinen Herzen darüber, wie alle diese Menschen so töricht und eng bloß an sich selber dachten und auch an ihr im Grunde doch nur das hübsche Gesicht ehrten und liebten. Diese jungen Männer schienen ihr wie irregeleitete arme Nachtflügler um kleine Lichtlein zu taumeln, während sie große Reden im Munde führten. Es erschien ihr traurig und lächerlich, wie sie immerfort von Schönheit, Jugend und Rosen redeten, farbige Theaterwände von Worten um sich her aufbauten, indes die ganze herbe Wahrheit des Lebens fremd an ihnen vorüberlief. In ihrer kleinen einfachen Mädchenseele stand diese Wahrheit schlicht und tief geschrieben, und daß die Kunst des Lebens im Leidenlernen und Lächelnlernen bestehe.

Der Dichter Lauscher lag in seinem Bette im Halbschlummer. Die Nacht war schwül. Rasche, unvollendete, fiebernde Gedanken stiegen in seiner heißen Stirn empor und verloren sich in flüchtig verblassenden Träumen, ohne daß darüber die schwere Schwüle der Augustnacht und das zähe, peinigende Singen einiger Schnaken seinem Bewußtsein entschwunden wäre. Die Schnaken folterten ihn am meisten; bald schienen sie zu singen:

Vollkommenheit,
Man sieht dich selten, aber heut ..

bald war es das Lied der Traumharfe. Dann kam ihm plötzlich wieder in den Sinn, daß nun die schöne Lulu seine Verse in Händen habe und von seiner Liebe wisse.

Daß Oskar Ripplein das Gitarreständchen gebracht und daß

wahrscheinlich auch Erich heute abend dem schönen Mädchen Geständnisse gemacht habe, war ihm nicht verborgen geblieben. Das Rätselhafte im Wesen der Geliebten, ihre ahnungsvoll unbewußte Verknüpfung mit dem Philosophen Drehdichum, mit der askischen Sage und Hamelts Traum, ihre fremdartig seelenvolle Schönheit und ihr alltäglich-graues Schicksal beschäftigten des Dichters Gedanken. Daß die ganze eng befreundete Runde des cénacle plötzlich wie um den Magnetberg um das fremde Mädchen kreise und daß er selbst, statt Abschied zu nehmen und zu reisen, sich mit jeder Stunde enger vom Netz dieses Liebesmärchens umstricken ließ, das alles kam ihm nun vor, als wäre er und wären die andern lauter Traumgestalten eines phantasierenden Humoristen oder Figuren einer grotesken Sage. In seinem schmerzenden Haupte stieg die Vorstellung auf, dieses ganze Durcheinander und er selbst und Lulu wären ohnmächtige, willenlose Fragmente aus einem Manuskripte des alten Philosophen, hypothetische, versuchsweise kombinierte Teile einer unvollendeten ästhetischen Spekulation. Dennoch sträubte sich alles in ihm gegen ein solches unglückliches cogito ergo sum, er raffte sich zusammen, stand auf und trat ans offene Fenster. Nun bei klarerem Nachdenken erkannte er bald die hoffnungslose Albernheit seiner lyrischen Liebeserklärung; er fühlte wohl, daß die schöne Lulu ihn nicht liebe und im Grunde lächerlich fände. Traurig legte er sich ins Fenster, Sterne traten zwischen den leichten Wolken hervor, ein Wind lief über die dunkeln Kronen der Kastanien. Der Dichter beschloß, daß morgen sein letzter Tag in Kirchheim sein sollte. Zugleich traurig und erlösend drang das Gefühl der Entsagung durch seinen müden, vom Traum der letzten Tage schwül umfangenen Sinn.

7

Als Lauscher andern Tags früh in die Wirtsstube hinabkam, war Lulu schon mit den Tassen beschäftigt. Beide setzten sich zum dampfenden Kaffee. Lulu erschien dem Gaste merkwürdig verändert. Eine fast königliche Klarheit leuchtete auf ihrem reinen, süßen Gesicht, und eine besondere Güte und Klugheit blickte aus ihren schönen, vertieften Augen.

»Lulu, Sie sind über Nacht schöner geworden«, sagte Lauscher bewundernd. »Ich wußte nicht, daß dies möglich wäre.«

Sie lächelte nickend: »Ja, ich habe einen Traum gehabt, einen Traum …«

Der Dichter fragte mit einem erstaunten Blick über den Tisch hinüber.

»Nein«, sagte sie. »Ich darf ihn nicht erzählen.«

In diesem Augenblick trat die Morgensonne ins Fenster und glänzte durch die dunkeln Haare der schönen Lulu stolz und golden wie eine Glorie. Andächtig mit trauriger Freude hing des Dichters Blick an dem köstlichen Bilde. Lulu nickte ihm zu, lächelte wieder und sagte: »Ich muß Ihnen noch danken, lieber Herr Lauscher. Sie haben mir gestern Verse geschenkt, die mir hübsch erscheinen, obwohl ich sie nicht ganz verstehen kann.«

»Es war ein schwüler Abend gestern«, sagte Lauscher und blickte der Schönen in die Augen. »Darf ich das Blatt noch einmal sehen?«

Sie gab es ihm hin. Er überlas es leise noch einmal, faltete es zusammen und verbarg es in seiner Tasche. Die schöne Lulu sah schweigend zu und nickte nachdenklich. Nun wurde der Wirt auf der Treppe hörbar, Lulu sprang auf und begann ihre Morgenarbeit. Grüßend trat der kleine, feiste Wirt herein.

»Guten Morgen, Herr Müller!« antwortete Hermann Lauscher. »Ich bin heute zum letztenmal Ihr Gast. Morgen früh reise ich.«

»Aber ich hatte doch gedacht, Herr Lauscher …«

»Schon gut. Auf heute abend stellen Sie ein paar Flaschen Champagner kalt und räumen uns das hintere Zimmer ein, zum Abschiedfeiern!«

»Wie Herr Lauscher befehlen!«

Lauscher verließ Stube und Gasthaus und begab sich auf den Weg zu Ludwig Ugel, seinem Liebling, um diesen letzten Tag mit ihm zusammen zu sein.

Aus Ugels kleiner Bude in der Steingaustraße klang schon Morgenmusik. Ugel stand in Hemdärmeln noch ungekämmt am Kaffeetisch und spielte seine brave Violine, daß es eine Lust war. Das ganze Stüblein war voll Sonne.

»Ist's wahr, du willst morgen reisen?« rief Ugel dem Dichter entgegen. Der war nicht wenig verwundert.

»Woher weißt du's denn schon?«

»Von Drehdichum«

»Drehdichum? Der Teufel werde klug daraus!«

»Ja, der Alte war die halbe Nacht bei mir. Ein toller Bruder! Er faselte wieder was Langes, Farbiges von seinen Prinzessingeschichten, Liliengärten und dergleichen. Meinte, ich müsse die Prinzessin erlösen; er hätte sich in dir getäuscht, du seiest nicht die wahre Harfe Silberlied. Verrückt, nicht? Ich verstand kein Wort.«

»Ich verstehe es«, sagte Lauscher leise. »Der Alte hat recht.«

Noch eine Weile hörte er Ugel zu, der nun die begonnene Sonate zu Ende spielte. Bald darauf verließen beide Freunde Arm in Arm die Stadt und wandten sich gegen die Plochinger Steige in den Wald. Sie redeten wenig; der Abschied machte beide stumm. Der Morgen lag warm und glänzend über den schönen Bergen der Alb. Bald bog die Straße in den tiefen Wald, und die Spaziergänger legten sich abseits vom Wege in das kühle Moos.

»Wir wollen einen Strauß für die schöne Lulu machen«, sagte Ugel und begann im Liegen große Farnkräuter zu brechen.

»Ja«, sagte der andere leise, »einen Strauß für die schöne Lulu!« Er riß eine ganze hohe rotblühende Staude aus der Erde. »Nimm das dazu! Roter Fingerhut. Ich habe ihr sonst nichts zu geben. Wild, fieberrot und giftig ...«

Er redete nicht weiter; süß und bitter stieg es in seiner Kehle auf, wie Schluchzen. Düster wendete er sich ab; Ugel aber bog den Arm um seine Schulter, legte sich an seine Seite und wies mit ablenkender Gebärde empor in das wunderbare Spiel des Lichtes im hellgrünen Laub. Jeder von den beiden dachte an seine Liebe, und schweigend ruhten sie lange Zeit, Waldkronen und Himmel über sich. Über ihre Stirnen lief der kräftige, kühle Wind, über ihre Seelen spannte, vielleicht zum letztenmal, die selige Jugend ihre blauen, ahnungsvollen Himmel aus. Leise begann Ugel ein Lied zu singen:

> Die Fürstin heißt Elisabeth –
> Ein Hauch von Sonne, die vergeht.
> Ich wollt, ich hätte einen Namen,
> Der sich verneigt vor lieben Damen,

Vor Schönheit, vor Elisabeth,
Der süß von zarten Rosen weht,
Von Blättern lind, so leicht, so laß,
Von Rosen weiß, von Rosen blaß,
Ein Schimmer späten Abendgolds
Und wie der Fürstin Mund so stolz
Und wie der Fürstin Stirn so rein,
Und müßte singen von Glück und Pein –
So froh und traurig müßt er sein!

Dem Freunde weitete die stille Traurigkeit der schönen Stunde
die Brust in Schmerz und Lust. Er schloß die Augen; aus seiner
Seele stieg das Bild der schönen Lulu auf, wie er sie am heutigen
Morgen gesehen hatte, so sonneverklärt, so milde, so leuchtend,
klug und unnahbar, daß sein Herz in erregten schmerzlichen
Schlägen pochte. Seufzend fuhr er mit der Hand über die Stirn,
fächerte sich mit dem roten Fingerhut und sang:

Ich will mich tief verneigen
Vor dir und ziehen den Hut,
Ich will dir Lieder geigen
Rot wie Rosen und rot wie Blut.

Ich will mich vor dir bücken,
Wie man vor Fürstinnen tut,
Und will dich mit Rosen schmücken,
Mit Rosen rot wie Blut.

Ich will auch zu dir beten,
Wie man vor Heiligen kniet,
Mit meiner wilden, verschmähten
Liebe und meinem Lied.

Er hatte kaum geendigt, als, aus dem innersten Walde hervor, der
Philosoph Drehdichum die Liegenden anrief. Aufschauend sa-
hen sie ihn aus den Gebüschen treten.
»Guten Tag«, rief er näher kommend, »guten Tag, meine
Freunde! Nehmet dies zu euerm Strauß für die schöne Lulu!«
Damit gab er Lauscher eine große weiße Lilie in die Hand. Be-

haglich ließ er sich sodann den Freunden gegenüber auf einem moosigen Felsen nieder.

»Sagen Sie, Zauberer«, redete Lauscher ihn an, »da Sie doch überall sind und alles wissen; wer ist eigentlich die schöne Lulu?«

»Viel gefragt!« schmunzelte der Graubart. »Sie weiß es selber nicht. Daß sie die Stiefschwester der verdammten Müllerin sei, glauben Sie wohl nicht, und ich auch nicht. Sie selber hat nicht Vater, nicht Mutter gekannt, und ihr einziger Heimatbrief ist die Strophe eines merkwürdigen Liedes, das sie zuweilen singt und worin sie einen gewissen König Ohneleid ihren Vater nennt.«

»Dummes Zeug!« fluchte Ugel ärgerlich.

»Weshalb, lieber Herr?« entgegnete sanftmütig der Alte. »Aber dem sei, wie ihm wolle, man darf an solchen Geheimnissen nicht allzuviel tasten … Ich höre, Herr Lauscher, Sie wollen schon morgen uns und dieses Land verlassen? Wie man sich täuschen kann! Ich hätte gewettet, Sie blieben noch länger hier, da Sie, wie mir schien, eben durch die Lulu …«

»Genug, genug, Herr!« fiel ihm Lauscher wild aufbrausend in die Rede. »Was zum Teufel gehen Sie anderer Leute Liebesaffären an!«

»Nicht so heftig!« beruhigte lächelnd der Philosoph. »Davon, Wertgeschätzter, war ja gar nicht die Rede. Daß ich mich mit den Verwicklungen fremder Schicksale, besonders Dichterschicksale, beschäftigte, gehört zu meiner Wissenschaft. Für mich besteht kein Zweifel darüber, daß zwischen Ihnen und unserer Lulu gewisse subtile magische Beziehungen statthaben, wenn schon, wie ich ahne, ihrer ersprießlichen Wirkung zur Zeit noch unüberwindliche Hemmnisse im Wege liegen.«

»Erklären Sie mir das doch, bitte, etwas näher!« sagte der Dichter kühl, aber doch neugierig.

Der Alte zuckte die Achseln. »Ei nun«, sagte er, »jedes irgend höherstehende Menschenwesen strebt instinktmäßig nach jener Harmonie, die im glücklichen Gleichgewicht des Bewußten und des Unbewußten bestände. Solange aber der zerstörende Dualismus das Lebensprinzip des denkenden Ich zu sein scheint, neigen strebende Naturen gerne in halbverstandenem Instinkt zu Bündnissen mit entgegengesetzt Strebenden. Sie verstehen mich. Solche Bündnisse können ohne Worte, sogar ohne Wissen geschlossen werden, können wie Verwandtschaften unerkannt, rein gefühlsmäßig leben und wirken. Jedenfalls sind sie vorbestimmt und stehen außerhalb der Sphäre des persönlichen Willens. Sie sind ein unermeßlich wichtiges Element dessen, was man Schicksal nennt. Es ist vorgekommen, daß das eigentliche, wohltätige Leben eines solchen Bündnisses erst im Augenblicke der Trennung und Entsagung begann; denn diese unterliegen unserm Wollen, dem die Macht jener Sympathie sich entzieht.«

»Ich verstehe Sie«, sagte Lauscher mit verändertem Ton. »Sie scheinen mein Freund zu sein, Herr Drehdichum!«

»Zweifelten Sie daran?« lächelte dieser fröhlich.

»Sie kommen heute abend zu meiner Abschiedsfeier in der ›Krone‹!«

»Will sehen, Herr Lauscher. Nach gewissen Berechnungen wird mir diesen Abend eine wichtige Aufgabe zuteil werden, ein alter Traum sich erfüllen ... Aber vielleicht läßt es sich vereinigen. Auf Wiedersehen!« Er sprang auf, grüßte mit winkender Hand und verlor sich rasch auf der talwärts führenden Straße.

Die Freunde blieben bis zum Mittag im Walde, beide von Abschiedsgedanken und jeder von seiner Liebe erfüllt und mit widerstreitenden Empfindungen gesättigt. Verspätet suchten sie den Mittagstisch der »Krone« auf. Sie fanden Lulu daselbst in fröhlicher Stimmung und mit einem neuen, hellen Kleide geschmückt. Freundlich nahm sie die mitgebrachten Blumen an und stellte den Strauß in eine Vase auf den Ecktisch, an dem die beiden zu speisen pflegten. Heiter und geschäftig bewegte sich die schöne Gestalt bedienend mit den Tellern, Schüsseln und Flaschen hin und wider. Nach Tisch, beim Wein, setzte sie sich zu den Freunden. Man sprach von Lauschers geplanter Abschiedsfeier.

»Wir müssen das Zimmer und alles recht festlich zubereiten«, sagte Lulu; »wie Sie sehen, habe ich an mir selber den Anfang gemacht und ein nagelneues Kleid angezogen. Es fehlt noch an Blumen ...«

»Besorgen wir schon«, fiel ihr Ugel in die Rede.

»Gut«, lächelte sie. »Dann wäre es hübsch, ein paar Lampions und farbige Bänder zu haben.«

»So viel Sie wollen!« rief wieder Ugel. Lauscher nickte stumm.

»Sie sprechen ja kein Wort, Herr Lauscher!« zürnte nun Lulu. »Sind Sie nicht einverstanden?«

Lauscher gab keine Antwort. Er sagte nur, während sein Auge an ihrer schlanken Gestalt und dem feinen Antlitz hing: »Wie schön Sie heute sind, Lulu!« Und noch einmal: »Wie schön Sie sind!«

Er war unersättlich, die ganze ziere Gestalt immer wieder zu betrachten. Zu sehen, wie sie mit dem Freunde die Anstalten zu seinem Abschied betrieb, verursachte ihm eine eigentümliche Qual und machte ihn stumm und verdüstert. Jeden Augenblick kam ihm wieder der Gedanke, peinigend und bitter stachelnd, daß seine Entsagung und sein Fortgehen unwahr sei, daß er ihr zu Füßen stürzen und sie mit allen lodernden Flammen seiner Leidenschaft umgeben müsse, um sie werben, sie anflehen, sie zwingen und rauben – irgend etwas, nur nicht so tatlos vor ihr sitzen und fühlen, wie von den letzten Stunden ihrer Gegenwart ein seliger Augenblick um den andern eilig und unwiderbringlich zerrann. Dennoch bezwang er sich in hartem Kampf und begehrte nur noch in diesen letzten Stunden ihr herrliches Bild sich glühend und schmerzlich in die Seele zu senken zu unvergeßlichem Heimweh.

Schließlich, da die drei noch allein im Zimmer saßen und Ugel zum Aufbruch drängte, erhob sich Lauscher, trat vor Lulu hin und faßte ihre Hand mit seiner heißen, zitternden Rechten und sagte leise in einem gezwungenen, feierlich komischen Ton: »Meine schöne Prinzessin, wollet geruhen die Darbietung meiner Dienste in Hulden anzunehmen! Betrachtet mich, ich bitte Euch, als Euern Ritter oder als Euern Sklaven, Euern Hund oder Narren, befehlet mir …«

»Gut, mein Ritter«, unterbrach Lulu ihn lächelnd. »Ich fordere einen Dienst von Euch. Es fehlt mir auf den Abend ein recht herzensfroher Gesellschafter und Spaßmacher, der mir ein gewisses Fest unterhaltsam und lustig machen helfe. Wolltet Ihr das?«

Lauscher wurde sehr bleich. Dann lachte er heftig auf, ließ sich mit komischer Verrenkung ins Knie nieder und sprach mit theatralischer Feierlichkeit: »Ich gelobe es, edle Dame!«

Nun eilte er mit Ludwig Ugel hinweg. Sie suchten vor allem die schöne Kunst- und Handelsgärtnerei beim Friedhof auf und

wüteten mit der Schere ohne Schonung in des Gärtners Rosen-
zucht. Besonders Lauscher war nicht zu halten. »Ich muß einen
großen Korb voll Weiße haben«, rief er wiederholt, wandte alle
Zweige um und hieb die Lieblingsrosen der schönen Lulu zu
Dutzenden ab. Dann bezahlte er den Gärtner, hieß ihn die Rosen auf den Abend in die »Krone« bringen und bummelte mit
Ugel weiter durch die Stadt. Wo etwas Buntes in den Schaufen-
stern hing, da brachen sie ein; Fächer, Tücher, Seidenbänder,
Papierlaternen wurden zusammengekauft, am Ende auch noch
ein starker Posten Kleinfeuerwerk, so daß in der »Krone« die
schöne Lulu mit Inempfangnehmen und Unterbringen alle
Hände voll zu tun hatte. Dabei half ihr, ohne daß jemand darum
wußte, der gute Drehdichum bis zum Abend.

8

Lulu war schön und fröhlich wie noch nie. Lauscher und Ugel
hatten ihr Abendessen beendet; die Freunde kamen nacheinander im Gasthause an. Als alle beisammen waren, begab man sich
unter dem Vortritt Lauschers, der die schöne Lulu zierlich am
Arm führte, in die große Hinterstube. Hier waren alle Wände
mit Tüchern, Bändern und Girlanden behängt, eine Menge farbiger Laternen war an der Decke in Figuren gereiht und angezündet, der große Tisch weiß gedeckt, mit Champagnerkelchen
besetzt und mit frischen Rosen überstreut. Der Dichter überreichte seiner Dame die Lilie des Philosophen, steckte ihr eine
halbgeöffnete Teerose ins Haar und führte sie an den Ehren-
platz. Alle setzten sich froh und lärmend; ein im Chor gesungenes Lied eröffnete den Abend. Nun sprangen die Stöpsel von
den Flaschen, überschäumend floß der helle, edle Wein in die
zarten Gläser, wozu Erich Tänzer die Champagnerrede hielt.
Witz und Gelächter lösten sich ab, mit Tosen wurde der nachträglich angekommene Drehdichum empfangen, Ugel und Lauscher trugen jeder ein paar lachende Verse vor. Dann sang die
schöne Lulu ein Lied, das hieß:

Ein König lag in Banden
Und tief in Dunkelheit –

Nun ist er auferstanden
Und heißet Ohneleid.

Nun glänzen bunte Lichter
Und Lieder blank ins Land,
Nun tragen alle Dichter
Ihr farbigstes Festgewand.

Nun blühen Lilien und Rosen
So weiß und rot wie nie,
Nun singt die Harfe Silberlied
Ihre seligste Melodie.

Als das Lied zu Ende war, griff Lauscher tief in den vor ihm
stehenden Rosenkorb und warf applaudierend der Sängerin
ganze Hände voll weißer Rosen zu. Der fröhliche Krieg wurde
allgemein, Rosen flogen von Sitz zu Sitz, Dutzende, hundert,
weiße, rote; dem alten Drehdichum hing das Haar und der graue
Bart ganz voll davon. Dieser erhob sich nun, es war schon nahe
an Mitternacht, und begann zu reden:
»Liebe Freunde und schöne Lulu! Wir sehen alle, daß das Reich
des Königs Ohneleid von neuem beginnt. Auch ich muß heute
von euch Abschied nehmen, doch nicht ohne Hoffnung auf
Wiedersehen; denn mein König, zu dem ich zurückkehre, ist ein
Freund der Jugend und der Dichter. Wäret ihr Philosophen, so
würde ich euch eine schöne allegorisch-mystische Geschichte
von der Wiedergeburt des Schönen und speziell von der Erlösung des poetischen Prinzips durch die ironische Metamorphose
des Mythus erzählen, welche Geschichte heute ihr seliges Ende
erfährt. So aber tue ich besser, euch den zu lösenden Rest dieser
Geschichte in angenehmen Bildern vor Augen zu führen.
Schauet her, ein askisches Stück!«
Alle blickten seinem ausgestreckten Zeigefinger nach auf einen
großen gestickten Vorhang, mit dem eine Ecke des Zimmers
verhangen war. Dieser Vorhang wurde plötzlich sanft von innen
erleuchtet und zeigte ein Gewebe von zahllosen silbernen Lilien,
die eine schön in Marmor gefaßte starke Quelle umrahmten. Die
Kunst des Gewebes und der Beleuchtung waren so wunderbar,
daß man die Lilien wachsen, sich neigen und verschlingen, daß

man die Quelle sprudeln und sich ergießen sah, ja, daß man ihr edles kühles Rauschen stark vernahm.

Aller Augen hingen an dem prachtvollen Vorhang, und keiner bemerkte, daß schnell nacheinander im Zimmer alle Laternen erloschen. Sie folgten entzückt und erregt dem Zauberspiel der künstlichen Lilien; nur der Dichter achtete es nicht, sondern heftete durch das Dunkel den Blick glühend und anbetend auf die schöne Lulu. Ein heilig schönes, zartes Leuchten lag auf ihrem feinen Gesicht, matthell und gleichsam vergeistigt schimmerte in ihrem prachtvollen dunkeln Haar die weiße Rose.

Die Lilien bewegten sich unbeschreiblich schlank und harmonisch in einem seltsamen Blumenreigen um die Quelle. Ihre Bewegung und feine Verschlingung hüllte den Sinn der atemlos Zuschauenden in ein süßes, träumendes Netz von Wunder und Wohlgefallen. Da schlug eine Uhr Mitternacht. Blitzschnell rollte der glänzende Vorhang in die Höhe: eine weite Bühne tat sich in tiefer Dämmerung auf. Der Philosoph erhob sich; man hörte im Dunklen, wie er den Sessel rückte. Er verschwand und erschien allsogleich auf der Bühne, Haar und Bart noch voll von Rosen. Allmählich war der Raum der Bühne von einem immer mehr zunehmenden Licht erfüllt, bis klar und glänzend Quelle und Liliengarten des Vorhangs nun in edler Wirklichkeit blühend und rauschend zu erblicken waren.

Damitten stand der Geist Haderbart, als Drehdichum trotz der erhöhten Gestalt erkennbar. Im Hintergrund stieg berückend in perlblauer Schönheit das Opalschloß empor, in dessen Saale durch die weiten Fensterbögen der König Ohneleid in mächtiger Ruhe thronend zu sehen war. Während das Licht immer mehr zu strahlendem Glanze wuchs, trug Haderbart durch die sich bückenden Lilien eine riesige, fabelhafte Harfe aus Silber in die Mitte der Schaubühne. Der Glanz des Lichtes war nun blendend herrlich geworden und schauerte in fiebernden Wellen silbern und irisfarbig über die Opalmauern hin.

Lauschend schlug der Geist eine einzelne tiefe Saite der Harfe an. Ein großer, königlicher Ton erquoll. Langsam traten die Lilien des Vordergrundes zur Seite, eine festliche Treppe senkte sich von der Bühne herab. Im dunklen Zimmer erhob sich hoch und schlank die schöne Lulu, schritt über die hinter ihr wieder zurückweichende Treppe hinan und stellte sich in unsäglicher

Schönheit als Prinzessin dar. Mit tiefer Verbeugung überließ ihr der Geist Haderbart die Harfe; Tränen flossen aus seinen klaren alten Augen und fielen zusammen mit einer gelösten Rose aus seinem Bart zur Erde.

Die Prinzessin stand hoch und glänzend vor der Harfe Silberlied. Sie streckte die Rechte in höchster Bewegung nach dem Schlosse aus, zog die Harfe an ihre Schulter her und lief mit schlanken Fingern über alle Saiten. Ein Lied von unerhörter Seligkeit und Harmonie hob an, huldigend scharten sich alle hohen Lilien um ihre Herrin. Noch ein voller, reiner Griff in die tönenden Zaubersaiten – da rauschte mit kurzem Aufschlag der Vorhang nieder. Einen Augenblick war er noch ganz von inwendigem Glanze durchleuchtet, in heftiger Bewegung tanzten die gestickten Lilien durcheinander, immer schneller und rasender, bis nur noch ein einziger silberner Wirbel zu sehen war, der plötzlich lautlos in völlige Finsternis versank.

Betäubt und sprachlos standen und saßen die Freunde im finstern Zimmer. Bald sodann fingen sie an sich zu besinnen. Licht wurde gemacht. Durch Unvorsichtigkeit kam das ganz vergessene Feuerwerk in Brand und knallte mit abscheulichem Lärm durcheinander. Wirt und Wirtin liefen herzu, klagten und schalten. Ein Nachtwächter pochte von der Straße aus mit dem Spieß an die verschlossenen Fensterläden. Man schrie und fragte, jeder an den andern hin.

Aber niemand fand mehr eine Spur von Lulu und dem Philosophen. Der Referendar Ripplein begann ärgerlich zu werden und von Gaunerei zu reden; doch hörte niemand auf ihn. Hermann Lauscher war in sein Zimmer entwichen und hatte von innen geriegelt.

Als er andern Tages in aller Frühe verreiste, war von der schönen Lulu noch keine Spur gefunden. Da Lauscher sich sogleich ins Ausland begab, kann er über den ferneren Verlauf der Dinge in Kirchheim keinerlei Mitteilung machen. Denn er selber hat die vorstehende Geschichte der Wahrheit gemäß aufgeschrieben.

(1900)

Widmung

Kennt ihr die Muse der Schlaflosigkeit? Die bleiche, wachsame, die an einsamen Betten sitzt?

An meinem einsamen Bette saß sie viele Nächte lang, sie legte mir die geschmeidige, kranke Hand auf die Stirn, sie sang mir Lieder mit ihrer müden Stimme, Lieder ohne Zahl, Heimatlieder, Kinderlieder, Lieder der Liebe, des Heimwehs und der Melancholie. Und statt des entflohenen Schlummers breitete sie über meine ermüdeten Augen den dünnen, farbigen Schleier der Erinnerung und der Phantasie.

O diese langen, schleichenden Nächte, in denen unser wahrstes Wesen alle tagüber gewobenen schmucken Gewänder von sich streift und uns mit Fragen, Bitten und Vorwürfen bestürmt wie ein krankes Kind! O diese schmerzhaft klaren Erinnerungen an alle Augenblicke unseres Lebens, in denen wir wider uns selbst und wider die geheimen Gesetze des Lebens gesündigt haben! Diese Kette von Blindheit, Grausamkeit und Mißverständnis, mit der wir uns selbst zu unentrinnbarer Qual an diese angstvollen Stunden geschmiedet haben. Gibt es einen Menschen von solcher Reinheit, daß er nur eine einzige solche Nacht seiner Seele in die wahrhaftigen Kinderaugen blicken könnte, ohne unzähligen Vorwürfen und Selbstpeinigungen zur Beute zu fallen?

Ich weiß es nicht und glaube es nicht. Und dennoch entrann ich diesen Stunden und lernte sie segnen und sah die Verzweiflung nur auf dunkler Lauer verborgen liegen, unberührt von ihrem giftigen Atem.

Das war jene Muse, jene bleiche, wachsame, die mit den geschmeidigen Händen mich vom Abgrund zurückhielt. Ich danke dir, du Fremde, Phantastische, und widme dir diese Erinnerungen unsrer gemeinsam verträumten, wachen Nächte. Wie schön du warst, wenn du dein feines, tröstendes Frauengesicht über meine fiebernden Augen beugtest! Wie schön du warst, wenn du mit mir der Erinnerung eines alten Liedes lauschtest, still, vorgebeugt, das tiefe Auge in die Nacht gewendet, die helle vergeistigte Stirn von einer losen Locke märchenblonden Haa-

res überhangen! Wie schön du warst, wenn du weintest, wenn du das Auge senktest und schweigend auf dem weißen Bette meine Hand mit deiner schmalen Linken suchtest, wenn der Traum einer verlorenen Liebe über dein ernstes Gesicht wie ein leiser schmerzlicher Schatten lief!
Wie schön du warst!

Die erste Nacht

Regen, Stille, Mitternacht. Wie heißest du, schöne Blasse? Du lächelst, du legst deine Hand neben meine auf den Rand des Bettes, daß sie wie Geschwister aussehen. Ich will dich Maria nennen.
Wie hast du mich wiedergefunden, wunderliche; Schwester, die ich so langeher nicht mehr gesehen? Das war vor manchem schönen Jahr, daß ich dir jene Dichtung vorlas, mit der ich deine Gunst verscherzte. Du bist seither schöner geworden – ach hättest du damals den Schluß meiner Novelle abgewartet, so wären wir zusammen jung geblieben, und du säßest nicht an meinem Bette, um mir die vielen Stunden von Mitternacht bis Morgen ertragen zu helfen. Aber du nahmst meine Geschichte für Ernst und hast sie damit uns selber zum Ernst gemacht. Jener ungelesene Schluß ist in den Märchenbrunnen zurückgefallen, und unsre guten Feen weinten, und weinen noch heute darüber.
Erinnerst du dich jenes letzten Abends? Im Veilchengarten, alle Amseln schlugen. Wir saßen auf der grünen Großvaterbank und hatten unsere Zukunft wie ein großes Fabelbuch vor uns aufgeschlagen. Ich las dir vor, der große Ahorn rauschte darein, die Luft und die Geschichte waren voll Veilchenduft. Ich las dir vor bis zu jener traurigen Stelle – weißt du noch? Es war beinahe dunkel geworden, und im Goldregenbusch begann die Nachtigall. Ach hätten wir doch zu Ende gelesen! Aber du weintest und stießest das Buch von deinem Schoß und liefest fort. Jenen ganzen Abend und die halbe Nacht sang unsre Nachtigall.
Ich weiß jetzt das Geheimnis der Nachtigall und singe schon lange nach derselben Weise. Man hört diese Lieder gern, sie gleiten weich und sind voll Wohllaut, aber der Text ist traurig, er ist sogar zuweilen bitter, sogar gemein. Ach, die besten Lieder stan-

den im Buch meiner Jugend auf jenen Seiten, die du so unmutig überschlugst. Sie quälen mich seither, und stöhnen, und wollen gesungen sein, aber ihre Zeit ist vorüber, sie ist gar nie gewesen, denn die schönsten Seiten im Buch meiner Jugend überschlugst du an jenem Abend im Veilchengarten. Die Kapitel waren dir gewidmet – warum wolltest du sie nicht lesen? Sie fehlen jetzt mir und dir wie gesprungene Saiten auf einer Harfe. Die Harfe klingt wie sonst, nur wenn die Melodie auf die gebrochenen Saiten springt, entsteht ein herzbeklemmend leeres Schweigen und reißt mitten durch das ganze Lied. Hast du nie auf einer Harfe spielen hören, an welcher eine Saite fehlte? War es dir nicht jedesmal, wenn jene bange leere Pause kam, als sei es gerade der süßeste, erlösende Ton, der nun dem Liede fehlt? Und ist nicht immer das Süßeste, Erlösende, brennend Erdürstete gerade das, was mir und dir in jenem Augenblicke fehlt?

Hab ich dich traurig gemacht? Verzeih mir, Maria! Ich wollte es nicht tun, ich wollte dir keinen Vorwurf machen. Ich wollte dich nur fragen, ob du noch an jenen fernen warmen Frühlingsabend denkst. Ich wollte nur dich erinnern, dich fragen und dein Kopfnicken wiedersehen, die träumerisch graziöse Bewegung, die schon damals mein knabenhaftes Herz entzückte. Denk dir, der Abend wäre heute wieder! Du brauchst nur die Augen zu schließen, zu lächeln und deine Hand auf meine Hand zu legen. Hörst du nicht den großen Ahorn rauschen? Siehst du nicht das Veilchenbeet und die Taxushecken? Hörst du nicht ein feines knisterndes Wiegen? Ein großes helles Ahornblatt wankt hoch oben vom Zweig und dreht sich leise durch die warme Luft herab, ganz wie damals, ganz wie damals. –

O Maria! Warum hast du die Augen aufgemacht? Und siehst mich so traurig, bitter und erschrocken an! Der Traum ist hin. Und das große Ahornblatt dreht sich in der Luft und sinkt und fällt, und liegt auf dem Sims meines Fensters. Es ist welk, ich hör's am Fallen, und wende das Gesicht zur Seite. Draußen ist Regen, Stille und Mitternacht.

Die zweite Nacht

Du bist heute schweigsam, meine schöne Muse! Komm, spiel mit mir, die Nacht ist so lang! Was spielen wir?

Meine Muse schweigt, nimmt meinen Arm und steigt mit mir in unser schneeweißes Nachtschloß, die breite fürstliche Treppe empor, an den geduldigen steinernen Löwen vorbei, durch die offenen halbbögigen Torflügel, über die schwarzweißen Samtfelder der Flurteppiche und die geschwungene massive Treppe hinan. Sie führt mich an den Drachenleuchtern vorbei in den großen Flügelsaal, wo unser Brunnen zwischen den glänzenden Porphyrsäulen so kühl und weltverloren in seine tiefe Bronzemuschel rauscht. Wir sitzen vor der dunklen tönenden Schale nieder, durch die offenen Fensterbogen blendet das weiße Mondlicht herein und verzittert auf dem sich kräuselnden Wasser in bleichen, zerrinnenden Silberlinien. Gegenüber, jenseits des Brunnens, glänzt auf der geräumigen Dreieckfläche einer schwarzen Pyramide die smaragdene Tafel des Hermes Trismegistos.

»Wir hätten sie weglassen sollen«, sagt meine Muse.

Du hast recht. Sie ängstigt nur.

»Und doch haben wir sie in so vielen unvergeßlichen Mondnächten zusammen gelesen.«

Freilich – damals.

»Damals! Du mußt das nicht so tragisch sagen.«

Aber doch – damals.

»Nein! Das macht traurig.«

Möchtest du lustig sein?

»Man kann es nicht in diesem Saal.«

Nicht? Wir waren's doch, es ist nicht lange her.

»Er wird mir langweilig. Diese Säulen sind so plump, und immer dieses Brunnengeräusch, und dieser ewige Delphin.«

Wir müssen einen anderen Saal bauen. Beim Schilfsee, oder über dem Platanenwald. Einen roten Saal. –

»Rot?«

Meinst du nicht?

»Nun, also rot. Und dann lassen wir die Wände mit goldenen Palmenreliefs schmücken, und dann tanzen wir dort nach einer Mozartmusik Gavotte und sehen von den hohen Fenstern auf den schwarzen Wald. Und dann werden wir traurig, kehren in den alten Porphyrsaal zurück und hören dem Brunnen zu. Eigentlich haben wir das schon jetzt. Wir hätten dann zwei Säle, in denen wir traurig sein können.«

Dann ist es besser, hier zu bleiben.

»Und traurig zu sein.«

Was fehlt dir nur?

»Ich weiß nicht. – Schenk mir was!«

Was du haben willst. Soll ich dir das Salzfaß des Cellini schenken?

»Das mit dem Neptun? Nein, nein.«

Oder einen Garten? Ich weiß einen, auf den Borromäischen Inseln –

»Ich weiß schon. Was soll er mir?«

Oder ich könnte dich malen lassen. Nicht in der Weise, wie dich Rossetti gemalt hat. In deinem Narzissenkleid, als Flora – ich weiß einen Maler, einen Franzosen –

»Oder Spanier, oder Russen. Nein, nein.«

Dann schenk ich dir eine Harfe. Es gibt eine zedernholzene, dreifüßige, aus den Schatzkammern des –

»Ich will keine Harfe.«

Dann – ja was willst du dann haben? Soll ich dir ein Lied singen?

»Ja, wenn du kannst. Ich warte.«

Aber ich kann doch nicht ohne dich –

»Also, was willst du?«

Du bist unersättlich. Was hab ich dir getan?

»Frag nicht! Frag nicht!«

So will ich dir erzählen. Willst du?

»Von den sieben Prinzessinnen?«

Nein. Von einem Garten im Schwarzwald, wo ein kleiner Knabe mit einem kleinen Mädchen unter den blauen Fliedern saß. Der Knabe hatte das Mädchen lieb, und als sie beide größer geworden waren, an einem Abend im warmen Juni, hingen sie mit roten heißen Lippen aneinander. –

»Weiter! Und dann –?«

Dann kam eine fremde schlanke Frau mit dunkelgroßen Augen, ganz wie du sie hast. Die sang so schön und war so fremd und lockend, daß der Knabe sein liebes Nachbarkind vergaß. Er ging mit der fremden Frau in ein anderes Land, wo die Sterne größer und die Nächte blauer sind. Sie bauten sich ein helles Schloß und darin einen Saal mit Porphyrsäulen, darin ein ewiger Brunnen in eine bronzene Muschelschale klang. Dort sitzen sie nun bei dem Brunnen und sehen den Mond im Wasser verleuchten. Sie haben kühle Hände ineinander gelegt und reden kühle Worte zueinander, und ich glaube, daß jedes von den beiden Heimweh hat. Wenigstens der Knabe, der inzwischen alt und anders geworden ist. Ich weiß, daß er an seine Heimat denkt und daß eine verjährte, knabenhafte Untreue durch sein Leben geht wie ein feiner Sprung durch klares Glas.

»Das ist eine traurige Geschichte. Ist sie zu Ende?«

Noch nicht. Und ich glaube, der Schluß wird das traurigste sein. Glaubst du nicht auch?

»Ich weiß nicht. Ich weiß auch nicht, ob der Knabe die fremde Frau noch immer liebt.«

Man hat keine Nachricht darüber. Oder soll ich ja sagen?

Die dritte Nacht

Lege deinen blonden Kopf an meine Schulter, meine arme Muse! Ich sehe wohl auf deiner schönen Stirne diese leisen, schwermütigen Linien, ich sehe wohl beim Beugen deines Halses diese müde, kranke Bewegung, und ich vermag auch wohl in dem feinen, feinen Aderspiel deiner klaren, weißen Schläfe zu lesen.

Komm, weine nur! Das ist Herbst, das ist die letzte zitternde Mahnung der unaufhaltsamen Jugendflucht. Du kannst sie auch in meinen Augen lesen, auch auf meiner Stirn und auf meinen Händen steht sie geschrieben, tiefer als auf deinen, und auch in mir ruft dieses Reinigende, schluchzende Wehgefühl: es ist zu früh, es ist zu früh!

Komm, weine nur! Wir sind noch nicht am Ende, wenn wir noch weiter weinen können. Wir wollen diese Tränen und diese Trauer mit aller eifersüchtigen Sorge unserer Liebe bewachen. Vielleicht steht hinter diesen Tränen unser Kleinod, unsere Poesie, unser großes Lied, auf das wir warten.

Unsere rosenroten Liebeszeiten sind vorüber, aber sie rühren noch mit so viel zarten Fäden an uns – laß ihnen ihr schmerzlich schönes Vergangensein! Wir wollen ihnen mit Kosenamen und mit Liedern rufen, wir wollen ihre hellen Erinnerungen wie scheue, geliebte Gäste durch Zartheit und schonende Pflege festhalten. Auch wollen wir nicht mehr davon reden, wie viele Frühlinge wir uns selber entblättert haben, ich und du; wir wollen denken: es hat so kommen müssen, und wir wollen nicht aufhören, uns zu schmücken und zu warten – auf unser Lied.

Unser Lied! Weißt du noch, wie wir von ihm träumten, in jener ersten Zeit unserer Liebe? Das war im Kloster, in jener prachtvollen Brunnenkapelle, wo sich der Laut des fallenden Wassers so zart mit der klösterlichen Schweigsamkeit der gotischen Kreuzgänge verflocht. Weißt du noch? Und jene Abende! Die kühlen, mondhellen Abende jenes Spätherbstes, die so weich und traumverzaubert auf den Dächern des Klosters lagen, und auf dem kahlen Garten und über den duftigen, kühlen Bergen! Der Wind lief durch die steinernen Fensterblumen und gewann Klang in den schwarzen Kreuzgewölben, der Mondschein lief über die breiten Simse und über die weißen Dielen des Oratoriums. Und ich erzählte meinem Freund Wilhelm in der verborgenen Fensternische von der fernen dunklen Zeit, in welcher die Klöster und die großen Dome aus der Erde wuchsen, und von den Stiftern, Rittern, Bauherren und Äbten, deren bildnisgeschmückte Grabsteine drunten im Kreuzgang fremd und gespenstisch im weißen Mondschein lagen. Ich hatte damals mehrere Freunde, von denen Wilhelm mein Liebling war. Du sahest ihn oft mit mir, zumal in solchen Mondnächten, und auch die andern: schlanke, begeisterte Knaben wie ich selbst. Frag nicht, wo sie sind und was aus unserer Freundschaft geworden ist! Auch jetzt hab ich Freunde, zwei, drei – von den damaligen ist keiner mehr darunter. Aber du bist noch da und liebst mich noch, und bald oder spät, wenn auch die Freunde von heute tot oder fremd sein werden und kein Mensch mehr von meiner Jugend mit mir plaudern wird, wirst du noch immer bei mir sein und mich zuweilen bitten, von den vergangenen schöneren Zeiten zu reden. Dann werden wir auch an heute denken, und dieses traurige Heute wird uns wunderbar fern und lieb erscheinen wie eine ferne kleine Jugend. Und vielleicht wird dann aus diesem ferngewordenen, von Erinnerung verklärten Heute unser Lied aufsteigen. Unser Lied!

Das Lied wäre dann ein weiches, duftiges Bild voll Zauber und Seele, aus dessen dunkeltönigem Grund unsere Gestalten weich wie ein Traum mit schwebenden Konturen hervortauchten, der schlaflose Dichter mit der in die heiße Hand gestützten regen Stirn, und an seine Schulter gelehnt der schöne, müde Blondkopf seiner knienden Muse. Und dieses eine zarte Bild würde allein übrigbleiben von meinem rastlosen Leben; lang nach meinem Tode noch würden spätgeborene Freunde es betrachten und lieben. »Der arme Dichter!« würden sie sagen und doch den armen Dichter um sein einziges unsterbliches Bild und um seine blonde, unbeschreibliche, kniende Muse beneiden.

Du lächelst wieder? Küsse mich, meine blonde Muse! Küsse mich und verzeih mir und dir um unseres Liedes willen alle Qual und allen Jugendraub, den wir miteinander begangen haben!

Die vierte Nacht

Warum willst du die alte Geschichte wieder hören? Ich hatte sie selbst fast vergessen, und das wäre für mich und für die Geschichte das beste gewesen.

– Der verstorbene Dichter Hermann Lauscher lebte noch und wanderte in den alten Straßen der Stadt Bern umher. Es war ein Tag im November, windig und regendrohend. Der vereinsamte Dichter genoß in vollen Zügen die ihm liebgewordene Stimmung, sich heimatlos am fremden Ort umzutreiben. Die alten dunklen Straßen mit den festen, burgartigen Häusern, vorspringenden Kellerhälsen und finster traulichen Arkaden reizten in dem kranken Dichtergemüt jene bittere Stimmung aufs höchste, dazu kam die unwirkliche Rauheit des Tages, so daß der arme Heimatlose härter als je am Zwiespalt seiner krankhaft reizbaren Seele und an den Erinnerungen seines unsteten, zerrissenen und fruchtlosen Lebens litt. Wie er mir nachher erzählte, spielte seine Phantasie beim Anblick dieser dunklen, engen Arkaden in melancholischer Laune mit hundert eingebildeten Möglichkeiten. Er dachte sich einen lang entbehrten Freund, eine verlorene Geliebte, an deren Begegnung die wichtigste und seligste Entscheidung seines Glückes hinge, in derselben Straße wandeln, zehn Schritte von ihm, von den Schatten der nächsten Arkade verborgen. Ein Augenblick vielleicht, in welchem die nahe Gestalt sichtbar ward, ja vielleicht herüberblickte – aber eben in diesem einen Augenblick hat er sich abgewendet und hat mit dieser kleinen, zufälligen Bewegung Augenblick und Zukunft verscherzt.

Er erschrak, als ich ihn plötzlich auf die Schulter klopfte, und in dieser Sekunde sah ich in seinen Augen zum erstenmal den flakkernden, traurigen Glanz des Irrsinns zucken. Wir gingen nun zusammen durch die Straßen, erstiegen den Münsterturm, weideten uns am Anblick der prachtvollen Gobelins im historischen Museum, aßen in einem Wirtshause tief unter der großen Aarebrücke gebackene Forellen und strandeten nach einer zweiten Wanderung im Keller des Kornhauses.

Du weißt, der arme Lauscher war in jener letzten Zeit seines unglücklichen Lebens ein starker Weinzecher, und so saßen wir bald bei der zweiten und dritten Flasche. Es war der schaumige Neuenburger, den ich schlecht ertrage, so daß ich bald mit schwerem Kopf ihn ganz in seinen launisch wirren Reden gewähren ließ. Er kam auf jene Arkadenphantasie zu sprechen. Ich lachte ihn aus und rühmte mich, jenen wichtigen Augenblick erfaßt und ihn, den ich in Bern gewiß nicht zu treffen hoffte, gefunden zu haben. Er lächelte rauh und sagte: »Kein Beweis, mein Guter! Das Unglück trifft man überall. Aber weißt du denn, ob nicht eben in dem Moment, wo du mich so derb aus meinen Gedanken rissest, ob nicht eben in diesem Moment jemand hinter uns vorüberging, den du seit Jahren suchst und den du in Jahren nicht wieder treffen wirst?« Mir wurde sonderbar zumut. »An wen denkst du denn dabei?« fragte ich fast schüchtern. Er lachte. »Ei«, sagte er dann, »ich denke an niemand besonders. Es ist ja nur eine Hypothese. Aber es hätte ja zum Beispiel eine gewisse blonde Maria sein können.«

Ich kann dir nicht sagen, wie bei diesem Namen mein Herz in Grauen und Liebe den Takt verlor. »Woher weißt du?« fragte ich Lauscher heftig. »Ich habe nie einem Menschen von Maria erzählt und glaubte, ich selbst hätte sie und ihren Namen vergessen. Kennst du sie? Lebt sie noch? Ist sie hier in Bern?«

Lauscher lachte wieder und steckte eine neue Zigarre an. »Ob sie noch lebt«, sagte er, »weiß ich nicht. Ich habe sie seit vielen Jahren nicht wiedergesehen.«

»Wann war das?« fragte ich atemlos.

»Hab ich dir's nie erzählt?« sagte er und nahm einen starken Schluck. »Sie war so schön! Sie saß mit mir auf einer grünen Bank im Veilchengarten, die Nachtigall sang zum erstenmal im Jahr. Wir lasen zusammen in einem großen Buch –«

»Halt ein«, rief ich todblaß, »halt ein, oder ich bringe dich um! Das war ja ich, das war ich, der mit Maria auf der grünen Bank saß, und das Buch –«

»Schrei doch nicht so«, sagte Lauscher und schenkte mein Glas voll.

»Aber Lauscher, sag mir um Gottes willen –«, flehte ich.

»Bibamus! Dein Wohl!« lächelte er und stieß an. »Soll ich weitererzählen? Das Buch enthielt eine schöne Jugendgeschichte und war höchst angenehm zu lesen. Zwischen den Lettern stiegen Maria und ich als kleine arabeskenhafte Figuren durch allerlei Blumenranken auf und ab.«

»Maria und ich!« rief ich aus.

»Nun ja, wie ich sage«, fuhr Lauscher fort. »Maria aber las unruhig und zerstreut. Und als die Geschichte anfing traurig zu werden, da schlug sie eine ganze Handvoll Blätter um und –«

»Und lief in den Wald, und die Nachtigall sang wieder – o Lauscher!«

»Bibamus«, sagte Lauscher.

Ich legte den schweren Kopf in beide Hände und hätte am liebsten laut geschluchzt. Als ich nach einer Weile mich erhob, war Lauscher fort. Mit schmerzender Stirn und halb berauscht verließ ich den Keller. Es war kurz vor Lauschers Tod.

Die fünfte Nacht

Eigentlich waren die Veilchen an allem schuld, die Veilchen und der Frühling, und ohne sie wäre die ganze süße Pein mir fremd geblieben, an der seither mein Leben verblutet.

Jene Veilchen im Garten waren schuld, daß in meiner fröhlichen Knabenseele die duftend dunklen Schatten emporstiegen. Ihr Duft war schuld daran, daß die Frühlingsgeschichte in unserm Buche plötzlich so beklommen, traurig und sehnsüchtig wurde, daß die schöne Maria davonlief und daß die Nachtigall im dunklen Abendlaub so angstvoll süß und herzbeklemmend zu singen begann.

O, wenn ich diese Nachtigall nie gehört hätte! Dann hätten nicht die liebsten Lieder aufgehört mich zu erfreuen, dann wäre nicht die dunkle Sehnsucht in mir erwacht. Dann hätte ich nicht begonnen, von jenem Glück zu träumen, das irgendwo hinter dem Leben wie hinter einer verwunschenen Hecke schläft. Dann wäre auch der unselige Traum noch ungeträumt, daß das beste, seligste Stück meines Lebens in jenem Buche ungelesen und unerlebt geblieben sei. Dann wäre ich kein Dichter geworden, und die traurig beredte, zweifelsüchtige Sprache des Leidens wäre mir unbekannt geblieben.

Aber Träume sind keine Schäume. Und das Lied unserer Nachtigall mit seiner letzten, grausam schönen Dissonanz klingt in mir weiter und sehnt sich nach seiner Lösung. Und es verwandelte sich in meinen Lieblingstraum von jenem Lied der Lieder, dessen ungesungene, vereinzelt aufdämmernde Takte mir in Blut und Leben übergegangen sind und mich stündlich mit ihren feinen, noch ungelösten Dissonanzen peinigen. Ich glaube nicht an jene Dichter, aus deren Haupte, wie man sagt, die fertigen klingenden Verse wie gepanzerte Göttinnen hervorspringen. Ich weiß, wieviel innerstes Leben und wieviel rotes Herzblut jeder einzige echte Vers getrunken haben muß, ehe er auf seinen Füßen stehen und wandeln kann. Und das wäre noch leicht zu ertragen. Aber dann jedesmal das spottend grausame Gefühl, daß der Vers, so hübsch er sei, doch wieder nicht die Tiefe erschöpft, doch wieder den Keim der alten Dissonanz in sich trägt und doch wieder nur ein Spiegel des Dichters und nicht der Spiegel seines glühend schönen, sehnsüchtigen Traumes ist! Und doch hat er so tief an unserm Leben sich genährt und so viel Herzblut mitgenommen! Ach, und dann, wenn man älter wird und seine Grenzen ahnt – diese Hast, dieses Wechseln von Schonung und Verschwendung, diese immer enger drückende, furchtbare Angst zu sterben, ehe der geträumte Ton erklang, zu sterben ohne Erfüllung nach einem lebenlangen Warten und Vorbereiten! Und dazu bei jedem neuen Unterliegen und Zweifeln diese vorwurfsvolle Stimme der dem Unbewußten entrissenen, gemarterten eigenen Seele, deren Entblößung nur durch das unberechenbare Glücken des großen, unsterblichen Wortes versöhnt und geheiligt wird! Ach, man hat so viel Schimpfliches von den Dichtern gesagt, aber das Schimpflichste wußten und wissen sie selber und halten es ängstlich geheim – sogar vor den eigenen Augen!

Die sechste Nacht

Finsternis, Stille, Einsamkeit. Diese furchtbaren Nächte sind endlos für das winzige Taktmaß meiner tickenden Uhr und meines in den heißen Schläfen fiebernden Blutes. An alles Sanfte und Tröstende versuche ich zu denken, ich beschwöre alle milden Erinnerungen, alle freundlichen Sterne des Gedankens und der Poesie, alle besänftigenden Gleichnisse. Es ist umsonst, und kein Gedanke hält vor der bedrückenden Gegenwart dieser Stunde stand. Wenn jetzt selbst meine Mutter sich zu mir setzte und mir alle Zärtlichkeiten der Liebe und Erinnerung gewährte – ich würde lächeln und nicht weniger leiden.
O schlaflose Nacht! Alle Kräfte und Beziehungen meines Wesens und meines Lebens an die trübe Oberfläche dieser einen Nacht gedrängt zu machtlos müder Selbstbetrachtung! Hat kein von mir verehrter Gott so viel Mitleid, hat kein Andenken oder Gebet eines fernen Freundes so viel Leben und keine meiner liebsten Erinnerungen so viel Wahrheit, den Bann dieses unsäglichen Leidens zu brechen? Alles, was mich jemals freute und über die Stunde erhob, hat Blick und Wärme verloren. Meine Götter sind steinern, und mein Leben war ein blasser Traum, dessen Bildungen mein inneres Auge nur wie fremde Schattenbilder berühren. Liegt jetzt vielleicht einer meiner Freunde in einer fernen Stadt auf seinem Bette wach und denkt an mich? Ach, er schläft! Und wohin ich meinen trostbedürftigen Gedanken wende, finde ich nichts. Oder finde doch nur Mitleidende, andere Dulder, eine blasse müde Gemeinde von Schlaflosen, deren jeder so wie ich gepeinigt ohne Ruhe liegt, bleich, großäugig und leidend. Ich grüße euch, traurige Brüder, die ihr fern von mir und fern voneinander in vielen einsamen und dunkeln Schlafgemächern lieget. Ihr leidet wie ich, ihr suchet mit großen Augen die unsichtbaren Gestalten der Finsternis und habt Schmerzen, sobald ihr die starren Lider schließt. Denkt ihr an

eure Brüder? Denkt ihr an mich? Ach wenn wir alle aneinander dächten und alle das Gefühl dieser unsichtbaren schweigenden Gemeinde hätten! Ich glaube, wir verständen uns, unsre feinen, rastlosen Nerven wären der Mitteilung und Erwiderung fähig. Wir könnten uns ohne Worte über viele stille nächtliche Meilen hinweg unser Leben, unsre Leiden und Hoffnungen erzählen. Wir könnten vielleicht über fremde Schicksale weinen, und die eigenen würden uns im Mitteilen wieder neu und lieb. Wir würden Zusammenhänge und Ahnungen, die uns im eigenen Leben emporstiegen, bei Fremden wiederfinden, der Kreis erweiterte sich, und wir sähen die Fäden, deren Anfang und Ende wir in Händen zu halten glaubten, über Erdteile und Geschlechter gemeinsam gezogen. An diesen Fäden rührend wie an einzelnen Saiten einer Riesenharfe würden wir uns ein gemeinsames klareres Leben weiterdichten und Schritte in der Erkenntnis des Ewigen tun, die wir allein nicht tun können.

Ich kann euch nicht zurufen, meine Brüder. Aber ich will in jeder Nacht mich eurer erinnern und euch mit dem Gruß des Mitleidenden grüßen.

Indes ich dieses denke, berührt mich eine sanfte Hand. Meine Muse! O wie ich Heimweh nach ihr hatte! Und sie wartete nur, bis in meiner alleingelassenen Seele ein Gedanke der Güte aufstiege!

Die Nacht wird weicher, linder und freundlicher, die Sterne glänzen zarter, und vor meiner Seele beginnt ein bekanntes Bild sich aus der Dunkelheit zu lösen. Ich kenne dich! Das ist der Park, das ist die halbrunde Träumerbank, das ist der Morgenduft jener Stunde, in der ich mein erstes Lied gedichtet habe! Mein erstes Lied! Eine junge frühlinghafte Blutbuche stand darüber und hüllte mich in ihre golden roten Schatten. O jene süße, von Dichtung und Liebe schüchtern berührte Stunde! Ich danke dir, meine Muse!

Die siebente Nacht

Frag nicht soviel! Von der Blutbuchenbank im Park von B... soll ich dir erzählen? Und von der toten Elise? Und wieder von Maria, und von den andern – lauter Liebesgeschichten?

Es sind so viele! Frauen, die mich liebten, und andere Frauen, schönere, wunderbarere, geliebtere, die mich nicht liebten. Ich weiß nicht, welche mich mehr gequält haben. Jene drei Sterne erster Größe, die so hell und schwärmerisch am Himmel meiner Jugend und meiner Dichtung stehen: Maria, Elise, Lilia – die haben mich nicht geliebt. Von allen dreien aber litt ich nicht solche Qual wie von der einen, wilden Eleonor, und diese liebte mich. Eleonor! Schon der Name! Fürstlich, schön, kühl, übermütig, süß und feindselig zugleich. Ach, ich werde einmal von ihr singen –: Abend, Spätsommer, tiefsammetblau, Sterne fallen aus der warmen Höhe. Wir beide in der Spätrosenlaube, ich und Eleonor, selig elend, eins des andern innersten Mangel kennend. Eleonor! Vorwissend spielten wir unsre Liebe zu Ende, tragisch hohen Stils, mit großen Gebärden und in jedem Blick schon unverhüllt der Anfang vom Ende! Und nahmen Abschied in einer wetterleuchtenden Spätsommernacht zwischen letzten falben Rosen und rotem Weinlaub, lachend-leidend, und gossen die herbe Hefe der Leidenschaft aus zerspringenden Gläsern in die Nacht.

Ich will nicht mehr davon erzählen. Es ist seit jener Nacht, daß ich vom Leben weiß, daß es ist wie die Bewegung eines Schläfers, wie das Aufstehen einer kleinen Woge, wie das Lallen eines Halbwachen, und daß es kaum wert ist, gelebt zu werden. – Laß mich lieber von jenen andern Frauen reden! Sie liebten mich nicht, sie hatten für mich nur jenes Mitleid, das in großen gütigen Frauenaugen so unerträglich schön und grausam aussieht. Und eine davon verstand auch die Schönheit meiner Liebe und begriff, daß sie nicht mit Umarmungen zu stillen wäre.

Dichterliebe! Du weißt, die Menschen achten sie nicht hoch, so wenig als den Schmerz oder die Schönheit eines Liedes – es ist ja nur ein Lied! Daß einer liebt und vom ersten Tag seiner Liebe an auf den Genuß dieser Liebe verzichtet und sie, ihm selbst unerreichbar, bekränzt zu Sehnsucht und Traum in den Kreis der Sterne erhebt – wie sollten sie es auch verstehen? Sie wissen ja nicht, was Leben ist. Sie steigen wie kleine Wellen aus dem Fluß der Zeit, und fallen zurück, und haben nie gewünscht, ihr Dasein mit irgendeinem Faden an die Ewigkeit zu knüpfen. Sie wissen nicht, daß jeder Dichter sein Leben lang, oft halbbewußt, an den unsinnlich schönen Zügen einer Beatrice dichtet. Heraufgespült

und rasch stromab getrieben vom trüben Fluß der Tage, schiffbrüchig schwimmend zwischen Geburt und Tod – wo sollten
wir mit unsern sehnsüchtigen Blicken das in uns gespiegelte Bild
des Ewigen suchen, wenn nicht in den Sternen? Von ihnen wissen wir, daß es dieselben sind, an denen schon in heimatlos
durchirrten Nächten das kluge, traurige Auge des Dulders
Odysseus hing.

O meine Muse, laß nicht die schönen Augen so mitleidig auf mir
ruhen! Siehst du, wie hinter dieser wachen, blassen Stirn ein
unbegriffenes körperliches Leben in fruchtlos aufzuckenden
Flammen verlodert? Siehst du schon die Nacht, in der ich so wie
jetzt vor dir liegen werde, nur blasser, ruhiger; die Nacht, in der
die letzten verzweifelten Flammen hinter dieser Stirn verglüht
sein werden?

Doch nein! Daran denkst du nicht. Ich verstehe dich nun. Dein
Blick verrät mir: du weißt, daß du meine letzte Liebe bist. Daß
du Maria, Elise, Lilia und Eleonor hießest. Daß du Beatrice bist!
Ich wußte es längst und brauchte es nicht aus der florentinischen
Schlankheit deiner Glieder, aus deinen dantesken Zügen zu le-
sen. Vor deiner süßen Nähe zitterte mein Knabenherz unter der
Blutbuche, und es waren deine Augen, aus denen ich in jener
schwülen Spätsommernacht so viel Liebe und Elend las.

Und dein Blick verrät mir: du weißt, daß ich dein eigen bin und
daß du mir den Fuß auf den Nacken setzen darfst. Das ist der
Mitleidblick im Auge jener Frauen, vor denen eine edelgeborene
Mannheit auf Knien liegt, jenes halbe Herneigen, jene Lust, ei-
nen Sklaven zu haben – und dahinter die spöttisch traurige
Frage: ist das alles? Ist das die Liebe?

Wende diesen Blick von mir! Ich ertrage ihn nicht, mit seiner
verborgenen Frage, mit seiner traurigen Grausamkeit. O wie
könnte ich dir mit Vorwürfen antworten! Aber ich kenne dich.
Du hörst mich an, du lächelst, nickst sogar, wenn ich dich der
Bitterkeit und des Bruches erinnere, die durch dich in mein Leben gekommen sind. Du hörst mich an, du lächelst, du nickst
sogar und fragst zuletzt: soll ich fortgehen?

Du weißt: er sagt nicht ja.

Die achte Nacht

Auch heute wieder! Dieses leise Sieden des Blutes, dieses Knistern hinter den Tapeten, diese langen Atemzüge des Windes! Eine Sekunde, eine Minute, noch eine, wieder eine, und so rinnt ein Tropfen des kurzen, kurzen Lebens um den andern fremd und unaufhaltsam an mir vorbei. Wie viele Stunden sind mir so unter den fiebernden Händen zerronnen? Vielleicht tausend, vielleicht zehntausend! Sie sind hin, sie haben kein Leid noch Glück mehr zu verschenken, sie sind ungelebt und doch abgezogen von dem mir Bestimmten.

Und dann werde ich weiß und schweigend liegen! Und unter geschmacklosen Förmlichkeiten in einem Holzkasten in die schmale feuchte Grube gelegt werden! Bekannte werden hinterher gehen, von Tagesgeschichten plaudernd. Ein Prediger wird vielleicht am Grabe in der entsetzlichen Sprache Jehovas die Lehre von Zeit und Ewigkeit verkündigen. Am Grabe eines Dichters!

Ja, lache nur, schöne Muse! Ich weiß, du wirst hinter dem Prediger stehen und deine süßen ironischen Staunaugen machen. Du bist ja schon an so vielen Gräbern gestanden. Und wie du aufhorchen wirst, wenn er von meiner unsterblichen Seele redet! Diese Seele bist ja du, oder ist doch ein Teil, ein Zug von dir. Sie lebt und ist ewig in einer deiner Gebärden, in einer Art zu lächeln, in einer besonderen Biegung deiner Stimme, in einer Nuance deines Lockenfalls. Wie viele tote und vergessene Dichter haben an dir gedichtet, bis du zu mir kamst, bis du so gliederschön, schlank und biegsam wurdest! Und nun bist du mein! Wenn auch kein Wort noch Reim von mir mich überdauert, einen Zug von mir wirst du Unsterbliche doch weitertragen. Und den werden meine Nachfolger, die meinen Namen nicht kennen, ehren und verstehen. In dem unsterblichen Werke, das einer von ihnen vollenden wird, wird irgendwo, sei's nur in einem Wort, einem Ton, einem kleinen zarten Zug, mein Leben verewigt sein. Eine kleine Stelle doch wird dich in den besonderen Zügen malen, die du mir verdankst. Eine kleine Schönheit doch wird in dem unsterblichen Werke sein, die ohne mich nicht wäre möglich gewesen, und der unerlöste Nachklang meines Lebens wird als willkommener Ton in eine Harmonie der Ewigkeit sich fügen. Ewigkeit! Was ist dann noch Tod, Grab und Prediger? Unbequeme Zufälle, wie tausend im Leben sind.

Und so arbeite ich bewußt an meinem Werk, an dem Völker, Erde und Gestirne unbewußt mitschaffen. Was sind Jahrtausende? Eine Spanne Zeit. Staub im Vergleich mit einem einzigen Blick des Ewigen. Jene schöne junge Nausikaa, die vor unendlichen Zeiten am Meere wandelte, ward von einem solchen Blick getroffen und ist heute schön, so jung und lebendig wie an jenem seit Jahrtausenden vergangenen Tage.

Du lächelst wieder? Meine schöne Muse, du bist ein Weib. Ihr Frauen steht dem Ewigen so nah, daß ihr unser Händeausstrekken und Hinübersehen nicht versteht. Und was ihr nicht versteht, darüber lacht ihr. »Wie komisch!« – so könnt ihr ausrufen, wenn eines andern Züge von Leiden entstellt sind, die ihr nicht kennt. Dir zuliebe werde ich einmal versuchen müssen, elegant zu sterben!

Ich beneide dich meine Muse! Ach, für dich ist mein ganzes Leben eine Episode, eine Herbstgeschichte, eine unruhige, kranke Nacht! Nachher wirst du wieder lachen und blühen, als wäre nichts gewesen, nichts als ein nervöser, unangenehmer Augenblick. »Nachher« – das heißt: wenn ich tot sein werde. »Ein unangenehmer Augenblick« – das heißt: mein Leben vom ersten bis zum letzten Lallen, mit der ganzen Welt von Jauchzen und Verzweifeln. Es wird ja nicht ins Leere fallen, aber was ist dieser Schimmer von Ewigkeit? Was sind selbst die größten Toten: der große Alexander, der große Tizian, der große Napoleon? Einem Hungernden ist ein Bissen Brot wichtiger als der große Alexander. Und wer hungert nicht? Wer ist nicht von tausend elenden Bedürfnissen umgeben, deren jedes ihm wichtiger ist als der große Alexander? Wieviel von meiner Unsterblichkeit würde ich geben, wenn ich jetzt schlafen könnte, wenn ich das leise, infame Fiebern der unflüggen Gedanken hinter meiner Stirn und den schmerzenden Augen zur Ruhe bringen könnte? Ein Viertel, die halbe, die ganze!

O wie du mich ansiehst! Wie du mich leiden siehst! Und alles um ein Weib, und alles um dich! Und jeder schwere Herzschlag in meiner Brust, und jedes schmerzliche Zittern meiner Lider, und jedes bedrückte heisere Atemholen meines Mundes ist ein Tropfen Leben für dich, ein Meißelführen, ein Pinselzug an deinem Bilde.

Ermahne mich nicht! Laß mich nicht denken, wie es wäre, das alles zu leiden nicht für dich, ohne dich, für nichts! Lies mir ein Märchen vor! Sag mir, daß du mich liebst, daß die Ewigkeit an meinem Lager sitzt und mit mir leidet.

Wie deine Hand zu streicheln versteht! Ich fühle dabei die ganze Geschichte dieser Hand, die ganze adelige Kultur ihrer Form und Geste, an der schon die Maler des frühen Florenz gearbeitet haben, die auf so viel lorbeerbekränzten, ungenügsamen, scharfgefalteten Künstlerstirnen ruhte. Wo ist ein Fürst, dessen uradlig geborene Geliebte solche Hände hat? Und auch in meiner Hand und auf meiner Stirn ruht deine Rechte nicht vergebens, auch von mir geht der leise Strom eines eigenartigen und feinen Lebens in sie über. Sie wird, wenn niemand mehr von mir weiß, auf andern Stirnen liegen, andere Schultern berühren, und in ihrer Berührung wird mit allen tausend andern auch meine Schönheit, Krankheit und Kunst verewigt und tätig sein.

Und diese Kultur, dieser unsichtbare, leise, ununterbrochene Strom bewußten Lebens, in welchem Dante und Donatello nur schöne Windungen sind – das ist die Ewigkeit. Das ist die Ewigkeit! Das bist du, meine schöne Muse!

Tagebuch 1900

Basel, 7. April 1900

Abends. Ein dunkler, kühler Tag. Ich lege Tolstois »Auferstehung« aus der Hand. Ich hatte geschworen, sie nicht zu lesen, aber alle Welt war voll davon, ich mußte darein beißen, und nun ist es hinter mir. Zwar etwas von der trostlos traurigen, rohen, schrecklichen Luft dieses Russen drückt mich noch – es ist körperlich ungesund, solche Sachen zu lesen. Mit Tolstoi geht es mir genau wie mit Zola, mit Ibsen, mit Luther, mit Hebbel und zwanzig andern Größen – sehe ich sie, so muß ich den Hut abnehmen, wohler aber ist mir, wenn ich sie nicht sehe. Tolstoi ist von einer imponierenden seelischen Größe, er hat einmal die Stimme der Wahrheit gehört und folgt ihr nun wie ein Hund und wie ein Märtyrer, durch dick und dünn, durch Schmutz und

Blut. Was ihn so häßlich macht, ist eben das Russische an ihm, dessen Schwere, Düsterkeit, Mangel an Kultur, Mangel an Freude sogar den zarten Turgenjew oft ungenießbar macht. Die Heiligen Martin und Franziskus haben dieselbe Lehre wie Tolstoi gepredigt, aber bei ihnen ist Person und Lehre ebenso hell, elastisch und erfreuend wie bei Tolstoi dunkel, spröde und niederdrückend. Vielleicht, ich will nicht leugnen, kommt von dorther die Erneuerung der Welt; aber ehe aus diesen herben, frischen, rohen Keimen Kunst werden kann, müssen sie noch hundert Jahre und länger reifen.

Mir träumte einmal, ich wäre mitten in einer großen, sonderbar schweigsamen Gesellschaft. Ein starker Mann in einem zu weiten Frack trat mich plötzlich ernst, streng und herrisch an und fragte mit rauher Stimme: glaubst du an Christus? Während ich mich besann, was ich antworten sollte, sah ich sein glühendes Auge und seine groben, herausfordernden Züge so unangenehm nahe, daß das Gefühl der Beleidigung sich mir aufdrängte; ich mußte ein eisiges, verächtliches Nein sagen, lediglich um diesen aufdringlichen Blick und die ganze unerwünschte Gegenwart des groben Fragers abzuweisen.

In dieser Weise fragt Tolstoi. Seine Stimme hat nicht nur die zitternde Glut des Fanatikers, sondern auch den peinlich rohen Gurgelton des östlichen Barbaren.

Ich habe Sehnsucht danach, mich am nächsten warmen Tage in den hellen Frühlingswald zu legen und dort ein paar Seiten Goethe zu lesen.

Basel, 11. April 1900

Glaubst du an Christus?

Es war gestern, auf Riehenhof, in der kleinen Halle gegen Abend; ich war zwei Tage bei Doktor Nagels zu Gast. Die freundliche Wirtin saß mit mir in herzlichem Gespräch in der zarten Abendglut, es war eine ungerufene glückliche Stunde; unsre Fragen rührten an alles Wichtige, Ernste, Beglückende, an den Tod, an die Sterne, an das Wunder. Auf die letzten Fragen gab kein Wort mehr Antwort, ein freundschaftlich vertrauendes Schweigen, ein Kopfnicken, ein Blick in die Röte des Himmels, ein stummes Deuten auf die sammetblauen Vogesen und den klaren, dunkelgrünen Schwarzwald – und vor dem

Schlafengehen lasen wir die dritte der Hymnen des Novalis.

Auf dem Kanapee im großen Gesellschaftszimmer auf Riehenhof stand ein fast vollendetes Bild von Fritz Burger: die Bachwiese mit reichem Obstblust. Bei solchen entstehenden oder
eben entstandenen Kunstwerken empfinde ich immer Schmerz,
Erhebung und Neid zugleich, denn ich stehe ja, mitten in Tag
und Kram, ferner als je von meinem Werk, nach dem ich doch
täglich lüsterner und sehnsüchtiger werde.

Basel, 15. April 1900

Diese warmen, grünen Abende auf Riehenhof! Seit Monaten
hatte sich mir keine Zeile gereimt, und jetzt – es quillt so weich
und ohne Ende, Verse, Verse! Es ist ganz wie es in schönen Anthologien steht: Frühling, junges Grün und Amselgesang, und
dem Dichter verhängt ein selig goldener Nebel die Welt. Ich
liege im Rasen, ich wandere durch die Wiesen, ich lehne im
Halbdunkel abends im Zimmer, ich gehe zum Wein, und meine
Lippen sind heiß und rot von lauter Reimen. Kein Inhalt, kein
Gedanke, nur Musik von schlanken, lachenden Worten, nur
Takt, nur Reim. Ich weiß dabei wohl, daß diese Verse, wenn noch
so gut, noch nicht einmal Lyrik sind, und weiß, daß ich schon
bald an heute und gestern als an etwas Unbegreifliches, Schönes,
Vergangenes denken werde, mit Schmerz und Ironie. Auch ist
mir, ein Dichter hätte das, was ich eben denke, schon mit sehr
schönen Versen zu Tode gesungen, und wenn ich mich besinne,
so ist es der unangenehme Freund Heine und sind es die Zeilen:

> Sag nicht, daß du mich liebst,
> Ich weiß, das Schönste auf Erden,
> Der Frühling und die Liebe,
> Es muß zuschanden werden.

Der Frühling und die Liebe. Liebe? Ich weiß nicht. Es ist nur ein
Name, und bei mir ist die Liebe eben dieser weich zerfließende
Lyrismus, der mich als besondere Form des Sentimentalen jeweils befällt und ebenso süß als schwächend ist. Oder soll ich
dabei an Elisabeth denken? Ist das denn Liebe, daß ich manch-

mal Lust habe, ihr mehr zu sagen, als man sonst Mädchen sagt? Daß es mich zuweilen traurig macht, wenn ich mir vorstelle, ich mache ihr Geständnisse und führe mit Schande von dannen? Müßte ich nicht den unsichern Grund meines ganzen jetzigen Lebens antasten, einen steinernen Grund legen und von da aus mit der roten Fahne der Leidenschaft, mit Stürmen und Opfern nach ihr jagen? Wenn ich mich jener ernstlichen, brennenden Leidenschaft erinnere, mit der ich noch als halber Knabe der ersten Frauenliebe verfiel, an jene Entzückungen, an jene durch-weinten Nächte, an jene im Fieber entworfenen, von plötzlichen Selbstmordgedanken gekreuzten, dennoch selig frechen Le-benspläne, an jene Wut, den Namen Elise viele hundert Mal im Bette zu flüstern, im Garten zu singen, im Walde laut zu schreien – wenn ich an das alles denke, so muß ich traurig lachen und kann dieses zarte Hinüberneigen nicht Liebe nennen. Eine Stim-mung, ein in Dämmerung angeschlagener Moll-Akkord, ein scheuer Anfang eines unsicher elegischen Gedichtes – und schließlich eben dennoch seit Jahren die einzige, wenn noch so leise Erregung, bei der mir der Name Liebe einfiel. Der lodernde Rausch von damals, durch viel Philosophie, viel Ästhetik, viel Kunst und viel Ironie jahrelang ins Blassere, Flüchtigere nuan-ciert, ist's doch vielleicht. Aber ich träume doch zuweilen von jener alten Liebe so rot und feuerfarben, habe Sehnsucht nach einer Leidenschaft, die gellend und bacchantisch sich aus Über-mut und Ungenügen zum Verhängnis wöbe. Ist dieser Traum und diese Sehnsucht alles, was ich vermag, ist es der Nachklang der alten Liebe oder Ahnung einer kommenden, noch mögli-chen? Und steigt dieser Traum rein aus dem unbewußten Leben, aus Instinkt und verlorener Erinnerung, oder hat er seine Farben von Böcklin und seinen großen, dämonischen Takt von Chopin und Wagner?

Ich glaube, daß kein anderer Mensch über die Gründe seines inneren Lebens und über die wahren Ursachen seines Begehrens und Ungenügens so durchaus im Dunkeln ist und immer tiefere Finsternis findet wie eben der, der seine flüchtigsten Regungen beobachtet und dem Entstehen jeder Reizung nachspürt. Als ob dadurch sich das verscheuchte Unbewußte nur enger konzen-trierte und sich, ängstlich geworden, vollends jedem vorsichtig-sten Blick entzöge.

Axenstein, 3. Mai 1900

Hier darf man nicht schreiben. Mir ist's wie eine Ahnung von Gesundwerden.

Basel, 13. Mai 1900

Der See wirkt noch leise nach. Seine Schönheit ist unerschöpflich und ist jetzt, da alle Berge noch tiefen Schnee haben, noch frischer und reiner. So oft ich ihn schon besuchte, er ist immer wieder neu, voll Trost und Reichtum. Jedesmal, wenn ich in Luzern an den Quai trete, beginnt seine Wirkung und ist jedesmal verstärkt oder verändert. Ich meine nicht die schönen Matten, nicht den Pilatus, die Wälder oder den Rigi, den langweiligsten aller Berge – was mein Auge so begeistert, ist einzig die Schönheit dieses klaren Wassers, das vom Blauschwarz übers Grün und Grau bis zum silbernsten Silber jeder Farbe und Nuance fähig ist. Bald hat das Wasser ein metallen schweres Grau, bald bei schwachem Wellenschlag ein kühles Hellgrün, bald ist »Öl auf dem See«, wie die Maler verzweifelnd sagen. Dies ist das Schönste, diese Flecken von verschiedenster Farbe, oft mit scharfem Kontur begrenzt, oft in den verfeinertsten Übergängen aufgelöst, darauf tiefblau die Wolkenschatten und silbern oder bleiern, je nach der Sonne, die Schneespiegel. Aus großer Höhe verliert der See fast allen Reiz, am schönsten ist er vom Boot aus oder, wenn viel Sonne ist, von Morschach oder Seelisberg.

Ich sah neulich dort ein kühles, helles Blaugrün, ganz wie am Himmel das Spätblau nach dem Abendrot, aber nicht goldig, sondern silbern getönt – diese unbeschreibliche Farbe und ihr Übergang zum völligen Mattsilber gewährte mir eine ganz überschwengliche Lust, ein Gefühl der Befreiung vom Gesetz der Schwere, ein Gefühl der Auflösung, als läge meine Seele kühl und ohne von mir zu wissen auf dem schweigenden Seebusen ausgebreitet, ganz Äther, ganz Farbe, ganz Schönheit. Nur äußerst selten hat mich ein Eindruck künstlerischer, poetischer oder philosophischer Art in diese Höhe und Ruhe versetzt. Das war nicht mehr die Freude am schönen Bild, die freundliche Selbsttäuschung, welche man sich vor guten Kunstwerken gestattet – im Anblick dieser Farbe genoß ich für Augenblicke den Triumph der reinen Schönheit über alle Regungen des bewußten und unbewußten Lebens. Hatte ich nicht doch zuweilen an meinem Stern gezweifelt und war geneigt, einigen landläufigen Angriffen gegen die »ästhetische Weltanschauung« recht zu geben? Ich weiß nun, daß meine Religion kein Aberglaube ist, daß es sich lohnt, alle körperlichen und geistigen Dinge nur in ihren Beziehungen zur Schönheit zu betrachten und daß diese Religion Erhebungen schenken kann, die an Reinheit und Seligkeit denen der Märtyrer und Heiligen nicht nachstehen. Daß sie zugleich nicht mindere Opfer verlangt und nicht geringere Qualen und Zweifel und Kämpfe bringt, wußte ich längst. Der Schönheit gegenüber ist in uns dieselbe Erbsünde, dasselbe Fallen und Wiederaufstehen, dasselbe mit Beseligungen abwechselnde Elendgefühl wie im Leben des Christen. Überhaupt sind diese wahrhaftig Frommen für uns Ästheten die einzigen würdigen Feinde, denn sie allein kennen ebenso tief wie wir die Abgründe des täglichen Lebens, die Leiden unter der Gemeinheit, das Auf-Knien-Liegen vor dem Ideal, die Ehrfurcht vor der Wahrheit und die schonungslose Konsequenz des Glaubens. Seit dem Untergang der von uns immer nur höchstens annähernd verstandenen Antike sind immer nur diese beiden Wege über das Gemeine hinausgegangen, denn nach meinem Gefühl ließen sich die Wege der Ästheten und der Christen durchaus auch in der Geschichte der Philosophie verfolgen. Jedenfalls führt auch der Weg des Denkers, sobald er irgendeine Stellung zum Ewigen bewahrt, durch dieselben Opfer und Leiden, durch schmerzhaftes Berühren einer immer offenen Wunde, durch Weltentsagung in irgendeinem Sinn, durch niedergezwungenen Ekel und durch die Finsternisse des Zweifels am Ideal. Ist es der Philosoph, der Schönheitsucher oder der Christ, zu dessen Ideal die immer gleiche »Welt« in peinlicherem Kontraste steht? Alle drei jedenfalls leiden, und alle drei verschmähen die Kompromisse, also das »von Fall zu Fall«, und den Humor. Oder gibt es wirklich einen Humor, vom gemeinen Witz abgesehen, dessen letzter Grund nicht eine Schwachheit, ein Schwindeln und Zurücktreten vor der schmerzlichen Konsequenz des Idealisten ist? Spürt man die Grenze nicht in jedem witzigen Gespräch, wenn ein Mitredender noch so geistreich beginnt an Dinge zu rühren, deren Wesen Würde ist und deren Mithereinziehen in den Kreis des Witzes auch dem Gröbsten zuweilen ans Gewissen greift?

Wie kann man Mitspieler in einem Lustspiel sein wollen, da man doch weiß, daß der Witz der Komödie auf der Erbärmlichkeit der Personen beruht? Jedoch liegt für den toleranten Idealisten ein höchster komischer Reiz eben im Untersinken eines Helden zum Gemeinen. Es gehört zu den Opfern, die wir dem Ideal schuldig sind, auch diesen überaus verführerischen Reiz zu töten. Die schwärmerischen Verliebten, die nach erfolgter Aufklärung über die geringe Mitgift so komisch haltmachen, die Helden, die auf dem Weg zu etwas Edlem im Augenblick des körperlichen Ermattens ihr Ideal für eine Mahlzeit verkaufen, diese und alle ähnlichen Lustspielfiguren haben unter ihren applaudierenden Zuschauern immer eine Menge von Brüdern, für welche der heftigste Reiz des Spiels im halberwachenden Gewissen liegt. Manche von diesen hätten vielleicht für Augenblicke Lust zur Entrüstung, da aber der Mut fehlt und da sie schon hundertmal an derselben Klippe gestrandet sind, applaudieren sie dem Helden und ahmen ihn nach, indem sie ihr Ideal für das Vergnügen zu lachen verkaufen. Ich kenne wenige, denen es gelingt, und mir selbst gelingt es selten, auch ein solches Spiel, falls dieses es verdient, rein als Kunstäußerung und ohne Bezug zur stofflichen Komik zu genießen. Die wenigen Lustspiele solcher Art, welche ich besuche, machen mich meistens nur ärgerlich oder traurig, je nach der künstlerischen Qualität.

Basel, 19. Mai 1900

Elisabeth. Ich traf sie im Garten. Sie trug eine neue Sommertoilette, sehr einfach, matt hellblau. Sie saß auf der Schaukel und wiegte sich wie ein schöner Vogel, der weiß, wie schön er ist. Und dann kam Frau Doktor, und es wurde dunkel, man trank Tee und Eiswasser, Sterne kamen herauf. Ich begleitete sie nach Hause und fühlte, daß ich heute abend langweilig war. Ich erzählte sogar von einem Roman, den ich schreiben wolle und den ich ihr zu dedizieren versprach.

Jetzt scheinen mir die Sterne ins Zimmer. Etwas von der ehemaligen süßen Trauer klingt in mir an, eine Melodie von Chopin, aus der g-moll-Ballade, fällt mir ein.

Basel, 23. Mai 1900

Ironie! Wir sprachen den ganzen Abend davon. Natürlich schreib ich wieder nachts, ein Uhr. Ironie? Wir haben wenig davon. Und doch, sonderbar, lüstet mich oft nach ihr. Meine ganze schwerblütige Art aufzulösen und als schmucke Seifenblase ins Blaue zu blasen. Alles zur Oberfläche machen, alles Ungesagte mit raffinierter Bewußtheit sich selber als entdecktes Mysterium reservieren! Ich weiß wohl, das ist Romantik. Das ist Fichte in Schlegel, Schlegel in Tieck und Tieck ins Moderne übersetzt. Warum nicht? Tieck ist unerreicht, auch von Heine unerreicht, und müßte eigentlich mit seiner unplastischen, musikalischen Grazie mein Liebling sein.

Basel, 30. Mai 1900

Schopenhauer. Ich habe oft das Gefühl, er mime und habe nicht recht, ohne daß ich doch etwas Besseres wüßte. Oder doch, ich weiß etwas Besseres, aber es ist zu schwer und unversucht zum Sagen.

Basel, 6. Juni 1900

Meine Märchennovelle ist fertig. Man lobt sie, zuweilen mit Verständnis. Mir genügt sie wieder nicht, so sehr die Lust beim Schreiben wuchs. Den Cäsarius hab ich zu Ende. In den Kapiteln de tentationibus (?) speziell de tentatione dormiendi (?) einige kleine reizende Stoffe. Meine Sammlung Romantica um zwei gute Stücke vermehrt, die »Minnelieder« von 1803 und der erste Sternbald, erstere überaus köstlich. Hoffmann tritt mir als romantischer Erzähler immer mehr an die erste Stelle, Tieck versagt doch öfters, auch in den Märchen, Novalis ist noch nicht fertig geworden, und Brentano ist doch zu bewußt formlos. Übrigens ist der Godwi ein geniales Buch, oberflächlicher, aber unendlich reizender als der Lovell. Den Ofterdingen abgerechnet, der nicht mehr Literatur ist, schätze ich doch eigentlich die »Brambilla« am höchsten. Technisch betrachtet ist das meiste Seitherige minderwertig, auch Keller hat nur wenige Mal einen Stoff so von innen erleuchtet und so ganz zu Kunst gemacht. Wieviel Romantik übrigens in Kellers Technik noch steckt, ist auffallend.

Vitznau, 4. September 1900

In den Uffizien von Florenz könnte ich nicht so fleißig, selig und eifersüchtig der Schönheit nachgehen wie auf diesem herrlichen Stück Wasser.

September. Vormittagsnebel; selten ein Regentag. Heiße Mittagsstunden, kühle Nächte bei zunehmendem Mond. Noch nirgends sieht man ein welkes Blatt, das Laub ist spätsommergrün und bekommt schon überall den Metallglanz des Septembers; Apfel, Pfirsiche und Feigen fallen von den überbeladenen Bäumen. Die Abende sind ohne Ausnahmen hell, farbig und leuchtend.

Vitznau, 5. September 1900

O wenn ich jetzt die naive Genußsucht meiner früheren Jahre wieder hätte, wenn noch mein Herz wie früher des berauschten schwelgerischen Schlagens fähig wäre!

Aber trotzdem – ich feiere täglich einen Kranz von Festen. Der See entschleiert sich allmählich meinem fleißigen Auge und hält mich nun fortwährend in einem Kreis von Lockungen, Reizen und Überraschungen gefangen. Zuweilen hält er an sich, läßt mich warten und wirft mich dann unversehens händevoll mit Kostbarkeiten, daß mir die Augen flimmern. Die wesentlichen Farbenwechsel der einzelnen Buchten, Himmelsrichtungen und Tageszeiten habe ich wohl erfaßt, aber was ist dieses Gerippe gegen das überströmend freudige Leben, das sich ohne Ziel und Norm von Augenblick zu Augenblick in unglaublicher Üppigkeit verblutet und erneuert!

Ich verbringe alle Stunden des Tages damit, dem See seine Farbenspiele und Geheimnisse abzuspähen. Nachdem ich in den ersten Tagen die Uferwege unzähligemal hin und her gestrichen, bringe ich nun ziemlich meine ganze Zeit auf dem Wasser selbst zu. Zuweilen versuche ich es noch mit dem Blick von oben her, ohne große Entdeckungen. Von der Höhe der Hammetschwand ist das Wasser für mein Auge eben noch zu genießen, darüber hinaus schwindet Glanz und Farbe von Meter zu Meter, und von Rigikulm aus ist der See stumpf und beinahe grau anzusehen. In geringerer Höhe gewährt er noch einige feine Reize, namentlich durch Wald hindurch betrachtet, wobei Buchen-, Kastanien- und Eichenlaub zuweilen köstliche Nuancen gewähren.

Doch wozu diese ärmeren und entlegeneren Blicke suchen und Zeit und Sonne daran vergeuden? Statt dessen kreuze ich den ganzen Tag im Boot auf der Fläche und in den Buchten umher. Ein leichtes Kielboot, für die Ruhepausen eine Zigarre und ein Band Plato, sowie Rute und Angelzeug, das ist meine Ausrüstung.

Ob der Tag noch kommen wird, an dem ich in Worten diese Flut von bunten Seligkeiten und farbig erregten Momenten werde zu Ende dichten können? Diese Lockungen, Lüsternheiten, Begierden, diese plötzlichen Befriedigungen, Ekstasen und Blendungen? Heute kann ich nur stammeln und prosaisch notieren. Vielleicht wird es dabei bleiben, vielleicht ist es überhaupt der Sprache nicht möglich, dem individuell forschenden und genießenden Auge auch nur bis über die ersten gröberen Nuancen weg zu folgen. Auch die Maler müssen ja schon bei den scheinbar simpelsten Mischungen sich dem Instinkt überlassen und problematische eigene Wege gehen. – Kann man sich einen sprachlichen Pointillisten denken? Und doch – was ist Blaugrün? Was ist Perlblau? Wie läßt sich das leise Überwiegen etwa des Gelb, des Kobaltblau, des Violett aussprechen? – und doch liegt in diesem leisen Überwiegen das ganze süße Geheimnis einer Stimmung, einer beglückenden Kombination beschlossen.

Vitznau, 6. September 1900

Das ist mein Fluch und Glück, daß ich keine Schönheit grob und froh genießen kann, daß ich sie auflösen, durchdringen, in Einheiten zerlegen und über die Möglichkeit ihres Wiederaufbaues auf künstlerischem Wege nachdenken muß.

Nur zuweilen kommt das alte schwere Wesen, das ich so konsequent von mir abstreifte, für Augenblicke anklingend wieder über mich – die alte unschuldig stumpfe Hingebung und rechenschaftslose Schwelgerei. Diese Augenblicke müssen immer seltener werden, ich darf um ihre kurze trübe Lust nicht mein Ideal verkaufen, denn ein völliges Zurückkehren in die harmlose Dämmerung ist mir doch nie mehr erlaubt. Wenn irgendwo, so liegt für mich Lust und Sinn des Lebens im Fortschreiten, im immer bewußteren Klarlegen und Durchdringen der Wesenheit und Gesetze des Schönen.

Eine Stunde jenes Zurückdämmerns hatte ich heute. Nach Mittag, in der herrlichen Sonnenglut, mitten auf dem breiten See, Weggis gegenüber. Ich lag über die Rudersitze hingestreckt und blickte über die Seefläche. Eine Flut von Rotblau und Gold schwoll vor meinem Blick breit und rastlos hin. Alle meine Sinne schliefen und träumten; ein warmes schwärmerisches Wohlsein hielt mich gebannt. Mein Auge vermochte keine Kontur, keinen Strahl, keine Lichtgrenze zu unterscheiden, mein Blick verlor allen Willen und taumelte wie ein Freigelassener durch ein Meer von unverstandener Schönheit, von Rot, Blau und Gold, ungleich und ziellos wie der Flatterflug eines Falters.

Vitznau, 7. September 1900

Der äußerste Vorsprung der »oberen Nase«, vom Lande unzugänglich, ist mit einer kleinen Pflanzung junger, ich schätze etwa fünfzehnjähriger Eichen bestanden. Das helle, in der Farbe herbe Laub gibt im Wasser einen wunderbaren Effekt. Der ganze Wasserfleck erscheint schon von ferne ausgezeichnet durch eine aparte, gelbliche Helligkeit, und überraschend köstlich ist es, aus dem tiefgrünen, vormittäglichen See in diese scharfbegrenzte, hellere Fläche zu fahren. Ich sah heute dort, leider ohne Sonne, die Spiegelkontur einer weißen Wolke diese eichengrüne Grenze zweimal schneiden. Das Weiß blieb unverändert und zeigte nur an der Seeseite schärfere Konturen. Während ich die schönen Linien verfolgte, ging ein Dampfer vorüber, in dessen Kielwasser plötzlich das Silber eines flüchtigen Sonnenblickes aufblitzte. Einige Sekunden lang blieb der ebene Wasserstreif im Silber, die jenseitigen Schiffswellen glänzten matt goldbraun, die diesseitigen blieben hellgrün mit weißen Lichtern. Einige Sekunden – und in diesen Sekunden verstand und genoß ich mit freiem Auge diese plötzliche, raffinierte Kombination wie das Lächeln einer Göttin, wie den aufleuchtenden, reimgeschmückten, prägnanten Vers eines Gedichtes.

Vitznau, 8. September 1900

Ein unsicherer, windiger Tag, mit flüchtigen Sonnenblitzen. Ich fuhr Buochs gegenüber am Bürgenstock hin. Jenseits glomm der See gegen das Ufer hin unzähligemal in einer seltsamen, feinen, kühlen Farbenflucht auf, ganz wie blanker Stahl im Verkühlen: rotblau, rotbraun, gelb, weiß.

Von halber Höhe des Bürgenstocks drang Geläute von Kuhglocken herab. Die schönen, welligen Matten standen lichtgrün in den blassen Himmel und zeigten jenen unsäglichen, traurigkühlen herbstlichen Ton, den man nie entstehen sieht und der jedes Jahr wieder in irgendeiner Stunde plötzlich da ist und uns erinnert, wie uns der Name eines lieben Toten erinnert – an den großen Wechsel, an die Unsicherheit des Grundes, auf dem wir bauen, an den Tod, an die unzähligen mühsamen Wege, die wir unnützerweise gegangen sind.

Ich ruderte aus, um die Tönungen der Wellen im Buochser See zu betrachten, um mein Gedächtnis mit dem Bild einiger Farbenvermischungen, einiger Lichtbrechungen, einiger Silbertöne zu bereichern. Ich ruderte aus, kühl, fröhlich und elastisch, einen Reim im Ohr, einen Vers auf den Lippen, um die Schönheit auf einigen mir noch fremden Wegen, in einigen neuen Spielen zu belauschen – und endete damit, diese Herbstmatten zu finden, die ersten dieses Jahres, diese unabweislichen, zarten, traurigen Boten.

Ich wendete mich um und ließ das Auge lang auf dem bewegten, frischen Wasser ruhen, ich beobachtete in der Luft gegen Brunnen und an der Wand des Oberbauen einen einzelnen Sonnenstrahl; aber mein Gedanke verfolgte ihn nicht mit seinem rastlosen, elastischen Eindringen. Nur mein Auge sah die blaßgoldenen Reflexe zittern und verleuchten, mein Gedanke nahm nicht teil, er verweilte hinter mir, über dem steilen Walde, auf jenen bleichgrünen Matten. – Herbst!

Und ich besann mich, ob ich auf dem rechten Wege sei, ob mein rastloser Lauf mich meinem Sterne nähere oder entführe, ob er mich jemals in geistige Höhen führen könne, in welchen dieser Herbst und diese Traurigkeit mich nicht mehr würden berühren können.

Hier gab es in meinem Nachsinnen einen Moment, in welchem ich, hätte ich es in meiner Macht gehabt, den ganzen Schleier des äußeren Lebens von mir gelegt und alle Fäden der Lust, der Liebe, der Trauer, des Heimwehs und der Erinnerung abgeschnitten hätte. Ein Höhepunkt, ein kurzes, ruhiges Atemholen auf hohen Gipfeln: hinter mir alle Beziehungen des Menschli-

chen, vor mir die leichte, kühle Weite der Schönheit des Abso-
luten, des Unpersönlichen. Ein Augenblick – ein Atemzug!
Die Glockenlaute schwankten herab, ich schloß die Augen und
sank und sank von der Höhe. Eine schwere, körperhafte Trauer
bekam Gewalt über mich. Ich wollte entrinnen, mein Gedanke
bäumte sich noch einmal wie ein mißhandeltes Roß, aber ich
unterlag. Und jene schwere, müde Traurigkeit überwältigte
mich, beugte mich tiefer und tiefer, löschte alle Sterne aus, quälte
mich und feierte alle schmachvollen Triumphe eines grausamen
Siegers.
Klar und nahe, wie durch eine plötzlich zerrissene Hülle, lag der
helle Garten meiner frühesten Erinnerungen vor meinem Auge.
Und meine Eltern. Und meine Knabenzeit, meine ersten Liebeszeiten, meine Jugendfreundschaften. In dieser bedrückten
Stunde redeten sie alle eine so traurig-fremde, schöne Sprache,
so heimwehmachend und so ernsthaft fragend wie die Züge von
Toten, denen wir Tränen nicht getrocknet und Wohltaten nicht
erwidert haben. Ich wies sie von mir, und sie gingen, eine tote
Gegenwart hinterlassend.
Zugleich mit dem lastenden, schwächenden Herbstgefühl stieg
eine peinigende Abschiedsstimmung in mir auf. Ich sah hinter
den wenigen noch freien, einsamen Ruhetagen die Stadt und das
wiederbeginnende aufreibende Leben auf mich warten, die vielen Menschen, die vielen Bücher, die unzähligen Nötigungen
zur Lüge, Selbstbetrug und Zeitverderb. Und plötzlich brannte
meine ganze Jugend in schmerzlicher Lebenslust in mir auf, ich
warf mich in die Ruder, kreuzte auf der großen Bucht umher,
kehrte um den Vorsprung des Bürgenstocks zurück, bis an die
Matt, bis nach Weggis. Die notwendige Ermüdung sättigte mich
nicht, gierig und verzweifelnd erfüllte mich ein klaffendes Ungenügen, eine Lust, alle Freiheit und Kraft meines Lebens in eine
einzige Stunde gedrängt jäh und lachend zu vergeuden. Der See
war mir zu schal, die Berge zu grau, der Himmel zu niedrig. In
Weggis nahm ich ein Bad und schwamm in den See hinein,
drängte mich mit beiden Armen in das Wasser, tief atmend.
Müde geworden legte ich mich auf den Rücken, ganz langsam
schwimmend, und hing mit wartenden Augen am Himmel, unbefriedigt, überdrüssig. Ich hätte mein Leben für das Gefühl der
Fülle und des Genusses gegeben, nach dem ich dürstete.

Und dann schwamm ich zurück und bestieg das Boot wieder mit der ganzen dumpfen Trauer des Herbstes, des Abschieds und der inneren Ungewißheit.

Seither bin ich ruhiger geworden. Mein Prinzip hat gesiegt, ich genieße nun diese Trauer und Hoffnungslosigkeit, wie ich mich gewöhnt habe, auch schlechtes Wetter zu genießen. Sie hat ihre eigene Süßigkeit. Ich unterrede mich mit ihr und spiele auf ihr, wie ein Sänger auf einer schwarzen in Moll gestimmten Harfe spielt. Was will ich im Grunde anderes von jedem Tag als eine Stimmung, eine ihm eigentümliche Farbe und, wenn es glückt, ein Lied?

Vitznau, 9. September 1900

Als ich heute mit der Angelrute am Ufer saß, der nachklingenden gestrigen Traurigkeit ergeben, trat mir plötzlich der Name Elisabeth auf die Lippen. Es gelang mir, ihre Gestalt scharf und rein in mir heraufzubeschwören, so daß sie mich aus meinem Traum wie aus einem tiefen Spiegel anblickte. Zugleich empfand ich eine mächtige Sehnsucht nach der Lektüre der Vita nuova, so daß ich beinahe diesem herrischen Gelüste zulieb schon heute nach Basel zurückgekehrt wäre.

Bölsche könnte an mir einen eklatanten Fall von Distanzliebe konstatieren. Prüfe ich mich genau, so muß ich sagen, daß die Anziehungskraft, die Elisabeth auf mich übt, vom ersten Augenblicke an auf einer einzigen frappanten Profillinie beruhte, namentlich auf der raffiniert eleganten Kontur des Halses und des Kinns im Profil. Aber – was ist an meinem Fall am Ende besonderes, da erwiesenermaßen schon eine Frisur, ja schon ein Kleid, ein Gürtel, ein Band diese Wirkung üben kann.

Ich besitze die Schönheit meiner Liebe in dieser Linie, wie man ein Meisterbild nach reichlicher Anschauung besitzt, so daß es nur an dem jeweiligen Versagen der Vorstellungskraft liegt, wenn ich noch nach ihrer körperlichen Gegenwart verlange. Und doch – ich tue unrecht, meine Liebe, das arme Schoßkind, so formal zu deuten. Wie oft habe ich doch gewünscht, ihre feine Hand zärtlich zu berühren, sie zum Plaudern zu bringen, lang in ihre Augen zu sehen! In diese Gedanken und Begierden spielen schon alle unfaßbaren Reflexe der jenseitigen Schönheit herein. Sobald meine Skepsis einen Augenblick schläft, höre ich doch in

318

meiner Liebe die Engel singen und Paradieserinnerungen an die Pforte meiner Seele pochen. Und sie selbst, meine Seele, leidet lächelnd unter allen Roheiten und Vergewaltigungen des herrschsüchtigen Gedankens. Sie schläft unter dunklen Schleiern, schläft und träumt vielleicht von den innersten Geheimnissen jener Welt, an deren Toren mein bewußtes Leben in seinen höchsten Momenten noch beklommen stehenbleibt.

Und diese meine Seele erzählt mir in wohllautfremder Sprache von einer seligen Heimat, deren wir beide, Elisabeth und ich, verlaufene Kinder und verirrte Bürger sind. Wie ein fremdartig süßer Duft, wie Takte einer niegehörten, dennoch traumbekannten Melodie – wie Antwort auf nie gefragte, dennoch wohlgefühlte Fragen.

O diese Seele, dieses schöne, dunkle, heimatliche, gefährliche Meer! Während ich ihre schillernde Oberfläche unermüdlich prüfe, liebkose, befrage und bestürme, spült sie zuweilen immer wieder wie zum Hohn ein fremdfarbiges Rätsel aus bodenloser Tiefe vor mir aus, Muscheln, die von unermeßlichen, fremden Räumen reden, wie ein Stück uralten Schmucks vereinzelte, unsichere Ahnungen einer versunkenen Vorzeit beschwört.

Dort liegt vielleicht auch meine Kunst, dort schläft vielleicht mein Lied, das heiße, stolze Lied mit den stürmenden, bacchantischen Takten, während ich auf unfruchtbaren Feldern Kraft und Jugend vergeude. Oh, fände ich jene Stimmungen wieder, die in vergangenen Jahren mir jede Frühlingsnacht so reich und üppig gab, jenen schwärmerisch maßlosen Herzschlag, jenes satte Verlorensein an die Phantasie und an das erregte Klingen des eigenen Blutes!

Vitznau, 10. September 1900

Ich kannte heute kaum die Menschen mehr, die seit acht Tagen neben mir zu Tische sitzen. Als wären seit gestern zehn Jahre vergangen. Meine Bücher, mein Zimmer, mein Angelzeug, meine Kleider, meine eigene Hand – alles fremd, alles mir nicht zugehörig, alles mich mit seiner unerwarteten Gegenwart bedrückend.

O diese Nacht! Zehn Stunden ohne Schlaf, jede Minute ein Kampf meiner unterdrückten Seele mit dem grausamen, gewaltherrischen Gedanken, ein Kampf mit Zähneknirschen und

Schluchzen, ein Ringen ohne Waffen, Brust an Brust, mit allen Listen und Grausamkeiten der Verzweiflung. Alle Dämme und Grenzen, die ich in meinem inneren Leben gezogen hatte, alle mühsam vorbereiteten Saaten, alle gelegten Grundsteine sind in diesen Stunden zertreten und vernichtet worden. Mir ist es noch wie ein Traum.

Nach einem schweren, traurigmüden Abend – es war ein Sonnenuntergang, wie ich nie einen gesehen – legte ich mich früh zu Bett. Vor meinem Fenster dampfte der See und schlug mit feinen, regelmäßigen Wellen an die Mauern. Ich sah vom Bett aus die Hammetschwand in den bleichen Himmel stechen. Da begann ich zu fühlen, daß die Stunde eines lang verschobenen Kampfes unerbittlich gekommen war, daß alles Unterdrückte, an Ketten Gelegte, Halbgebändigte in mir erbittert und drohend an den Fesseln zerrte. Alle wichtigen Augenblicke meines Lebens, in denen ich meiner Bestimmung einen neuen, engeren Kreis gezogen, in denen ich dem Gefühl des Ewigen, dem naiven Instinkt, dem eingeborenen, unbewußten Leben ein Feld entzogen hatte, traten in voller, feindseliger Schar vor mein Gedächtnis. Vor ihrem Andrängen begannen alle Throne und Säulen zu zittern. Und nun wußte ich plötzlich, daß nichts mehr zu retten wäre; freigelassen taumelte die ganze untere Welt in mir hervor, zerbrach und verhöhnte die weißen Tempel und kühlen Lieblingsbilder. Und dennoch fühlte ich diese verzweifelten Empörer und Bilderstürmer mir verwandt, sie trugen Züge meiner liebsten Erinnerungen und Kindertage.

Zugleich mit diesem Wiedererkennen drang ein scharfer Schmerz todesbitter durch mein innerstes Wesen, der mich in verzerrten, zwiespältigen Gefühlen marterte und aufrieb, lang, stundenlang, bis ich wurde wie ein gequältes, ratloses, verängstetes Kind. Ein Schluchzen überfiel mich, ein Schluchzen ohne Tränen, unsäglich bitter, zuckend und verzweifelnd.

Genug, genug! Die Nacht ist um; ich weiß, daß eine so entsetzliche nicht wiederkommen kann. Ich spüre keinen Schmerz mehr, nur eine träge Erschlaffung und ein Gefühl, ein müdes, rätselhaftes, unsicher schmerzendes, als wäre mir im Innern etwas gesprungen, ein Nerv zerrissen, ein Keim geknickt. Und ich glaube – … Nein, nein!

Und dennoch: ich glaube nicht, ich fühle, ich weiß mit unabänderlicher Gewißheit – das ist meine Jugend, das ist meine Hoffnung, das ist mein Bestes und Heiligstes, dessen abgeknickte Ranke ich wie etwas Fremdes, Störendes in mir spüre. Herbst. Es leidet mich nicht länger hier. Morgen will ich in die Stadt zurück. Dieser melancholisch stille See mit den bleichen Herbstmatten, diese kühlen Berge und dieser kühle Himmel ängstigen mich. Der mitgebrachte Plato liegt auf dem Tisch. Elende Scharteke! Was ist mir Plato? Ich muß Menschen sehen, Wagen fahren hören, neue Bücher und Zeitungen aufschneiden und den frischen, unreifen Duft des schnellen Lebens atmen, auch sehne ich mich danach, Nächte in kleinen Weinschenken zu verbringen, mit gemeinen Mädchen gemeine Gespräche zu führen, Billard zu spielen und tausend Nichtigkeiten zu treiben, die ich mir selber als tausend Gründe dieses Jammergefühls aufzählen kann, das ich ohne Gründe und ohne Betäubung nicht länger ertrage. Es muß noch Genüsse geben, die mir unbekannt geblieben sind, es muß noch Reize geben, auf die meine Nerven heftig reagieren, noch rare Bücher, die mir Freude machen können, noch irgendeine neue, raffinierte Musik.

Ich werde es nicht vergessen, mein Leben lang nicht. O diese Nacht! Ich werde in jeder schlaflosen Nacht an der Erinnerung dieser Qualen leiden, sie werden aus jedem Genuß, aus jeder Reizung wie verborgene böse Geister hervorblicken, alle Grenzen von Wohl und Weh vermischend und alle Empfindungen auflösend in jenes stachelnde, giftig süße, schmerzlich ermüdende Gefühl, das mich nie so wie in dieser Nacht gepeinigt hat. Das Presto jener unheimlichen b-moll-Sonate von Chopin hat etwas davon – es ist einem dabei, als würden feine, feine bloßliegende Nerven streichelnd berührt. Prickelndes Wehgefühl, leiser süßer Schmerz – aber ein Takt zuviel, und man fällt in alle Foltern einer verzweifelten, raffinierten Traurigkeit, die bis zum heftigen körperlichen Schmerz zu steigen vermag.

Elisabeth – ...

Ziehen wir das Fazit! Mir bleibt bei leidlich jungen Jahren der noch respektabel konservierte Rest einer ehemals recht ansehnlichen Phantasie, eine gewisse, wenn schon etwas abgenützte Fähigkeit zum Genießen und Arrangieren schillernder Stimmungen, sowie ein kleiner Fonds von »Seele«, der bei vorsichtigem Gebrauch eventuell noch eine und die andere Liebe leichteren Genres zu inszenieren und zu überdauern vermag. Rechnen wir dazu eine durch lange Gewohnheit erworbene Fertigkeit im Tragisch-Idealischen und in der souverän duldenden Pose, so muß ich mir selbst zu so schönen dichterischen Fähigkeiten gratulieren und habe keinen Grund, um meine Zukunft als Autor besorgt zu sein. Ich werde Niels Lyhne nicht ohne persönliche Note imitieren und die sublimsten Wiener in Ekstasen übertreffen. Das heißt auf deutsch: pfui Teufel! Aber wozu habe ich Neudeutsch und Wienerisch gelernt?

Basel, 16. September 1900

Schon wieder genug und übersatt! Ich hatte mich auf meine Bücher gestürzt, die Pausen der Vita-nuova-Lektüre mit E. T. A. Hoffmann und Heine gefüllt, in müden Stunden zwischen den preziösen George und den lyrischen Hofmannsthal ein Kapitel Jakob Böhme eingeflochten. Übrigens Respekt vor meinem Antiquar! Er hat mir den unvergleichlichen 1730er Böhme verschafft, ed. Ueberfeld, mit angefügten Kupfern. Wenn nur der »Gottselige Hocherleuchtete Teutonicus Philosophus« mit seiner ganzen Theosophia revelata etwas amüsanter wäre! Es sind Kapitel von besonderem Reiz vorhanden, aber man muß sparsam lesen, um der Sprache die fremde Tonart zu lassen. Den Spruch von der Galle, den ich heute bei ihm gelesen, will ich mir doch notieren: »Siehe, ein Mensch hat in sich eine Galle, das ist Gift, und kann ohne die Galle nicht leben, denn die Galle macht die siderischen Geister beweglich, freudenreich, triumphierend oder lachend, denn sie ist ein Quell der Freuden. So sie sich aber in einem Element entzündet, so verderbt sie den ganzen Menschen, denn der Zorn in den siderischen Geistern kommt von der Galle.« Und dann: »Eben einen solchen Quell hat auch die Freude, und auch aus derselben Substanz wie der Zorn. Das ist, wenn sich die Galle in der liebhabenden oder süßen Qualität entzündet, in dem, was dem Menschen lieb ist, so zittert der ganze Leib vor Freuden, in welchem manchmal die siderischen Geister auch angesteckt werden, wenn sich die Galle zu sehr erhebt und in der süßen Qualität entzündet.«

Vor wenig mehr als zwanzig Jahren machte ich als kleiner, blonder Knabe den ersten Leseversuch. Mein Vater fand mich über ein Buch gebückt und nannte mir einige Lettern. Dann aber

schloß er das Buch und erzählte mir nach seiner klugen, liebreichen Art von der großen Welt der Buchstaben und Bücher, die
sich mir mit dem Abc erschließen würde und zu deren Kenntnis
das längste Leben des fleißigsten Lesers nicht zum tausendsten
Teil genüge. Er selber war damals schon über Büchern fast grau
geworden und trug die Werte unzähliger Bände hinter seiner
hohen, scharfen, allzu oft schmerzenden Stirn gespeichert.
Zwanzig Jahre! Ich habe seither ein tüchtiges Stück dieser Buch-
stabenwelt umgeackert und manchen fast verschollenen Schmöker hervorgekramt und umgeblättert. Und jetzt – die wenigen
überragenden Worte, die noch Gewalt über mich haben, würden
keine zehn Bände füllen. Es gibt noch eine Zahl von seltenen
alten Schriften, nach denen ich Verlangen habe und deren jede
mich, wenn sie in meine Hände fällt, neugierig zu machen und
zu erregen vermag – und dann ist es wie mit dem gefangenen
Schmetterling: die Lust ist gebüßt, das seltene Exemplar hat einen Augenblick den erfreuenden Glanz gehabt, und übrigbleibt
– ein Büchertitel und eine Lücke im Register der noch zu er-
hoffenden Befriedigungen.

Basel, ohne Datum
Ich wartete gestern abend am Kasino, um das Publikum aus dem
Konzertsaal kommen zu sehen. Es war kalt und regnete. Dann
quoll die Menschenmenge heraus. Und auf der Treppe von den
Balkonsitzen tauchte plötzlich zwischen bekannten Gesichtern
das Gesicht Elisabeths hervor. Sie stieg langsam herab und verschwand mit ihren Begleitern in der Menge. Diese Minute, in
welcher die ganze schöne Gestalt auf der beleuchteten Treppe
warm und fröhlich heraustrat, gab mir eine eigentümliche Stimmung. Ganz wie in schönen antiquierten Romanen war ich der
traurige Liebhaber, der vor erleuchtetem Festsaal in der Regennacht steht und seine Dame geschmückt und scherzend mit begünstigten Begleitern vorüberschreiten sieht. Sein Hut ist tief in
die schmerzende Stirn gedrückt, sein grauer Mantel flattert im
Wind. Sein Auge blickt Verachtung, aber auf den schmerzlich
verzogenen Lippen liegt Liebesweh und zehrende Trauer. Er
wendet sich ab, lüftet den Hut, streicht mit der heißen Hand
über die heiße Stirn und das regennasse Haar und verschwindet
in den Nebeln der unwirtlichen Regennacht.

Und zwar zu Frau Buser in die »Fischerstube«. Diese brachte mir in zahlreichen Bechern die »süße Qualität« herbei, nachdem die Reaktion der Galle auf die »liebhabende Qualität« den guten Böhme Lügen gestraft hatte. Ich hatte dort ein langes Gespräch mit Hesse, der mich natürlich wieder nörgelte und zwickte, bis ich grob wurde. Dann war er zufrieden, ich auch, und am Ende führte mich der Gute durch alle Fährlichkeiten wankender Häuserreihen und walzertanzender Gaslaternen meinen Penaten zu.

Basel, ohne Datum
Wenn sich mein Jugendfreund Elenderle nicht in jener ärgerlichen Nacht im Tübinger »Walfisch« erschossen hätte, würde ich ihn zur Aufnahme in unsern famosen Klub vorschlagen. Wir haben nämlich zu dreien einen »Klub der Entgleisten« gegründet. Drei Mitglieder ist wenig, aber die Stadt Basel vermag in dieser Branche nicht mehr.

Basel, ohne Datum
Hesse will mir einen Artikel über Tieck abjagen, den er doch besser kennen müßte als ich. Dabei fiel mir plötzlich die fabelhafte Ähnlichkeit auf, die zwischen jenem Märchendichter und mir besteht. Bei uns beiden dieselben sensiblen Nerven, derselbe Mangel an Plastik, derselbe Zug zum Flüchtigsten, Oberflächlichsten, zum Schillernden, Flackernden und Unfesten dieselbe launenhaft bewegte Phantasie, dieselbe Verwandtschaft mit der Musik, dieselbe Tendenz zur Auflösung der Prinzipien, zur künstlerischen Ironie.

Basel, ohne Datum
Ah! ce n'est point gai tous les jours, la bohème!

Basel, ohne Datum
Das Weintrinken wird auch nicht lange vorhalten. Ich sitze zuweilen in der Wolfsschlucht, trinke Hallauer und blättere in Böhmes »Weg zu Christo«, wobei mir zuweilen die eigentliche Ruchlosigkeit dieser Lektüre für Augenblicke einen leisen Reiz gewährt. »Ich will dich aber gewarnt haben«, sagte der Theosophus, »ist dir's nicht ein Ernst, so laß die teuren Namen Got-

tes, daß sie dir nicht den Zorn Gottes in deiner Seele entzünden.«
Und später: »Bist du nicht in ernstem Vorsatze, auf dem Wege
zur neuen Wiedergeburt, so laß die obgeschriebenen Worte im
Gebet ungenannt, oder sie werden dir in dir zum Gerichte Gottes werden.«

Der fromme Weise hat recht. Seine Worte machen mich unhei-
ligen Leser traurig und »wirken Verzweiflung«, denn jedes von
ihnen besitzt jene Kraft und ewige Jugend der Begeisterung und
des Glaubens, deren Anblick mich mit Neid und Heimweh erfüllt.

Basel, ohne Datum

Ich will verreisen. Mir träumte diese Nacht von meiner Jugend,
als wohne sie irgendwo verzaubert in einem fernen Lande zwischen grünen Bergen. Auch war mir, als spielte eine schöne,
wohlbekannte Frau auf dem Veilchenstraußflügel die Nocturne
in Es-Dur von Chopin, jenes Lied, das nur Heimweh- und Flü-
gelkranke ganz verstehen, mit seinen zarten, durch ein geheimes
Leiden vergeistigten Takten. Ich holte meine vergessene und
verstaubte Geige hervor und rief die zärtlich scheue Melodie mit
leisem Striche wach, und aus dem alten, braunen Instrument
sang meine verlorene Jugend in heimlichen Untertönen mit.

* * *

Es folgt noch ein Kapitel »Letzte Gedichte« (Sommer und Herbst 1900)
mit den Gedichten: »Meiner Liebe«, »Dennoch«, »Philosophie«, »Marienlied« I, »Das ist mein Leid«, »Spielmann«, »Italienische Nacht«,
»Der schwarze Ritter«, »Marienlied« II, die Hesse 1942 in seine Ausgabe »Die Gedichte« aufgenommen hat. Siehe *Sämtliche Werke* [SW],
Bd. 10, »Die Gedichte«.

Ein Kranz für die schöne Lulu

Nimm, schöne Lulu! Ein Kranz von lauter Rosen! Am Ende
einer Abschiedsfahrt habe ich die Rosen zusammengebunden
und will sie alle verschenken.

Diese dunkle mit dem gesenkten schweren Purpurhaupt ist
im Garten meines Vaters gewachsen. Der Strauch ist so alt wie
ich und kennt mich alle die Jahre her. Wenn du diese Rose ansiehst, dann denke an meine Heimat, wo die schwarzen Berge
in den hellblauen Himmel stechen und von wo in Herbstnäch-
ten der Traum von meiner Kindheit und Knabenzeit zu mir
kommt. In meiner Knabenzeit war jeder Tag hell wie die Krone
des Lebens, und jede Stunde glänzte wie ein Kronjuwel. Denk
dabei auch an jene in die Erde vergrabenen ersten Gedichte, von
denen ich dir erzählte, und an die Abende, da mich die erste süße
Jugendtraurigkeit im Garten überschlich und zum erstenmal
meine Träume voll von Mädchenbildern waren. Ich wollte diese
Rose aufbewahren und heilig halten als ein Andenken an hundert liebe verschollene Dinge; aber es ist besser, daß sie in deinen
Haaren verwelke.

Und die helle da, die flatternde mit dem licht beblätterten Zweig,
ist von der Rosenhecke in B… Ich pflückte sie vom Wagen aus,
im Abreisen, und hinter mir sank Garten, Park und Kornblu-
menfeld langsam hinab. Auf der Straße kam der Zeller Hirt an
mir vorbei, der Duft der Felder durchdrang die warme Luft, der
Staufen streckte zur Rechten seine schöne Kuppe empor, und
alles war wie ehemals, da in diesem selben grünen Frühlingstal
Elise mir begegnete, da ich jeden Morgen Rosen pflückte, die ich
ihr schenken wollte und die ich schüchtern und traurig in meinem Zimmer verwelken ließ. Es ist eine von diesen Rosen, und
wenn du sie ansiehst, so denke an alles Zarte, bald Verwelkte,
unwiederbringlich Köstliche, womit dich selber einst deine erste
Liebe beschenkt hat. Ich wollte sie mit mir nehmen und behalten, zum Andenken an meinen Frühling; aber es ist besser, daß
sie in deinen Haaren verwelke.

Die gelbe Rose, deren seidene Blätter seltsam fahl und wie

kränklich verbogen sind und rötliche Ränder haben, diese fiel mir zu über die Mauer jenes Schloßgartens, in dem ich vorzeiten die Lieder einer blassen Dame mit der Geige begleiten mußte. Du kennst sie auch, und du weißt, warum ich dir diese Rose schenke.

Und die andern alle! Eine ist mir von freundlicher Hand in ein Lieblingsbuch gelegt worden, eine andere hob ich vom Boden auf, nachdem sie aus den Fingern einer traurigen Braut gefallen war. An jede ist ein Traum geknüpft, und jeder dieser Träume wird einmal in irgend einer fernen Zukunft zu mir zurückkehren.

Und nun, schöne Lulu? Ich habe noch eine Rose in der Hand, meine letzte. Verstehst du mich? Sie ist von dir, du hast sie gestern vom Busch geschnitten und mir geschenkt. Sie hat mir viel von dir erzählt, und sie ist schön, sie ist zu schön für mich. Ich will dir nicht weh tun, aber sieh, ich reise jetzt in ein Land, wo es keine Rosen gibt und wo ich keine brauchen kann. Nimm auch diese wieder von mir an! Ich wollte sie hegen und zärtlich aufbewahren, als ein Andenken an diese Tage, die mir in der Hand schon Vergangenheit werden wollen. Aber es ist besser, daß sie in Deinen Haaren verwelke. [Ihr Lauscher]*   *(1900)*

___

* Im Manuskript gestrichen.

327

Notturni

oder
Vertraulich poetische Briefe an
Herrn und Frau Dr. Rudolf Wackernagel-Burckhardt in Basel
(1900)

ex ungue autorem.
Basel, Oktober 1900.

Erster Abend

Wertgeschätzter Herr Doktor!

In den meisten übrigen Exemplaren meiner berühmten Notturni durchritt ich unbesorgt auf den höchsten mir verfügbaren
Rossen die Gärten, Gebirge, Fluren, Wälder und Tiefebenen der
Poesie; Ihnen gegenüber jedoch will es mir nicht ganz gelingen
die edle, aber unbequeme Pose des Helden zu bewahren. Sie
haben mich zu sehr verwöhnt, so daß ich mich in diesem Ihrem
Exemplar kaum als der jenseits der Kulissen stehende Mime
werde gebärden können. Und doch soll und muß ich auch Ihnen
in diesen Nachtstücken für zehn Franken möglichst viel Geist,
Lyrik, Sentiment und Grazie zu servieren bemüht sein. Gott sei
mit mir und mit Ihnen! Denn ich weiß wahrlich noch nicht, was
auf der nächsten Seite dieses Blattes stehen wird. Allein – es sei!
– Ich rücke um eine Stufe höher, eine Locke fällt mir über die
nachdenkliche Stirn, Verse beginnen in meinem Ohr zu läuten,
meine Züge werden blasser, gespannter, interessanter.
Also, Verse!

Der Tag ist um,
Die Nacht ist stumm,
In meinem Kopf
Geht schwer und dumm
Ein Mühlrad um –

Doch, das ist nicht der wahre Ton. Es fließt nicht, schmilzt nicht. Ich wollte, ich wär schon weit von hier auf der italienischen Reise, die ich aus dem Erlös meiner Notturni machen will. Aber erst die Notturni! Anrufung der Nacht – tagmüde Stimmung – Stille –
Also noch einmal!

Nacht. Finsternis. In müder Hand
Laß ich von Tages lautem Tun
Abwärts zur ewigen Nacht gewandt
Die Stirne ruhn.

Wie still! Wie ohne Laut die Weite!
Kaum rauscht im Weg ein welkes Blatt.
Der Wolken finstre Reise hat
Nicht Mond nicht Sterne zum Geleite.
Langsam entgleitet meiner Brust
Der wehe Stachel; unbewußt
Streift alles, was sie tags umgab,
Die Seele ab.
Was Tröstliches und Liebes ihr bekannt,
Tritt aus des Traumes Wunderheimatland
Vertraut hervor und neigt sich über sie.
O Seelentrösterin, sei mir willkommen,
Du Ahnungsvolle, deren Melodie
So oft den Alp von meiner Brust genommen,
Du Schöne, Selige, du, Phantasie!
Auf deine Stimme laß mich wieder,
Traumtiefer Born geschmückter Lieder,
Auf deiner Silbersaiten Rauschen
Entrückt und traumverloren lauschen!

Diese Verse sind mir durchaus ernst. Ich rate Ihnen, teuerster Herr Doktor, mir zu folgen, oder vielmehr nicht mir, sondern mit mir der Führerin Phantasie. Sehen Sie sie nicht? Sie steht an meiner Tür, mit beiden leichten Füßen auf der Schwelle balancierend, schlank, biegsam, fürstlich. Ja, meine Phantasie! Sie hat äußerst erlauchte Ahnen und man sieht ihr den Uradel an den Gelenken an, ganz abgesehen vom Kinn und von den Augen – O diese Augen! Nichts auf der Welt ist so fabelhaft schön und veränderlich. Diese Augen können aussehen wie ein schwarzer, gewitterüberhangener See, so tödlich, tief, schön und beutegierig; sie können auch aussehen wie kühler, glatter, raffinierter Sammet, oder wie ein feuchtblaues, kleines, zages Stück Himmel zwischen Regenwolken. Sie können auch aussehen wie wehe, schmerzliche Wunden, und wie Meere und wie Brüderlein und Schwesterlein. Ihr Gewand? Weit und aus Seide. Aus Seide, die mit hellfarbigen Ornamenten und Historien bestickt ist, wie sie sonst nur in den allerschönsten Bildern von Heinrich Vogeler vorkommt. Und rote Schuhe mit grün und goldenen Rändern.

Ich lebe mit dieser schönen Phantasie seit langer Zeit in wilder Ehe. Wir lieben und hassen einander mit allen Nuancen der Leidenschaft, deren eine Phantasie und ein Dichter fähig sind. Wir liebkosen uns, necken uns, schmollen miteinander, schweigen tagelang, versöhnen uns wieder, liegen wieder in Fehde, verfolgen uns im Kreise mit Messern und Pistolen. Wir sind oft unglücklich, denn jedes von uns ist nur eine Hälfte und jedes hofft unter Zweifeln, es möchte die bessere sein.

O weh! Sehen Sie den Krähenfuß? Meine Wilde fand, es sei des Ausplauderns genug und stieß mich plötzlich an den Arm. Warte nur! Du mußt mir für den Buchschmuck büßen.

Nun gibt sie schon klein bei und erklärt sich bereit, mir morgen die Jugendliebesgeschichte der Fee Morgana zu erzählen, auf welche ich äußerst neugierig bin.

Aber habe ich recht Sie so lange von unsern Interieurs zu unterhalten? Dann haben Sie Geduld – aber meine liebe Phantasie geht mir über alles.

Übrigens sieht sie mir eben ins Geschriebene und findet es langweilig. Sie will mir diktieren. Soll ich? Ja? Nun denn, aber ich stehe für nichts!

– Zur Zeit der fünfzehnten Myrthenblüte war Morgana noch ein sterbliches Fischermädchen in Maskat. Sie war schön. Sie hatte ein hellbraun blankes Gesicht mit großen, flackernden Brandaugen und dichten Brauen, perlmuttfarbene Schläfen, schmale Lippen. Mit einem Fischkorb fuhr sie über Meer, es war ein heißer Tag. Siehe, da tauchte aus der rotsilbernen Flut herauf ein schöner, geschmeidiger Knabe. Halt! rief Morgana. Da hielt er an. Da zog er sich mit weißen, runden Armen am Rand der Barke empor. Da blickte er aus perlschönen, fremden Augen kühl und fest ihr in's Gesicht. Bog den schönen Hals und das blasse Gesicht zu ihr und küßte ihr einen kühlen leisen Kuß auf ihre schmalen Mädchenlippen. Küßte, blickte sie an und glitt ins Meer. Schwamm hurtig wie das schnellste Kielboot davon.

Da ruderte Morgana ihm nach, und ruderte einen Tag und eine Nacht und wieder einen Tag. Die braune südarabische Küste war nah. Am Abend des zweiten Tages saß das Boot der Fischerin auf einer Klippe fest, einhundert Klafter vom Land. Der schöne Knabe aber saß am Ufer auf den Steinen, hatte die Arme verschränkt und schaute kühl und grausam herüber. Hinter ihm wich die späte Sonne gegen die Küste von Afrika hinüber. Das arme Mädchen quälte sich vergebens mit dem verrannten Nachen und reckte vergebens immer wieder beide Arme nach dem Ufer zu dem Knaben aus. Da, als schon die Sonne jenseits von Arabien sich neigte und groß und rot wurde, stand der Knabe auf, lächelte fremd und wanderte langsam landeinwärts. Namenlose Angst, Qual, Liebe und Sehnsucht brannte in der Brust des verlassenen Mädchen auf. Sie stellte sich im Nachen aufrecht, sah ihm mit ausgestreckten Armen und weiten Augen nach, trat auf die Ruderbank, trat auf den wanken Rand des Kahns. Der Wanderer ging gemächlich, ohne sich umzublicken, ward kleiner, kleiner. – Da im letzten Augenblick, als der Ferne wie ein blasser Punkt sich weit verlor, da brach aus dem schneeblassen Mund der verliebten Morgana ein Schrei so wild, weh und wund, wie ihn nie ein Menschenohr gehört, als wäre alles Elend der Welt in einen gellen Jammerlaut gebannt; und mit diesem Schrei wich die Seele aus Morganas Brust. Leicht geworden wie eine Schwanflaumfeder flog sie über Meer und Küste rasend weg, ereilte tief im Lande den Fremden. Wahnsinnig riß sie ihn am langen Haar zu sich heran, preßte ihn erstickend an ihre Brust. Mit einem seltsam frechen Lächeln ließ der Knabe den schönen Kopf verröchelnd über ihren Arm hinabhangen. Ein Sterbehauch, ein Augenbrechen – und statt des Knaben lag Zauberblick, der Vater der Lügengeister, ihr im Arm, lachte leise höhnend auf und zerrann in die Nacht.

Dies ist die Jugendliebesgeschichte der Fee Morgana.

Verehrte Frau Doktor!

Kennen Sie die Nocturne in Es Dur von Chopin?

Oder kennen Sie Ossian?

Oder kennen Sie die »Stunde hinter Mitternacht« des berüchtigten Neuromantikers Hesse?

Ja? – Ich sage Ihnen: Alles ist dumm und verlogen, was man gegen die Es Dur, gegen Ossian und gegen die »Stunde hinter Mitternacht« böswillig behauptet hat. Chopin ist kein Seiltänzer, Ossian ist kein Schwindler und Hesse kein Manierist.

Wenn Sie in diesem Augenblick mit des Teufelchens Asmodi Beistand mir durch Schädel, Rock und Haut in's Innere sehen könnten, so würden Sie glauben, den Mittelsatz jener Nocturne zu hören, den Fingal oder das »Albumblatt für Elise« aufgeschlagen zu sehen. »Gedanken?« – Hm. »Bilder?« Hm. »Aber was denn sonst?«

Ich kann Sie fragen hören! Aber Sie verstellen sich nur. Freilich ist es eine landläufige Meinung, aus »Gedanken« und »Bildern« bestehe der eigentümliche Besitz der Poeten. Aber Sie kennen jene Seite in meinem Lexikon:

landläufig   vide vulgär

Vulgär – (s. u. a. sehr verbreitet) = häßlich, immer im Unrecht, dumm, feindselig, barbarisch. Es ist wie mit der berühmten Formel

$$a^2 + 2\,ab + b^2 \text{ etc.}$$

d. h. man mag addieren, subtrahieren, multiplizieren oder dividieren, wie man will – es läuft auf einen Sumpf hinaus.

Folglich können wir auf die Gedanken und Bilder verzichten, müssen es auch, denn es sind keine vorhanden.

Und dennoch Stimmung? Und dennoch Poesie? Und Romantik? Und Notturno?

Allerdings. Ich garantiere auf Verlangen bei gegenwärtiger Verfassung sogar für Verse. Denn sehen Sie, Verse, das heißt nicht Gedanken noch Bilder, sondern das heißt Musik, das heißt Farbe, heißt Schwung, heißt Takt und Glut.

– ◡◡ – ◡◡ – ◡◡ –

– ◡◡ – ◡◡ – –

Hören Sie's nicht? Nicht? Tut mir leid. Ach Gott, es geht mir wie

allen Dichtern. Wir studieren unser Leben lang daran, die Sprache zu finden, in der die uns inwohnenden Verse abgefaßt sind, und müssen fast immer bei harten und unkorrekten Übersetzungen in unsre Muttersprache stehen bleiben. Alles Herbe, Mittelmäßige und Fade ist Fehler des Übersetzers. Manchmal bei Stücken, die man traumwandelnd übertrug, klingt noch etwas von der ursprünglichen unsäglichen Schönheit nach, ist noch ein Duft vom zauberhaften Wohllaut der Ursprache und von der lückenlosen Harmonie des Originaltextes zu verspüren. Sie kennen z. B. jenes Lied mit der Strophe »Die Vöglein schweigen im Walde«.
Spürt man das nicht wie ein Wunder, wie eine selige Insel inmitten der ganzen deutschen Sprache? Aber tausend solche und zehntausend noch edlere Lieder lagen und liegen da und dort in Dichterherzen verschlossen. Wer will die Dichter tadeln, die sie nicht übersetzen können? Daß Goethe so viel gute Übersetzungen machte, muß noch nicht bedeuten, daß er die besten Originale besaß. War er wirklich ein so unübertrefflicher Übersetzer? Oder lagen nicht vielleicht nur seine Urtexte unsrem Verstand und unsrer Sprache näher als die anderer Dichter?
Umgekehrt, wenn einer stammelt, so kann das ebensowohl bedeuten, daß er ein Idiot ist, wie daß die Dinge, die er sagen möchte, zum Sagen auf deutsch zu heilig, zu schön, zu sublim und geistig sind.
Was mich betrifft, so bin ich überzeugt, daß in der andern Welt, an welche die Dichter noch mehr glauben und von der sie auch vielleicht mehr wissen als die Frommen –, daß, sage ich, in der andern Welt die Gemeinschaft der Dichter, so verschieden ihr Glück auf Erden war, an Brüderlichkeit der Gemeinschaft der Heiligen nicht nachstehen wird. Wenn in jener Welt Goethe und ich einander begrüßen werden, so wird das von seiner Seite gewiß ebenso ohne Stolz wie von meiner Seite ohne Scham geschehen. Er wird an meine schlechteren irdischen Verse so wenig denken als Abraham an die Armut des Lazarus.
Aber genug! Es ist entsetzlich spät und kalt. Im Kleinbasel brennt es und der ganze Himmel ist rot. Gute Nacht!

Ihr ganz ergebener

etc.

Verlangen Sie heute nichts von mir!

Nicht daß ich betrunken wäre! Leider nicht, obwohl ich Wein genug getrunken habe. Roten Veltliner. Sie kennen ihn: er ist herb und schwer. Aber wenn ich traurig bin, kann ich unsäglich viel vertragen. Und ich bin heute traurig. Nichts, was mich freut; nichts, was mir lieb wäre. Sollte ich jetzt ein Buch lesen, so müßte es der Hiob oder der Prediger Salomo sein, jenes großartig trostlose Kapitel vom Mandelbaum »wenn der Mandelbaum blühet und alle Lust vergeht – denn es ist alles eitel«.

Notturni! Wie mich das Zeug ärgert! Es hat niemals schlappere Poesien gegeben. Und so ist alles, was ich schreibe, und fast alles, was andre schreiben und geschrieben haben.

Und ich selbst? Und das Leben? Bücher verkaufen, Rechnungen schreiben, eine Reise machen, einige tausend Bücher durchlesen, einige schreiben, ein Stücklein Geld mit Not verdienen und mit Not verbrauchen – und das alles, um in ein paar Jahren in einem kleinen Holzkasten zu liegen und auszusehen wie der Museumschristus von Holbein, starre Rippen, grüne Knochenfinger.

Ich habe Kopfweh. Der verdammte Wein! Aber wie konnte ich auch glauben, meine entlaufene Phantasie sei in die dunkelroten Bouteillen gefahren!

Ja, nun ist's gesagt! Sie ist fort, effugit, evadit, erupit, meine Schöne, mein Schatz, mein Kleinod und Augentrost, und ich bin allein und einzig wie ein Meilenstein im Feld, eigener Gedanken harter Richter, eigener Nöte querulierender Ankläger. O du Einzige, o du Schönheit, du Stern und helles Auge, wo bist du hin? Heute noch, vor ein paar Stunden noch, war sie bei mir, hier im selben Zimmer, am selben Tisch und erzählte mir die Geschichte von der Entstehung der Kunst aus der primären Ironie. Mythologisch natürlich, mit köstlichen Namen und Details, denn sie weiß ja selber nicht, daß sie eine Philosophin ist. Und wir lachten eine Weile, und schwiegen dann, und beschworen den Traum der Träume, meinen Liebling, das Farbenwunder meiner innersten Welt! Und jetzt! Leer, elend, trocken wie eine Nußschale, von allen Göttern verlassen, starre ich die mitgebrachte dunkle Veltliner-Flasche an – die letzte.

O du roter Wein, komm her!
Komm in meine finstre Ecke,
Treibe deinen leichten Schaum,
Tröster, meinen Traum erwecke,
Meinen toten Lieblingstraum!
Jemand hat ein Wort gesprochen,
Jemand hat ein Wort geschwiegen –
Und ich sah den Schönen liegen
Stöhnend, herzkrank und gebrochen.
Was ich Kostbares besaß,
War in seinen Schmuck vereinigt,
Alle Liebe, die mir je
Nächtelang das Herz gepeinigt,
Aller Sehnsucht liebes Weh,
All mein zügelloser, schöner Haß,
Alles was noch fremd und unermessen
Meine Seele Seliges besessen.
Tausend ungesungene Lieder
Nahm mein Liebling fort und kam nicht wieder.
Liegt er irgendwo verlassen
Heimatlos in fremden Gassen?
Liegt er irgendwo, fern meinen Klagen,
Von Philisterhand erschlagen?
Hat ein Fremder seine großen
Schönen Liebesaugen zugeschlossen?
Liegt er schlaflos mit verhärmten Wangen
Irgendwo von einem Feind gefangen?

Noch einmal in seine dunkelblauen
Frühlingsaugen muß ich flehend schauen;
Noch einmal mit seinen schlanken Händen
Muß er von mir die Dämonen wenden,
Noch einmal in seine Melodieen
Meine ganze Seele wirbelnd ziehen,
In die wilden, düsterrot entflammten,
Einer fremden Heimat fremd entstammten,
Quälend süßen, namenlosen Lieder –
Tröster, meinen Liebling gib mir wieder!
Meine Seele will ich ihm verschenken,

Ihn mit meinem roten Herzblut tränken;
Meines letzten Liedes letzte Laute,
Meine Leier, meine fremdgebaute,
Schlanke, silberne will ich ihm geben,
Meinen ganzen Schatz von Leid und Leben.
Aber noch einmal muß ich die schwanken
Ringellocken um die Hand mir ranken,
Und noch einmal die verwirrten, weichen
Aus der Träumerstirne ihm liebkosend streichen.

Schweigen. Nacht. In welchem fernen Tal
Liegt er nun und leidet Todesqual?
Was ich Liebstes zärtlich mein genannt,

Was ich Reinstes, Edelstes gekannt,
Fühl ich fern von mir in Fiebergluten
Ruhmlos und verzweifelnd sich verbluten.
Tonlos drängt es mir empor die Kehle
Wie ein Schluchzen aus zertretener Seele,
Wie aus trostlos öden Wüsteneien
Eines irren Pilgers letztes Schreien …

Tröster komm! Auf die zerschlagene Leier
Breite deines Traumes bunten Schleier,
Wie schon oft mit rotgeschminkten Zügen
Laß mich lustig scheinen, Freude lügen.
Über die verspielten Seligkeiten
Laß den Tanztakt frecher Lieder gleiten,
Ohne Wahl das Selige und Böse.
In dein gelles Lustgelächter löse,
Würfelnd laß mich spielen mit den beiden,
Todestraurig tanzen, lachend leiden!

Teuerster Herr!

Sie warten vergebens. Ich auch. *Sie* ist noch immer fort, die Untreue, das Laster, das Schandmal, die Liebe, die Perle! Falls sie bis übermorgen nicht wiederkommt, erschieße ich mich. Für diesen Fall möge dies als Abschiedsbrief an Sie gelten. Ich vermache Ihnen meine Fotografie im Kabinet und meine Sammlung Tieck'scher Erstausgaben (elf Stück, darunter der »Phantasus« und die »Minnelieder«).

Ich habe schon alles in Ordnung gebracht, Abschiedsbriefe, Testament etc.etc. Man darf mich nicht sezieren. Beim Durchsehen meiner Papiere und Briefe und Fotografien stieg die Erinnerung mancher Liebe auf, und da ich meine Notturni-Schuld abtragen sollte, wähle ich einige Lieder zu jedem Portrait für Sie heraus.

Adieu Welt! Adieu Herr Doktor!

Elise

Ein Kindermündlein lieb und lind,
Ein golden blondes Haargewind,
Ein weißes Kleid, ein weißes Händepaar,
Ein Auge mild und dennoch ernst und klar.
Um dieses Bild im Früheglanz
Ein leichter Heiderosenkranz:
So steht mein erstes Lieben
Mir schlicht ins Herz geschrieben.

Agnes

Dir liegt auf Stirne, Mund und Hand
Der feine, zärtlich helle Lenz,
Der süße Zauber, den ich fand
Auf alten Bildern zu Florenz.

Du lebtest schon einmal vorzeit,
Du wunderschlanke Maigestalt:
Im Frühlingsfest, im hellen Kleid,
Hat Botticelli dich gemalt.

Auch bist du jene, deren Gruß
Den jungen Dante übermannt,
Und unbewußt ist deinem Fuß
Der Weg durch's Paradies bekannt.

Elisabeth

Die Nacht fällt ein,
Das Fest verloht,
Die Fackeln im Garten
Verleuchten rot.

Du nicktest leicht
Mir gute Nacht –
Du hast diesen Abend
So viel gelacht.

Du hast diesen Abend
So viel gesprochen
Und ein ungegebenes
Wort mir gebrochen.

Eleanor

Hochmütig, schön und rätselhaft,
Der Mund voll Spott, die Stirn voll Stolz,
Das Aug voll loher Leidenschaft –
Und über deine Schulter hängt
Ein Bündel schweren Lockengolds.

Ich sah dich froh und mienenklar,
Sah dich in Nächten aufgerafft
Aus schwülem Traum mit wirrem Haar –
Ich sah dich hundertfach, doch jedesmal
Hochmütig, schön und rätselhaft.

Angelika

Spätsommers. Meine Birke regt
Sich kaum. Mit blauen Flügeln schlägt
Ein dunkles Wasserjungfernpaar.

Im Weiher schaukelt weiß und rot
Am Seile müßig sich mein Boot,
Ist alles, wie es immer war.

Nur daß im Zittergrase blank
Ein Kreuzlein steht und eine Bank
Von Rasen, ist nicht lange her.

Frag nicht! An diesem Kreuzlein liegt
Der liebste Traum, den ich gewiegt,
Und hat nicht Blick noch Flügel mehr.

Blondchen

Irgendwo in einem Walde war's,
Märchenheimlich klang der Drosselschlag,
Daß ein Schatz hellblonden Frauenhaars
Still und seiden mir am Halse lag.

Daß ein Duft aus unbekanntem Land
An mich rührte wie ein holder Schmerz,
Daß ein Händlein lag in meiner Hand
Und an meiner Brust ein frommes Herz.

Liebe Fee! Drei Wünsche laß mich tun:
Reg mir wieder jenen holden Schmerz,
Laß an meiner Brust noch einmal ruhn'
Jene Hand und jenes fromme Herz!

Lulu

Ich will mich tief verneigen
Vor dir und senken den Hut,
Ich will dir Lieder geigen
Rot wie Rosen und rot wie Blut.

Ich will mich vor dir bücken
Wie man vor Fürstinnen tut,
Ich will dich mit Rosen schmücken,
Mit Rosen rot wie Blut.

Ich will auch zu dir beten,
Wie man vor Heiligen kniet,
Mit meiner wilden, verschmähten
Liebe und meinem Lied.

Finale

Der Tod ging nachts durch eine Stadt;
Ein Fenster war noch rot im Dach,
Dort saß ob einem weißen Blatt
Ein kranker Dichter spät noch wach.

Der Tod stieß leis das Fenster ein
Und blies die trübe Ampel aus.
Ein Hauch! – ein Blick! – ein Lächelschein!
Und dunkel wurde Stadt und Haus.

Fünfter Abend

Guten Abend Herr Doktor!
Guten Abend, Frau Doktor!

Wie geht's? Ist alles wohl? Was macht die Rösi?
Ha? – Jaso! Ich lebe ja noch. Freilich. Also hören Sie!
Ich saß und hatte eine tadellose Pistole schön scharf geladen auf
dem Tische liegen. Ich las zum Abschied Montaigne, das famose
Kapitel »Von der Gewohnheit, sich zu bekleiden«. Und dann
war das Kapitel zu Ende. Und dann legte ich Buch und Zigarre
weg, und dann wusch ich mir das Gesicht, und dann hob ich die
Pistole auf und zielte – und dann knarrte die Tür, und ich blickte
hinüber. Da stand sie auf der Schwelle mit beiden leichten Füßen, schlank, biegsam, fürstlich! Rote Schuhe, das weite Seiden-
kleid mit der Vogelerborderie! Und lachte!
Sie sitzt jetzt lieb neben mir und sagt, ich möchte doch der
Schreiberei ein Ende machen. Kommt von selber, Schatz, sag'
ich, denn ich weiß nichts mehr. Da will sie wieder diktieren. Na,
also! Sie diktiert:

An Hermann's Zeigefinger

Mein liebes Zeigefingerlein,
Wo wirst du übers Jahr
Um diese selbe Stunde sein?
Vielleicht verstrickt in Frauenhaar?
Vielleicht auf einer Geigensaite?
Vielleicht auf einer Alpe Grat
Gestreckt in eine grüne Weite?
Vielleicht der Schönheit leisen Pfad
Nachspürend über Marmorgliedern?
Vielleicht an einem Ruder stark?
Vielleicht in einem engen, niedern,
Vergessenen Sarg?

Ich weiß es nicht, du weißt es nicht.
– Sagen Sie, Herr Doktor,
Ist das auch ein Gedicht?

Vier Marienlieder des Ritters Tannhäuser
als Nachtrag zu den Notturni

I

Auf deine Schwelle laß mich treten!
Nicht um zu beten.
Nur um mit wehevollen Schauern
Nach den verschmähten
Himmeln zu sehen, und um zu trauern.

Nun hab' ich wieder dich gesehen,
Nun laß mich gehen
Und dunkle Pfade weiterfliehen.
In meinen Wehen
Laß mir den Traum, du habest mir verziehen.

II

Du Eine, Gnadenvolle nur
Verstehend tröstend, was mein Herz
An namenlosem Reueschmerz
In jener und in dieser Welt erfuhr.

Du sieh mich liegen tief im Staub –
Mein Schmuck ist welk, mein Lied vertönt,
Mein frecher Mut der Jahre Raub,
Mein Herz versengt und unversöhnt.

Die ich in Weh, die ich in Grimm
Gesungen, Lieder ohne Zahl,
Der Lust, der Liebesnot, der Qual,
Zum gerngebrachten Opfer nimm!

Und auch den Ton der tiefsten Brust,
Und auch des Auges helle Zier,
Und auch des Lebens rege Lust,
Gebenedeite, nimm von mir!

III

Ohne Schmuck und Perlenglanz
Laß mich auf die Stufen legen,
Stumm erflehend deinen Segen,
Meiner Jugend welken Kranz!

Kämpfe, Fahrten, Wunden viel,
Ungenossne herbe Siege,
Ruhmlos durchgekämpfte Kriege
Finden müde nun ihr Ziel.

Lüste bunt und freudefarb
Senken müdgewordene Hände,
Ihr Gelächter ist zu Ende,
Ihre rote Flamme starb.

Sterbend, blaß und fieberwund
Wollen sie, der Welt vergessen,
Müd auf harte Stufen pressen
Den verblühten Liebesmund.

IV

Deinem Blick darf meiner nicht begegnen,
Meine Seele, die so viel gelitten,
Darf nicht deine reine Seele bitten:
Wolle die verlorene Schwester segnen!

Leise nur im allertiefsten Innern
Darf sie einst gewesener Schwesterzeiten,
Ferner Liebe, ferner Seligkeiten
Schweigend und verzweifelnd sich erinnern.

＊ ＊ ＊

Druckfehler:
Keine.

Es ist Raum für Randnoten gelassen.
Offizin: Mostackerstraße 10

Die Dichter

DER ERSTE DICHTER *kommt herein, geht zur Gartenbank und*
stützt sich von hinten her mit dem Ellbogen auf die Lehne
Das war die erste Amsel schon,
Die mich aus Träumerei geweckt;
O voller, süßer Jubelton,
Du hast mich heimlich tief erschreckt!
Ich kenne deine Stimme wohl
Aus Tagen, da auch mir das Herz
Von aller Liebessehnsucht holdem Schmerz
Und aller Frühlingswonne Ahnung schwoll.
Ich grüße dich! Ich grüße dich! Mit leisen,
Bekannten Schauern rühren deine Weisen
An alles Zarte, das mir eigen blieb,
An alles Holde, das mir ehmals lieb
Und köstlich war und was unwiederbringlich
In Traum zerfloß und mir aus Händen lief.
So tief, so märchenstark und dringlich
Wie damals deine Lockestimme rief,
So klang sie nimmer wieder mir ans Ohr,
Seit ich aus jenem Märchen mich verlor.
Von dorther weht ein ferner Duft mich an
Unsichtbar, zag, mit selig süßem Wehe,
Dem ich in keinem Frühling noch entrann,
Dem ich auch heut nicht schmerzlos widerstehe.
Er kommt aus Gärten, die mir wohlbekannt
Und meinen Träumen teuer sind, er weiß
Von fernen Dingen, deren Schatten leis
Sich einstmals heimisch zu mir hergewandt,
Von Rosen, die eine schöne Frau
Mir schmeichelnd flocht zum Kranz,
Von Himmeln tief und wunderblau,
Von feuchtem Sternenglanz,
Von Nächten weich und rotgesäumt,
In deren Fliederduft und Flaum
Ich einer brennenden Liebe Traum
Mit unerlöstem Sinn geträumt.

O du Vergangene, Wundersüße,
Lust aller Lüste du, ich grüße
Mit meinem zartesten Gruße dich!
Er richtet sich auf
Die Nacht ward Tag, der Traum verblich,
Und ich ward wach. Mir ward ein Los verkündet,
Das sich mit Sternen höherer Art verbündet,
Als die am Himmel einer Liebe stehn.

DER ZWEITE DICHTER *tritt hinter ihm auf, legt ihm die Hand auf
die Schulter*
Sei mir gegrüßt, heut ist ein guter Tag!
Mir war so wohl die Nacht; ich lag
Viel Stunden lang und spürte Frühling werden.

DER ERSTE DICHTER   Das alte Leierlied: Der Erden
Entsprießt der Blümlein mannigfalter Flor
Und sendet zierlich seinen Duft empor –

DER ZWEITE DICHTER   Was soll der Spott? Reck deine Hand,
So spürst du schon den leisen Brand
Der jungen Sonne, wie ein Meer
Noch ungeborner Düfte drängt
Der laue Wind in schlankem Takt sich her,
Es ziehn in großen Flügen
Zugvögel übers Feld,
Ein wunderlich Genügen
Füllt wie ein Traum die Welt.

DER ERSTE DICHTER
Wohl dir, der du noch von Genügen weißt!
Mir aber bricht durch jede Form der Geist
Und fragt und fordert Rechenschaft von mir.
Kein Himmel ist so blau, kein Stern so zier,
Dem nicht verschlossen, wie aus Totengruft,
Des Daseins bange Rätselstimme ruft.

DER ZWEITE DICHTER
Du denkst zu viel, und auf des Denkens Pfad
Wird deiner Muse weißes Kleid bestaubt;
Mir scheint verhärmt und dornbekränzt ihr Haupt.
Dein letztes Lied, sei's immer eine Tat,
Doch trägt es einen freudelosen Zug,
Als wär's ungern von einem grausen Flug

In Reiche tiefster Nacht zurückgekehrt,
Wo jeder Farbe ihren reinen Glanz
Und jeder Form ein Bann das Leben wehrt.
Ich las es heut, es ist des Lesens wert,
Doch weniger Gedicht als Totentanz.

DER ERSTE DICHTER

Nicht Tod! Es wandelt in des Lebens Spur.
Was dir daran so nachtgeboren schien,
Das eben ist des Lebens tiefster Sinn,
Der ruhelose Schrei der Kreatur.
Du wandelst noch und spielst im Tag,
Dir wachsen Rosen, wo du ruhst
Und knabenhaften Sinnes einen Schlag
Auf deiner frohbekränzten Leier tust.
Ich gönne dir's! Auch dir wird einst der leisen
Glücksträume morgendlichen Flor
Das Leben von den Augen reißen,
Daß du verlierst, was ich schon lang verlor,
Gewinnst, was ich indeß gewann.
Es war des Lebens Lauf von je:
Das Kind wird Jüngling und der Jüngling Mann.

DER ZWEITE DICHTER

Mein Ahnen hatte recht. Ich seh,
Du wendest dich von deinem hellern Stern
Wildnissen zu, darin allein und fern
Schon mancher Sucher seinen Abgrund fand.
Doch rede mehr! Komm doch! Gib mir die Hand!
Noch hast du unser Bündnis nicht zerrissen,
So laß mich mehr von deinen Zielen wissen!

DER ERSTE DICHTER

Du würdest nicht verstehn – ein andermal!

DER ZWEITE DICHTER

Es sei! So bleibt dem Freunde noch ein Wort:
Sieh hier im Licht das kaum begrünte Tal
Mit weichen Formen ins Gebirg verschwinden,
Der Schluchtenrauch der Ferne setzt es fort,
Den Blick erfreut der Linie Wiederfinden.
Und auf den Bergen sieh den blauen Samt
Kostbar und weich, die Ränder mild entflammt,

Des Waldes Gürtel um der Höhe Brust,
Das Gipfelgold auf jenen letzten Schroffen,
Von dessen Widerspiel das Aug getroffen
In leichtem Schmerz sich schließt – du mußt
Kein Künstler sein, wenn nicht die klare Glut
Dir sehnend wohl in allen Gliedern tut!

DER DRITTE DICHTER *tritt hinzu*
So feurig, Lieber?

DER ZWEITE DICHTER
                  Wundert's dich?

DER DRITTE DICHTER   Mit nichten.
Es war ja stets nach deinem Sinn,
In hellere Farben umzudichten,
Was andern grauer Alltag schien.
Und daß du diesem also redest,
Ist Freundesdienst.
Zum Ersten Ich weiß, du betest
Zu andern Göttern als vorzeit,
Da noch des Frühlings warmes Glänzen
Ein rosenrotes Liebesleid
Dir süß verklärte. Andern Kränzen
Ist deine ruhelose Hand
Und andern Lüsten zugewandt.
Ich las dein neues Lied –

DER ERSTE DICHTER   – und lachtest?

DER DRITTE DICHTER
– und sah, wie anders du die Welt betrachtest
Als wir und als du selber einst.
Nur fürcht' ich, daß du um die Welt,
Die dir dein trüber Sinn vergällt
Und die du zu verachten scheinst,
Dennoch im Stillen manchmal weinst.

DER ERSTE DICHTER
Du täuschest dich –

DER DRITTE DICHTER Mag sein; es mehrt
Nur meine Sorge. Mich begehrt
Von dir zu hören, was dich trieb
Von allem, was dir nah und lieb
Vor Zeiten war, warum dein Singen

Sich aller süßen Melodie entschlug.
Du trägst seit kurzem einen eignen Zug,
Fast wie ein Wissen von geheimen Dingen.

DER ERSTE DICHTER

Sei's denn! – – Es war in einer tiefen Nacht,
Nicht Stern noch Mond, da hab ich nachgedacht,
Unwissend folgsam einem höhern Ruf
Wohl allem, was ich lebte, war und schuf.
Die blauen Himmel meiner Kindertage,
Der ungestüme Drang der Knabenzeit,
Der ersten Frauenliebe holde Sage,
Der ersten Lieder goldne Festlichkeit –
Lag alles weit und war mir seltsam fremd,
Ich fühlte meiner Pulse raschen Schlag
So eigen frei, von keiner Last gehemmt;
Und diese Nacht, in der ich traurig lag,
Vom Schlaf geflohn, ein Gast im eignen Haus,
Trieb mich aus meinem engen Kreis hinaus.
Ich nahm den Kranz der Jugend aus den Haaren,
Ein kühler Schmerz durchdrang mich groß und weit,
Und vor mir lag das Meer der Ewigkeit,
Auf dem ich steuerlos so lang gefahren:
Aus seiner Schwärze drang ein Wehgefühl
In meine Brust, so herb, so todeskühl,
Darin war alles, was mich je gepeinigt,
Mit einer Reue ohnegleich vereinigt
Um Jugendglück, das ich nicht heilig hielt,
Um eine Seligkeit, die ich verspielt,
Die keine Reue jemals wiedergibt,
Um alles Zarte, das ich ungeliebt
Im Wahn der Jugend lachend von mir stieß,
Das nun, erkannt und lieb, mich doch verließ.
Da sah ich schauernd, wie gering und eng
Das Leben wellt und in den Sand verrinnt,
Wenn über seinem ärmlichen Gedräng
Nicht heilige Gesetze mächtig sind;
Und knieend tat ich mir den Schwur:
Kein Tag, kein Abend, keine Stunde nur
Soll mich des Zufalls wanke Welle treiben;

Mein Auge soll dem klaren Sternenheer,
Des Mondes Lauf und seiner Wiederkehr,
Dem Licht der Sonne treu und offen bleiben!
Auch soll kein Wind auf meinem Wege gehn,
Kein Bettler soll an meiner Straße stehn,
Kein Wort noch Gruß noch stummer Blick soll sein,
Vor dem nicht meine Seele frei und rein,
Doch dankbar, dienstbar sich verneigt, kein Ding
Soll um mich sein, das nicht sich innig fügt
In meines neuen Lebens klaren Ring.
Feind sei mir alles, was nur scheint, was lügt,
Sei's noch so hold, ich will ihm Abschied geben
Und will nichts mehr als ganz in Wahrheit leben!

DER DRITTE DICHTER

Zum Teil versteh ich dich, doch scheint mir's hart,
Dem ungewissen Spiel der Gegenwart
Das Recht auf unsre Seele zu versagen.
Man macht ja nie, man wird ja stets gemacht,
Man trägt ja nie, man wird ja stets getragen,
Und was in dieser durchgewachten Nacht
Dir Zufall schien und Schein, das mag
Zu seinem Rechte bringen Zeit und Tag.
Dies war mir immer alles Denkens Ziel:
Der ewigen Gesetze sind so viel,
Sie sind so zart verästet und verbunden,
Sie stehn so wachsam hinter allen Stunden
Des Tages wartend, daß ihr Ziel und Wille
Uns anders als in eines Zufalls Hülle
Nicht sichtbar wird. Aus ihrem Netz gerissen,
Läßt keine Wahrheit dich ihr Wesen wissen,
Sie schafft verborgen, wie ein Künstler wirkt,
Der nur das Werk zeigt und die Kunst verbirgt.

DER ZWEITE DICHTER

Ich stimme bei. Auch scheint mir den Gesetzen
Nicht minder untertan, der sie nicht kennt,
Ob er's Gesetz, ob Glück, ob Wahrheit nennt,
Er wird das Ewige nicht ungestraft verletzen.
Zumal dem Künstler, dem in dunkler Brust
Der Dinge Wahrheit und Verhältnis wohnt,

Ist mit dem Namenwissen schlecht gelohnt,
Er schafft das Beste doch nur unbewußt.
Er geht beiseite und legt sich ins Gras.

DER ERSTE DICHTER

Ihr redet seltsam. Freilich lebt ein Kind,
Dem aller Dinge Namen unbekannt,
Und dem die Stunde leicht in Tag zerrinnt,
Sorglos und schuldlos an des Vaters Hand;
Ihm klingt noch aus dem Ewigen ein Laut
Im Innern nach, ein Wissen ohne Worte,
Wohin sein Fuß tritt und sein Auge schaut,
Steht unverwehrt des Paradieses Pforte.
– Wir alle aber hatten einen Tag,
An dem die unbewußte Weisheit unterlag
Dem Ruf der Welt, dem Spiegelgrund der Namen;
Aus jener Ewigkeit, woher wir kamen,
Verklang auszitternd jener süße Ton,
Wie's jeder Vater sieht an jedem Sohn.
Dann leben wir und reden und gebaren
Wie Freigelassene uns; mit hohem Wort,
Zukünftiger Siege Kränze in den Haaren,
Stürmt laut der Knabe in das Leben fort.
Die Dinge nehmen uns in ihre Macht,
Das Wissen lockt, der Ruhm erhebt sich ferne,
Die Liebe kommt, hängt in die blaue Nacht
Schmeichelnd und schmückend ihre milden Sterne,
Der erste Streit, die erste Tat fällt ein,
Zum erstenmal an irgend einem Sarge
Trifft uns der Tod mit seinem blassen Schein;
Wir scheu'n empor, der Tag, der allzukarge
Hat Süß und Bitter nicht genug, im Fieber
Genießen wir und leiden ohne Maß,
Die Jugend blühet aus, die Kraft quillt über,
Die Eifersucht, die Ehrbegier, der Haß
Nimmt uns gefangen; kaum erreicht,
Entflieht die Lust, auflodernd lockt die neue,
Wir jagen nach, wir fallen – – Plötzlich streicht
An heißer Stirn ein fremder Hauch vorbei –
Was war's? – und plötzlich wendet Angst und Reue

Die müdgehetzte Seele heimatwärts.
Wie Muttergruß, wie süße Kinderei
Trifft wohlbekannt ein zarter Ton das Herz.
Das ist's. Das traf mich. Denket, wie ihr wollt;
Mir hat der zarten Stimme tiefes Gold
Wie eine Glocke, die zur Heimkehr läutet,
Ein Wiederfinden zu mir selbst bedeutet.

DER DRITTE DICHTER
Ich kenne diese Augenblicke auch,
Und diesen Ruf, und diesen fremden Hauch,
Der mir auch schon die Stirne überlief.
Ich achte ihn als Gabe seltner Stunden,
Er macht den Blick frei und die Seele tief,
Doch ist er dem, der seinen Weg gefunden,
Kaum mehr doch als ein Reiz, ein zart Motiv –

DER ERSTE DICHTER
Und du hast deinen Weg gefunden?

DER DRITTE DICHTER   Ja.
Derselbe ist's, den ich als Knabe sah
In meinen ersten ruhmbegierigen Träumen.
Damals erschien er mir in Purpurlicht,
Stolz eingehegt von südlich schlanken Bäumen,
Und jeder Schritt auf ihm ein reich Gedicht.
Seither sah ich ihn anders, sah ihn schmal,
Voll Steingeröll mit wenig kargen Schatten,
Und unter ihm mit buntgeblümten Matten
Anmutig liegen ein verlockend Tal.
In dieses Tal biegst du, Freund, eben ein,
Dort wächst, gefahrlos leichter Saat,
Ein süßes Kraut – Zufriedensein.

DER ERSTE DICHTER
Zufriedensein? Ich such es allerdings.

DER ZWEITE DICHTER
Glück zu! Das Tal ist weit und fruchtbar, rings
Blüht dir entgegen, was dein Herz begehrt,
Indes der Wandrer auf dem steilen Pfad
Sich kümmerlich vom eigenen Herzblut nährt.

DER ERSTE DICHTER
Du phantasierst, mein Freund –

DER ZWEITE DICHTER   – doch stimmt das Bild.
Freund, kehre um! Bald ist gestillt,
Gehst du zu Tal, was jetzt dich quält;
Doch eben, daß dir etwas fehlt,
Macht dich mir lieb. In kleinen Zügen
Trankst du an Künstlers Ungenügen;
Ach, kenntest du den vollen Zug,
Das große Leid einsamen Schaffens,
Du würdest fluchen lernen dem »Genug«!
Ich weiß, in Stunden des Erschlaffens
Regt sich Verlangen stark und weich
Zu fliehn, zu ruhn, den andern gleich,
Den vielen gleich sich totzuleben,
Sich in der Götter Schoß zu geben
Und loszuwerden alle Schuld
Und alle Qual und alle Ungeduld.

DER ERSTE DICHTER
Du redest wie ein Büßer fast
Und sitzest täglich doch beim Leben
Müßige Stunden lang zu Gast,
Und läßt dir volle Becher geben,
Du scherzest gern mit allen Frauen,
Lebst vom Genuß und lehrst Vertrauen
Auf Zufalls Güte –

DER DRITTE DICHTER Du hast recht.
Doch war ich nie des Lebens Knecht.
Ich liebe Schmuck, Wein, Frauengunst;
Doch höher lieb ich meine Kunst.
Oft sahst du mich der Welt genügen,
Einschlürfen mit begierigen Zügen,
Du sagst: ich schlemmte. Nein, ich schuf.
Ich lauschte sehnend auf den Ruf,
Der selten kommt und nie zu früh.
Er kam, und eine Melodie,
Ein Wohlklang von gereimten Worten,
Ein Lied war in mir reif geworden.
Man rühmt, ich sei ein seltner Reimer,
In meinen Versen sei ein Klang
Besondrer Art, sei ein geheimer

Duft wie in einem Frauengesang.
Das macht, ich habe nichts erstritten,
Nicht einen Vers, ich hab an ihm gelitten,
Ihn lang geträumt, vergessen, neu gefunden
Und schließlich in sein goldnes Netz gebunden;
Er kam zu mir, er kam mit leisem Schritt,
Er fragte mich, wie eine Liebe fragt,
Was mich bewege, was ich ungesagt
Im Herzen trüge, was ich heimlich litt,
Und alles ward mir plötzlich wunderklar,
Warum ich froh, warum ich traurig war.

DER ERSTE DICHTER
Du pflegst dich, wie man eine Geige pflegt,
Auf der ein Meister hin und wieder spielt,
Und eh' er spielt, eh' er den Bogen regt,
Prüft er genau, ob man sie wohl erhielt.

DER DRITTE DICHTER
Das Bild ist gut. Ich bin das Instrument,
Auf dem die Kunst sich ihrer Kräfte freut,
Die Geige, die man einem Meister beut,
Der Spiegel, drin ein schönes Auge brennt,
Der See, in dem ein Abendrot verglüht,
Der Grund, in dem ein Flor von Rosen blüht.
– Ein Dichter sein, das heißt: mit weher Brust
Auskosten aller Seligkeiten Lust
Und aller Bitternisse Kelche leeren;
Ein Dichter sein, das heißt: im Augenblick
Genießen aller Erdenfreude Glück,
Und müde werden und mit Qual gebären.

DER ERSTE DICHTER
Ein Dichter sein heißt mir: den Augenblick
Besonnen ordnen in ein groß Geschick
Und mit dem Glanz des Ewigen verklären.

DER DRITTE DICHTER
Ein Dichter sein, das heißt: Mit einem Kuß
Austrinken aller Ewigkeit Genuß
Und müde werden und mit Qual gebären.

DER ERSTE DICHTER
Mein Dichten sei wie Abende im März,

In deren ungewissem Duft das Herz
Anbetend sich zum Geist der Welt erhebt
Und deren Luft von Gottesahnung bebt.

DER DRITTE DICHTER

Mein Dichten sei wie eine Sommernacht,
Aus deren Blau sich reiche Dolden neigen,
Aus deren Tiefe goldne Sterne steigen,
In deren Schoß mit übersatter Pracht,
Mit Jubelton gemischt aus fernen Geigen
Schweratmende Teerosendüfte steigen.

DER ERSTE DICHTER

Wie eines Kindes Stimme rein und scheu –

DER DRITTE DICHTER

Wie Tänzetakt so alt und immer neu –

DER ERSTE DICHTER

Wie einer Quelle kühlendes Getön –

DER DRITTE DICHTER

Wie eine blaue See so tief und schön –

Die untergehende Sonne bricht unter den Zweigen hervor. Der zweite Dichter ist aufgestanden, tritt lächelnd zu den andern.

DER ZWEITE DICHTER So kühn wie diese flammenrote Glut,
So farbig wie die deine und so schön –
Und auch wie deine, Freund, so wahr und gut.   *(1900)*

Die Rosen duften heut so stark

Personen

GIOVANNI, *23jährig*
UMBERTO, *30jährig*
BEPPO, *28jährig*
Ein maskierter Fackelträger

Ort: Ein Park an der Brenta. Kostüme des 18. Jahrhunderts.

Parkeingang. Im Vordergrund einige schmale Beete mit hohen Rosenstöcken, breite Kieswege. Durch die Mitte läuft quer als Abfluß der Parkterrasse eine niedrige Mauer, in deren Mitte acht breite Stufen in den Park führen, dessen Eingang ein Platanenrondell bildet. Zwei große vergoldete Rokokovasen an beiden Seiten der Treppe oben. Aus einiger Entfernung Gartenmusik.

Umberto geht im Gespräch mit Beppo auf und ab.

BEPPO Du gewährst es mir?

UMBERTO Nicht so stürmisch! Ich muß doch den Namen wissen.

BEPPO Wozu?

UMBERTO Sonderbar! Ich soll dir einen meiner Freunde vor den Degen stellen und meinen Garten zum Kampfplatz hergeben, ohne daß ich nur den Namen deines Rivalen weiß!

BEPPO Ich sage dir, er kommt noch diesen Abend hierher. Übrigens wozu den Namen? Ich fordere deinen Beistand in einer Liebessache – in einer Ehrensache, wenn dir das wichtiger scheint. Doch wenn du durchaus nicht willst – ich kann ihm ja auch zur Stadt entgegen gehen ...
wendet sich ärgerlich ab.

UMBERTO Halt, halt doch! *Entschließt sich.* Gut denn, ich bin einverstanden.

BEPPO Danke. Er muß bald kommen.

UMBERTO So tu mir die Liebe, Beppo, und laß mich ihn allein erwarten. Geh ins Haus, nimm dort ein Glas Wein und sei Schlag elf Uhr bereit. Bis dahin – adieu!

BEPPO Meinetwegen. Also in einer Stunde! *Geht ab.*

UMBERTO Ich war unfreundlich. Aber er war auch zu unaus-
stehlich, heute mehr als je. Daß man sich von solchen Menschen nicht losmachen kann! *Er geht auf und ab.* Wer es nur
sein mag? Vielleicht Ambrosio? Bei Gott, der erste fremde Eh-
renhandel, der mir Sorgen macht! Und Beppo schlägt wie ein
Teufel. *Geht zur Seite.*

GIOVANNI *von rechts ankommend* He, Fackelträger!

FACKELTRÄGER *schwarz maskiert, läuft herbei* Zu Diensten,
Signor Giovanni.

GIOVANNI Du kennst mich?

FACKELTRÄGER Es gibt niemand, den ich nicht kenne.

GIOVANNI Auch ein Talent! – Weshalb maskiert?

FACKELTRÄGER Ich komme von einem Feste, wo ich überflüssig
wurde. *Sie kommen langsam näher.*

GIOVANNI Hier dein Lohn für die Nacht!

FACKELTRÄGER Nachher, Signor Giovanni, nachher!

GIOVANNI Komischer Bruder! Was soll das?

FACKELTRÄGER Die letzte Stunde zahlt am besten.

GIOVANNI Wieder ein Rätsel. Nun, laß gut sein. *Schaut sich um
und ruft mehrmals* Umberto! He, Umberto!

UMBERTO *noch hinter der Szene* Wer da? *Tritt hervor, erschrek-
kend* – Du, Giovanni?

GIOVANNI Ich selber. Seit wann hast du Angst vor mir?

UMBERTO Angst? Aber verzeih – ich hatte dich so gar nicht
erwartet. Komm, setz dich her! *Sie setzen sich auf eine Bank
links.*

UMBERTO Wie kommt es, daß du bei keinem Feste bist? Es sind
drei auf diese Nacht.

GIOVANNI Laune! Oder Schicksal! Ich weiß selbst nicht. Vielleicht soll ich hier etwas ganz Besonderes erleben.

UMBERTO Und wozu der Fackelträger?

GIOVANNI Er trieb sich vor dem Tor herum und dauerte mich.
Übrigens ist er ein Philosoph – – nicht wahr, Fackelträger?

FACKELTRÄGER Es liegt in meinem Beruf. Man sieht so vielerlei!
Gestern eine Hochzeit, heute ein Totschlag.

UMBERTO Heute – –?

FACKELTRÄGER Oder morgen, einerlei.

UMBERTO Deine Kollegen pflegen fröhlicher zu sein. Pfui, ein
trauriger Fackelträger!

FACKELTRÄGER Ich bin nicht traurig. Wie gesagt: einmal Hochzeit, ein andermal Totschlag. Unsereiner sieht das Leben da, wo es am wildesten flackert. Heute in tanzenden Liebespaaren und singenden Zechbrüdern, morgen in brechenden Augen und in den Zuckungen von Sterbenden.

GIOVANNI Schwätzer! *zu Umberto* Dabei fällt mir ein: wie denkst du über das Sterben?

UMBERTO Was soll das?

GIOVANNI Ich meine nur, ob du daran glaubst?

UMBERTO Ob ich daran glaube? Ans Sterben? – Man muß wohl.

GIOVANNI Ich weiß nicht. Mir ist immer, ich müßte einmal gewaltsam sterben – ohne das wäre ich nicht hinunter zu bringen.

UMBERTO Gewaltsam? Du hast Träume!

GIOVANNI Niemals! Aber anders als durch Gewalt stirbt nur einer, der sterben *will*. Der Tod, der zu den Kranken kommt, ist kein Müssen. Er kommt her und fragt: Willst du jetzt? und geht wieder und kommt später noch einmal und kommt so lange wieder, bis du müde genug bist und Ja sagst. Aber muß man denn notwendig einmal so müde werden? Daran kann ich nicht glauben.

UMBERTO Das Alter – –

GIOVANNI Das Alter! Man kann es lange hinhalten. Und wenn schließlich –, es kann auch schön sein, alt zu sein. Die Freude am Gesang hat ihre Zeit, und die Freude am Wein hat ihre Zeit, und die Freude am Tanz und an den Frauen; aber die unsägliche Schönheit der Welt ist ohne Ende und muß immer wieder Wege zu unsrer Seele finden. Es gibt kein Ding, das wiederkommt! So wie jetzt eben der Glanz der Fackel an den Stämmen hin ins Ferne verzittert, so wird keine Fackel jemals wieder diesen Ort beleuchten. Man müßte so lange leben wie die Welt, und man hätte doch nur einen flüchtigen Schaum vom Becher der ewigen Schönheit genossen. Ist es nicht so, du? Ich meine dich, maskierte Laterne.

FACKELTRÄGER Es ist so. Wenn Ihr erst so viel gesehen hättet, Signori, wie ich!

UMBERTO Wie alt bist du denn?

FACKELTRÄGER Älter als Ihr beide zusammen.

GIOVANNI Um wieviel älter?

FACKELTRÄGER Das weiß ich nicht. Aber ich habe schon Fackeln getragen, als Eure Großmütter getauft wurden.

GIOVANNI Halt, genug! – der Kerl ist verrückt.

UMBERTO Vielleicht hat er zu viel Wein gehabt. Aber, da wir doch vom Tode reden, denke dir: Du wirst alt. Du siehst die Frauen, die du geküßt hast, altern und faltige Stirnen bekommen, du siehst ihre roten Lippen blaß werden und verdorren. Du siehst sie und mich und alle Freunde deiner Jugend welken und zu Grab getragen werden. Deine Erinnerung ist voll von Toten, voll von zerrissenen Bündnissen, von angefangenen Gesprächen, deren Fortsetzung mit begrabenen Freunden vermodert, du würdest es nicht lange tragen.

GIOVANNI Ich müßte es versuchen. Man kann den Boden wechseln. Man kann Einsiedler werden.

UMBERTO Du und Einsiedler!

GIOVANNI Warum nicht? Auch die Freude am Gespräch und Freundschaft mag ihre Zeit haben. Sie geht zu Ende, und so beginnt die Zeit einer anderen Freude. Es gibt Wälder, die noch kein Fuß betreten hat. In ihrem Innern wohnen und alle seine Tage damit zubringen, dem Ruf der Vögel, dem Fall der Blätter, den unendlichen Spielen des grünen Lichtes zu lauschen – ist das nicht eine Freude, die meiner noch warten kann? Mancher verbringt sein ganzes Leben im Anschaun der Gestirne und im seligen Erstaunen über die Gesetze ihrer Stellung und Wiederkehr, und dieser Inhalt eines ganzen Lebens ist auch nur ein kleines glänzendes Korn in den Schatzkammern der Schönheit.

UMBERTO *spielt mit dem Wehrgehänge Giovannis und zieht dessen Degen* Eine zierliche Waffe!

GIOVANNI Nicht fürs Schlagen. Zu leicht! Aber ein hübscher Schmuck.

UMBERTO Er gefällt mir. Es wäre schön, wenn du ihn mir schenken wolltest.

GIOVANNI Nimm! *Gibt ihm das ganze Gehänge.*

UMBERTO Mein Liebling! Hier ist meiner dafür. Er ist einfach und fast zu schwer, aber sicher, und schneidet wie ein Barbiermesser. Wir wollen doch probieren, ob er dir bequem ist. *Sie stehen auf, zielen und fechten einen Gang.*

UMBERTO Ist er dir nicht zu schwer?

GIOVANNI Gar nicht. Ein guter Säbel! *Sie setzen sich wieder.*

GIOVANNI Wie das wohltut! Das ist auch ein Genuß, der gefähr-
lichste, aber vielleicht der schönste. Ich möchte heute noch
dem Säbel Ehre machen.

UMBERTO Man muß das Schicksal nicht reizen.

GIOVANNI Doch, gerade! Wenn es nur hören könnte! Ich hätte
Lust, heute noch unsrem mürrischen Lichtträger zum Anblick
brechender Augen zu verhelfen.

UMBERTO Laß gut sein, ich bitte dich!

GIOVANNI Was ist denn das? Du bist heute so ernst!

UMBERTO Die Rosen duften heut so stark –, von drüben kommt
verwehte, müdgewordene Musik. Sie tanzen dort. Und auf der
Brenta ist das Schifferfest, man sieht die Zierlaternen farbig
herüberglänzen. Sie tanzen auch dort. Und vielleicht ist einer
dabei, den führt nachher sein Rausch am Steg vorbei in den
Kanal, ein anderer läuft in den Degen eines Eifersüchtigen, und
vielleicht ist schon einer auf dem Wege, der mir oder dir nach
dem Leben steht. Die Freude ist wie ein farbiges Netz durch
diese warme Nacht gespannt, darunter aber liegt das, was wir
nicht verstehen, was mächtiger ist als wir und mächtiger als die
Freude. Das ist die Finsternis, die Ewigkeit, der Tod, das
Schweigen …

GIOVANNI Stimmung! Und wenn es uns träfe, – wozu sich betrüben? Das Wesen der Freude und der Schönheit liegt, meine
ich, immer in irgend einem Überfluß, in irgend einem Mehrals-
genug, und gibt es einen stattlicheren Luxus als früh zu sterben? Es gab Kaiser, welche Kleinode vom Wert einer Provinz
ins Meer warfen und dabei vor Übermut und Lust im Herzen
jauchzten, – so wirft ein früher Tod den ganzen Reichtum einer
Jugend mit allen noch ungeküßten Küssen und ungenossenen
Bechern ins Meer, und jauchzt im Verbluten, wie jene Kaiser.

UMBERTO O du Jugend! Aber es ist nicht anders, ich bin heute
traurig. Vielleicht macht es die Fülle der Sommernacht, ihr tiefes Blau, ihre Süße und Müdigkeit. Die Rosen duften heut so
stark! – Welche Zeit ist es denn?

FACKELTRÄGER Nahe an elf, Signore.

GIOVANNI Noch früh!

UMBERTO *wendet sich mit Tränen ab.*

GIOVANNI Was quält dich, Umberto? Komm, lehn dich an
mich, gib mir die Hand! Du liebst mich doch?

UMBERTO *umarmt ihn traurig* Mehr als ich je ein Weib geliebt. – Ich weiß nicht – ich hab solche Angst, als müßte dir etwas Böses widerfahren.

GIOVANNI Sei ruhig!

UMBERTO Nein, nein, es quält mich. Komm, Giovanni, ich begleite dich zur Stadt! Mir ist, es sei heut eine schlimme Nacht.

GIOVANNI Wenn du willst, gut! Aber nicht vor Mitternacht. Dann beginnt das große Feuerwerk der Schiffer. Wir werden einen schönen Heimweg haben.

UMBERTO Mich freut es heute nicht. Komm, wir gehen.

GIOVANNI Nicht eh' du ruhiger geworden bist. Vielleicht hast du Fieber? – Oder bin ich dir lästig?

UMBERTO Giovanni!

GIOVANNI Nun denn! Also bis Mitternacht! Und laß uns jetzt noch plaudern, vom Tode oder von andern geheimnisvollen Dingen. Es ist so eigen schön, im Schoß der warmen Nacht beim Klang entfernter Musik von solchen dunklen Dingen zu reden. *Pause.*

GIOVANNI Weißt du, Lieber, ich möchte doch nicht jung sterben. Es wäre doch schwer, das alles zu verlassen – die Gärten, Schiffe und Feste, die Rosen und Weiber! Es ist so süß und überschwenglich, hier in den blühenden Gebüschen zu sitzen, sich der vergangenen Tage zu erinnern und der zukünftigen zu freuen, die Seele voll von der Schönheit der Nacht. Mir ist, ich müßte heute noch ein Ständchen bringen, dem Ausklang eines Festes beiwohnen und mir eine süße Liebe erobern: Wir nehmen eine Gondel, du begleitest mich natürlich, und suchen die Frauen des Schifferfestes auf. Mir ahnt Liebe und ich meine, es müsse eine Blonde sein.

UMBERTO *aufstehend* Es sei! Auf denn!

GIOVANNI Oder sollen wir das Parkfest besuchen? Ich meine –

UMBERTO *heftig* Einerlei, einerlei! Komm nur!

GIOVANNI Wir wollen losen. »Schrift« soll das Schifferfest bedeuten und »Bild« das Parkfest. *Er wirft ein Silberstück auf die Bank* Schrift oder Bild? Leuchte her, du! *Der Fackelträger tritt herzu, die Beiden bücken sich über die Münze, Giovanni lacht laut. Währenddessen kommt Beppo vom Hintergrund.*

BEPPO Elf Uhr! Guten Abend, Umberto! *Erhält keinen Gegengruß.*

GIOVANNI Also komm, Umberto!

BEPPO Hallo, Signor Giovanni! Ihr wollt entfliehen?

GIOVANNI Entfliehen? Ihr redet Rätsel.

BEPPO Freilich, so machen es alle Feiglinge.

GIOVANNI Hallo! Hast du gehört, Umberto? Der Kerl will Eisen sehen. Näher her mit der Fackel!

UMBERTO Haltet ein! Was bringt Euch aneinander?

BEPPO Er weiß schon! Die Braut hat er mir verführt, der verdammte –

GIOVANNI *lacht* O ja! Wenn unter den Mädchen, die mir nachlaufen, das Eure war, was gehts mich an? Doch wozu Worte, da Ihr Hiebe haben wollt!

UMBERTO Ruhig, Giovanni! Also Ihr wollet keine Versöhnung?

BEIDE *schweigen*

UMBERTO So schlagt in Gottes Namen! *Sie fechten. Umberto mit gezogenem Degen daneben.*

GIOVANNI *fallend* Pfui, ein gemeiner Stoß!

FACKELTRÄGER *beugt sich über ihn* Er hat recht. Aber es stand in den Sternen.

UMBERTO *zu Beppo* Geh nun, Beppo, eh' mir die Galle überläuft! Du warst heute zum letzten mal in meinem Garten. Geh, ich hasse dich.

BEPPO Aber – was soll das –

UMBERTO Leuchte ihm zur Pforte! *Wendet sich zu Giovanni. Der Fackelträger begleitet Beppo einige Schritte weit, kommt rasch zurück. Beppo ab.*

FACKELTRÄGER Er lebt noch.

GIOVANNI *stöhnend* Ich sage dir, ein grausamer Stoß! So stößt kein Edelmann ... *Umberto und der Fackelträger heben Giovanni auf die Bank.*

GIOVANNI Schick den Menschen weg! Er starrt mich so an ... *Auf Umbertos Wink tritt der Träger etwas zurück.*

UMBERTO Wie fühlst du dich?

GIOVANNI *sterbend* Das Schifferfest – Umberto! – – o Umberto! – ich kann nicht mehr – – Grüße –

UMBERTO Mein Freund! Liebling! – denkst du noch an das, was du heute Abend sagtest, vom frühen Sterben, und von jenen Kaisern –?

GIOVANNI   Ja – von den Kaisern – – wie sagte ich doch? –
UMBERTO   Was meinst du?
GIOVANNI   Ah – ah – sie jauchzten! Sie jauchzten! *Stirbt*
UMBERTO   Giovanni! Giovanni!
FACKELTRÄGER   Herr, wollet mir meinen Lohn geben.

Ende.

(1900)

Der blaue Tod

Barke auf einem abendlichen Meerbusen, darin zwei Knaben in hellen Sommerkleidern.

ERSTER KNABE Du, wenn sie jetzt kämen!

ZWEITER Es hat schon Abend geläutet. So spät fahren die Mädchen nimmer aus.

ERSTER Wenn sie aber doch kämen!

ZWEITER Wenn! Wenn! Es ist gar keine Möglichkeit.

ERSTER Ich meine doch nur, du sollst dir vorstellen, sie kämen jetzt. Was würdest du tun?

ZWEITER Ihnen rufen würd' ich.

ERSTER Würdest du?

ZWEITER Freilich würde ich. Warum nicht?

ERSTER Ja warum nicht. Und dann?

ZWEITER Und dann? – Und dann würde ich zu ihnen hin rudern.

ERSTER Du würdest? Gewiß?

ZWEITER Wir würden zu ihnen hin rudern und sie anreden.

ERSTER Anreden! Und wenn sie fortruderten?

ZWEITER Ich würde sie einholen. Und dann würde ich sie anreden.

ERSTER Ah so – freilich. Aber wie würdest du sie anreden?

ZWEITER Ich weiß nicht … das heißt, ich wüßte schon – –

ERSTER Also, wie?

ZWEITER Ich würde sagen: Guten Abend, Ihr schönen Mädchen!

ERSTER *lacht* Gar noch! So sagt man niemals.

ZWEITER Aber man könnte doch. »Guten Abend, Ihr schönen Mädchen!«

ERSTER Hast du jemals zu deinen Schwestern so gesagt?

ZWEITER *verächtlich* – Schwestern!

ERSTER Nun, aber zu andern Mädchen?

ZWEITER Nein. Aber ich würde es doch sagen. Und dann würden sie – –

ERSTER – würden sie dich auslachen.

ZWEITER Ich weiß nicht. Sie würden vielleicht antworten.

ERSTER Glaubst du – ?

ZWEITER Es könnte wohl sein. – Aber sie kommen ja doch nicht!

ERSTER Nein, sie kommen doch nicht.

ZWEITER Es ist zu schade! Weißt du, so auf dem Wasser, weit vom Lande – –

ERSTER Nun?

ZWEITER Ich glaube, man könnte ganz anders mit ihnen reden als sonst.

ERSTER Es könnte sein.

ZWEITER Ich glaube, daß ich gar keine Angst hätte.

ERSTER Sie würden uns doch nicht anhören.

ZWEITER Ach ja! Aber vielleicht doch. – Aber wollen wir nun eigentlich noch baden?

ERSTER Natürlich. Wir sind längst weit genug. *Beginnt sich zu entkleiden.* Was ist? Machst du nicht mit?

ZWEITER Doch, doch. Oder warte noch – eigentlich hab ich keine Lust mehr.

ERSTER Schäm dich! Du hast ja zuerst gewollt.

ZWEITER Ich bin so müd. Und es ist mir auch gar nimmer warm.

ERSTER So bist du allemal! Nun, meinetwegen, aber ich will baden. *Hat sich vollends entkleidet, kniet auf dem Rand der Barke und netzt sich die Hände.*

ZWEITER Warm?

ERSTER Ganz lau. *Steigt über Bord und läßt sich in's Wasser gleiten.*

ZWEITER Häng' dich an's Steuer, dann fahre ich eine Strecke.

ERSTER *von unten* Herrlich! Fahr' schneller!

ZWEITER Ich bin müde.

ERSTER Es treibt jetzt ganz von selber. Da muß eine Strömung sein.

ZWEITER Wir sind über dem »blauen Tod«. Hier ist der große Dampfer untergegangen.

ERSTER Ja, vor zwei Jahren. Und früher ein Segelschiff. Ein englisches –. Du, halt einmal an!

Der Zweite stemmt die Ruder gegen die Strömung.

– So! *Der Erste steigt ins Boot.*

ERSTER Du kommst doch auch noch? Es ist so lau.

ZWEITER Ich mag nicht. – Du, deine Kniee sehen ganz blau aus. Und auch dein Gesicht.

ERSTER Vom Wasser. Ich werd' anfangs beim Baden immer so.

ZWEITER Es sieht so lustig grausig aus. So könnte ganz gut der »blaue Tod« aussehen.

ERSTER *lachend* Wer weiß? Wir könnten ja einmal »blauer Tod« spielen. Oder wir spielen es ja schon. Ich bin der blaue Tod und hole dich aus dem Schiff. *Er greift nach ihm.*

ZWEITER Halt, du machst mich ja ganz naß.

ERSTER Geh, zieh' dich aus!

ZWEITER Jetzt nicht mehr. Es wird schon dunkel.

ERSTER Ich hab' noch nicht genug.

ZWEITER Wir sollten bald zurückfahren. Meine Großmutter schilt sonst. Sie ist so ängstlich.

ERSTER Ach was! Ich glaub', du hast selber Angst.

ZWEITER Unsinn!

ERSTER Oho! Oder denkst du immer noch an die Mädchen?

ZWEITER Nein –. Nein, nimmer. Ich hatte sie ganz vergessen.

ERSTER Warum badest du dann nicht?

ZWEITER Ich mag nicht.

ERSTER Du getraust dich nicht!

ZWEITER Laß doch! Ich kann besser schwimmen als du.

ERSTER Ja, am Ufer hin.

ZWEITER Das ist doch einerlei.

ERSTER O nein. Das weißt du wohl.

ZWEITER Ich habe keine Angst, wirklich nicht. Ich mag bloß nicht. – Aber wenn du mir nicht glaubst –

ERSTER Ja, komm! *Hilft ihm beim Entkleiden.* So, jetzt in's Wasser!

ZWEITER Aber nimmer lang. Nur einen Sprung! Ich will mal tauchen. *Er stellt sich aufrecht auf den Bootsrand. Ein langgedehnter Pfiff kommt über das Meer.*

ZWEITER Was war das?

ERSTER Der Dampfer. Es klingt sonderbar.

ZWEITER Ja, sonderbar, so am Abend …

ERSTER Springe nun!

ZWEITER *springt kopfüber hinab. Der Erste bleibt im Boot.*

ERSTER Eins, zwei, drei, vier, fünf, sechs, sieben, acht, neun, zehn, elf, zwölf, dreizehn, vierzehn – er hält lang aus! – siebzehn, achtzehn *beugt sich über den Rand* neunzehn – Wie weit bist du? *Keine Antwort.*

ERSTER *wendet sich auf die andere Bootseite:* Udo! Udo! – Wo bist du? – Wo bist du denn? *Er horcht angestrengt.* Komm doch! Du hast mich ganz erschreckt. – Udo! – Komm! – Komm, sonst fahr ich allein nachhause.

Keine Antwort. Aus größerer Entfernung pfeift wieder der Dampfer.

ERSTER Udo! – Herrgott, Udo! – – –

Es wird schnell vollends dunkel.

(um 1900)

Stimmungsbilder aus Oberitalien

Seit meiner ersten Italienfahrt im Frühjahr 1901 habe ich mich mit Land und Leuten, Geschichte und Kultur der Toskana und von Venetien vielfach weiter beschäftigt und vertraut gemacht und bin namentlich in Venedig sehr heimisch geworden. Dennoch vergaß ich von den Eindrücken jenes ersten Besuches nichts, und ich habe mit Absicht an den nachfolgenden, im Jahr 1901 entstandenen Aufzeichnungen nichts geändert. Denn das jahrelang sehnlich erträumte Betreten italienischen Bodens gab mir damals ein so intensives erhöhtes Glücksgefühl, wie ich es bis dahin kaum gekannt hatte und wie es mir vielleicht nie wieder zuteil werden wird.

Daß mein Reisen, Sehen und Erleben unabhängig von Mode und Reisehandbüchern war, wird man leicht sehen können. Wer auf Reisen wirklich etwas erleben, wirklich froher und innerlich reicher werden will, wird sich die geheimnisvolle Wonne eines ersten Schauens und Kennenlernens nicht durch sogenannt »praktische« Reisemethoden verderben. Wer mit offenen Augen in ein fremdes, bis dahin nur aus Büchern und Bildern gekanntes, aber seit Jahren geliebtes Land kommt, dem wird jeder Tag unerwartete Schätze und Freuden geben, und fast immer behält in der Erinnerung dieses naiv und improvisiert Erlebte die Oberhand über das planmäßig Vorbereitete. *(1904)*

Vor dem hübschen, ruhigen Städtchen Pisa liegt abseits und von grünen friedlichen Wiesen eingeschlossen eine stille, ernste, marmorne Welt, einsam und vom Zauber einer alten, untergegangenen Kunst übergossen. Das ist jene berühmte Pisaner Gruppe heiliger Gebäude, des Baptisteriums, des Domes, des Kampanile und des Campo Santo, sämtlich aus jener uns seltsam anziehenden Zeit stammend, in welcher aus der Dantesken Kultur des endenden Mittelalters heraus die ersten überraschenden Keime einer neuen Kunst und eines neuen Lebens erstanden.

Wer aus den Straßen der wenig belebten Stadt heraustretend zum erstenmal von diesem einzigartigen Anblick überrascht wird, der bleibt mit Herzklopfen vor dieser adlig schönen Gruppe stehen. Kein Haus, kein Bild oder Klang modernen Lebens stört den Eindruck, abgeschlossen und in der ganzen Reinheit von ehemals liegt diese kleine Welt im Grünen, deren späteste Teile sechs Jahrhunderte alt sind. Wen hier nicht ein Gefühl von Ehrfurcht und heiligem Schauer überwältigt, der ist vergebens nach Italien gekommen; er wird keinen zweiten Ort finden, von dem ein Stück des alten Italien sich so großartig rein und edel erhalten hat.

Nach dem Erwachen aus dem ersten ehrfürchtigen Staunen wendet sich unwillkürlich die erste Neugierde dem Kampanile, dem berühmten schiefen Turme, zu. Auch mir ging es so, und vom ersten Augenblick an war es mir rätselhaft, daß viele der Ansicht sind, dieser Turm sei mit Absicht schief angelegt worden. Denn wenn die beiden schiefen Türme von Bologna den erstrebten Eindruck des apart Bizarren wirklich machen, so kann man den Pisaner Turm nur mit tiefem Bedauern über seine schiefe Neigung betrachten, welche den einzigen Mißklang in einer vielleicht nirgends sonst so großartig vorhandenen vornehmen Harmonie gibt.

Nachdem ich den wundervollen Turm betrachtet und erstiegen, den Dom mit der glänzenden Fassade und den Bildern des Andrea del Sarto, sowie das Baptisterium mit der streng schönen, reliefgeschmückten Kanzel des Giovanni Pisano besucht hatte, wandte ich mich zu dem wenige Schritte entfernten

Campo Santo, in dessen Innern ich einen Eindruck besonderer Art auf mich warten wußte.

Der Campo Santo ist ein rechteckiger, grüner Platz, von nach innen offenen Hallen umgeben, deren Wände die berühmten Fresken bedecken. Der ganze Raum ist totenstill, abgelegen und feierlich und hat die Stimmung der Weltferne und des nachdenklichen Ernstes. Die Steinböden der Hallen sind aus Grabplatten zusammengesetzt, auf denen eine wichtige Sammlung antiker und mittelalterlicher Plastik aufgestellt ist. Ich hatte das Glück, der einzige Besucher zu sein; nichts störte meine stille Betrachtung, kein Laut als der meiner eigenen Schritte traf mein Ohr. Ich besah die bunte Reihe der Fresken, fand bei den Skulpturen einige höchst anziehende etruskische Stücke und ließ dann mein Auge auf dem grün bewachsenen Hofe ausruhen, um dann das Hauptbild, den Triumph des Todes, würdig zu betrachten. Während dieses Ausruhens in der vollkommenen Stille war meine Phantasie mit dem Bilde der Zeit beschäftigt, in welcher diese Wände erbaut und bemalt wurden, die durch die Vermittlung der englischen Präraffaeliten wieder einen so enormen Einfluß auf die Kunst der letzten Jahrzehnte geübt haben. Bei allem Reiz hatte das historische Phantasieren an diesem Ort der Vergangenheit und des Todes etwas Traurigmachendes; ich riß mich los und stellte mich nun dem »Triumph des Todes« gegenüber auf.

Die schwermütige Mystik des scheidenden Mittelalters redet aus diesem gewaltigen Bilde, das heute noch, beschädigt und antiquiert, die Schatten der Trauer und Todesgedanken auf die Seele des Beschauers legt. Links ist das fromme Leben der Einsiedler dargestellt, für welche der Tod keine Schrecken hat, der eine ruht an einen Baum gelehnt, ein anderer liest gebückt in einem Buch, ein dritter melkt eine Hirschkuh. Rechts sehen wir die Seligen im Paradiese sitzen, unter laubigen Fruchtbäumen, in tiefem Frieden, bei Gespräch und Lautenspiel. Die Mitte aber schildert in drei Hauptgruppen den Triumph des Todes, der nach Willkür grausam über die Menschen herrscht. Da reitet eine vornehme, reichgekleidete Jagdgesellschaft, auf schönen Rossen, von Hunden umbellt. Plötzlich begegnen die Vordersten des fröhlichen Zuges drei offenen Gräbern, in welchen Leichname in den verschiedenen Stadien der Verwesung sichtbar werden. Ein obenan reitender schöner Jüngling erbleicht und zeigt den Nachfolgenden stumm mit ausgestrecktem Finger das Schrecknis, die Dame zu seiner Rechten blickt scheu und verstört hinüber. Und nun pflanzt sich der Schauer des Todesschreckens durch die glänzende große Reihe fort, ein Hündlein nähert sich angstvoll winselnd den Gräbern, eines der Pferde stiert mit vorgerecktem Halse scheu auf die Leichname. Die nächstfolgende Dame neigt in schmerzlicher Todesangst das schöne Haupt auf die Hand und kann nicht nochmals hinübersehen; der ganze Zug gerät in ängstliches Stocken, nur die Hintersten, die noch nichts ahnen, blicken lebensfroh und übermütig uns aus dem Bilde an.

Nebenan folgt die ergreifendste Gruppe. Eine Schar von Armen und Bettlern steht und liegt am Wege. Sie alle sind elend, alt, krank und des Lebens müde; der eine ist blind, ein anderer lahm, andere vom Alter gekrümmt oder durch Unglück verstümmelt. Mit herzzerreißenden Gesten und Blicken flehen sie zum Tode, er möge sie erlösen, sie, die einzigen, welche gern zu sterben bereit sind.

Aber der Tod erhört sie nicht. Als grauenhafte Megäre mäht er mit riesiger Hippe seine Beute nieder, lauter Junge, Reiche, Schöne, Vornehme, die am Leben hingen. Sie liegen dicht in welken Haufen am Boden, Äbte, Nobili, Edeldamen und in der Blüte weggeraffte Jugend. Darüber in den Lüften streiten sich Engel und Teufel um die Seelen.

Das ist der *trionfo della morte*. Ich weiß kein Bild und keine Dichtung, aus denen so gewaltig düster die ewige Todesbotschaft spricht, es seien denn zwei oder drei jener fast trostlos herben Todesverse in den Psalmen, im Jesus Sirach und im Prediger Salomo. *(1901)*

Initialen

Nächst den Träumereien sonnig stiller Frühlingsnachmittage, an denen ich auf warmen Bänken oder im hohen Grase lag und mich ganz dem Zauber der Sonnenwärme und des Blumenduftes hingab – nächst diesen Träumereien und nächst dem Geplauder mit den kleinen, barfüßigen toskanischen Bauernmädchen fand ich in Italien vielleicht nirgends so viel Selbstvergessen und so viel reines vollbefriedigtes Hingegebensein wie in den Kapitel-

sälen, Bibliotheken, Sakristeien und Schatzkammern der Klöster
und Kirchen, wo ich, in staubigen Schränken oder auf alten Le-
sepulten ruhend, Sammlungen alter Mönchsmalereien fand.
Die Arbeit eines klösterlichen Miniaturmalers muß etwas unsäglich Befriedigendes gehabt haben; man spürt es diesen bunten, frischen, fleißig ausgeführten Bildchen und Ornamenten so
deutlich an, daß sie mit unversieglicher Treue und Laune und mit
einer beglückenden Liebe zur Sache gemalt wurden. Im Gebiet
der bildenden Künste kenne ich kaum etwas, was auf den Beschauer so heimatlich anziehend, so tröstlich, reinigend und erfreuend wirkt, wie diese in satten Farben und unverblichenem
Golde leuchtenden kleinen Produkte einer fleißigen und soliden
Kunstarbeit. Außerdem verbinden sie die kräftigen Effekte des
rein Dekorativen apart und lustig mit der freien erzählerischen
Phantasie der Griffelkunst; sie wirken durch ganze Bände, ja
durch ganze Bibliotheken hindurch gleichmäßig und einheitlich
schmückend, und dennoch sind sie zumeist von verblüffend
lebendiger, individueller Laune und Erfindung überquellend
voll.
Sehr schöne Initialen fielen mir in der Certosa di Pavia, im Museum von San Marco und der Sakristei von Santa Croce in Florenz und in der Certosa di Val d'Ema auf. In Santa Croce stach
mir, als ich eben im Begriff war, die flüchtig betrachtete Sakristei
wieder zu verlassen, beim Vorübergehen in einem der Schränke
plötzlich etwas aufleuchtend Farbiges ins Auge. Ich trat näher
und fand einige Pergamentblätter mit gemalten Initialen aufgeschlagen daliegen. Sie hatten eine Wand voll prunkhaft goldge-
stickter Priesterornate zum würdigen Hintergrund. Da war namentlich ein riesiges lateinisches P, der Anfangsbuchstabe einer
Liturgie, das mich fesselte.
Der Buchstabe hebt sich in schönem Umriß blau mit rot und
grünem Blätterornament vom goldenen Grunde ab, das Gold
selbst ist nur durch eine schmale schwarze Leiste eingefaßt, und
diese Leiste ist wieder von einem in Orangegelb ausgeführten
Ornament durchflochten. In die fast kreisförmige Rundung des
P ist der Drachensieg des heiligen Georg gemalt. Der ganze Horizont wird hier auffallenderweise durch ein fleißig gearbeitetes
Stadtbild mit Mauer, Giebeln und zwei Toren gefüllt, während
sonst die Miniaturisten für solche Darstellungen ungern auf die

kräftig dekorative Folie eines leuchtend tiefblauen Himmels verzichten. Den Mittelgrund des Bildchens füllen einige graue, mit einzelnen Pflanzen bestandene Hügel, die schroff gegen eine dunkelgrüne prachtvolle Wiesenfläche des Vordergrundes abfallen, auf welchem Ritter, Jungfrau und Drache in lebhafter Zeichnung und starken Farben hervortreten. Hier ist nun jedes Detail mit liebevollster Sorgfalt ausgeführt. Der Heilige reitet ein fahl lilafarbenes Roß, das mit blauen Strängen gezäumt und rot mit gelbem Riemenwerk gesattelt ist. Der zierlich geschweifte Sattel ist mit weißen, sternförmig geordneten Punkten umsäumt. Der Drache, dem der Spieß des Reiters eben den Rachen durchbohrt hat, blickt grimmig und mit verdrehtem Halse zu seinem Feind empor, während sein starker Schweif ein Hinterbein des Rosses krampfhaft umringelt. Das Pferd setzt, um sich zu befreien, den zweiten Hinterhuf auf den Drachenleib, während es vorn vor dem qualvoll grinsenden Drachenhaupt sich bäumt.

Der Ritter glänzt in kobaltblauem Reitrock, stark flatterndem rotem, lila gefüttertem Mantel, kurzer gelber Hose und roten Ritterschuhen mit blauen Sporen. Seine Linke hält den weißen Schild mit rotem Kreuz, seine Rechte die siegreiche Lanze. Das jugendlich milde Gesicht umrahmt der keimende blonde Bart. Etwas zur Seite steht die Jungfrau, zarte weiße Hände betend zusammengelegt, in rotem Kleide und blauem Oberkleid mit blaßroten Ärmeln und goldstoffenem Gürtel. Lange blonde Haare umrahmen das fromme stille Gesicht.

Das Schönste am Ganzen aber ist eigentlich die Wiese des Vordergrundes, satt dunkelgrün, von blauen und orangefarbenen Blumen durchglänzt. Mehr noch als das Gesicht und die gefalteten Hände der Jungfrau ist dieses grüne Feld vom Zauber der Weltferne und des harmonisch friedlichen Daseins erfüllt; ein Hauch von Wärme und Sommer liegt darüber, der etwas Besänftigendes und auch Heimwehweckendes hat.

In der Certosa di Val d'Ema fragte ich den greisen Mönch, der mich führte, warum seit so langer Zeit in seinem Kloster keine solchen Sachen mehr gemalt würden. Er lächelte gutmütig, wies mit der Hand auf die offen daliegenden Pergamentblätter und sagte: »Unsere Gäste haben danach noch nie gefragt. Was nicht fünf Jahrhunderte alt ist, interessiert sie nicht.«

Und nach einer Pause fügte er, während er die Bibliothektüre verschloß, hinzu: »Sie verachten uns! Sie verachten uns ebenso wie sie unsere Vorgänger bewundern.«

»Sie verachten vielleicht in euch ihre eigene Zeit und vielleicht sich selber«, sagte ich zum Abschied.

»Wer kann das wissen?« lächelte er und führte mich die breite sonnige Treppe zum Hof hinab. *(1901)*

Anemonen

Kennt ihr den Frühling von Florenz? Wenn am Viale die Rosen zu knospen beginnen? Wenn die weichen Hügel hinan die zärtliche lichte Röte der Obstblüte fließt? Wenn Schlüsselblumen und gelbe Narzissen die fröhlichen Wiesen ganz mit Gold überdecken?

O, das ist schön! Diese Tage, da die schwarzen Zypressen sich in ersten warmen Lüften wiegen! Diese heißen Mittagsstunden im April, wenn die Mauern der Hügelpfade leis zu glühen beginnen und die erste warme Rast auf durchsonnten Zinnen winkt! Wie dann die Erde sich reckt und glänzt; wie da die fernen Berge immer blauer und sehnlicher herüberstreben, bis euer Herz voll treibend-süßen Wanderfiebers wird!

Über Fiesole leuchtete ein Aprilmittag, sonnig heiß, mit blank-befiederter Bläue. Veilchenmädchen lärmten in den Gassen, farbig gekleidete Fremde trieben sich im römischen Theater herum. In dem warmen, steilen Sträßchen, das von der Piazza zum Kloster führt, saßen Strohflechterinnen und arbeiteten im Freien. An der Aussichtsbank war allerlei Leben. Kinder – viele blonde darunter – lagen und spielten im Gras, jeden Augenblick bereit, aufzuspringen, wehmütige Gesichter zu machen und zu betteln. Ein paar Hausierweiber mit Strohwaren standen erwartungsvoll dabei, und hart an der Mauer hatte ein hübscher Bursche sein Fernrohr aufgestellt, durch welches man für zwei Soldi jedes Haus von Florenz bis zur Torre del gallo sehen kann. Die schöne Zwillingszypresse umströmte leis ein wohlig warmer Wind.

Vom Kloster herab kam ein junger Deutscher gegangen. Alles an ihm war Freude und Begeisterung, sein Gang wiegte sich freudig, seine Augen glänzten, seine Arme waren in erregter Bewegung. Es ist nicht anders, wenn ein junger Nordländer zum erstenmal Fiesole im Frühling sieht. Ihr könnt ihm ansehen, daß er an Lorenzo den Prächtigen, an Jakob Burckhardt und an Böcklin und zugleich mit halbem Mitleid an die ferne Heimat denkt. Nun tritt er mit beiden Füßen das Land, von dem er seit Knabenzeiten gehört und geschwärmt hat! Nun liegt zu seinen Füßen Florenz, und rings umdrängen ihn Hügel, Villen, Gärten mit ihrer großen Geschichte und ihrer großen Schönheit.

Er fühlt, daß er noch nicht in die Stadt zurückkehren und heute überhaupt nicht arbeiten darf. So ein Tag ist einzig zum Wandern da. Also schlendert er durch Fiesole, kauft Orangen und schlägt den Höhenweg nach Settignano ein.

Es lohnt sich wohl, im Frühjahr diesen Weg zu gehen. Die Stadt verschwindet, man sieht bald weder Häuser noch Menschen mehr, nur bunte Nähen, ergrünende Felder, satte Wiesen und ernste schöne Bergzüge, dazwischen einsam und grau das sonderbare Schloß Vincigliata in seinem dürren jungen Nadelwald. Dem Wanderer war in der Seele wohl; jeder blühende Baum erfreute ihn, und jede am Hügelkamm auftauchende Zypresse entzückte ihn durch ihr energisches Emporlodern. Das Schönste aber sah er zuletzt.

Das waren die Anemonen. Sie sind freilich nichts eigentlich Toskanisches, man findet sie überall, aber sie gedeihen hier besonders üppig und sind schöner als der ganze üppige Frühling zusammen. Sie sind blau, rot, weiß, gelb, lila und violett. Sie haben große runde Blüten und bedecken ganze Fluren. Man darf wirklich von ihnen sagen: sie lachen. »Sieh, es lacht die Au!« Sie schauen so staunend, offen und selig in die Welt wie Kinder. Sie machen die Wiesen zu frohen, buntgewirkten Teppichen – man sieht sie auf zahllosen toskanischen Bildern des Quattrocento, und sie erhöhen deren süßen kindlichen Liebreiz.

Als der junge Fremde die Anemonen sah, war er wieder entzückt. Er stürzte sich auf sie und brach ganze Hände voll davon ab. Er freute sich schon, sie in seinem Zimmer zu sehen, einige zu pressen und getrocknet nach Hause zu schicken – als Gruß aus der *città dei fiori.*

Dann marschierte er weiter, ließ Vincigliata liegen und strebte Settignano zu. Die ungewohnte Wärme und der erschlaffende Frühlingsdunst machten ihn schließlich still und müde. Vor

Settignano sprang ihm ein Mädchen mit Blumen entgegen. *»Prenda, prenda, Signore!«*

Er hielt ihr seinen eigenen Strauß entgegen. Da sah er erst, daß er welk war. Und er warf ihn bedauernd weg und kaufte dem Mädchen ihre Blumen ab.

Eine halbe Stunde später schritt ein zweiter Wanderer denselben Weg. Auch ein Deutscher, nur wenig älter, aber weniger begeistert. Ihn machte die Sonne nicht müde. Ihn umklangen nicht die Namen der Medici. Er kannte sie wohl, vom alten *pater patriae* bis auf die herzogliche Sippschaft herab. Er war auch einmal in ihrem Bann gestanden, doch waren ihm seither allerlei andere Dinge wichtiger geworden.

Den schönen Frühling aber liebte er nicht weniger als jener Jüngere. Er kannte hier jede Höhe und jeden Pfad, auf allen war er oft gegangen, und auf all diesen Mäuerchen hatte er heiße einsame Rasten gehalten. Kein Meierhof, kein Kreuzweg, kein Olivengarten, den er nicht kannte und mit dem ihn nicht irgendeine kleine Erinnerung verband.

Er sah auch die Anemonen, seine Lieblinge. Er dachte daran, wie viele tausend von ihnen jetzt wieder von den Fremden gepflückt und zertreten würden. Er grüßte sie mit warmen Blicken und nickte ihnen zu.

Als er sich Settignano näherte, sah er jenen welken Strauß auf der Straße liegen. Er fluchte ingrimmig.

»Bande, elende! Da schwärmen sie für Fra Angelico, und mit den Blumen gehen sie um wie die Barbaren!«

Er war schon ein paar Schritte weitergegangen. Da kehrte er wieder um, hob die Blumen von der Straße auf und suchte, ob noch unverwelkte darunter wären. Nein, alle waren verdorben.

Er wollte den Strauß wieder wegwerfen, besann sich aber und nahm ihn bis zur nächsten Brücke mit; dort warf er ihn in den kühlen Bach. Der Strauß löste sich auf, und die welken Anemonen trieben einzeln und langsam bachab. Er sah ihnen nach und machte im stillen dem Wanderer wieder Vorwürfe.

»Da droben stehen ja noch Tausende davon«, hörte er ihn in Gedanken antworten.

Da deutete er vorwurfsvoll auf die davonschwimmenden Blumen und vergaß einen Augenblick ganz, daß er ja allein war.

(1901)

Am Ostersamstag jedes Jahres begehen die Florentiner eine eigentümliche Feier, den *scoppio del carro*, den »Wagenschuß«. Die Geschichte des uralten Brauches ist nicht in allen Punkten völlig klar – das Wichtigste sei hier kurz erzählt.

Im Kreuzzug des Gottfried von Bouillon war ein Pazzo aus dem berühmten Florentiner Patrizierhause der Pazzi der erste Mann, der den Fuß auf die Mauer von Jerusalem setzte. Ihm schenkte Gottfried, um seine Tapferkeit zu belohnen, später drei Steine vom Heiligen Grabe, welche Pazzo auf einem wundervollen Wagen im Triumph nach Florenz führte. Die Steine wurden in die Apostelkirche verbracht, da damals der Dom noch nicht stand, und aus diesen Steinen schlugen die Priester das Heilige Feuer für die geweihten Lampen der Kirchen und Privathäuser. Der Familie der Pazzi aber verblieb das Privilegium, auf jenem Wagen den Gläubigen die geweihte Flamme auszuteilen. Der Wagen wurde mit Fackeln und Kerzen besteckt, die am Hochaltar entzündet waren und bewegte sich feierlich durch die Stadt.

Dies die zugrunde liegende Legende. Der heute benützte Wagen soll der dritte Nachfolger des ursprünglichen sein. Die Feuerzeremonie aber hat sich im Lauf der Zeiten zu einer Art von kirchlichem Feuerwerk umgestaltet, das indessen noch immer eine praktische Bedeutung hat, freilich eine ganz andere als ehemals. Nach jetzigem Brauch wird der Carro, der mit Feuerrädern, Schwärmern und anderem Feuerwerk reich garniert ist, auf dem Domplatz durch eine vom Hochaltar des Domes ausgehende Rakete entzündet. Die Rakete hat die Form einer Taube und gleitet einer Schnur entlang vom Altar durch das ganze Schiff des Domes und durch das Hauptportal ins Freie. Aus dem Flug dieses »Täubchens« nun schließen die Landsleute festen Zutrauens auf die jeweils zu hoffende Ernte. Wehe dem Korn und Obst, wenn die Taube unterwegs im Fluge stockt und ihrem Lauf nachgeholfen werden muß! Kommt sie aber ohne Hemmung ans Ziel, so bricht das Landvolk in laute Rufe der Befriedigung aus, denn nun ist eine reiche Ernte sicher!

Der Ostersamstag dieses Jahres war so sonnig und klar, daß ich schon um zehn Uhr den Glockenturm des Domes erstieg und mir auf dem hohen Dachkranze einen bequemen Platz aussuchte. Ein prachtvoller Aufenthalt! Zunächst fesselt die Betrachtung des Domes, dessen Kuppel von hier aus einen architektonischen Anblick ersten Ranges bietet. Dann die zahllosen Türme, Zinnen und Kirchengiebel der Stadt. Neben dem trotzig schönen Turm des Palazzo Vecchio steht der breite, schlichte des Bargello und das schlanke, spitzige Türmchen der Badia. Nach links schließt Santa Croce und die Synagoge sich an. Dann jenseits des Arno die Porto San Niccolo, die Kirchen Santo Spirito, Carmine und Frediano, und weiterhin Santa Maria Novella, San Michele, San Lorenzo und die ganze glänzende Reihe der Kirchen, die das Auge mit Freude erkennt und begrüßt und neben welchen da und dort wie kleine Inseln die grünen Vierecke der Kreuzgänge auftauchen. Und hinter alledem auf beiden Seiten des glänzenden Flusses die grünen Hügel, die jetzt in der Obstblüte schimmern.

Auf dem Domplatze sammelte sich schon jetzt die Menge. Landleute kommen in zahlreichen Gruppen von allen Toren her, Bauern aus Settignano, aus Fiesole, aus San Domenico, aus Majano und weiter her. Der Carro stand zwischen Dom und Baptisterium, von zwei dichten Volksreihen umdrängt; der Dom selbst war schon voll von Menschen. Der Verkehr auf dem Domplatz war gesperrt, Wagen konnten schon um halb elf Uhr nicht mehr passieren. Von meiner Höhe aus war es anziehend zu beobachten, wie die Neugierde der ganzen großen Stadt aus den fernsten Straßen her gegen den Dom herandrang, bis der ganze Platz schwarz von Volk war. Aus der dunklen Menge leuchteten da und dort die Körbe der Orangenverkäufer, die Rufe der Traktatkrämer und Zeitungskolporteure drangen bis zu mir herauf.

Um elf Uhr bewegte sich ein farbig reicher Priesterzug aus dem Hauptportal des Domes und verschwand langsam ins Baptisterium. Kurz vor zwölf Uhr kehrte er ebenso feierlich in den Dom zurück. Die Volksmenge bedeckte nun dichtgedrängt den ganzen Platz und stand ringsum noch weit in den Nachbarstraßen, Fenster und Dächer waren dicht besetzt. Um zwölf Uhr fiel gleichzeitig mit dem mittäglichen Kanonenschuß das Geläute sämtlicher Türme betäubend ein. Die »Taube« flog vom Domaltar heraus, heil und ohne Stockung, zum lauten Jubel der Landleute. Und nun rauchte und flammte unter langdauerndem entsetzlichen Krachen das Feuerwerk des Wagens zusammen, vom Zuruf der Menge begleitet und den ganzen Domplatz mit Pulverdampf erfüllend. Als endlich das letzte noch flammende Feuerrad langsam und zuckend verglüht war, wurden dem Wagen vier prachtvolle, gewaltige weiße Ochsen mit rotem Lederzeug und vergoldeten Hörnern vorgespannt und in pomphaftem Zuge, vom Volk begleitet, abgeführt. In meiner Trattorie traf ich später einen der Bauern, der in froher Erntehoffnung sich den Luxus einer doppelten Portion delikater *maccheroncini ragutati* gönnte und dessen strahlend behäbiges Toskanergesicht die Freude über das schöne Fest und den glücklichen Taubenflug mit einem unbeschreiblichen Ausdruck schlauer Zufriedenheit schmückte. *(1901)*

Il Giardino di Boboli

So sehr ich bemüht war, die Zeit meines Florentiner Aufenthaltes fleißig auszukaufen, bereue ich es doch nicht, einige halbe Nachmittage im Boboli-Garten verbummelt und verträumt zu haben. Vom Besuch mancher wichtigen Kirche, ja von ganzen, flüchtig besuchten Städten nahm ich nur eine vage, konturlose Erinnerung mit, die Stunden im Boboli-Garten aber hoffe ich nie zu vergessen.

Wer den Garten richtig genießen will, darf ihn nicht an den Sonntagnachmittagen aufsuchen, wo die Wege und Bänke von Besuchern wimmeln. Man muß ihn sehen, wenn er in grünem Schweigen liegt, am besten in der heißen Stille einer Mittagsstunde. Dann vermag er einen Begriff zu geben von jenen italienischen Fürstengärten, die man erst in Rom sucht und die jeder aus den träumerischen Versen Eichendorffs kennt, von jenen klassischen Gärten, wo tiefschattige Wege sich durch hohe immergrüne Gebüsche winden, wo kühle Brunnen und weiße Statuen aus dunkeln Hainen blicken. Wer den Boboli-Garten in solch einer stillen, sonnigen Stunde allein besucht, dessen Phantasie kann nicht widerstehen, die Wege und Rasenplätze mit lustwandelnden oder ballspielenden adligen Jünglingen in der Tracht des 16. Jahrhunderts, die Bänke mit konversierenden Gentildonne und adligen Liebespaaren zu bevölkern.

Dort lag ich manchmal rücklings auf einer Bank oder im Grase, von den großblumigen, bunten Anemonen und Narzissen umgeben, und folgte mit gedankenlosen Blicken den weißen Frühlingswolken, die hoch über den schwarzen Zypressenwipfeln am reinen Himmel wanderten. Ich dachte mir den ersten Besitzer des Gartens hier wandeln, den Herzog Cosimo I., oder die Künstler, die seine Anlage besorgten, den Tribolo und den famosen liebenswürdigen Giovanni da Bologna; und ich schämte mich nicht, mich einem leicht zu verspottenden, dennoch eigenartig beglückenden Rausch von Schönheit und Vergangenheit hinzugeben. Dann ging ich überall umher, die malerischen Durchblicke aufzusuchen, an denen der große Garten reich ist. Man kann von einer glücklichen Stelle aus den Dom und Kampanile in einem Rahmen von Lorbeer und Zypressen erblicken, oder, über die dunkelgrünen Gebüsche auftauchend, das in der Sonne glänzende Fiesole, fern und friedlich wie ein Traumbild, vom klaren Himmel überwölbt.

Mich berührte, wenn ich vom Meere absehe, dort zum erstenmal der Zauber des Südens. Es ist wahr, unsere süddeutschen und schweizerischen Waldgebirge sind unendlich viel reicher, grüner, üppiger, und der Frühling kommt bei uns mit vollerer und süßerer Luft – ich empfand das bei meiner Rückkehr in den lieben Schwarzwald wohl. Dennoch zog mich die südliche Landschaft mächtig an: Kahle, mit reinem Umriß in den Himmel stehende Berge, graugrüne Abhänge, von Oliven- und Obstgärten bedeckt, dazwischen an den Hügel gelehnt die hellen Landhäuser, denen selten eine Gruppe schwarzer schlanker Zypressen fehlt, das alles gehoben durch die klare, höchst durchsichtige Luft und die kräftige Sonne. In Florenz kommt dazu der schöne, gewundene Fluß und die blumenreichen, prachtvollen Frühlingswiesen des Tales, die schimmernd weiße Blüte der Birnen und die zartrote, ganze Hänge schmückende der Aprikosen. Wenn das heutige Florentiner Leben mit dem der toskanischen Glanzzeit wenig Gemeinsames mehr hat, so kann man doch heute noch jene lieblichen, zarten Landschaften, die von Ghirlandajo bis in die Jugendwerke des Raffael so unzählig vorkommen, in der Toskana wiederfinden.

Wenn ich vom Giardino Boboli rede, darf ich den Fontänenteich mit den Goldfischen nicht vergessen, der mich manche Stunde lang ergötzt hat. Mit Ausnahme eines Schweizer Malers fand ich freilich in Florenz niemand, der sich mit mir für diese Goldfische begeistert hätte. Ich hatte eine besondere Freude an den behenden Fischen, die in großen Scharen den Teich erfüllen. Unter ihnen fand ich eine Menge jener Prachtexemplare, auf deren Rücken von der Rückenflosse bis zum Schwanze ein Streif echten, fast blendenden Goldes glänzt. Ich sah ihn am schönsten an jungen Exemplaren. Es ist ein köstlicher Anblick, wenn ein Schwarm der zinnoberrot und golden leuchtenden Tiere durch das hellgrüne Wasser über weiße Spiegelwolken wegschwimmt, durch das außergewöhnliche Farbenspiel sowohl wie durch den Reichtum an raschen, eleganten, mühelosen Bewegungen entzückend. In mancher Stadt sah ich berühmte Paläste, deren Anblick mich nicht halb so frisch und kräftig erfreute, und ich lachte über die Menge der Reisenden, die in ängstlicher Eile von Stadt zu Stadt gewissenhaft dem Baedeker folgen und für einen harmlosen Spaziergang, für den Eintritt in eine unbekannte Kapelle, für lustige Straßengespräche oder auch für Goldfischteiche absolut keine Viertelstunde übrig haben. Mir wurden jene lebhaften, schönen Fische allmählich ein Hauptzweig des berühmten Gartens. Ich sah und lernte an ihnen soviel Erfreuliches wie in mancher Galerie. Reizend ist es z. B., wenn in dem besonnten Wasser ein gewöhnlicher, grauer Fisch sich den Rotgoldenen nähert und von ihnen schimmernde Reflexfarben erhält, und ganz köstlich ist es, einen ganz dichten Schwarm einer Brotkugel oder einem Steinchen nach plötzlich in die Tiefe tauchen zu sehen, wobei die urplötzliche heftige Verkürzung so vieler Körper komisch überrascht.

Wenn ich nicht wüßte, daß dergleichen in italienischen Reisebriefen niemand sucht und liebt, so könnte ich eine Reihe ähnlicher Schilderungen anfügen, namentlich über Vögel, dann über Eidechsen, deren ich im Boboli eine Menge traf und deren kluge, elastische, dem wohlwollenden Menschen zugeneigte Art mich oft erheiterte. Ich war freilich nicht nach Florenz gereist, um dort mit Eidechsen zu spielen, aber sollte ich es abweisen, wenn eine harmlos frohe Stunde mir sie vor's Auge brachte? Ich gestehe, daß ich nächst dem Genuß der Kunstwerke ersten Ranges von nichts so viel Freude hatte und an nichts so gerne zurückdenke, wie an die naiven Unterhaltungen mit Wolken, Bäumen,

Kindern und Tieren. Darf ich sagen, daß ich während derartiger Allotrien zuweilen das Bewußtsein hatte, von genußreichen Reisen mehr zu verstehen als die große Mehrzahl der mit Baedeker und Rundreisebillet dahineilenden Italienfahrer? *(1901)*

Der Raffael

In meiner kleinen Wohnung an der Piazza Signoria in Florenz erschien eines Tages ein graubärtiger gebückter Mensch. Er trug einen geknickten, ausgedienten Hut von moderner Form, einen ebensowenig für ihn gefertigten, schäbig gewordenen Gehrock, der aus Mangel an einer Weste dicht zugeknöpft war, und darunter eine sehr antiquierte Hose aus grünlichbraunem Plüsch. Die Art seines Eintritts und Grußes zeigte mir, daß er irgendein tolles Angebot vorzubringen habe. Vielleicht ein Theaterabonnement, vielleicht alte Bücher, vielleicht auch eine zu vermietende Villa im Gebirge, ein Zweirad oder ein Reitpferd. Ich wappnete mich mit Geduld und fragte nach seinem Anliegen. Da zog er langsam aus den viel zu weiten Rockschößen ein Stück grauen Karton hervor, wickelte mehrere Meter Faden davon ab und brachte aus der Hülle ein Stück Papier zum Vorschein, das er mir in einiger Entfernung mit abwartend feierlicher Miene vorhielt. Nun folgender Dialog:

Ich: Was ist das?

Er: Ein Raffael. Eine Zeichnung von Raffael. O Herr, sehen Sie es an, bewundern Sie es! Zwei bambini, schön und sauber, zwei erstaunlich schöne Kinder! O schauen Sie, schauen Sie!

Ich: Woher wissen Sie denn, daß das Blatt von Raffael ist?

Er: Oh, Sie zweifeln? Aber glauben Sie mir, es ist von ihm, es ist vom göttlichen Raffael mit eigener Hand gezeichnet. Jeder Verständige muß das sehen. Und ein Maler, der bei mir wohnt, versicherte es mir noch ausdrücklich. Er ist arm, Herr, aber ein gelehrter Mann; und wenn er nicht arm wäre, hätte er mir mit Freuden hundert Lire dafür gegeben.

Ich: Hundert? Dann ist er verrückt.

Er: Oh, Sie scherzen. Nun, er sagte mir freilich, für 75 könne ich es weggeben, obwohl der Wert dreimal soviel betrage. Ein Raffael!

Ich: Raffaello hat vor vierhundert Jahren gelebt. Ihr Blatt ist aber höchstens 150 alt, soviel ich sehen kann. Jedenfalls ist es nicht von Raffael.

Er (blickt mich vorwurfsvoll an).

Ich: Ja, es hilft nichts. Zeigen Sie das Blatt einem Professor, er wird Sie auslachen.

Er: Ja, die Professoren! Aber Sie sind ein Kenner, Sie lassen sich nicht täuschen! Sollte es vielleicht ein Schüler des großen Raffael gewesen sein? Oder vielleicht Perugino?

Ich: Oh, das Blatt wird immer älter. Nächstens schwören Sie, es sei von Giotto.

Er: Giotto? Oh, ein gewaltiger Meister! Er hat den Campanile gebaut! Aber im Ernst, wollen Sie 50 Lire geben?

Ich: Nein, ich will es überhaupt nicht kaufen.

Er: Nicht kaufen? Aber Sie sagten doch –

Ich: Was sagte ich?

Er: Ei nun, ich sah wohl, daß Sie es haben möchten. Vierzig Lire?

Ich: Bemühen Sie sich nicht, es ist schade für die Zeit. Ich will die Zeichnung nicht, und wenn ein anderer sie mir anbieten würde, so würde ich höchstens fünf Lire geben.

Er: Fünf Lire? Fünf ist gut! Mein Gott, Sie wollen mit einem alten Manne Scherz treiben. Ich bin 65 Jahre alt. Fünf Lire! Für einen Raffael!

Ich: Also adieu! Lassen Sie Ihren Raffael einrahmen und haben Sie Ihre Freude daran!

Er: Ja, nicht wahr, man kann es nicht genug betrachten. Gott, was der Kleine da für süße Händchen hat! Die Händchen sind zwanzig Lire wert. Nun, sagen wir 25 fürs Ganze!

Ich: Gehen Sie, gehen Sie! Ich habe wahrlich nicht soviel übrige Zeit.

Er: Fünfzehn?

Ich (winke verzweifelt ab).

Er: O Madonna, so soll ich also das ganze prächtige Blatt für zehn Lire hergeben? Für zehn! Gratulieren Sie sich, o Herr, ein Raffael für zehn Lire!

Ich: Jetzt basta! Ich will nicht und will nicht. Gehen Sie doch endlich!

Er: Sie sind grausam. Also sechs Lire.

Ich: Nein. Fort!

Er: Nein, also fünf! (Schwerer Seufzer).

Ich: Herrgott, lassen Sie mich in Ruhe! Ich will es nicht geschenkt.

Er: So? Sie haben aber vorher fünf Lire geboten. Ich lasse den Karton dabei. Fünf Lire.

Ich war hereingefallen. Im billigen Toskanerland sind fünf Lire ein Vermögen. Ich hätte mir einen vergnügten Tag damit machen können. Statt dessen besaß ich nun eine lumpige schülerhafte Kopie nach Raffael, die mich heute noch ärgert, so oft ich sie sehe.   *(1901)*

Fiesole

Während des Monats, den ich in Florenz zubrachte, besuchte ich die Höhe von Fiesole wohl ein dutzendmal. Ich war dort in kühlen Morgenstunden, am heißen Mittag, an klaren blauen Frühlingsabenden. Ich erstieg die steile Via vecchia im Staube heißer Sonnentage und fuhr, im Mantel fröstelnd, an grauen Regentagen mit der Trambahn hinauf, und jedesmal fand ich nicht nur Ruhe, reine Luft und feiertägliche Stimmung, sondern jedesmal auch irgendeinen neuen Reiz der Landschaft, der Gassen, des Klosters, so daß mir für die anstrengenden Florentiner Studienwochen der stille Bergort eine liebe Zuflucht und eine Quelle der Erfrischung und Lebensfreude wurde.

Um so rasch als möglich dem Staub der Vorstadtstraßen zu entrinnen, fuhr ich gewöhnlich bis Domenico. Von da benützte ich mit Vorliebe die steile gepflasterte Via vecchia, die an der Villa Medici vorüber rasch zur Kathedrale hinaufführt. Von hier aus ersteigt man die Klosterhöhe in wenigen Minuten.

Von den römischen Ruinen bis zur Villa Böcklins hat Fiesole aus verschiedenen Zeitaltern Anziehendes und Interessantes, das Beste aber ist seine köstliche Lage auf und an zwei stattlichen, von Obstgärten und Landhäusern bedeckten Höhen über Florenz. Der Blick auf die große freundliche Stadt und das grüne Arnotal ist von sanfter, ruhiger Schönheit, wird aber übertroffen durch die jenseitige Aussicht in die Berge, die man am besten vom Settignaneser Weg oder vom römischen Theater aus genießt. Wer aus dem bewegten Stadt- und Fremdengetriebe von

Florenz auf diese Höhe flüchtet, dessen Geist und Auge ruht an den Linien der grünen Berge und auf den Zypressengruppen der Gärten gerne und befriedigt aus. Von hier aus führt auch ein etwas heißer, schöner, wenig begangener Weg in das träumerisch öde, totenstille Tal von San Clemente hinüber, wo man stundenlang auf der Heide liegen kann, ohne einen menschlichen Laut zu hören.

Der schönste Platz von Fiesole ist unstreitig die Klosterhöhe. Dort verträumte ich manchen warmen Spätnachmittag im Geplauder mit den Strohflechterinnen, Bettlern und Kindern, auf der breiten Mauer liegend. Dort steht ein prachtvoller Zypressenzwilling, zwei Stämme aus einer Wurzel, dessen reicher, schwanker Doppelgipfel schwarz und scharf gegen den Himmel steht. Zu Füßen hat man Weinberge und Olivengärten, die sich in steiler hellgrüner Flucht gegen die Badia hinab senken. Dahinter liegt die Stadt Florenz, vom riesigen, zartfarbig schimmernden Dom mit dem herrlichen Glockenturm überragt und beherrscht, hinter welchem wieder der schlanke hohe Turm des Palazzo vecchio sichtbar wird. Dieser Turm mit der kecken Anschwellung des Kranzes ist das eigentliche Wahrzeichen der Stadt, in deren Kunst und Kultur die schlanke, männlich strenge Form und eine gewisse herbe Gesundheit und Klarheit vorherrscht. Weiterhin findet das Auge da und dort bekannte und verehrte Stellen: das spitze, schmale Türmchen der Badia, die Kuppel von San Lorenzo und die ganze Reihe der Kirchen. Jenseits der Stadt liegt hell und winzig San Miniato auf der Höhe, fast von den hohen Zypressen des Hügelweges verdeckt. An die Stadt schließt sich der schöne, langgestreckte Park der Lascinen und abwärts ein anmutiges Stück des Arnotals, weit hinaus vom blanken Lauf des Flusses durchglänzt. – Das Schönste, was man von dort oben sehen kann, ist der Sonnenuntergang an einem klaren Abend. Fünfmal genoß ich diesen unvergeßlichen Anblick, doch ist einer dieser Abende mir besonders treu und schön im Gedächtnis geblieben. Es war gegen Ende April, der Abend eines heißen, leuchtenden Tages. Ein Fest in den Lascinen hatte Städter und Fremde angezogen, so daß hier auf der Höhe nur vereinzelte Spaziergänger sich zeigten. Ich saß auf der steinernen Ruhebank, von einem ganzen Hofstaat von Bettlern und Kindern umgeben, die mich von öfteren Besuchen her kannten und deren harmlose Gegenwart und Unterhaltung mir immer lieb war. Ein achtjähriges Mädchen hatte sich auf meinen Schoß gesetzt. Sie war das Enkelkind eines alten mürrischen Bettlers, ein behendes, schön gewachsenes Kind mit wundervoll reichem Blondhaar, wie denn überhaupt in der toskanischen Landschaft die Menge schöner Kinder dem Fremden auffällt. Die Kleine wollte Karamellen von mir haben, die ich ihr Tags zuvor versprochen hatte, und schmollte eine Weile ernstlich, daß ich sie vergessen hatte. Dann gab sie sich damit zufrieden, einige Orangen mit mir zu teilen. Wir zerlegten jede in sechs Schnitze, von denen abwechselnd einer mir und einer meiner Freundin zufiel. Es war entzückend, in das helle, doch ernste Kindergesicht zu sehen, während ich die süße Speise in das offen wartende Mündlein steckte. Während des Essens erzählte sie mir vielerlei, den Tod zweier Katzenjungen, die Wäsche im Haus der Tante und anderes Wichtige. Dazu blickte sie mich aus den großen schönen Augen an wie aus einer bodenlosen Tiefe von Zufriedenheit und namenlosem Glück. Die Tante, eine Korb- und Fächerverkäuferin, war mit ihrem Strohwarenbündel ebenfalls da.

Die Sonne stand niedrig über den jenseitigen, graugrünen Hügeln und nahm, während sie sich deren Rande langsam näherte, an Größe und Röte stetig zu. Das schwer goldene, warme Licht flutete durch den klaren Raum herüber und ruhte weich verklärend auf den weißen Villen, auf den Zypressenreihen, auf der Fläche der Mauer, auf dem blonden Kinderhaupt, auf unsern Händen und Gesichtern. Ich hieß die Kleine schweigen, bis die Sonne gesunken wäre, auch die andern wandten sich dem leuchtenden Anblick zu und so standen und saßen wir alle der wachsenden Röte zugewendet, die uns mit Glanz und Feierabendfrieden übergoldete. Die Sonne berührte nun den Hügelrand, der sogleich zu beiden Seiten mit wundervoll klarem Kontrast auftauchte. Noch ein Atemzug und noch einer, und der letzte flammende Teil der roten Scheibe war versunken.

In diesem Augenblick verwandelte sich die Farbe der Hügel plötzlich in ein reines Blau, das ich so tief, satt und hinreißend bis dahin nur auf den Hintergründen Tizianischer Bilder gesehen hatte. Zugleich erfüllte ein rosiger Duft das ganze Tal und tauchte die Stadt in eine rötliche Dämmerflut. Das Blau der Hügel wandelte sich langsam in ein weiches Violett, das gegen den golden roten Himmel eine intensive, prachtvolle Leuchtkraft zeigte und fast eine halbe Stunde anhielt. Die Kleine ging mit der Tante zum Abendessen, der alte Bettler erhielt einen Soldo und ging weg, die Kinder auch, und ich saß noch lange allein oben, an den Anblick der dämmernden Farbenübergänge ganz verloren. Ein schwacher Wind erhob sich und erklang leise mit langen ungleichen Pausen in der Doppelzypresse. Die Stadt versank in Dämmerung, nur der Glockenturm des Giotto und die Kuppel des Brunelleschi schimmerten noch matt hervor. Und während ich nach San Domenico hinabstieg, nahm der wolkenlose Himmel das tiefe, rätselhaft leuchtende Blau der italienischen Nächte an. *(1901)*

In den Kanälen Venedigs

Venedig! Man steigt in der großen Halle des Bahnhofs aus, tritt ins Freie und hat eine breite, ins Wasser hinabführende Treppe vor sich, an welcher, wie bei uns die Droschken, die Gondeln warten. Mit dem Rufe »gondola! gondola!« drängen sich die zahlreichen Gondoliere auf. Man wählt sich eines der schlanken schwarzen Fahrzeuge aus, setzt sich in die weichen Polster und fährt leise mit behaglichem Wiegen in die fremde Welt der Kanäle hinein.

Beschreiber und Dichter haben von dieser eigenartigen kleinen Wasserwelt in unzähligen Büchern erzählt; ich begnüge mich, einige einzelne Erlebnisse und Stimmungen zu berichten. Venedig übte auf mich einen stärkeren Zauber aus als irgendeine andere italienische Stadt, und ich glaube, in den kurzen drei Wochen meines dortigen Aufenthaltes nach Möglichkeit in seine Geheimnisse eingedrungen zu sein.

Die Lage meiner Wohnung, von der nur eine einzige schmale Gasse mit großen Umwegen nach den wichtigeren Plätzen der Stadt führte, nötigte mich, von der Gondel sehr reichlich Gebrauch zu machen. Und eine Reihe intimer, poetischer Eindrücke verdanke ich diesen Fahrten. Schon das Fahrzeug, die schwarze, leichte, schlanke Gondel, und die lautlos sanfte Art der Bewegung hat etwas Fremdartiges, träumerisch Schönes und gehört als wesentlicher Faktor in die Stadt des Müßiganges, der

Liebe und der Musik. Wer in Venedig die Kunststätten besucht, schätzt dies besonders; aus einer Kirche, einem Palaste, einem Museum tretend, verliert man meistens durch das sich aufdrängende, Aufmerksamkeit fordernde Straßenleben aus Augen und Sinn die zarteren Eindrücke, während man hier auf der Fahrt von einem solchen Orte zum andern oder nach Hause ungestört auf dem stillen Wasser das Gesehene bewahren und nachgenießen kann.

Ganz zu Beginn meiner Venezianer Tage rief ich eines Abends vom Fenster meines Zimmers aus einen Gondoliere herbei, stieg vor der Haustüre ein und gab als Ziel den Rialto an, in dessen Nähe ich zu Abend essen wollte. Es war ein schwüler Tag gewesen, ein Gewitter stand bevor. In den ohnehin durch die hohen Häuserreihen verdunkelten engen Kanälen wuchs die Dämmerung eilig. Seltsam war es, den starken Gewitterwind, vor dem unser schmaler Kanal völlig geschützt war, über die Dächer brausen zu hören, während unten kein Lüftchen rege war. Mein Gondoliere ruderte eifrig, ich hatte ihm ein Trinkgeld versprochen, wenn wir vor dem Ausbruch des Regens ankämen. Aus dem engen Kanal bogen wir in einen noch engeren, der schon fast völlig dunkel war. Eilig glitten wir den finstern Wänden entlang, zwei, drei Regentropfen klatschten schon in das schwarze tote Wasser. Der Kanal mündete in einen anderen, breiteren, und dieser lag dem Durchzug des Windes frei, den man schon in einiger Entfernung dort tosen hörte. Wir erreichten die Mündung, der Gondoliere wollte einbiegen, wurde vom Wind zur Seite gedrängt, versuchte es nochmals und mußte nach längeren Anstrengungen die Versuche aufgeben. So warteten wir denn an der Kanalecke in vollkommen stillem Wasser, während zwei Schritte von uns der breite Kanal vom Sturm durchpfiffen und stark erregt war. Ich ermunterte den Ruderer zu einem neuen Versuch, die Biegung zu gewinnen. Auch dieser mißlang. In diesem Augenblick brach plötzlich eine fahle Helle durch die tiefe Dämmerung – der erste Blitz. Auf diesen folgte ein dichter, toller Regenguß. Ich rief dem Ruderer zu, eiligst ins Trockene zu flüchten, und wir fuhren nun so rasch als möglich im selben Kanal zurück, bis wir die nächste Brücke erreichten. Unter dem stark gewölbten, doch niedrigen Brückenbogen machten wir nun, in völliger Finsternis, halt. Die Breite der Brücke entsprach genau der Gondellänge, in der Mitte der Gondel saß ich behaglich im Dunkeln, neben mir stand der Gondoliere, das Fahrzeug an der Mauer festhaltend; zu beiden Seiten rauschte der gewaltige Regen herab. Einige beschauliche Minuten vergingen so, da kam Unterschlupf suchend eine zweite Gondel an und legte sich neben die meinige, und nach kurzer Zeit kam in schleuniger Flucht eine dritte hinzu. Die drei Gondeln füllten den ganzen überbrückten Raum knapp aus. Man konnte einander in der Dunkelheit nicht erkennen, dennoch entstand aus vereinzelten Ausrufen und Scherzen über unsre eigentümliche Lage bald ein gemeinsames Gespräch. So hingen nun die drei Gondeln unter der kleinen Brücke wie flüchtige Vögel untergekrochen, und von Gondel zu Gondel ging in der Finsternis vertrauliche Rede und Antwort hin und her – eine Viertelstunde voll seltsamer Märchenplauderstimmung, geheimnisvoll und fröhlich zugleich, die mir wie ein kleines trauliches Lied mit der Begleitung des niederstürzenden Regens in der Erinnerung liegt.

Ein andermal war ich nach San Redentore gefahren und hatte die Gondel entlassen, ohne an die Rückfahrt zu denken. San Redentore liegt auf der Giudecca, einer langgestreckten Insel, und hat keinen festen Gondelhalteplatz. Als ich nun nach kurzer Zeit die Kirche wieder verließ, fand ich keine Gondel vor. Den einzigen im Augenblick gegenwärtigen Menschen, einen Schiffsknecht, bat ich vergebens, mich nach San Giorgio überzusetzen. Das nächste Omnibusschiff sollte erst in einer Stunde kommen, und ich wurde am Markusplatz von Freunden erwartet. Da fuhr in der Nähe das Segelboot eines Fischers vorüber und nahm mich auf mein flehentliches Anrufen auf. So kam ich wenigstens einmal dazu, eine Strecke auf einem solchen Boot zu fahren, mit deren Besitzern ich in Malamocco und Chioggia manchmal geplaudert hatte und deren malerische Erscheinung am Horizont des offenen Meeres mich vom Lido aus, wo ich täglich badete, so oft erfreut hatte. Das schwere Boot mit dem braunroten Segel glitt rasch über die Lagune hin, die in opalartig mildem Glanze leuchtete, von perlmutternen Schillerfarben überflogen, und ich erreichte Venedig schneller, als ich gehofft hatte. Unterwegs verzehrte ich eine Handvoll frische Austern, die mir der Fischer aus seinem Korbe anbot, und die, vom herben Meerwasser gewürzt, mir köstlich mundeten. Es gelingt mir nicht, das zu schildern, was diese morgendliche Bootfahrt mir lieb und wertvoll macht, – ich erinnere mich ihrer als eines unschätzbaren Genusses. Wer die Lagune kennt, wie sie an sonnigen Tagen ist, wird mich verstehen: das vielfarbige Glänzen des ebenen Wassers, die gegen den tiefblauen Himmel traumhaft aufsteigende Stadt mit dem Dogenpalast im Vordergrund, der blendend leuchtende Globus der Dogana und dahinter die elegante Kuppel der Salute, dazu der herbe Duft des Wassers, der Glanz des roten Segels und das stille Kreuzen der größeren Schiffe – das alles ist von so berükkender Schönheit, daß man sich träumend glaubt und beständig fürchtet, das so unwirklich scheinende, auf dem Wasser stehende Bild der Wunderstadt möchte plötzlich wie das Irisspiel einer sonnigen Wolke verschwinden.

Auch an eine der in so vielen Liedern besungenen venezianischen Mondnächte kann ich nicht ohne Bewegung zurückdenken. Ich hatte mich stundenlang an einem klaren Maiabend auf der Piazzetta herumgetrieben; nun saß ich ausruhend am Fuß der Säule des heiligen Theodor, die stundenlang anhaltende Bläue des Nachthimmels und die Wechsel der Lichter und Schatten auf dem Wasserspiegel beschauend. Hinter den Inseln stieg, noch unsichtbar, der Mond herauf, so daß die Giebellinie der Giudecca scharf hervortrat. Die schöngeformte, tiefschwarze Silhouette von San Giorgio Maggiore stieg wie eine fabelhafte, unglaubliche Dekoration aus dem Wasser, die ganze Inselwelt hob sich vom Himmel ab mit einer traumhaft unplastischen Schönheit. Dazwischen lag das spiegelglatte, dunkle Wasser, abwechselnd in silbernen Kielfurchen und roten, zackigen Laternenlichtern flüchtig aufleuchtend. Diese ganze ungewisse, in halb sichtbarer Schönheit dämmernde Welt schien den Aufgang des Mondes wie eine erlösende Entzauberung zu erwarten. Die letzten Takte der Abendmusik klangen vom Markusplatz herüber, die helle Doppelfront des Dogenpalastes schimmerte matt, als hätte der zweifarbige Marmor etwas von der tagsüber eingesogenen Sonne bewahrt.

Da stieg hart neben dem Kampanile von San Giorgio der große, glänzende Mond herauf. Weiße Glanzlichter sprangen über Turm und Kirchendach. Die Lagune überzog sich mit einem schwebenden milden Licht, einzelne von Barken erregte kleine Wellen blitzten mit hastigem Glanze auf. Ich sprang in die nächste Gondel und rief dem herbeieilenden Gondoliere zu, mich langsam in den Canale grande hinein zu rudern. Jenseits der Salute, in der Lagune zwischen den Zattere und der Giudecca, schwamm eine Musikbarke, deren Töne stark gedämpft noch hörbar waren. Diese Geigen- und Gitarrenklänge und das weiche Mondlicht schienen lebendiger und wesenhafter zu sein als die stillen, hohen Paläste des Kanals, die schweigend, bleich und mondbeglänzt in der warmen Nacht lagen und deren feste Giebelkonturen in den schwerblauen Himmel zerflossen. An einem dieser Paläste waren drei Fenster erleuchtet, aus denen der Gesang einer schönen Frauenstimme drang. Ich ließ die Gondel halten und gab mich eine Weile dem Genuß dieses Gesanges hin, der sich mit Nacht und Mondlicht zu verschwistern und eigens dieser weichen, schönen Stunde anzugehören schien. Dann fuhr ich zur Piazzetta zurück und gab als nächstes Ziel San Giovanni e Paolo an. Die Gondel glitt durch stille, schlafende Kanäle, unter der Seufzerbrücke hindurch; die Rufe des Gondoliere, durch die an den Kanalbiegungen etwa entgegenkommende Gondeln zum Ausweichen aufgefordert werden, diese dem Fremden schwer verständlichen, halb gesungenen Rufe verklangen in die Totenstille der nächtlichen Gassen und Kanäle. Bei San Giovanni e Paolo stieg ich für einige Minuten ans Ufer. Die kleine Piazza war mondhell, die schöne Fassade der Scuola di San Marco glänzte auffallend hervor, das wundervolle Reiterstandbild des Colleoni stand ernst und wuchtig gegen den Himmel. Das gewaltige Denkmal des fünfzehnten Jahrhunderts steht mit seiner trotzigen Schönheit im wunderbaren Kontrast zum übrigen Venedig, dessen Schönheit durchaus weich und musikalisch ist, und dieser Kontrast fiel mir heute ganz besonders auf.

Von allen Städten, die ich in Italien besuchte, ist mit Ausnahme Ravennas Venedig diejenige, die am meisten zu traurigen Gedanken über den Untergang eines großen Ehemals reizt, dennoch ist sie reicher als jede andere an Schönheiten, die ihr durch die Jahrhunderte unverändert geblieben sind. Geblieben ist ihr der Zauber eines durchaus abgesonderten, eigentümlichen Lebens, der Glanz der Lagune, die Schönheit seiner Frauen und die ganze verlockende Poesie der Gondel. Auch fand ich nirgends sonst eine solche Einheit des heutigen Lebens mit dem Leben, das aus den Kunstwerken der goldenen Zeit Venedigs redet und in welchem Sonne und Meer wesentlicher sind als alle Historie.

(1901)

Venezianisches Notizbüchlein*

Oft mußte ich mich besinnen, ob es wohl unter denen, die Venedig nie gesehen haben, ernsthafte Verehrer der venezianischen Kunst geben könnte. Ich selbst war, bei aller Hochachtung, immer nur ein kühler Bewunderer gewesen. Ich hatte in Mailand und Florenz die prachtvollen venezianischen Bilder, namentlich die Tiziane der Uffizien, fleißig und pflichtgetreu betrachtet und hatte, mit Ausnahme der Porträts, vor keinem einzigen jenes süße, tiefe Gefühl der vollkommenen Bewunderung, das nur aus einem völligen Verstandenhaben erwächst. So empfand ich den bräunlich leuchtenden Ton und das märchenhafte Tiefblau der Hintergründe z. B. als etwas fremdartig Poetisches, dessen Herkunft weniger in der Natur als in der Verzückung des farbenbegeisterten Malers zu suchen sei. Und die reife, satte Schönheit Tizians schien mir, namentlich bei den Bildern der »Tribuna«, seelenlos und fast gemein neben der zarten, durchgeistigten Kunst der Toskaner.

Der Zufall fügte es, daß ich nach meiner Ankunft in Venedig mehrere Tage lang keine einzige Bildersammlung besuchte. Ich wollte die Augen ruhen lassen und war auch von Bologna her der Sammlungen zweiten Ranges müde, denn auf Florenz hin wirkt die Bologneser Pinakothek wie eine verdorbene Speise. Jene Tage nun verbummelte ich in den Gassen von Venedig, in den Kanälen, auf den Plätzen, auf der Lagune und ihren Inseln. Ich suchte Burano, Torcello, Lido, Chioggia auf – und auf diesen

---

* Von 1902 bis 1911 veröffentlichte Hesse in mehreren Tageszeitungen diese revidierten und (auch in den Datierungen) geringfügig stilisierten Passagen aus seinem Reisetagebuch von 1901. Der früheste bisher nachweisbare Abdruck erschien u.d.T. »Malerisches von den venetianischen Lagunen« in den »Münchner Neuesten Nachrichten« vom 20. 2. 1902. Diesem und dem letzten Zeitungsabdruck von 1911 stellte Hesse kurze Einführungstexte voran. Beide Einleitungen sollen nachfolgend gleichfalls überliefert werden.

sonnigen, heißen, müdemachenden Fahrten sog ich unbewußt die seltsame Schönheit der Lagune ein, den Duft des Wassers, den Reflex des Lichtes im Meer und die merkwürdig schillernde Farbigkeit des Lagunenspiegels. Und als ich nun endlich die Akademie und den Dogenpalast besuchte, war die venezianische Malerei mir plötzlich seltsam wohlbekannt und liebgeworden. Ich verstand plötzlich nicht nur das goldene Braun, die üppigen Lichtspiele und Farbenkombinationen, sondern auch die scheinbar seelenlose Gegenständlichkeit dieser schönen Menschen und Landschaften; – ich selbst hatte nun so zu sehen gelernt. Und nun erschloß sich mir von Tag zu Tag das Geheimnis dieser fremden Schönheit tiefer und völliger, ich liebte nun Venedig und lernte es kennen von der phantastisch malerischen Architektur seiner Paläste bis zum Leben der Gondoliere und Fischer und dem weichen Dialekt der Inseln. Allerdings lebte ich nicht wie ein Fremder, sondern aß, trank und bewegte mich nach den Sitten des Ortes, saß des Nachts auf den Treppenstufen der Piazzetta und lag des Tags in den Barken der Austernfischer und lebte von Fischen und Früchten. Freilich, wie hätte ich sonst auch mit dem schmalen Restchen meines Reisegeldes wochenlang in dem teuren Venedig leben können?

Ach, ich besitze aus jener Zeit einen Schatz von tiefen, intimen Erinnerungen – an das langsame Eindringen in die seltsam prachtvolle, reiche Kultur Venedigs, an Kinderszenen aus den Inseldörfern, an Gespräche mit Menschen jeder Art, an die Mädchen der Riva und an Fahrten kreuz und quer durch Meer und Lagune, Fahrten am heißen Mittag und in der bläulich leuchtenden Nacht unter verstürmten Wolken und unter klar gestirnten Himmeln! Doch von alledem ein andermal! Ich will heute nichts weitergeben als einen wörtlichen Auszug der Stellen meines Notizbuches, die sich auf die malerischen Qualitäten der Lagune beziehen. Diese Notizen haben nichts mit Geschmack und Ansichten zu tun, sondern sind lediglich eine Sammlung von schlichten Beobachtungen, die vielleicht einem Naturfreunde von Interesse sein werden.

Indem ich mein venezianisches Tagebuch den Lesern übergebe, möchte ich gerne einen Gruß und ein Wort der Verständigung mitgeben.

Mein Büchlein ist keine Reisebeschreibung, auch kein Gedicht.

Es will nichts als die Stimmungen eines Wanderers und Einsamen in wahre Worte fassen, ein Stück Leben und Seele schenken und ein Gruß an meine unbekannten heimatlosen Brüder sein. Dennoch glaube ich, daß die Freunde der schönen stillen Wasserstadt durch meine Worte oft den Laut der Gondelruderer und den leisen Rhythmus der Wellen hindurchhören werden, die an die Treppen der Piazzetta, an die Treppen von San Giorgio maggiore, der Salute und an die müden Gondelpfeiler der Paläste des großen Kanals schlagen. Und ich wünsche, es möchte in meinen Worten etwas von dem Hauch der wunderbaren Stadt und ihrer farbig reifen Kultur geblieben sein. Ich wünsche mir einen Leser, den mein Buch auf heißen nachmittägigen Lagunenfahrten und auf morgendlichen Strandgängen am Lido begleiten darf.

(Einführende Worte zum Erstdruck von 1902)

Lagunenstudien

Es sind jetzt zehn Jahre her, seit ich das erstemal in Venedig war. Es war meine erste italienische Reise, auf die ich mich lange gefreut und auf die ich lange gespart hatte. Zuerst war ich über Mailand nach Florenz gefahren, hatte ein paar Wochen in der Toskana zugebracht, Bologna und Ravenna besucht und war nun nach einem kurzen Aufenthalt in Padua nach Venedig gekommen.

Damals führte ich auf allen Reisen kleine Notizbücher bei mir, in die ich fast jeden Abend Einträge zu machen pflegte und in denen ich mir einen Nachglanz solcher Reisezeiten in die Heimat mitzunehmen hoffte. Die beiden kleinen wachstuchenen Notizbüchlein jener ersten Venedigreise halte ich nun in Händen, da ich eben wieder auf einer Italienfahrt begriffen bin, und erinnere mich mit wunderlichen Gefühlen jener Zeit und jener Reisen. Wie schmal ging es da zu, wie abhängig war ich vom Soldo, wie ängstlich rechnete ich den Rest meiner italienischen Tage mir oft am Rest meiner kleinen Barschaft vor! Aber es ging doch immer noch eine Woche, und je sparsamer ich lebte, desto vergnügter war ich eigentlich, da ich dabei Venedig weit besser kennenlernte als die wohlsituierten Gondelfahrer.

Beinahe noch mehr als die rätselhafte Stadt reizte und beschäftigte mich damals die Lagune, das geheimnisvolle, stille Wasser, auf dem die Stadt und die Inseln schwimmen, und in meinen Heften finde ich darüber ein paar Seiten mit Beobachtungen, die mich lebhaft an die Entdeckungslust jener Reise und an die täglich neue Erlebensgier und Empfänglichkeit jener Jugendjahre mahnen. *(Einführende Worte zum Nachdruck von 1911)*

Venezianisches Notizbüchlein

17. April. [1901] – Seit einigen Wochen hatte das Heimweh nach Venedig mich geplagt. Sooft ich an Venedig dachte, war es wie ein mildes, warmes Lied, wie die Verheißung einer Liebesnacht, wie ein tiefer Klang voll schwelgerischer Schönheit und leiser, zart genossener Melancholie. Ich schloß dann die Augen und sah schwebend wie helle Schatten die Fassaden des großen Kanals, die stillen, schlanken Frauen mit schwarzen Schultertüchern und schwarzen Haarknoten, die nächtlichen Plätze und Promenaden und die mondversilberte Giebelkette von San Giorgio und der Giudecca.

Durch mein schmales Fenster dringt der Duft des Wassers und feuchter Steine. Ich kann von hier aus von der Stadt nichts sehen als ein Stück Kanal, zwanzig Fuß lang und sieben Fuß breit, hohe Häusermauern mit toten, unregelmäßig verteilten Fenstern, darüber zwei Schornsteine und einen schmalen, süßen Streifen Himmelsbläue.

Ich liege im Fenster und atme voll und tief, höre das leise Gleiten einer unsichtbaren Frachtbarke und das leise Plaudern von zwei unsichtbaren Ruderern, und sehe den schmalen, lichten Himmel über den harten Umrissen der flachen Dächer glänzen. Auf diese Stunde habe ich wochenlang gewartet, auf diese Stille zwischen Stein und Wasser, auf diese milde, satte Luft, auf dieses milde, schüchterne Heimatgefühl der Weltferne und des Ausruhens. Das ist Venedig!

Der schmale Kanal und diese schweigenden Häuser sind mir wohlbekannt; nicht weit von hier war das letztemal meine Wohnung. Mit 30 Schritten erreiche ich Santa Maria Zobenigo, und von dort ist alles nahe, was die Piazza und der große Kanal Ehrwürdiges und Schönes hat. Täglich viele Male werde ich nun über die kleine, weiße Brücke und durch die enge, dämmernde Winkelgasse schreiten und jedesmal an jener Ecke fröhlich zaudern, an der ein einziger Schritt mich noch vom großen Venedig trennt. Und ich werde immer wieder aus dem großen, glänzenden Venedig in diese dunkelnde Gasse und in die schweigenden Höfe und Hinterhäuser von Fenice zurückkehren, wohin das Geschrei der Märkte und das Rotwelsch der Fremden nicht mehr reicht.

20. April. – Nun bin ich hier wieder ganz zu Hause. Gestern besuchte ich Murano, Lido und die östlichen Stadtteile und heute bin ich zum erstenmal wieder ganz bei der Lagune zu Gast. Den Vormittag verbrachte ich mit Schiffsleuten in Malamocco, jetzt liege ich in der Nähe von Murano in der Barke eines Austernfischers.

Über die Blätter meines Notizbüchleins leuchtet die reine Sonne. Rechts von uns in geringer Entfernung steht die kahle Mauer der Gräberinsel aus dem blaßgrünen Wasser, links glüht eine schmale Schlammbank in rotbraunem Schimmer. Warm und köstlich liegt die Sonne des Nachmittags auf dem Wasser, auf meinen Händen und auf meinem nackten Rücken, der noch weiß und bleich vom deutschen Winter ist. Mein Freund aus Murano, der Fischer, steht mitten in der Schlammbank, bis an die Knie eingesunken. Ein seltsamer und gespenstiger Anblick, ein Mann inmitten der weiten Lagunen watend, wenige Schritte von der Kurslinie der Dampfschiffe entfernt. Zuweilen kommt er herüber oder ruft mir zu, ihm nachzurudern, und wirft ein paar Hände voll kleiner Beute in die Barke, auf deren nassem Boden die fidelen Krabben und Taschenkrebse umherhasten. Manchmal, wenn die Sonne mir so warm und mächtig über den trägen Rücken glüht, erfaßt mich plötzlich eine Lust, laut hinauszujubeln, zu lachen, zu singen. Gott sei Dank, endlich wieder Luft, Freiheit, Sonne und weiter Horizont! Ich fühle wieder mit allen Sinnen, daß ich noch jung bin und Kräfte habe, die schöne Welt zu genießen und liebzuhaben.

Langsam dreht sich meine Barke um die Ränder der Schlammbank, deren dichte, braune Wasserpflanzen sich wirr verästeln und verstricken und den Blick in die schwärzlich-dämmernde Tiefe ziehen. Meine Gedanken gehen, ohne daß ich es will, nach

Deutschland zurück, sehen verlassene Städte und Menschen geisterhaft und blaß in weiter Ferne stehen und wundern sich, wie wenig Schmerz die schnelle Trennung weckte. Sie sehen auch die schöne, blonde Frau, um die ich so lange litt, und die guten Freunde und den ganzen heimischen Kreis von Arbeit, Sehnsucht und Sorge. Und der Schattenkreis verwirrt sich mit den braunen Schlingpflanzen und strebt dunkel und lautlos in die schwärzlich dämmernde Tiefe.

»Links! Noch mehr links! Hierher!« ruft der Fischer herüber. Mit dem Geräusch des schweren Ruders und dem jähen Geleucht des aufgewühlten Wassers rinnen Schatten und Gedanken in die große Flut von Sonne, Seeduft, Gegenwart und Vergessenheit hinüber, auf der ich mit fröhlichem Erstaunen einem hellen Kranz von unbekannten, neuen, glänzenden Tagen entgegentreibe.

Und nun rudern wir nach Murano zurück, ich bewirte den Fischer mit Kaffee und begleite ihn zu seiner Wohnung. Sie liegt bei Sankt Peter, nahe dem ältesten Hause von Murano. Mein Freund machte mich darauf aufmerksam, daß es »sehr alt« sei und erstaunte ungläubig, als ich ihm sagte, es sei tausendjährig und älter als Paläste von Venedig. Zum Abschied versprach er mir, mich nächstens mit seinem Freunde Pietro bekannt zu machen, der als Glasbläser bei Testolini arbeitet und in seiner Jugend Wien und Dresden gesehen hat. Bei seiner Erzählung empfand ich eine Art von Ehrfurcht für diesen Pietro, welcher – vielleicht unbewußt – Erbe von uralten Traditionen ist und einer seit Jahrhunderten weltberühmten Zunft angehört.

Dann die Rückfahrt im Omnibusdampfer nach Venedig. Die Stadt lag blaß wie eine Silhouette aus transparentem Stoff gegen den gelbroten Abendhimmel. Murano verschwand leise in der kühlen Dämmerung, und der Anblick beschwor in mir das sehnliche Gedächtnis jener Glanzzeit, da die Rosengärten dieser Insel alle frohen Geister der üppigen Stadt beherbergten und da der geistreiche Bembo*, der gütige Trifone Gabriele**, der bissig-

---

* Pietro Bembo (1470-1547), in Venedig gebürtiger Dichter und Humanist.
** Trifone Gabriele (1470-1549), venezianischer Schriftsteller und Gelehrter, bekannt durch seine Kommentare zu Petrarcas Schriften und zu Dantes »Göttlicher Komödie«.

witzige Aretino* sich hier im Schatten von Zedern und Lorbeer-
bäumen unterhielten, von denen kein einziger übriggeblieben
ist. Ich sah den Aretino vor mir, wie Tizian ihn gemalt hat, rüstig,
bärtig, hochmütig und rätselhaft, und hinter ihm die blanke Seefläche und den unbegrenzten Horizont mit der golden dämmernden Lagunenluft. Es gibt über jene Gärten von Murano ein
lateinisches Gedicht aus damaliger Zeit, dessen Verfasser ich vergessen habe. Farbiger und schöner müßte das Gedicht eines
Heutigen über diese Gärten sein, denn alles Gewesene, unwiederbringlich Untergegangene glänzt goldener in den Versen der
Dichter als die herrlichste Gegenwart. Wieviel lateinische Hexa-
meter und griechische Oden, wieviel flotte, galante Novellen in
der Sprache des Boccaccio und kecke, glatte Fazetien im venezianischen Dialekt haben jene Zedern und Lorbeeren gehört!
Und Edeldamen aus den gotischen Palästen des Canale grande
haben jenen Unterhaltungen beigewohnt, oder schöne und be-
günstigte Buhlerinnen und Musikantinnen wie jene zarte, träumerische Blonde, die auf Bonifazios Bilde sich so duftig und
kindlich über die elegant geformte Laute bückt. Ihre Kostüme
glänzten von heimischer Seide, von Filigran und Brokatstoffen
aus Byzanz, und auf den polierten Tischen schimmerte gelber
griechischer Wein in schlanken, geschliffenen Karaffen.

22. April. – Ich hörte manchmal sagen, jene berühmten, schönen
Damen der Renaissance hätten sich nur selten die Hände gewaschen. Zwar gibt es Nachrichten, die wenigstens für Venedig
das Gegenteil zu beweisen scheinen; dennoch lasse ich die Historiker gern recht haben. Denn die schönen Frauen und Mädchen des heutigen Venedig haben ja auch niemals gewaschene
Hände und sind doch hübsch genug. Ich betrachtete sie heute
wieder, wie sie über die Riva promenierten mit ihrem weichen,
lässig koketten Feierabendschritt, den man in keiner anderen
Stadt so wieder sieht. Von den Ärmeren tragen manche grüne
Röcke und rote Blusen, moosgrün und kirschrot, eine kräftig
schöne Kombination, die schon Palma Vecchio** gern hatte.

---

* Pietro Aretino (1492-1556), satirischer Schriftsteller lebendiger Sitten-
  gemälde, der die letzten 30 Jahre seines Lebens in Venedig verbrachte.
** Palma Vecchio (1480-1528), venezianischer Maler, Schüler von Giovanni Bellini.

Unterwegs kaufte ich mir für 10 Soldi Brot, Käse und Orangen, um zu Hause zu essen. Dort lag ich dann den ganzen Abend im Fenster, über dem schweigenden, schwarzen Wasser, bis vom schmalen, bläulich schwarzen Himmelsstreifen zwischen den hohen Dächern die lichten Sterne wie goldene Tropfen hervorquollen. Und sonderbar, beim Anblick dieser Sterne überkam mich das alte Leid, daß ich an den Blumengarten meines Vaters denken mußte, an Heimat und Kindheit und an meine Mutter. Ich träumte lange von ihr und vom Garten mit den sommerlichen, bunten Beeten und Rabatten und wurde erst vom Ruf eines späten Gondoliere erweckt, dessen Fahrzeug den stillen, nächtlichen Kanal mit müdem Plätschern durchschnitt.

24. April. – Gestern war ein scharfer Abend. Ich sitze gegen 6 Uhr auf den Treppenstufen der Loggetta, locke eine vereinsamte Taube mit Brosamen und fühle mich merkwürdig lustig gestimmt. Kommt ein junger Herr im Touristenanzug, Operngukker am Riemen, Schirmstock unter dem Arm, Reisebuch in der Hand, und umkreist mich eine Weile mit verdächtigem Seitenblick. Ich hatte die Situation bald begriffen, darum stand ich auf und wollte fortgehen. Da trat er eilig heran und zog den Hut.
»Entschuldigen Sie gütigst.«
»Ja?«
»Also doch! Ich sah Sie gleich für einen Landsmann an.«
»So. Was wünschen Sie denn?«
Und nun die alte Leier! Er kann »nicht gut« Italienisch. Er fragt, ob die Kirche San Giorgio Maggiore noch offen sei. Er hat vom Gondoliere ein paar Francs falsches Geld erhalten. Übrigens heiße er Karl Schneider und wolle, wenn ich erlaube, noch seine Freunde herbeiholen, die drüben im Palasthof warten. Meinetwegen.
Nun kommen sie alle drei. Ich erkläre ihnen, es sei längst zu spät für San Giorgio, dagegen esse man nicht weit von hier im Cavaletto vorzüglich zu Abend und wir könnten ja ihre falschen Frankenstücke fröhlich miteinander vertun.
Also ins Cavaletto. Wir essen Bohnensuppe und gebratenen Thunfisch und trinken Chianti. Man vermutet, ich sei Kunsthistoriker. Oder Maler?
»Beides ein wenig.«

Um 10 Uhr wird das Wirtshaus geschlossen. Wir nehmen einen Korb voll Weinflaschen in der Gondel mit und zechen, teils im Freien, teils in meiner Bude, weiter. Gegen 11 Uhr wird das Gespräch tiefsinnig und pathetisch – venezianischer Madonnentypus, Kultur der Renaissance, Nietzsche, Jacob Burckhardt, Ruskin.

Die Kerle soffen den Asti wie Bier hinunter, und um Mitternacht mußte ich sie an die Luft setzen. Ich wäre ums Haar zum Schluß noch grob geworden, so schämte ich mich für die drei germanischen Jünglinge, die bezecht und lärmend durch die schönen nächtlichen Gassen Venedigs nach ihrem Hotel stolperten.

25. April. – Ich habe die schnöden Erinnerungen abgeschüttelt. Heute liegt ein zart blaßblauer, streifig gewölkter Himmel von delikatester Stimmung über der Stadt. Da gegen Mittag der hohe Himmel dunstfrei und das Sonnenlicht von klarster Reinheit war, bestieg ich den Turm von San Giorgio Maggiore, um die Lagune zu sehen.

Ich fand heute die fernen Schlammbänke von einem sehr tiefen Rotbraun, die westlichen Wasser stahlblau mit rötlichem Anhauch, den Kanal gegen Fusina perlartig matt schillernd. Auf diesem wunderbaren Stück Wasser kann man fabelhaftere und reichere Tönungen, Übergänge und Auflösungen irisierender Farbenflächen studieren als in einer Glasbläserei. Einen Augenblick glaubte ich denn auch die Idee, die eigentümliche venezianische Glaskunst müsse sich teilweise aus dem Einfluß der Lagune herleiten lassen (wie die Malerei). Es war eine Täuschung, doch mag man immerhin auch hierin ein vornehmes Beispiel der Verklärung des Natürlichen ins Kulturschöne sehen und sich daran freuen, wie die plastisch und zeichnerisch so schwach veranlagten Venezianer sich dieser aparten Kunst bemächtigten und wie selten sie dabei das Material mißverstanden oder vergewaltigten.

Dabei fiel ich wieder in Gedanken über das merkwürdig schöne, wunderliche Wesen der Venezianer und ihrer Kultur. Ein starkes, rauhes, doch großenteils edelgeborenes Völkchen, durch dunkle Jahrhunderte wachsend und langsam siegend, bis im dreizehnten Jahrhundert die Dandolo, Viario, Sanuto, Ghisi, Giustiniani, wohlhabende Edle eines mäßigen Staates, zu Eroberern, Fürsten und Mächtigen werden. Dann das rasche Steigen zur Weltmacht und zur Heimat der klügsten und fruchtbarsten Politik Europas, zugleich die Entfaltung eines reichen, bedürfnisvollen, schließlich luxuriösen und raffinierten Privat- und öffentlichen Lebens. Und dann das langsame Sinken von Unglück zu Unglück bis zur wenig bedeutenden, mäßigen Hafenstadt. Als Resultat der Jahrhunderte nun das heutige Venedig und sein Volk, unbewußte, halbbewußte Träger maßloser Erinnerungen, dem Augenblick ergeben, liebenswürdig, oberflächlich musikalisch – und doch in diesem machtlosen und wenig stolzen Volk ein verborgener Blitz von Überlegenheit und Hoheit, der zuweilen heraufklingende Zauber einer unvergleichlichen lokalen Tradition.

In Dialekt und Gebaren dieser Menschen im Vergleich mit denen des Festlandes empfindet man heute noch jenes Charakteristische, das schon die Kunst der Muranesen von der Kunst der Festländer unterschied. Man bewundert und bedauert diese in ewigem Untergang begriffene Eigenart doppelt, da man deutlich fühlt, wie in der Absonderung, in der eigenmächtigen Trennung vom Festland der Kern ihrer Macht und Schönheit lag und wie mit dem Untergang der Selbstherrschaft die Möglichkeit zu neuen Bildungen erstarb. Wie stark diese Möglichkeit noch war, wissen wir freilich nicht, und die Geschichte hat schließlich immer recht. Und die Geschichte Venedigs speziell ist äußerst reich an wirklich typischen Kombinationen der privaten und politischen Schicksale, wie denn überhaupt in dem scharf begrenzten, kaum erweiterungsfähigen, verhältnismäßig engen Sitz dieser Weltmacht die drei wichtigsten Jahrhunderte fast wie eine Weltgeschichte im Extrakt erscheinen und voll von Beispielen des »Folgerichtigen im Wunderbaren« sind. Erst kürzlich plauderte ich mit einem deutschen Historiker über venezianische Familiengeschichte, wobei wir uns besonders jener Giustiniani erinnerten, deren ganzer Stamm vor Byzanz zugrunde gegangen schien, als man noch einen sechzehnjährigen Niccolò Giustiniani auffand. Er war in ein Kloster gesteckt worden, und mußte nun auf Befehl des Papstes, der Gelübde entbunden, die Tochter des damaligen Dogen heiraten. Zwei seiner Söhne vermählten sich, der eine mit einer della Scala, der andre mit einer Tochter des Hauses d'Este, und brachten das Geschlecht wieder zu Kraft und Zahl. Dabei war dieser dem Kloster entnommene Niccolò durchaus kein Held, sondern erlangte den Ruhm eines Heiligen, den er im Alter genoß, durch echt klösterliche Eigenschaften, und bereute den vom Papst befohlenen Bruch der Gelübde in Sack und Asche wie eine schwere Schuld. Und die milde, liebenswerte, aber schwächliche und unbedeutende Person dieses Niccolò war die einzige, zerbrechliche Brücke zwischen dem alten Geschlecht und den spätern Giustiniani, deren reiche Familie durch die Jahrhunderte herab bis in unsre Zeiten kam und die Stadt mit vier Palästen geschmückt hat!

26. April. – In einer Antiquarbude nah beim Rialto fand und kaufte ich einen Schmöker »Curieuse und vollständige Reisebeschreibung von gantz Italien, Freyburg 1701«. Der anonyme Verfasser schreibt mit aller Altklugheit und Impertinenz eines damaligen vornehmen Deutschen, dennoch gibt er zum Schluß einer Beschreibung der Piazza zu: »Wenn man dieses alles zusammen betrachtet, giebt es ein schönes Ansehen, und kann vor ein gar herrliches Werck angemerckt werden«. Übrigens unterlag auch er dem verblüffenden, fast verletzenden ersten Eindruck des Campanile und nennt ihn häßlich.

Vor Mittag war ich noch eine Stunde in San Marco. Mit den Mosaiken bin ich nun nahezu versöhnt, da mir immer mehr einleuchtet, wie glücklich es für die Kunst Venedigs war, daß sie die Mosaiktechnik erst in später und korrumpierter Form überkam. Nun wurde zwar noch Kraft und Talent genug an die verlorene Sache vergeudet, aber die stärkeren Talente entzogen sich doch bald der undankbaren Arbeit und dem hemmenden Einfluß. Außer den beiden frühesten Zyklen in der Vorhalle und außer dem Dom von Torcello sind Venedigs Mosaiken minderwertig, ohne Seele und ohne Verständnis für den guten Mosaikstil gemacht, zum Teil auch leichtfertig gearbeitet. Wer in Ravenna den unbeschreiblichen Anblick der älteren Mosaiken genoß, deren großartig schlichte, herbe Sprache so deutlich und gewaltig zu Herzen geht, dem ist in San Marco nie recht heimisch zumute. Dagegen ist es anziehend zu verfolgen, wie rasch und folgerichtig der rein malerische venezianische Geist diese Technik vollends auflöste und die morsch gewordenen Schranken des sterbenden Spätstils dann endgültig durchbrach.

28. April. – Venedig ist nur halb italienisch. Man muß mit den Fischern der Inseln verkehren und die Mädchen von Cannaregio abends ihre Lieder im Dialekt singen hören, um unwiderleglich von der Eigenart dieses Wesens überzeugt zu werden. Dann empfindet man die Abgeschlossenheit der Inselstadt und fühlt, wie der Schwerpunkt ihrer Entwicklung gegen das Meer, gegen Osten neigte.

30. April. – Gestern ein Abend voll Eichendorff-Melodie. Eine Frühlingsmondnacht, warm und hell. Über der scharfen Silhouette der Giudecca hing still und rein der Mond. Unregelmäßige, mild leuchtende, silberne Lichter umglänzten jeden Ruderschlag. Weit hinten bei der Zattere fuhr ein Festschiff und ließ zuweilen Takte einer flott gestrichenen Geigenmusik herüberflattern. Ich fuhr allein in einer Gondel vom Rialto her, der Große Kanal war still und dunkel, darüber glänzte an der Kuppel der Salute das Mondlicht. Sogar der Gondoliere, der sonst weder sentimental noch gesprächig war, empfand die besondere Schönheit dieses Abends und winkte mir zu: »Che bella serata!« Auf der vom Mond beglänzten linken Kanalseite standen blaß und schweigend die Paläste, die gotischen Palazzi Bembo, Dandolo, Cavallini, Falier, Barbaro, Contarini-Fasan, dazwischen die massigen Renaissancebauten Cornier dell Cà Grande, Grimani und Manin. Langsam und still entzückt fuhr ich durch die »schönste Straße der Welt«. Namentlich bezauberte mich wieder der Anblick der zierlichen, elegant phantastischen gotischen Fassaden, die mit ihren duftigen, weißen Galerien schlank und blendend aus der dunklen Umgebung vorleuchten.

Plötzlich hörte mein Gondoliere ohne Befehl zu rudern auf und reckte seinen alten, klugen Kopf mit dem scharfen Habichtsprofil in die Luft. Eben wollte ich ihm zurufen und ihn weitertreiben, da hörte auch ich den Laut, der ihn angezogen hatte. Aus einem matt erleuchteten offenen Fenster des kleinen Palazzo, vor dem wir eben lagen, klang Gitarrespiel. Es klang probend, spielerisch, präludierend, und in dem Augenblick, da wir Halt machten, verstummte es und statt seiner drang ein Lied in die Nacht zu uns stillen Horchern heraus. Ein altes, schlichtes Lied, dessen Text ich nicht verstehen konnte, von einer tiefen, süßen Frauenstimme gesungen, flutete mit weichem Wohllaut durch die milde Luft und über den dunklen, toten Kanal. Wir hielten uns beide regungslos still und horchten beglückt und hingerissen auf den wundervollen Gesang. Eine fremde Gondel kam leise näher und dann noch eine und warteten lauschend das Ende des Liedes ab. Und während im Banne der schönen Frauenstimme die drei schlanken Gondeln auf dem beschatteten Wasser stillestanden, dachte ich an die Sage von dem griechischen Sänger, dessen Liedern die Menschen, Tiere und leblosen Dinge gehorchten und nachfolgten. Und ich freute mich, in diesem Lied, das vielleicht so alt oder älter als mancher von den Palästen war, die ewige Jugend der Kunst und den Sieg der Schönheit zu vernehmen und mitzufeiern ...

3. Mai. – Mittags nach 12 Uhr; ich bin auf der Höhe des Turmes von San Giorgio Maggiore. Der Horizont des Meeres ist dunstig unklar, alle Nähen aber in Farbe und Umriß rein und scharf. Zum erstenmal fällt mir die schwache Spiegelung der Lagune auf, die ich vom niederen Ufer aus noch betrachten muß. Ganz nahe, bei San Redentore, liegt ein kleines Schiff, frisch mit Zinnober gestrichen und im lichtesten Sonnenlicht. Dennoch ist das Spiegelbild des Schiffes in der blanken, regungslosen Wasserfläche nur als unfester rötlicher Fleck zu erkennen. Die Farbe ist im Spiegel merkwürdig verblaßt und hat eine köstlich delikate Nuance angenommen. Ich habe den Eindruck, als widerstrebe das Wasser dem sich aufdrängenden farbigen Objekt und sei für sehr lichte Farben, namentlich weiß, relativ am empfänglichsten.
Seit vorgestern bade ich jeden Nachmittag am Lido. Ich gehe nicht abends, sondern in den heißesten Stunden, da ich mich nachgerade meiner weißen Haut schäme. Sie beginnt nun auch schon lichtbraun zu werden. Am Lido fesselt mich auch jedesmal das Adriatische Meer, der Seehorizont und das Wellenspiel. Es ist ein im ganzen unwirtliches Meer und seine nordwestliche Küste ist nicht von besonderer Schönheit. Aber jenseits liegen Griechenland und Byzanz, über diesem Wasser spielte die wichtigste Geschichte Venedigs, dessen Name »Herrscherin der Adria« keine Phrase ist, sondern die Schöpferin und Trägerin eines eigenartigen, west-östlichen Geistes gut bezeichnet. Das eigentliche Wunder dieser merkwürdigen kleinen Welt aber ist

doch nicht das Meer, sondern die Lagune, diese stille, durch einen langgestreckten Inselkranz vom Meer getrennte See, mit welcher die Stadt Venedig allmählich zu einem organischen Zusammenhang verwuchs, wie ihn keine andere Stadt mit ihrer natürlichen Umgebung hat. Wie muß man das historische Florenz oder Rom sich aus dem modernen Stadtbild mühsam herausschälen! In Venedig waren keine Hügel, Fluren, Gärten zu überbauen, seine unüberwindliche Grenze und Mauer war das ewige Element. Darum gibt es eigentlich ein »modernes Venedig« nicht. Die Stadt, die hier im Wasser liegt, ist noch das alte Venedig, das nicht jünger, sondern älter geworden ist. Hier gibt es keine Straßen mit beleidigend geschmacklosen neuzeitlichen Fassadenreihen. Wo es an Raum fehlte, wurden Stockwerke aufgebaut, aber es fehlte, mit Ausnahme des Ghetto, selten an Raum, und heute weniger als je. So ist das heutige Leben gezwungen, sich in jahrhundertalten Gassen und Häusern, Plätzen, Kirchen, Märkten und Kanälen zu bewegen, das Alte ragt sichtbar ins moderne tägliche Dasein herein und gewährt ihm den blassen, delikaten Schimmer der Tradition und der alten Erinnerungen. Selbst neue, durchaus moderne Hotels, Büros und Geschäftsräume nahmen in den Mauern von Palästen des fünfzehnten und sechzehnten Jahrhunderts Platz. Man ist hier nicht fürs Einreißen und Neubauen, sondern respektiert unbewußt das Alte, dessen Überlegenheit man fühlt.

4. Mai. – Es ist im Laufe der Zeiten viel Köstliches verlorengegangen, namentlich an Fresken; dafür nahmen die alten Fassaden, von der Sonne gebleicht und vom Wasserdunst angegriffen, allmählich hellbräunliche Wetterfarben an und scheinen, wo sie unberührt geblieben sind, fast aus dem Wasser gewachsen zu sein, so zart und innig sind ihre Farben zu Wasser und Himmel gestimmt. Dennoch empfindet man den Untergang vieles Schönen zuweilen schmerzlich, und nicht nur am Fondaca dei Tedeschi. Heute zum Beispiel stand ich am Kreuzgang von Santo Stefano und sah mit Trauer das kahle Wändeviereck an, das ehemals mit Fresken von Pordenone bedeckt war. Und so wunderlich ist der Mensch, daß er sich solche gänzlich untergegangenen Kunstwerke unwillkürlich ganz besonders schön und reich und farbig vorstellt.

Der Kreuzgang von Santo Stefano

Ein Wändeviereck blaß, vergilbt und alt,
Ehmals von Pordenones Hand bemalt.

Die Bilder fraß die Zeit. Du siehest nur
Mit schwachem Umriß hier und dort die Spur

Verwaschner Fresken noch: ein Arm, ein Fuß –
Vergangener Schönheit geisterhafter Gruß.

Ein Kind mit Augen auf, die lustig lachen
Und den Beschauer seltsam traurig machen.

6. Mai. – Heute ist mir das süßeste und lieblichste Wunder begegnet. Ich sah jene entzückende Blonde, die Bonifazio vor 400 Jahren als Lautenspielerin gemalt hat. Sie stand an einer Kanaltreppe nicht weit von Colleoni und schien ungeduldig zu warten. Ich konnte nicht widerstehen, ich mußte Halt machen und sie anreden. Es zeigte sich, daß sie auf einen Gondoliere wartete, der ihr versprochen hatte, sie bis zum Canneregio mitzunehmen, nun aber ausgeblieben war. Sie ging nach einigem Zögern darauf ein, meine Gondel zu benützen und fuhr nun mit mir fast eine halbe Stunde weit, denn sie ist bei San Giobbe zu Hause. So hatte ich am hellen Tage ein schönes Mädchen mir gegenüber sitzen und kam mir auf der warmen, allzu raschen Fahrt wie verzaubert vor.
Sie war es vollkommen: der zarte Hals, das kindliche und träumerische Gesicht, die feinen Schultern, das schwere hochgebundene Blondhaar. Sie heißt Gina Salistri, ist armer Leute Kind und wohnt bei San Giobbe. Mehr erfuhr ich nicht. Auch nicht die genauere Bezeichnung ihres Hauses. In Wirklichkeit aber ist sie eine Traumschöpfung des Malers Bonifazio, nach 400 Jahren zu Leben und körperlichem Dasein erwacht. Ob ich sie je wiedersehen werde?
Den Abend verbummelte ich auf der Piazzetta mit dem lustigen Sohn meines Hauswirts, hütete mich aber, ihm von meiner Vision zu erzählen.

7. Mai. – Tintoretto soll seine Kollegen oft dadurch geärgert haben, daß er billiger als sie, gelegentlich sogar ohne Honorar Aufträge auf Bilder annahm. Schon dieser kleine Zug hat etwas Zweideutiges, er kann ebensogut edel wie schuftig sein. Und so ist der ganze Mann. Ich sah heute wieder in San Giorgio Maggiore seine Bilder an und schämte mich für den großen Könner, der solche Fabrikware machen konnte. Er hat Ähnlichkeit mit den Talenten von heute, die teils aus Not, teils aus schlechtem Instinkt sich aufs Produzieren im Großen legen und als Illustratoren, Journalisten usw. ihre Gaben vertrödeln. Tintorettos schlechtere Bilder tragen durchweg die Merkzeichen des zum Virtuosen herabgekommenen Genies.

8. Mai. – Ich muß gestehen, daß ich es in den letzten Tagen nicht unterlassen konnte, den Spuren der Bonifazio'schen Lautenschlägerin nachzugehen. Da ich keinen Gondoliere zu Hilfe nehmen wollte, war das Unternehmen nicht leicht und sah ziemlich hoffnungslos aus. Zunächst fand ich denn auch gar nichts. Da geschah es nun heute, daß ich ausnahmsweise morgens schon um halb sieben Uhr erwachte (für Venedig eine sehr frühe Stunde). Und während ich nachsann, wie ich die schöne Frühstunde wohl am besten anwende, erinnerte ich mich plötzlich, daß in San Giobbe um diese Zeit Messe gelesen wird, während die Kirche den ganzen übrigen Tag geschlossen bleibt. Rasch warf ich mich in die Kleider, benützte den nächsten Vaporetto* und kam bald an das schlichte alte Kirchlein. Die Messe war ausschließlich von Frauen besucht, armen Weibern und Töchtern aus dem Viertel der Gondoliere, Barkenführer, Lastträger, Austernfischer usw. Es war eine seltsam schöne Morgenstimmung in der Kirche, die weibliche Gemeinde sang das ora pro me jedesmal inbrünstig mit und unterbrach mit einer gewissen Leidenschaft den harten Priestergesang. Mehrere gute Altstimmen sangen eine Terz tiefer mit. Ich wollte den Gottesdienst nicht stören, auch als einziger Mann nicht die Aufmerksamkeit der Frauen erregen, deshalb kniete ich allein in der letzten Bank nieder und wohnte der ganzen Messe bei.
Als die Weiber am Weihwasserbecken vorbei aus der Kirche

---

* Dampffähre

gingen, stellte ich mich im Halbdunkel nahe dabei auf und musterte den kleinen Zug von meist alten, verblühten Gesichtern, da sah ich sie plötzlich, die Blonde, vorübergehen und durch das Tor verschwinden. Ich eilte ihr nach und ging an der Gruppe, in der sie sich befand, so vorüber, daß sie mich sehen mußte. Ich grüßte nicht, aber ich blickte ihr einen kurzen Augenblick ins Gesicht und sah, daß sie mich erkannte. Dann folgte ich ihr von weitem und merkte mir das Haus, in das sie trat.

Nun kehrte ich nach San Giobbe zurück, wo eben der Küster das Tor abschließen wollte. Ich gab ihm zwei Soldi und bat ihn, ein paar Minuten zu warten. Die Kirche enthält nichts, was Fremde anzieht, und wird, da sie nur frühmorgens geöffnet ist, sehr selten besucht. Wer aber auch für kleine Dinge ein Auge hat, sollte doch hingehen. Die hübsche Frührenaissance-Fassade mit dem vortrefflichen Portal sieht man ja von außen, aber auch innen findet man genug Schönes. Die florentinischen Tonreliefs der hübschen Seitenkapelle sind zwar nicht ersten Ranges, auch die »Anbetung der Hirten« von Savoldo in der andern Kapelle ist nicht von großer Wirkung, sondern kühl und hart. Ganz köstlich aber sind die Ornamente des Pietro Lombardo, Meisterwerke der Kleinkunst, voll von Grazie und Adel. Nur in der vom selben Lombardo erbauten Maria dei Miracoli findet man ähnlich Schönes wieder.

Der Fund und das Zusammentreffen mit dem schönen Mädchen hatten mich fröhlich gemacht. Nachdem ich einige Zeilen ins Notizbuch eingetragen und einen Blick in die schlecht beleuchtete Sakristei geworfen hatte, verließ ich die Kirche. Es war neun Uhr, ein glänzend heller Vormittag lag vor mir, und ich beschloß in dieser schönen Stunde, den großen Paolo Veronese zu besuchen, der trotz Tizian der eigentliche Maler Venedigs ist. Kurze Zeit war ich unschlüssig, ob ich den Dogenpalast oder San Sebastiano aufsuchen solle. Das letztere schien mir würdiger und schöner. Also nahm ich die nächste Gondel und fuhr durch die reine, morgendlich frische Lagunenluft dorthin. San Sebastiano, die Kirche des Paolo Veronese, liegt etwas abseits, unweit der Zattere, ein kleines prächtiges Kirchlein, das mehr als ein Dutzend Gemälde jenes fröhlichen Meisters besitzt, der bescheidene Raum glänzt von seinen reichen, festlichen Farben, und mitten zwischen seinen Bildern steht die Büste und die Grabtafel des

Malers mit der berühmten Inschrift. Ich betrachtete die Bilder wieder lang und mit Genuß, besonders die Madonna mit den vier Heiligen. *(1902)*

Venedig/Lyrisches Tagebuch

Welle

Von meiner Fackel rauhem Licht geweckt
Glänzt eine schmale Welle flüchtig her,
Schwillt purpurlodernd aus der Schwärze, leckt
Am Bug empor – erlischt – stirbt sanft im Meer.
Es war ein Augenblick. Mir aber drang
Ein Bilderschwall mit stürmisch jähem Glanz
Vors Auge: einer Siegesfeier Tanz,
Ein Seegefecht, ein Mord, ein blutig Haupt,
Ein trunkenes Volk in Glückesüberschwang,
Ein Königreich mit frechem Streich geraubt,
Ein kluger ränkevoller Rat, ein Meer
Von Blut, von Gold, von Freude, und ein Heer
Von ruhmbekränzten Seligen ... Und nun?
Es war ein Augenblick. Die Toten ruhn.
Die Gassen liegen schlafend in der Nacht
Zu schattenhafter Ewigkeit verdammt,
Und lang ist Kriegsgeschrei und Ruhm und Pracht
Spurlos wie meiner Fackel Rot verflammt.
Mitleidig malt im Weitergehn die Zeit
Den alten Marmorhof mit goldenem Braun
Und legt mit spöttischem Ernst den blassen Frau'n
In altehrwürdigen Faltenwurf das Kleid,
Ahmt der Ca'd'oro goldgeschmücktes Dach
Mit falbem Mondeslicht ironisch nach
Und stößt in unvergessener Helden Grab
Gleichgültig auch die Heutigen hinab.

Aufschreckend werd' im Dunkel ich gewahr
Ein still vorübertreibend Nachenpaar,
Im einem Nachen Sie, im andern Er,

Und mit verlorenem Flüsterklange zieht
Ein uralt venezianisches Liebeslied
Leis, leis gesungen flatternd hinterher.
Seltsame Stadt! Ihr Leuchten ist verloht,
Ihr Ruhm dahin, und doch ist sie nicht tot.
Sie birgt in Fall und Trümmern ewig fort
Des seligen Giorgione Liebeshort,
Die weiche Kunst des Werbens, den Genuß
Des kurzen Heute, der enteilenden Frist,
Des Meisterin sie war und heut noch ist.
– Du Schmeichlerin, es sei! um einen Kuß,
Um einer Locke Weh'n, ein Wort der Gunst
Treib ich das rasche Ruder durch die Nacht;
Der schönen Stunden Kreis sei hingebracht
Im Dienst der holdesten, der Liebeskunst.
Schlank streift mein Nachen den Kanal entlang
Der Riva näher, wo Guitarrenklang
Herüberlockt – nun heißt es, leis geschwommen.
Mein Boot knirscht an. Ihr Mädchen, seid willkommen!

Schönes Heute!

Morgen – was wird morgen sein?
Trauer, Sorge, wenig Freude,
Schweres Haupt, vergossener Wein –
Du sollst leben, schönes Heute!

Ob die Zeit im schnellen Flug
Wandelt ihren strengen Reigen,
Dieses Bechers voller Zug
Ist unwandelbar mein eigen.

Meiner losen Jugend Brand
Lodert hoch in diesen Tagen.
Tod, da hast du meine Hand,
Willst du mich zu zwingen wagen?

Regennacht

In mildem Takt ein leiser Tropfenfall,
Ein klirrend schwaches Tönen im Kanal,
Sonst nichts – sonst keiner Gondel rascher Kiel,
Kein Schritt, kein Wort, kein nächtlich Lautenspiel,
Kein Ruf, kein fernster Laut, kein Vogelschrei!
Mir ist in meinem kühlen Bett, ich sei
Fern, märchenfern an einer Insel Strand
Allein und abgetrennt von jedem Land,
Das Menschen trägt und Menschenlaute kennt.
Und Dunkelheit! Nicht Stern-, nicht Mondlicht trennt
Der Dächer Umriß in der schwarzen Welt
Die vor den Fenstern stumme Wache hält.
Wo bin ich doch? Vielleicht in einem Wald,
Wo jedes Blattes Fall im Moos verhallt.
Vielleicht gebannt in einem Märchenschloß
Wo ehmals Leben, Licht und Jugend sproß
Und nun um Schläfer ohne Lust noch Leid
Hinflutet Dunkel – Sage – Ewigkeit.
Vielleicht in eines Grabes engem Schacht,
Umhegt von Einsamkeit – Vergessen – Nacht.
Aus jener Welt, die ich vordem gekannt,
Wie kam ich doch in dieses stumme Land,
Das so geheimnisvoll und nachtbeschwert
Sich dehnt und jedes kleinsten Tons entbehrt?
Ich weiß nichts mehr davon. Allein ich weiß:
Nicht lang, so wird ein schmales Pförtlein gehn
Und eine schöne Frau verschämt und heiß
Im regenschweren Mantel bei mir stehn,
Und leise grüßen … Mit verschlafenem Ton
Knarrt eine Tür. Prinzessin, kommst du schon?

Sonntagabend

Verblutet ist der warme Tag,
Nun wacht Kanäle ab und auf
Guitarre, Lachen, Ruderschlag,

Gesang und Liebe auf.
Nun schrillt aus allen Booten
Der Flötenbläser Pfiff,
Vorüberfährt im roten
Laternenglanz das Sonntagsschiff.
Die Geigen werden schon gestimmt
Mit leisem Liebesstrich –
Nun komm, nun komm und küsse mich,
Eh' Fest und Lied ein Ende nimmt!
Die Stunden sind geschwinde
Und haben schnellen Schritt,
Sie flattern weg im Winde
Und nehmen Klang und Jugend mit;
Wir müssen frech sie fassen
Im Rausch der kurzen Nacht
Und nicht vom Herzen lassen,
Eh' sie uns beide müd gemacht.

Chioggia

Wetterbraune, dichtgedrängte Fassaden,
Marienbilder in verborgenen Nischen,
Wasserspiegel und rasche Gondeln dazwischen
Und breite Barken mit braunen Fischern beladen,
Überall aber, auf jeder bröckelnden Mauer,
In allen Gassen, auf Treppen und in Kanälen
Liegt eingeschlummert eine verzweifelte Trauer
Und will von vergangenen Jahren erzählen.
Leise geh ich und mit verborgenem Schrecken
Über die Fliesen – ängstlich, ich möchte sie wecken.
Wenn sie erwachte! Ich könnte nimmer entrinnen!
Eilend schreit ich vorbei und suche den Hafen,
Suche das Meer und ein nahes Schiff zu gewinnen.
Hinter mir zögern traurig die Gassen und schlafen.

Bonifazios Bild

Ich kenne eine, die dich wohl erreicht
An mildem Liebreiz, eine fremde Schöne,
Zart von Gestalt und Meisterin der Töne,
Die dir wie eine liebe Schwester gleicht.
Den Namen weiß ich leider nicht genau
Der schönen fremden dunkelblonden Frau ...
– Nun schmollst du schon! Doch diesmal ohne Grund.
Ich habe jener Dame schmalen Mund
Und weiße Hand im Leben nie berührt
Und nie ihr süßes Liebeslied gehört
Und niemals ihren sanften Blick gespürt,
Und dennoch hat ihr Zauber mich betört;
Ich liebte sie lang, eh ich dich gekannt
Und eh ich Rast in deiner Liebe fand.
Die schöne Frau ist manch Jahrhundert alt,
Ein Bonifazio hat sie einst gemalt;
Sie starb und ließ uns ihres Wesens Spur
In jenem schönen Meisterbilde nur.
Ihr Name ist verschollen. Nicht verscholl
Das Lied, das sie zur Liebeslaute sang
Und das betörend und geheimnisvoll
Seither unzählige Lauscher zart bezwang
Mit wunderlicher Jugendschwermut Reiz.
Es bebt darin die Ahnung voller Lust
Und Ahnung alles namenlosen Leids,
Es schlägt darin wie in belebter Brust
Ein wildes, dunkles, liebekrankes Herz
In unverstandener Fülle leisem Schmerz.
Nicht Wort noch Melodie des Liedes kennen
Wir heute mehr, das sie vor Zeiten sang,
Und dennoch lauschen wir und dennoch brennen
Die Herzen uns bei dem verlorenen Klang,
Den ungehört wir doch so wohl verstehen ...
Ich zeige dir das Bild, komm, laß uns gehen!

Hier! Eines Reichen Garten, lustbelebt.
Ein Bettler, der die dürftige Hand erhebt,

Ein Falkner mit dem Vogel auf der Faust,
Ein Reiter, der auf wildem Rosse braust,
Ein blanker Hof, den manche Säule ziert,
Ein Durchblick auf entfernter Hügel Zug,
Ein Laubengang, der endlos sich verliert
In Grün und Duft und fernen Wolkenflug.
Und nun inmitten dieser frohen Welt
Auf niederm Schemel eine Wohlgestalt,
Die schmeichlerisch mit heimlicher Gewalt
Den Blick bezaubert und gefangen hält,
Die Lautenspielerin! Mit feiner Hand
Hält sie der Mandoline Hals umspannt,
Die Rechte ist im Spielen weich gebogen,
Der Blick ist ohne Ziel, traumüberflogen.
Die zweite, ältere, schaut zu und schweigt
Das reife Haupt gedankenvoll geneigt.
Die Männer lauschen. Aus dem jungen Mund
Wird all den Schweigenden im stillen Rund
Das dunkelschöne Rätsel aller Lust
Und aller Sehnsucht ahnungsvoll bewußt,
Das alte wehe Lied vom Liebesglück,
Vom lieben Frühling, von der Jugendzeit –
Wie ist sie schön! und schließlich ist sie weit,
Vorbei, verblüht und kommt nicht mehr zurück.
Mir ist, ich seh' der Jugend schönen Geist,
Wie er mit trübem Lächeln sich entfernt
Den welken Liebeskranz vom Scheitel reißt
Und vor sich her die weite Nacht entsternt ...
Du kennst sie nun. Und wenn ich jemals wieder
Schweigsam des Abends bin und ohne Wort
Dem lauten Kreis der losen Rivalieder
Entrinne in die dunklern Gassen fort,
Dann weißt du, was mich in die Stille zieht,
Und schiltst nicht mehr. Es ist der Schwester Lied.

Bei Giacomuzzi

Zuweilen freut es mich, still und allein
In kühler Stube ruhevoll zu zechen,
Mit einem alten, liebgewordenen Wein
Ein gutes treues Freundeswort zu sprechen.

Dann wünsch' ich hoffend mir die Zeit herbei
Da mir und meiner Pilgerfahrt auf Erden
Doch noch einmal, ob's auch in Schmerzen sei,
Der reinen Reife Tage kommen werden.

Dann aber sei ein Freund mir auch beschert,
Der meines Lebens überfüllten Becher
Mit dankbar schonendem Genusse ehrt,
Dem reifen Wein ein ebenbürtiger Zecher.

Bummeltag

Paläste stehn wie Perlen aufgereiht
An einem gold und blauen Wasserband –
Ich seh' es nicht. Die Stirne in der Hand
Sitz' ich und träume von der Kinderzeit.
Da war ein Bilderbuch mein größter Schatz
Und in dem Buche war der Markusplatz,
Rialto und Ca'd'oro. Und beglückt
Saß ich so manchen Sonntag drauf gebückt,
Die Bilder mit dem Pinsel überfahrend
Und Blau und Gelb und Rot und Gold nicht sparend,
Oft ungewiß, was Land, was Wasser sei,
Doch immer stolz auf meine Malerei.
Nun schreck' ich lächelnd auf. Die Barke hält.
Noch halb im Traume geb' ich Schiffergeld,
Geh' über'n Steg und wandle durch die Stadt,
Die nimmer meine Kinderfarben hat.
Dort ein Gebäu, verwittert und verblichen,
Das hätt' ich froh mit Purpurrot gestrichen,
Hier eine Kirche kümmerlich und alt,

Ich hätte sie mit Blau und Gold bemalt.
Und doch steht alles schöner, größer da
Als jemals es mein Kinderauge sah.
Nachsinnend denk' ich mir mit halbem Schmerz:
Wieviel gemalt hab' ich auch anderwärts!
Wie bunt und prahlend hab' ich mir erschafft
Ein Dichterbildnis meiner Pilgerschaft,
Und sehe täglich nun mit stiller Scham,
Wie falsch es war, wie anders alles kam.
Anfangs war ich enttäuscht. Nun seh' ich ein,
Daß leben besser ist als Dichter sein.
Wie anders gehen mir die Tage hin,
Seit ich in jedem seinen Wert und Sinn
Erfühlen will, statt ihn mit farbenreichen
Und knabenhaften Träumen zu vergleichen!
Nun mag es sein, daß mählich mit der Zeit
Doch noch ein Dichterwerk aus mir gedeiht,
In dem das Leben, hält er ihm nur still,
Sich spiegeln, formen, weitergeben will.

Die Lagune

Niemals hat die Lagune von Venedig sich meinem Auge so
glücklich entschleiert wie an einem Vormittag im Mai, den ich
fast ausschließlich ihrer Betrachtung widmete. Ich kenne nichts
Beglückenderes als die Stunden, in welchen ein merkwürdiges
Stück Natur oder Kunst sich dem Auge zum erstenmal so klar
und durchsichtig darbietet, daß die aufmerksame Betrachtung
dem schaffenden Geist der Schönheit unmittelbar auf frischer
Spur zu folgen vermag. Landschaften, Wolken, Bilder, an denen
wir oft mit unbewußter Freude vorübergingen, enthüllen in solchen Augenblicken plötzlich und überraschend den in ihnen
wirksamen Schöpfergedanken. Dann ist es dem geübten und
fleißigen Beschauer vergönnt, im glücklichen Belauschen und
Verstehen an dieser Schöpfung so teilzunehmen, daß er dem
schönen Objekt gegenüber selbst das Gefühl des Erschaffenden
hat. Es ist genau dasselbe Glücksgefühl, das ein Buch, eine Musik in der Stunde des vollkommenen Verstehens gewährt; dann

ist das Kunstwerk dein Eigentum und du selbst bist der Dichter.

Die Kirchentüre von San Sebastiano schloß sich hinter mir, und ich trat ins Freie. Dort war mir plötzlich Paolo Veronese verständlich und lieb geworden, dessen Werke noch mehr als die der andern Venetianer der heimischen Luft und Umgebung bedürfen, um völlig genossen zu werden. Dieser Genuß, den mir die Säle des Palazzo Ducale nur erst teilweise erschlossen hatten, war mir nun in ganzer Fülle in San Sebastiano geworden, wo um das Grab des Malers her eine Anzahl seiner üppig farbigen Werke von Wänden und Decke glänzt. Von der Lagune kommend, das Haar noch feucht vom Wasserduft, muß man diese Werke besuchen, während vor der Tür die Gondel wartet; dann erscheinen sie wie sorglos schöne, weiche Träume, reich und rechenschaftslos aus der schlummernden Fülle der Lagunenstadt aufgestiegen, dann reden sie ihre echte Sprache, die Sprache der unbekümmerten Lebensfülle, der Schönheit und des Genusses. Ganz Venedig spiegelt sich in ihnen, die Welt der flüssigen Konturen, der träumerischen, vom Wellenschlag begleiteten Musik, die Welt des süßesten Schmelzes, der in mattblauem Gewässer sich spiegelnden Abendröten, der Welt, welche vor den Stürmen des Landes durch ihren Wassergürtel und vor den Stürmen des Meeres durch den Gürtel ihrer Inseln gesichert, sich im Genuß einer reichen Gegenwart wiegt. Man begreift die mageren, melancholischen Engel der früheren Toskaner und alle Bilder der großen Meister, in denen Armut, Kampf des Lebens, rauhe Natur, Tod und Leid geschildert sind, nicht mehr, solange man unter dem einseitigen Eindruck dieser üppigen und glänzenden Kunst steht.

Von San Sebastiano aus erreicht die Gondel in wenigen Minuten die Lagune, welche dort Canale della Giudecca heißt. Die Giudecca liegt gegenüber, über ihre lange Häuserreihe ragen die Kirchen Eufemia und Redentore auf, rechts führt an der Sacca Santa Biagio vorbei die Dampferlinie nach Furina, links schließt San Giorgio die Aussicht. Ich befahl dem Gondoliere langsam dem Ufer entlang nach rechts zu fahren. Es war ein kristallheller, durchsichtiger Sonnenmorgen, ganz dünne, schneeweiße Flaumwölkchen standen in einzelnen langen Streifen am hellblauen Himmel, dessen Farbe bis an den Horizont herab noch dunstlos rein war. Das Wasser, von einem leichten Windhauch kaum sichtbar bewegt, war auf lichtgrünem Grunde von wunderbaren Farbenspielen überflogen, die meine ganze Aufmerksamkeit fesselten. »Langsam! Noch langsamer!« rief ich wiederholt dem Ruderer zu, bei Santo Spirito endlich ließ ich ihn haltmachen und winkte ihm nur noch jeweils, die Gondel nach rechts oder links zu wenden, je nachdem ein auffallender Reflex mich anzog.

Das Wasser der Lagune, dessen Grundfarbe ein der Rheinfärbung sehr ähnliches Hellgrün ist, hat durchaus die Lichtqualitäten matter Edelsteine, namentlich des Opals. Die Spiegelung ist sehr unscharf, starke Lichter dagegen erwecken auf der scheinbar stumpfen Oberfläche wahrhaft überraschende Reflexe. Man ist erstaunt, diese milchig matte Fläche so enorm lichtempfindlich zu finden. Die Sonne verlieh ihr einen gleichmäßig matten Glanz, der aber an Stellen, die von Schiffen oder Ruderschlägen erregt wurden, in blendenden, goldenen Feuern aufloderte. Aber auch die unbewegte, fast spiegelebene Lagune war unaufhörlich farbig belebt, und zwar ganz anders als das offene Meer, indem auch die lebhaftesten Farben nie die transparente Klarheit des Meerwassers annahmen, sondern alle wie durch einen gemeinsamen milchweißen Grund gedämpft und ins Zartere, Differenziertere, Flüchtigere getönt waren.

Venedig wäre nicht Venedig, wenn es im freien Meere läge; an jenem Morgen empfand ich den enormen Unterschied von Meer und Lagune. Die leuchtend frischen, jubelnden Farben des bewegten Meeres würden Venedig seinen eigensten Schmuck rauben: das Verschleierte, Traumhafte, verborgen Schillernde der Farben. Es ist kein Zufall, daß so viele Venetianer, namentlich der brillante Crivelli und später Paris Bordone, in ihren Gemälden mit besonderer Liebe und mit vollendetem Raffinement den verfeinerten koloristischen Reizen der Edelsteine, des Atlas, des Sammet und der Seide nachgingen – sie hatten auf der Lagune stündlich dieselben Farbenreize eines aparten Materials vor Augen.

Am häufigsten fiel mir das durch jeden Licht- und Bewegungseinfluß leicht hervorgerufene Spiel der Irisskala auf, das wie ein Hauch zart und scheu über jede kleinste Wogenhöhung hin erschauert. Ich belauschte den flüchtig schönen Hauch unzählige

Mal. Dann ward mir durch das langsame Vorbeifahren eines großen, frisch mit Zinnober gestrichenen Lastschiffes ein ganz köstlicher Genuß. Das durchdringende Rot drängte sich dem sonst schlecht spiegelnden Wasser fast gewaltsam auf und glänzte unvermischt und unverändert aus den Wellen zurück, in der Harmonie grünlichblauer, unsicherer Perlfarben der einzige feste, grelle Ton.

Die Lagune als Ganzes aber hat noch ein wichtiges Farbenmoment, das sich von meinem niederen Augenpunkt aus nicht beobachten ließ. Das sind die sumpfigen Stellen und Schlammbänke, auch bei hohem Wasserstand kenntlich durch die sie umgebenden hohen Pfosten, deren Linie den Schiffen die fahrbare Bahn bezeichnet. Schon vom Schiff aus fällt ihre vom tiefen Wasser abweichende Färbung auf, am besten beobachtet man sie, wie überhaupt die Lagune im ganzen, vom Kampanile von San Giorgio Maggiore aus. Bei trübem Wetter erscheinen sie meist rostbraun, auch schmutzig graugrün, bei Sonne aber liegen sie als schimmernd farbige Inseln in der einheitlich grünen Lagune. Sonne und Wolken verändern ihre farbige Erscheinung sehr rasch, daher ist es ein eigenartiger Genuß, sie bei klarem Himmel aus der Höhe jenes Kampanile zu betrachten. Von dort aus sah ich sie in mattem Braunrot, in kräftigem Karmin, die entfernteren in blauen Tönen bis zum sattesten Violett.

Ich stand einmal in einer glänzenden Mittagsstunde dort oben, die helle Stadt mit ihren drei grünen Baumgärten lag schweigend in der heißen Sonne, die Lagune, von bunten Segeln bevölkert, schimmerte matt, die Schlammbänke brannten in unbeständigen, kräftigen Farben. Mehr als alle Kunstgenüsse lag diese leuchtende Stunde und jene vormittägliche Lagunenfahrt mir im Sinn, als ich am Ende meiner Reisezeit schweren Herzens von Venedig und Italien Abschied nahm. *(1901)*

* * *

Jasminduft

Über den Kronen der hohen Bäume segelten leichte Nachtwolken durch den milden Himmel, und über den flüchtigen Wolken hing ruhig und strahlend der stille Mond. In den Gärten und in dem dunklen Park wogten vielerlei Düfte im zarten Winde und lagen miteinander im Streit. Der edle Duft der Teerosen wiegte sich leicht und bescheiden in der Luft, daneben flüchtig und flatternd der unbändige, leidenschaftliche Nelkenduft, stark und schwül der Duft des Heliotrop, der Duft des Flieders reich und ruhig.

Aber reicher, stärker, glühender und leidenschaftlicher als alle übrigen regte sich der Duft des Jasmin, jener übersüße und beklemmende Duft, der zu den mächtigsten Reizen im Zauber einer Frühsommernacht gehört. Er trieb in breiten Wellen bis in die Tiefe des alten Parkes, betäubend, warm und schwärmerisch wie eine Wolke entzündeter Liebesgedanken.

Aus den erleuchteten Fenstern des Gartenhauses drang Klaviermusik. Sie kam schwach gedämpft durch die roten Vorhänge der offenen Fenster hergeflossen, zusammen mit dem warmen Schein der Lichter und flog freudig und leicht über die breiten Steinstufen des Parkeinganges, über Rosen und Jasminbüsche hinweg. Ganz leicht und leise geworden, flog die zierliche Musik schließlich durch das dämmerige Rondell und über die Parkwege bis in die tiefere Finsternis des Buchenstandes. Dort stäubten die aufgelösten Takte mit den zerflatternden letzten Wellen des Blumenduftes zart und schaukelnd auseinander und verloren sich in der Schwärze des massigen Laubes, in die mild durchscheinende Mondbläue des Himmels, in die leise, ungestörte, wiegende Ruhe der warmen Nacht hinein.

In dem Kastanienrondell, das den Eingang zum Park bildete, zeichnete der in halber Höhe stehende Mond scharf und klar ein Oval von weißem Licht auf die Erde. Auf der Schattenseite, die ganz finster war, stand eine Bank aus Sandstein.

Die schöne junge Dame, die im Gartenhause Klavier spielte, wußte wohl, daß auf dieser Steinbank der Dichter saß und das Leiden seiner hoffnungslosen Liebe trug. Sie wußte, daß er sie wie ein Knabe liebte, um ihrer Schönheit willen, und seine Liebe war ihr ein neuer und willkommener Spiegel des eigenen Liebreizes. Jeden Abend fand sie von seiner Hand eine große, schwere, duftende Purpurrose im Gartensaal auf das Klavier gelegt, mitten auf die stummen, schwarzen und weißen Tasten. Sie mußte sie aufheben, sie mußte seine Rose in die Hand nehmen und an ihn denken, ehe sie spielen konnte. Und jedesmal lagen auch Verse dabei, auf ein loses weißes Blatt mit leichten, flüchtenden Buchstaben geschrieben, immer mit einer neuen Unterschrift, die immer eine neue Andeutung auf den Dichter und seine Verliebtheit enthielt. In den Versen selbst aber stand jedesmal etwas von Rosen und eine Anspielung auf eine einzige, welche die roten Rosen an Pracht und die weißen an Zartheit übertreffe.

Das war durchaus nach dem Sinne der jungen Dame, denn sie liebte das Poetische und Romantische sehr, wenn es hübsch und leicht zu verstehen war und schmeichelhafte Beziehungen zu ihrer eigenen Schönheit enthielt. Auch konnte man es den Versen ansehen, daß der Dichter seine ganzen Tage auf sie verwendete; sie waren von feinen, genau gemessenen Formen und glänzten von seltenen Worten und Reimen, wie ein Goldschmuck von eingelegten Brillanten glänzt. Diese Verse hatten denn auch das beneidenswerte Schicksal, von schönen, befriedigten Frauenaugen gelesen und von schönen, rosigen Frauenfingern in einer seidenen Mappe gesammelt zu werden.

Die junge Dame machte eine lange Pause. Sie fächerte sich zuerst mit der heutigen Rose und dann mit dem heutigen Versblatt, das ihr besonders schmeichelte und wohlgefiel. Dann suchte sie eine Weile in Notenheften, legte endlich eines vor sich auf das schräge, in Form einer Gitarre geschnittene Notenpult und begann wieder zu spielen. Es war ein kleines graziöses Stück von Mozart. Die feine Musik bewegte sich mit sicherem und elegantem Schritt, biegsam, doch ohne heftige Bewegung, in holdem Staunen ihrem eigenen Wohlklang folgend. Besonders der Baß, welcher zu öfteren Malen die Begleitung der Variationen zu vergessen schien und fröhlich sinnend mit seiner tiefen Stimme den frohen Hauptsatz wiederholte, wie ein vergnügter Greis, welcher jungen Tänzern zuschaut.

Während des Spielens aber neigte die Dame manchmal den schönen Blondkopf zur Seite und dachte mit leisem Wonnegefühl an ihren Dichter. Sie konnte sich ihn so deutlich vorstellen, wie er auf seiner halbrunden Sandsteinbank unter den Kastanien saß und seine tiefen Augen in den Mondhimmel richtete. Und wie er mit leisem Seufzen hin und wieder den dunkeln Kopf gegen das Gartenhaus wendete und die heranwehende Musik begierig erlauschte. Er war blaß, und sein Gesicht, so stolz und fest es schaute, hatte verborgen einen rührenden, ein wenig hilflosen, ein wenig knabenhaften Zug.

Plötzlich war die Musik zu Ende. Die Nachtstille schlug wie ein dunkler See über der versunkenen, unvollendeten Melodie zusammen.

Die schöne junge Dame verließ leise und ohne ihren Hut mitzunehmen das Gartenhaus, um in das Schloß zurückzukehren. Aber in der Mitte des Blumengartens, wo die vier breiten Wege vor dem runden Rosenbeet zusammentrafen, hielt sie inne. Sie hatte einen Einfall. Umwendend bog sie langsamen Schrittes in den Weg ein, der zu den Parkstufen führte. Langsam und erhobenen Hauptes wandelte sie zwischen den Gebüschen dahin, erstieg langsam die vier breiten Steinstufen und trat in das halbdunkle Rondell, wo sie im tiefen Kastanienschatten verborgen den Dichter sitzen wußte.

Über die Schattengrenze tretend, ging sie einige Schritte weit in das weiße Lichtoval hinein, legte beide Hände in den Nacken und den weit zurückgebogenen Kopf darauf und blieb in der Mondhelle aufrecht und schwelgerisch stehen wie eine Gartenfee, die ihre Schönheit im Mondlicht baden will. Sie tat einen tiefen Atemzug. Ihre Schönheit glänzte und prunkte im dunklen Rahmen der feierlichen alten Bäume. Und daneben in der Finsternis, lautlos lauschend, der Dichter, vor Erregung zitternd. Es war ein köstlicher Augenblick.

Nach einer kleinen Weile kehrte die Dame um und verlor sich mit schnell verrauschenden Schritten in die Gartenwege.

In der Seele des Dichters, der weit vorgebeugt ihr mit brennenden Augen folgte, stieg ein Gedicht von unerhörter Sehnsucht auf. Von diesem selben Gedicht träumte die schöne Dame in ihrem Schlafgemach und freute sich neugierig auf den nächsten Abend und das nächste Versblatt. Zugleich kostete sie das ganze Wonnegefühl jener glänzenden Minute im Rondell noch einmal durch und entschlief mit einem feinen leise schütternden Mädchengelächter. *(1900)*

Die Juninacht

An dem reinen Späthimmel zerflossen die letzten Abendfarben in feinen, golden und flüchtig verklingenden Tönen. Das transparente süße Blaugrün wurde noch von späten rotgelben Schimmern überflogen, von den letzten Grüßen der schon lange versunkenen Sonne, deren zarte Schillerfarben wie ein Lächeln verblühten. Dann überzog die dunkelnde Wölbung langsam und feierlich das träumerische Tiefblau der beginnenden Nacht, jenes im Norden selten rein und vollkommen leuchtende Tiefblau, das die Hintergründe Tizianischer Bilder so weich und dichterisch in's Unendliche weitet. Und dann sank rasch und schweigend das Dunkel über Stadt und Garten.

Im hohen Kastanienbaum begann ein Vogel voll und laut zu schlagen.

Eine große altmodische Lampe wurde auf den Gartentisch gestellt, um welchen zwischen den hohen Fliedern die kleine Abendgesellschaft saß, deren Blicke sich nun vom dunkeln Himmel zurück in das rötliche Licht der Lampe lenkten.

Der Lichtkreis, den die seidenverhangene Lampe um den Tisch her zog, lag in der wachsenden Finsternis des Gartens wie eine helle Insel und verband die darin Sitzenden zu einer vertrauten Gemeinschaft. Vom plötzlichen Schein geblendet und im Gespräch befangen, sahen sie nicht mehr, wie der Himmel seine letzte Wandlung vollzog und wie Sterne gleich quellenden Lichttropfen aus der schwarzen Kuppel traten.

Unsichtbar gab der mauerumschlossene Garten seine Gegenwart kund. Duft von junger Jasminblüte, Duft von Flieder, mit starkem Tannengeruch vermischt, strömte in zarten Wellen durch die Dunkelheit und verband sich mit den leisen Geräuschen des Laubes und der Wipfel zu einem Lied, aus dessen Takten ein Wissen von Sommer, Wohlsein und abgeschlossener Gartenschönheit in die Seelen der kleinen Tischgemeinschaft drang.

Diese war des Zaubers der lauen Abendstunde wohl bewußt und öffnete sich gerne den Stimmen der Schönheit, welche in dieser grünen Stille redeten. Der Garten lag, von hohen Mauern umschlossen, mitten in der großen Stadt in vielbeneideter Reinheit und Ruhe, durch fürstliche alte Bäume vor Wind und Staub beschirmt.

Vier Menschengesichter traten im Licht der Lampe hell aus dem Gartendunkel hervor: der Kopf des Wirtes, ein herbes, doch gütiges Gelehrtenhaupt mit freier, reger Stirn und ausruhenden, starken Forscheraugen. Daneben das helle Frauengesicht der Wirtin, in welchem über den klugen Mund und die sorgende Stirne die liebreichen, geheimnislosen Augen freundlich siegten. Dann Elisabeth, ein eleganter, geistreich schöner Kopf mit lebendig beweglichen Zügen, mit hoher Stirn und kühlen klugen Augen, mit schmalen Lippen, auf welchen Sinnlichkeit und Skepsis stritten, und mit dem vielbewunderten präraphaelitisch schönen Kinn. Zuletzt Martin, der Dichter, auf dessen unruhiger Stirn mit den Schatten der krausen Haare die Schatten eines lebhaften Faltenspiels sich vermischten.

Vielleicht gab es niemand in der ganzen großen Stadt, dessen Hinzutritt das ruhige Beisammensein dieser vier Menschen nicht gestört hätte. In schweigendem Übereinkommen bildeten sie seit langeher eine kleine Gemeinde und liebten es zu Zeiten, wenn es sich fügen wollte, eine stille reine Stunde vertraulich miteinander zu verbringen. Stunden, die eine heitere Andacht und ein freier Kult des Schönen verklärte und zu welchem allem Unedlen, Peinlichen und Bedrückenden der Weg versagt war. In diesen Stunden fand jeder der vier ungleichen Menschen eine heiter stille Rast und eine Zuflucht vor dem sich aufdrängenden Lärm des Tages.

»Wollen Sie beginnen?« fragte der Hausherr den Dichter.

Und der Dichter begann. Er las den »Tod des Tizian«* vor und hatte zum Vortrag des wundervollen Gedichtes den glücklichsten Abend gewählt, dessen duftendes Dunkel wie keine andere Stunde den auserlesen weichen, von Kunst und Träumerei erfüllten Versen günstig war. Des Dichters Stimme klang gedämpft; er vermied es eine Resonanz zu wecken und ließ die schwellenden warmen Rhythmen der köstlichen Verse sich in das leise Atmen der Bäume verlieren.

---

* Dramatisches Fragment von Hugo von Hofmannsthal. Geschrieben 1892. Aufgeführt als Totenfeier für Arnold Böcklin im Künstlerhaus München am 14. 2. 1901.

Im hohen Kastanienbaum schlug fort und fort der Vogel. Die Blüten des Jasmin schimmerten bleich und matt aus dem schwarzen Laube.

Der Dichter sprach die letzten Verse leiser, schloß das Buch und schwieg. Augenblicke lang lauschten alle stumm den verklungenen letzten Worten nach. Elisabeth legte den schönen Kopf über die Lehne des Stuhls zurück, ihre schlanken, weißen Hände lagen ruhig auf dem Rand des Tisches.

»Die Sterne!« sagte sie plötzlich. »Sie sind während des Lesens heraufgekommen.« Auch die andern erhoben die Augen zur schwarzen Höhe, aus der die klaren Sterne leuchteten. Nur der Dichter senkte den Blick und ließ ihn auf den Händen der schönen Elisabeth ruhen. Das waren schmale, vornehme Hände – Künstlerhände, unter deren Berührung die Tasten des Flügels jede leiseste Schwellung und Färbung der Töne hergaben – Hände, auf denen die Blicke von Kennern mit Bewunderung ruhten, welche durch eine leise Bewegung Konzertsäle zu lautloser Ruhe brachten.

Nun dankte die Wirtin dem Vorleser und Gespräche knüpften sich an die Dichtung.

»Sind sie je des Abends auf San Giorgio Maggiore oder auf der Giudecca gewesen und sahen von da über die Lagune nach Venedig hinüber?« fragte der Hausherr die Künstlerin.

»Jawohl«, rief sie lebhaft, »Man kann die Stadt nicht schöner sehen.«

»Die Stadt, ja«, fiel Martin ein, »aber die Lagune will am heißen Mittag genossen sein, wenn die Schlammbänke in phantastischen Farben brennen und die roten Segel der Fischerbarken sich ungewiß im Wasser spiegeln.«

»Ist es wahr, daß Sie in Venedig die Blonde aus Bonifazio's Gastmahl gefunden und sich in sie verliebt haben?« fragte der Gelehrte und lächelte. »Sie lasen uns einmal eine Novelle vor, oder ein Märchen –«

»Ja und nein«, erwiderte der Dichter ernsthaft. »Ich fand sie bei San Giovanni e Paolo, am Fuß des Colleoni, und erkannte sie im Augenblick. Es war die, die auf jenem Bilde zuhörend nach der jüngeren Lautenspielerin blickt.«

»Nun, und?« lachte die Hausfrau.

»Und ich konnte lang den Blick nicht von ihrer seltenen Schönheit wenden. Es fehlt nicht an schönen Frauen in Venedig, aber das war mehr, das war eine verirrte Erscheinung aus der Blütezeit der Republik, ein unbegreiflicher, rätselhafter Spätling aus dem Frauenkranz des Giorgione und Palma.«

»Und Sie verliebten sich?«

»Nein. Sie war wie ihr Vorbild bei Bonifazio eine Kurtisane.«

»Warum erzählen Sie das so ernsthaft? Und warum verliebten Sie sich nicht trotzdem?«

»Ja warum? Ich weiß nicht, es kam mir traurig vor. Auch war ich seit meinen lyrischen Erstlingsjahren nicht mehr verliebt.«

»Was Sie sagen!« rief Elisabeth. »Wer Ihre Dichtungen kennt, tut schwer es zu glauben. Liebeslieder, Liebesmärchen, Liebeselegieen, Liebesromane!«

»Allerdings«, bestätigte die Wirtin, »ich kann mir nicht denken, Sie hätten das alles geschrieben, ohne –«

»Ohne verliebt zu sein, freilich. Aber es war nie irgend eine gegenwärtige Frau. Wie ich damals in Venedig die Blonde des Bonifazio, nicht die Blonde beim Colleoni liebte, so verehrte ich immer insgeheim die Frau der Frauen, eine Allerschönste, Vornehmste, an die mich manche Dame, die ich sah, und manches Geisterbild unklar erinnerte. Jemand sagte von einem hübschen Mädchen: sie sieht aus, als hätte sie eine schöne Schwester. So erschienen mir allerdings viele Frauen, aber ich liebte jedesmal die Schwester, ohne sie je zu finden. Von der Frau, die ich meine, hat Conrad Ferdinand Meyer gesungen. Ich erinnere mich an die Verse:

>   »Und das unbekannte Antlitz trüge
>   Ähnlichkeiten und Geschwisterzüge
>   Alles Schönen, was mir je entgegen
>   Trat auf allen meinen Erdenwegen.
>   Was ich Tiefstes, Zartestes empfunden
>   Und in eine Schlummernde vereinigt,
>   Was mich je beseligt und gepeinigt.«

Martin sprach diese Verse mit einem Klang der Leidenschaft und des Schmerzes, der die Frauen verschüchterte. Als er schwieg und niemand antwortete, rückte er seinen Sitz mit rascher Bewegung in's Dunkle zurück und blickte aus großen ernsten Augen in das schmale, schöne Antlitz der Künstlerin. Sie sah, ohne das Haupt zu neigen, mit vergrößerten Augen zu Boden, wobei ihre sanft lebhaft spielenden Züge die Ruhe eines Bildnisses gewannen, eine ihr vom Klavierspiel her eigene Gebärde, die sie seltsam schmückte. Die Blässe der Stirn, die breiten schattenden Wimpern gaben ihrem vornehm schönen Gesicht im Schein der Lampe und der Sterne einen Hauch von Traurigkeit und Träumerei, der ihm sonst selten eigen war. Über ihrem dunklen Haare schimmerte der weiße Jasmin. Martin betrachtete sie lang. Er sah die schlanke leichte Gestalt im Sessel lehnen, er sah den zarten Hals auf dem modisch hohen Kragen des blaßblauen Sommerkleides steigen, die gebogene Linke am Gürtel spielen und die Rechte auf dem Tische die feinen Finger dehnen.

»Ihre Rechte will Klavier spielen, Elisabeth«, sagte er und wunderte sich selbst, wie rauh und ungleich seine Stimme war.

»Vielleicht will die Linke nicht«, sagte Elisabeth.

»Sie will gewiß«, erwiderte der Dichter lebhaft. »Weshalb wollen Sie nicht spielen? Ich bitte Sie darum.«

»Ich weiß noch nicht. Sie haben mich heute enttäuscht, Martin. Ich hatte Verse von Ihnen erwartet; es ist Monate, seit Sie schweigen. Und nun lesen Sie uns wieder etwas Fremdes vor.«

»Es gibt kein Gedicht, das so edel in den heutigen Abend gepaßt hätte«, sagte er traurig. »Und wann hätte ich Verse gemacht, die sich mit dem, was ich vorlas, vergleichen dürften?«

»Das gilt nicht. Wenn ich jetzt spielen soll, so versprechen Sie mir dafür eine eigene Dichtung! Eine Liebesgeschichte –«

Sie wartete nicht auf seine Antwort. Sie erhob sich schlank und rasch, winkte den Freunden, sie sollten zurückbleiben, und schritt über den Rasen dem Hause zu. Die feine, schöne Gestalt im hellen Kleide schimmerte durch die Gartennacht und verschwand durch die Tür des Gartensaales. Dann hörten die Zurückgebliebenen, wie sie ein Fenster öffnete und den Stuhl am Flügel rückte. Nun entstand eine kurze Pause. Die dreie schwiegen und warteten. Ein Nachtfalter kreiste surrend um die Lampe. Der Vogel im hohen Kastanienbaum war verstummt. Der Blick Martins ruhte noch auf dem Gartenweg, in dessen Finsternis durch die Bewegung der hellen Gestalt ein kurzes schwaches Licht gekommen war, hinter welchem die Nacht wieder in schwarzen Wogen zusammenschlug.

Da floß durch das geöffnete Fenster eine einfache, langsam gleitende Musik, ein Abendlied, das keinem Zuhörer bekannt war. Es konnte von Haydn sein. Nach einer sehr kurzen Pause änderte sich die Tonart und dieselbe Melodie, mit einer leichten, glücklichen Veränderung, wiederholte sich in tieferer Lage, während die Begleitung sich schnell vereinfachte, so daß die letzten Noten sich ohne markierten Abschluß in die Dunkelheit verloren.

Die Zuhörer fühlten, daß dieses Notturno nicht von Haydn, sondern von Elisabeth, und daß es ganz die Musik des heutigen Abends war und ganz nur für diese drei verstehenden Hörer erfunden. So wurde das zurückkehrende schöne Mädchen nicht mit einer Frage, sondern mit einem schweigenden Dank empfangen.

»Nun Ihre Verse!« bat sie den Dichter, »ehe es Zeit zur Heimkehr ist.«

Martin war bleich. »Sind Sie unerbittlich?« fragte er leise und fühlte, wie er die Herrschaft über seine Stimme und über sein Auge verlor. Sein Blick lag mit brennendem Ernst auf dem Antlitz der Künstlerin. Sie aber fühlte es nicht.

»Ja«, antwortete sie leicht.

Martin riß ein leeres Blatt aus dem Buche. »Haben Sie einen Stift?« fragte er Elisabeth.

»Ich habe einen. Aber er ist angekettet, ich kann ihn jetzt nicht lösen.«

»So will ich zu Ihnen kommen«, sagte Martin. Er trat neben Elisabeth an den Tisch, sie gab ihm den silbernen Stift, der an feiner Kette hing; er mußte ganz nahe kommen, um schreiben zu können. Sie schaute ihm dabei zu. Er schrieb mit eiliger Hand:

Ich soll erzählen,
Die Nacht ist schon spät;
Willst du mich quälen,
Schöne Elisabeth?

Daran ich dichte
Und du dazu,
Meine Liebesgeschichte
Ist dieser Abend und du.

Du sollst nicht stören,
Die Reime verwehn,
Bald wirst du sie hören,
Hören und nicht verstehn.

Die schöne Elisabeth nahm das beschriebene Blatt, faltete es zusammen und steckte es zu sich.

»Nun, und wir sollen nichts davon haben?« fragte der Hausherr.

»Nein, Doktor«, lachte die Künstlerin, »es ist ein Scherz, apart für mich; vielleicht ein andermal.«

Und sie erhob sich, gab den Wirten die Hand, nahm ihre Rosen an sich, befestigte ihren Strohhut und bat den Dichter, sie zu begleiten.

Die Tür des Gartens fiel in's Schloß. Die beiden gingen durch eine lange, enge Altstadtstraße, und durch eine zweite. Über den krummen Giebelreihen glänzten die Sterne, die Gassen waren leer und still, keins von den beiden sprach ein Wort.

Sie kamen an einem laufenden Brunnen vorüber. Dann an einer dunklen Kapelle.

»Elisabeth!« sagte der Dichter.

»Nun?«

»Haben Sie mich denn nicht verstanden?«

»Ich gab mir keine Mühe. Aber wie bleich Sie sind! Das ist Ihre tragische Maske, ich kenne sie wohl. So dachte ich mir als kleines Mädchen die Dichter aussehen.«

»Warum spotten Sie?«

»Ich spotte ja nicht. – Was sollte Ihr sonderbares Lied heute Abend?«

»Elisabeth, ich liebe Sie.«

»Wie Sie das wieder sagen! Wie ein tragischer Held!«

»Glauben Sie mir nicht?«

»O ja, ich glaube schon. Aber Sie vergessen die ›schönere Schwester‹!‹

»Das ist grausam. Können Sie mich wirklich nicht ernst nehmen, Elisabeth?«

»Doch, ich habe die Dichter immer ernst genommen. Aber ich kenne Sie und mich. Glauben Sie, ich hätte nie geliebt? Nicht zweimal, nicht zehnmal? Auch in Sie war ich einmal verliebt, Martin, mehrere Tage lang.«

»Und wenn ich damals gekommen wäre?«

»Sie sind nicht gekommen. In der Vergangenheit gibt es keine Möglichkeiten mehr.«

»Darf ich fragen, ob Sie auch jetzt wieder lieben?«

»Aber ja, ich liebe immer noch denselben Mann, an den Sie mich damals erinnerten, den Mann der Männer, den unsichtbaren größeren Bruder von Euch allen. Ich liebe Napoleon, ich liebe Beethoven. Aber Sie sind so wenig mein Napoleon, als ich Ihre Helena oder Beatrice bin.«

»Wissen Sie das gewiß?«

»Ja, Martin, und Sie wissen es auch. Ich rede diesmal im Ernst. Wir beide kennen uns allzu gut, von uns ist jeder zu gut und zu schlecht für den andern. – Wollen Sie eine Rose haben?«

»Ich bitte darum.«

»Ich weiß, daß Sie sich nicht zu Tode härmen werden, nicht dieses Abends wegen –«

»Nein, Elisabeth. Hier sind wir an Ihrem Hause. Darf ich die Glocke ziehen?«   *(um 1900)*

Der Dichter

Ein Buch der Sehnsucht

Wo liegt das Tal? Weit, weit unter goldenem Stern.
Ich suchte lange, suchte mich müd und matt.
Ich bin nach Nord und Süd gezogen –
Aber ich konnte das Tal nicht finden.

Hans Bethge.

Die Einsamen
(Als Vorwort)

Es gibt Schüler einer jungen Philosophie, welche Abende lang in
festlichen Häusern sich gemeinsam in großer Zahl der Einheit
ihrer Erkenntnis freuen und in begeisterter Schar auf gemeinsam
erstiegenen Berghöhen die aufsteigende mütterliche Sonne begrüßen. Es gibt Gemeinschaften, in welchen Bauern, Schuh-
macher und Tagelöhner zusammen leben, um in ängstlich engen
ärmlichen Stuben die Bibel zu lesen und erbauende Auslegungen
jüdischer Propheten zu ersinnen. Und es gibt fein erzogene raffinierte Ästheten, welche Abende und Tage gemeinsam zubringen, auf Knieen vor der Schönheit, in Räumen, deren Wände mit
blassen, ausgesucht edlen Gobelins geschmückt sind und die
von den reinen Takten kunstreicher Verse oder einer auserlesenen Musik ertönen.
Diese alle, die Philosophen der neuen Erkenntnis, die Pietisten
und die Ästheten, stehen über dem Leben des Alltags, pflegen
den Verkehr mit dem Ewigen und wissen die Schicksale des
äußeren Lebens auf eine große Idee, auf ihre Idee zu beziehen.
Aber neben ihnen und neben dem Pöbel des Alltags gibt es noch
die große Zahl der Ungemeinsamen, die in Schweigen verborgene Brüderschaft der Einsamen, von welcher nur selten der
Schrei einer laut gewordenen ungewöhnlichen Seele Kunde gibt.
Auf dem Grund ihres Lebens liegt das Ungenügen, das Heimweh und die Resignation. Der weiche, dunkle Grund raubt allen
Bildungen ihres Lebens den Glanz der starken Umrisse, das
Feuer der kräftigen Farben und die Tatsächlichkeit der entschie-
denen Bewegung; an deren Stelle aber verleiht er den Zauber des
Ungewissen, den blauen Duft der Ferne, die gedämpfte Musik
des Helldunkels und die schöne tieftönige Schwermut der Stimmung.
Man könnte viele mit Namen nennen, deren Leben und deren
Schöpfungen auf diesen, schweren, traurigschönen Grund
gemalt sind und deren wahres Wesen allen Nichteinsamen geheimnisvoll und rätselhaft ist. Man könnte viele Gestalten
beschwören von Weisen, Dichtern, Künstlern, Gestalten von
wunderbarem Adel, scharfgezeichnete, großartige Häupter mit

ernsten Stirnen und tief gefurchten Zügen – Menschen, die ihr Leben lang allein und vom eigenen Herzblut lebten, denen die Gabe der Selbstflucht, der Geselligkeit, ja der Freundschaft versagt war. Entfernte Freunde weinten bei ihrem Tode, der sie einsam traf und späte Geschlechter liebten sie mit Scheu und mit Erstaunen.

Unzählig aber ist die Schar der Einsamen, deren Leben ohne Licht und Ruhm verklingt. Sie sind Fremdlinge in den Gassen ihrer Städte. Sie passen nicht in die Harmonien des äußeren Lebens, und sie wissen nicht, ob sie zu gut oder zu schlecht für dieses Leben sind.

Diese meine Brüder will ich mit meinen Blättern grüßen, alle jene, die zum Orden der Flüchtigen und Heimatlosen gehören, und denen die Ritterschaft des Leides und der Einsamkeit ihren schmerzlich schönen Adel verleiht. Ich weiß, daß unter ihnen einige mich gelten lassen und lieben werden.

Vom Gartentisch warf die Lampe einen Kreis von Licht in den stillen Garten und verband die um den Tisch Sitzenden zu einer vertrauten Gemeinschaft. Ringsum war Dunkelheit, in deren Mitte die kleine Lampe so blendend leuchtete, daß beim Emporblicken auch der hohe Himmel schwarz erschien. Nur wenn man eine Weile den Blick erhoben hielt, konnte man die tiefe Bläue des reinen Himmels fühlen und sah Sterne, wie quellende Lichttropfen aus der weiten Kuppel treten.

Unsichtbar redete der mauerumschlossene Garten von seiner Gegenwart. Duft von Veilchen, Duft von jungen Jasminblättern und von Tannen strömte in feinen Wellen durch die Dunkelheit und vermischte sich mit den leisen Geräuschen des Laubes und der Wipfel zu einem Lied, aus dessen Takten ein Wissen von Frühling, Veilchen und abgeschlossener Gartenschönheit in die Seelen der kleinen Tischgemeinschaft drang.

Diese war sich des Zaubers der lauen Abendstunde wohl bewußt und öffnete sich gerne den Stimmen der Schönheit, des Frühlings und der Weltferne, welche in diesem mauerumschlossenen, mitten in der großen Stadt in beneideter Reinheit und Stille liegenden Garten redeten. Vier Menschengesichter traten im Licht der Lampe hell aus dem dunklen Abend hervor. Der Kopf des Wirtes, ein herbes, doch gütiges Gelehrtenhaupt, mit freier, reger Stirn und ausruhenden, starken Forscheraugen. Daneben das helle Frauengesicht der Wirtin, in dem über den klugen Mund und die sorgende Stirne die liebreichen, geheimnislosen Augen siegten. Dann Elisabeth, ein eleganter, geistreicher schöner Kopf mit lebendig beweglichen Zügen, mit hoher Stirne und kühlen, klugen Augen, mit schmalen Lippen, auf welchen Sinnlichkeit und Skepsis stritten, und mit dem vielbewunderten präraphaelitisch schönen Kinn. Zuletzt der Dichter Martin, auf dessen Stirn mit den Schatten der krausen Haare die Schatten eines lebhaften Faltenspiels sich vermischten.

Der Dichter hatte den »Tod des Tizian« vorgelesen, und die weichen, schwellenden Verse des auserlesenen Gedichts schienen sich langsam und harmonisch in die milde Veilchenluft des Abends aufzulösen. Noch hatte niemand gesprochen.

»Die Sterne!« sagte plötzlich Elisabeth. »Sie sind während des Lesens aufgegangen, und wir sahen es nicht. Die Lampe ist so hell! Sehen Sie, man muß ganz zurückliegen und eine Weile hinaufblicken, dann sieht man sie erst ...«

Alle schauten in die blaue, sterngekrönte Nacht empor. Nur Martin lehnte sich in das Dunkel zurück und ließ seine klaren Augen auf der linken Hand Elisabeths ruhen, welche mit leisem Fingerspielen auf dem Rand des runden Tisches ruhte. Er sah zum ersten Mal die elegante Schönheit dieser Hand, bei deren Anblick ihm ein neues Verständnis für die seltene Kunst der schönen Klavierspielerin aufging. Während er das schlanke Gebilde betrachtete, bewegten sich die schönen Finger, als schlügen sie Tasten an. Martin berührte sie mit einem Veilchenblatt, das neben vielen gepflückten Veilchen auf dem Tische lag. Elisabeth blickte ihn fragend an.

»Ihre Linke will Klavier spielen, Elisabeth. Ein Notturno.«

Sie besann sich einen Augenblick, wobei sie, ohne das Gesicht zu neigen, mit vergrößerten Augen zu Boden sah. Eine Gebärde, die an ihr nicht selten war und sie seltsam schmückte, indem in diesem Augenblick das flügge Spiel der lebhaften Mienen innehielt und die vornehm schmale Form des Gesichtes den Ernst eines Bildnisses annahm.

»Gut, ich spiele. Aber im Dunkeln. Und Sie müssen alle hierbleiben.«

Sie erhob sich langsam und leise. Im Gartensalon stand ein Klavier. Die hellblau gekleidete leichte Gestalt schritt fast lautlos über den Rasen und verschwand in die dunkle Wand des Hauses. Die Bewegung der hellfarbigen Figur brachte ein plötzliches, schwaches Licht in den dunklen Gartenwinkel, dessen Finsternis hinter der Verschwundenen wieder in schwarzen Wellen zusammenschlug. Bald floß durch die offenen Fenster eine einfache, langsam gleitende Musik, ein Abendlied, das keinem der Zuhörer bekannt war. Es konnte von Mozart sein, oder von Haydn. Nach einer sehr kurzen Pause änderte sich die Tonart, und dieselbe Melodie, mit einer leichten, glücklichen Veränderung, wiederholte sich ein wenig tiefer, während die Begleitung sich schnell vereinfachte, so daß die letzten Noten sich ohne markierten Abschluß in die Dunkelheit verloren. Die drei Zuhörer fühlten, daß dieses Notturno nicht von Haydn, sondern von Elisabeth, und daß es ganz die Musik des heutigen Abends war und ganz nur für eben diese drei verstehenden Hörer erfunden. So wurde das schöne Mädchen nicht mit einer Frage, sondern mit einem schweigenden Dank empfangen, als es lautlos an den beleuchteten Tisch zurückkehrte.

»Sollen wir gehen?« fragte sie bald darauf den Hausherrn.

»Noch nicht«, bat dieser, »ich will Ihnen noch eine ganz kleine Geschichte erzählen, oder eigentlich ein Gedicht.«

Man horchte lächelnd auf. Ein kleiner Falter begann um die Ampel zu kreisen. Der Doktor schloß die Augen und erzählte.

Um zu ruhen und die Schönheit der Stunde zu genießen, vereinigte sich Jugend und Alter in der Gartenstille eines warmen Frühsommerabends. Ein Dichter las die wohllauten Verse einer sommerlich schönen Dichtung vor, im Lichterkreise der Lampe entspannen sich streitlose Gespräche über Dinge, deren Herd der Feierabend und die Freundschaft ist. Der Dichter sammelte gepflückte Veilchen zu einem Strauß, und die schweigsam anwesende Muse lehrte die Freunde über den engen Kreis des heimatlichen Ampelscheins hinauf zu den reinen Sternen blicken. Und als die Nacht mit Düften und dunklen Stimmen in die gesellige Rede sich mischte, da antwortete ihr die Muse aus der Tiefe ihrer Kunst mit einem wunderbar schwesterlichen Liede. Die Alten schwiegen und reichten der Muse die Hand, aber der Dichter dankte ihr durch die Gabe der duftenden Veilchen.

Der Doktor erhob sich und gab Elisabeth die Hand, der Dichter gab ihr den Veilchenstrauß, die Hausherrin erhob die Lampe und geleitete beide Gäste zum Tor.

Martin begleitete die Muse durch die stillen Gassen der alten Stadt.

Elisabeth begann zu sprechen.

»Wieviel Menschen, glauben Sie, sind in unsrer Stadt, die es verstehen, einen Sommerabend so zu genießen wie unsre Wirte?«

»Zunächst noch wir beide«, entgegnete Martin.

»Ja, und sonst?«

»Zwei, drei vielleicht.«

»Zwei, drei. Ich weiß, wen Sie meinen. Anderswo hätten Sie den »Tod des Tizian« nicht gelesen. Sie müssen mir das Buch besorgen, wollen Sie? Und Sie? Ich habe seit Monaten keinen Vers von Ihnen gehört.«

»Ich verbrenne täglich ein Blatt davon.«

»Wovon«

»Verse. Eine Dichtung. Ich arbeite und bin mit mir unzufrieden.«

»Was ist es?«

»Der Titel ist ein Frauenname. Und der Inhalt eine Frau, ein Mädchen. Ihre aparte Schönheit, ihre Stimme, ihre Bewegungen, ihr ungewöhnlich feines geistiges Wesen und etwas von dem außerordentlich regen und wandelbaren Leben ihrer Seele. Ihr Haar, ihr Auge, ihre Art zu lachen, zu gehen und zu sprechen, ihre Lieblingsblumen. Aber die Verse zerbrechen mir in der Hand, und wenn die schöne Dame es wüßte, so würde sie lachen.«

»Wissen Sie denn das?«

»Sie ist kühl und grausam. Sie soll nie geliebt haben.«

»Und Sie sind in dieses Rätsel verliebt. Warum sagen Sie das nicht der Dame selbst?«

»Ich bin nicht für Liebeserklärungen.«

»Komisch. Heißt die Dame Helene?«

»Nein, Sie sind auf der falschen Fährte. Übrigens wissen Sie, daß aus mir kein Geheimnis herauszubringen ist. Geben Sie sich nicht weiter Mühe.«

Eine Laterne beleuchtete für Augenblicke die Gesichter der beiden.

»Sie sind bleich«, sagte Elisabeth. Martin schwieg.

Plötzlich lachte Elisabeth leise auf und sah dem Dichter nochmals ins Gesicht. »Das ist Ihre tragische Maske«, sagte sie, »ich kenne Sie jetzt. Sie sehen zuweilen ganz so aus, wie ich mir als Kind die großen Dichter dachte: schlecht frisiert, wechselnde Wolken auf der Stirn, das Auge groß, die Lippen leicht geschlossen und so blaß!«

Martin lächelte nicht. »Warum spotten Sie, Elisabeth?« fragte er ruhig.

»Ich spotte ja gar nicht. Ich finde sogar, es steht Ihnen vortrefflich. Warum durfte ich das nicht sagen?«

»Ihretwegen, Elisabeth. Weil Ihre Gestalt und Stimme für mich noch diejenige der abendlichen Muse war, deren Musik mich beglückte und der ich die Veilchen übergab.« Es entstand ein kurzes Schweigen, während dessen die Schritte der Gehenden in der engen, gepflasterten Gasse widerklangen.

»Ich muß gestehen«, begann die schlanke Dame wieder, »daß ich
den Gegenstand Ihrer neuen Dichtung nicht durchaus beneiden
kann. So sehr es mich beglücken würde, meine Erscheinung im
Spiegel Ihrer vornehmen und wohllautenden Verse zu erblicken,
so wenig beglückend denke ich es mir, die Geliebte eines so
strengen, sensiblen und geistigen Mannes zu sein.«

»Aber wenn Sie mir begegneten, wie es jene Dame tut? Sie lacht ja
über mich. Würde es Ihnen keine Freude machen, einen zu Ihren
Füßen zu sehen, dessen Auge für wählerisch und dessen Geschmack für ausgebildet gilt?«

»Ach ja. Und das Bewußtsein, Sie stimmen zu können, Sie zu
quälend traurigen Versen reizen zu können. Wenn man grausam
genug ist, muß es glänzend sein, einen Liebhaber zu haben, von
dem man weiß, daß seine feinen Nerven auf den leisesten Blick
reagieren.«

»Wären Sie aber grausam genug?«

»O ja, oder kennen Sie mich anders?«

»Nein.«

»Warum sagen Sie das so sonderbar?«

»Weil es mir immer noch um die Muse dieses Abends leid tut.
Verstehen Sie das wirklich nicht? Oder wollen Sie sagen, daß
diese Muse eine Maske war?«

»Nein. Aber man kann nicht die Stimmung eines besonderen
Augenblicks künstlich konservieren. Spielen Sie doch nicht den
Empfindsamen!«

»Die Rolle wäre ohnehin zu Ende. Wir sind an Ihrem Hause.
Gnädiges Fräulein, darf ich die Glocke ziehen?«

»Haben Sie die Güte. Ich wünsche Ihrer Dichtung und Ihnen
alles Gute. Auf Wiedersehen!«

Martin hatte keine Lust, nach Hause zu gehen. Er mühte sich, die
Erscheinung der schönen Künstlerin, die an diesem Abend als
schweigsame Muse im dunklen Garten einen ungewöhnlich vornehmen und geistigen Reiz entfaltet hatte, seiner Erinnerung
einzuprägen. Sein Gedanke klammerte sich an jeden winzigen
Zug, an jedes leiseste Lächeln dieser Erscheinung, denn er liebte
Elisabeth, und er wußte, wie selten solche reinen und verklärten
Äußerungen ihres Wesens waren. Er liebte sie, soweit seine
flüchtige und einseitig nach künstlerischen Genüssen und Taten
durstige Seele der Frauenliebe fähig war, und er war unersättlich,

sie in den seltenen Augenblicken zu sehen, in denen sie »ihren Stil gefunden hatte«, wie er sich ausdrückte. Er hatte sich selbst sorgfältig bewacht, damit seine Verehrung ihr verborgen bleibe, er war unzählige mal ohne ihr Wissen von ihr beleidigt worden, dennoch brannte die leise Flamme der ihm selbst oft rätselhaften Neigung in ihm weiter, und ohne es sich zu gestehen, hoffte er immer auf die Stunde, in der sie sich reiner und persönlicher offenbaren und ihm Gelegenheit geben würde, sie zu beeinflussen. Denn trotz ihres schwankenden und häufig fast herben Wesens war sie die einzige Frau in seiner Umgebung, deren körperliche Schönheit und geistige Kultur ihn zu reizen vermochte.

Martin ließ bald die letzten Laternen hinter sich. Der innere Ring der städtischen Anlagen wimmelte vom Getriebe der Liebespaare. Gesenkten Blickes und mit einem leichten Ekelgefühl entrann er dieser Atmosphäre von Dienstmägden und Ladendienern und schritt einen wenig begangenen Fahrweg entlang. Zur Rechten stand der Saum des Parks in die Höhe, zur Linken wogte in milden Rhythmen die Ebene des freien Feldes. Auf einer von Erlen bestandenen Anhöhe machte der Dichter halt und ließ sich ermüdet auf eine niedere Holzbank nieder.

Indem er lange gedankenlos ruhend über die Felder hinweg blickte, auf denen das matte Licht der Sterne lag, bemächtigte sich seiner langsam eine große, herbe Traurigkeit. Sein stumpfer Sinn erwachte beim Anblick der Ebene, der Sterne und des frühlinghaften Laubes der Bäume, und zum erstenmal seit Jahren traf wieder die frische und zarte Stimme der Natur, der Ton des Windes und der Zweige unverschleiert sein Ohr. Er erinnerte sich mit eigentümlichem Schmerz daran, welche Ströme von Kraft, von Sehnsucht, Trauer, Hoffnung und Sinnlichkeit ehemals in solchen Mainächten durch sein Blut und durch seine Gedanken gebrandet hatten. Von dieser elementaren Kraft und Fülle fand er heute in sich nur einen verglimmend leisen Funken der damaligen Jugendschwermut wieder, sonst nichts, sonst gar nichts, und auch diese Schwermut war herb, unfruchtbar und kühl und hatte nichts mehr von der weichen Schönheit von ehemals.

Für den einsam und ermüdet am Fuß der Erlengruppe Ruhenden war eine der seltenen Stunden gekommen, in denen der Anreiz einer äußeren Stimmung den unterdrückten elementaren Empfindungen in seiner kühlen und unzugänglichen Seele zum Sieg verhalf. Er gab dem Andrang der inneren Erschütterung nicht sogleich nach. Aufspringend stellte er sich mit verschränkten Armen an den Rand des Hügels und überschaute die Landschaft. Er zwang sein geschultes Künstlerauge zum sachlichen Sehen und versuchte, sich über den Aufbau und die Lichtverteilung des Feldbildes klar zu werden. Aber mit dem milden Frühlingsduft, der aus dem begrünten jungen Boden stieg, drang jene beklemmende Schwermut immer wieder auf ihn ein, bis er abgespannt und entwaffnet in den Sitz zurücksank und mit schwachem Widerstreben dem Spiel seiner folternden Gedanken anheimfiel.

Neben der Trauer um die verlorene sinnliche Frische der ersten Jugend überkam den Dichter eine grausame Bitterkeit gegen alles, was seit Jahren sein Leben erfüllte. Was nach einer kurzen schwelgerischen Zeit wahllos begangener Ausschweifungen ihm von Schwung und Jugend geblieben war, hatte er seither mit zäher Selbsterziehung in den alleinigen Dienst seines brennenden künstlerischen Ehrgeizes gestellt. Er hatte nie das Verlangen nach vulgärem Ruhm gekannt, aber mit peinigender Stärke brannte ihn der Wunsch, in den engen Kreisen ausgewählter Kenner und Freunde sich den beneideten unbestrittenen Rang des unübertroffenen Artisten zu sichern. Ohne völlig im Formalen aufzugehen, hatte er sich gewöhnt, auch sein inneres Leben gleichsam in der Hand zu halten und jede noch so flüchtige Regung seiner Seele schon im Entstehen künstlerisch zu objektivieren. Er konnte mehrere Tage darauf verwenden, einer poetischen Einladung oder Absage den schillernd brillanten Glanz zu geben, den seine subtil experimentierende Technik einem Verse verleihen konnte. Die Mehrzahl seiner nie umfänglichen Dichtungen war nur in wenigen Exemplaren handschriftlich verbreitet, und selbst diese wenigen Exemplare, deren jedes mit persönlicher Dedikation versehen war, unterschieden sich häufig voneinander durch kleine Variationen, mit welchen der Dichter einzelnen begünstigten Lesern zarte persönliche Huldigungen bot. Seine vielseitig und sorgfältig gepflegte Kenntnis der älteren Literatur hatte ihm den Schlüssel zum Rätsel der sprachlichen Wirkung verschafft, und seine Selbstkenntnis täuschte ihn nicht als sie ihm sagte, daß die Gabe des herzlichen, naiven warmen Wortes ihm nicht oder nicht mehr eigen sei. Ergreifend und aus der Tiefe kommend waren nur die wenigen Verse von ihm, in denen er mit verhaltener Trauer von der Leere und Unlust seiner entgötterten Seele redete.

Diese Leere und Unlust quälte ihn heute bis zur Verzweiflung. Der geistreiche und feingeschulte Schauspieler seiner Gefühle sah sich von aufdrängenden Empfindungen bestürmt, deren Zügel er nicht mehr beherrschte. Es schien ihm in dieser Stunde, als hätte er die seltene Gabe des großen Dichters gehabt und nicht benützt. Es schien ihm, als hätte er einmal die Kraft und Größe gehabt, seinem Leben die satte Fülle der naiven Leidenschaft und seinen Werken die großzügige Frische der sorglosen Genialität zu geben, und als hätte er diese Kraft verkauft und verraten. Er ward sich bewußt, daß er die durchdringende und ätzende Kraft seiner blasierten Skepsis nicht mehr wie ein Spielzeug beherrsche, sondern von ihr bis in die ungewollten Regungen des Gefühls und des Traumes vergiftet sei. Für Augenblicke trat das Bild seiner Jugend mit ungebrochenem Licht vor sein Auge, das Bild jener stürmend wilden, von großen Ahnungen und Hoffnungen bewegten, heiß pulsenden Jugend, deren ungemessene Fülle vor wenigen Jahren noch sein Herz in lauten, verliebten Takten hatte schlagen lassen. Einzelne Stunden, Spaziergänge, Liebesgeschichten, einzelne poetische und philosophische Träume jener Zeit fielen ihm ein, hinter welchen allen wie eine rot beleuchtete Wolkenburg die ersehnte Zukunft gestanden war. Jetzt war die Zeit jener Zukunft da und fand ihn kleiner, elender und kälter geworden. Deutlich fühlte der Dichter, daß er schon jenseits der Schwelle stand, auf welcher Entscheidungen und neue Ideale noch möglich waren. Mit diesem Gefühl gewann die gewohnte kühle Selbstbetrachtung wieder in ihm die Oberhand, und er erhob sich mit energischer Bewegung und dem klaren Entschluß, diese trübe Welle niederschlagender Erkenntnisse und Stimmungen um keinen Preis bis zur Selbstverachtung steigen zu lassen. Trotz einer lähmenden Müdigkeit beschleunigte er seine Schritte fast bis zum Lauf und erreichte bald nach Mitternacht seine Wohnung. Bleich und mit grimmig zusammengepreßten Lippen kam er an, todmüde, verwundet und scheu wie ein der Treibjagd entronnenes Hochwild.

Während Martin auf dem Erlenhügel traurige Viertelstunden verdämmerte, und während in dem mauerumschlossenen Garten des gelehrten Doktors noch die weiche Stimmung jenes Abendliedes sich im geschützten grünen Raume wiegte, hatte sich Elisabeth nach einer kurzen Ruhe zuhause an den Flügel gesetzt. Während ihre Finger eine Reihe von gebrochenen Akkorden griffen und unbewußt zu einer melodielosen Phantasie zusammenschlossen, beschäftigten sich ihre Gedanken mit dem Dichter. Seine schlanke und etwas auffallende Figur mit dem fast immer leicht vorgeneigten bedeutenden Haupt und dem ernsten, heute krankhaft bleichen Gesicht hatte ihr Nachdenken schon oft gefesselt. Sie suchte sich ein Bild der in diesem Haupte wachsenden Ideenwelt und eine Vorstellung von dem Leben dieses sonderbaren Menschen zu machen, aber es gelang ihr nicht. Mit Ausnahme des beinahe gewaltsamen Ehrgeizes, den ihre Künstlernatur verstand, konnte sie keinen typischen Zug seines Seelenlebens finden. Es hätte sie stark gereizt, den Namen der Frau zu wissen, von der Martin gesprochen hatte. An sich selbst dachte sie keinen Augenblick, denn weder hatte er je ein Wort intimer Zuneigung zu ihr geäußert, noch empfand sie irgend eine solche zu seinem verschlossenen und glatten Wesen. Er war ihr zu ruhig, zu wenig kapabel für momentane Aufwallungen, und hätte sie seine Dichtungen nicht genau gekannt, so hätte sie ihm alles tiefe Empfinden abgesprochen. So ahnte sie wohl irgend eine unter der Oberfläche seines Wesens verborgene, vielleicht schmerzliche Tiefe, empfand aber nicht, wie nah verwandt Martins Seele mit der ihren war.

Diese Verwandtschaft beruhte vor allem auf dem beiden gemeinsamen ungewöhnlichen starken Widerwillen gegen das gewöhnliche Leben, gegen alles Stillose und Geistlose, und ebensosehr auf einem ewigen Ungenügen und einem rastlosen Bestreben, sich immer rücksichtsloser den Anschauungen der Gesellschaft zu entziehen und in einer selbstgeschaffenen Welt des Stils und der harmonisch getönten Umgebung sich zu isolieren. Beiden war die Unzufriedenheit mit dem eigenen Leben gemeinsam, beide fühlten sich zur Unzeit und im falschen Lande geboren, empfanden das Leben grau und langweilig und hatten das heimlich brennende Bedürfnis, die Röte der Kunst und die Röte der Leidenschaft an seinen bleichen Himmel zu malen.

Dies alles wußte Elisabeth nicht, der Dichter erschien ihr so fremd wie alle andern. Dazu war sie eine von den Frauen, die unsinnlich sind, ohne keusch zu sein, und die der Mangel an Herzenswärme vor der Hingabe schützt, ohne sie innerlich rein zu bewahren. So hatte sie, wie Martin wußte, nie wirklich geliebt und zahlreiche, oft ehrende Anträge abgewiesen und besaß dennoch ganz jenes Wissen vom Mann und jene kühle Flamme im Blick, die die Männer betört.

Mit scheinbarer Lässigkeit glitten ihre schlanken Finger über die Tasten des Flügels. Sie endigte ihr Nachsinnen mit einem lebhaften Schütteln ihres schönen Hauptes, heftete die klugen, aufmerksamen Augen auf die Klaviatur und begann aufs neue zu spielen. Indem sie den ersten Akkord eines Huber'schen Stückes anschlug, fiel von ihrer geschmeidigen Seele alles Unadlige und Momentane ab. In den Stunden, die sie am Flügel zubrachte, ging ihr ganzes vom Leben unbefriedigtes Wesen in das Land des Wohllautes und der reinen Form hinüber. Es war nicht der Rausch der Begeisterung und Rührung, sondern ein ruhiges, selbstverständliches Zuhausesein in einer wohlbekannten sympathischen Region.

2

Martin saß tief zurückgelehnt in einem der alten Sessel des Gartenzimmers. Vor den Fenstern glänzte der jungbelaubte Park in der Junisonne. Am Tische lehnte Burkhard, Martins Freund, und rauchte.

»Du machst mir sonderbare Geständnisse«, sagte er langsam, indem er gegen den Brand seiner Zigarre blies und die Rechte auf den Tischrand stützte. »Eigentlich sind das doch Sentimentalitäten, die man gerade bei dir ...«

»Ja, ja«, unterbrach ihn Martin etwas unwillig, »Du singst mir da eine alte Weise vor, statt mich verstehen zu wollen.« Die zarten Rauchwolken glänzten mit feingeschwungenen Linien in der Sonne. Durch die weitgeöffnete Türe klang Wipfelgeräusch herein und das Hämmern des Spechtes. Martin strich sich mit den Fingern über die gerunzelte Stirn.

»Also nochmals«, begann er wieder, »– sag mir doch ehrlich, ob es nicht ist, wie ich sagte. Ich bin doch einfach ein Artist und Schaumschläger, der jahrelang leer gedroschen hat ...«

»Was du selber nicht glaubst«, entgegnete Burkhard heftig.

»Du bist ein ewiger Schauspieler und hast heute einmal die Laune, dir selber die Tragödie des verlorenen Lebens vorspielen zu wollen. Ich bin aber nicht dafür zu haben, es ist der jämmerlichste Sport, auf den du verfallen konntest.«

Schweigen. Ein Gärtner ging vorüber. Irgendwo sang ein Kind. Burkhard blies dünne Rauchwölkchen in das vielfenstrige Zimmer, ging auf und ab und trat zuletzt vor die Türe. Martin folgte ihm langsam, schob den weißen Sommerhut weiter in die Stirn und schlenderte mit dem Freunde über die Kieswege bis zu einer schattigen Bank. Beide setzten sich. Burkhard pfiff leise vor sich hin.

»Bist du auch einmal achtzehn oder zwanzig Jahre alt gewesen?« fragte Martin leise.

»Natürlich.«

»Gut, so erinnere dich. Das war doch anders! Erinnerst du dich nimmer, diese Fülle, diese fabelhafte Fülle! Die Frauen – das war wie ein italienisches Nachtfest unter den Bäumen eines klassischen Lustgartens, das war wie auf dem neuen Bild von Hierl-Deronco, alles so berauschend, duftend, weich, so atemberaubend und schwelgerisch. Und diese über Lieblingsbüchern verbrachten Nächte! Da gab es noch Dichter, bei deren bloßem Namen mir das Herz schlug. Genau ein solcher Dichter wollte ich werden, einer, bei dessen Versen schöne Frauen den Schlaf vergessen und junge Studenten vor Erregung und Wonne zittern. Dann diese langen stillen Spaziergänge, bald in langen Alleen, bald über die Berge, ein Reklambändchen in der Tasche –. Und dann, noch ein wenig früher, die erste Frau, die man mit den Augen und mit wahnsinnigen Versen verfolgte –«

»Du sagst selber, daß diese damaligen Verse wahnsinnig waren.«

»Aber ja, freilich wahnsinnig! Das war's ja eben, das war ja der Zauber, dieser süße Wahnsinn, der wie eine brausende Blutwelle vom Herzen in die Augen und Gedanken stieg. Tut es dir nicht im Herzen weh, wenn du daran denkst?«

»Du kannst das wirklich nicht verlangen. Jahrelang hat auch dir das Herz nicht weh getan –«

»Burkhard!«

»Nun, verzeih! Aber ich wiederhole dir, das sind Sentimentalitäten. Du hast das Bedürfnis, dich irgendwie zu berauschen, – tu das, aber laß mich wegbleiben.«

»Du hast ja recht. Ich war von einer Art Jugendromantik befallen und bildete mir einen Augenblick ein, die naiven Dinge von damals müßten noch vorhanden sein, so was wie Freundschaft –. Na, schönen Nachmittag!«

Martin schritt schnell dem Hause zu. Erstaunt eilte Burkhard ihm nach. Erst beim Stallgebäude holte er ihn ein, wo Martin noch dem Kutscher klingeln wollte. Der Freund verhinderte ihn eben noch daran.

»Was für Szenen!« flüsterte er ihm zu. »Alles weiß, daß du heute hier bist, auf den Abend kommen die Stadtgäste – außerdem meinte ich's doch nicht so schlimm!«

Martin hatte seinen Arm frei gemacht und schob den Freund mit einem unangenehmen »Bitte« zur Seite. Er klingelte. Dann wandte er sich zu Burkhard: »Empfiehl mich den guten Leuten«, bat er kühl, »ich fahre nach Hause.«

»Aber mein Bester! Es tut mir ja leid, daß ich dir …«

»Es tut auch mir leid, daß ich dir so langweilige Sachen erzählte. Ein andermal was anderes!«

Der Kutscher trat an. »Nach der Stadt«, befahl Martin. Dann ging er, während der Kutscher die Pferde einschirrte, langsam neben Burkhard im Hofe auf und ab. Nach einer peinlichen Pause blieb dieser auf der Mauerseite des geräumigen Hofes stehen. »Vielleicht«, sagte er leise, »weißt du im Augenblick nicht, daß du mich beleidigst.«

Martin antwortete nur mit einem abwartend kühlen Blick.

»Du wirst es vielleicht bereuen«, fuhr Burkhard fort. »Ich werde dich bei meinen Gästen entschuldigen, die Beleidigung nehme ich nicht auf. Du bist erregt und anders als sonst, vielleicht krank. Übermorgen werde ich in der Stadt sein und dich dann besuchen. Ist dir's recht?«

Martin besann sich einen Augenblick. »Ja«, sagte er dann, gab dem Freunde flüchtig die Hand und stieg in den Wagen.

Auf der ganzen Fahrt durch die warmen, hellen Wiesen beherrschte das von ihm beschworene Bild der Jugendfülle seine Gedanken. Den Freund und seinen Ärger über ihn hatte er sogleich wieder vergessen. Er schien ihm, als gäbe es nichts, an was man denken könne, nichts Bemerkenswertes, Anziehendes und Lebendiges als dieses Jenseits der verlorenen Jugend, diese rätselhaft schöne, sternbeglänzte, dunkelgrüne Wildnis, in welcher heiße Jünglingsgedichte von Siegen und Lorbeerkränzen träumen. Und der kühle, silbenwägende Dichter der »Silberlieder« und der »steinernen Götter« lehnte mit geschlossenen Augen tief im Rücksitz des Wagens und summte den ersten Vers des alten Rückert'schen Liedes vor sich ihn.

»Aus der Jugendzeit, aus der Jugendzeit« ... Seit dem Abend auf dem Erlenhügel hatte ihn seine innere Unruhe und eine Art von Heimweh nicht mehr verlassen. Jene plötzliche Regung des Überdrusses, der Reue und Jugendsehnsucht bleibt wohl wenigen Männern unbekannt. Während aber die meisten von ihnen die weiche, schmerzliche Stimmung einer solchen Gedenkstunde schnell überwinden, blieb der einsame, an die peinliche Beobachtung seiner Empfindungen gewohnte Dichter ihr tagelang völlig preisgegeben.

Die hellen Wiesen, die von Zweigen überhangenen Mauern und die altmodischen Portalsäulen der herrschaftlichen Landhäuser flogen vorüber, Kornfelder und Raine mit rot brennenden Inseln von wildem Mohn, kleine Bauerngüter, in deren Gärtchen Levkojen, Reseden und Georginen dicht und üppig standen. Martin sah sie nicht, auch nicht die Kinder, die vor den Landhäusern sprangen, die arbeitenden Bauern, die im Tenniskostüm bummelnden Mädchen. Er erinnerte sich jetzt wieder des eben verlassenen Burkhard. Ausgelacht hatte er ihn, Witze hatte er gemacht, »verschon mich mit deinen Nöten«, hatte er gesagt. Und das war sein Freund, der einzige, den er mit diesem Namen nannte. Und jetzt, wo dieser ihn ihm Stich gelassen hatte, war keiner mehr da, zu dem er hätte gehen können. Einige sehr feine, zu Kennern gebildete Herren, ein Völkchen bewundernder Gänschen, eine kleine Herde von schüchternen, verehrenden Jungen – das war seine Gesellschaft. Mit Bitterkeit erinnerte sich der Dichter seiner Jugendfreunde. Der Beste war ihm untreu geworden, er war zu selbständig gewesen um ihm in seine egoistische und einseitige Lebensweise zu folgen. Die andern hatte er, einen nach dem andern, sich absichtlich entfremdet, als nach den Studienjahren sein Ehrgeiz erwacht war und der Widerwille gegen alles Dilettantische und Unästhetische ihn immer einsamer und unduldsamer machte. Sie waren jetzt endgültig verscheucht. Also hatte er alle diese Jahre her keinen Freund gebraucht und sah erst heute, daß er keinen hatte.

Martin durchlief die ganze Reihe seiner Bekannten. Es war niemand darunter, den er seine heutige Stimmung hätte wissen lassen mögen. Da trat plötzlich Elisabeth vor seine Gedanken.

Elisabeth! Sie hatte das, was den andern fehlte, sie allein war ihm an Geist und Weltverachtung ebenbürtig und sie allein verstand die Seele eines Künstlers, eines Schaffenden. Sie war tief genug, auch seine trübsten Stimmungen zu verstehen und war auch ungläubig und verdorben genug, um jedes bittere Lächeln seiner mißbrauchten und entheiligten Seele mitzulächeln. Der Dichter beschloß zu wagen, wovor er lange gezaudert hatte, er beschloß sie zu seiner Vertrauten zu machen und das schöne Weib, von dem man sagte, sie habe nie geliebt, zu erobern.

Erst als sein Wagen eine gepflasterte Straße passierte, erwachte er durch den Lärm der Hufe aus seinen Gedanken und bemerkte, daß er schon die Stadt erreicht habe. In wenigen Minuten war er in seiner Wohnung. Martin wusch sich Gesicht und Hände, wechselte den Rock und trat in sein Arbeitszimmer, das mit einem einzigen großen Fenster auf einen stillen Baumgarten sah. Die zarte Ausdünstung des jungen Kastanienlaubes erfüllte den kleinen, hohen und kühlen Raum. Auf dem Lesetische lag aufgeschnitten und mit mehreren Lesezeichen versehen der »Wacholderbaum«* von Bruno Wille. Martin nahm den zweiten Band, blätterte einige schon gelesene Seiten nach und las weiter. Er lächelte wieder, der Klassizist und Formfanatiker, über die frisch naive Sprache dieses philosophischen Romans. »Ein Buch, an dem Novalis seine Freude gehabt hätte«, dachte er. Dann versenkte er sich ganz darein, der fragmentarischen Dialektik des Buches zu folgen und die Logik seiner Weltanschauung zu prüfen. Die Lehre vom Tode schien ihm auch hier die wichtigste Frage offen zu lassen oder doch nur zu modifizieren. Auch fand er die Mehrzahl der Beispiele und Gespräche zu absichtlich nach Art der sokratischen Gespräche in den Dienst des vorausgefundenen Ergebnisses gestellt. Im Grunde war ihm diese erste dichterische Verklärung der monistischen Weltanschauung so wenig

---

* »Offenbarungen des Wacholderbaums«, Roman 1901.

ein Erlebnis als die Bekanntschaft mit irgend einer anderen Philosophie. Martin war mit der komplizierten Psychologie des modernen Menschen zu vertraut und war selbst zu unstet, zu schillernd in seinen Stimmungen und viel zu wenig naiv, um an große tröstende Wirkungen der Philosophie auf das Leben des Einzelnen zu glauben. Ihm gehörte alle philosophische Arbeit zur l'art pour l'art, deshalb blieb er ihr nicht fern, aber deshalb war sie ihm auch nicht mehr als die erfreuende Übung einer artistischen Geistesfähigkeit.

In einer Ruhepause fiel sein Blick beim spielenden Umblättern auf die innere Umschlagseite und auf eine Notiz, in welcher der Autor unter Angabe seiner Berliner Adresse alle interessierten Leser zu persönlicher brieflicher Aussprache aufforderte. Martin konnte nicht umhin, sich mit sarkastischem Lächeln diese Briefe vorzustellen, die Dummheiten, Mißverständnisse und Bitten um Aufschlüsse. Dann verglich er die Arbeit dieses Dichters mit der seinigen. Während er, um die Reinheit seiner Visionen und den kristallenen Schliff seiner Kunst zu schützen, sich in die engsten Kreise zurückzog, ja die Veröffentlichung seiner Werke scheute, arbeitete jener mit sichtlicher Befriedigung für viele, ja gab zweifelhaften Massen von Unbekannten die Möglichkeit, mit ihm über seine Werke zu reden. Mit Schaudern stellte der Dichter sich vor, Besuche von Studenten, Lehrern, Pfarrern und andern fremden Menschen empfangen, oder schlecht stilisierte Briefe von Unbekannten lesen zu müssen. Trotzdem fühlte er, daß jener kühne und liebevolle Schriftsteller eine Art von Befriedigung empfinden müsse, wie seine Arbeit sie nicht geben konnte. Unter jenen Briefen konnte der leidenschaftliche Erguß eines stürmischen und genialen Jüngers sein, der Dank eines Vereinsamten, die Anerkennung eines bisherigen Gegners. Martin verglich damit die Anerkennungen, die ihm zuteil zu werden pflegten, die geistreich lobenden Briefe, die gewählten Glückwünsche, Blumen, sinnvolle und künstlerische Geschenke. Das war feiner, vornehmer, zarter und geschmackvoller, aber ein einziger jener Briefe konnte doch unendlich beglückender sein als dies alles. Der Dichter begann den Verfasser des »Wacholderbaum« um diese Möglichkeiten zu beneiden.

Auf Burkhards Landgut trafen kurz vor Abend die Gäste ein. Hätte Martin gewußt, daß unter ihnen Elisabeth sein würde, so wäre er ohne Zweifel geblieben.

Burkhard, ein schöner, gewandter Lebemann von kaum dreißig Jahren, empfing seine Gäste in demselben Gartenzimmer, in dem er mit Martin die Mittagstunde zugebracht hatte. Als Junggeselle, der außerdem viel auf Reisen war, sah er nur selten Gäste bei sich, die wenigen musikalischen Abende jedoch, die er in seinem Landhause veranstaltete, genossen einen glänzenden Ruf. Heute war die erste Rolle Elisabeth zugedacht.

Die Mahlzeit wurde im Freien eingenommen, in einem prachtvollen Rondell alter Ulmen, zu dem eine leicht ansteigende, festlich breite Allee hinanführte. Während des Abendessens, als die Dämmerung begann, flammten von Baum zu Baum die elektrischen Lichter durch die Zweige, zugleich wurden die bronzenen Öllampen angezündet, die auf schwarzen Sockeln über die Tafel verteilt waren. Es waren vielleicht dreißig Gäste geladen. Die meisten verbargen eine gewisse Enttäuschung darüber nicht, daß Martin fehlte. Nachdem der Wirt den Willkommspruch ausgebracht hatte, gedachte ein alter Akademiker des abwesenden Dichters und man beschloß, ihm einen Gruß zu senden. Eine Schale erster Sommerrosen mit den Karten der Gäste ward einem Boten übergeben.

Die Mahlzeit dauerte nicht lange. Die Gesellschaft ließ sich von den Dienern mit Windlichtern durch den Park begleiten und versammelte sich aufs neue im Saal des Obergeschosses, wo der mit einem Kranz geschmückte Flügel wartete. Während in den Nebenräumen der Mokka gereicht wurde, begann auf die Bitte der Versammlung Burkhard das Konzert mit der Kreutzersonate. Er spielte seine Cremoneser Geige virtuos, der Direktor des Konservatoriums hatte die Klavierpartie. Während des dritten Satzes der Sonate richteten sich alle Blicke auf Elisabeth. Sie war in der Türe eines kleinen Nebensalons erschienen und schritt langsam und leise durch den Saal bis an das dem Flügel zunächst gelegene Fenster. Dort lehnte sie nun regungslos den Blick über das bleiche Gesicht hinweg zu Boden gesenkt. Man erkannte an ihrer Haltung und an der Spannung des königlichen Antlitzes, daß die große Künstlerin intensiv von einem musikalischen Gedanken beherrscht war. In diesen Augenblicken

überflog die künstlerische Inspiration ihr regungslos gespanntes
Gesicht mit einem duftigen, visionären Lichte, das die ganze
adlige Erscheinung überfloß und der Gegenwart entrückte.
Als die Sonate beendet war und Burkhard dem Klavierspieler
gedankt hatte, sandte er einen fragenden Blick zu Elisabeth hinüber. Sie hob das schöne Auge und lächelte. Ohne sich den ge-
spannten Hörern zuzuwenden, trat sie an den Flügel. Burkhard
neigte sich zu ihr, um ihr einige schmeichelnde Dankworte zu
sagen. Elisabeth wirkte zerstreut.
»Eine Bitte, Maestro« flüsterte sie. »Sie dürfen mich während
des Spiels nicht ansehen. Diese Flügel sind doch abscheuliche
Instrumente. Schließen Sie die Augen und denken Sie, es sei eine
Harfe, worauf ich spiele. Eine Harfe –.« Sie schwieg plötzlich
und dachte diesem Lieblingsgedanken nach – die Tonfülle des
Konzertflügels stehend einer großen, drachenköpfigen, goldenen Harfe zu entlocken. Inzwischen waren auch die letzten Zuhörer in den Saal gekommen und saßen oder standen an den
Pilastern und Türfüllungen. Elisabeth nahm den Sessel ein und
senkte die weiße Stirn. Ehe sie zu spielen begann, machte sie den
an ihrer Schulter befestigten Veilchenstrauß los und drückte ihr
Gesicht in die kühlen duftenden Blumen. Dann legte sie den
Strauß zur Seite, legte beide Hände auf die Tasten und begann
mit einem leisen, langsam sterbenden Akkord. Was sie nun
spielte, wurde von vielen für altitalienisch gehalten, eine fest, fast
herb geführte Melodie mit ebenso herben, gleichsam versteiner-
ten Ranken der Begleitung. Die weich, doch klar anschlagenden
schlanken Finger der Künstlerin zauberten Wunder aus dem Instrument. Während sie von der Harfe träumte, schmeichelten
diese Finger den Saiten des Flügels so schonend und schwester-
lich vertraut, daß diese Saiten, in ihren innersten Geheimnissen
belauscht, ihre reinste und seligste Stimme hergaben. Jeder Ton
der einfachen, altmodischen Melodie klang durch den Saal wie
der Ton aus der Brust einer Sängerin.
Der Fluß der Melodie zerrann bis auf einen dünnen Silberfaden.
Der letzte Ton verlor sich in jenes mit Sordino gespielte takte-
lange, flüsternde Delirieren in Septimenakkorden, das man bei
Schumann zuweilen findet. Diese unbestimmte, konturlose Tö-
newelle wuchs langsam bis zu einem etwas verschleierten, unruhigen Brausen, das den Zuhörer in süßer Folter spannt und auf

ihn wirkt wie der Strich einer Frauenhand. Da stockte plötzlich den erregten Gästen der Atem. – Aus dem tönenden, rieselnden Wirrsal stieg plötzlich, wie aus dem Gewirre eines Nachtfestes eine Rakete steigt, eine blendend helle Figur empor, ein doppelt verschlungener Lauf mit atemberaubend ungleichen Intervallen. Die brillante Figur löste sich, wie eine aus großer Höhe fallende Garbenrakete, in der Höhe mit einer schwach angeschlagenen Dissonanz auf und fiel in zahllosen winzigen, zerstäubenden Trillern in die Dämmerung der halbverschleierten, wiegenden unbestimmten Tonflut zurück.

Elisabeth machte eine Pause. Im Saal brach lauter Beifall los. Sie schenkte ihm keine Beachtung. Sie nahm den Veilchenstrauß vor das Gesicht, reckte den linken Arm, schaute einen Augenblick zum Fenster und in die schwarzblaue Parknacht, schüttelte leicht den eleganten Kopf und schlug einen kräftigen Ton an. Der Saal ward still. Aber Elisabeth begann noch nicht wieder zu spielen. Sie besann sich eine ganze Weile. Da kam plötzlich eine ihrer elementar hervorbrechenden Launen über sie. Sie warf den Kopf zurück, lachte leise, holte mit beiden Armen wie zu einem überraschenden Schlage aus und spielte fortissimo in rasendem Tempo eine frenetisch wilde Tanzweise. Die fiebernd rasche Musik im zitternden, hinreißenden Takt riß wie ein Blitz durch den feierlichen Tempel der Musik und erfüllte den Saal mit einem heißen, zehrenden Duft von Sinnlichkeit und Mänaden-gelächter.

Diesmal entzog sich Elisabeth dem Beifall nicht. Sie ließ sich von Komplimenten und Schmeicheleien umgeben und trank durstig den überschäumenden Becher des Triumphes aus, den ihre Kunst und ihre Schönheit gemeinsam feierten. Der prachtvolle Kranz wurde ihr zu Füßen gelegt, sie brach einen Blütenzweig daraus und steckte ihn in den Gürtel. Von den glückwünschen-den und begeisterten Herren umdrängt, begab sie sich in einen ihr zu Ehren geschmückten kleinen Salon, wo beim leisen Klir-ren der Eisbecher und Champagnergläser der Rest des Abends wie ein geistreicher, auf der Grenze der Sitte schaukelnder Scherz verklang. In den Augen Elisabeths glimmte wieder jene kühle Glut; der geistreich schöne Quattrocentokopf, der vor einer Stunde die verklärte Schönheit einer inspirierten Heiligen hatte, wiegte sich nun schön, frech und berückend wie der Kopf einer hochgeborenen Kurtisane auf dem berühmten Nacken, dessen Linien wie ein Traum des Rossetti waren. Von ihrem Körper strömte der feine betörende Duft des raffinierten Weibes, und auf ihrem blaßroten Mund lag ein nuanciertes Lächeln, in dem von Augenblick zu Augenblick Verlockung, Ironie und Verachtung wechselten.

Martin erhielt am selben Abend noch den Rosengruß des Burkhard'schen Festes. Unter den Karten war diejenige Elisabeths. Diese trug unter dem Namen die mit Bleistift geschriebenen Worte »– grüßt den blassen Dichter«.
Langsam riß Martin das Stückchen Papier entzwei und ließ es zu Boden fallen. Er ergriff eine der Rosen, drehte sie erregt in den Fingern, betastete die weiche, vielblättrige Blüte und zerpflückte sie, daß die hellroten Blütenblätter sich auf dem Teppich zerstreuten. Dann eine zweite, dann noch eine, und wieder eine, bis er voll Unmut aufsprang und die Kerzen auf seinem Lesetisch anzündete. Er öffnete einen niederen Mappenschrank und zog eine Bildermappe mit der Aufschrift »Dante Gabriel Rossetti« hervor. Aus dieser Mappe fiel ihm von selbst eine Gravüre großen Formats entgegen, eine Reproduktion des Bildes »Dantes Traum«. Die Beatrice dieses Bildes hatte im Antlitz eine hervorragende Ähnlichkeit mit der schönen Elisabeth.
Quälende Gedanken beschäftigten den Dichter, während sein Auge auf den Umrissen dieses schönen Hauptes ruhte. Er glaubte genau wissen, daß ihn der Sieg über die spröde Künstlerin nicht lange beglücken würde. Zwei Menschen, von denen jeder den naiven Genuß des Lebens verlernt und jeder alle Kräfte seiner unruhigen und zerwühlten Seele einem maßlosen Künstleregoismus untergeordnet hatte – das mußte eine Vereinigung ohne Dauer werden. Dennoch fühlte er die Notwendigkeit dieser Vereinigung, wie man die Notwendigkeit einer letzten Liebe fühlt. Elisabeth stand ebenso wie er an jener Grenze der Jahre und der künstlerischen Reife, welche notwendig entweder der Ruhe eines schauenden und milden Glückes oder dem ersten Schritt zur Selbstverzehrung und zum Untergang ruft. Jetzt glaubte Martin den Augenblick gekommen, sein Leben mit einer gewagten und blendenden Leidenschaft zu krönen, einerlei ob sie ihm neue Kraft oder den Untergang bedeute. Denn er wußte

wohl, daß nach Elisabeth keine Frau mehr ihm etwas zu schenken haben würde.

Wieder betrachtete er das Bild seines Lebens, dem er seit Jahren gewaltsam, ehrgeizig und unerbittlich die Form eines strengen, unabhängig in sich selbst ruhenden Kunstgebildes gegeben hatte. Wieder besann er sich, ob es klug war, so viel zu beschneiden und abzuweisen, und wieder fühlte er wohl, daß dieses Besinnen zu spät gekommen war, und daß für ihn der einzige Weg der vorwärts führende war, der Weg der konsequenten Selbstführung, Vereinsamung und Weltverachtung, daß ein peinigendes Ungenügen ihm die Tage vergiftete. Daß er in kranken Stunden und in schlaflosen Nächten oft von einer fast kindischen unstillbaren Sehnsucht nach Trost, nach Religion, Aberglauben, Liebe und Götterverehrung gepeinigt wurde, hielt er zäh vor sich selber geheim. Wenn er nachgab, wenn er wirklich für sein Leben eine außer ihm liegende Stütze bedurfte, und sich das gestand, dann fiel das Gebäude fleißiger Jahre zusammen und riß seinen einzigen Trost, die souveräne Selbstachtung, mit in die Trümmer eines gebrochenen und verlorenen Lebens.

3

Das Gedicht »Elisabeth« war vollendet. Seine Form erinnerte an die huldigenden Gedichte, die an den italienischen Fürstenhöfen der Renaissance entstanden. In die Verse, die von der einsamen, unbefriedigten, grausamen Art der schönen Dame sagten und davon, daß sie nie geliebt habe, – in diese Verse hatte Martin die ganze aufreizend preziöse Kunst seiner vollendet reinen Sprache gelegt. Diese Verse redeten von den unsäglich fein verwirrten, stachelnden Stimmungen einsam schlafloser Nächte, in denen heiße Hände sich auf die heißen Schläfen pressen und jede Bewegung und jeder Gedanke dem verhaltenen, heiseren Schrei der Unlust, der Liebessehnsucht und der Selbstpeinigung gleicht. Die ganze zitternde Qual eines großen, aber verlorenen und unstillbar sehnsüchtigen Künstlerlebens blitzte bleich und schwül durch das Gedicht.

In diesen Tagen besuchte Martin die Künstlerin in ihrem Boudoir. Er hatte das Gedicht in winzigen Buchstaben auf Sedez-blätter schreiben lassen und das zierliche Heftchen in einen Blumenstrauß verborgen. Diesen Strauß übergab er nun Elisabeth.

Sie dankte scherzend und begann von ihren Sommerplänen zu sprechen. Sie pflegte seit Jahren jedesmal in den Sommermonaten spurlos zu verschwinden, auf hastige, ziellose Reisen, bei welchen auch die größten Entfernungen sie nicht abschreckten. Man konnte sie dann unvermutet irgendwo im Engadin treffen, sie aus den Augen verlieren und einige Tage darauf einen Gruß von ihr aus Norwegen oder von einer Nordseeinsel erhalten.

»Und Sie?« fragte sie plötzlich, »werden Sie wieder ihr langweiliges Luzern oder ihren Liebling Zermatt aufsuchen?«

»Nein, Elisabeth.«

»Nicht möglich! Oder Sankt Moritz?«

Martin besann sich einen Augenblick.

»Erinnern Sie sich«, fragte er dann, »noch eines Märchens, das ich im letzten Jahr bei Burkhard vorlas?«

»Ah, das Liebesschloß im nördlichsten Meer, wo die Wikingerfürsten rasende, raubmörderische Feste feiern. Ich erinnere mich wohl daran, an den Turm, der bis zur Zinne von der Brandung überspritzt wird und an das rote Drachenschiff, – Sie haben nichts geschrieben, was so unmöglich und frech und zugleich so berauschend ist. Aber wie kommen Sie jetzt darauf?«

»Ich gedenke, dieses Schloß im nördlichsten Meer aufzusuchen, und werde morgen die Frau, die ich liebe, auffordern, mich zu begleiten.«

Die klaren Augen des Dichters verschleierten sich seltsam und blickten trübe glühend auf die leichte, adlige Gestalt des Mädchens. Sie verstand ihn nur halb. Doch ward sie befangen und hielt den Blick des Dichters nicht lange aus.

»Sie Märchenpoet!« rief sie mit verlegenem Lachen. Dann begann eine grausame Neugierde sie zu stacheln.

»Wird die Frau aber mitgehen wollen?«

»Ich weiß es nicht.«

»Und wenn sie nicht will?«

Martin war blaß und atmete stark.

»Sie will doch«, rief er erregt. »Sie will, auch wenn sie nein sagen wird. Sie wird gewiß nein sagen. Dann aber werde ich sie zwingen und ihr die Bannformel der alten Wikinger in's Ohr sagen, die den Frauen das Blut berauscht und sie nach Tod und Liebe lüstern macht.«

Der Dichter zitterte und kämpfte mühsam mit der plötzlich lodernden Leidenschaft, die seinen Lippen unmögliche, schreckliche Worte aufdrängte und seine Gedanken in sinnlos tollen Wirbeln verwirrte. Elisabeth betrachtete das scharfe, erregte Gesicht des Dichters, das sie nie anders als glatt, lächelnd und schweigsam gesehen hatte. Alle gebändigte Leidenschaft und aller verborgene Gram der feinen Züge lag jetzt unverhüllt in harten Furchen auf diesem Antlitz.

Langsam ward der Mann seiner Erregung Herr. Er hatte seine Stimme wieder völlig in der Gewalt und stimmte sie nun plötzlich auf den gewohnten, liebenswürdig kühlen Ton.

»Wie Sie sehen, schöne Muse, werde ich gleich König Saul zuweilen von bösen Geistern heimgesucht. Sie kennen die Geschichte, zwar nicht aus dem Alten Testament, aber doch aus einigen berühmten Bildern. Das ganze Alte Testament hat wenig so lieblich zarte Züge wie die Erzählung vom süßen Harfenspiel des Knaben David, das in qualvollen Stunden die schwermütigen Falten von der Stirn des Königs vertrieb. Ich wollte Sie heute bitten, mir diesen Davidsdienst zu tun. Unter Ihren Händen wird ja selbst der poesielos plumpe Flügel zur Harfe, auch ist mir, als könnte selbst jener von Gott begnadete Jude nicht so über die Saiten geherrscht haben, wie Sie mit Ihren schönen, wunderbaren Frauenhänden. Wissen Sie, daß ich Ihre Hände studiert habe? Neulich im Garten unsres allwissenden Historikers, während Sie mit den Sternen redeten. Mir fielen dabei alle schönen Frauenhände ein, von denen die Geschichte und die Sage weiß, namentlich die Hände der Beatrice, lauter Hände von Frauen, deren Adel und Schönheit Tausende von Dichtern und Malern bis zur brennenden Sehnsucht gereizt hat. Von solchen Händen träumten jene schlanken, zärtlichen Florentiner um die Zeit des Filippo Lippi, und sie feierten eine seltsam verklärte Auferstehung in den gemalten Gedichten dieser ätherischen englischen Primitiven, die Sie so gern haben. Darf ich diese Hände bitten, mich zu trösten und mir eine Freude zu machen«?

Elisabeth hatte diese gewaltsame Rückkehr zum schmeichlerischen Plauderton in Erstaunen gesetzt. »Wissen Sie auch«, gab sie zur Antwort, »daß jener Saul den Speer nach seinem Tröster warf? Das ist so recht Männerart, mit der Schönheit und mit der Kunst zu spielen, bis die knabenhafte Lust am Zerstören über sie kommt.«

»Ich antworte darauf nicht, Elisabeth. Sie sind ein Kind, wenn Sie von den Männern reden. Aber ich wiederhole meine Bitte an Ihre schönen Zauberhände.«

Und Elisabeth willfahrte. Sie winkte dem Dichter, sitzen zu bleiben, und begab sich nachdenklich in das Nebenzimmer, in dem ihr Flügel stand, und spielte das Rondo einer Beethovensonate.

Als sie zurückgekehrt war und Martin sich verabschieden wollte, nahm sie nochmals seinen Blumenstrauß in die Hand. Indem sie ihn gegen ihr Gesicht neigte, fiel ihr aus den Blumen die kleine Manuskriptrolle entgegen. Aber ehe sie fragen oder die durch eine Schleife zusammengehaltenen Blätter entfalten konnte, hatte ihr Martin die Hand geküßt und ihre Wohnung verlassen.

Erfreut und neugierig öffnete sie die Rolle und las als Titel ihren Namen. Da überfiel sie eine zitternde Aufregung, und sie wußte plötzlich alles. Sie sank in einen Sessel und starrte lange, ohne ein weiteres Wort zu lesen, auf diesen zierlich geschriebenen Namen. Wie durch einen raschen, erschreckenden Blitz erleuchtet, übersah sie die Wichtigkeit dieser Blätter und dieser Stunde. Der Tag war nun da, von dem sie oft geträumt und an den sie doch kaum mehr geglaubt hatte – der Tag, an dem sie die Sprache der Leidenschaft zum ersten Mal von einem Manne vernahm, den sie nicht verachtete und für den sie sich nicht zu gut erschien. Eine schwere dunkle Woge von halbflüggen, rasch verleuchtenden Gedanken drang auf sie ein, ein Wirbel von Fragen, Zweifeln, Ungewißheit, Stolz, Angst, Freude und Herzweh, dem sie für Augenblicke völlig unterlag. Sie kniete auf einen niederen Polstersitz und drückte Stirn und Brust ratlos stürmisch an die Wand, sie fühlte das Bedürfnis, laut zu schluchzen, und fand doch keine Tränen. Dazwischen stieg plötzlich das Bild jenes grausam schwelgerischen Liebesmärchens vor ihr auf, das rote Schloß am nördlichsten Meer, in dem die Schreie unstillbarer Liebeswut gell und verzweifelt sich in den Donner der ewigen Brandung mischen, und es war ihr, als würde sie willenlos von lachenden, brutalen Räubern nach jenen üppigen Sälen geschleppt, mitten in Angst und Tränen ein wildes, gellend schmerzliches Gelächter lachend.

Mehr als eine Stunde verging, ehe sie sich erhob und fähig war, die Verse Martins zu lesen. Nun zog sie sich mit den Blättern in eine von lebenden Blumen und Lorbeeren umgebene Nische zurück und las. Eine neue Angst erfüllte sie nun, während sie halblaut sich die geschmeidigen süßen Verspaare vorsagte. Dieser Dichter redete von Dingen, deren Schauplatz die verborgenste Stille ihrer Nächte war, er kannte sie bis in die scheuesten Regungen ihres Lebens und redete von ihrem Körper, als hätte er ihn nackt gesehen. Während des Lesens war ihr beinahe als hätte sie sich diesem Manne schon ergeben, als wäre nichts mehr an ihr und selbst nichts mehr an ihrer Kunst, was er nicht schon durchschaut und genossen hätte. Dennoch konnte sich Elisabeth dem Zauber der zarten Schmeichelei nicht entziehen, der aus jedem Verse strömte wie ein leiser, aber unentrinnbarer lockender Duft. Der Dichter redete von ihren Träumen und von ihrem leisen Stöhnen im Schlaf, als hätte er Nächte hindurch an ihrem Herzen liegend den Takt ihres Blutes und den Wechsel ihres Atems belauscht. Aber er redete doch von ihr wie von einer Fürstin, und er verstand und teilte ihr verborgenes Ungenügen, ihr Heimweh und ihre Weltverachtung, er goß auch noch über die verdorbensten Tiefen ihrer Seele den reinigenden Zauber ihrer und seiner Kunst. Mit einem Mal begriff sie des Dichters und ihre eigene Sehnsucht, indem sie verstand, warum er sie allein der Huldigung seiner Poesie und seiner Leidenschaft für würdig hielt. Sie sah in seinem ihr bisher noch verborgenen Innern ihre eigenen, allen anderen unverständlichen Wünsche, Leiden und Entbehrungen brennen. Auch schmeichelte es ihr in hohem Grad, daß gerade dieser ungewöhnliche, unzugängliche und mit seiner Meisterschaft kargende Dichter eine so vollendete und kostbare Gabe für sie als einzige Besitzerin und Leserin geschaffen hatte.

Martin brachte den Tag in einem furchtbaren Fieber der Erwartung zu. In der Furcht, Elisabeth möchte plötzlich abreisen, streifte er von Stunde zu Stunde um ihr Haus. Die Ungewißheit der Wirkung seines Geschenkes folterte ihn entsetzlich. Er wußte wohl, daß kaum je in einer so peinlich strengen, perfekten Form eine so rücksichtslos gewagte Indiskretion geschrieben worden war. Und doch empfand er eine Art von Freude darüber, daß jetzt eine Entscheidung notwendig geworden und seiner Willkür entzogen war. Er suchte sich auszumalen, welche Folgen eine Abweisung für ihn haben würde. Das war nicht dasselbe wie eine einfache abgewiesene Liebeserklärung; wenn Elisabeth nein sagte, war jede flüchtigste Begegnung mit ihr für immer verboten und damit Martins bisheriges Leben wie ein Faden abgeschnitten, denn die Kreise, in denen Elisabeth und er die ersten Namen waren, waren dann für ihn unmöglich. Und was dann? Er überlegte sich nochmals alle früher entworfenen Pläne. Eine gewisse Möglichkeit hatten nur zwei davon: Die Rückkehr in das Milieu, das er sich jahrelang konsequent und eisig entfremdet hatte, oder die endgültige Beschränkung auf die eigene Gesellschaft. Irgendwo, etwa in Florenz, eine Wohnung mieten oder ein Haus bauen, viel reisen, seine Schöpfungen entweder verborgen halten oder einem Verleger übergeben. Das Dritte wäre der Revolver oder die Gletscherspalte im Hochgebirge, aber Martin hatte sich den Gedanken des Selbstmords immer mit Strenge ferngehalten, vielleicht im instinktiven Bewußtsein, daß seinem ohnehin verarmten Leben dieser Hintergedanke auch den letzten Glanz, seinen unbeugsamen Stolz, rauben würde. Auch jetzt gewann dieser Gedanke nicht Gewalt über ihn.

Erst gegen Abend wurde Martin ruhiger. Es war keine Nachricht von Elisabeth gekommen, sie hatte keinen Entschluß gefaßt, und ihm blieb die Möglichkeit, sie noch in der letzten Unterredung zu gewinnen. Er beschloß, diese Möglichkeit so besonnen als möglich zu benützen, nahm früh am Abend ein starkes Schlafmittel und erwachte am anderen Tage erst spät.

Auch Elisabeth hatte inzwischen beschlossen, alles dem letzten Besuch Martins anheim zu geben. Am Morgen nach unruhigem Schlummer früh erwacht, bemühte sie sich mit aller Kraft kühl und ihrer Erregung Herrin zu bleiben.

Um dieselbe Stunde wie Tags zuvor ließ sich der Dichter melden. Sie empfing ihn gelassen und freundlich in ihrem Musikraum. Die alltäglichen Fragen und Antworten wurden gewechselt. Der Dichter begann zuerst den Kampf.

»Darf ich fragen, Elisabeth, ob Sie meine Gabe schon gelesen haben?«

»Sie wollen, daß ich Ihnen dafür danke?«

»Ich habe das nicht gesagt. Aber ich schuf die kleine Dichtung mit der zweifelnden Hoffnung, sie möchte von Ihnen verstanden werden. Wissen Sie noch, daß ich Ihnen eines Abends davon erzählte?«

»Ich weiß noch, und ich dachte daran, als ich Ihre Verse las. Auch sage ich Ihnen gerne, daß ich bessere noch nicht gelesen habe. Sie behandeln die Worte und Reime wie ein Goldschmied sein Metall behandelt.«

»Sehr gütig –«

»Daß ich über den Inhalt Ihrer Verse etwas erstaunt war, können Sie wohl begreifen?«

»Ich begreife es, obwohl –«

»Ohne obwohl! Ich wußte nicht, daß es erlaubt ist, Dinge wie die von Ihnen gesagten mehr als zu denken.«

»Und zu denken sind sie erlaubt?«

»Sie sind ein Sophist! Aber meinetwegen: ja, zu denken ist alles erlaubt.«

Es entstand eine Pause. Elisabeth wühlte nervös in einem Stoß von Notenblättern, Martin schritt langsam, aber aufgeregt im Zimmer auf und ab und blieb zuletzt an einem Fenster stehen. Seine Stimme klang scheu und gespannt herüber:

»Elisabeth! Wollen Sie mir eine Frage erlauben?«

»Fragen Sie!«

»Sind jene Verse wahr?«

Auch die Künstlerin verließ nun ihren Sitz und wanderte unstet durch das große Zimmer. Wieder hörte sie Martins Stimme:

»Sie antworten mir nicht?«

»Nein, ich antworte Ihnen darauf nicht.«

»Dann – Wissen Sie, daß es mir nicht möglich sein wird, Sie jemals wieder zu sehen, wenn ich keine Antwort erhalte?«

»Ich weiß das.«

»Und geben mir keine Antwort?«

Sie schwieg.

»Elisabeth! –«

Sie begann wieder auf und ab zu gehen. Er folgte ihr und blieb in ihrer Nähe stehen, während sein Blick sie nötigte, Halt zu machen.

»Ich denke, Sie werden mich nicht in meinem eigenen Hause bedrohen, Herr Martin.«

»Ich weiß nicht. Sie reizen mich so grausam, und Sie wären wehrlos, wenn ich sie jetzt ergreifen und an mich drücken und mit Küssen ...«

»Halt! Schämen Sie sich doch, mir zu drohen.«

»Ich wollte nicht drohen, Sie haben mich unterbrochen. Ich wollte noch eine Frage an Sie richten. Wissen Sie, daß in diesem Augenblick der einzige, der einzige Mensch vor Ihnen steht, der Sie versteht?«

»Ja, ich glaube Ihnen das.«

»Nun, Sie haben damit auch meine erste Frage beantwortet – Und nun die letzte: Spielen Sie jetzt Komödie oder ist es Ihr Ernst, daß Sie den einzigen Menschen, der fähig ist, Ihre Kunst zu verstehen und auf jedes Lächeln Ihrer Seele zu antworten, – daß Sie diesen von sich weisen? Den, der allein wagen darf, Sie an die Bruderschaft der ungewöhnlichen Seelen zu erinnern? Und außerdem: könnten Sie den als Feind oder Fremden leben wissen, der Sie durch Verwandtschaft und Ebenbürtigkeit bis in jede Heimlichkeit kennt und versteht?«

Martin erschrak fast, als in diesem Augenblick Elisabeth in ein plötzliches, kurzes, lautes Lachen ausbrach. Zugleich traf ihn aus ihren Augen der Blick, auf den er seit Monaten unter Zweifeln hoffte. Er streckte die Arme nach ihr aus, aber sie entwich ihm rasch und wehrte ihn mit beiden Händen ab:

»Laß, laß!« flüsterte sie keuchend. »Ich fürchte dich heute. Laß mich, ich befehl' es dir!«

»Du spielst mit mir, Elisabeth!«

»Nein, nein. Bei Gott, nein! Aber laß mich jetzt allein! Ich schreibe dir morgen, – heute –«

4

Sie schrieb noch am selben Tag ein Billet. »Ich reise morgen und bin bis Montag für niemand vorhanden. Am Montag Nachmittag promeniere ich, wenn ich nicht tot bin, am Schweizerhofquai in Luzern.«

Es freute Martin, daß sie Luzern gewählt hatte. Die Worte

»wenn ich nicht tot bin« kamen ihm frauenhaft und lächerlich vor. Er beschloß schon nächsten Tags zu reisen und begann sogleich die Garderobe und einige Bücher auszuwählen, die er mitnehmen wollte.

Während er damit beschäftigt war, ließ sich Burkhard melden und trat gleich hinter dem Diener ein.

»Guten Tag, ich komme etwas später, als ich versprochen hatte.« Martin begrüßte den Freund und setzte sich mit ihm an einen Rauchtisch.

»Du siehst gut aus«, lobte Burkhard, »und willst schon reisen, wie es scheint? Allein?«

»Allein. In die Schweiz.«

»Luzern?«

»Ich weiß noch nicht.«

»Es ist schade, daß du nicht bei meinem Abend warst. Eure Halbgöttin war da, diese Elisabeth. Sie fragte nach dir.«

»Hat sie gespielt?«

»Fabelhaft. Ich bin jedesmal wieder erstaunt. Wirklich fabelhaft! Im Augenblick ist niemand in Europa, der so auf dem Klavier singen kann. Und sie war schön! Ich wußte das bisher kaum. Raffiniert schön!«

»Na ja. Also sie hat dich geködert.«

»Ja und nein. Man sagt ja, sie sei eiskalt. Aber sie spielte da einen Walzer, eine verwilderte und heiße Musik. Wenn du das gehört hättest! Das war eine Flamme, ein Lustschrei, als wäre sie nackt durch den Saal getanzt. Ich verstand sie wirklich nicht. Sie muß die ganze Weiblichkeit in den Fingerspitzen haben.«

»Und jetzt folgst du errötend ihren Spuren. Leider etwas zu spät, mein Guter. Wie sie mir sagte, reist sie heute und ist dann, wie du weißt, auf Monate verschwunden.«

»Per Baccho! Heute, sagst du?«

»Heute. Es ärgert dich?«

»Noch nicht. Ich mache doch einen Versuch.«

»Viel Vergnügen!«

»Soll ich ihr was von dir sagen?«

Martin lachte. »Meinetwegen. Du kannst ihr sagen, ich hätte dir die Parole mitgegeben: bis dat qui cito dat.«

Burkhard fuhr nach Elisabeths Wohnung. Er fand alles im Wirbel der Reisevorbereitung. Dennoch wurde er angenommen.

»Sie reisen schon, gnädiges Fräulein? Und ohne, daß man eine Ahnung davon hat! Eben im Augenblick, da ich Ihnen –«

»Herr Burkhard, wollen Sie mir eine Liebeserklärung machen oder mich zu einem Konzert engagieren?«

»Beides und noch viel mehr. Ich bin wirklich bestürzt über Ihre raschen Entschlüsse.«

»Ich kann ja wiederkommen, wenn es sich lohnt. Also erst die Liebeserklärung!«

»Ich habe sie wirklich noch nicht einstudiert. So etwas will doch Zeit haben! Ich dachte, Sie jetzt des öfteren bei mir zu sehen.«

»Sie sind reizend. Und das will ein Don Juan sein! Nun, ich bin nicht grausam. Montag nach Mittag bin ich in Luzern für eine Stunde zu sprechen, Schweizerhofterrasse. Auf Wiedersehen?«

»Auf Wiedersehen.«

Eine Viertelstunde später fuhr Burkhard schon wieder bei seinem Freunde vor.

»Fabelhaft, das Weib ist rein verrückt. Fragt mich beim zweiten Wort, ob ich eine Liebeserklärung zu servieren habe. Völlig geschäftsmäßig. Ich verliere für zwei Minuten die Haltung, da verabschiedet sie mich schon und schlägt mir ein Rendezvous in Luzern vor!«

»In Luzern?«

»Montag nach Mittag. Sie hatte mich in der Hand wie ein Schnupftuch.«

»Du gehst natürlich hin?«

»Natürlich.«

Martin stand auf und ging in ein Nebenzimmer. Nach wenigen Minuten kehrte er zurück. Er war blaß wie eine Wand. Einen Augenblick blieb er nachdenkend stehen. Dann schüttelte er heftig den Kopf und trat neben Burkhard an den Tisch, auf den er zwei Revolver legte.

»Na, aber –?« fuhr Burkhard auf.

Martin antwortete nicht, er fühlte sich seiner Stimme nicht sicher.

»Übrigens hübsche Waffen«, sagte Burkhard. Martin faßte sich gewaltsam.

»Nicht wahr?« sagte er. »Du kannst wählen. Wir schießen in diesem Zimmer aufeinander, wenn du mir nicht dein Ehrenwort gibst, am Montag in Luzern zu fehlen.«

»Alle Teufel!« fuhr nun Burkhard heftig auf. Martin lächelte bitter: »Es wäre mir angenehm, wenn du dich etwas gewählter und deutlicher ausdrücktest.«

»Viel verlangt«, meinte jener achselzuckend. »Aber überlegen wir uns die Sache! Es ist immer noch Zeit, auf deine Tapeten zu knallen, für die es übrigens schade wäre. Bei mir auf dem Lande sind passendere Orte für dergleichen Scherze. Vielleicht hast du die Güte, mir eine Disposition der Sachlage zu geben.«

»Natürlich: langsam und gründlich! Nun, meinetwegen: Die Sachlage ist, daß wir ohne deinen freundlichen Bericht am Montag beide zugleich im Schweizerhof erschienen sein würden. Ich allerdings mit älteren und weitergehenden Rechten.«

»Eigentlich eine komische Konkurrenz. Und du hast keine Lust, mich durch Großmut zu beglücken?«

»Allerdings nicht. Ich habe an diese Luzerner Stunde meine ganze Zukunft geknüpft.«

»Nicht möglich! Heiraten?«

»Nein. Wichtigeres, was du aber nicht verstehen würdest.«

»Danke.«

»Es ist mir Ernst damit.«

Burkhard erhob sich und überlegte, während er mit einem der kleinen Ziergewehre spielte. Er konnte zu keiner Entscheidung kommen.

»Du willst morgen reisen«, sagte er zuletzt.

»Also noch Zeit genug! Das Schießen müßte doch draußen bei mir erledigt werden. Heute abend hast du meine Einladung dazu oder entsprechende Antwort.«

Ohne Gruß verließ er die Wohnung.

Am nächsten Morgen stieg Martin in den Zug. Er überlas nochmals Burkhards Billet: »Glückliche Reise! Sagen Sie der Musikantin: bis dat qui cito dat. Briefe von ihrer Hand werde ich mich künftig nicht für berechtigt halten zu öffnen.« Martin konnte der Bruch seiner letzten Freundschaft nicht stark betrüben.

In wachsender Erregung sah er auf die vorübergleitenden Landstriche hinaus, bis nach endlos trägen Stunden das neblige Haupt des Pilatus sichtbar wurde. Ein Kommissionär empfing ihn am Luzerner Bahnhof. »Ist alles besorgt?«

»Wir werden heute fertig. Das Motorboot mußte repariert werden.« –

»Schon gut. Machen Sie mir morgen gegen elf Bericht, im Schweizerhof.«

Der Dichter ging langsam zu Fuß nach dem Hotel. Quai und Brücke wimmelten von Fremden. Der Abend war klar und warm und zeigte die zierliche, helle Stadt mit der farbig wimmelnden Seepromenade in der Beleuchtung, die sie am meisten ziert. Über dem dunkelgrünen Seebusen glitten die farbigen Nachen und die weißen zierlichen Dampfer, hinter der Kuppel des Bahnhofs stieg der schwarze Pilatus auf und jenseits der grüne Rigi, auf den zahlreichen alten Stadttürmen glänzte die späte Sonne. Martin blickte über die Seeweite hinaus. Er hatte bei Vitznau ein Chalet gemietet, für sich und Elisabeth. Während er auf die grüne, silbern sich verlierende Fläche starrte, verwandelte sich vor seinen Augen das harmlos farbige Bild. In greifbarer Deutlichkeit sah er das Meer vor sich, das »nördlichste Meer« seines Märchens, und sah die purpurnblaue Flut an turmhohen Felsen branden.

5

Am nächsten Tag fuhr Martin mit dem Agenten nach Vitznau. Das Chalet, das er gemietet, lag oberhalb des Dorfes hart am See, seitab vom Wege. Mit Ausnahme der noch vorbeifahrenden Dampfer war hier von dem lauten Jahrmarkt des Sommerlebens nichts zu sehen. Gegenüber lag links das Buochser Horn, rechts der Bürgenstock, dazwischen im Hintergrunde das Stanserhorn, während rückwärts hinter der durch dichtes Laub verborgenen Uferstraße die steile weiße Fluh aufstieg. Dieser kleine Gartenwinkel bewahrte auch jetzt, während der Reisesaison, etwas von der herben Schönheit und Frische, welche im Frühling und Spätherbst den See und seine Ufer schmückt. In dieser einfachen, fast idyllischen Landschaft, in dem metallisch herben Farbenwechsel des klaren Wassers und den mit Obstbäumen bepflanzten hellgrünen Uferstrichen fand das verwöhnte Auge des Dichters eine Befriedigung, die er im Hochgebirge und im Süden vergeblich suchte. Während die Form des Gebirges und die Art und

Farbe der Vegetation hier schon die undefinierbare alpine Kraft und Reinheit zeigt, hat doch die Landschaft noch etwas von der Idylle des Mittelgebirges, noch Wald, Obstbau und die schlichte Anmut des Kulturbodens. Martin hatte dafür ein scharfes Auge und liebte diese Gegend, weil sie ihn an seine Heimat und an die Zeit erinnerte, in der die Natur und Landschaft noch Macht über ihn hatten. Die Wochen, in welchen er sich in diese grüne Stille zurückzog, gaben ihm jedesmal eine leise Empfindung von wohltuender Traurigkeit, ähnlich der, mit welcher man nach langer Entfernung die Spielplätze der Kinderzeit wieder betritt. In dieser grünen Stille gab er sich ohne Widerstreben der Träumerei und der Rückschau über das eigene Leben hin, und hier füllte sich seine Phantasie mit den zarten, märchenartigen Inspirationen, denen später in der strengen Tätigkeit des Jahres sein Fleiß und sein wählerischer Geschmack die entscheidenden glücklichen Formen zu geben versuchte. In diese Zurückgezogenheit pflegten ihn die Lieblingsdichter zu begleiten, eine kleine Sammlung meist alter Editionen der griechischen Idyllendichter des Longus, des Ariosto und einige Bände italienischer Sonette. Mit eigentümlicher Stimmung betrachtete er heute diese Landschaft und gedachte der nächsten Zeit, welche ihn diesmal statt der träumerischen, empfänglichen Ruhe des einsamen Landlebens eine sein Wesen innerst erregende und mit aller Unersättlichkeit seines ungenügsamen Wesens genossene Leidenschaft füllen sollte.

Ein alter Bootsmann grüßte den Dichter vom See aus mit geschwungenem Hute. »Adieu, Herr Zimmermann«, rief Martin nickend ihm zurück. »Jetzt wird's wieder an's Rudern gehen«, lachte der Alte. »Welches Boot wollen Sie heuer haben?« »Einstweilen keins«, dankte Martin. »Ich werde, denk' ich, Besuch haben. Später dann, Herr Zimmermann.« Enttäuscht fuhr der Alte weiter, der Schifflände zu. Gegen Abend fuhr Martin im Motorboot langsam über den golden leuchtenden See nach Luzern zurück, mit dem Gefühl, daß er heute zum letzten Male dieses ihm lieb gewordene Stückchen Erde in der bisherigen stillen Reinheit genieße. In Luzern empfing ihn das bewegte Leben der Promenadestunde und die lärmende Kurmusik. Auf einem eben abfahrenden Dampfer bemerkte er die Gestalt eines jungen Mannes mit breitrandigem Hut und kurzer Jacke, dem man ansah, daß er zum ersten Mal den See erblickte. Irgend ein deutscher Student oder Maler, der auf der ersten Reise zum Süden die Strecke bis Flüelen auf dem Wasser zurücklegte. Er blickte unverwandt der jetzt völlig mattgoldenen Seefläche entgegen und verriet in Haltung und Gesicht die ungebrochene frische Schaulust und Wanderfreude der ersten Jugend. Der Dichter wandte sich in seinem Fahrzeug um und blickte ihm eine ganze Weile nach, den Wanderer im Grund seiner Seele beneidend.

Gleich darauf empfing ihn der Hotelportier und drängten sich einige Bekannte um ihn, als er, um das Verglühen des Wassers noch zu betrachten, an einem Gartentisch auf der Terrasse Platz nahm.

»Sie sind nachdenklich«, sagte ihm einer derselben, »an was denken Sie?«

»Ich sah eben«, antwortete Martin, »in das Auge eines Mannes, den ich beneide.«

Und am späten Abend stand er noch lange allein vor dem Hotel und blickte über den Seebusen hinweg zum dunklen Pilatus hinüber. Er besann sich, wie das im Lauf der Jahre so gekommen sei, daß eine Freude um die andere ihm erloschen und in das graue Meer der Gleichgültigkeit oder des lieblosen Interesses gesunken war. Und er erzählte sich selber, daß er nun im Begriff stehe, den letzten Reiz, den ihm die Zukunft noch zu haben schien, zu genießen. Den letzten – die Hingabe des einzigen Weibes, dessen geniale Art und Schönheit ihn fesselte –, und dann kam nichts mehr, dann war der Kreis geschlossen und der letzte Weg zur Freude verloren. Martin wunderte sich selbst, daß auch dieser dunkle Gedanke ihn nicht erschütterte, sondern ihn nur wie ein frostiger Schatten überflog. Er überdachte ihn mit ruhiger Neugierde wie ein fremdes Schicksal. Er wog die strenge Selbstführung und die wenn schon kranke Vornehmheit seiner ungewöhnlichen Existenz gegen ihre Freudlosigkeit ab und fand, daß es töricht wäre, sie sich anders zu wünschen. Es war eine notwendige Konsequenz seiner ganzen Anschauungsweise, daß ihn im Grunde jede naive Freude als eine Art von Dilettantismus erschien, er fand den Vergleich, daß er dem Leben, wie etwa einem Gemälde der Kenner gegenüberstehe, der auch die Freude am Stofflichen und Zufälligen längst verlernt hat und der im Be-

trachten eines Werkes mehr den Genuß seiner alles durchschau-
enden Kennerschaft sucht als eine Offenbarung. Die souveräne
Haltung sich selbst gegenüber, die ruhige Selbstbetrachtung –
das mußte ihm den Genuß ersetzen, den andere, vielleicht
Glücklichere, an der farbigen Oberfläche des Lebens hatten. Das
wenigstens hatte er erreicht: Menschen und Ereignissen gegenüber das selbstverständliche Gefühl der Überlegenheit.
Und während die Gedanken des Ungenügens und der Vereinsamung wie Schatten über die Seele des Dichters zogen, begann
schon in dieser Seele die geheimnisvolle Kraft zu arbeiten, welche den flüchtigen Wolkenbildern dieser Empfindungen Kontur
und Hintergrund gibt und sie in die Sphäre der künstlerischen
Darstellung hinüberhebt. Indem die trübe Stimmung dieses
Abends sich in die Stimmung eines zukünftigen Verses verwandelte, verlor sie ihre Schwere und gab den Gedanken des Rastlosen eine neue Wendung. Martin wußte, daß nur wenige Menschen dieses ungeheure Überwiegen des künstlerischen Maß-
stabs in seiner Seele verstehen würden. Er wußte, wie wenig
gerade die Dichter unserer Zeit, zumal seine Landsleute, von
dieser alles Stoffliche vernichtenden künstlerischen Fähigkeit
besitzen. Und er dachte wieder an die Einzige, von der er wußte,
daß sie ihm darin ebenbürtig sei.

Elisabeth kam andern Tags vor Mittag in Luzern an. Martin
begegnete ihr auf der Treppe des Hotels.
Bald darauf erschien sie an der Tafel, wo sie den Platz neben
Martin einnahm.
Als dieser einigen Bekannten zunickte und mit einem Lächeln
die bunte, meist englische Gesellschaft überflog, flüsterte sie ihm
zu: »Ich weiß, was du jetzt denkst.«
»Nun?«
»Daß wir in dieser Gesellschaft sitzen wie zwei Paradiesvögel in
einem Hühnerhof.«
»Gut geraten! Tatsächlich könnte einen der Gedanke bedrük-
ken, daß diese Masse von Geld und Stumpfsinn wirklich ein Teil
der ›besten Gesellschaft‹ ist. Es sind drei, vier hervorragende
Menschen darunter, aber auch diese sind noch so grob! Wenn du
dir vorstellst, du müßtest heute vor diesen Leuten Musik machen!«

»Ich erwarte noch jemand«, sagte Elisabeth, als sie nach der Siesta den Dichter aufsuchte.

»Ich weiß«, antwortete Martin. »Burkhard wird nicht kommen.«

»Woher weißt du denn?«

»Er sagte mir selbst davon. Er wird nicht kommen.«

»Wie kam das zustande?«

»Frag nicht. Er hat verzichtet.«

»Ganz umsonst? Es sieht ihm nicht ähnlich.«

»Er tat es gewiß nicht gerne.«

Martin ließ das Gespräch fallen und schlug Elisabeth eine Bootfahrt vor. Sie bestiegen das hübsche, winzige Fahrzeug Martins und fuhren langsam in den See. Als das Boot sich schon Hertenstein näherte und die weiße Villenstadt Luzern sich dem Anblick entzog, fragte Elisabeth: »Warum so weit? Ich dachte, wir würden etwa Tribschen aufsuchen.«

»Ein andermal«, lachte Martin und lenkte das Boot der Seemitte zwischen Bürgenstock und Weggis zu. Zugleich begann auf eine leichte Schraubendrehung hin der Motor schneller zu arbeiten, und das Boot glitt wie ein schlanker Pfeil über die sonnige Fläche dahin.

»Aber wohin denn?« fragte Elisabeth

»Mitten in ein Märchen hinein«, antwortete flüsternd der Dichter. Seine leicht verschleierte Stimme vibrierte warm und lebhaft.

»Mitten in ein Märchen hinein«, wiederholte er und deutete mit ausgestreckter Hand auf die hellgrüne Seebucht jenseits von Vitznau. »Siehst du dort das rote Haus?«

»Ja, was ist das?«

»Das ist das rote Liebesschloß, in welches ich die Frau, die ich liebe, entführe.« Elisabeth wurde blaß. Sie neigte schweigend das schöne Haupt zur Seite und schloß über den großen Augen die weißen Lider. Das Geräusch der Wellen und der Blick des Mannes, den sie auf sich ruhen fühlte, erfüllte sie wieder mit jenem fremden, bangen Gefühl, als entführe sie ein Piratenschiff auf die wilde Insel der Lust und Verzweiflung, wo der Schrei der Angst und der Schrei der Brunst sich mit dem Lärm der ewigen Brandung vermischt. Sie schrak heftig auf, als Martin mit der Hand ihr Stirn und Haar berührte, und in ihrer unbändigen Seele kämpften die Begierde des Genusses mit dem Widerwillen vor der Unterwerfung einen wilden Kampf. Das Boot eilte rasch über den hellen, glänzenden See, ganz an der Seite der Hammetschwand, bog bei der »Nase«, die Nähe des Dorfes vermeidend, in großer Kurve um, durchschnitt eilig die Seebreite und fuhr leise in den gemauerten Anlegeplatz. Das rote Chalet lag in der hellen Sonne mit blitzenden Fenstern, der schattige Garten duftete von Jasmin und roten Kressen. Langsam, auf den Arm des Dichters gestützt, erstieg Elisabeth die Stufen des Vorgartens, an der Haustüre wandte sie, bevor sie eintrat, das bleiche Gesicht dem Dichter zu und blickte ihn aus ganz verwandelten Augen lang und durchdringend an.

Dann betrat sie mit Martin ein zum Empfang geschmücktes Zimmer des Erdgeschosses, und dann erschauerte sie lachend und schluchzend unter der ersten, wilden Umarmung des geliebten Mannes.

6

Nach dem zügellosen Sturm der ersten Tage genoß der Dichter seine Liebe mit einer gewissen zärtlichen Schonung. Er und auch Elisabeth wußten vom ersten Tage an, daß die Dauer ihres Genusses vom Schatten eines Augenblicks abhinge, von einem Worte, von einem Lächeln, und beide hatten den Wunsch, diesen Tagen allen Glanz eines bewußten künstlerisch geschaffenen Glückes zu geben. Sie reihten die Stunden aneinander wie Verse eines kostbaren Gedichtes.

Früh am Morgen, wenn Elisabeth noch schlief, erhob sich der des Morgenschlafs entwöhnte Martin vom Lager, fuhr über den See an ein waldiges Ufer und brachte von da eine Handvoll Waldblumen mit, die er zurückkehrend seiner Geliebten auf's Bett legte. Der Vormittag, im Garten zugebracht, war von Martin fast ausschließlich der Lektüre gewidmet. In diesen hellen, kühlen Stunden, in der reinen, weltentfernten Stille des Gartens, an dessen Mauern die kleinen Seewellen anschlugen, las er meistens Elisabeth aus Lieblingsdichtern vor, einige Verse des Orlando von Ariost oder ein von ihm übersetztes Kapitel eines Neulateiners. Die kräftige Eleganz dieser Dichtungen eines goldenen Zeitalters beschworen diese Stunden in den beiden

Künstlerseelen, denen der Stil ihrer Zeit im Innern zuwider war, den Glanz und die großartige Freiheit einer unvergleichlichen Kultur herauf, die gelesene Dichtung und die große Stimmung der Stunde gab ihren Gesprächen jene Freiheit und adelnde Würde, die in der Gemeinheit unserer Lebensformen von Grund aus unmöglich geworden scheint und deren erhaltene Andenken aus dem Zeitalter der Renaissancehöfe uns wie die Fragmente eines verlorenen unsterblichen Gedichtes herüberklingen.

Zum erstenmal genoß der Dichter so völlig das Glück, seinen Gedanken im Gespräch die geweihte Form zu geben, die ihm sonst in Gegenwart anderer Menschen im Munde erstickte. Elisabeth redete dann wenig, sie lehnte müßig und lauschend im Sitz und antwortete fast nur durch ihre schöne Gegenwart und durch das Spiel ihrer großen, allwissenden Augen. Sie wuchs in diesen glanzvoll stillen Stunden zur ganzen Höhe ihrer ungewöhnlichen Persönlichkeit aus und gewann die prachtvolle reife Ruhe einer großen Existenz, zugleich gereift und vergeistigt umgab sie der fürstliche Duft ihrer wachsenden Schönheit. Martin sprach eines Tages davon zu ihr.

»Wie schön du heute bist!« sagte er eines Tages. »Auch gestern glaubte ich dich schöner als je zu sehen und fürchtete fast, du müßtest dich über Nacht verwandeln. Und heute wieder übertriffst du alles Gestrige. Das ist, scheint mir, wie in den Tagen des letzten Spätsommers, wo jeden Tag die Luft goldener, die Sonne verklärter und die Ferne weicher, blauer und tiefer wird und wo man täglich die letzte Verklärung der Reife gekommen glaubt und täglich neu beschenkt wird, bis eines Tages der erste wehe Ton des Herbstes in der Luft und auf der Laube liegt.«

»Wir wollen nicht davon reden«, sagte Elisabeth und neigte ihm ihr Gesicht zu, indem sie lächelte.

»Küsse mich, und lies mir noch einmal das Sonett von gestern.«

Gegen Abend pflegte Elisabeth zu spielen. Dann saß Martin am Fenster, durch das die Blätter des Jasmin hereindrangen, und lauschte den Offenbarungen ihrer vornehmen Kunst, wie sie des Morgens seiner Kunst gelauscht hatte, hingegeben, dankbar und jede flüchtigste Wendung verstehend. Meistens spielte sie ihre ungeschriebenen Kompositionen, improvisierte auch zuweilen.

Von ihr ging unter Martins Freunden die Sage, sie denke nur in Musik und verstehe es, in drei Akkorden die Stimmung einer bedeutenden Stunde oder die Seele eines Gespräches zu erschöpfen. In dieser abendlichen Musik strömte sie zuweilen ihr innerstes Wesen so berückend und so reinen Flusses aus, als legte sie ihre unverhüllte Seele dem Geliebten in die Hand. An einem solchen Abend geschah es, daß mehrere auf dem See schwimmende Vergnügungsboote sich schweigend um die aus dem See steigende Gartenmauer versammelten und daß auf die Stufen der Landungstreppe vor dem Hause mehrere frische Blumensträuße gelegt wurden.

Die Mittagsstunden vergingen unter Geplauder und Liebkosungen. Zuweilen badeten sie gemeinsam in der gewölbten steinernen Halle, oder zuweilen träumten sie schweigend im Schatten der Feigen, manchmal ruhten sie in einer dichten Laube in der warmen Sommerluft, nackt auf Teppichen, und Martin wurde nicht müde, das Haar und den mattschimmernden prachtvollen Körper Elisabeths mit Blätterkränzen und Blumen zu schmücken. Nachts, wenn auf dem Wasser die große Stille war, fuhren sie manchmal leise im Boot durch die blaue Schönheit der Seenacht, schweigend oder nur leise flüsternd und beide seltsam berührt vom schweigsamen Zauber der großen Natur.

»So wie diese Nacht«, sagte auf einer solchen Fahrt der Dichter, »so wie diese Nacht, Elisabeth, dachte ich mir in meiner Jugend das Glück. Das war mein Lieblingstraum: so durch die dunkelblaue Schönheit einer schwärmerisch lauen Sommernacht zu fahren, nach den Lichtern auf den Berghöhen und nach den Sternen an der schwarzen Wölbung des Himmels zu sehen, eine ohnegleichen fürstlich schöne Frau am Herzen, eine Hand in der Hand der Freundin, die andere das dunkle Wasser streifend. Dazu träumte ich mir das Glück des gekrönten Ehrgeizes, träumte mir, als beneidetster Dichter an der Brust des beneidetsten, adligsten Weibes zu ruhen, auf der Höhe des Lebens und meiner Kunst. Ich glaubte nicht daran, jemals diesen Traum meiner Jugend wahr zu sehen; nun sind jene erhabenen und beneidenswerten Stunden mir doch gekommen – aber spät, Elisabeth! Warum mußten wir jahrelang aneinander vorübergehen, jeder verdürstend nach dem, was der andere ihm geben konnte, und was er jetzt vielleicht zu spät ihm gibt?«

»Sage das nicht!« bat Elisabeth. »Es war nicht zu spät. Warum sollte es zu spät sein?« »Weil für mich, meine Freundin, schon die Zeit gekommen ist, in der man auch die verlorenste Jugendsehnsucht beneidet und der seligsten Gegenwart vorzöge. Ach, warum konnte ich dich nicht damals finden, zur Zeit jenes sehnsüchtigen Traumes: Da waren die Nächte so anders als jetzt, so prachtvoll tiefblau und voll verborgenen Feuers, da waren alle Blüten farbiger und alle Wolken seliger, weicher, weißer! – Und dennoch, Elisabeth, wenn meine ganze Jugend mir wiederkäme, aber ohne dich, ich wollte sie nicht.«

»Es macht mich traurig, wenn du so redest.«

»Nicht doch, meine Freundin! Wir wollen die Götter anrufen, sie möchten unser Glück beschirmen. An welchen Gott glaubst du, Elisabeth?«

»Spotte nicht, Martin! Du weißt, ich bin so gottlos wie du.«

»Ich aber glaube an dich, und an mich. Und unser Glaube ist der einer anderen Zeit, deren spätgeborene Genossen wir sind. Möchten unsre Zeitgenossen von heute an ihren Göttern zugrunde gehen! Unser Stolz und unsere Einsamkeit ist es, Elisabeth, Träger der Schönheit durch eine wüste und barbarische Zeit zu sein. In uns geht noch einmal die alte Welt unter, und das Ideal der alten Schönheit. Die Kunst der nächsten Zukunft wächst in Berlin und in Rußland, im Schoß der Barbarei und am Herd der Bilderstürmer. Wenn du jemals ein Buch von Tolstoi gelesen hast oder ein modernes Theater gesehen, so weißt du, wie unsre Todfeinde aussehen, schlecht erzogen, schlecht gekleidet, unreinlich und von allen scheußlichen Gewohnheiten des Barbarismus befleckt. – Oh, wenn du wüßtest wie müde ich es bin, in dieser Zeit zu leben. Ich schreibe meine Dichtungen für zwanzig Menschen, und fast für ebenso wenige machst du deine Musik, für welche ein anderes Jahrhundert dich gekrönt hätte.«

»Ich zweifle, ob du völlig recht hast, Martin. Unsre Zeit ist unsäglich arm, aber die Kluft zwischen Kunst und Leben und die Kluft zwischen Großen und Kleinen ist immer dieselbe. Sokrates, dessen Wesen du mir so göttlich beschrieben hast, war in dem Athen der Glanzzeit vielleicht im Herzen so einsam, als irgend ein Großer von heute in seiner Stadt es ist. Wer das Ideal der unsterblichen Schönheit in der Seele trägt, den befriedigt keine Zeit und kein Leben. Erinnere dich des Michelangelo, dessen Größe in der Zeit der unvergleichlichen Blüte in grenzenloser Einsamkeit geblieben ist.«

»Ich danke dir, Elisabeth! Wenn ein Zufall meinen Namen andern Zeiten überliefert, so wird ihn der meiner Freundin und meiner Muse begleiten, und unsren verschwisterten Ruhm wird der Nimbus einer sagenhaften, schwelgerischen Liebe umgeben.«

Die schöne Frau schlug die Augen zu dem Dichter auf und fragte: »Sag mir, was liebst du mehr an mir, meine Schönheit oder meine Kunst?«

»Als ob ohne deine Kunst deine Schönheit dieselbe sein könnte! Doch wenn du sie denn trennen willst, so antworte ich: Ich liebe deine Schönheit mit der Leidenschaft eines Verliebten, mit jener Glut, die alle Kräfte des Augenblicks in sich sammelt, die aber wie alle Leidenschaft ein Raub der Jahre sein muß. Deine Kunst aber liebe ich ebenso wie meine eigene, mit einer eingeborenen verehrenden Liebe, ohne die ich nicht leben könnte. Aber ich wiederhole, man kann das nicht trennen. Deine Schönheit ist gerade in ihrem Eigensten und Berückendsten ein Werk deiner Kunst. Man sieht es deiner Stirne an, daß sie Gedanken voll stilschöner Reinheit beherbergt, man sieht es deinen Augen an, daß sie gewöhnt sind, unter traumgeschlossenen Lidern Visionen zu sehen, und man sieht es deinen Händen an, daß sie gewöhnt sind, die leisesten Erschütterungen der Saiten in allen winzigsten Nuancen hervorzurufen.«

Schon kam der Hochsommer heran. Zwischen den großen Blättern begannen die Feigen sich zu bräunen, warme Regentage kamen dazwischen. Über Vitznau und den Rigi ergoß sich die Flut der Touristen. Der See glänzte in den heißen Stunden schillernd farbig, als schwämme Öl auf der Oberfläche.

Die Jahreszeit näherte sich jenen glänzenden Tagen der überfließenden Fülle, in deren Genuß sich schon der leise Schmerz des nahen Endes mischt. Die späten Abende auf dem See waren von einer lauen, weichen Schönheit und bekränzten die entfernteren Berge mit der sammetweichen duftigen Bläue, die nur der August so reif und tieftönig hervorbringt.

Das war die Zeit, in welcher Martin stets die reichsten Inspirationen empfing. Für seine allem Vollreifen, Vollendeten und Üppigen zugeneigten Sinne war das die Zeit eines kurzen, milden Genusses. Sein Auge badete sich in den tiefer, satter und üppiger werdenden Farben, und sein ganzes Wesen gab sich in leichter, süßer Ermüdung der weichen, von Sonne gesättigten Seeluft hin. In diesen Tagen wurde sein Verkehr mit Elisabeth noch zarter, schonender und stiller, während ihre jüngere Natur diese leise, zärtlich milde Form der Liebe nicht verstand und mit der Reife ihres Körpers die heiße Begierde nach ungemessenem Genusse wuchs. Sie begann ihren Freund mit plötzlichen Liebkosungen zu überraschen, sie suchte ihn durch kleine Herausforderungen in ihrer Haltung und Toilette zu reizen, und ihre Musik hatte statt der klassisch starken Formen jetzt häufig den weichen Duft der Sehnsucht oder die anreizend schalkhafte Grazie der Verlockung. Martin schien diese Verwandlung ihres fast strengen Wesens kaum zu bemerken, erlag jedoch oft ihrem Zauber.

Elisabeth wurde von einer ihr selbst nicht verständlichen Unersättlichkeit verzehrt. Ihre spät erwachte, langsam gereizte Sinnlichkeit loderte wie ein lang unterdrücktes Feuer in ihrem Blute auf; oft drängte sie sich mit so brennender Kraft an den Geliebten, daß er fast erschrak. Die friedlich schönen, vom Adel der klassischen Kunst geschmückten Lesestunden wurden kürzer und verloren ihre kühle Stille, die Gespräche streiften, trotz Martins Widerstreben, immer zügelloser wie ein von der Flamme gelockter Falter um das enge Gebiet des Liebesgenusses. Einigemal ließen in solchen Gesprächen beide zugleich den Schleier der galanten Konversation von ihren Worten fallen und schwiegen plötzlich nach einem frechen Worte beide still. Dann brach die Frau in ein Gelächter aus, während der Dichter erschrak und von einem wehen Gefühl durchschauert wurde, wie einer, der an einem prachtvoll schönen Hause die ersten Zeichen des Verfalls erblickt. Er fühlte deutlich, daß die schöne Höhe seiner Liebe überschritten war, er empfand das Lachen des wilden Weibes manchmal unschön, sogar gemein, aber ihre rasende Glut riß ihn hin, und er ließ sich in den trüben Wellen dieser Leidenschaft treiben mit dem halben Bewußtsein, diese überschäumende Liebe bis zum letzten Schrei der gefolterten Lust und bis zur Verzweiflung auszukosten.

Fast täglich gingen in den Bergen heftige Gewitter nieder. Der See war so warm, daß das Baden kaum mehr eine Erfrischung brachte.

Elisabeth hatte sich in den Vitznauer Wochen verändert. Die schlanken Formen ihrer wundervollen Glieder hatten Fülle und Weichheit bekommen, der Nacken war zugleich dunkler gefärbt und voller, die Brüste drängender geworden. Die ungewohnte Glut verbreitete sich scheinbar von den leise durchschimmernden Adern über die ganze Haut, deren Farbe statt der kühlen Weiße eine goldgetönte, transparente Blässe gewonnen hatte, deren leuchtende Reife die ganze königliche Gestalt mit einer Atmosphäre der üppigen Lust und der herausfordernden Lüsternheit umgab. Die großen, vergeistigten Augen waren warm, träumend und liebekundig geworden und glänzten in einem neuen, feuchten, leicht verschleierten Glanz. Die Züge des Gesichts und die zarten, schmalen Wangen waren irdischer und süßer geworden, sündig schön durch den verwandelten Ausdruck und durch den Anflug bläulicher Augenschatten. Das ganze Gesicht und besonders der brennende, gierige Mund schien von einem bacchischen Rausch entzündet.

Elisabeth hatte sich bald ihrer jetzigen Macht über den Dichter versichert. Sie dachte nicht an die Möglichkeit des Zuendegehens und schwelgte berauscht im fortwährenden Taumel ihrer Schönheit und ihres Sieges. Rastlos, als müsse sie alle Versäumnis der verlorenen Jahre gutmachen, sog sie lachend und vor Erregung zitternd jede Lust mit allen Poren ein und verdurstete doch nach mehr, nach wilderen Küssen, pressenderen Umarmungen und brünstigeren Spielen. Während der Dichter am Abnehmen seiner Energie und Genußfähigkeit litt, wurde sie von einem unsäglichen Ungenügen gestachelt und erfüllte ihre Phantasie mit den Träumen schrankenloser Genüsse.

Eines Tages bat sie den Dichter, ihr das Liebesmärchen vorzulesen. Er weigerte sich lang und gab doch nach. Er las, an einem schwülen Abend, während ein Wetterleuchten ohne Unterlaß am schwer verwölkten Himmel zuckte. Der Geruch des Wassers, der Blumenduft, das müde Gurgeln der Uferwellen erfüllte die drückende Luft.

Er las, und noch einmal stieg das Bild des Liebesschlosses vor ihm und ihr empor, des roten Schlosses, in welchem das Stöhnen der unersättlichen Liebesgier heiser und verzweifelt durch die tobende Brandung gellt und wo die Opfer eines verzehrenden Liebeszaubers ihre mörderische Lust in feuchten, zerwühlten Scharlachkissen ersticken.

Wer will sagen, was bei diesem Lesen in der Seele des Dichters vorging! Er las und büßte mit wunder Seele die schamlose Schönheit seiner verjährten Dichtung.

Während er vorlas, zitterte an ihn geschmiegt die warme Gestalt des atemlos hörenden Weibes, dessen dunkel brennendes Auge ihm die heißen frechen Worte lüstern vom Munde las. Und als er zu Ende gekommen war, drängte ihr entzündeter Leib sich mit leisem Schrei verzehrend an ihn fest, zitternd und fiebernd in der ganzen unseligen Leidenschaft der maßlosen Dichtung. Mit schmerzendem Haupt und flimmernd wilden Augen preßte auch er sie an sich, in die schwarze, schwüle, wetterleuchtende Augustnacht mischte sich mit dem gedehnten Stöhnen des Windes und den gebrochenen Gurgelton des Wassers das erstickende Keuchen der beiden Menschen, über deren Häuptern eine uferlos schäumende, zerstörende Leidenschaft zusammenschlug, wie die trübe Welle eines blutig gefärbten Meeres.

Von diesem Abend an sank die Liebe der unstillbar entbrannten Frau und auch die bisher vom Ideal verklärte Liebe des Dichters schnell immer tiefer ins Grausame und buhlerisch Gemeine. Der Genuß war vorüber, statt dessen flackerte die geschändete Leidenschaft in trüben, freudlos wilden, aufregenden Zuckungen fort, mehr phantastische als körperliche Orgien begehend.

Dazu begann nun auch in Elisabeth ein Gefühl wie Reue und eine nach Betäubung lüsterne Verzweiflung aufzusteigen. Die vom Zauber der alten Kunst beglänzten Musikabende waren schon lange zu Ende. Statt dessen spielte sie jetzt oft stundenlang Chopin. Sie wußte, daß Martin diese Musik im Grunde liebte, während er sie aus Furcht vor ihrem schwächenden Einfluß sich fernhielt. Nun fieberte diese atemraubend wilde, stachelnde, unselig geniale Musik des nervösesten Künstlers täglich durch das stille Haus. Martin, der diese raffinierteste, kränkeste Kunst in ihrer ganzen traurigmachenden Schönheit verstand, litt unsäglich an ihr und konnte sich doch dem Zauber nicht entziehen.

Diese mädchenhaft rasenden Takte, diese in sinnreich kombi-
nierter Auflösung verflatternden Tönereihen, diese halben, rastlosen, in den zartesten Nerven wühlenden Dissonanzen, dieses
fiebernde Wiegen energieloser, namenlos schwermütiger Takte
war die einzige Musik, welche in der zitternd schwülen Luft des
roten Liebesschlosses noch möglich war.

Einmal, nachdem sie die Berceuse, dieses elfenzarte, duftige,
dennoch heimlichst erregende Stück gespielt hatte, brach Elisabeth plötzlich in ein jähes Gelächter und im nächsten Augenblick in ein wehes, erschütterndes Schluchzen aus. Der Dichter
stand neben ihr, bleich und mit verglühten Augen und schaute
schweigend zu, wie dasselbe Elend, das ihm die Kehle würgte,
neben ihm das niedergesunkene, verdorbene Weib in langen
Zuckungen folterte.

Als Elisabeth sich wieder erhoben hatte, trocknete sie das Gesicht mit dem Taschentuch, nahm des Dichters Arm und ging
mit ihm in den Garten.

»Eine verrückte Musik«, rief sie aus, »Ich glaube, ich habe wirklich geweint.« Sie flocht sich Rosen ins Haar, reife, gelbe Teerosen, deren Blätter sich lösten, ihr über Haar und Schultern
fielen und in den Falten ihres Kleides hängen blieben. Sie riß eine
ganze Handvoll Rosen ab und warf sie über den Dichter. So
setzten sie sich in die Laube, der Mann, das Weib, Tisch und
Boden waren von den losen blaßgelben Rosenblättern bedeckt,
deren Duft schon herb und welk war.

»Es ist schwül«, sagte der Dichter.

»Wirklich«, lachte sie laut. Martin ging und brachte Lichter,
Obst und Wein herbei.

»Man kann doch nicht schlafen«, sagte er. »Wir wollen hier
außen bleiben.«

»Gut, feiern wir ein Sommernachtsfest! Es ist ja so ein lyrisch
weicher Abend, wie du sie liebst.«

»Ja, Elisabeth. Und morgen oder übermorgen oder ein paar Tage
später ist Herbst.«

»Du sagst das ganz tragisch.«

»Findest du? Es ist doch traurig, wie sich die Rosen schon auflösen.«

Elisabeth lachte: »Ach, die armen Rosen! Es werden andere
wachsen.«

»Und du wirst andere Liebhaber finden.«

»Martin –!«

»Verzeih, Elisabeth. Ich wollte das nicht sagen.«

»Na, ich bin gläubig.«

»Wirklich nicht, glaube mir! – O Elisabeth, wenn ich noch zu dir reden könnte wie im Anfang dieses Sommers!«

»Es ist doch ein schöner Sommer gewesen.«

»Ja, ein recht schöner Sommer.« Martin unterdrückte einen Seufzer und änderte den Ton seiner Stimme.

»Dieser Chopin ist doch genial. Was meinst du?«

»Er hat ein Pendant unter den Dichtern.«

»Wen meinst du?«

»Dich und dein Liebesmärchen. Du verstehst es reichlich so gut wie Chopin auf die sensibelsten Nerven den Finger zu legen«.

»Ist das ein Lob?«

»Natürlich. Aber wartet nur, ihr Erotiker und Melancholiker, ihr sollt mich nicht umsonst bekehrt haben! Künftig werde ich eine Musik machen, bei der die Don Juans des Parketts sich wie verführte Landmädchen vorkommen sollen.«

»Ich warte darauf.«

»Tu das, mein Lieber! Vor zwei Monaten glaubte ich fest, der vollkommenste Satan zu sein, und nun seh' ich, daß ich damals das reine Lamm war. Ein schneeweißes Lamm mit blauem Halsband und einem Glöckchen daran.«

»Äußerst possierlich! Aber jetzt?«

»Jetzt hat sich alles umgedreht. Damals war die Musik mein Herrgott und ich seine fromme Magd. Jetzt bin ich der Herrgott und meine Kunst soll mir tanzen ... Aber das will ein Nachtfest sein?! Wir sitzen da wie Leichenwächter.«

»An wessen Leiche?«

»Unsinn! Komm nimm meinen Kopf auf deinen Schoß und gib mir Wein zu trinken! Wir wollen auch singen –«

Während im Garten die Rosenblätter vergilbend in den Beeten lagen, löste sich und verwelkte auch die Liebe des Dichters und der Künstlerin. Es kamen Abende, an denen sie, jeder von einsamen Spaziergängen zurückgekommen, sich stundenlang mit verhaltener Bitterkeit gegenüber saßen, Elisabeth verdrossen und unbefriedigt, der Dichter verbittert und krank bis in den Grund seiner ermüdeten und mißbrauchten Seele.

»Du könntest eigentlich die Geschichte dieses lustigen Sommers aufschreiben«, sagte sie eines Tages.

»Wenn du geschickt bist, so gibt es ein Buch, das die Leute verschlingen werden. Ich erlaube dir auch meinen Namen zu nennen, das wirkt. Ach Gott, man will doch einmal berühmt werden, und das Leben ist kurz! Dann werden die Leute auf mich deuten und einander erzählen: das ist die berühmte Geliebte des Dichters Soundso, die er, wenn sie nackt war, mit roten Kressen bekränzte und über deren Nacken er ein eigenes Gedicht gemacht hat. Einen ganzen Monat lang hat er sie eigenhändig aus- und angekleidet.«

»Ich werde das vielleicht tun. Ich bin gemein genug dazu, und du auch.«

»Nun eben! Übrigens will ich nächstens ein Konzert in Baden-Baden geben. Sie haben dieser Tage angefragt. Gehst du mit?«

»Keine Rede! Wann ist das Konzert?«

»In acht Tagen.«

»Und du willst wirklich hingehen?«

»Ich sage heute zu. Freilich werde ich diese Tage noch sehr zum Üben benützen müssen. Einen Tag hin, am zweiten spiele ich, am dritten zurück. Über Luzern – Basel –.«

Martin wußte, daß sie nicht zurückkommen würde. Am Tag vor ihrer Abreise überwältigte ihn noch einmal die dämonische Schönheit ihres Körpers, daß er sie unter Küssen umarmte. Noch einmal flackerte der Rausch von ehemals durch sein ermüdetes Herz, daß er über dem Genuß ihrer wunderbaren Gliederpracht alles Elend vergaß. Dann reiste sie ab.

Und dann las er in einer Zeitung über das Konzert: »Die beiden Vorträge der berühmten Künstlerin setzten alle Kenner in Erstaunen. Abgesehen von der unglaublich brillanten Technik, die wir an der Virtuosin schon früher bewunderten, war es eine durchaus überraschende Wandlung im Programm und Vortrag, die uns bei diesem Konzert entgegentrat. Die Dame spielte die zweite Nocturne von Chopin und eine Improvisation und zeigte in beiden Stücken eine völlig veränderte Richtung. An Stelle der fast herben Klassizität ist ein lebendig bewegter, hinreißender

Vortrag getreten. Wir beglückwünschen die große Künstlerin zu diesem Beginn einer neuen, glänzenden Epoche ihres Könnens. –«

So begrüßte die Welt den Abfall einer großen Künstlerseele von ihrem Ideal.

Martin wartete vier Tage, fünf Tage. Elisabeth kam nicht wieder. Den sechsten und siebten Tag schloß sich der Dichter in seinem Arbeitszimmer ein. Im fortwährenden Kampf mit den andrängenden Bildern seiner erkrankten Phantasie und mit einem heftigen Bedürfnis zu schluchzen, brachte er aufreibend trostlose Stunden hin. Das Herz voll Galle, zwang er mit der alten zähen Strenge seine Gedanken zur Ordnung und suchte Beschlüsse für die nächste Zukunft zu fassen. Nur mit Mühe hielt er ein Gefühl des Ekels vor sich selbst nieder. Er fand in seinem Leben, an seinen Leibe und in seinem Denken nichts, was ihm nicht geschändet, befleckt und unwürdig erschienen wäre, die ganze Atmosphäre kam ihm beschmutzt vor durch das Keuchen und den Schweiß der entarteten Liebeslust.

Nun war die Zeit gekommen, vor der er sich seit Monaten gefürchtet hatte. Die einzige Frau, das Kleinod seiner zärtlichsten Träume, war von ihm genommen, war des ganzen adligen Duftes und der ganzen vornehmen Grazie beraubt. Auch ihre und seine eigene Kunst war beschmutzt und erniedrigt. Er würde nie wieder im Genuß ihrer Musik den Traum vom Ideal des Schönen träumen und nie mehr in seinen Versen den herben, schweigsamen Hochmut einer unendlich geläuterten Kunst genießen können.

Noch elender erschien ihm der zukünftige Verkehr mit Elisabeth. Sie würden monatelang aneinander vorübergehen, immer das blasse grinsende Augurenlächeln im Blick. Sie würden sich wieder finden, um in grenzenloser Trauer und Bitterkeit sich des Vergangenen zu erinnern. Sie würden zu irgendeiner Stunde dem Reiz der beschworenen Erinnerung erliegen und noch einmal das ganze erbärmliche Spiel bis zur selben Verzweiflung durchspielen und von neuem auseinander gehen, noch entwürdigter, noch bitterer und vergifteter als das erstemal.

Als Martin nach diesen in trostlosem Kampf verbrachten Tagen sein Zimmer wieder verließ, erschrak sein Diener vor ihm. Und er selbst erschrak, als er sein Gesicht im Spiegel erblickte, das Gesicht eines gebrochenen und vom Dämon gezeichneten Mannes.

Er war seines Entschlusses sicher geworden. Sein Bewunderer, der gelehrte Historiker, in dessen Hause und Garten er Elisabeth oft gesehen hatte, erhielt in diesen Tagen einen Brief von ihm. »Fünf größere Dichtungen von mir« hieß es darin, »sind, wie Sie wissen, in von mir gezeichneten, fast sämtlich variierenden Exemplaren als Manuskript ausgegeben. Sie erweisen mir einen großen Dienst, wenn Sie mir diese verschaffen können. Man wird sie Ihnen eher als mir überlassen. Die Titel und die Adressen der Besitzer finden Sie auf der mitgegebenen Liste beisammen. Suchen Sie möglichst alle zu bekommen, und legen Sie Ihr Exemplar bei; es ist mir von großer Wichtigkeit, sie vollzählig zu haben. –«

Der Gelehrte unterzog sich bereitwillig dieser Arbeit. Er mochte annehmen, Martin plane ihre Redaktion in der Absicht einer Veröffentlichung. Täglich liefen einige Exemplare bei Martin ein, zierliche, von einem dazu von ihm herangebildeten Schreiber peinlich egal geschriebene Hefte aus Handpapier, mit breitem schwarzem Band geheftet und sämtlich mit seinem Namenszug versehen. Endlich fehlten noch drei Hefte, zwei davon wurden von den Besitzern hartnäckig verweigert, das dritte schien verloren gegangen zu sein. Die Mehrzahl der Schriften waren in elegante lederne oder seidene Mappen eingelegt. Diese kleine Sammlung von schmucken Heftchen lag vor dem Dichter ausgebreitet. Sie waren sein Lebenswerk, Tage und Nächte seiner besten Jahre hatte er darauf verwandt, diesen tadellos schönen Versen ihre brillante Oberfläche und ihre beziehungsreiche, sinnvolle Verknüpfung zu geben. In kostbaren Hüllen waren sie jahrelang von Verehrern aufbewahrt und in guten Stunden von aufmerksamen, fein erzogenen Genießern gelesen worden.

Mit harten Zügen und fest geschlossenen Lippen überschaute und zählte der Dichter die Schriften. Er öffnete keines der Hefte – die lang erwogenen, oft geprüften, unzähligemal überlesenen und neu überarbeiteten Verse hatte sein Gedächtnis fast alle bewahrt.

Als die letzten eingetroffen waren, band Martin die ganze Sammlung zusammen. Am Abend, nach Einbruch der Dämmerung, brachte er das schwere Paket in das Boot und fuhr über das dunkle Wasser gegen Buochs hinüber. In der Mitte des Sees machte er Halt und saß wohl eine Stunde lang gebeugt und regungslos, die Rechte auf das weiße Bündel gelegt, welches die Arbeit seines Lebens enthielt. Ein unsäglich schneidender Schmerz ging in dieser dunklen, schweigenden Stunde durch seine Seele.

Dann erhob er sich langsam, hob das Bündel auf den Rand des sich neigenden Boots, fuhr noch einmal mit der Hand liebkosend darüber und ließ es langsam und lautlos in das Wasser sinken. Quirlend und leise gurgelnd schloß sich darüber die Fläche.

Tags darauf legte er in seinem Ariost an der Stelle, die er mit Elisabeth an einem besonders glücklichen Morgen gelesen hatte, ein rotes Band und einige Rosenblätter und sandte die kostbare Ausgabe der Künstlerin zum Geschenk.

Der Historiker erhielt ein rätselhaftes Billet: »Ich danke für Ihre Mühe! Beim Anblick der vielen Blätter empfand ich wieder stark den alten Schmerz der Künstler – ars longa vita brevis. Sollte ich einmal vor Ihnen sterben, so vermache ich Ihnen meine Bibliothek unter der Bedingung, daß meine Aldinensammlung für ewig beisammen bleibt.«

Martin reiste nach Grindelwald und verscholl spurlos im Hochgebirge.   *(1900/01)*

* * *

Briefe an Elisabeth[*]

[Herbst 1901]

I

Verehrteste!

Nein, Sie haben mich am Freitagabend falsch verstanden. Wenn ich jemand Rosen schenke, die in einem von mir gedichteten Märchen gewachsen sind, so muß jemand schon Ihre Grausamkeit besitzen, um sie in den schalen Wasserkelch der blassen Prosa zu stellen. Wenn Sie wenigstens die Rosen zerrissen hätten! Und die Blätter mit ihrem eigentümlichen Lachen in die Nacht gestreut hätten!

Und doch haben Sie mich nicht enttäuscht. Vielleicht haben Sie die Rosen doch zerpflückt, nachher, in der Stille, vom Fenster aus, und beim Zerpflücken das wunderliche Wehgefühl gehabt, mit dem man etwas Edles wegwirft, weil es nicht in unsere magere Umgebung paßt. Märchenrosen! Unsere Vasen, unsere Kleider, unsere Böden und Tische und Tapeten passen nicht dazu, und Rosen zulieb kann man doch seine Einrichtung nicht verändern.

Habe ich es erraten? Ja? Dann werde ich Ihnen zu meinen nächsten Rosen auch Vasen schenken, und Tische, und Tapeten, und ein Schloß wie jenes, an dessen Fuß die Rosen gewachsen sind. Wissen Sie noch? Es war ein einziger breiter Turm aus Granit, am nördlichsten Meer, in dessen Saal schon die wilden Wikinger freche, prachtvolle, raubmörderische Gelage feierten.

O Elisabeth! Lügen Sie nicht – ich sah es in Ihren Augen und noch mehr an Ihrer plötzlich zitternden Hand, daß Sie mein Märchen verstanden. Ich sah es wohl, wie Sie sich herüberneigten und im Sinn hatten, mir die Hand zu geben und sie mir doch nicht gaben, weil Ihre Frauengrausamkeit mich erst am Boden

---

[*] Diese Briefe, an die damals 25jährige Elisabeth La Roche gerichtet, die Hesse im Freundeskreis von Rudolf Wackernagel kennenlernte, haben die 1965 verstorbene Adressatin nie erreicht. Sie fanden sich als Brief-Zyklus in Hermann Hesses Nachlaß.

sehen wollte. Erschrecken Sie jetzt? Und eben darin erkannte ich Sie, und eben das bewog mich, Ihnen die Rosen zu geben. Denn Sie müssen die Heimat dieser roten Blumen kennen, jenen fernen, loderfarbigen Meerwinkel meiner Phantasie, wo die purpurnen Wellen an den Mauern ewiger Schlösser verbranden und wo in dunkelblauen Nächten die Fenster uralter Burgen von tosenden Festen der Leidenschaft und der Unersättlichkeit schimmern und klirren. Ich sah einmal etwas von dem Glanz dieser Feste in Ihren Augen brennen ...

2

Verehrteste!
So viele Fragen? Ach, Sie hätten mich ebensogut nach den Geheimnissen der Gestirne und nach dem Rätsel des Lebens fragen können.
Wer bin ich ? – Manchmal bin ich ein magerer junger Mensch, den man täglich über den Münsterplatz kann gehen sehen und der die Weinstuben der unteren Stadt mit seltenen, doch gründlichen Besuchen bedenkt. Manchmal bin ich auch ein Mansardenpoet, der bei Zigarre und Kerzenlicht an sonderbar klingenden Versen feilt. Aber manchmal – Sie wissen es – bin ich auch ein Sturmwind, der lachend und schluchzend durch müde Herbstgärten pfeift. Und manchmal ein See, auf welchem wie ein leiser Morgentraum ein schlanker Liebesnachen schwimmt. Und manchmal ein Kind, das in dunklen Zimmern vereinsamt und weinerlich auf seine Mutter wartet.
Ich bin ein Mensch, der die Gabe hat, viel und stark zu träumen. Ich lebe alles, was ich träume: als Kind, als See, als Sturm, als Held, als Büßer – ich bin dennoch auf geheimnisvolle Weise stets derselbe, ganz derselbe. Dazwischen »wache« ich kurze Zeiten, dann sehe ich die Dinge »wie sie sind«, kühl, hart, roh und fremd, und höre den trägen, trüben Fluß des wirklichen Lebens rauschen. Dann faßt mich jedesmal die Frage mit Verzweiflung an: »Ist das wirklich das Leben? So grau, so faul, so gemein?« Aber ehe ich die Frage ganz zu Ende denke, fällt die ganze kärgliche Erscheinung dieses Lebens plötzlich wieder ins Bodenlose und der Traum hat mich wieder.

Ich zweifle oft an der Wirklichkeit der sogenannten sichtbaren Welt, denn viel wirklicher und mächtiger ist die Welt, die hinter meinen Lidern und meiner Stirn in wilden, lohen Farben flammt. Hier sind die Berge höher, schärfer und stärker, hier sind die Himmel reiner, blauer, leuchtender und die Wolken schöner, leichter, weißer; hier rauschen die Ströme und Stürme edler, voller und herrlicher. Von dorther kommen mir jene Träume, von dorther kommt mir alles Liebe, Tröstliche und Farbige. Von dorther kommt Ihnen auch mein Brief und meine Liebe.

Denn in meiner inneren Welt sind Sie auch vorhanden. Kein Spiegelbild, denn Sie waren dort, ehe ich Sie im »Leben« fand, und ich habe Gespräche mit Ihnen gehabt – o, Gespräche! –, ehe ich wußte, daß Sie leben und wie Sie mit Namen heißen. Aber jene Elisabeth meiner inneren Welt ist doch nicht ganz Ihr Ebenbild.

Nicht daß sie schöner wäre! Aber sie tut und sagt alles auf eine etwas andere Weise als Sie, ich glaube, sie tut und sagt es so, wie Sie in Ihren Träumen tun. So wie man möchte, müßte – und nicht kann. So frei, so großartig, so edel, unbefangen und hinreißend! Ach, wenn Sie diese Elisabeth kennten! Sie würden eifersüchtig sein, auf sie und auf mich.

Besinnen Sie sich, bitte, bitte! Fällt Ihnen nicht ein, daß ich manchmal, wenn Sie etwas sagten oder nicht sagten, Sie ansah und lächelte? Als ob ich etwas vermisse, oder etwas besser wisse. Das tat ich immer, wenn ich sah, daß Sie Maske trugen, wenn Sie etwas nicht zu Ende brachten, was in Ihnen lag. Nicht wahr, wir möchten alle gern Lebenskünstler sein? Und wir haben ein Ideal vom Leben, wie der Maler die Vision seines Werkes, und malen und malen, aber unser Bestes sieht neben dem Ideal wie eine Fratze aus. So sehe ich neben Ihnen immer jene echte Elisabeth – sie zeigt mir untrüglich, was Sie eigentlich hätten sagen oder tun müssen.

Wollen Sie nicht, für mich wenigstens, die Maske ablegen und die wahre Elisabeth sein? Sie müssen damit nicht sagen, daß Sie mich lieben; aber Sie werden mir zeigen, daß Sie mich und sich selber achten.

Verehrteste!

Sie haben mich so gut verstanden, obwohl Sie es nicht sagen!
Und mit welcher Majestät Sie zu schweigen verstehen!

Sie wissen, daß mir einmal davon träumte, mit Ihnen jene wilden
Gestade der prachtvollen Liebesschlösser aufzusuchen und jene
Feuer in Ihrem Auge zu entzünden, die Sie so gut verbergen und
die doch zuweilen so plötzlich und urweltlich hervorbrechen.
Sie schienen diese Provinz meiner Phantasie so gut zu kennen,
daß ich mir oft ausmale, ich müsse Ihnen gerade dort einmal
begegnen, am purpurnen nördlichen Strand, rot gekleidet, Blumen im Haar und zügellose Liebesreime auf den Lippen.
So träumte ich. Aber nun träume ich auch noch von anderen
gemeinsamen Fahrten. Ich möchte Sie auf meinem kleinen Nachen mitnehmen auf den See der Vergangenheit, in dem sich die
Cypressen und die weißen, traurigen Treppen der Denkmäler
spiegeln. Wie viele Orte müßten wir besuchen! Die Straße der
Einsamkeit, die tausend Tage lang ist, die weiß, endlos und brennend ist und an deren Seite über die hohen kahlen Mauern fremder Gärten da und dort verwelkende Rosenzweige und schau-
kelnde Äste von Birken und Ulmen niederhängen. Und die
Ebene der Schwermut, auf der die schnellsten Rosse ermüden,
auf der neben Moor und Schilf nur Heidekraut und olivene,
dürre Wacholderbäume wachsen. Die Haine, in denen meine
Muse mit Gleichnissen der Vergänglichkeit spielt, und die Berge,
auf denen sie mit roten Nachtfeuern sich den Gedanken des
Ewigen hingibt.
Sie müßten ganz in meine Einsamkeit und Traumwelt kommen.
Ich kann nicht länger allein in meiner eigenen Dichtung leben.
Ich brauche jemand, dessen Blick und Gesicht für die Wahrheit
und Notwendigkeit dieser Traumwelt Zeugnis ablegt. Oft sitze
ich wie ein vereinsamter Reicher in seiner Schatzkammer, das
Auge vom Glanz der Edelsteine ermüdet, und lasse kostbare
Kleinode und Ketten kühl und traurig durch meine Hände laufen. Oder wie ein Einsiedler, ein Weiser, dessen Gedanken Zeit
und Ewigkeit durchlaufen und erkannt haben, der alle Weisheit
und den Sinn aller Schicksale gefunden hat – wozu? Warum? Für
wen? Oder wie ein Künstler, der mitten in der Einöde einen

Palast erbaut hat, ein Wunder, eine Zier der Welt – wozu? Warum? Für wen? Für Sie, Elisabeth! Für einen Blick von Ihnen, für eine Stunde Ihrer Gegenwart! Wollen Sie kommen?

4

Sie Wilde! Sie Grausame! Sie Allerschönste! Nun sind Sie ganz wie ich wußte, daß Sie sein können.
– Und jener Blick! Also Sie kennen auch diesen Schlupfwinkel meiner Gedanken? Diesen kühlen, allzuhellen, in dem die steinernen Denkmäler der zu Ende gedachten Wahrheiten stehen, der Enttäuschungen, der abgestreiften Schleier? Nun verstehe ich Sie erst ganz, und nun verbindet uns ein Augurenlächeln bei jeder Begegnung. Glauben Sie auch, daß dieses berühmte Lächeln so listig, so pfiffig und boshaft war? Ich meine, oft müsse es bleich, grell und schwermütig gewesen sein, das Lächeln der Erkenntnis, des Besserwissens und des Unglaubens.
Ich ahnte es, daß auch Ihnen das Leben bleich, entgöttert und langweilig sein müsse, und daß Sie Verlangen hätten, die Röte der Kunst und die Röte der Leidenschaft an seine fahle Himmel zu malen. Und nun ist ja von Liebe nicht weiter die Rede, da jedem von uns beiden der Haß des anderen lieber wäre als das faule, zufriedene Liebhaben der anderen. Wir müssen zusammengehen, zwei abtrünnige Auguren, die verschwiegen einen anderen, neuen Kult begehen.
Wir beide haben gefunden, daß das Schöne, Große und ernstlich Lebenswerte fast überall erst an den Grenzen des jetzigen Lebens beginnt; wir beide sind in Sprache, Bewegung, Blick und Tat in diesem Leben wie Gefangene und kennen keine Seele unserer Art als ich Dich, Du mich. Unser Leben und unsre Freiheit aber liegt darin, daß wir in jeden Blick und in jeden Gedanken, den wir einander geben, die ganze Größe, das ganze Leid und die ganze Schönheit unserer illegitimen, unwirklichen Welt legen.
Ich habe schon seit Jahren gelernt, die Einsamkeit und das Gefangensein nicht mehr als Elend, sondern als Auszeichnung und schmerzlichen Adel zu fühlen. Daß unsre Gedanken jenseits des

Alltags heimisch sind, daß unsere Lieblingsinseln weltverloren in blauen, schweigenden Meeren liegen, sollte das schade sein? Die Dichter, die Weisen und die Künstler sind von je in ihren besten Stunden und Gedanken einsam gewesen, und Sokrates war in der Blüte Athens nicht heimischer als ein Weiser von heute in seiner Stadt.

5

Du zweifelst, ob ich fähig sei zu lieben. Du kannst Dir keine Liebe denken ohne jenen süßen, naiven Ernst der feierlichen Jugend; Du erinnerst mich kopfschüttelnd an meine eigene Jugendliebe, da mir die Welt so ernst und das Leben so tragisch schön erschien.

Aber das Leben, das ich jetzt kenne und über das ich oft zu lachen scheine, ist nicht weniger tragisch. Oder fürchtest Du das, daß ich an die ungetrübte Engelsliebe jener frühern Jahre nimmer glaube, daß mir die Liebe Kampf und Spiel statt Ruhe und Ewigkeit ist? Wie das mich lachen macht!

Dich auch, ich weiß es. Aber hüte Dich – eines Tages, so träumt mir, wirst Du mir in jenem lodernden Lande der Leidenschaft begegnen. Ich warte! Ich warte vielleicht gerne, denn hinter jenem Lande kommt nichts mehr, dort brandet das unendliche Meer. Vielleicht treffen wir auch niemals dort zusammen. Vielleicht werden wir leiser enden – bescheidener, schmerzlicher! Vielleicht sterben wir einmal beide mitten im Kram des kleinen Lebens, bitter lächelnd, die bleiche Tragik des verlorenen Lebens auf den Lippen. Danach Glockenton, Predigt, Chorgesang und Cylinderschwarm. O Elisabeth!

Also, ich warte. Vor meinen Fenstern fallen die Blätter vom Ahorn, auch der große Kastanienbaum ist schon lange gelb. Der Spätherbst ist ein großer Maler. Ich meine nicht die rot und gelbe Pracht, die er vom Oktober übernimmt. Ich meine diese gegen hellsilbergraue Himmel gezeichneten, feinen, kahlen Zweige, diese sammethaften, müden, grauen Wiesenhänge und diese traurig zärtlichen, scheuen Sonnenblicke ohne Leuchtkraft, die so leise und gespensterhaft um nebelfeuchte Bäume schleichen und sich so matt und verloren in den Fensterscheiben brechen.

Wie ist das alles zart und fein und delikat getönt! Früher war ich in diesen Tagen immer traurig. Weißt Du, die dunkle, süße Schwermut der Jugend! Ich dachte dann an die Vergänglichkeit, an den Tod und an das erbärmliche Verhältnis, in dem unser Leben zur Ewigkeit stehe. Denn die Ewigkeit konnte ich mir damals nur als eine ungeheuer lange Zeit vorstellen, lang, lang vor uns begonnen und weit über uns hinausreichend. Da lag es einem in den Dichtern belesenen Jüngling nahe, sich mit den fallenden Blättern zu vergleichen und unter der unsäglichen Kleinheit seiner Existenz zu stöhnen. Hast Du das nie empfunden? Ich meine, diese Gedanken gehören auch zum Glück der Jugend – das Leben muß doch schön sein, wenn der Gedanke an seine Kürze so traurig macht. Dabei fällt mir ein: hast Du jemals Fontanes »Stechlin« gelesen? In diesem Buch, das ebenso herb-preußisch wie naiv-poetisch ist, kommt der Tod in niederschlagend simpler, selbstverständlicher Form vor, wie das Vollziehen einer juristischen Handlung, sachlich-feierlich ohne eine Spur von Sentiment. Das Kühlste und Traurigste, was man lesen kann, für einen südlich von Preußen Geborenen wenigstens.

Und Fontane hat recht. Berlin hat recht. Die Kunst der Zukunft kommt von dort oben, von Preußen, Skandinavien, Rußland – von jenen Ländern, die wir Südländer schon auf der Landkarte nur mit Grauen und Mitleid betrachten können.

Uns Phantasten alten Schlags ist damit das Todesurteil gesprochen. Denn unsere Kunst und unser Geschmack, meiner, Deiner und der unsrer Freunde, ist doch in Florenz, Venedig und Rom zuhaus, in untergegangenen Reichen. Das Rom von heute aber heißt Berlin. Wir sind nicht nordisch, rauh und gesund genug, wir haben den Erdgeruch nicht und müssen ewig im Rokoko steckenbleiben, dessen Schönheit dort oben schon längst entwertet und überwunden ist. Wir müssen uns begnügen, mit den Schmucksachen unsrer Großväter zu spielen, während dort oben (früher hieß es là-bas) die neue Sonne aufgeht. Die Zukunft gehört denen à la Dostojewski, nicht denen à la d'Annunzio. Um schneller mit den Resten der alten schönen Kultur und mit den Traditionen unserer klassischen Philosophie aufzuräumen, hat man bei uns den Russen Tolstoi eingeführt, der mit einer alles Duftes beraubten christlichen Moral die ganze breitspurige Roheit des Barbaren verbindet.

Und doch bin ich mir selbst zu Zeiten so modern erschienen! Das gehört nun auch schon zu jenen lieben Jugendlichkeiten. Es kam von der Nietzschelektüre her. Aber ich bin überzeugt, daß gerade die Nietzscheleser und Nietzscheschreiber keine Zukunft haben; denn schließlich ist Nietzsche ja doch alte Schule. Im stillen hat er nach dem Land der Griechen mehr Heimweh gehabt als nach dem Kinderland des Zarathustra. Er war klassisch, akademisch und eklektisch wie nur einer, und auch die Quellen seiner fabelhaften Sprachkunst liegen fast alle auf dem alten Parnaß.

Du verstehst mich. Wenn ich mit dem Schiff der Modernen fahre, so bin ich einer von denen, die über die Arbeit und die Gelage der Mitschiffer hinweg nach den versinkenden, tempelgeschmückten Ufern des verlassenen Landes zurückblicken.

6

Du hast meinen Brief verstanden? und hast nichts dawider zu sagen? – Ich dachte es mir. Ich erwartete es ...

Ich erwartete es. Ich hoffte um meinetwillen, es möchte so sein.

Aber um Deinetwillen hatte ich doch das Gegenteil gehofft. Um Deinetwillen – denn Du bist so schön und meine Liebe zu Dir ist mir so teuer, daß es mich traurig machte, Dich Vollkommene an meiner eigenen Krankheit leiden zu sehen.

Also darum hast auch Du Nietzsche geliebt! Und warst Du Dir dabei bewußt, was der Schritt von Schopenhauer zu ihm für uns bedeute! Aber was nun, da wir mit Nietzsche fertig sind? Müssen wir jetzt nicht bekennen, daß wir Seiltänzer waren, bei denen der Reiz der Gefahr den Schwindel nur eben noch überwog? Welch ein Liebesbrief! Freilich, was ist uns Nietzsche? Oder die Philosophie überhaupt? Eine Übung, eine Gymnastik, ein Angenehmes und Nützliches! Aber was hilft das? Wir beide glauben nicht an etwas, das unser Leben wertvoll und glücklich machen könnte. Wir würden an unsre Liebe glauben – aber wollen wir dies Letzte auch noch der schlimmen Probe aussetzen, an der alle unsre frühern Hoffnungen gescheitert sind?

Keiner von uns beiden kann etwas so Böses und Trostloses sagen, daß der andere nicht nickt und schweigend zustimmt. Keiner kann dem andern ins Auge sehen, ohne dort das zu sehen, was ihm ängstigend und verhaßt in der eigenen Seele liegt. – Wenn alle Frauen wären wie Du, so klar, so ehrlich, so unerbittlich und so denkend, dann würde die Welt zu Grunde gehen. Aber es sind wenige Frauen so, vielleicht zehn, vielleicht keine, und darum liebe ich Dich.

Und darum liebst Du mich. Und darum fahren wir mit bekränzten Masten dem Strand der verrufenen Liebesburg entgegen, deren rote Räume vom Schrei der Leidenschaft, der Unersättlichkeit, der Lust und der Verzweiflung widerhallen.

H

* * *

Drei Zeichnungen

Apollo
Ein Wandertag am Vierwaldstätter See

Der Wandrer lag allein, abseits des Weges, in der warmen Sonne. Sein Blick ging dem Spiele des Lichtes auf den gelben Felsen nach, sein Ohr ruhte im Geräusch des rückwärtigen Sturzbaches aus, welches aus der Ferne noch eben heranreichte, leis und stetig. Seine Seele, in leichtem Halbtraum, ruhte wie ein Vogel mit ausgebreiteten Flügeln über dem lichten Lande seiner Kindheit. Ein brauner Falter flügelte langsam über der Straßenmauer und durchschnitt mit der unruhigen Linie seines Fluges die Umrisse der schmalen Seefläche, die dem Liegenden ins Auge leuchtete. Auf dem dunkelgrünen glänzenden Grund spielte die matte Farbe der Falterflügel heller und reicher, die zarten Flügelränder zitterten wechselnd in einem weißlichen Lichtstreif, als ob der bewegte scharfe Umriß das Licht anzöge.

Im Gedächtnis des Ruhenden stiegen die leidenschaftlichen Wonnen der Knabentage auf, die erregte Lust der sommerlichen Schmetterlingsjagd auf großblumigem Gartenbeet und auf windstillen duftenden Matten, über denen die heiße Luft in glänzenden Wellen zitterte.

Dem Träumer glitten unvermerkt die schwer gewordenen Lider über den ermüdeten Blick. Sein Traum lief in atemloser Lust falterjagend über heimatliche Matten und Hänge, und aus der entschleierten Tiefe ferner Erinnerungen überkam den Schläfer eine langvergessene Sehnsucht aus Kinderzeiten – einen Apollo zu sehen. Das Ziel begieriger Knabenwünsche, schneeweiß mit roten Flecken, hing das Bild des schönen Falterkönigs vor ihm im Blauen. Vertraut und leise anklingend traten andere seltsam liebe Melodien aus vergangenen Jahren heran. Über den Schlafgedanken des Wanderers wölbte sich wunderhell und zart der Himmel seiner Kinderzeit in sehnlicher Bläue empor.

Ein leichter Wind flog kühl vom jenseitigen Gebirge her und traf die gesenkte Stirne des Schlafenden. Lächelnd und langsam schlug er die Augen auf, von der Klarheit der reinen Seeluft und von den fröhlich leuchtenden Farben der Landschaft erquickt. Er richtete sich wohlig auf.

Da glitt ein weißer Schein an ihm vorüber. Er hielt inne, er blickte lauschend auf. Unhörbar und ruhig senkte sich ein heller Schmetterling in elegantem Bogen aus der Luft herab, flog am Boden hin, flatterte, Umschau haltend, und blieb an der abschüssigen, sonnbeglänzten Fläche eines Felsens hängen. Er schien zu lauschen, er bewegte die feinen Fühlhörner, und dann breitete er alle vier Flügel weit und ruhig im warmen Lichte aus. Apollo! Auf den seidenen, weißen Flügeln traten dunklere Adern in zarten Linien mit metallischem Glanz hervor, und mitten auf dem weißen, seidenen Grunde glänzten hellblutrot die prachtvollen Augen.

Der Apollo schlug die Flügel zusammen, daß ihre vornehm längliche Form mit der untadeligen Rundung der Oberflügel deutlich sichtbar ward, breitete sich noch einmal wohlig, wie atemholend, in voller Drehung aus und flog auf. Er flog vom Felsen auf die Spitze einer hohen, violetten Distel, von da gegen den See in die dunklere Tiefe. Dann erhob er sich wieder, schwebte einen Augenblick unschlüssig, tat plötzlich eine Reihe jauchzender Flügelschläge und verschwand nach oben in den tiefen leuchtenden Himmel.

Eine Wolke

Ein quirlender Luftwirbel hatte den Rest der Gewitterwolken vertrieben; auf dem beruhigten Meere glühte die Mittagssonne klar und heiß. Nur eine einzige Wolkenbank war dageblieben. Von ihr löste sich aufwärtssteigend ein zarter weißer Schleier, und dieser weiße Dunstschleier hing, als die ganze hellgraue Wolkenbank verraucht und verflogen war, allein mitten im tiefblauen glänzenden Himmel. Flockig und zerblasen trieb sie empor und langsam nordwärts, und im langsamen Dahintreiben sammelte sie ihre wehenden Enden und Spitzen, gewann Umriß und Wölbung, nahm an Weiße und Klarheit zu und erfreute das Auge des Schiffers, der eilig ein durchnäßtes braunes Dreiecksegel wieder aufzog.

Wer sie so leuchtend, einsam und ruhig durch die große Bläue

gleiten sah, dem erschien sie wie ein von einer fernen Frauenstimme gesungenes Lied.

Und die Wolke sang wirklich; sie sang und flog, war Sängerin
und Lied zugleich. Nur die großen Meervögel und nur der sal-
zige Seewind konnten ihr Lied verstehen. Vielleicht wäre es auch
von einem Dichter verstanden worden, der sie nahe genug erblickt hätte, vom äußersten Leuchtturm von Livorno aus oder
von den Höhen der Insel Korsika. Es war aber kein Dichter da.
Und wäre einer gekommen, er hätte Mühe gehabt, das Lied der
Wolke in unsere Sprache zu übersetzen.

Langsam segelte die schöne weiße Wolke über die Buchten von
Spezia und von Sestri und über die graugelben Strandfelsen von
Rapallo hinweg. Sie sah schwarze Schiffe über den Horizont
hinaus ins Bodenlose gleiten, wie Tropfen, die vom Rund einer
Domkuppel triefen. Sie sah braune Fischer in dunklen Barken
mit rot und gelben Segeln fahren. Sie sah die Sonne über Frankreich sich neigen. Und sie sang und träumte vom Abend, vom
scharlachroten Abend, von der Stunde der Glut, des Schweigens
und der Liebe.

O Sonne, o goldene Sonne!

Sie sang immer dasselbe Lied – vom blauen Meer, von der Sonne,
von ihrer Liebe, von ihrer Schönheit und vom Abend, vom glühenden, farbigen, schwelgerischen.

Genua stieg empor, die helle, steile Stadt am runden Golf, und
hinter Genua der Festungskranz und dahinter die Hügel und das
weite, weite hellgrüne Land, und ganz am äußersten Rande
weiß, kühl und fremd der kühle Zug der Alpen. Die Wolke
schauerte und suchte langsamer zu schweben. Was sollte sie
dort, die warme, schöne, vom Meer geborne, was sollte sie dort
bei den kühlen, kahlen Höhen des Nordens?

- O Sonne, Sonne, liebst du mich? –

Ein Läuten drang aus der großen Hafenstadt herauf, das Abend-
geläute von Santo Stefano. Die östlichen Berge wurden seltsam
klar und nah, über den bläulichen französischen Hügeln neigte
die Sonne zum Untergange.

Die Sonne! Sie brannte tief scharlachfarben und streute eine
wunderbare, traurige Schönheit über die Erde, und das Meer
wurde rotgolden und lila.

Da traf der dunkelglühende Blick der Sonne die sehnsüchtige

Wolke. In heißen Schauern brannte ihr weißes Gefieder auf, so rot, so rot, daß sie über den Genueser Hügeln wie eine lodernde Fackel hing.

Das Meer verglühte, und die Erde wurde grau, auch auf die Kuppeln der Kirchen und auf die Festungswerke und Alleen der Hügel stieg die Dämmerung. Darüber aber brannte hellrot die einsame Wolke fort, schöner als alle Dinge, die auf der Erde, im Meer und in den Lüften sind.

Sie wurde rosafarbig, sie wurde lilablau, sie wurde violett.

Dann wurde sie grau und wurde unsichtbar. Niemand konnte mehr sehen, wie sie beim zagen Scheine der frühesten Sterne schnell und schneller flog, über Novi, Pavia und Mailand hinweg, gegen die kühlen, fremden Berge des Nordens.

Abendfarben

Ende August in Vitznau. Eine lange Reihe prachtvoll heißer Tage und klarer, glühend herrlicher Abende glänzte über dem See. In dieser Zeit ruderte ich Tag für Tag zur Stunde des Sonnenuntergangs langsam von der am Fuße des Bürgenstocks gelegenen »Matt« her nach Vitznau zurück und hatte Tag für Tag mit geringen Änderungen denselben Anblick des Sees gegen Luzern, wo sich die Sonne auf die weißlich umdünsteten Hügel senkte. Die See war jedesmal um diese Stunde fast völlig ölglatt, selten vielleicht von einem leisen, warmen Winde bestrichen, der die Fläche nur schwach und stellenweise kräuselte.

Dieser oft wiederholte Anblick hat sich mir so schön und fest eingeprägt, daß ich ihn wie ein oft gelesenes Lied jederzeit wekken und wieder genießen kann. Wenn ihr wollt, kann ich ihn auch mit der Treue einer Chronik beschreiben. Stellt euch vor, ihr säßet im kleinen Ruderboot zwischen Matt und Lützelau, mitten auf der Seebreite, und bewegtet euch langsam gegen Vitznau, dem ihr als Ruderer also den Rücken zukehrtet. Nur müßt ihr euch keine Bootfahrt mit Gesellschaft, Gespräch und Gesang vorstellen, nicht einmal eine Fahrt zu zweien, mit einem Freund oder mit einer Frau, sondern ihr müßt allein sein und müßt etwas von der leidenschaftslosen Liebe des Einsamen in euch tragen. Dann sehet ihr folgendes:

Vor euch steht scharf und dunkel die schmale Bootspitze gegen die glänzende Seefläche. Das Wasser hat noch die tiefgrüne Färbung des Spätnachmittags und schimmert weiter hinaus in bläulich weichem Silberton, welcher langsam, fast unmerklich einen süßen, warmen Anflug von Gold bekommt. Gegen den Bürgenstock verdunkelt sich das Wasser in vielen Übergängen bis zu einem schweren Tintenblau, von welchem der weißgelblich helle, schmale Uferstreif sich auffallend abhebt. Ohne diesen lichten Streifen, der vom Durchschimmern des hellen Strandgesteines herrührt, würde das Ufer nach dieser Seite viel ferner erscheinen; der weißliche Strich zieht es dem Auge fast gewaltsam näher. Das stark beleuchtete, hellgrüne Ufer der Rigiseite hat denselben Uferstreifen, der hier jedoch unauffällig mit der lichten Seefarbe verschwimmt. Hier spiegelt sich auch die langgezogene Wand des Rigi mit den rötlichen runden Felstürmen und hellen Matten klar und unverändert, während jenseits der Spiegel der Hammetschwand nur wie ein trüber Schatten im Wasser liegt.

Jetzt beginnen die einzelnen weißen Wölkchen über euch sich goldig zu färben. Ihr blickt nach der niedrigstehenden Sonne und bemerkt dabei, daß in der Ferne der See nicht mehr bläulich und silbern, sondern völlig goldgelbglänzend wie eine blanke Messingscheibe ist. Und die Grenze des Goldfeldes rückt zusehends näher, fast bis zu den Schiffländen von Kehrsiten und Weggis, mit einem schwachblendenden, dem Auge aber noch wohl erträglichen Geleucht.

Und nun beginnt die Sonne tiefer zu leuchten und größer zu werden. Was vom Boot aus noch von grüner Seefläche zu sehen war, hüllt sich in ein großes Farbenspiel, das zwischen Gold und Rotbraun in allen Nuancen leuchtet und an windbewegten Stellen zum brennenden Scharlach wird. Hier hört die Zuverlässigkeit des Sehens auf und werden alle Farbenbestimmungen ungewiß; ihr könnt nur zurückgelehnt mit Erstaunen ein Meer von warmen, rot und goldenen Tönen wahrnehmen, das in unerhörten Rhythmen flutet und immer wechselt und immer dasselbe ist.

Das dauert an klaren Tagen so lange, bis die Sonne den Horizont berührt. Da wird sie tief rot, und der See verwandelt sich wunderbar. Er ist, so weit ihr blickt, mattgolden mit blaugrünem

Anhauch, so wie in Kürze der westliche Himmel aussehen wird. Und mitten durch die goldene Flut geht eine breite und unendlich lange Brücke aus Feuer, beim fernen Ufer rot und licht beginnend und endigend in einer tiefen, sattsam purpurnen Lohe. Das ist der Spiegel der roten Sonnenscheibe während der Minuten des Unterganges. Ganz nahe vor eurem Boot seht ihr sie glühen und verbrennen, bis sie in einem goldigbraunen Schimmer erlischt. Ihr schaut empor. Auch am Horizont ist sie verschwunden, von jenseits rötet sie Luft und Wolken und wirft euch die Hügel, hinter welchen sie sinkt, mit scharfen Konturen überraschend entgegen. Indessen verleuchtet der See langsam, langsam und kleidet sich im Erlöschen in phantastisch schöne, schwelgerische Traumfarben, deren Anblick wie ein Lied oder wie eine Sage aus Urzeiten berührt.

Und rückwärts, hinter euch über dem Bauen und den Urner Bergen, seht ihr, wenn ihr scharfäugig seid, im rasch dunkelnden Himmel schon erste, bleiche Sterne schwimmen. *(1901)*

* * *

Roter Veltliner

Ich verstehe die Kunst des frohen Zechens nicht. Nur aus selig verschlenderten frühen Jünglingsjahren herüber kenne ich, wie aus einem Traum, den Klang der Römer und das von Gelächter unterbrochene fröhlichfreche Geplauder einer jungen Tafelrunde.

Aber ich liebe den roten Veltliner. Kennt ihr ihn, den tiefdunkelroten, schweren Wein mit dem verborgenen, schwermütigen Feuer? Ich schätze ihn zu hoch, um ihn oft zu trinken; er ist ein einsiedlerischer, tiefer Freund, den ich nur an traurigen, sternlosen, hoffnungslosen Abenden aufsuche, um in sein dunkles Auge zu sehen und die staubigen Schleier des ermüdenden Tages für Stunden von mir zu werfen.

Wie dunkel, stumm und mystisch er aus dem breiten Glase blickt! Ach, seine Farbe, sein herber Duft und selbst das breite, fußlose Glas erinnern mich jedesmal an den edelherben Chianti, den ich in Toskana trank, an die Nächte in Fiesole, Settignano und Prato, und an meine Lieblingsstadt, an die Stadt der Blumen und der Kunst, an Florenz, nach dem ich alle Tage Heimweh habe.

Das erste Glas! – und ein Vorhang fällt von meinem Innern. Nun bin ich nicht mehr der ermüdete, entwürdigte und verdumpfte Tagesmensch, nun rauschen die lauten Quellen der Schönheit wieder in mir auf. Nun brennt meine Schwermut, meine Liebe und meine Sehnsucht in neuen, leuchtenden Farben auf, nun geht durch meine Träumerei der ungebrochene, große Rhythmus der Freiheit und der Phantasie.

Über den Tisch geneigt sitze ich still und blicke in die dunkelrote Weinglut. Sie macht mich niemals froh, und dennoch tröstet sie mich wunderbar. Ich sinne über mein ganzes Leben zurück und siehe, es ist nicht mehr, wie es mir noch gestern, noch heute erschien. Es ist kein schlechter Faden mehr, an dem ein kindisches Schicksal Perlen, Steine, Blumen, Dornen ohne Wahl gereiht hat und der im Kot der Straße liegen blieb. Es ist ein flutendes Gedicht von rätselhafter Schönheit, mit wundervoller Energie voranstrebend, einem unbekannten, aber edlen Ziel entgegen. Es ist, von frühsten Knabenjahren an, getränkt mit der Schönheit aller Welt, heimlich mit dem Wesen der schönen Kultur befreundet. Es ist so alt wie Homer und so jung wie die gegenwärtige Stunde, erfüllt von Kenntnis und Ahnung alles Begehrenswerten und Auserlesenen, das je durch Denkerstirnen und Bildnerhände ging. Etwas in mir redet wie ein Bruder auf Du und Du mit den Göttern der Griechen, mit den Dichtern des Orients, mit den Madonnen Toskanas, mit den Meeren und Himmeln Böcklins und mit allen Schönheiten der sichtbaren und unsichtbaren Welt. Sind sie mir nicht Reichtümer, nicht Freunde, nicht Heimat und Lebensbesitz?

O, und ich freue mich, daß ich heimatlos bin, daß kein Stück Erde teil an mir hat. Und ich freue mich, daß ich keine Freunde habe, und daß ich Mangel leide an allem, was andere haben. Ich möchte noch ärmer sein. Ich wollte, meine Handvoll von Besitz verbrennte diese Nacht und ich träte morgen barhaupt und bettelarm in die Welt.

Und ich freue mich auch, daß keine Frau in meinen Armen liegt. Was wißt ihr, was Liebe sei, ihr Satten und Zufriedenen! Was wißt ihr von der lodernden Sehnsucht der Nächte, durch welche die wilden Feuer meiner trostlosen Liebe flackern! Was wißt ihr von den Ewigkeitsgedanken, an welche ich jeden brennenden Schmerz meiner Liebe hefte! O meine Liebe! O du Unsterbliche, durch Nächte Flammende, du schmerzliche, kaum zu ertragende, unsäglich Köstliche!

Ich gedenke aller finstern Nächte, da ich auf den schwarzen Mauern der Stadt und auf den dunklen Höhen des Gebirges stand und mich in Einsamkeit, Stille und Sternlicht vom Rauch und Staub des Tages läuterte. Da ward ich inne, daß ein Gott mir meine achtlose Liebe in die Brust gelegt hat, nicht um mich zu verderben, vielmehr um mein Leben mit dem schmerzlichen, adelnden Kreuz einer stummen Ritterschaft zu schmücken. Er wollte, daß mein innerstes Leben sich durch Todesschmerz zum Gedanken des Ewigen erhebe – nicht einmal und für immer, sondern alltäglich, allmählich, in Unrast, Kampf und Entbehrung.

Ich senke die Stirn und denke das Bildnis einer königlichen Frau ...

– Ein neues Glas.

Geschlossenen Auges beschwöre ich mir stille Lieblingsbilder herauf. Durch eine schwarze Allee von Zypressen erblicke ich den stolzen, kecken Turm des Palazzo vecchio und hinter ihm die Kuppel des Brunelleschi und den Glockenturm des Giotto, und die ganze Stadt Florenz. Wo bin ich doch? Das ist San Miniato, dort die Mauer des Michelangelo und unter mir die Porta San Niccolo. Ein Schmetterling flattert über die farbigen Anemonen, das Tal ist weiß von Obstblüte, ich liege im hellen Gras und träume helle Bilder aus der Stadt des jungen Dante ...

Dante! Ich schaue ein neues Bild: in heißer Sonnenglut gegen die Mauer eines Hauses gelehnt betrachte ich Dantes Grab, in Ravenna, der toten Stadt der goldenen Mosaiken und entvölkerten Kirchen. Hier weht eine heiße, schwere Luft voll Trauer, Tod und Moder. Hier predigen die Trümmer einer wundervollen Welt den alten Spruch vom Flug der Zeiten und Verfall des Schönen, das doch ewig ist. Ravenna! Ich liebe dich, Stadt der Melancholie, und deine verzauberten Kirchen, versunkenen Paläste und leblos traurigen Gassen, auf denen Gras wächst und deren Bewohner nicht mehr wissen, daß ihre armen Häuser auf Fundamenten untergegangener Paläste stehen. Dort im Hause des Erzbischofs, wo Reste römischer Skulpturen, mittelalterliche Inschriften und zahllose stumme Pergamente schlummern, bin ich trauriger und einsamer umhergegangen als je in meinem Leben, und von dort bin ich stiller, ruhiger und älter zurückgekehrt.

Ein neues Glas.

Mir fällt etwas Lächerliches ein. Neulich traf es mich, einen Abend lang der Kavalier oder Hanswurst eines kleinen, hübschen, achtzehnjährigen Mädchens spielen zu müssen. Die Kröte hatte ein Bändchen Gedichte von mir gelesen. Und sie fragte mich nun höchst interessiert, wie doch eigentlich solche Gedichte gemacht würden und ob alle die Liebe, der Schmerz und das Elend wirklich müsse erlebt sein. Ich beruhigte sie schleunigst, indem ich versicherte, daß zumeist an allen schönen Versen kein wahres Wort sei und daß die vielen Leiden und Seufzer nur gemacht würden, um die lieben Leser zu rühren. Ich hatte ja ganz recht ...

Ah, dieser Wein!

Ich liebe dich, roter Veltliner! Ich wußte es, daß ich beim siebenten Glas deine spröde Scheu besingen würde. Nun sei gegrüßt, du Wilder, Schöner, Gottloser!

Nun brauche ich jene mäßigen Tröstungen der ersten Becher nicht mehr – nun lodert mein rotes Zigeunerblut wild und lustig auf und reißt die grauen Lappen von den braunen Gliedern. Nun spreche ich allen Menschen und Göttern Hohn.

Greift mich, ich bin ein Tempelschänder. Ich habe alle heiligen Bilder von den Altären meiner frommen Jugend gerissen und an ihre Stelle Bilder von der Wollust gestellt, und die hohen kühlen Kirchen hallen von meinen Lästerungen wider. *(1901)*

Zukunftsland

Wir sitzen in unsrer kleinen, dunklen Weinkneipe, die einzigen Gäste, und trinken langsam und schweigend den dunkelroten, schwermütigen Veltliner. Mein Freund, der Architekt, hat den Brief noch vor sich liegen, der ihm den Mißerfolg seiner Bewerbung um den letzten Konkurrenzpreis mitteilt. Und ihn, der doch längst daran gewöhnt sein sollte, bedrückt diese »Niederlage«.

Mich aber bedrücken meine Niederlagen, welche Erfolge sind. Ich habe vor Kurzem einen Roman sehr teuer verkauft und werde für meine beliebten Feuilletons sehr anständig bezahlt. Der Roman ist schlecht und die Feuilletons sind miserabel. Und die Dichtungen, von denen ich mir ehemals Erfolg und Ruhm versprach und die ich heute nimmer schreiben könnte, liegen zu unterst in meinem Schreibtisch verschlossen. Mein Freund aber entwirft noch immer seine grandiosen Bauten gotischen Stils, seine berückend genialen und frech gezeichneten Pläne, die jedesmal durchfallen. Bald verpaßt er den Konkurrenztermin, bald überschreitet er die Kostenberechnung ums Doppelte, bald teilt er im Erläuterungsbericht allzu bissige Hiebe gegen die andere Schundbauerei aus, wobei er sogar einmal die Arbeiten eines Preisrichters als abschreckende Beispiele aufzählte. Der Hauptgrund aller Mißerfolge ist aber, daß seine Ideen zu edel und künstlerisch sind, daß seine Bauten, wenn sie je gebaut würden, ihre Umgebung totschlagen und bitter beschämen würden, kurz daß er weder dem Geschmack der Preisrichter noch dem des Publikums auch nur in Nebensachen Konzessionen macht.

Nun sitzen wir wieder einmal beisammen und ich weiß nicht, wer von uns beiden trauriger ist. Er hat einen schäbigen Rock an und den Beutel leer, dafür den Kopf voll großer Ideen und die Seele voll Jugend und Künstlerstolz. Mir knistern im feinen Tuch die Banknoten, mein Stolz aber ist dahin und die Freude an meiner Kunst zu Ende. Das alte Lied!

Da beginnt mein Freund zu sprechen. Seine Stimme ist sonderbar leise und weich, er hat seinen Grimm vergessen.

»Erinnerst du dich noch«, fragt er, »an eine Dichtung, die du mir vor sechs oder sieben Jahren einmal vorgelesen hast? Ich mußte

plötzlich daran denken. Es war so schön, Prosa, aber klang wie
Verse. Du beschriebst da ein Land, eine Insel im allerfernsten
blauen Meer, die reich und märchenhaft in roter Morgensonne
glänzt. Dort wohnt die Schönheit, die Ewigkeit, der Ruhm, das
Glück, es ist das Land der Seligen und Auserwählten. Und wir
nannten es »Zukunftsland«, wir wollten den Weg dahin durch
alle Meere finden und es mit Kampf und Lachen erobern und
uns zu eigen machen.«
»Ich erinnere mich«, sagte ich leise.
»Ja, nicht wahr? Nun, ich hab ja Pech gehabt. Aber siehst du, es
träumt mir doch noch davon, auch heut wieder. Ich will doch
noch dort hinüber, und wenn zehntausend Philister dawider
sind. Du lieber Gott, was sind mir nachher die paar verlorenen
Jahre! Und wenn ich, so lang ich lebe, auch nur ein einziges
großes Stück zu bauen kriege, so sollen sich an dem unsre Kunst-
pächter die Köpfe einrennen. Dann müssen ja doch schließlich
die Leute davor stehen bleiben und sagen: Bei Gott, das ist Stil!
Na, ich muß ja noch warten, aber dann, Junge, dann bin ich
drüben.«
Er ergreift seinen Becher und stößt mit mir an. »Du begreifst
doch? Glaubst du nicht auch?«, sagt er und sieht mich aus seinen
guten großen Augen an.
»Ja, ja«, erwidere ich, und verberge mein Gesicht im Weinglas. –
Zukunftsland! O ja, ich sah es rot und schön im blauen Meere
liegen, fern und alle Sehnsucht weckend wie das Land einer großen mächtigen Sage. Ich sah es schöner sogar als damals, ferner,
seliger und reicher – aber ich nenne es nun Jugendland und weiß,
daß ich auf Irrwegen daran vorüber gesefelt* bin und daß es
dorthin keine Rückkehr gibt. Traurig und zornig trinke ich den
dunkelroten Wein hinunter. –
Und dann ging ich nach Hause und schrieb die heutige Stimmung in diesem Feuilleton nieder. Jene Dichtung vom Zukunftsland liegt und vergilbt zu unterst in meinem Schreibtisch.
Ich hole sie nicht mehr hervor, ich kann meine eigene Handschrift von damals nicht mehr sehen. Ach, wenn sich seither
nichts als meine Handschrift verändert hätte!

* Rotwelsch für »vagabundieren«.

Das Rathaus

Über der hellen geräumigen Stadt und den umgebenden Hügeln, über Türmen, Gärten, Strom und Mauern flutete die warme Luft eines schönen Frühsommertags. Gegen Süden stand wie ein fabelhaftes Gebirge eine steife, plastische Wand hellgrauer Wolken, leichtere, schneeweiße flogen vereinzelt langsam und wohlig an der leuchtenden Wölbung des tiefen Himmels hin. Das Grün der Kastanien war schon von sattem Dunkel, während die später knospenden Bäume im jungen Laub noch die lichte, freudighelle Färbung des Frühlings trugen. Die Obstblüte war nahezu vorüber, schmückte aber an nordseitigen Abhängen noch manchen Garten mit flaumig zarten Farbenwogen von Weiß und Rosenrot. Der Strom hatte schon das tiefere Grün der warmen Jahreszeit angenommen, doch verriet er durch seine noch immer stattliche Wasserfülle, daß in den fernsten und höchsten Bergen seines Gebietes der letzte ergiebige Teil der Schneeschmelze noch nicht beendigt sei. An Stellen von langsamerer Strömung spiegelte er den glänzenden Himmel und mit leicht zitternden Umrissen die blanken Segelwolken, deren strahlende Weiße und da und dort über die Hügel wehende Schatten die lichte Landschaft lebendiger und reicher machten.

In allem Gewächs war das leise Gären der drängenden Jahreszeit lebendig. Auf den verblühten Kirschbäumen trieben an langen Stielen die schon bräunlich angeglänzten Früchte in runden Bündeln hervor. Auf den Wiesen geilte die wilde Blust in starken Farben, gelbe breite Streifen von feisten, großblütigen Butterblumen verkündigten die verborgenen Wasserläufe, nur noch an kühlen Schattenplätzen standen in lichten Gruppen die sonnenscheuen Anemonen. An den höheren Bergen empor verlor sich die satte Buntheit der Farben, um in der starken Kontur der Gipfel und im klaren tiefen Blau der Höhe ein kräftiges Gegengewicht zu finden.

Auch im Innern der Stadt hob das volle Sonnenlicht und die frische Himmelsfarbe die Formen und Linien der Giebel, Mauerkränze und Türme stark und sommerfroh hervor, auch kam das überströmende Leben der gährenden Natur in zahlreichen mauerumschlossenen Gärten zu seinem Recht, während Blumen, Gemüse und früheste Früchte das Bild und den Verkehr der Märkte belebten.

Im Garten eines alten Bürgerhauses blühten unter ehrwürdigen, schwer schattenden Kastanien und Ulmen Beete, Hecken und Gebüsche reich zusammen. Neben den heftigen Farben und Düften des Flieders, des Jasmin, der Nelken und Levkojen machte sich die dunkle Schönheit der alten Bäume mit wohltuendem Ernst bemerklich, unterstützt und verstärkt durch das stattliche Alter der Mauern und das kühlend klare Getön eines steinernen Brunnens, dessen großer eiserner Delphin inmitten des lachenden Frühjahrs den stillen Gleichmut einer vieljährigen, bestandenen Sache beibehielt.

Der Garten war, ohne nach Stilregeln angelegt zu sein, doch von einer durchaus typischen Schönheit und Stimmung. Er hatte größere und kleinere Schwestern genug in der Stadt, deren Bürgerhäuser und Gärten sich einer schlichten, kraftvoll schönen Eigenart erfreuten. Um den Kern des sehr alten, aus Kastanien und Ulmen gebildeten Rondells drängte sich ohne sichtbare Ordnung bis zu den Mauern hin das reichlich blühende Gebüsch, von wenigen Wegen durchzogen. Die kleinen Nutzbeete, des Schutzes und der Ordnung bedürftig, schmiegten sich schüchtern und freundlich an die licht bemalte rückwärtige Giebelseite des großen Hauses. Das Haus selbst, dessen Prunkseite gegen die Straße lag, erschien ohne Anspruch einfach als helle Wandfläche, deren Breite, Höhe und gotisch dreigeteilte Fensterordnung aber zugleich die erwärmende Vorstellung eines sichern und wohlversehenen Sitzes erweckten. Nur das auf schön gemeißelten Tierfiguren ruhende Fenstergestäbe und die beiden geschmiedeten, Wolfsleiber vorstellenden Wasserspeier fielen als Zierrate und Zeichen von Reichtum ins Auge.

Eine Gesellschaft von Jünglingen saß plaudernd um den großen steinernen Gartentisch. Es waren die Freunde des jungen Haussohnes, welcher, erst vor wenigen Wochen von längeren Reisen heimgekehrt, sich seiner ehemaligen Beliebtheit schon wieder erfreute und häufig seiner Lust an Gesellschaft und Freundesgespräch Genüge tat. Unter den Versammelten waren mehrere Söhne großer und mächtiger Familien, die Blüte der Bürgerschaft, manche von ihnen dem Gastgeber blutsverwandt. Doch fehlten auch viele, welche teils häuslicher und politischer Feindschaften wegen, teils aus Neid sich dem Kreise des jungen Gerhard entzogen. Statt ihrer fanden sich Freunde und Söhne geringer Familien, deren persönlicher Wert sie dem Rang ihrer Herkunft entrückte und wohlgeborenen Edelbürgern ebenbürtig machte. Unter diesen herrschten Künstler und Kunstfreunde vor; denn je mehr auf den Gebieten der Politik und der Geschäfte Rang und Geburt mit Sorgfalt beobachtet und ausgezeichnet wurde, desto neidloser sah man im Reich der Künste und der Gelehrsamkeit Talente aus unbekannten Dunkelheiten emporsteigen und ihren Platz neben geborenen Herren einnehmen.

Der Kreis von jungen Männern paßte wohl in die schöne sommerliche Gartenwelt. Auf ihren freien Stirnen und in ihren frischen Bewegungen lag Jugend, Wärme und der frohe Ernst reifender Männlichkeit, so daß ein kluger Alter, der wie ein Landmann aus Blüte und Keim auf Herbst und Ernte schließt, beim Anblick dieser kräftigen Jugend sich der Zukunft seiner Stadt vorausschauend freuen konnte. Einem solchen, wenn er die hier versammelte Jugend flüchtig überschaut hätte, wäre vermutlich vor allen übrigen die hübsche Figur des Gastgebers Gerhard ins Auge gefallen, dessen offenes Gesicht unter einer fröhlich glatten Stirn helle Augen und ebenmäßige, herzliche Züge zeigte. Vielleicht aber hätte nach einiger tieferer Prüfung der Beobachter sich mit leiser Enttäuschung andern Gestalten zugewandt, denn diese klaren und guten Augen glänzten in jener Art von Fröhlichkeit, die fast so ständig wie eine Maske ist und nur für ein umfriedetes, sturmloses Dasein genügt. Auch zeigte der schöne junge Herr in Bewegung, Lächeln und Gestalt einen Anflug jener im ersten Grad noch liebenswürdigen Schwächlichkeit, welche in alten Familien oft urplötzlich, bei Söhnen stahlharter Männer, sich einfindet und von da an wie der Wurm im Geschlechte sitzt. So schien dieser Gerhard mehr dazu geboren, den Ruhm und Besitz seines hochgeehrten Hauses in leichter Lebenskunst zu genießen, als neue Steine auf den festen alten Bau zu mauern. Und freilich bedarf ein alther erblühtes Gemeinwesen auch solcher Männer, denn diese sind es, welche fernhin gesehen werden, als Glückliche gelten und Träger des Ruhmes sind, dessen Großteil eigentlich den unberedet gebliebenen Vorgängern und Aufbauern gebührt.

Auf dem geräumigen Tische standen Trinkbecher, lagen Früchte und Brot, daneben abgelegte Mützen, mitgebrachte Bücher, Zeichnungen, Hefte, auch Blumen. Das lebhafte Gespräch bewegte sich um den anwesenden Baumeister Niklas und sein letztes Werk, welches auch außerdem die Aufmerksamkeit der Stadt erregte. Ihm war nämlich, trotz seiner Jugend und trotzdem, daß er kein Ortsheimischer war, zum Ärger vieler Neider der Bau des neuen Rathauses übertragen worden. Seit nun die vor kurzem enthüllte Fassade das öffentliche Urteil herausforderte, war aufs neue Streit und Feindschaft der Bürger darüber entbrannt. Denn nicht nur wich das Werk in der Bauart stark von allem ortsüblich Hergebrachten ab, sondern es war auch die voraus taxierte Summe der Kosten fast ums Doppelte überschritten worden. Außerdem schien der Bau den meisten weitaus zu reichlich und umfänglich im Ganzen und Einzelnen, denn das bisherige freilich höchst schlichte Rathaus hatte nicht die Hälfte dieses Umfanges gehabt. Die Ratspartei aber, welche seinerzeit die Entschlüsse beeinflußt und dem jungen Fremden den großen Auftrag verschafft hatte, war inzwischen in den Hintergrund getreten, so daß dem jetzigen Rat nebst der halben Stadt der fast vollendete Bau ein Ärgernis war. Es war zu erwarten, daß in Kürze die allgemeine Erregung sich verdichten und dem Baumeister handgreiflich zu Leibe rücken würde. Dessen sämtliche Freunde jedoch waren bereit, seine gute Sache zu vertreten und ihm jede Hilfe zu gewähren. Nur er selbst lachte, war so seelenruhig und betrachtete den um sein Werk entstandenen Hader wie eine Balgerei von Knaben.

»Das Haus ist herrlich«, sagte der junge Arzt Ugel, »und wird gewiß bald jedermanns Freude sein. Aber diese enorme Kostenüberschreitung ruft mit Recht Ärger und Tadel hervor. Ich selbst gestehe, daß ich diesen Schritt von dir nicht begreife. Eine Selbsttäuschung war hier unmöglich; du bist ein guter Rechner und mußtest seinerzeit schon genau wissen, daß deine Summe viel zu niedrig angenommen war. Es ist also doch – verzeih! – eine Art von Betrug, den du dir gegen Rat und Stadt erlaubt hast. Ich bin begierig, ob und wie du dich öffentlich rechtfertigen wirst, einstweilen kann ich dir diese Unredlichkeit mit gutem Gewissen nicht verzeihen.«

Die ganze Gesellschaft war verstummt, horchte auf und blickte den Baumeister mit unruhig forschenden Augen an. Der redliche Ugel hatte den meisten aus der Seele gesprochen – der unausgesprochene Verdacht einer begangenen Unehrlichkeit trübte schon seit Wochen ihre Freundschaft mit dem bewunderten Künstler.

Ein Wolkenschatten verdunkelte sekundenlang den Garten. Niklas schaute nachdenklich empor. Sein Gesicht war ernst und blaß geworden, unter den klaren Schläfen arbeitete sichtbar das Geäder, und die feinen Mundwinkel waren starr und leicht verzogen.

Er blickte der ganzen Runde, einem nach dem andern, prüfend ins Gesicht, dann erhob er sich, ein schöner stämmiger Mann, stellte durch eine freundlich befehlende Gebärde Schweigen her und redete:

»Dein Vorwurf, Ugel, ist es allein, der mich zu sprechen zwingt und mich vielleicht auch zu öffentlicher Rechtfertigung treiben wird. Du klagst mich an, die Stadt um einige hunderttausend Taler betrogen zu haben. – Ich hätte nicht geglaubt, daß ich vor euch mich einmal einer solchen Anklage würde erwehren müssen. Doch sehe ich wohl, daß es jetzt notwendig geworden ist. Also hört: Meine anfänglich vorgelegte niedrige Rechnung war falsch, mit meinem Wissen falsch. Ihr erinnert euch der damaligen Umstände? Es hing im Rat an zwei, drei Stimmen, ob mein Bau zustande käme. Keiner von euch zweifelt, daß meine Pläne, hätte ich damals schon die volle Bausumme verlangt, zurückgewiesen worden wären. Meinem Bau zuliebe habe ich also einen Betrug gewagt.

Hört aber weiter! Ihr denkt nun den Ursachen meiner frechen Handlung nach. Ihr sollt sie hören. Ich will euch wie durch klare Fenster in mein Herz sehen lassen und euch die innerste Triebfeder meines Lebens zeigen.

Daß ich keinen Vorteil an Geld bei jenem Handel hatte oder zu haben hoffte, glaubt ihr mir alle, wenn ich es auf meine Ehre versichere. Ich schätze das Geld nicht und verbrauche davon stets genau so viel oder wenig, als ich habe. Daß ich völlig frei von Künstlerehrgeiz war, werdet ihr weder glauben noch darf ich es beschwören. Doch hätte ich der Befriedigung einer privaten Eitelkeit wegen nicht meine Ehre ins Spiel gewagt.«

Niklas atmete tief auf. Sein blitzender Blick überflog forschend die Zuhörer, während er, der Rede ungewohnt, innerlich mit Bildern und Worten rang. Bald aber fuhr er unbekümmert mit fröhlich lauter Stimme fort:

»Ihr Freunde! Eigentlich ist mir ein Blick auf Eure Runde hier genug der Rechtfertigung. Hier ist eine im Kern gesunde, drängende und hoffende Jugend versammelt. Wir spüren, daß unsre Stadt nach langen fleißig nüchternen Jahrzehnten nun eine Blüte treiben und sich der Welt glänzend und schenkend zeigen will. Alle Künste gären hier seit einiger Zeit in plötzlichem Wachstum und streben mit dunklem Trieb nach Vereinigung und neuer Macht. Die Stadt ist reich, seit langer Zeit her reich, und beginnt nun zum Bewußtsein ihres Reichtums zu erwachen. Und diese Stadt, die in jeder Rücksicht heute rascher als je fortschreitet und vielleicht bald an Macht wie an Umfang sich verdoppeln wird, stand nun vor der Nötigung, ein neues Stadt- und Rathaus zu bauen. Ich sah die sparsamen Alten Bauziffern abwägen, ich sah die Parteien Günstlinge vorschieben und sah Handwerker und Halbkünstler feilschend und gierig sich um den großen Auftrag reißen. Alle Interessen waren flüssig: das des Geldes, des Geizes, der Partei, des Brotneides, nur nicht das der Kunst und das der Liebe. Und ich sah unsre Stadt, welche auf hundert Jahre hinaus nicht wieder einen solchen Bau zu vergeben haben wird, vor einer unverzeihlichen Sünde stehen. Vom Augenblick dieser Erkenntnis an war ich der eifrigste Bewerber um den großen Bau. Er ist nun bald fertig. Die Stadt verliert an ihm ein paar Säcke voll Taler, die schon übers Jahr verschmerzt sein werden. Sie gewinnt an ihm nicht nur einen, wie ich sagen darf, guten Bau, sondern, was mir wichtiger schien, den sichtbaren Ausdruck ihrer stattlichen Macht und zugleich das in fröhlichem Trotz gesetzte Denkmal einer hoffnungsfrohen, lebenstüchtigen Jugend. Mein Bau ist im Kern nichts anderes als ein Wahrzeichen unserer Tage, unsrer von großen Hoffnungen bewegten, jugendlichen Freundschaft, ein Geschenk, das wir Junge aus unserem Geist heraus dieser Stadt gegeben haben. Denn mögen noch so viele Fehler mit unterlaufen sein, im Ganzen ist unser Bau ein Werk, das nur heute und nur von uns Jungen gebaut werden konnte. Ich wüßte nicht, daß jemals die guten alten Vorbilder so frei, persönlich und unabhängig benützt und verändert worden wären. Das hätte auch ein anderer machen können, aber nur einer von uns, nur ein Sohn unsrer Tage und ihres Geistes.

Wir müssen nun aber die Sache umdrehen. Mein oder unser Werk soll ein Anfang, kein Ende sein. So wie ich als Baumeister versuchte, das überkommene Alte neu zu erfassen und mit jungem Leben zu durchströmen, so wollen wir alle, jeder in seinem Teil, verjüngend, bildend und neuschaffend auf unsere Zeit und Umgebung wirken und zur Reife einer neuen, edleren und feineren Kultur und eines geadelten Lebens nach unsern Kräften mithelfen. Wir wollen bauen, schreiben, lehren, malen, vor allem aber Dasein und Leben nicht zwecklos und von Fall zu Fall, sondern im Dienst eines keimenden Lebens, das freier, freudevoller und reiner als das bisherige sein soll. Ihr möget mich nun deshalb lieben oder tadeln; es war Zeit für mich, euch meine Gedanken zu bekennen und Euch zu zeigen, welchen Glaubens ich sei.«

Wie es in bewegten und keimerfüllten Zeitläufen zu geschehen pflegt, daß bei zufälligem Anlaß die nebelnde Ideenmenge sich in einem gelegentlich gesprochenen Worte verdichtet und um diesen Ausdruck sich das junge Bewußtsein der sprossenden Kräfte sammelt und festlegt, so fielen die Worte Niklas' wie der endlich gefundene Name einer allbekannten Sache in die jungen Gemüter. Plötzlich begriffen sie nun auch die Ursache der freundlichen Überlegenheit, welche ihnen allen von jeher an dem Altersgenossen fühlbar geworden war. Dieser rüstige, aber stille Künstler hatte jahrelang bewußt und rastlos am Denkmal einer Macht gearbeitet, welche unklar und halbverstanden in ihnen allen lebte und mit tastenden Flügeln um sich schlug.

Der Arzt Ugel griff zuerst nach der Hand des Architekten. Dieser hatte sich bescheiden gesetzt und wartete still der Antworten. Ugel drückte ihm die Hand, bat um Verzeihung und wandte sich dann den Freunden zu. »Ich denke recht zu tun«, sagte er, »wenn ich unsrem Freunde in unser aller Namen für seine Worte Dank sage und ihm verspreche, in jeder Widerwärtigkeit ihm mit aller Kraft zur Seite zu stehen. Ich weiß nämlich für sicher, daß im Rat die Stimmung der Unzufriedenen überwiegt, welche darauf dringen, den Rathausbaumeister zur öffentlichen Rechtfertigung seiner, wie sie sagen, leichtfertig geführten Rechnung zu nötigen und ihm schlimmstenfalls die vorausversprochene

Ehrengabe zu entziehen. Niklas verlöre damit nicht nur die paar tausend Gulden, sondern wäre um den öffentlichen wohlverdienten Ruhm und um den größern Teil der Freude am eigenen Werk betrogen. Was wir tun können, um diese Sünde zu verhindern, wollen wir gerne und ohne Rücksicht auf unsre persönlichen Interessen tun.«

Lebhaft erhoben sich alle mit lauter Zustimmung. Auf die Spannung der Seelen folgte in plötzlichem Umschlag eine festlich lärmende Lust zu Fröhlichkeit, Gesang und Bewegung. Gerhard versuchte erfolglos, mehrmals das Wort zu gewinnen. Einige stillere Freunde, unter ihnen Ugel, schlugen sich beiseite in die Gartenwege und berieten ernsthaft die Niklas'sche Sache weiter. Niklas selbst war plötzlich nicht mehr zu sehen.

Er hatte unbemerkt Garten und Haus verlassen. Ihm entgegen kamen Familien und Gesellschaften von Städtern, welche, da der Abend nahte, ins Freie nach ihren Gärten oder nach den Spazierwegen, Lustorten und Spielplätzen der unteren Talebene hinausstrebten. Auch in den Straßen der Stadt wurden schon abendliche Töne laut, in den Gassen der ärmeren Quartiere regte sich da und dort Zitherschlag und Gesang; in beweglichen, breiten Reihen Arm in Arm schwärmten die jungen Mädchen umher, Gassen und Höfe mit flüchtigem Leben und Gelächter erfüllend. In offenen Fenstern der Erdgeschosse ruhten Väter und Großväter plaudernd und ausruhend vom Tage oder saßen samt den Weibern draußen auf den niederen Gassenbänken. Niklas schritt langsam hindurch bis zum großen Stadtplatz, der jetzt nach beendeter Marktzeit wenig begangen war, da ihn meist städtische Bauten oder große Kaufhäuser umgaben. In deren Mitte an der Stirnseite des Platzes stand überragend mit breitem, trotzigem Turm, gleich einer Burg, das Rathaus. An der Ecke des Platzes hielt Niklas still und betrachtete den Bau, über dessen Aufbau, Gliederung und Schmuck er seine reichsten, schöpferischsten Tage und Nächte versonnen hatte. Die wuchtige, von einer Idee beherrschte, edel aufstrebende Steinmasse lag im reinen Glanz des Abends vor seinem Auge wie ein Bildnis seiner Jugend und ersten Begeisterung. Der Baumeister fühlte, daß in diesem Werk sein Leben sich erhöht und verewigt habe. Er fühlte auch den alten Zweifel jedes ernsten Künstlers – ob es ihm gegeben sein würde, je wieder so etwas zu machen, ob je wieder in seinem Leben Freude, Hoffnung, Begeisterung, Besonnenheit und klare Selbstprüfung sich so glücklich und förderlich die Waage halten würden. Auch streifte seine Seele der Hauch jener Einsamkeit, die jeden Schöpfer ungewollt umgibt.

Niklas war kein Grübler. Auch in dieser Stunde glitt die flüchtige Trübe einer schwermütigen Stimmung rasch von seinem elastischen Wesen ab. Mit zufriedenem Blick überflog er nochmals den Bau, freute sich über die delikaten Farben der erst jüngst vollendeten Turmdachung und schlenderte, die Hände auf dem Rücken, weiter. Gemächlich durchlief er die Gassen der Altstadt, überschritt die Flußbrücke und erreichte bald durch die breiten Straßen einer neu gebauten Vorstadt das freie Feld. Dort lag inmitten eines wohlgehaltenen Landbesitzes ein Meierhof, in dessen Stalle Niklas ein Reitpferd stehen hatte. Er brachte das kräftige Tier ins Freie, sattelte selbst und ritt im schlanken Trab den Hügeln entgegen, um dort noch irgendwo im Hof einer Landschenke sein Abendbrot zu verzehren und etwa noch einen fröhlichen Ländler mitzutanzen.

Die Freunde in Gerhards Garten hatten mittlerweile das Verschwinden des Kameraden bemerkt und knüpften mancherlei Scherze daran. Dann entspann sich ein ernsthaftes Gespräch über den Abwesenden. Am eifrigsten redete Gerhard, in dessen beweglichem Geist die Worte des Architekten mit schillernden Variationen nachklangen. Ihm verband sich jeder neue Gedanke rasch mit seinem auf Reiz und Glanz gerichteten Lebensideal. So sah er sich voll Vorfreude schon im Mittelpunkt einer heranreifenden glanzvolleren Zeit und im Besitz einer beneidenswerten Stellung, welcher aus Stadt und Familie her die nötige reale Macht, aus dem Kreis der neuen Jugendgenossenschaft aber eine festlich künstlerische Verherrlichung nicht fehlen würde. Vorsichtig, aber zuversichtlich führte er ins Gespräch gelegentlich den Gedanken einer fester geknüpften Vereinigung ein, beschloß aber, die wichtige Sache, ehe er einen entscheidenden Vorschlag machte, mit Niklas zu beraten, dessen Lob er nun in einem fröhlich aufgenommenen Trinkspruch sang.

Die beiden einzigen, welche Gerhards Stimmung und Absichten heraus fühlten und sich darüber Gedanken machten, waren der Arzt Ugel und sein neben ihm sitzender Freund, ein schmaler, klug aussehender junger Mensch. Er hieß Veit, war ein stiller

Gelehrter und Dichter und wurde, ohne eben viel zu gelten, von den Freunden oft als Quelle für Auskünfte gelehrter Art benützt. Daß hinter seinem maskenhaft trockenen Gesicht, seiner Ungeselligkeit und Redescheu verborgen eine starke, unersättliche Seele Qualen der Einsamkeit und Sehnsucht litt, wußten außer Ugel nur wenige. Heute wurde ihm, was selten geschah, die Rede flüssig, und alle hörten ihm gerne zu. Mit versteckter Abwehr der von Gerhard angeregten Pläne entwickelte er klar und reinlich aus der großen Geschichte der Welt ein typisches Bild jener Perioden, in denen plötzlich große gesammelte Kräfte und Schätze lebendig geworden waren und umbildend auf Menschen, Städte und Gemeinwesen gewirkt hatten, in denen der Sohn vom Vater durch breitere Klüfte als sonst getrennt schien, in denen mit günstigen Zeitumständen eine unverhältnismäßige Zahl von Talenten sich verband. Er bestritt aus der ganzen Überzeugung seines Herzens jene Meinung, daß fördernde, wohltätig arbeitende Geistesgemeinschaften anderer Bande als der Liebe und des gemeinsamen Glaubens bedürften.

Freundlich, doch mit etwas spöttischem Ton antwortete Gerhard. Er spielte den Lebenskenner und Praktiker gegen den Idealisten aus und hatte als beredter, witziger Sprecher den Beifall der meisten. Da bog Veit seine schmächtige Gestalt zurück und blickte ihm fest in die Augen.

»Wir reden«, sagte er klar und langsam, »über wichtige Dinge, in deren Entscheidung private Interessen und Absichten nicht hereingezogen werden dürfen. Du aber, Gerhard, bist von solchen nicht frei. Du bist reich, von mächtigem Hause und mußt notwendig über kurz oder lang der politischen Tätigkeit und einer Parteiführerschaft zustreben. Du leugnest das nicht! Darum würde eine von dir mitbegründete und beeinflußte Vereinigung tüchtiger Männer für dich einen Hintergrund von Macht und Einfluß bedeuten. Es ist ohnehin auffällig, daß du als erster die heute von Niklas ausgesprochene Auffassung unsrer Freundschaft in diesem praktisch klugen Sinne weiterbilden möchtest. Ich warne dich, denn du hast einen gefährlichen Schritt im Sinn.«

Manche Gesichter wurden ernster, doch wunderte sich niemand über Veits Strenge, denn man kannte ihn, daß er, wenn überhaupt einmal zum Reden gebracht, rücksichtslos und sachlich

Menschen und Dinge nach einem Maßstab beurteilte, den das tägliche Leben nicht kennt und nicht brauchen kann oder will. Sagte man doch, das Gefühl der sittlichen Verantwortlichkeit sei in ihm so stark, daß er die Mehrzahl seiner besten Arbeiten nicht in die Öffentlichkeit zu geben wage, da er fürchte, seine schonungslose Art zu urteilen mißverstanden und von Unberufenen mißbraucht zu sehen.

Gerhard rechtfertigte sich gleichmütig. Er glaubte den wenig gekannten, stillen Menschen nicht fürchten zu müssen, brauchte ihn aber häufig und wünschte sehr, ihn zu halten. Als vorgeschrittener Schüler der Lebenskunst fühlte er trotz eines gewissen Mitleids gegen den Büchermenschen doch dessen Wert, ja Überlegenheit und scheute die allzu gründlichen Auseinandersetzungen mit ihm aus guten Gründen. Mit leichter Wendung lenkte er die Rede auf andere Dinge und verabschiedete die Freunde nach einiger Zeit in der heitersten und gütigsten Art. Jeder bekam als Gastgeschenk, so oft er da war, eine Ermunterung, einen gefälligen Scherz, eine feine Anerkennung mitgegeben, und oft war der Sturm eines hart entbrannten Redestreits im letzten Augenblick seiner heiteren Kunst des Versöhnens und unverbindlichen Rechtgebens gewichen.

Nun blieb er allein im Garten zurück. Es dunkelte, und durch die kaum gekühlte Luft kam wieder und wieder der süße Amselruf. Die langsam treibenden Lämmerwolken verwandelten ihre lichte Rosenfarbe in ein schwachleuchtendes, immer blasser werdendes Gelb, die belichteten Beete und Gebüsche sanken langsam in die allgemeine Dämmerung zurück. Am grünlich blauen östlichen Himmel trat ein früher Stern hervor. Und während Licht und Farbe starb, erwachten Düfte und Vogellieder zu tieferem Leben. In trägen, schweren Wolken flog der Duft des Jasmin und Flieders über Beete und Mauer bis weit in die still werdenden Straßen hinaus. Der mauerumschlossene, dichtlaubige Garten genoß jenes reine, milde Ausklingen des Tages, von welchem man sonst in den Städten nichts verspürt.

Ein schwerer, langsamer Männerschritt klang vom Hause her und kam durch die Windungen eines breiten Weges näher. Gerhard erhob sich und ging rasch seinem Vater entgegen. Der greise Herr nahm den Arm des Sohnes und ließ sich von ihm in die südseitig geöffnete Gartenhalle führen, welche Schutz vor dem unmerklich kühlenden Abendwind gewährte. Dort ließ er sich auf eine altmodisch breite Holzbank nieder und zog den Sohn neben sich.

»Erzähle mir doch einmal von deinen Freunden«, sagte er freundlich. »Du hast ja so viele, und ich gönne dir's. Immerhin bin ich etwas erstaunt, so viele Fremde, so viele Künstler und Bücherschreiber darunter zu sehen. Ich schätze diese Leute, wenn auch nach deiner Meinung noch nicht hoch genug. Aber sie sind unseßhaft, morgen verschwunden, und du kannst doch nicht jeden Tag oder jedes Jahr mit neuen anfangen.«

»Vielleicht doch«, sagte Gerhard höflich. »Sieh Vater, was mich mit diesen Künstlern befreundet, sind weniger die einzelnen Persönlichkeiten, als eine Art von Lebensauffassung und geistigem Wesen, welche nun einmal bei diesem Volk heimisch sind. Dann aber ragen unter ihnen auch einige Männer hervor, deren Freundschaft mir jetzt Gewinn ist und später Ruhm sein wird. Wenn es mir gelingt, den einen oder anderen von diesen an unsre Stadt zu fesseln, so wird das nicht der schlechteste Dienst sein, den ich ihr erweisen kann.«

»Nun ja,« gab der Alte zu, »ich wollte nicht auf diese Dinge zu sprechen kommen. Ich weiß, daß deine Wünsche und Absichten andere sind als meine waren; ich bin nicht froh darüber, aber begreife es und kann es nicht ändern. Du hast nicht die Zähigkeit, nicht die Härte, nicht die Geduld deiner Vorgänger, – Du hast dafür eine Beweglichkeit des Geistes und ein gewandtes, bestechendes Wesen, das dir im Verkehr mit Menschen helfen kann. So wirst du andere Wege gehen als ich gegangen bin. Aber genug davon! Ich wollte, ehe wir zum Abendtisch gehen, ein wenig mit dir plaudern. Was hattest du heute für Freunde bei dir? Worüber sprachet ihr? Welcher ist dein Liebling? Einen davon, den bekannten Niklas, sah ich vor einer Stunde durchs Haus weggehen. Wie stehst du mit ihm?«

»Einstweilen schätze ich ihn mehr als er mich. Doch hoffe ich ihm nächstens Dienste leisten zu können, falls er wirklich zu einer öffentlichen Rechtfertigung seiner Baukostenrechnung genötigt wird. Er ist ohne Zweifel der Bedeutendste unter meinen Freunden.«

»Wie denkst du für ihn einzutreten?«

»Ich werde meinen freilich geringen Einfluß auf die allgemeine

Stimmung zu seinen Gunsten wirken lassen. Nötigenfalls denke ich auch für die ihm vielleicht entgehende Summe des Ehrengeschenks einzustehen.«

»Würde er das denn annehmen wollen?«

»Von mir nicht. Ich müßte eine feine Form der Darbietung erfinden.«

»So viel Künste, um sein Geld los zu werden! Auf mich aber rechne dabei nicht.«

»Ich dachte nicht daran; die Summe ist unbedeutend. Aber ich glaube, du unterschätzt Niklas. Sicher ist, daß die Stadt sich lächerlich macht, wenn sie ihn im Unrecht läßt. Ich fürchte ohnehin, daß er in Bälde zu größeren Arbeiten nach auswärts berufen werden wird. Beim gegenwärtigen raschen Wachstum der Stadt wäre es jammerschade, wenn sie ihren besten Architekten verlöre.«

»Rechnen kann er aber, wie es scheint, nicht.«

»Das bleibt einstweilen ein heikler Punkt. Immerhin sollte bei der Rathausfrage die Bagatelle von Geld nicht so einseitig ins Gewicht fallen.«

»Halt, mein Lieber«, fiel ihm der Vater in die Rede. »Du sprichst von einer Bagatelle, und es sind Hunderttausende. Es schmerzt mich, immer wieder deine übertriebene Geringschätzung des Geldes zu bemerken, denn nichts wäre mir bitterer, als einen Verschwender zum Sohn zu haben. Du magst mich einen Krämer nennen, aber ich weiß aus vielfacher Erfahrung, daß Reichtum ohne Sparsamkeit eine Seifenblase ist. Es gibt kein Vermögen von noch so fabelhafter Ziffer, das man nicht mit einigem Leichtsinn in wenigen Jahren bis zum Boden erschöpfen könnte. Das Vermögen einer ganzen Bürgerschaft vollends muß noch viel peinlicher und strenger verwaltet werden als jedes Privatgut. Die gefährlichsten Zerstörer einer solchen Kasse sind Luxus und voreilige Spekulation. Beide Grundübel finde ich in dieser leidigen Bauverschwendung. Um Ratsbeschlüsse zu fassen braucht man nicht Türme, nicht Höfe mit prachtvollen Treppen, nicht doppelsäulige Wandelhallen. Spekulation aber ist eure ganze Rechnung mit dem sogenannten Wachstum der Stadt. Freilich wächst sie, aber zu ihrem Schaden. Wer kommt denn hierher? Für wen brauchen wir die neuen Häuser und Straßen? Für Fremde, für Herwanderer, für Nichtshaber, kurz, für Leute, welche bei uns nicht Geld verzehren, sondern gewinnen wollen. Ihr irrt, wenn ihr glaubt, Reichtum und Glück einer Stadt müsse mit ihrer Ausdehnung wachsen.«

»Es tut mir leid«, sagte Gerhard, »daß wir uns schon wieder über das alte Thema entzweien. Ich gebe dir in vielem recht, aber nicht in der Hauptsache. Zugegeben, daß eine Stadt durch Zuzug und Vergrößerung nicht ohne weiteres sich bereichere, so gewinnt sie dadurch doch an Ansehen und Macht nach außen, also an Kredit und an Fähigkeit im allgemeinen Wettbewerb. Außerdem dehnt sich der Handel aus, werden die Arbeitskräfte billiger ...«

»Theorien«, lachte ärgerlich der alte Herr. »Wir können nun einmal einander nicht verstehen noch überzeugen. Wenn ich in Bälde die Geschäfte vollends ganz aus der Hand geben muß, kannst du ja deine spekulativen Ideen wahr zu machen versuchen. Vielleicht kommt dann die Zeit, in der du dankbar sein wirst, daß ich große Teile unsres Besitzes unveräußerlich festgelegt habe.«

Er erhob sich und schritt langsam an Gerhards Arm in das Haus zurück. In seinem stählernen Wesen war die nachgiebige Liebe zu dem anders gearteten Sohn vielleicht die einzige Schwäche. Gerhard war ihm, nachdem gleichzeitig zwei ältere Söhne auf See umgekommen waren, als einziges Kind eines überaus geliebten Weibes geblieben, hatte auch trotz seiner vom Vater mißbilligten Denk- und Lebensart dessen Zärtlichkeit durch sein liebenswürdig anschmiegsames Wesen sich unvermindert bewahrt.

Der Alte war, obwohl er seit Jahren seinen Ratsstuhl verlassen und der politischen Tätigkeit entsagt hatte, immer noch wohl der mächtigste Mann in der Stadt. Er hatte nicht nur jahrzehntelang die Stadtpolitik beeinflußt und den Großrat wie ein kleiner Fürst beherrscht, sondern hielt auch heute noch durch große Geldgeschäfte die halbe Stadt in der Hand. Für seinen Sohn war dies eine wichtige Erbschaft von zweischneidiger Bedeutung, denn neben großen, auf ihn gerichteten Erwartungen erbte er die stattliche, langher angesammelte Feindschaft einer unterdrückten Partei, sowie zahlreicher Familien und Einzelner.

So hing die Zukunft über Gerhard wie ein schwerwolkiger Himmel, Fruchtbarkeit und Wetterschlag im selben schwülen Schoß verbergend. Er aber wanderte, wie ihm schien, eine fröhlich steigende Straße bergan und achtete die Verdunkelungen der Höhe gleich flüchtig ziehenden Sommerwolken, deren leichte Schar dem siegenden Glanz des heranreifenden Mittags weichen muß. Dies war an ihm weniger Leichtsinn oder Unwissenheit, als vielmehr ein angeborenes sicheres Vertrauen auf die eigene Fähigkeit zu Anpassung und Überredung. Dazu kam als Bestes die hoffende, ihrer unerprobten Kräfte frohe Beweglichkeit und Lebenslust einer glücklichen und sorgenlosen Jugend.

Ein warmer Vormittag glänzte über der tätigen Stadt. Im Rathaus meißelte, zimmerte und stäubte die zahlreiche Arbeiterschaft emsig durcheinander. Auf breiten Gerüsten saßen an den Wänden der Hofseite die Maler; aus der roten Fläche lachte da und dort der frisch angelegte Umriß einer Figur oder ein farbiges Wappen oder ein Stück Ornament in Blau und Goldgelb. Neben einem der Maler stand Veit, in lebhafter Rede begriffen. Er hatte als geschichtskundiger Kunstkenner bei den Malereien die Prüfung der Kostüme und des heraldischen Schmuckwerks übernommen und gab sich, über seine Aufgabe hinaus, alle Mühe, die Künstler und Gehilfen im frischen Zug zu erhalten, damit nirgends die persönlich lebendige Arbeit durch schablonenhaft Handwerksmäßiges litte oder verdrängt würde. Wo ein Künstler seine eigene, wenn auch abweichende Auffassung hatte und mit Trotz durchsetzte, freute er sich und beharrte mit Absicht in einer anspornenden Opposition. Wo aber einer müdewerdend sich mit gedankenlosem Weitermachen begnügte und sich auf flache Füllsel legte, war er unerbittlich mit Tadel, Spott, ja Grobheit. So förderte er, ohne irgend Ruhm davon zu haben, die Arbeit und half redlich mit, das Niklassche Werk zu reinerer Vollendung zu bringen. Ohne daß man davon wußte, hatte er auch in Niklas' eigenen Zeichnungen im stillen Arbeitszimmer je und je ein Gesimse, eine Türkrönung, einen Treppenhausquerschnitt, ein Ecksteinprofil mit leisem Stiftstrich getadelt und auf seine schärfere, kräftigere Prägung gedrungen. Niklas war ihm dafür dankbar und schätzte den unscheinbaren Menschen als stillen Mitarbeiter hoch.

Die Freundschaft der beiden war von eigentümlicher Art. Aus der Blüte seines kraftvoll naiven, gesunden Lebens heraus bemitleidete Niklas den schmächtigen, schmalbrüstigen Kameraden, dessen geräuschlos fleißiges Bücher- und Gedankendasein ihm fremd, unbegreiflich und fast verächtlich erschien. Sobald ihm aber ein zuverlässiges Urteil fehlte oder eine tiefere Lebensfrage ihn beschäftigte, kam er zu Veit und erstaunte jedesmal über dessen Verständnis und tiefe Auffassung.

In Wirklichkeit war dieses Verhältnis sehr natürlich. Veit hatte in harter Selbsterziehung sich bemüht, seines schwächlichen Körpers Herr zu werden und sein Leben in den Dienst des Geistigen und Guten zu stellen. Dabei hatte er in Geschichte, Kunst und Philosophie mit scharfem Blick Echtes und Gemachtes unterscheiden lernen und so das Ideal eines wertvollen Menschendaseins gewonnen, dessen Verwirklichung seine hoffnungslose Sehnsucht war. Was ihm an Körperkraft, an natürlicher Freude und Lebensfrische fehlte, fand er im Überfluß bei Niklas, dem er wiederum geistig überlegen war. Deshalb liebte er jenen mit herzlicher Bewunderung und sah aus dessen ungebrochener Natur mit Freude Früchte reifen, die er selbst auf ganz anderem Wege erworben hatte und deren Süße für ihn nicht ungetrübt war.

Veit verließ das Malergerüst, um vor Mittag noch mit Niklas eine Unterredung zu suchen. Während er durch die belebten, vom Arbeitsgeräusch erfüllten Räume ging, beobachtete er mit Lust die allwärts im Bau entfaltete rege Tätigkeit. Böden wurden mit Dielen oder Fliesen belegt, Räume wurden von Tischlern, Glasern und Holzschnitzern ausgemessen, Tüncher und Dachdecker stiegen an Leitern auf und ab, Lehrbuben mit Besen, Wassertrögen und Werkzeugen hasteten dazwischen hin und wider; alles sah nach wohlgeleiteter, fröhlich fördernder Arbeit aus.

Ein notdürftig eingerichtetes, noch ungetünchtes Zimmer eines oberen Geschosses war Niklas' Arbeitsraum. Auf langen Zeichnertischen häuften sich Rollen, Vorlagen, Hefte, Rechnungen, Stifte, Bücher, Zirkel und vielerlei notwendiges Kleingerät. Zwischen Kohlenskizzen, Farbenproben und Tabellen saß Niklas, strich am Entwurf eines Prachtkamins für den Großratssaal mit flüchtiger Kohle herum und wurde jeden Augenblick von Handwerkern unterbrochen, die mit Entwürfen, Vorschlägen, Materialproben, Rechnungen und allerlei Anfragen sich herandrängten.

Er schob dem eintretenden Freund einen staubigen Sitzbock zu und verhandelte mit einem Tischlermeister über dessen Vorlagen zum Profil eines Gesimses weiter.

»Was ich hier vorlege«, rühmte der Handwerker, »sind die besten und beliebtesten Muster.«

»Schön, mein Lieber, aber für mich wertlos. Ich sehe, wir müssen die Sache selber machen. Wartet einen Augenblick!«

Er warf mit breitem Kohlestrich einen Querschnitt auf das Blatt.

»Das paßt besser. Nehmt dies Profil! Und daß ja nur das dunklere Eichenholz verwendet wird! Ich behalte die Holzprobe hier. In längstens acht Tagen brauchen wir die Stücke.«

»In acht Tagen? Herr Niklas, das wird fast nicht möglich sein.«

»Lala! Singt mir keine Lieder vor! In acht Tagen, von der Stunde ab gerechnet – sonst mach ich die paar Bretter selber.«

Er gab dem Mann die Hand und schob ihn freundlich hinaus, machte eine Notiz auf ein an die Wand gestecktes Blatt, eine zweite auf das Stückchen Eichenholz und begrüßte nun den Freund, der inzwischen seinen Kaminentwurf betrachtet hatte.

»Laß das«! rief er ihm zu. »Das Ding taugt nichts, ist viel zu schlank. Nun, ich krieg' es schon noch heraus. Ich hatte schon eine gute Skizze, aber die Sache darf nicht viel Geld kosten … Was führt dich her?«

»Kann ich dich für eine Viertelstunde haben?«

»Meinetwegen; es ist beinah Mittag. Kommst du mit mir zu Tisch?«

»Gut. Ich muß dir allerlei sagen.«

Niklas wischte sich den Staub von den Kleidern, wusch sich die Hände und nahm den Hut zur Hand. Dann verschloß er die Stube und ging mit Veit die schöne Treppe hinab ins Freie.

Jenseits der alten Brücke, hoch über dem Strom am steilen Ufer, stand ein alther angesehenes Gasthaus, in dessen Garten Niklas zu speisen pflegte. Dort kehrte er mit Veit ein und ließ unter einer stämmigen Kastanie auftragen. Während des Essens erzählte ihm Veit die Gespräche des gestrigen Abends.

»Gerhard will nichts anderes«, schloß er, »als unsre freie freundschaftliche Verbindung in eine feste, selbständige Vereinigung verwandeln. Er wird auch dich nächstens zu gewinnen suchen und wird dabei vermutlich seinem Plan lauter zarte, feine Namen geben. Er wird dir beweisen, daß dieser Verein eine Förderung der wahren Kunst bedeute. Er wird dir die Vorteile zeigen, welche jedem von uns daraus erwachsen. Jedenfalls wird er die Nebensachen zu Hauptsachen machen und die schönen Worte nicht sparen. In Wahrheit aber will er nichts, als sich einen stattlichen Hintergrund und Anhang schaffen, denn ihn sticht der Ehrgeiz von vorn und hinten. Wir sollen das Fundament zu einer städtischen Partei bilden, deren Haupt und Fürstlein er spielen möchte. Mir scheint das meiner und eurer unwürdig; außerdem ist der Vorteil, den die Kunst oder Wissenschaft etwa dabei haben könnte, zweifelhaft und unbedeutend.«

Niklas legte einen reinlich geschälten Bratenknochen auf seinen Teller, nahm einen Schluck Wein und sah Veit mit einem nicht sehr verständnisvollen Blicke an. »Ist das alles«? lachte er schließlich.

»Mir scheint es wichtig,« sagte Veit ernst. Niklas schüttelte den Kopf.

»Was dir nicht alles wichtig scheint! Du fragst bei jedem Schritt: was wird für die Weltgeschichte daraus folgen? Du lieber Gott, die Weltgeschichte, oder sagen wir lieber das Leben, geht über unsre Kindereien unbekümmert weg. Was einer von uns taugt oder nicht taugt, muß er schließlich mit oder ohne Verein zeigen. Wenn Gerhard das Zeug dazu hat, so mag er sich doch aufs Organisieren legen! Er ist als Diplomat und Lebenskünstler uns überlegen, hat das Fundament eines großen Namens und Vermögens, also laß ihn doch sich im Leben versuchen! Es gefällt mir an ihm überhaupt, daß er gern aufs Große geht und eine glänzende Rolle zu spielen hofft. Wenn ein Mann wie er obenan kommt, wird es hier bald mehr zu bauen, zu zeichnen, zu pinseln und zu musizieren geben als je – was sollen wir dagegen haben?«

»Aber unsre persönliche Freiheit?« rief Veit heftig.

»Was hat denn die damit zu tun? Wer sie überhaupt hat, der hat sie und wird sie schon zu halten wissen. Wer von Haus aus ein Lump ist, an dem wird auch Gerhard nichts mehr verderben. – Mit seinem Geld, meinst Du? Weshalb? Was wir Gutes schaffen, kann er uns nicht zu teuer bezahlen; wir werden, sofern wir etwas taugen, immer quitt mit ihm sein. Du nimmst die ganze

Sache wieder viel zu wichtig, verstehst auch Gerhard falsch. Er ist weder so gut noch so schlecht wie du meinst. Was du Eigennutz nennst, ist bei ihm Ehrgeiz und noble Passion. Was du an tiefer Absicht bei ihm vermutest, ist vielleicht nichts als eine Laune. Ich glaube Gerhard genau zu kennen: Sein Talent ist, sich schön zu kleiden. Das ist keine schlechte Kunst. Er will in sein Leben einen gewissen frohen Rhythmus und möglichst viel Freude bringen, und dazu hat er nicht nur die Macht, sondern auch den Geschmack. Er würde ein imponierend harmonisches Leben führen können, wenn nicht der Ehrgeiz ihn triebe, mehr als Privatmann zu sein und sein Leben den größeren heimischen Geschicken zu verbinden.«

Veit runzelte die Stirn. »Er ist, kurz gesagt, ein Egoist,« erwiderte er, »und deshalb liebe ich ihn nicht.«

»Alle Glücklichen sind Egoisten«, scherzte Niklas, »das kannst du an jedem Brautpaar studieren. Wenn du nicht deinen klassischen Edelmut besäßest, würde ich sagen: Du beneidest ihn, deshalb liebst du ihn nicht.«

»Das trifft mich nicht. Aber, um auf Ja und Nein zu dringen, würdest du dieser Gerhardschen Gesellschaft beitreten oder ihre Gründung unterstützen?«

»Unterstützen – nein! Was geht mich die Sache an? Aber beitreten jedenfalls. Wenn doch einmal eine Gesellschaft gegründet werden soll, dürfen wir Gerhard nicht im Stich lassen, müssen vielmehr die Sache dadurch zum Guten wenden, daß wir möglichst viele tüchtige Leute beibringen und ja keine Majorität von Schwätzern aufkommen lassen.«

»Danke. Ich muß mir nun das Ganze nochmals genau überlegen, ehe ich mich entscheide. Nun aber doch noch eine Frage! Nimm an, die Vereinigung käme in Deinem Sinn zustande, würde aber für Gerhard zu selbständig und wenig fügsam sein, so daß er bald die Lust daran verlöre. Das ist sogar wahrscheinlich. Was dann?«

»Was für Sorgen! Dann wird eben die Gesellschaft aus Mangel an Existenzberechtigung sich auflösen. Was liegt daran?«

»Halt, Bester! Damit wäre es nicht getan. Gerhard würde ohne Zweifel sich nach anderem Anhang umsehen und ihn schnell finden. Sollen wir dann auseinandergehen und ihm das Feld lassen?«

»Gewiß. Sei doch endlich einmal praktisch! Was sollten wir tun? Du und ich und fast alle unsere tüchtigern Freunde sind Fremde, Wanderer, und werden nicht ewig, nicht einmal lange hier beisammen sein. Ohne den Mittelpunkt eines hier seßhaften und mächtigen Mannes und Hauses könnten wir nicht als Genossenschaft bestehen. Wenn Gerhard uns schließlich nicht haben will, so ist das seine Sache, und er verliert dabei vielleicht mehr als wir. Ich glaube, du faßt seinen Plan zu sehr politisch auf. Was er von uns haben kann und wohl auch haben will, ist mehr Glanz als Macht. Er sieht um sich her ein vielversprechendes geistiges und künstlerisches Leben, dessen Bedeutung er versteht, und dessen Ruhm er daher gerne teilen möchte. Dabei können beide nur gewinnen, er und wir. Lassen wir Gerhard machen und halten wir uns fern, bis er selber mit bestimmten Vorschlägen zu uns kommt.«

»Darin sind wir einig. Schließlich mag es ja sein, daß Gerhard zu jenen Menschen gehört, welche wirken und Geschichte machen, ohne irgend schöpferisch zu sein, lediglich durch eine instinktive Kraft des Sammelns und Anziehens.«

Niklas nahm seinen Becher zur Hand. »Stoß an, mein Lieber«, rief er fröhlich, »und gewöhne dir die unnötigen Sorgen ab! Das Leben ist unser, wenn wir nur fest auf dem eigenen Weg bleiben, mögen die andern machen, was sie wollen. Nun aber zur Arbeit!«

Er sprang auf, winkte dem Schenkmädchen Lebewohl und ging über die Brücke zum Rathaus zurück. Veit blickte ihm nach, der elastisch, rasch und doch bequem davonschritt, der Arbeit, dem Leben, der Zukunft entgegen wie einer, der seiner Sterne sicher ist und einen nahen Fußweg zum Glück erwählt hat. Ein Schatten von Neid überflog Veits Seele, dennoch hing er mit geheimer Freude am Anblick dieses kraftvoll blühenden Menschen, aus dessen Bewegungen die schöne Stärke einer ungebrochen männlichen Lebensfreude hervorlachte. Dem gelehrten Dichter selbst war erst im Umgang mit dieser reichen, warmen Natur das beste Stück seiner Erkenntnis und seiner Freude am Dasein geworden. Niklas war der erste gewesen, dessen Ruhm und dessen Leistungen in ihm den Glauben an das Nahen einer frischen, wertvollen Lebensepoche geweckt hatte. Seither erst war Sinn und Freude in seine Studien und Glut in seine Worte gekommen, denn er fühlte sich kraft eines heiligen Ungenügens und einer gereinigten Weltauffassung als Mitschöpfer am Bau eines neuen Lebens.

Als Historiker wußte Veit wohl, daß es keine ohne Ende aufstrebende Bahn gibt, daß Blüten zu Früchten und Früchte zu Staub werden müssen, auch daß die Gesetze des Gleichgewichts jeder Neubildung und Erhebung nicht mehr als einen beschränkten Licht- und Lebenskreis gewähren. Er wußte aber auch, daß kein Gutes untergeht, und daß jeder Fortschritt und jede Vertiefung und Veredlung des Lebens unmeßbar über die Zeiten hinaus wirkt – wäre es auch nur, um in späten Geschlechtern beim Zurückschauen Sehnsucht und neues Höherstreben zu entzünden. Darum liebte er seine Zeit und sein eigenes Leben und sah mit einer Art von fast scheuer Zärtlichkeit dem sich entfaltenden Leben seiner jugendlichen Umgebung zu.

Nachdenklich stieg er die große Brückenrampe hinab und schlenderte am Ufer hin stromabwärts. Gegenüber lag zackig, hoch und malerisch mit zahllosen alten Giebeln, von Türmen, Söllern und hohen Erkern gekrönt, die langgestreckte Altstadt, deren graue, unebene Häuserflucht ein schmales Band winziger Gärtchen vom Ufer trennte. Fähren, Barken und kleine Lastschiffe schwammen auf dem raschen, grünen Wasser, über beide Brücken trieb ein bewegter Verkehr von Menschen und Wagen.

Veit verfolgte den Uferweg bis zum Ende, bog dort in einen rasch ansteigenden Feldweg und erreichte bald einen der mit lichten Hainen bestandenen Hügel, von welchem sich eine weite Schau über das breite Tal bis zum Gebirge hin öffnete, aus dessen Wurzeln der Strom als ferner zarter Silberfaden hervorkam. Unten lag die Stadt und fesselte den Blick des Einsamen. An diese Mauern und Türme hatte er seine besten Hoffnungen und den besten Teil seiner Arbeit geknüpft. Und jahrelang würde sie ihn noch festhalten; denn die noch nicht geschriebene Geschichte dieser Stadt war Veits geheimgehaltene Lieblingsarbeit. Vor Jahren im Keim begonnen, war sie wieder ins Dunkel der aufgegebenen Pläne und enttäuschten Hoffnungen zurückgewichen. Jetzt gewann die Aufgabe von allen Seiten her Förderung, Anregung und Reiz. Es galt nicht mehr nur die Ereignisse einiger Jahrhunderte zu erzählen, sondern die Wurzeln und Ursprünge von Fähigkeiten und Lebenskeimen zu zeigen, denen jetzt eben ein reicher neuer Frühling begann.

Während Veits Auge die Häuser und Brücken und Türme streifte, deren Alter und Geschichte ihm so vertraut war, gingen seine Gedanken ungewollt über die Jahre seines Lebens zurück, fragend, forschend, prüfend, dankbar und doch unbefriedigt. Er sah sein eigenes Wesen schwank und bildsam aus kleinen, doch heiteren Verhältnissen herauswachsen, dann mit Gier ins Leben stürzen und unzählige Irrwege gehen, dann vereinsamen, leiden und fast verbluten, um endlich sich zu stiller Fassung und schwer erworbener Sicherheit zu sammeln. Er sah sich suchen nach Wahrheit, nach Vollendung, Schönheit, Licht, er sah sich durch weite Gebiete irren, zwischen allen Wissenschaften und Künsten schwanken, er sah sich am Wert des Lebens und des Geistes verzweifeln und endlich mit schlecht geheilten Flügeln langsam, sehnsüchtig und gläubig neuen beglänzten Höhen entgegenstreben. So stand er nun, am Ende einer innerlich reichen Jugend, auf der ersten Lebenshöhe, dem Gipfel nah, der steil und verlockend über ihm emporstieg. Dort mußte das Glück auf ihn warten, dort mußte jene Fülle und selige Genüge ihm aufbewahrt sein, nach denen er schon so lange die müde werdenden Arme ausstreckte. Und mit ihm würde eine ganze schöne Jugend, eine ganze Stadt, vielleicht ein Volk auf geschmückten Stufen einem höheren, sinnvolleren, edleren Leben entgegengehen.

Wenige Tage darauf war in jedermanns Händen ein kleiner, in rotes Papier gehefteter Traktat, der in klarer und schöner Sprache das künstlerische Wesen, den Organismus, die Entstehung und Vollendung des neuen Rathauses darstellte. In dieser Schrift erschien der Bau nicht als Werk eines willkürlich schaffenden Meisters, es war nicht einmal Niklas' Name darin genannt, das Haus war vielmehr als ein schönes, persönlichen Lebens teilhaftiges Wesen aufgefaßt, dessen Grundriß durch schlichte Klarheit erfreue und dessen Teile in natürlichem, notwendigem und darum schönem Verhältnis zueinander ständen. Erst die letzten Zeilen des Büchleins rührten an persönliche und städtische Verhältnisse. Hier klang ein schneidend scharfer Ton durch die wohl abgemessenen Worte, die Mehrheit des Rates ebenso wie die Masse des Pöbels wurde mit kühlem Hohn angefaßt, und der Schluß klang wie eine ungern verhaltene Drohung.

[»Der Schöpfer des schönen Werkes«, hieß es, »soll nun vom Rat und Volk zur Rechenschaft gezogen werden, angeblich einiger zuviel verbrauchter Taler wegen, in Wirklichkeit auf Grund jenes gehässigen Neides, den von jeher der Krämer- und Kleingeist gegen überlegene Männer und Leistungen trug. Wir wünschen fast, Dummheit und Neid möchten bei dieser Verhandlung Sieger bleiben, denn jede moralische Niederlage der Wohlweisen und Philister gibt dem Geist einer herandrängenden neuen Zeit Nahrung und neue Lebenskraft.«]*

Das Schriftchen, das an allen Ecken verteilt wurde, erregte großes Aufsehen. Sachkundige lobten die Meisterschaft der Darstellung und die Feinheit der formalen Analyse eines Kunstwerks. Das Volk ward stutzig, schimpfte jedoch über die Geringschätzung, mit welcher der unbekannte Verfasser von den Baukosten und vom Unverstand der Menge redete. Immerhin wollte nun mancher zeigen, daß er jener Menge nicht angehöre und trat sofort in seinem Kreis als kunstverständiger Gönner und Bewunderer des Baues auf. Jedermann war voll neugieriger Vermutungen über die Person des Verfassers. Ein angesehener Ratsherr glaubte die Schrift Niklas zuschreiben zu müssen und gab sich Mühe, diese Ansicht zu verbreiten. Niklas antwortete darauf in einem Brief an den Rat, worin er seine Unwissenheit um die Entstehung der Blätter anzeigte und sich die Verdächtigung dieses Selbstlobs verbat.

Ihm und den meisten Freunden war schon beim ersten Lesen klar geworden, daß nur Veit der Autor sein konnte. Dieser leugnete nicht, bat aber um Schweigen, und so blieb die Masse der Leser im Ungewissen. Im Freundeskreis stieg die Schätzung Veits erheblich, denn die kleine Publikation durfte wohl ein Meisterwerk genannt werden. Niklas selbst gestand, er habe viel aus der Darstellung gelernt und in ihr für manches seinerzeit instinktiv Ausgeführte erst die bewußte Motivierung und Anerkennung gefunden.

Für Veit bedeuteten die Glückwünsche seiner Freunde nicht sonderlich viel; er war seiner Sache sicher und hielt mit wichti-

---

* Im Manuskript gestrichen.

geren Arbeiten im Hinterhalt. Er sagte scherzend, doch nicht ohne Bitterkeit, zu Ugel: »Diese Leute kennen mich nun seit Jahren, wissen, wie ich bin und denke und machten sich nichts aus mir. Jetzt, wo sie ein paar hübsche Sätze von mir lesen, kommen sie und gratulieren. Es ist kein einziger Gedanke in jenem Heftchen, den ich ihnen nicht schon oft im Gespräch mitgeteilt hätte. Aber so sind sie: zwischen Schreiben und Reden, zwischen Leben und Schaffen muß ein Unterschied sein! Rede ich, so lachen sie; erst wenn ich schreibe, glauben sie mich ernst nehmen zu müssen. Die Schwätzer!«

Indessen wunderte er sich und sprach mit Ugel öfters darüber, daß von Gerhards Plänen gar nichts mehr verlautete. Gerhard war unbefangen freundlich und heiter wie immer, gab Gesellschaften, besuchte die Ateliers befreundeter Maler, zeigte sich gelegentlich als Zuschauer im Rathausbau und schien auf der Welt keinerlei Sorgen zu haben als seine Tage heiter zu verbringen. Im stillen aber war er da und dort für Niklas tätig, suchte die Stimmung ihm günstiger zu machen, schmeichelte einigen Ratsherren und empfahl Veits Traktat, wo er konnte. Da sein Vater kränkelte und sich passiv verhielt, nahm mancher dessen stillschweigendes Einverständnis an, und Gerhards Parteinahme für Niklas galt als Ausdruck der Meinung seines Hauses.

Die Einberufung des Großrats zur Abstimmung über die Rathausfrage stand bevor. Es waren mehr Gerhards, als Niklas' Feinde, welche auf peinliche Untersuchung der Rechnungen und auf strenge Beurteilung der erheblichen Verschwendung drangen. Man begann in der Stadt zu merken, daß Gerhard die Gelegenheit nicht vorübergehen lassen wollte, seine Person mitten in die städtischen Angelegenheiten zu stellen und sobald als möglich den Kampf um das politische Erbe seines Vaters zu beginnen. Viele, denen Gerhards Vater jahrzehntelang ein Dorn im Auge gewesen war, wünschten ihm nun ein ewiges Leben, da offenbar der Sohn, so lang der Alte lebte, die Rolle des Privatmanns oder doch des Neutralen weiterspielen würde.

Durch schöne Worte, kluge Vorstellung und durch sein gewinnend höfliches Wesen brachte Gerhard eine Anzahl von Anhängern in dieser Sache zusammen. Am Tage vor der Großratssitzung lief beim Bürgermeister ein Schreiben ein, worin etwa zweihundert namentlich unterzeichnete Bürger den Rat vor unkluger Strenge und übereiltem Urteil warnten. Das war Gerhards Arbeit gewesen. Als Niklas davon hörte, schüttelte er den Kopf. Es kam ihm lächerlich vor, daß in der ihn allein betreffenden Sache so viele für und wider schrien und sich mühten, während er selbst die Angelegenheit ihren Weg gehen ließ und keinen Finger rührte. Er arbeitete den Tag durch stetig fort, benahm sich gegen jedermann wie sonst und freute sich abends auf seine Weise des Lebens.

Der wichtige Tag war da. Im Saal des alten Rathauses saß der Großrat versammelt. Der Bürgermeister, ängstlich geworden, mahnte zur Vorsicht. Die Stimmung schwankte. Mehrere Redner meldeten sich und wurden gehört. Greise Herren erhoben sich und wurden in erregte, leidenschaftliche Wortgefechte verwickelt. Stunden vergingen, ehe an die Abstimmung zu denken war. Endlich, man war schon müde und heiser, wurden die Stimmen gezählt. Der Antrag lautete dahin, daß dem Architekten ohne sonstige Ahndung die ausgesetzte, nach Vollendung des Werkes auszuzahlende Ehrengabe von fünftausend Gulden entzogen und ihm dies nebst einer Rüge seiner Rechnungsführung mitgeteilt werden sollte. Jedermann wußte, daß das Entscheidende nicht die verhältnismäßig kleine Summe, nicht einmal die einem tüchtigen Künstler entzogene Anerkennung sei, sondern daß es sich darum handle, einer neuerdings aufkommenden Lebens- und Geistesrichtung, deren wichtigster Vertreter Gerhard schien, zustimmend oder abweisend zu antworten.

Der Antrag wurde schließlich von der Mehrheit angenommen, die Mitteilung an Niklas aufgesetzt und ihm noch am selben Tag zugeschickt.

Niklas las die Schrift, setzte sich an seinen Arbeitstisch und antwortete:

»An den Großrat unserer Stadt.

Euer sehr gütiges Schreiben ist in meinen Händen und soll sogleich beantwortet sein.

Von heute an betrachte ich mich als städtischer Dienste ledig und verzichte auf die mir zukommenden Monatsgelder. Da ich jedoch den Bau notwendig selbst vollenden muß, betreibe ich die Arbeit von heute an freiwillig weiter und werde sämtliche Rechnungsangelegenheiten wöchentlich der Stadtkasse übergeben. Vielleicht vermag der Großrat hieraus zu ersehen, daß ich die ganze Arbeit nicht um Geldes willen unternahm. Sollte der Großrat mit diesem nicht einverstanden sein, so nehme ich mein Anerbieten zurück und werde die heute über mich verhängte Verfügung als ungerecht beim Obergerichtshof anfechten.

Baumeister Niklas.«

Als er die Antwort weggeschickt hatte, ergriff ihn nachträglich die Wut. Er warf Stift und Zirkel auf den Tisch und begab sich in die dunkelste Weinstube der Stadt, von wo er erst spät nachts heimkehrte.

Den Herren Räten erwuchsen neue Schwierigkeiten. Noch waren sie über die unerwartete Antwort des Architekten verärgert und ratlos, da kam ein neues Schreiben Gerhards, der im Namen vieler unterzeichneter Bürger den Ratsbeschluß höflich mißbilligte und zugleich mitteilte, daß jene Ehrensumme dem Baumeister aus Privatmitteln ersetzt werden solle, da man sich allgemein der Kleinlichkeit jenes Beschlusses schäme und die Stadt nicht den schlechten Ruf ihrer Führer und Räte teilen möge.

Wenige Tage darauf fand im Hof des neuen Rathauses eine kleine auserlesene Festlichkeit zu Niklas' Ehren statt, wobei ihm Gerhard sein Bedauern über das Verhalten des Großrats aussprach und ihm im Namen unabhängiger Städter einen Becher samt jener Ehrengabe überreichte. Niklas hatte schon den Ärger wieder vergessen, brachte einen Trinkspruch auf die Stadt aus und nahm das Geschenk mit unverhohlener Freude entgegen. Er führte die Gäste durch die Haupträume des Rathauses, wobei er nicht vergaß, die treue Mitarbeit Veits zu rühmen. Darauf entstand bei Musik und Gespräch im Hof ein heiteres Zechen. Festliche Girlanden wiegten sich in niederen Bogen quer über den schönen Raum und bis tief in die laue Nacht hinein brannten Fackeln und klangen Reden, Lieder und Scherze. Veit verglich das Gelage in dem umstrittenen Gebäude einem Siegesmahl von Eroberern im Hof einer erstürmten Burg und begrüßte die Freunde mit den Versen: *(1901)*

[Hier endet das Manuskript]

Den heißen Straßen der Stadt entronnen, wanderten die Freunde Ugel und Veit über ein hochgelegenes Joch den jenseitigen Höhen des Gebirges zu. Hier fiel die schöne Kette grüner Vorberge steil und felsig zum Meere ab, eine entlegene, schwer zugängliche Küste von stiller, ernster Schönheit. Weit voneinander entfernt hingen wenige arme Weiler und Klöster am hohen Bord der Steile, unten am Meer bräunten vereinzelte winzige Fischerhütten im heißen Sande, bewohnt von einem harten zähen Völkchen, dessen mühsames, weltfremdes Leben zwischen Frömmigkeit, Erwerbsnot und Aberglauben schlicht und herb verlief.

Am dritten Wandertage war die letzte Schwellung überwunden und vor den geblendeten Augen der Freunde erschloß die silbrig dampfende Luft fernhin die riesige Rundung des Meerhorizontes. Beide Wanderer blieben aufatmend stehen und blickten schweigend in die große Flut des Lichts hinaus, in welcher See und Himmel sich schimmernd vereinigten. Durch die warme Luft wehte ein Hauch der salzig herben Meerfrische bis in diese Höhen. Der Boden trug zwischen großen Waldungen Flächen voll Heidekraut, Moosen und kurzem dünnen Grase. Hier wuchs nur wenig Korn und gar kein Obst, die Pflanzen dieser Striche waren denen des Hochgebirges ähnlich, straff, herb und ausdauernd, und ihr Grün trug einen seltsam metallischen Anflug von bräunlicher Färbung. Der Himmel stand hoch, klar und tiefblau und war nur auf der Seeseite von weißem, blendigem Dunst bedeckt. Über alledem schlummerte etwas sagenhaft Schönes, eine weltferne und ahnungslose Seltsamkeit wie über den Inseln des Homer. Das schöne, aber unfruchtbare Land schien, zwischen Gebirge und Meer geklemmt, in trotzigem Gleichmut zu niemandes Lust noch Leid seine Tage und Jahrhunderte zu verträumen oder einer Art von Menschen zu harren, welche fähig sein würde, seine verborgenen Kräfte aufzuschließen und glücklich darin zu leben. Was zu dieser Zeit dort wohnte, war ein kleines, armes Volk von uralter Herkunft und gesunder Art, aber in dumpfer Vereinsamung und bettelstolzer Selbstgenügsamkeit versunken. Auch die Klöster, deren mehrere zerstreut an dem hohen Ufer lagen, waren nicht Quellen der

Güte, des Wohltuns und der freundlichen Lehre, sondern weltflüchtige, arme vergessene Nester für Schiffbrüchige und Heimatlose.

Immerhin gaben sie dem darbenden Landvolk einen gewissen Halt, eine Zuflucht für Kranke an Leib und Seele und brachten durch Wanderprediger den kleinen kirchenlosen Dörfchen und Höfen einige tröstende und erfrischende Lehre.

In einem dieser Bergklösterchen hatte Veit schon mehrmals Gastfreundschaft genossen und hoffte, dort mit Ugel für einige Wochen Aufnahme zu finden, da an andere Unterkunft in dieser Gegend nicht zu denken war. Es hieß Sankt Theodor und lag auf festem Fels gebaut, trotzig steil über dem tiefen Absturz des Berges, so daß man dort hoch zwischen Meer und Himmel wie im Mastkorb eines Schiffes in den Lüften hing. Das war ein Sitz für Flüchtige, Enttäuschte, vom Leben Mißhandelte, trotzig und traurig in schweigsamer Felsenhöhe gelegen, über das unbewohnte Ufer der See und über dünn bebuschte, zackige Felsstürze blickend. Der dort den ersten Stein zum Einsiedelbau gelegt hatte, der mußte eine herbe, große Seele voll narbiger Wundmale und voll von bitterem Welthaß, aber dennoch voll ungebeugter Freude an Licht und Höhe gehabt haben. Zu den vielen fast verschollenen Sagen des entlegenen, an Geschichte armen Landes gehörte auch der mythische Bericht von jenem Gründer, dessen dunkle und schroffe Gestalt aus einem Gewühl von fabelhaften Abenteuern grell hervortrat. Er sollte ein Pirat und Mörder gewesen sein und in sarazenischer Gefangenschaft das Gelübde getan haben, Mönch zu werden und ein Kloster zu bauen, wenn er entkäme. Und heute noch überglänzte der blutige Nimbus des Abenteurers und Seekönigs den schlichten Ruhm des späteren Büßers und Heiligen und mit den uralten Sturm- und Wolkensagen, wie jedes Küstenland sie hat, verbanden sich düstere Legenden von jenem Piratenmönch, wie er Nächte lang das Meer beschworen und die heraufsteigenden Schatten seiner Opfer winselnd und brüllend um Vergebung und Fürbitte angefleht habe.

Von diesen Märchen erzählte Veit seinem Freund, während sie im Eifer der Erwartung rascher ihrem Ziel entgegenschritten. »Vor sieben Jahren«, sagte er, »war ich zum ersten Mal in dieser Gegend und sammelte, was ich von solchen Sagen bei Waldleuten und Fischern noch leben fand. Damals reizte mich die wilde Piraten- und Asketengeschichte stark zu dichterischer Verwertung. Ich habe das damals Geschriebene mitgebracht, und wir können es gelegentlich lesen. Vielleicht kommt die unfertige Jugendarbeit diesmal zum Abschluß. Wahrscheinlich aber doch nicht; denn der Stoff ist mir fremd geworden.«

»Weshalb?« fragte Ugel. »Ich finde ihn wahrlich eigenartig und tief genug.«

»Das ist er, ja. Aber ich habe jenes jugendliche Gefallen am Abnormen und Übertriebenen nicht mehr. Damals war mir kein Dunkel schwarz und kein Kontrast schroff genug. Heute habe ich das Ideal des harmonischen Menschen. Ein Leben, das unfruchtbar zwischen zwei einander widerstrebenden Leidenschaften verlodert, weckt mehr mein Mitleid als meine Verehrung.«

»Wie weise du bist«, lachte Ugel. »Als ob nicht in dir selber zwei Teufel sich balgten! Nein, du mußt dem Seeräuber sein Recht lassen. In dieser großartig einsamen, verwilderten Landschaft die Schicksale jenes dämonischen Menschen aufzuspüren und auszudichten, muß eine Wonne sein. Außerdem tust du dem Helden Unrecht. Daß er am Ende eines heimatlosen und vergeudeten Lebens noch Kraft und Streben genug besaß, in dieser Einöde zu bauen und zu wirken, und daß er damit Segen gestiftet hat, das macht sein Bild freundlicher, ja liebenswert und versöhnt das Ungebändigte und Zwecklose seines früheren Lebens.«

Veit wollte antworten, blieb aber plötzlich stehen, denn hinter der Biegung des Fußpfads trat soeben Sankt Theodor hervor. Von hier aus sah man das Meer nicht, sondern erblickte nur das kühn gebaute, wetterfarbene Haus gegen den lichten Himmel vorspringend, als läge es am Ende der Welt. Erst vom Kloster selbst wurde der Abgrund und in der Tiefe die weite, köstliche Meerbläue sichtbar. Der schlichte, rohe Bau, aus dem graugelben Kalkstein der Gegend errichtet, wuchs mit energischer Schwellung aus dem Felsen, verjüngte sich im zweiten Stockwerk wenig und gipfelte ohne Giebel in einem vierseitigen Helmdach, das dem einfachen Haus den Anschein einer wetterfesten Burg verlieh. Unter dem schmalen Dachvorsprung nisteten unzählige Schwalben, deren Lehmnester dieselbe gelblich braune Farbe hatten wie die Wände des Hauses, welche nur in den Quaderfugen noch Reste eines ehemaligen Verputzes zeigten. Seit vielen Jahrzehnten hatte der Himmel den Tüncher gemacht und durch Sonne und Regen eine so delikat getönte Altersfarbe geschaffen, wie die geschicktesten Menschenhände es nicht vermocht hätten.

Durch einen geräumigen Garten, in welchem Gemüse, Nußbäume und wenige grobe Äpfel wuchsen, traten die Wanderer vor das Tor. Es stand offen und war ohne Wartung, denn hierzuland waren Gäste rar. Ein schmaler Hof führte zur inneren Tür, wo ein Laienbruder mit zwei braunen, halbnackten Buben um ein paar große Fische feilschte.

»Grüß Gott, Bruder Konrad«, rief Veit ihm zu. Erstaunt wandte der Mönch sich um, erkannte den Gast sofort und gab ihm die Hand, die er erst an der groben, kreuz und quer geflickten Kutte abwischte. Dann bezahlte er die Fische, führte die Angekommenen in die Torstube und lief nach dem Prior.

Auch dieser kannte Veit sogleich wieder, den er bei seinen früheren Besuchen lieb gewonnen hatte. Er war ein feiner, freundlicher Mann, den ein hartes Schicksal aus einer lichteren Bahn geworfen und frühzeitig hier herauf in die Stille der Weltverneinung geführt hatte.

»Seid willkommen, Herr Veit«, sagte er herzlich und grüßte auch Ugel mit einer höflichen Neigung des klugen Kopfes. Veit nannte ihm Ugels Namen und der Pater zeigte sich erfreut, einen Arzt zu Gast zu haben. Dann schickte er nach einer Erfrischung. Ein dünner, säuerlicher Wein und ein kräftig duftendes Stück frisches Schwarzbrot wurde ohne unnötige Worte geboten und angenommen.

»Wie gut ihr doch da oben lebt«, scherzte Veit. »Wir Städter würden ein solches Brot mit Gold bezahlen. – Aber nun die Hauptsache! Wir möchten gern beide gegen ein bescheidenes Geld ein paar Wochen hier zu Gast bleiben, wenn es sein kann.«

Der Prior sann einen Augenblick mit krauser Stirn nach.

»Es kann sein«, sagte er dann. »Und Herr Ugel könnte einen Teil der Zehrung dadurch erstatten, daß er gelegentlich nach unsrem Bruder Greiner sähe, der stark gealtert ist und schon seit Wochen immer liegt. Wenn ich es dem Herrn zumuten darf.«

»Natürlich, ich besuche ihn heute noch.«

Ugel schaute sich jetzt in der kleinen Stube um. Boden, Getäfel und Möbel waren von Tannenholz, alles sauber und ärmlich. Der einzige Schmuck war ein älteres, schauderhaftes Madonnenbild geringster Arbeit.

»Nicht wahr«, sagte der Prior, »ein schönes Bildchen! Ihr wundert Euch vielleicht, daß ich es da hängen lasse. Aber die Brüder sind daran gewöhnt, und ich selbst bin hier oben zum Barbaren geworden, dem ein roher Schmuck lieber ist als gar keiner. Auch Ihr, Herr Ugel, werdet unseren Sitten ein Opfer bringen müssen. Ich habe Euch zur Herberge keinen anderen Raum als eine Zelle; »[auch müsset Ihr, so lang Ihr bei uns seid, unser Kleid tragen. Herr Veit hat Euch vielleicht schon davon gesagt. Es ist nicht der Brüder, sondern des mißtrauischen Landvolks wegen.« »Ist das so fremdenscheu?« fragte Ugel. »Ja sehr –«]* Und doch seid ihr beide diesmal nicht die einzigen Gäste in der Gegend.«

»Wie?«, fuhr Veit auf. »Wer hat sich denn hierher verirrt? Wohnt er hier in Sankt Theodor?«

»Nein, er wohnt bei den Fischern unten. Er ist ein Maler, ein scheuer, doch nicht übler Mann. Nun ihr werdet ihm wohl bald begegnen.«

»Es verlangt mich wenig danach. Aber immerhin! Vielleicht, da er als Maler den Tag benutzen muß, läßt er sich abends manchmal zu Besuch bei uns sehen.«

Der Prior brachte nun die Gäste in ihre Zellen, wo sie sich wuschen und ein wenig rasteten. Veit führte darauf den Arzt in den Räumen des Klosters umher, zeigte ihm die wenigen merkwürdigen Gerätstücke, die Kapelle und die lächerlich kleine Bücherei und machte ihn dabei mit den Brüdern bekannt. Darauf besuchte Ugel den kranken Greiner. Veit verließ das Haus und suchte eine Stelle im Garten auf, wo das Gebüsch ein schmales, eben sitzgerechtes Stück der Brüstungsmauer freiließ. Von dort blickte man senkrecht ins Meer hinab, dessen schwache Brandung leise heraufklang. Hierher hatte ihn seit Monaten ein Heimweh gezogen – in die Stille und Schönheit der großen Natur, in diese unberührte Landschaft, wo man in der großen Ein-

---

* Im Manuskript gestrichen.

samkeit Wind und Brandung wie Atem und Herzschlag des Ewigen vernahm, und wo Gedanken und Träume über alles menschlich Beengte hinaus in die herrliche Tiefe des Unwandelbaren, Urgewesenen versanken. Lieblingsgedanken früherer Jahre traten ihm hier in heller Jugendlichkeit unverblaßt und herzlich entgegen. Und er begrüßte sie mit Freude; denn die Jugend, deren Bild ihn hier besuchte, lebte ungebrochen, wenn auch stiller geworden, in ihm weiter, und das Heute ging mit dem Ehemals wie eine ältere Schwester freundlich Hand in Hand.

Die Rückkehr an Orte früherer Gedanken und Arbeiten, das Wiedersehen mit Umgebungen, welche uns jünger und anders gesehen haben, ist strebenden Menschen immer wohltuend. Es vertieft, es klärt, es gewährt ein heilsames, nachdenkliches Ausruhen. Er, der lange keine Heimat mehr besaß, hatte sich ein Stück Heimat und die Möglichkeit eines erinnerungsvollen Zuhauseseins hier oben gerettet, und ergab sich nun mit Wohlgefühl den reichen Erinnerungen, die der Ort in ihm beschwor.

Während Ugel die Natur mit dem liebevollen, aber forschenden und zergliedernden Blick des kundigen Arztes betrachtete, stand Veit in ihrem Bann und las Mythen aus Steinen, Wurzeln und Wellen. Oft saß er stundenlang am Ufer, betäubt und ergriffen vom ewig neuen Anlauf des Meeres neben dessen Gewalt und unfaßlicher Größe ihm sein und aller Menschen Leben zufällig, schwach und arm erschien. Oder er folgte mit gebanntem Blick dem Ziehen der hellen Wolken, deren schöne, rastlose Bewegung ihm wie ein Gleichnis aller Menschensehnsucht und ungestillten Liebe zum Ewigen erschien. Aus solchen Träumen heraus schuf er mit neuem Drang am Bilde jenes Abenteurers und Heiligen, dessen unersättliche Seele über Jahre voll Frevel und Gefahr hinweg dem ersehnten Ziel der Erlösung und des Friedens entgegenstrebte und im freiwilligen Zwange der Klausur ringend und leidend verglühte.

Abends, wenn der Prior, seiner Pflichten ledig, im schlichten Frieden seiner engen Wohnung ruhte, wenn vor den Fenstern die Nacht Riff um Riff verschlang, bis nur die geheimnisvolle Dämmerung der Meerferne übrig blieb, und der Seewind lauter und dringender um die Mauern schwoll, dann saßen zumeist die drei Freunde zusammen im Licht der Ampel, erzählend, plaudernd oder vorlesend. Veit entwarf dem klugen Wirt das Bild der jungen Strebungen, in deren Mitte er stand, der Lage und Hoffnungen seiner Stadt, ihres Besitzes an Macht, an Geist, an Kunst, dazwischen holte er Beispiele und Vergleiche aus der heimischen Geschichte, in deren Erzählung er Meister war. Ugel stimmte zu, ergänzte und korrigierte, der Prior folgte mit lebendiger Teilnahme, und häufig kamen tiefe Lebensfragen zwischen den drei ernsten Männern zur Sprache, wobei nicht selten sich ein heftiger Widerstreit der Meinungen ergab. Die beiden Städter hatten die mächtige Waffe der Begeisterung und Jugend zu Händen, der Geistliche war ihnen wiederum durch die milde Reife des Mannes überlegen, den das Leben durch die läuternde Tiefe bitterer Erfahrung geführt hat.

»Fahrt fort«, rief er oft mit Überzeugung aus, »bauet, strebet, dient dem Geist Eurer Zeit und Stadt! Aber glaubt nicht, daß der Friede und das Glück auch nur eines einzigen Menschen auf eure Arbeit warte. Von dem Tag an, da die schöne Kraft der Jugend euch verläßt, wird jeder von euch nur zwei Wege vor sich finden: den der Beschränkung auf immer engere und ärmlichere und irdischere Ziele – oder den meinigen, der zur Entsagung und zum Gebet führt.«

Dennoch nahm er an allen einzelnen Fragen und Plänen gern und mir klarer Einsicht teil und zeigte gelegentlich in aller Bescheidenheit eine nicht gewöhnliche Kenntnis weltlicher und menschlicher Dinge.

Nun lag die einsame Küste an der Grenze des der städtischen Republik gehörigen Gebietes, war aber, weil unbevölkert und arm, in jeder Hinsicht sich selbst überlassen und vernachlässigt geblieben. Die Freunde und namentlich Veit, der die Landschaft seit Jahren liebte, besprachen manchmal die Möglichkeit, dies schöne Stück Land zu heben und mit in den Kreis des tätigen Lebens herein zu ziehen. Da die Beschaffenheit des Ufers kaum den Gedanken an Hafenbauten und Seeverkehr erlaubte, zeigte sich als einziger und durchaus nicht unmöglicher Ausweg die Anlage einer Gebirgsstraße, welche in der Entfernung von zwei Tagesreisen mit Überwindung zweier Hochpässe sich der alten Jochstraße anschließen müßte, die seit alters das Gebirge von Norden nach Süden durchschnitt. Alsdann würde das vereinsamte Hochland nicht nur als prachtvolle Villegiatur, sondern als Holzquelle und Steinbruch der Stadt und dem Land zu Nutze sein.

Als zum erstenmal in Gegenwart des Priors hiervon die Rede war, sagte dieser mit einem Lächeln: »Das ist ein gewaltiger Plan, dessen Ausführung unsren Einsiedeleien ein plötzliches unsanftes Ende bereiten würde. Ein Glück, daß ich Derartiges vermutlich nicht mehr erleben werde!«

»Warum nicht?« fiel Ugel lebhaft ein. »Wenn die Entwicklung unsrer städtischen Verhältnisse weiterhin sich gleich bleibt, werden wir vielleicht in zehn Jahren zu Roß und Wagen hierher gelangen können.«

Als immer häufiger die Rede auf dieses Projekt kam, und beide Freunde mit dem Gedanken immer vertrauter wurden, hielt auch der Prior mit seinem entgegengesetzten Urteil nicht mehr zurück. »Dies Unternehmen ist ebenso groß als unfruchtbar und kann euch allen den Hals brechen«, sagte er entschieden. Dagegen mußte er sich den Einwurf, er streite pro domo, gefallen lassen.

Wohl hatte auch Veit gelegentlich Bedenken. Auf einem morgendlichen Gang über das zwischen Fichtenwald und Felsensturz gestreckte breite Heideland sagte er zu Ugel: »Mir ist seltsam zumut, wenn ich mir dies schöne, wilde Land in Städterhänden denke. Denn wir kommen doch hierher nur um zu holen, nicht um zu geben. Wir bringen Häuser, Wege, Steinbrüche, wir bringen den Staub, den Lärm und die Geldsucht der Stadt herauf und nehmen der großartigen Wildnis ihre Schönheit und ihren Frieden. Bei fernerem Wachstum der Stadt wird dies freilich ohnehin nötig werden, und so ist es besser, wir nehmen von Anfang an uns selbst der Unternehmung an, ehe sie in die Hände von Spekulanten fällt.« Am selben Tag schickte er durch einen Boten ausführliche Berichte an Gerhard, um diesen als Finanzmann für den Plan zu gewinnen.

Inzwischen trat auch der vom Prior erwähnte Fremde in den kleinen Kreis. Ohne von den Gästen zu wissen, erschien er eines Abends, um den Prior zu besuchen. Beim Anblick der beiden Fremden ward er scheu und schien wieder flüchten zu wollen, doch gelang es dem gütigen Prior ihn zu halten. Als er Veits Name hörte, maß er diesen mit einem erstaunten prüfenden Blick.

»Seid Ihr der Freund und Mithelfer des Rathausbaumeisters Niklas?«

Da Veit bejahte, gab ihm der Alte die Hand. Und als er selbst nun zögernd seinen Namen nannte, blickten die Freunde erschrokken und mit Ehrfurcht auf. Es war der Name eines weithin berühmten Malers, dessen Werke zu den edelsten der Zeit zählten, der aber dem Gerücht nach in Wahnsinn gefallen und seit Jahren verschollen war.

»Was schaut ihr, junge Leute?« sagte er nicht unfreundlich. »Ihr habt ohne Zweifel gehört, ich sei wahnsinnig geworden und was alles der Mund der Leute noch dazugab? Nun, das Gerücht hatte sein Korn Wahrheit in sich, obwohl ich noch immer meines Verstandes Herr zu sein glaube.«

Während des so angehobenen Verkehrs schloß der Maler sich namentlich an Veit mit Herzlichkeit an, und dieser erfuhr nun seine kurze Geschichte. Im Brüten über die höchsten Probleme seiner Kunst und im Kampf mit mancherlei Mißgeschick war der alternde Mann einer nagenden Schwermut zur Beute gefallen, die ihn seine eigenen lebensfrohen Schöpfungen verachten ließ und sein bis dahin harmlos frisches Gemüt in die trostlosen Irrgänge melancholischer Grübelei über Leben, Tod und Ewigkeit verstrickte. Schließlich hatte sein kraftvolles Wesen der zehrenden Krankheit doch Trotz geboten und seither lebte der Verschollene da und dort in tätiger Einsamkeit, mit neuen künstlerischen Aufgaben großen Stils ringend und nur je und je von Anfällen der ehemaligen Melancholie heimgesucht. Seine Kunst hatte sich von allem Äußerlichen und bloß Dekorativen abgewandt und strebte in zähem Kampf dem verschwiegenen Ideal aller hohen Kunst entgegen, Ausdruck ewiger Ideen zu sein und Unsagbares zu sagen. Vor einigen Monaten hatte er zufällig diese Küste entdeckt und sein Herz an ihren gewaltig ernsten Reiz verloren. Veit stieg mehrmals mit ihm den halsbrechenden Fußweg zum Strande hinab und fand in der Fischerhütte mehrere große begonnene Bilder. Unter ihnen war eine breite Leinwand, welche ihn stets mit gewaltigem Zuge fesselte –: Ohne Ufer streckte sich bis zur Höhe des Bildes das Meer, schmal von einem licht dämmernden Morgenhimmel gesäumt. Das mächtige Gewoge, der Duft der Weite, die feuchte Luft, der leis [auf]hellende Himmel war delikat und wahr gegeben, die starke, verblüffende Wirkung aber lag in der grandios erfaßten Riesenweite des Horizontes, dessen verschleierte Linie das Auge mit ergreifender Täuschung in unbegrenzte Räume zog. An diesem Bild vor allem erkannte Veit, neben der virtuosen Behandlung der Stoffe, welche den großen Künstler von jeher ausgezeichnet hatte, eine Vertiefung, einen Hauch von Seele, die ihn mit verborgenem Zauber anzogen. Er begriff, was im Gemüt des einst so weltfrohen kecken Koloristen hatte vorgehen müssen, ehe er die Natur so sehen und darstellen konnte.

Ein anderes Bild fiel ihm zufällig beim Durchblättern einer Mappe in die Hand. Es war die mit Kreide und Rötel ausgeführte Zeichnung eines jungen Frauenkopfes, dessen Typus und Ausdruck an manche ältere Bilder des Meisters erinnerte. Der hinreißend schöne Blondkopf trug eine fast strenge Vornehmheit zur Schau, die mit eigenartigem Reiz der Üppigkeit der Formen widersprach. Man konnte zweifeln, ob das Bildchen ein Portrait oder der Entwurf eines Idealkopfes sei.

»Sie ist schön, nicht wahr?« lächelte der Künstler. »Es ist meine Tochter, seit Jahren im Ausland verheiratet.«

Bald erfuhr der Alte von Veit auch dessen Pläne und Hoffnungen. Ein leiser Glanz ging über seine gefurchte Stirn, wenn der Junge ihm in lichten Farben den Kreis seiner Freunde und den lockend weiten Horizont der Absichten schilderte. Das geniale Werk des Rathauses, das er kannte, verbürgte ihm die künstlerische Schöpferkraft der heraufsteigenden jungen Generation, obwohl er manche Lieblingssätze der jüngsten Künstlertheorien durchaus mißbilligte. Veit merkte, wie gern der alte Meister seinen Träumen von einer Neugeburt der Künste lauschte, und eines Tages kam ihm plötzlich der fruchtbare Gedanke, der Geist und die Erfahrung des Alten müssen dem fleißigen Streben der Jüngeren zu gute kommen. Vorsichtig legte er ihm den Vorschlag nah, sich in der Stadt niederzulassen, wo nicht nur alle Vorteile eines regen Kunstlebens und reichen Marktes, sondern auch die Rat begehrende Ehrfurcht begabter Schüler und Nacheiferer seiner warten. Der Maler dankte mit freundlicher Ablehnung.

»Ich kann und mag den erregten Wellen dieses sogenannten Kunstlebens mich nicht wieder aussetzen«, sagte er entschieden. »Auch steht mein Plan fest, mich hier am Meere anzubauen und hier meine Tage zu vollenden. Wer aber von euch Jungen hierher kommen, mich besuchen und gelegentlich mich befragen will, der sei willkommen.«

Vor Veits tätigem Geiste stand nun schon das ideale Bild einer freien Künstlerschule, einer Niederlassung von Meistern und Schülern an der stolz und abseits gelegenen Küste, er sah hier Villen und Gärten sich erheben, in deren Wegen und Plätzen Künstler und Kunstfreunde sich in fördernden Gesprächen ergingen. Und er schickte an Gerhard einen zweiten Brief, in dem er auch diese neue Idee darstellte, sie mit den früheren Ansiedlungsvorschlägen verband und Gerhard dringend aufforderte, selbst herzureisen und alles mit ihm an Ort und Stelle zu beschauen und zu beraten.

Nicht immer aber war er im Umgang mit Meister Anselm der Gebende. Oft griff dieser in den Schatz seiner reichen und vertieften Lebenserfahrung und Kunst- und Menschenkenntnis und zwang ungewollt den Hörer zu wachsender Ehrfurcht; denn er hatte eine überaus bescheidene, schlichte Art, ohne Bitterkeit über Großes und Kleines zu urteilen, und war frei genug von der beliebten Künstlereitelkeit, um allem Leben und Geschehen mit offenem Auge und gütiger Teilnahme zu folgen. Oft auch lagen beide, er und Veit, in der rötlichen Heide, wortlos und nachdenklich der Betrachtung des Himmels und des Wolkenflugs hingegeben, und diese Stunden verbanden sie fester als alle Gespräche; denn daß zwei verständnisvolle, gläubige Verehrer der großen Natur zusammen sind und zusammen genießen ohne einander zu stören, das ist seltener als manche andere Form der Freundschaft.

So gingen schöne, harmonisch gleichtönige Tage hin, in fruchtbarer Muße, reich an Frieden und inniger Gemeinschaft. Weniges ist so erfrischend und beneidenswert, als wenn Männern von ungewöhnlichen Gaben und ernster Bildung außerhalb des gemeinen Tages- und Stadtlebens das Ausnahmedasein eines stillen, gleichmäßig genossenen Zusammenseins zu Teil wird.

Nach einiger Zeit traf ein Brief von Gerhard ein. Er hatte vor wenigen Tagen seinen Vater begraben, dessen er mit Ehrfurcht und redlichem Leid gedachte. Nach Abwicklung der ersten dringendsten Geschäfte hoffe er zur Beratung mit Veit und zur eigenen Erholung nach Sankt Theodor kommen zu können. Die

Nachricht vom Tode des mächtigen Alten gab den Freunden viel zu denken und zu reden. Gerhard war nun frei, und, obschon noch ganz Privatmann, der wichtigste, jedenfalls reichste Mann der Stadt und Republik. Nun schien die Begründung jener längst von ihm geplanten Gesellschaft, seine Wahl in den Rat und damit eine Reihe von Veränderungen, Kämpfen und Erfolgen dem städtischen Leben nahe bevorzustehen.

Inzwischen mußte Ugel, dem sein Beruf nicht länger Freiheit gewährte, abreisen. Der Prior entließ ihn mit herzlichem Abschied, und Veit begleitete ihn bis zur zweiten Paßhöhe. Ugels Abreise und die Aussicht auf Gerhards baldige Ankunft entriß ihn gewaltsam der träumerischen Idylle und führte alle seine Gedanken zur strengen Gegenwart und zu den persönlichen wie politischen Forderungen der nächsten Zukunft zurück. Die halb vollendete Dichtung und die Beschäftigung mit den Sagen und Rätseln einer fernen Zeit blieb der ungewissen Wiederkehr einer ähnlichen Mußezeit vorbehalten. Mit wunderlich bewegtem Herzen verfolgte er, nachdem Ugel ihn verlassen, die Windungen der weißen Straße, die zur Ebene und Heimat hinab führte. Auf halbem Rückweg holte der Maler ihn ab und fand den Freund ernster und stiller als je. Wohl eine Stunde lang schritt der graue Herr neben dem jungen Mann in tiefem Schweigen hin. Einmal machte er ihn auf einen mächtigen Falken aufmerksam, dessen Flug in schönen reinen Bogen die schon herbstlich goldene Luft durchschnitt. Veit blickte auf, folgte gedankenvoll eine Weile den Kreisen des Raubvogels, redete aber nichts. Endlich fragte ihn Anselm um seine Sorgen.

»Ihr wißt«, sagte Veit, »um die Lage der Dinge in unsrem öffentlichen Wesen. Die Stunde ist da, neue Ideen und größere Pläne einzuleiten, das gesamte Leben unsres Volkes zu einer freieren und schöneren Kultur zu führen. Ich, der ich die Vergangenheit des Gemeinwesens seit Jahren durchforschte und allem Neuen und Wichtigen nachhorche, trete mit großen Wünschen und Zielen in die neue Epoche. Nicht für mich, sondern für's Ganze. Mein Ideal von Gesellschaft und staatlichem Dasein ist Euch zum Teil bekannt. Nun bin ich aber nur ein Horcher, Helfer, Mitarbeiter ohne eigene, persönliche Macht. Desto unbeschränkter liegt solche in den Händen eines reichen, begabten und beliebten Jünglings, eben des Gerhard, den wir nächstens hier sehen werden. In ihm liegen viele Möglichkeiten, aber keinerlei Gewißheit. Wenn er seinen bessern Trieben folgt und seiner selbst wenigstens im politischen Leben vergessen kann, ist alles gewonnen. Geht er andere Wege, dann steht mir und meinen nächsten Freunden der Bruch mit ihm und ein langer, peinlicher und bitterer Kampf bevor. Mehr mag ich heute nicht sagen: Ihr werdet meinen Freund ja bald selbst sehen und hören.«

»Ich verstehe«, erwiderte Anselm, »dennoch ist mir nicht völlig begreiflich, was Euch so eng an jene Stadt fesselt, in der Ihr nicht einmal ortsbürtig seid. Ihr seid Gelehrter, Dichter, meinethalben Politiker – es gibt Orte und Wirksamkeiten genug, die Euch anziehen und erfüllen können, wenn diese erste Bahn Euch nicht zum Erfolg führt. Ihr seid jung, die Welt ist groß –.«

»Gewiß«, fiel Veit ihm ins Wort, »allein Ihr kennt mich eben noch nicht ganz. Das ubi bene ibi patria ist meine Devise nicht. Ihr, der Künstler, streift am Leben hin und erntet, wo es Euch gefällt. Ich aber bin mit meiner Stadt verwachsen. Ich liebe sie, die ich in ihrem Werden und Leben belauscht habe und kenne. Ich liebe sie mehr als ich je einen Menschen liebte; ihr Wesen, ihre Geschichte, alles an ihr kommt meiner Art verwandt und anziehend entgegen. Außerdem aber ist sie jetzt der Herd eines Lebens, dessen reges Keimen ich Euch beschrieb und das so reich und kräftig zur Zeit sich wohl an keinem andern Orte findet. Dieses unbändig strömende Leben in gutem Geiste zu fördern, zu formen und leiten zu helfen, daß es nicht eitel verschäume, darin finde ich Zweck und Lust meines Lebens. Und darum kann ich Gerhard nicht ohne eine Art von Eifersucht sehen. Er steht auf dem Platze, für den ich mein halbes Leben geben würde, ihm ist eine Macht in die Hand gegeben, um die ich ihn so lange beneiden werde, bis ich weiß, daß er sie edel verwendet. So werde ich entweder sein gläubigster und unermüdlichster Freund und Anhänger sein, oder mich gegen ihn wenden müssen.«

Anselm schüttelte das feine greise Haupt. »Warum?«, fragte er fast spöttisch. »Wenn jener die Macht hat, müßt Ihr weichen. Wenn er nicht Eure Wege gehen will, wird doch alles Zanken vergebens sein. Nachgeben ist überall klug, für den Schwachen aber notwendig. Und selbst wenn Ihr Erfolg hättet und Anhang fändet, wozu geborenen Autoritäten widerstreben und die Stadt in aufreibende Kämpfe verwickeln.«

»Wozu?« rief Veit leidenschaftlich. »Besser, eine Stadt leidet im Kampf zwischen Gut und Böe, als sie lebt mißleitet in einem doch nur scheinbaren Gedeihen dahin. Mein Ziel und Beruf ist nicht, ihr ein sorgenloses, unbewußtes Dasein zu bereiten, sondern ihr ganzes Leben dem Zwang alles Scheinbaren und Herkömmlichen zu entreißen und in den freiwilligen Dienst fördernder und edler Gedanken zu leiten. Die Stadt ist reich genug, hat Geltung und Macht genug, ich will sie weder reicher noch mächtiger machen. Sondern ich möchte den besseren, ja womöglich den größeren Teil der Bürgerschaft von den hergebrachten Idealen des Wohlseins und Reichwerdens hinweg zu einer nicht so sehr verfeinerten, als vertieften und vergeistigten Lebensführung bringen. Ich möchte ihren Geist zu jener Art von Bildung erheben, welche alle einseitige Verehrung des Geldes als gemein und alles Protzentum als lächerlich erkennt und verbietet. Ich möchte noch vieles, das mir bis in die Einzelheiten klar und zwingend vor der Seele steht, und das ich Euch jetzt nicht in ein paar Worten darlegen kann.«

Hier legte Anselm gütig und zart seine Hand auf die Schulter des Erregten. »Mein Freund«, sagte er sanft, »ereifert Euch nicht, ich habe Euch wohl verstanden. Ihr wollt ein schweres Amt auf Euch nehmen, das Gott Euch segnen möge.« Und in willkürlicher Regung ließ er seine Hand in einer fast väterlich zärtlichen Weise streichelnd am Arme Veits hinabgleiten. Beide schwiegen wieder und wanderten zwischen Schlehengestrüpp und mooriger Heide auf dem kaum erkennbaren Fußpfade fort. Man fühlte allerwärts den Hereinbruch des Herbstes, der sich schon mit kühlen Nächten, starkem Tau und beginnenden Frühnebeln angekündigt hatte. Der Horizont schien erweitert; abwärts schimmerten die niedrigeren geschützten Waldberge in den satten Farben der Laubwelke, der Blätterfall hatte noch nicht begonnen. Die ferne, hohe Linie des Gebirgskammes schnitt mit herber Kontur in die golden sanfte Form. Wenn der Herbst in dieser rauhen Gegend der üppigen Lust der Obsternte und der ausgelassen fröhlichen Feste der Winzer entbehrte, so fehlten ihm auch die weiten kahlen Stoppelfelder, welche die Ebene um diese Zeit leer und erstorben scheinen lassen. Das kurze Gras der we-

nigen Wiesen stand noch hellgrün und des letzten Schnittes ge-
wärtig.

Endlich kam Gerhard an, von einem im letzten Dorf der Jochstraße mitgenommenen Führer begleitet. Der Schmerz um den
verlorenen Vater und die vielerlei Sorgen des Verwaisten und
Erben hatten einige nachdenkliche Schatten in das schöne Gesicht gezeichnet, die Bewegungen der schlanken Glieder ge-
strafft und der ganzen Gestalt einen Anflug von stiller Energie,
ja Würde gegeben.
Veit eilte aus seinem hochgelegenen Stübchen herbei, sobald er
die wohlbekannte klare Stimme des Freundes vom Hof her vernahm. Während er ihm die Hand reichte und wenige teilneh-
mende Worte sagte, durchforschte er das etwas abgemagerte
Gesicht mit suchendem Auge. Gerhard hängte sich aber sogleich
an seinen Arm und ließ sich ins Haus und zum Prior führen, der
ihn einfach empfing und in die schlichte Gastlichkeit des Klosters aufnahm. Dann entledigte er sich einiger Aufträge und
Grüße, erwies dem Geistlichen Höflichkeit, lobte ihm die Lage
und Meeresaussicht des Klosters und überraschte ihn durch ein
schönes Geschenk, das der Führer seinem ungefügen Reff* ent-
nahm. Es war ein kleines, einfach gerahmtes Marienbild, mit
welchem er, einer Andeutung Veits folgend, dem für das Schöne
empfänglichen, vereinsamten Manne keine geringe Freude
machte. Das Bildchen war die Arbeit eines jungen, von Gerhard
begünstigten Malers, ohne starke Eigenart, aber anmutig und
mit Liebe gemalt. Die lebhafte Danksagung des erfreuten und
beschämten Wirtes freundlich ablehnend, umschlang Gerhard
den Freund und entführte ihn mit kurzer Entschuldigung ins
Freie.
Veits Lieblingssitz im Klostergarten zog ihn an. Dort setzten
sich beide und Veit begann sachlich und sorgfältig seine Pläne
darzulegen. Und wieder, während er redete, ging sein Blick über
die Züge des feinen Gesichtes, das halb ab- halb zugewandt neben ihm im reichen Mittagslicht sich wiegte. War dies Lächeln
das der Zuversicht und innern Ruhe oder des lenkbaren Gleich-
muts? Wohnte hinter dieser Stirn der Geist eines Mannes oder

---

* Traggestell der Bergbewohner.

eines Kindes? War dies Auge das des Denkers oder des Schwärmers? Veit las es nicht. Das ebenmäßig blasse Angesicht des Zuhörenden war freundlich, aufmerksam, verständig, aber es war die Freundlichkeit des Weltmannes, und die edel geschwungenen Lippen konnten in ihrem ständigen Lächeln ebensowohl Spott als Güte verbergen. Gerhard hörte zu, nickte bald, bald wiegte er zweifelnd das Haupt und schien den forschenden Blick des Sprechenden nicht zu fühlen.

»Wir werden«, schloß dieser, »heute und morgen die Örtlichkeit besehen, damit du vorläufig eine gründliche Anschauung der Lage bekommst. Dann magst du entscheiden, ob es sich lohnt, Sachverständige herzuschicken. Daß die Nutzbarkeit des Gesteins schon früher geprüft wurde, schrieb ich dir, die Befunde liegen im Archiv der Stadt. Damals vereitelte der drohende Krieg den Beginn des Grabens. – Aber für jetzt genug davon! Ich bin begierig, etwas von deinen Absichten zu hören. Du sprachst im Frühjahr davon, den Kreis deiner Freunde in einer Gesellschaft von fester Form zu vereinigen.«

»Von fester Form? Das sagte ich nicht. Ich dachte an eine freie Vereinigung junger Männer, deren Ziel die gemeinsame Pflege gelehrter, künstlerischer und sonst angehender und löblicher Studien und Beschäftigungen wäre. Der Plan trat während meines Vaters Kranksein zurück, soll aber nächstens Leben gewinnen.«

»Es wäre mir lieb, Näheres darüber zu erfahren.«

»Nun gut! Du weißt mir liegt die Belebung und Hebung des geistigen Lebens unsrer Stadt am Herzen. In unsrer Gesellschaft würden nicht nur die Künstler und Gelehrten voneinander lernen und Freude an gemeinschaftlicher Arbeit gewinnen, sondern es wären auch jedem strebsamen Laien diese edleren Studien erleichtert; die Künstler würden mehr Gönner und Aufträge, die Liebhaber mehr Verständnis gewinnen. Schon dies wäre eine Erfolg. Außerdem könnte eine Gesellschaft durch öffentliche Darbietungen, Vorträge, Aufführungen den allgemeinen Geschmack ganz anders beeinflussen und die Bürgerschaft unmerklich viel wirksamer erziehen, als Einzelne es je vermögen.«

»Das ist richtig und hat Aussicht auf Erfolg. Aber ist das wirklich alles, was du damit beabsichtigst?«

»Ist das nicht genug?«

»Reichlich genug. Und das Politische soll ganz aus dem Spiel bleiben?«

»Was hat Politik mit Kunst und Bildung zu tun?«

»Sehr viel.«

»Ich meine nicht.«

Hier trafen sich die Blicke der Freunde und Gerhard konnte Veits Frage ungesagt verstehen. Er lachte.

»Ach, deine alten Sorgen! Nein, darüber sei beruhigt. Sollte ich je einmal zum Agitator werden, so würde ich andere Wege wählen. Oder ist es dir lieber, wenn ich Feste, Aufführungen und alles ähnliche statt als Leistungen eines Vereins auf eigene Faust und Kosten den Leuten darbiete?«

Veit schwieg und schien beruhigt, während er in Wahrheit jenem nun doppelt mißtraute. Indes Gerhard sich erhob und mit Lust den Anblick der weiten Aussicht und in vollen Zügen die herbe Meeresluft genoß, schaute der andere leeren Blickes ins Weite und lauschte unentschlossen dem Widerstreit der Regungen in seiner Brust.

Es drängte ihn mächtig, des Freundes Hand zu fassen und ihm mit einer starken Frage ins Gewissen zu greifen, um ihn dann entweder zu umarmen oder von sich zu stoßen. Aber er war erregt, der Gegner kühl und glatt, wie sollte er ihn fassen? War es nicht gefährlich, ihn noch mißtrauischer zu machen?

Gerhard mochte fühlen, daß in Veits Seele ihm etwas widerstrebte, das jetzt zu Worte zu kommen drängte.

»Du wirst mehr und mehr zum Grübler«, scherzte er und schob Veits Arm in den seinen, ihn durch die schmalen Gartenwege mit sich ziehend. »Ich werde mich gewöhnen müssen, dich künftig als Politiker und Moralisten zu verehren – zu meinem und deinem Schaden, denn du standest mir als Dichter wahrhaftig näher. Wie ist's damit – hast du die Muse oder hat sie dich verlassen? Ich wette, diese Sommerwochen haben doch irgend etwas Poetisches gezeitigt.«

»Die Zeit ist ernst«, entgegnete der andere ausweichend, »und hat auch mich ernster gemacht.«

»Zu ernst zum Dichter?« rief Gerhard pathetisch. »Das ist unmöglich. Gibt es denn einen ernsteren Beruf?«

»Du scherzt.«

»Und weshalb soll diese Zeit so ernst sein? Ich finde sie lustig.«

»Du scherzt wieder«, sagte Veit fast schmerzlich. »Verzeih, wenn ich nicht derselben Laune bin.«

»Aber Bester«, koste Gerhard. »Ich will mir Mühe geben, so ernsthaft zu werden wie du, aber es wird Zeit brauchen. Sieh doch das Meer glänzen – so liegt das Leben vor unsern Kielen, hell und weiträumig; lockt es dich nicht?«

Veit blickte dem ausgestreckten Arm des Freundes nach.

»Es sieht nach Sturm aus«, meinte er nach einer Weile. »Desto besser. So werden wir eine großartige Nacht erleben.«

»Ich meinte das andere Meer ...«

»Welches andere?«

»Das so hell vor unsern Kielen liegt ... Werden wir gute Steurer sein, Gerhard?«

»Ei, ich denke wohl. Du wirst mir ja helfen.«

»Vertraust du darauf? Wenn aber unsre Kurse auseinander gingen?«

»Das mag die Zukunft bringen. Mein Schiff ist stark. Doch soll man nicht in den Sternen lesen wollen. – Etwas anderes liegt mir im Augenblick am Herzen. Du schriebst mir von einem Maler, den du hier gefunden hast, und auf den du mich wie auf ein Festgericht einludest. Wer ist es?«

Veit sah mit Trauer, wie der Gewandte an seiner verhüllten Frage immer wieder vorüberging, als hätte er sie nicht bemerkt. »Du mußt dich gedulden«, antwortete er kurz, »nach Tisch werden wir ihn sehen.«

Er stand aber schon im Zimmer, als die zwei dem Ruf der Mittagsglocke folgend, die Tafel des Priors aufsuchten. Gerhard betrachtete die große Gestalt mit Aufmerksamkeit, der Wirt aber, sei es aus Vergeßlichkeit, sei es, daß er die Gäste durch Veit schon einander bekannt glaubte, unterließ die vermittelnde Nennung der Namen und führte jeden an seinen Platz. Während der Mahlzeit sprach Veit fast ausschließlich mit dem Maler und weidete sich mit harmloser Schadenfreude an Gerhards sichtbarer Spannung. Dieser sah sich im Gespräch auf den Prior beschränkt und mußte seine Ungeduld wohl eine Stunde zügeln. Endlich, da der Prior durch einen Bruder abgerufen ward und den Raum für Augenblicke verließ, ward er erlöst.

»Unser gütiger Wirt«, sagte er aufstehend, »scheint unsre Bekanntschaft vorausgesetzt zu haben, auf deren Genuß ich nun doppelt gespannt bin. Willst du die Güte haben, Veit?«

Der alte Herr kam ihm zuvor. »Ich heiße Anselm«, sagte er schlicht, »und habe das Vergnügen Euch schon durch unsern Freund Veit zu kennen.«

»Das nenne ich eine Überraschung«, rief Gerhard, indem er des Alten Hand mit Ehrfurcht an die Lippen führte.

»Daß ich, seit ich Augen zu sehen haben, Eure Kunst und Euren Namen verehre, wäre nicht nötig zu sagen. Aber ich bin auch so glücklich, zwei Bilder von Euch zu besitzen, das eine als Geschenk eines Freundes, das zweite durch Kauf aus zweiter Hand. Jene unseligen Gerüchte hatten mich der Hoffnung beraubt, Euch je für die Freude zu danken, die jene Gemälde mir Jahre hindurch bereitet haben. Es ist ein heiliger Sebastian und ein Kinderreigen, dieser eines der fröhlichsten und erquickendsten Bilder, die ich kenne.«

»Ich erinnere mich seiner«, sagte Anselm, »Als ich es malte, möget Ihr selbst nicht größer als jene Putten gewesen sein. Inzwischen bin ich alt geworden, und mein Pinsel hat jene lustigen Künste fast verlernt. Doch freut es mich, gerade dieses Stück in so guten Händen zu wissen. Es sind die Köpfe meiner drei Kinder darauf, von denen nur eines noch am Leben ist. Damals dachte ich nicht das blutjunge Völkchen zu überleben.«

»Ihr habt sie unsterblich gemacht.«

»Sagt das nicht, lieber Herr. Es ist gut, mit so großen Worten sparsam zu sein. Ich bin nicht der Meinung, meine oder irgend jemandes Bilder müßten die Zeiten überdauern. Wo soll die allzeit aufblühende junge Kunst denn Luft und Raum hernehmen? Es wäre kein Schade, wenn jede dritte Generation ihren Vorrat an antiquierenden Kunstwerken sanft zu Grabe trüge.«   *(1901)*

[Hier endet das Manuskript]

* * *

Julius Abdereggs erste
und zweite Kindheit

Vorrede
(an meinen Freund Ludwig Finckh.)

Das hätten wir beide seinerzeit nicht gedacht, daß ich dir einmal eine derartige Geschichte erzählen würde.

Ich wollte ja schon damals immer einen Roman schreiben, und uns schwebte dabei etwas sagenhaft Großes vor, ein Heinrich von Ofterdingen oder ein Tannhäuser, ein Lied in großen Takten, von Leidenschaft, Schönheit und Dichterweh. Wir saßen in einem der Tübinger Gärten, tranken Bowle und schwärmten wie Nachtfalter auf Flügeln dunkelschöner Träume in die warmen Sommernächte hinaus. »Dem Leben entgegen« sagten wir ernst und begeistert und warteten auf das Leben, daß es uns in heiße mächtige Liebesarme nehme und in Leid und Glück zu Männern und Dichtern und Weisen mache.

Und das Leben kam. Es war dunkelfarben, drückend, ermüdend – keine große Leidenschaft, kein allmächtiges Weh oder Glück, sondern eine lange zähe Kette von kleinen lästigen Kämpfen, Aufgaben und Enttäuschungen. Es begann damit, daß unsere lieben Tübinger Freunde Amtshüte aufsetzten, höflich und fein wurden, und uns langsam und kühl verließen. Es begann damit, dich und mich zu beugen und dich und mich mit Staub zu bedekken, so daß wir selber die schöneren Dichtermienen von ehemals nur in seltenen Stunden aneinander wiedererkennen konnten. Es führte dich auf Schulbänke zurück, dann in Kliniken und an Krankenbetten, mich zu Rechenbüchern, an staubige Pulte und in Geldsorgen und Entmutigungen.

Und beide nahmen wir erschrocken und weinerlich das schöne lyrische Barett vom Scheitel, ließen uns Philisterbärte stehen und hatten das Beste in uns ertränkt und verloren auf dem tiefsten Boden unsres Wesens liegen. Du sagtest der Muse für Jahre Lebewohl; ich schrieb meinen »Lauscher« und mir schien wirklich, als hätte ich mit ihm meine Jugend und meine Poesie begraben und erledigt.

O Ugel, was sind wir für Narren gewesen! Wieviel unnütze

Leiden haben wir gelitten, wieviel unnütze Bitterkeit auf uns genommen! Aber es war doch nicht umsonst. Mit vielen Umwegen und in Verzweiflung sind wir nun doch vom Leben zu Männern und zu Dichtern und Weisen gemacht worden, freilich zu kleinen, bescheidenen, aber doch zu solchen, die auf eigenen Beinen stehen und auch im höhern Sinne ihr eigen Brot essen können.

Und nun will ich dir die Geschichte meines Freundes Julius Abderegg erzählen.

Was soll ich dir sagen? An den Ofterdingen und Tannhäuser wirst wohl auch du nimmer denken. Ich will dich lieber unberufen lesen lassen. Du bist ja gewohnt, mit Kranken, Sterbenden und Genesenden, mit schlichten Leuten zu reden und ihr Stück Leben und Wesen lieb und wichtig sein zu lassen. So nimm den Abderegg mit dazu, red' mit ihm und sei freundlich zu ihm. Ein Held ist er nicht – wie sollte ich auch Helden machen können?

Für die Redaktoren und Literaturleute bin ich ja als Ästhet und décadent erledigt und abgetan. Meinem ersten Buch merkten die Kritiker den Einfluß Stefan Georges an, von dem ich damals nicht einmal den Namen kannte. Mein zweites schien ihnen eine Kopie nach Hans Bethge, von dem ich noch keine Zeile gelesen hatte.

[Dies neuste Buch aber ist nicht ohne literarische Einflüsse entstanden, obwohl ich es direkt und warm aus dem Leben nahm. Aber ich las seiner Zeit so viel moderne Romane, und fast überall fand ich darin ein Tosen und Klagen, bald ein Sehnen nach dem Übermenschen, bald ein entsagendes Müdesein. Es schien, als gebe es für ein Mannesleben nur zwei Ziele und Begierden: Weiberliebe und Ruhm. Wer nicht verliebt war, der war Dichter, Maler, Sozialist, Gelehrter und strebte nach auffallender Tätigkeit.]*

---

* Im Manuskript gestrichen.

Das war im Gebiet der großen Rheinecke. Ein schönes Land von
Bergen, Gefild und Weingärten, und inmitten der grüne frohe
Strom, mit seinem stillen, schnellen, ewigen Ziehen. Er trennt
und vereinigt dort gar verschiedene Völkchen. Da sind die Süd-
Schwarzwälder, herb und arm, kräftig knorrige Männer und
braunrote, grobschöne Weiber. Und die Markgräfler, in reichen,
schönen, ebenen Wein- und Obstdörfern, ein stolzer adliger
Schlag, fein und sicher im Wesen, die Bauern frisch, ruhig und
tüchtig, die Frauen vornehm schlank, mit aschblondem oder
flachslichtem Haar und in alter würdiger Tracht, ein wohlge-
wachsenes altes Geschlecht. Alsdann die Grenzschweizer, vor
allem die Stadtbasler, kluge und ernsthafte Kaufleute und Arbeiter, von bunter Rasse, in Sprache und Gehaben selbstsicher
und nicht ohne Beweglichkeit und Witz. Dann die Elsässer, immer den Hut auf dem Kopf, mit verwelschtem Dialekt und prah-
lerisch im Reden, dabei zutraulich, sogleich zu Handschlag und
Herzlichkeit bereit, schnell aufnehmend und schnell vergessend,
gesellig, gesprächig und schalkhaft. Trotz aller Verschiedenhei-
ten und Händel gehören diese Leute zwischen Jura, Schwarzwald und Vogesen zusammen. Gestein und Wachstum ihrer
Landschaften sind verschieden, aber alle liegen dem großen
Strom benachbart und durch alle ist Jahrhunderte lang die große
Straße von Nord nach Süden gegangen und hat überall eine rege,
bewegliche und reiche Kultur gebracht und zurückgelassen.
Julius Abderegg kann sich niemals seiner Heimat erinnern, ohne
daß er den rötlich und grün schimmernden Schwarzwald, den
waldigen Jura mit gelben Fluhen und den blauen Zug der Vogesen deutlich und farbig erblickt. Und zugleich sieht er den
Rhein entlang Fahrten und Züge – von gewappneten Römern,
von deutschen und welschen Kaufleuten des Mittelalters, mit
Sängern und Mönchen vermischt; und dann die Züge von heute,
die schönen raschen Schnellzüge, die von Frankfurt kommen
und über Basel entweder zum Gotthard oder nach Genf hinab
reisen. Ihm ist Basel vor allem die Stadt, die zwischen drei Ländern liegt, von wo nichts mehr ferne scheint, wo man in Wagen
steigen kann, die man in Mailand, in Paris, in Genf, in Frankfurt
wieder verläßt. Eine Stadt, wo zwei, drei Sprachen gesprochen

werden, wo man sich mehreren Kulturen nahe und verwandt
fühlt. Eine Stadt, deren eigenes Leben fast hinter dem großen
Netz von Beziehungen zur Ferne verschwindet. Er liebt sie
nicht, aber er hat lang und gerne dort gelebt, weil ihm dort zumut war als säße er an einer Kreuzung vieler Straßen. Und jede
Straße, jeder Kreuzweg, jede Brücke und alles, was irgend an
Wanderung und Reise erinnerte, ist ihm zeitlebens lieb und anziehend gewesen.

Wenn Abderegg für die Stadt Basel keine eigentliche Liebe hat,
so hängt er desto mehr am Boden, auf welchem sie steht, und an
der schönen, reichen Grenzlandschaft. Er hat nie das Haus vergessen, in dem seine ersten Jahre vergingen und das vor Basel im
Wiesenlande lag, nach allen Seiten auf schöne grüne Nähen und
bläulich zarte Bergfernen schauend, von Grün und Fruchtbarkeit umhegt. Wo in Gottes weiter Welt weißt du so satte Wiesen,
so dicht und goldgelb umblühte Bachläufe und so blaue, sam-
metschöne Bergreihen? Glaubst du, er würde seine Heimat so
lieb haben, wenn sie nicht so schön wäre? Ich glaube es nicht.
Denn weder Vater noch Mutter waren dort heimisch und er
selbst ward früh dort weggenommen und hat, da er nach Jahren
wiederkam, als Fremder dort gelebt und nie im Leben den Dialekt der Kinderjahre wiedergelernt.

Ich wollte ja erzählen – nun wo beginnen? Mit Eltern und Vor-
eltern, das geht nicht, denn ich weiß wenig oder nichts von ihnen. Nur daß Vater und Mutter schöne und zarte Menschen
waren und immer Gottes Wege zu gehen sich bemühten.

Eines warmen Tages erwachte der kleine Julius Abderegg aus
dem ersten dumpfen Traum – noch nicht zum Leben, das ihm nie
recht vertraut worden ist, aber doch zum Sehen und Schmecken
der Dinge und zum Liebhaben dessen, was ihm wohlgefiel. Und
fürs erste war wenig da, das ihm nicht wohlgefallen hätte. Noch
sah er die weiten Felder, Wiesen, Weingärten und die entfernten
Berge nicht. Statt ihrer sah er einstweilen nur eine Weite von
Licht und allerlei Farben, deren Dasein ihn freute und ihm notwendig schien. Kinderaugen, so klar und ungebrochen sie blik-
ken, sind immer kurzsichtig und sehen über die nächste Nähe
hinaus nicht Bäume noch Berge, sondern nur das Dasein fremder schöner Wesen, deren Kreis mit Wolken und Lüften und

Tönen und Gerüchen zusammen wie ein farbiger Dunst daliegt als Zeuge vom Dasein einer Welt und als früheste und schönste Mahnung an das Vorhandensein ferner und jenseitiger Dinge. Woher soll denn auch ein Knäblein, das noch keine tausend Schritte tun kann, ein Gefühl von Ferne und Nähe haben? So lernt jedes Kind zu allererst die schöne Kunst, im Nächsten die Welt zu sehen und sich um das, was es eben im Händlein hat, mehr bekümmern als um die ganze ungesehene und ferne Welt. Die meisten verlernen schon vom ersten Schuljahr an diese Kunst mehr und mehr. Wenige behalten sie unverloren im Gemüt, manche lernen die verlorene mühsam wieder, wenn sie alt werden und ihre Liebe zum Leben sie unbewußt in das sichere Land der Kinderzeit zurückführt. Oder ergeht es nicht auch dir so, wenn du dich genau besinnst, daß du aus jener Zeit her viel schärfere und festere Bilder im Gedächtnis bewahrt hast als aus den viel näher liegenden späteren Jahren? Besinne dich nur! Sicher kannst du dich noch an ein Röcklein erinnern, das du mit fünf Jahren trugst, an eine verschwitzte Knabenmütze, an ein Paar Schlittschuhe aus der Schulzeit. Und später? Da liegen ganze volle Jahre tot und leer wie verschlossene Zimmer da. Du hast einmal darin gewohnt, aber du klopfst vergebens an, ihre Bilder sind verblichen – sie haben sich schon damals dir nicht so fest und treu und sicher eingegraben wie das Röcklein und die Schlittschuhe.

In Julius Abdereggs Gedächtnis grub sich damals das Bild des Vaters, der Mutter, der Dienstmagd und der Katze, das Bild des großen Tisches im Wohnzimmer, an dessen Beine er sich wie an breite starke Säulen anlehnen konnte, das Bild der niedrigen, tief gebuchteten Fensterbrüstung, und des Gartens – aber noch nicht des ganzen Gartens, sondern nur der blumigen Rabatten, der Gemüsebeete, des Sandhaufens und der Efeuwand. Er kann heute noch sich genau vorstellen, wie die Katze vom Tisch herab ihn ansah, daß er nur ihren Kopf und ihre Brust sehen konnte, und wie sie die seidigen, blondhaarigen Vorderpfoten im Spiel zu ihm hinabstreckte, bald die linke, bald die rechte, in leichter wohliger Krümmung, mit rosaroten Sohlen. Er kann heute noch sehen, wie über den grellgelben Kapuzinerblüten sich die großen weißen und die kleinen himmelblauen Falter schaukelten, oder wie die Efeumauer bei Regenwetter aussah, wie die großen

harten Blätter das Licht spiegelten und die kleinen hellgrünen
Blättlein vor Nässe glänzten und wie die großen klaren Tropfen
die Blätter beugten und überrannen und immer wieder kamen
und sie beugten.

Er kann auch heute noch sich beide Eltern genau so vorstellen,
wie sie damals waren. Von der Mutter freilich hat sich nur das
Gesicht, der Blick und die Stimme recht eingeprägt. Diese waren
so mächtig schön und fesselnd, daß auch erwachsene Menschen
darüber vergaßen, die Gestalt und das übrige Wesen der schönen
Frau zu betrachten. Das Gesicht war nicht groß, zart in der
Farbe und von sehr beweglichem Mienenspiel. Es wurde ganz
von den großen, dunkelbraunen Augen beherrscht, welche niemand vergessen konnte, der sie je angeblickt hatte. Sie drückten
wie ein Spiegel das ganze Wesen der Frau aus: ein tüchtiges
wohlgehaltenes Wesen, dem weder Verstand noch Frömmigkeit,
weder Witz noch Tiefe gebrach, in welchem aber über alle übrigen Tugenden die Liebe siegte und Königin war, eine ganz un-
verwüstliche, unverletzbar gütige Liebe. Daß sie so unverletzbar
sein konnte, hatte seine gute Ursache darin, daß sie vor allem
Gott angehörte. In dessen gerechter Hand wußte Frau Abderegg ihr und aller Menschen unbegreifliches Schicksal gewogen
und sicher ruhen. Darum konnte sie so freigebig mit ihrem Liebhaben sein, denn jedes Ding und jede Seele war ja von Gott
erschaffen und geheiligt. Wenn sie über die Straße ging und einem gebrechlichen alten Mann oder einem arm aussehenden
Weibe oder einem Kinde begegnete, dann wandte sie ihm ihren
großen, schönen Blick so gütig, leuchtend und liebevoll zu, daß
schon dieser Blick ein Geschenk und eine Erleichterung und
eine Liebkosung war. Denselben Blick gönnte sie jedem Tier
und jeder schönen Pflanze; es ekelte sie weder vor einem kranken Hund noch vor einem schmutzigen Bettler, auch in diesen
begrüßte sie den Vater und Sorger Gott mit fröhlicher Ehrfurcht.

Vielleicht war aber ihre Stimme doch das Schönste und Liebens-
werteste an ihr. Sie klang nicht groß, sie klang nicht kunstvoll,
aber auf ihrem Grunde sang etwas wie ein Vogel mit, das war ihre
reine, fromme und fröhliche Seele, die vom Paradies her noch
einen göttlich holden Zauber an sich trug. Und wenn diese
Stimme und der Blick dieser braunen Augen sich vereinigte,

wenn sie irgend jemandem guten Tag wünschte und ihn freundlich anschaute, dann fühlte der einen leisen süßen Strom einladender Güte durch sein Wesen gehen. Bei dieser Frau war gut sein, und man hatte nicht nötig, mit ihr über auserlesene und hohe Gegenstände zu reden; sie war gleich schön und seelenvoll, ob sie über den Garten und die Beete sprach oder ob sie Lieder von Mozart und Schubert sang.

Ja, sie sang auch. Wie hätte sie denn nicht singen sollen, da alles in ihr Wohllaut und Liebe und Hingabe war! Das war ihre Seele, deren verstecktes Heimweh nach dem Paradies laut werden wollte und deren Dankbarkeit und innere Lebensfülle das Leben und seinen Schöpfer lobpreisen mußte. Am liebsten sang sie geistliche Lieder, aber nicht nur Choräle, sondern vor allem jene bescheidenen, alten Liederchen »Schönster Herr Jesu«, »Christ Kyrie« und ähnliche, deren Text und Melodie so etwas Süßes, Heimeliges hat.

> Schön sind die Blumen, schöner sind die Menschen
> In der schönen Jugendzeit;
> Alles muß sterben, alles verderben,
> Du, Jesu, bleibst in Ewigkeit.

Du mußt Julius Abderegg fragen, wie gern und wie schön sie das gesungen hat. Dann lacht er ganz tiefsinnig, summt die schlichte Weise vor sich hin und ist wie verklärt.

Die Mutter sang auch andere Lieder, besonders von Mozart, Schubert und Schumann, wobei sie sich selber auf dem Klavier begleitete. Sie sang diese Sachen nicht wie eine Konzertsängerin, sondern mit einer leisen Befangenheit, aber sicher, rein und herzlich. Neues lernte sie nicht mehr, schon weil der Vater nicht musikalisch war.

Das ist nun auch wieder so ein Wort: unmusikalisch! Vater Abderegg galt dafür und nannte sich selber so, weil er keinen Ton singen und kein Instrument spielen konnte. Zuhören aber konnte er lang und still. Er hatte nicht die Gabe, Melodien im Gedächtnis zu behalten, aber während er zuhörte, gab sein Herz sich gefangen und stand von den Tönen umflutet wie von einem Frühlingssturm. Er sang und dichtete selber mit, im stillen, und verstand die schöne, zarte Einladung der Musik: den Staub dahinten zu lassen und auf reinen Flügeln ins Land der Schönheit und Phantasie zu fliegen. Ist solch ein Mensch unmusikalisch? Und beim letzten Vers der »Zwei Grenadiere« von Schumann sagte er: »Oh, da wird man selber jung und möchte dem Kaiser entgegenreiten!« Ist solch ein Mensch unmusikalisch?

Dennoch war Herr Abderegg kein Gefühlsmensch. Sein Herz war weich und verstand bei andern jedes Überwallen. Unter dem strengen Regiment eines klaren, festen und elastischen Verstandes aber hatte es Bescheidenheit gelernt. Abderegg war so fromm wie seine Frau, doch trug sein Glaube mehr das Gepräge eines langsam und in Kämpfen erworbenen Wissens als einer kindlichen Hingabe. Im Denken und im Leben waren seine Schritte von diesem klaren, rüstigen Geist geleitet.

Von seinem Vater hat Julius ein sehr deutliches Bild bewahrt. Wenn er an ihn denkt, so sieht er einen sehr hohen, mageren und aufrechten Mann, dessen lange und hagere Glieder, namentlich die schmächtigen Hände, lebhafte und schöne Bewegungen lieben. Sein Gesicht, durch die randlose Brille gar nicht geschädigt, war schön und geistvoll wie ein rechter Denkerkopf. Wellige dunkle Haare um eine sehr hohe und noble Stirn mit vertieften, bläulich geäderten Schläfen. Dann ein paar überlegene, doch gütige hellblaue Forscheraugen, darunter eine kraftvoll geschwungene Nase und ein lieber, leicht lächelnder, rosiger Mund. Das schmale feste Kinn verbarg der dunkle Bart.

Der kleine Knabe fühlte sich von Güte, Frohmut und gutem Beispiel umgeben und sog in sein zartes, schmiegsames Wesen die reine Luft eines gesunden Hauses ein. Er lernte hintereinander weg lächeln, lallen, lachen, sprechen und gehen. Wenn man doch über diese Monate und Jahre seine Mutter hören könnte! Er selber erinnert sich dieser Anfänge nicht. Er sieht nur lauter helle, schöne Dinge aus jener Zeit, Bild an Bild, und an diese müssen wir uns halten. Nächst Vater und Mutter sieht er die Magd Anna, ein bräunlich frisches, rasches Mädchen, das ihn liebhatte und immer voll von Einfällen war. Was fing sie nicht alles mit der geduldigen Katze an! Außerdem konnte sie Hampelmänner aus Papier, Sterne aus Bindfaden, Soldaten aus Lehm und Puppen aus Taschentüchern herstellen. Mohnblüten stülpte sie um und machte tanzende Rotröckchen daraus. Aus ihrem Zeigefinger machte sie einen kleinen Mann, der lief dem Kinde neugierig über Rock, Schürze, Leibchen, Arme und Schulter herauf bis unters Kinn, wo seine Reise mit Gekitzel und Gelächter endete. Wenn das Knäblein laufen sollte, wie gebückt und mühselig und ängstlich floh sie dann kriechend vor ihm davon, und entkam doch immer wieder, bis er müde ward, und dann bekam er sie immer gerade in dem Augenblick zu fassen, wo er ungeduldig und weinerlich hatte werden wollen. Dann schämte sie sich, daß so ein kleiner Junge sie eingeholt hatte, und ließ sich auslachen und war so beschämt und atemlos und müde, daß er sie trösten mußte und ihr einen Kuß aufs Ohr gab. Diesen Kuß aufs Ohr hatte er selber erfunden und wandte ihn nur in ganz besonderen Fällen, zwei- oder dreimal im Tage, an.

Die Mutter hatte wieder eine ganz andere Art. Sie nahm das Kind auf den Arm, sah ihm lang und strahlend in die hellen, stillen Äuglein und begann dann zu singen oder zu erzählen. Wenn nachher der Kleine allein im Garten gelassen wurde, sann er all dem nach und sah im nahen Kornfeld den Heiland wandeln und Maria mit dem Maultier auf der Flucht nach Ägyptenland. Darüber schlief er ein, bis ihm träumte die Mutter sei da und sehe ihn an. Dann schlug er die Augen auf und sah ihren guten, klaren Blick auf sich gesenkt. Mittags und in der Abendstunde war auch der Vater da, strich ihm mit der langen, warmen Hand über die Haare und munterte ihn zum Sprechen auf. Das Kind war stolz auf ihn, sah ihn nachdenklich und verwundert an und war eine kleine Weile scheu, ehe es wagte, die runden rosigen Finger in den schwarzen väterlichen Bart zu kraulen. Und beim Küssen gab der Bart ihm dann jedesmal einen wohligen Schauder, daß er dem fortgehenden Vater lang und befangen nachstaunte.

Nun konnte er schon allein durch den halben Garten gehen, bis zum Erbsenbeet, das seinen Irrfahrten vom Vater als Grenze gesetzt war. Er hielt das Gebot treu und heilig, aber er stand oder saß zuweilen aufmerksam am Erbsenbeet und suchte mit begierigen Blicken etwas von der jenseitigen Herrlichkeit zu erspähen. Eigentlich tat das nicht not und er tat es auch nur selten, denn vom Hause bis zu jenem Beet war schon ein ganzer Wald von Wundern zu durchirren. Zuerst kam die Rabatte mit den Kapuzinern, deren Blätter freudig lichtgrün und flach wie Tische waren und brennend scharf schmeckten. Dort waren auch die meisten Bienen und Schmetterlinge, und ganz am Boden, als

Unkraut, wuchsen winzige rotblühende Pflänzlein, die man Paulinchen nannte. Nichts war so lachend rot wie diese Zwergblüten, nicht einmal die Geranien in Vaters Fenster. Neben ihnen gediehen, ebenfalls Unkraut, die schönblauen Katzenaugen oder Ehrenpreis, deren Blüten immer abblätterten, wenn man sie pflückte. Gleich dahinter kam ein großes Beet mit jungen Birnbäumchen und Rosenstöcken. Hier wuchs auch ein breiter schattiger Himbeerstrauch, mit goldgelben Früchten. Diese wurden von Julius, so hoch er eben reichen konnte, abgeweidet; die Früchte der obersten Zweige blieben für den Vater gespart. Nun kam der breite Kiesweg und das große Blumenbeet der Mutter, das so reinlich und wohlgeordnet war und doch aussah, als wäre alles von selber so gewachsen. Hier blühten zwischen einer Menge von anderen Blumen die sammetblauen Pensées und der violette, dunkle Heliotrop, an dessen Duft das Kind sich oft berauschte. Er war süß, voll und gewaltig, stieg wie ein Zaubernebel zu Kopf und löschte alles Fragen und Begehren aus. Und dann kam das Erbsenbeet, das war doch schließlich das Wunderlichste und Heimlichste, dort Halt zu machen und über die strenge Grenze hinweg in die grüne Wirre des großen Gartens hinein zu staunen, wo hinter dem dichten Rankengewimmel ferne dunkle Baumstämme und dicke Gebüsche standen. Julius saß dann still am Boden und starrte befangen und bewegt in die hellgrüne Wildnis, ohne recht zu wissen was dort hinten wäre und ihn locke; es war das erste stille Grüßen der Ferne, des Weiten und Unbekannten, das sein kleines Herz so wohlig beklemmte. Und er wußte noch immer nicht, daß hinter dem ganzen Garten noch weite flache Wiesen und Felder kamen und dann die grünen sanften Hügel und hinter ihnen die duftblauen Berge.

Meistens begleitete die Katze seine kleinen Gänge. Einmal saßen sie beide im Erbsenbeet. Der Knabe schaute in die Gartentiefe hinein, das Tier saß neben ihm, äugte sorglos umher und glättete sich den blanken Pelz. Da strich ein Vogel durch die Schoten. Julius erschrak, die Katze aber war wie der Wind hinterher und verschwand wie ein Blitz im Erbsenland. Er rief, er summte: bss wss-ss-ss, sie kam nicht wieder. Es kam ihm unerhört vor, daß sie so schlankweg den erlaubten Bezirk verlassen hatte, denn natürlich galt doch Vaters Verbot auch ihr. Und nun überlegte er lang, ob er's dem Vater sagen solle oder nicht. O, er hätte es so gern gesagt! Aber er ahnte, daß dann irgend etwas Schreckliches über Miezi hereinbrechen würde. Er sagte dem Vater nichts. Das war sein allererstes Geheimnis und er besaß es selig und ängstlich wie einen gefährlichen Schatz. Viel später, als Miezi längst nicht mehr lebte und er selbst Garten, Felder, Hügel und Berge überschritten und verlassen hatte, erschien es ihm seltsam, daß seine erste Tat und sein erstes Opfer einem Tierlein gegolten hatte.

2

Mit aller Klugheit und selbst mit aller Liebe können erwachsene Menschen sich doch niemals eine Vorstellung davon machen, was in der Seele eines Kindes vorgeht und wie die Welt in ihr sich spiegelt. Erwachsene sind immer von einer Menge von Gewohnheiten umgeben, deren Dasein ihnen notwendig und keiner Erklärung bedürftig scheint.

So blieb »die Stadt« jahrelang dem Kinde ein Rätsel. In den ersten Jahren wußte er nichts von ihr. Dann erfuhr er allmählich und stets nur zufällig, daß Vaters Haus nahe bei der großen Stadt liege, daß man dorthin gehen könne und daß man eigentlich mit zu ihr gehöre. Die Eltern unterließen es absichtlich, ihn mit hinein zu nehmen; er hatte die Stadt, da sie durch ein Gehölz und einen nahen Damm verborgen war, noch nicht einmal gesehen. Wenn der Vater dorthin ging, sah er ihm zuweilen nach, sah ihn den Zaunweg zwischen Gärten und Matten hinschreiten und bald im Laub der vielen Obstbäume verschwinden. Dadurch, daß er den Vater so häufig dort wußte, beschäftigte die Stadt seine Gedanken. »Die Stadt«! Was sollte er sich dabei denken! Er hatte nur die dunkle Vorstellung von einem ungeheuer großen Platz, auf welchem sich lauter erwachsene Leute herumtrieben und ernsthaft waren – so wie der Vater, wenn er dorthin ging. Aber das war genug, das war für seine Phantasie schon ein grenzenloses Feld, eine lockend leere Fläche, die er schöpferisch mit Figuren und Geschichten bemalte. Geschichten waren ohnehin seine Leidenschaft und nun verlegte er viele von ihnen dorthinüber in die Stadt. Dort war das Schloß Schneewittchens und lag die Höhle Rübezahls, dort wurde von Moses der Ägypter erschlagen und dort zog Jesus auf einem Maultier durch palmenbestreute Straßen ein. Deshalb ging auch der Vater täglich hinüber, um bei allem dabeizusein.

In diese schöne, ahnungsvolle Dämmerung fiel plötzlich ein grelles Licht. Ein etwas älterer Knabe aus der Nachbarschaft kam zuweilen zum Spielen, war in Gegenwart der Eltern stets entsetzlich schüchtern und diente dafür, sobald er mit Julius allein war, diesem als überlegener und erfahrener Führer durch die Gassen jener fremden Welt. Zugleich erzählte er ihm, als richtiger Gassenjunge, eine Menge Schauergeschichten aus der Stadt – von Bränden, Diebstählen, Zuchthäusern und ähnlichen Dingen. Eines Tages kam die Mutter dahinter und exilierte den Jungen ein für allemal.

Julius war wieder allein. Zum erstenmal war in die reine Stille seiner Tage ein Stück »Welt« gedrungen, zum erstenmal hatte er aus unberufenem Munde etwas von dem Leben gehört, das draußen fiebert, lacht und wütet. Wohl empfand er jene Geschichten als roh und häßlich, doch war er dem Reiz des Neuen und Unerhörten willig erlegen und sann dem Gehörten wochenlang nach. Mit wollüstigem Grauen genoß er sein Wissen um so schreckliche Dinge.

Wachsam war die Mutter bemüht, diese ersten, leichten Trübungen von der Seele ihres Knaben zu waschen. Sie wollte durchaus, daß diese Seele unberührt und mit dem ganzen Adel des Paradieses dem Leben entgegenwachse. Darum nahm sie in dieser Zeit den Kleinen häufiger und näher als sonst an sich. Ihre braunen, tiefen Augen senkten sich immer wieder in seine und mühten sich jede Regung seines Lebens und Wachsens zu begreifen. Oft besann sie sich, ob es gut sei, daß das Kind so ganz ohne Kameraden bleibe. Aber der Versuch mit dem Nachbarsbuben hatte sie ängstlich gemacht. Auch sah sie wohl, daß Julius nichts entbehrte. Er konnte stundenlang allein spielen, träumen, nachdenken und singen.

Ja, singen! Es singen ja alle Kinder. Und es sind ja alle Kinder Dichter. Und es sind ja alle Kinder dem Herzen Gottes und seiner Schöpfung näher als wir Alten.

Als der Knabe zu singen anfing, tat er es zunächst ohne Worte. Er sang sehr leise, mit einer feinen Kopfstimme, in regellosen

Takten und ohne Melodie. Das Leben sang aus ihm heraus, wie der Wind und wie der Bach und wie der Wald singt. Er sang um seiner selbst froh zu werden und um in Gottes großem Chor nicht zu fehlen.

Dazu kam aber auch, daß er von der Mutter her die Musik im Blut hatte. Solche Menschen musizieren ihr Leben lang. Es ist nicht nötig, daß sie singen oder geigen oder die Noten kennen. Sie machen und empfinden Musik im Einziehen und Entströmenlassen des Atems, im Gehen, in den Bewegungen der Glieder. Und wenn sie still sitzen, denken, arbeiten oder schlafen, so singt doch ihr Blut immerfort, und sie hören es unbewußt und wissen nicht, daß sie anders als andere sind und eine seligmachende Gabe in sich tragen. Ein solcher Mensch kann stottern und hat beim Sprechen doch das Gefühl, er singe; er kann stumm sein und fühlt doch fortwährend ungehörte Lieder über seine Kehle rinnen. Ich glaube, daß die wenigsten von ihnen im Leben Musiker werden. Wozu auch geigen? Wozu komponieren? Sie spielen und komponieren ja immerfort und sind davon glücklich, ohne es zu wissen.

So war Julius. Und so sang er auch. Und als er einmal ganz still im Bettchen lag und die Mutter kam und fragte: »An was hast du gedacht?« und er sagte: »An nichts, ich habe nur gesungen«, da war sie froh und küßte ihn, denn sie hatte selbst dieselbe Gabe. Wenn sie ihn dann im Hof oder Garten sitzen sah und träumen und große Augen machen, so freute sie sich und dachte: Nun hört er schöne Töne und Gottes Engel berühren ihn mit ihren Flügeln.

Allmählich begann er auch Worte zu singen und Melodien im Gedächtnis zu behalten. Oft hörte man ihn, daß er eine Melodie anfing, immer auf dasselbe Wort, Anna, Mama, oder sonst eins, daß ihn dann das Gedächtnis verließ und daß er, plötzlich viel leiser und langsamer singend, die Melodie selber zu Ende dichtete, unsicher und etwas ratlos und manchmal, wenn sich kein rechter Schluß einfand, verstummend oder nur noch ganz leise weitersummend. Ein paar Kinderlieder konnte er schon ganz sicher, doch ließen ihn die Worte häufig im Stich. Sein Lieblingsvers, doch nur der Melodie wegen, war:

Müde bin ich, geh zur Ruh,
Schließe meine Äuglein zu;
Vater, laß die Augen dein
Über meinem Bette sein.

Den Text verstand er nicht, und noch lange betrachtete er jede Zeile als etwas Abgeschlossenes. Was das »Vater laß die Augen dein« bedeute, fragte er mehrmals und vergaß die Erklärung immer wieder. Der Vater sprach einmal mit der Mutter darüber.

»Daß er gar kein Gedächtnis hat! Er ist doch durchaus nicht dumm. Dies Beten ohne Verstand gefällt mir nicht.«

Die Mutter legte ihm die Hand auf seine hagere Schulter.

»Es ist ein Kind, Hans. Er lobt Gott auf seine Weise.«

Doch wachte auch sie darüber, daß der Kleine kein Phantast und Spieler werde und ihr gütig warmes, sicheres Wesen blieb stets die eigentliche Heimat der regen kleinen Seele, zu der sie von allen Märchenländern unverirrt und freiwillig immer wieder heimkehrte.

Freilich hatte sie nichts dagegen, daß er so viel dichtete. Dabei saß oder lag er am Boden, sann großäugig in die Welt hinein und erfand ganze Reihen von Geschichten, die er anhörte, als würden sie von einem andern erzählt. Manche davon blieben ihm fest in der Erinnerung, er erzählte sie der Mutter und Anna wieder; andere, viele, stiegen wie schöne Schatten vor ihm auf und zerflossen wieder ins Reich des Ungeschehenen.

»Erzähl mir was«, sagte die Mutter.

Er schlug die Augen nieder. Er sann. Er erzählte:

»Und dann ist ein furchtbarer Sturm gekommen und hat alle Schiffe umgeworfen. Und der König ist ertrunken. Und alle Bäume sind abgebrochen.«

Er sprach jeden Satz für sich, mit langen Pausen. Er wußte nichts von diesen Pausen. Er glaubte alles zu erzählen, was er sah. Und er sah den Sturm kommen und hörte den König laut um Hilfe schreien und sah ihn ins Meer fallen, und mit ihm schwarze Sklaven und goldene Becher und rote Tücher, und er hörte die Menge der Ertrinkenden zu Gott rufen. Seine Augen waren abwesend, weit und glänzend.

Dann lächelte er plötzlich die Mutter an wie einer, der aus großer Ferne heimkommt. Sie aber hatte alles auch gesehen.

Oft plauderte auch die Natur selber mit ihm, seine Schwester und sein Kamerad.

»Erzähl mir was«, sagte die Mutter.

Er erzählte: »Da flog der Vogel wieder fort und flog auf einen großen Baum. Und dann wollte er wieder fortfliegen. Und dann sagte der Baum zu dem Vogel: Ich habe dich so lieb.«

Plötzlich machte er aber ein schlaues Gesicht und erzählte in einem ganz anderen Ton: »Es war ein kleiner Knabe und der ging immer ins runde Beet hinein. Aber da sagte die Mutter, das darf man nicht.«

»Und das bin ich und die Mutter bist du«, rief er dann und riß sich los und strampelte mit lautem Gelächter um sie herum.

Die Geschichten, welche ihm ungewollt einfielen und die er ohne schlaue Witze erzählte, waren aber stets die schöneren, wie dies ja auch bei anderen Dichtern so ist.

3

Nun war Julius vier Jahre alt und sein Geburtstag wurde gefeiert. Der Vater blieb zu Hause, die Anna war außerordentlich freundlich und die Mutter lächelte fortwährend so froh und verheißungsvoll, daß das ganze Haus voll davon wurde wie von Sonnenschein. Dann ging man im Zug durchs Haus und sang dazu:

> So nimm denn meine Hände
> Und führe mich
> Bis an mein selig Ende
> Und ewiglich.

Und sogar der Vater sang mit halber Stimme mit, immer ein wenig hintendrein, weil er eigentlich nicht singen konnte. Und im letzten Zimmer stand ein weißgedeckter Schemel mit vielen Blumen und darauf ein kleiner Kuchen. Im Kuchen staken vier brennende Lichter, obwohl es heller Morgen war, und Julius sah die rötlichen Flämmlein in den Augen des Vaters und aller andern gespiegelt, die er der Reihe nach küßte.

Das Haus war voll Feiertag. Der Vater blieb den ganzen Tag dabei, im Garten war ein Sandhaufen zum Spielen für Julius angefahren worden, Anna war so lustig wie noch nie, und die Katze umkreiste alle mit stillem Schnurren und geringeltem Schweif. Das Haus, das auch sonst eine kleine Burg des Glückes schien, war heute so von kindlich tiefer Heiterkeit erfüllt, als läge es außerhalb der Menschenwelt und als lebten seine Bewohner außerhalb jener blutigen Kette von Leid und Schuld, die unerbittlich jedes Menschendasein umschließt. In jedes Menschen Erinnerung steht irgendein solcher Kindheitstag mit besonderem Glanz gespiegelt – ein Tag ohne Wolken, ohne Schatten, ohne Leid. An diesem Tage lachte der blaue Himmel so süß wie nur in den Liedern der Dichter, die Blumen leuchteten glanzvoll aus einem Rasen, den du so köstlich dunkelgrün nie wieder sahst, die Fenster blitzten in der Sonne, aus jedem Blatt und Zweig und Stein und aus den Augen der Menschen sprang ein Glanz von tiefer Lust.

Mitten in all dieser Wonne ging Julius Abderegg umher, stolz und selig schon so alt zu sein, als könne er nicht eilig genug seinem jetzigen Glück entwachsen. Die Eltern erzählten ihm, sangen mit ihm, spielten mit ihm, Anna ließ sich von ihm durch den Garten hetzen, die Katze sprang mit und schaute ernsthaft zu, und über alles war der selig blaue Himmel der Kindheit ausgespannt.

Gegen Abend setzte sich die Mutter ans Klavier, spielte ein wenig und begann dann zu singen. In der Dämmerung saß der Vater daneben, den Buben auf dem Schoß, und beide hingen mit stillen Augen an der Mutter und horchten auf ihr Lied, das sich so schlicht und frei emporschwang. Vor den Fenstern versank der Tag schön und verklärt.

Es kam für Julius die Zeit, daß der Erbsenstand aufhörte ihm eine Grenze zu sein. Bäume und wilde Gebüsche, Heckenzäune und Felder und Gärten mit darüber ragenden Dächern taten sich vor ihm auf, die Bergzüge traten ihm näher und redeten ihre fremde, Sehnsucht erweckende Sprache.

Es kam auch der Tag, an dem er zum erstenmal die Stadt mit Augen sah. Da nahm der Vater sein Händchen, es war ein Abend im Frühherbst, und ging mit ihm redend und erklärend die breite Straße durch Obstwiesen und an Gartenzäunen hin, und dann einen Fußweg hügelan, neben niederen Hecken hin. Es war sehr still, in der milden Luft zitterte ein kleiner Mückenschwarm, der grüne Hügelrand hob sich so weich wie kräftig von einem gelblich blassen Himmel ab, in welchen der schmale Fußweg zu münden schien. Die beiden schritten langsam hügelan, der Kleine von Fragen und Ahnungen und der Vater von sorgenden Gedanken bewegt, immer dem lichtgelben Himmel entgegen, an welchem ruhig eine große, feste Wolke hing, während kleinere und lose Wölklein langsam und lässig quer über die breite Wölbung schwammen.

Da war die Anhöhe erreicht und der Blick des Knaben stürzte erstaunt in eine weite, grau dämmernde Ebene hinab.

»Ja, das ist die Stadt«, sagte der Vater.

Da lag in der Ebene etwas Ungeheures wie ein großer dunkler Nebel, so fern wie nah, mit langen Häuserzeilen sich nähernd und rückwärts in Rauch und Ferne sich verbergend. Türme standen da und dort und drangen über die dunkle Ebene hinweg in den Himmel, entfernte, kaum mehr sichtbare Berge überschneidend. Da floß ein Strom und es führten zwei große Brükken darüber, von Lichterreihen bekränzt. Und fortwährend tönte ein schwaches Gebrause herüber, das den Knaben anzog und verwirrte.

»Was ist das, was so tönt?« fragte er aufgeregt. Der Vater strich ihm übers Haar und sagte: »Das sind viele, viele Stimmen, und das Ganze ist ein Lied, aber kein schönes. Wir wollen heimgehen.«

Während aber der Vater den Kleinen vor sich her laufen sah und bei sich überlegte, wie er ihm einmal ein guter und treuer Führer durch die brausenden und verwirrten Gassen und ein Deuter ihrer vielfach rufenden und klagenden Stimmen sein möge, wußte er nicht, daß seine eigene Hand schon in der Rechten eines größeren und untrüglichen Führers lag. Der hielt ihn fest und führte ihn durch kurze Schrecken und Klagen und fieberdämmernde Krankentage schnell hinweg – so schnell, daß der kleine Sohn noch kaum begriffen hatte, was geschehen sei, als schon die Mutter mit ihm an einem braunen Grabe kniete und weinte und Rosenstöcke und Efeu in den kleinen Hügel steckte.

Da nun die Blätter von den Bäumen fielen und im Garten der ungestüme Wind an welken Ranken und schwärzlichen, nassen Hecken und Gebüschen zerrte, hatte in den stillen Stuben die Mutter ihren Kleinen beständig um sich her.

Sie wußte, daß ein Kind an einem noch so großen Schmerz nicht lange tragen mag, und wußte auch wohl, daß in späteren Jahren, wenn das Herz dazu reif geworden ist, ein solcher Schmerz ungerufen wiederkommt und sich zu seinem ganzen Rechte hilft. Darum zog sie den Knaben nicht in ein erzwungenes langes Trauern hinein, sondern ließ ihn träumen und weinen und wieder fröhlich werden, trug ihr eigenes großes Weh verschlossen und war hart gegen sich, wenn auch hin und wieder das zerstörte Bild ihres jungen Glückes sie so traurig und vernichtet anblickte, daß sie nachts im Bett weinte und weinte und am Morgen Mühe hatte, sich wieder frisch und heil zu zeigen. Aber sie war keine von denen, die wohl scheinbar eines großen Glückes fähig sind, nach dem Zusammenbruch dagegen sich blind und tot weinen und allen Glanz aus den Augen und aus der Seele verlieren. Wie ihre Augen stets die lebendige Schönheit und Güte behielten, so war auch ihr inneres Wesen zu gut und wohlbeschaffen, um sich in hoffnungslosem Leiden zu verlieren. Wie denn die erste schlimme Zeit vorüber war, sprang da und dort in ihrem Gemüt eine verschüttete Quelle wieder auf. Ohne viel davon zu wissen, übte sie die seltene, höchste Kunst des Lebens, nichts in sich sterben und verdorren zu lassen und das Verlorene nicht nur als Erinnerung, sondern als einen stets noch lebendigen Besitz von Wissen, Kraft und Freude in sich zu tragen.

Dazu besaß sie ihren festen, stillen Glauben, und das ist mehr als alle Lebenskunst. Sein Trost war nicht allein der des Wiedersehens; daran dachte sie kaum. Aber sie hatte das sichere Gefühl, daß sie als Glied und Teil in Gottes Ordnung und Harmonie gehöre und mit allen anderen Gliedern und Teilen, seien sie sichtbar und nahe oder nicht, in einem Bündnis und engen Zusammenhange stehe. So wußte sie auch den Toten stetig um sich wirksam; er hatte nicht nur Teil an ihrem kleinen Sohn und lebte in dessen Wesen mit – sondern in Haus und Garten, in ihre Gedanken und in alles was sie tat, war etwas von ihm übergegangen, von dem sie wußte, daß es unverlierbar war.

Etwas von dem lebhaften und doch strengen Geist des gestorbenen Vaters blieb im Hause und half ratgeben und über dem Kinde wachen.

Julius verwandelte sich allmählich in einen sehr stillen, unauffälligen Knaben. Da außer der Mutter keine fremde Seele auf ihn Einfluß übte, und da auch diese ihn nicht eigentlich erzog, sondern ihn wachsen ließ und nur sorgsam bewachte, blieb ihm noch lange sein Mutterhaus das Bild der Welt, unberührt von Vergleichen und fremden Vorstellungen. Daß dies manche Gefahren in sich trug, blieb der Mutter nicht verborgen. Aber sie hielt dafür, ein rein gebliebenes Gewissen und eine in guten Gewohnheiten und Erinnerungen befestigte Stille des Gemüts werde seinerzeit ein besserer Schild gegen das herandrängende Böse sein als alle vorzeitig angelernte Weltklugheit.

Einstweilen war sie ihres Sohnes sicher, denn er hatte kein Geheimnis vor ihr, und diesem stetigen Aufwachsen in Wahrhaftigkeit und Liebe traute sie auch für spätere Zeiten eine wärmende und reinigende Kraft zu. Wenn sie aber auch anders gewollt hätte, wäre es ihrer ganzen Natur entgegen gewesen, ihren Sohn anders als durch ihr Dabeisein und Beispiel zu erziehen.

Darüber gingen die Monate und Jahreszeiten hin, in den Beeten wechselte still die Folge der Blumen von den Schneeglöckchen bis zu den Strohblumen, und auf den Wiesen von den Primeln bis zu den Zeitlosen. Der Knabe blieb ohne Kameraden und entbehrte sie nicht, er blieb auch still und gleichmäßig in seinem Wesen, und dennoch ging in dieser Abgeschlossenheit die langsam stetige Wandlung der Kindheit in ihm vor. Kleine Gewohnheiten oder Spiele, nachdem sie ihre Zeit gehabt, fielen ab und verschwanden und machten neuen Platz, wie die Primeln den Anemonen und diese dem Schaumkraut und dieses den Skabiosen Platz machen, unbewußt und unberedet. Vereinzelt und gelegentlich nahm die Mutter je und je an irgendeiner neugierigen Frage wahr, daß neue Dinge ihn bewegten, daß wieder ein Keim durch seine Hülle brach und aufstrebte; und während sie noch mit Freuden dies leise Wachsen belauschte, begann ganz langsam eine leise Sorge in ihr mitzuwachsen, sie fing an, an später zu denken und nachzusinnen, wie sie weiterhin dies kleine schöne Leben bewachen und vor Schaden behüten möge.

Noch dachte Julius nicht daran und wußte es kaum, daß die Schule und das Lernen und der Zwang des Lebens nahe auf ihn warteten; er lernte die Lieder seiner Mutter, liebkoste und plagte die Katze und die geduldige Anna, lief ins Feld und brachte Sträuße mit, saß auf dem hochgedrehten Klavierstuhl und tippte mit Wonne und Neugier auf die Tasten, sah Bilderbücher an und lief hinter Fliegen und Schmetterlingen her. Da war es plötzlich Zeit für die Schule, die unvermutet wie ein großes Gespenst dastand und einen tiefen Riß in die bisherige zufriedene Stille brachte.

4

Zu Frau Abdereggs Verwunderung und Schrecken stellte sich in Bälde heraus, daß der Kleine kein begabter Schüler sei. Es gab Arrest und Strafaufgaben, es gab verbissenen Grimm mit nachfolgenden reichlichen Tränen, es gab Abende an denen das Kind sorgenvoll mit krauser Stirn im Lampenlicht über seinen Heften brütete.

Zum Teil kam es gewiß daher, daß Julius lange, lange brauchte, bis er sich an die Gänge zur Stadt, an die Kameraden, an die Lehrer, an das fremde Schulhaus, an Lärm und Stimmen gewöhnte. Tausend Dinge auf der Straße nahmen seine Gedanken gefangen, Wagen und Menschen, Geräusche, Geräte, Tiere, so daß er es schwer hatte in der Schule noch aufmerksam zu sein, denn auch dort war noch viel Neues und Seltsames um ihn her. Einer von den Knaben hatte nur ein Auge, einer weinte beständig, wieder einer trieb ewig Possen. Einer hatte eine helle hohe Stimme, ein anderer eine dünne klagende, noch ein anderer eine freche und grobe. Einer trug einen blau und weißen Matrosenanzug, einer hatte in der braunen Hose einen gelben Flicken aufgenäht, einer stank immer nach Moder und ein anderer roch nach Apotheke. Und was sie alles schwatzten!

Aber auch später, als man denken konnte, er habe sich nun eingewöhnt, ging es mit dem Lernen und mit den Zeugnissen nicht besser. Daß der Knabe nicht dumm war, wußte Frau Abderegg wohl, sie sah ihn auch sich redlich plagen, also war sie geneigt den Mißerfolg der Schule anzurechnen. Der Schule, die ihr den Kleinen weggenommen hatte und ihm sichtlich nicht gut tat, war sie ohnehin schon gram.

Außergewöhnliches passierte selten. Einmal eine Prügelei mit einer großen Beule, das war eigentlich alles.

In den beiden ersten Jahren, so lange er in der Elementarklasse saß, war »die Stadt« für Julius viel wichtiger als die Schule. Dann kam das Latein und ein schlimmer Lehrer, der mit Ohrfeigen und Donnerworten um sich warf.

Eine Zeitlang brachte er von der Schule stets einen geheimen Zorn und Trotz mit nach Hause. Zuweilen stellte er Fragen an die Mutter, die schwer zu beantworten waren. Was er früher vom Leben gehabt und gewußt hatte, war klar und friedlich gewesen, nun drang die Strenge und Härte und Lieblosigkeit des Schullebens verwirrend und beängstigend auf ihn herein. War der fluchende und hauende Lateinlehrer ein Bösewicht? Warum mußten dann die Buben zu ihm gehen?

Alles was gelehrt wurde und zu lernen war, beschäftigte ihn nicht so sehr wie diese Fragen. Ohne etwas Böses getan zu haben, sah er sich in ein Leben voll Angst und Quälerei versetzt, für dessen Notwendigkeit er keine Gründe finden konnte. Die Mutter half und tröstete nach Kräften, er war ihr auch dankbar dafür, aber er sah auch sie unter diesen Schulnöten seufzen und leiden. Warum mußte das sein?

Solang diese Fragen trotzig und zürnend waren, kam er noch leidlich durch, auch hing er lange Zeit an der heimlichen Hoffnung, der liebe Gott würde bald ein Einsehen haben und auf irgendeine Weise helfen. Dann kam ein großes Aufatmen, als der schreckliche Lehrer überwunden war, und Stille und Ausruhen in den Ferien vor dem Eintritt in die nächste Klasse.

Aber dort ging es zwar anders, doch nicht besser zu. Der Lehrer schlug nicht und fluchte nicht, aber er höhnte und witzelte und kritisierte und behandelte jeden, der eine Antwort schuldig blieb, wie einen Idioten.

Jetzt ging mit Julius eine Änderung vor. Das Trotzen hörte auf, auch das viele Fragen nahm ein Ende. Stattdessen nahm er ein scheues Wesen an, ging beständig wie unter einer drohenden Faust geduckt und verlor den Rest von Kindesfröhlichkeit, der noch dagewesen war. Ein Zug von Sorge und Angst trat in seinem etwas spitzigen Gesicht zutage und was die Mutter am tiefsten betrübte, war sein veränderter Blick, der etwas von Leiden und Altwerden in sich hatte. Traurig und freundlich nahm sie einmal seinen Kopf in beide Hände, sah ihn lang und lächelnd an, ohne daß er wieder lächelte, und fragte dann: »Warum fragst du mich nie mehr was? Ich sehe doch, daß es dir nicht gut geht.«

»Es hilft ja nichts; laß nur«, sagte er leise und sagte es so überzeugt und ergeben, daß sie bis ins Herz erschrak.

»Red nur, vielleicht hilft es doch«, bat sie schmeichelnd. Er schüttelte leise den Kopf, den sie noch immer festhielt, und ohne daß er den Blick abwandte, wurden seine Augen langsam voll von Tränen.

Einen Augenblick war es der Mutter so zumut, als müsse sie sich nun zu ihm setzen und mit ihm weinen, sich recht ausweinen. Aber sie hielt sich wacker aufrecht, tröstete ein wenig und fuhr fort, es dem Knaben unbemerklich möglichst leicht und wohlig im Hause zu machen. Es fiel ihr erst jetzt und von da an immer mehr auf, wie viel er von seinem Vater an sich hatte. Gerade das, daß er im Leid sich abschloß und es allein tragen wollte, war ganz die väterliche Art. Die Mutter sehnte sich danach, mitwissen und mittragen zu dürfen. Er war für jede Aufmerksamkeit empfänglich und dankbar, über seine Sorgen zu reden aber entschloß er sich nie, und sie ließ ihn gewähren, indes dieser vorzeitige Zug von Männlichkeit ihr nicht weniger Sorge als Freude machte.

Zu den ganz schlechten Schülern gehörte Julius Abderegg nicht. Er blieb bei keinem Klassenwechsel sitzen, war auch nie unter den Allerletzten. Bei den Lehrern passierte er als ein mittelmäßiger, doch soweit ordentlicher Bursche. Aber er litt beständig, bald unter der Langeweile des Unterrichts, bald unter den Witzworten oder Scheltreden der Lehrer, bald unter kleinen Ungerechtigkeiten, unter Roheiten der Mitschüler, unter dem Eingesperrtsein in elender Luft, am meisten aber unter einem übertriebenen Verantwortlichkeitsgefühl gegen die Schule und ihre Ansprüche.

Sonntags, mitten beim Spielen oder Plaudern oder Spazierengehen, packte ihn auf einmal die Angst, er lief hin und lernte zum zehntenmal die Vokabeln für morgen. Die Lehrerphrasen von der Wichtigkeit der Lehrfächer, über welche andere Schüler mit Recht entweder hinweghören oder sich lustig machen, nahm er bitter ernst. Er war noch immer gewohnt, im Tun und Reden erwachsener Leute und namentlich der Vorgesetzten Vorbilder und untrügliche Gesetze zu sehen, darum verfiel er nie auf den Gedanken, sich gleich allen andern mit einem schlauen Lügensystem zu helfen. Das sah auch die Mutter und das machte ihr alles Helfen und Trösten fast unmöglich.

Während sie mit tiefem Bedauern zusah, wie dem Kleinen die schönen Knabenjahre geschändet und gestohlen wurden und die Kinderseligkeit aus seinem Gesicht, aus seinem Tun und Gehen und Lachen und Reden und Denken verschwand und ins Innerste zurückfloh, war es ihr einziger Trost, daß sie hoffen konnte, der Knabe, da er nun doch dem Kindertraum entrissen war, werde wenigstens zu einem tüchtig ernsten Wesen und früher Männlichkeit gedeihen. Darauf deutete sein strenges, fast verzweifeltes Arbeiten, seine Ruhe und Verschlossenheit, das früh ausgeprägte, dennoch sanfte Gesicht, sein Verzichten aufs Klagen und Getröstetwerden.

Ein Freund aus der Stadt, den Julius gefunden hatte, kam zwei oder dreimal sonntags zu Besuch, dann blieb er wieder aus und auch die Freundschaft ging ohne Bruch auseinander.

»Du, warum kommt dein Freund gar nimmer?« fragte die Mutter.

Julius zuckte die Achseln.

»Er mag nicht mehr. Ich glaube, es war ihm langweilig.«

Er war ganz von einem einzigen Gedanken beherrscht. Die Schule war ein Feind, eine Prüfung, ein Fegefeuer, in das er unverschuldet hineingeraten war und das er überwinden mußte, um jeden Preis überwinden. Nachher würde etwas anderes kommen, einerlei was; so schlimm wie jetzt konnte es nicht wieder werden.

Einmal eine Arbeit zu tun, von der man wußte, wozu sie diente! Einmal etwas leiden, wovon man wußte, daß es gerecht und notwendig war! Einmal einen Weg und eine Leistung mit dem eigenen Verstande tun, statt von Schritt zu Schritt gestoßen und gezwungen zu werden, ohne daß man sah wohin es gehe und warum es sein müsse!

Einmal war die Verlegung einer Lektion auf eine andere Stunde angeordnet worden und er hatte es überhört; es war in der Vormittagspause mitgeteilt worden, während er Französisch memorierte. Er fehlte also in jener Lektion. Anderntags bestellte ihn der Lehrer um zwölf Uhr zu sich. Julius war erstaunt und erschrocken und hatte den ganzen Morgen Angst. Um zwölf Uhr ging er ins Lehrerzimmer.

»Warum hast du gestern nachmittag gefehlt?«

»Ich weiß nicht. Mittwochs ist ja immer frei.«

»So? Gestern war aber nicht frei. Wenn du Ausreden nötig hast, so erfinde wenigstens bessere; mich lügst du nicht ungestraft an.«

»Ich habe nicht gelogen.«

»Morgen von eins bis zwei hast du Arrest, wegen Schulschwänzerei und Lügen. Adieu.«

»Aber ich habe gewiß nicht gelogen.«

»Dann hast du zwei Stunden Arrest, von eins bis zwei und von vier bis fünf.«

Julius ging hinaus. Er wurde sogleich zurückgerufen.

»Wart, Kerl, ich will dir Manieren beibringen! Warum hast du nicht gegrüßt? Und die Tür hast du zugeschlagen.«

Julius konnte kaum sprechen vor verhaltenem Schluchzen.

»Ich habe die Tür nicht zugeschlagen«, sagte er leise.

»Du bist frech, Kerl. Du hast die Tür lauter zugemacht als nötig war, um mich zu ärgern. Willst du das auch wegleugnen?«

»Ich wollte es nicht tun ...«

»Also einverstanden. Du bist ein heiteres Früchtchen. Den Arrest morgen brauchst du nicht anzutreten, wir wollen nächste Woche einen freien Nachmittag nehmen, daß du's auch spürst. Du bist einer von den ganz Verstockten; geh jetzt, Kerl, und schäm dich.«

Ganz schwindelig ging Julius hinaus. Auf dem weiten Heimweg kam er zum Überlegen, und nun überwog zum erstenmal die Empörung den Respekt. Zu Hause erzählte er den ganzen Vorfall seiner Mutter und erklärte, die Schule nicht mehr besuchen zu wollen. Sie erschrak, redete ihm zu, machte Versprechungen, zankte schließlich. Er blieb dabei.

»Ich gehe nicht hin. Du kannst sagen was du willst, ich geh nicht. Ihr könnt mich ja totschlagen, es wär mir am liebsten.«

Es kam so, daß er richtig nachmittags zu Hause blieb. Die Mutter aber ging um vier Uhr in die Stadt und suchte jenen Lehrer in seiner Wohnung auf.

Nachlässig und ein wenig seufzend empfing dieser die Frau. Es war so lästig, daß immer wieder einzelne Eltern die Grille hatten, sich neben die Autorität der Schule setzen und selber um die Erziehung ihrer Kinder kümmern zu wollen. Lächelnd hörte er Frau Abdereggs Darstellung des Vorfalls an.

»Sie glauben natürlich alles, was der Junge Ihnen erzählt! Sie wissen nicht, wie durchtrieben die Bengels sind.«

»Gewiß glaube ich ihm«, sagte die Mutter. »Ich weiß, daß er mich nie angelogen hat. Sollte er das jetzt anfangen – daheim hat er's nicht gelernt! Oder haben Sie nicht zu ihm gesagt: wenn du Ausreden brauchst, so erfinde doch bessere –?«

»Ich weiß nicht. Vielleicht nicht genau mit diesen Worten. Lieber Gott, was muß unsereiner den Tag durch reden und reden!«

»Also haben Sie es gesagt? Sie haben ihn zum Lügen aufgefordert?«

»Verehrteste Frau, bedenken Sie bitte –«

»Ich habe schon bedacht. Ich will Ihnen ja auch die Worte nicht nachzählen. Aber ich will nicht, daß mein Kind verdorben wird, darum bin ich da.«

»Ach, hat er so geklagt? Sehen Sie, liebe Frau, das tun sie alle, alle. Ach, Sie kennen diese Bürschchen nicht! Glauben Sie mir, ich durchschaue ihn besser, viel besser.«

»So? Sie haben dreißig Buben in der Klasse, jedes Jahr neue, und Sie glauben, daß Sie jeden einzelnen davon besser kennen als seine Mutter ihn kennt?«

Frau Abderegg begann warm zu werden. Ohne zu vergessen, daß sie es zwischen dem Lehrer und Julius nicht vollends verderben dürfe, redete sie sich einen Teil des angesammelten Grolls vom Herzen, wurde dann milder und gab dem Schulmann Gelegenheit, ein wenig zu trösten; und je verlegener er zuhörte und je besser die Frau ihm gefiel, desto seltener unterbrach er sie oder runzelte die Stirn, und am Ende hatte er den Eindruck, wenn der kleine Abderegg auch nur ein Weniges vom Wesen seiner Mama mitbekommen habe, müsse er doch ein sehr ordentlicher Bursche sein. Es wurde beschlossen, die heutige Szene samt der voreilig diktierten Strafe vergessen sein zu lassen und den Knaben möglichst durch Freundlichkeit seinem desparaten Zustande zu entziehen. Nachdem die Mutter eine kleine Weile das Ansehen einer dankbaren Bittstellerin gehabt hatte, war sie zum Schlusse wieder ganz obenan, ließ sich von dem Lehrer durch den Flur und die ganze Stiege hinab bis zur Haustür begleiten und kehrte befriedigt heim.

Daß sie dort Julius nicht vorfand, befremdete sie kaum. Sie kannte ihn, daß er in kritischen Zeiten am liebsten in die Felder lief, wo er die Natur zur Freundin hatte, vor welcher er sich der Verzweiflung und der Tränen nicht zu schämen brauchte. Auch als es Abend wurde und mählich zu nachten begann, wartete sie ohne Sorge und suchte ihn nicht. Sie freute sich zugleich dieser Ruhe als eines Zeichens, daß ihr Kind trotz seines stolzen Trotzes und seiner schämigen Scheu ihr noch unverloren angehöre.

Er kam denn auch, es war schon beinahe Nacht, ermüdet heim und setzte sich still zu seiner Abendmilch. Ohne Hast und ohne viel zu verschweigen, erzählte sie ihm ihren Besuch beim Lehrer und hielt es für erlaubt, auch die paar komischen Züge nicht ganz zu übergehen. *(1901/02)*

[Hier endet das Manuskript]

Porträt

Man hätte ihn für einen verbummelten Künstler halten können. Er trug breitkrempige Hüte und lebhaft farbige Halsbinden, war in sämtlichen Ausstellungen des Kunstvereins zu sehen und pflegte dort die Bilder aufmerksam, doch ohne Kritik zu betrachten, die Hände in den Hosentaschen und auf einem Bein balancierend. Häufig sah man ihn in kleine, billige Blumenläden gehen, wo er immer große Bündel gleichartiger Blumen kaufte, bald Nelken, bald Narzissen oder Flieder, aber niemals Rosen. »Rosen machen melancholisch«, war einer seiner Sprüche.

Er trug eine Brille mit schmalen Goldrändern, ließ den unscheinbaren Schnurrbart ohne Pflege nach unten hängen und rauchte den ganzen Tag Virginiazigarren. Das Haar, wenn es nicht kurz geschnitten war, trug er ohne Scheitel in die Stirn herabgekämmt. Dies Haar war braunblond und wenig gepflegt, kein Haar, wie es Frauen zu streicheln lieben. Es war weder mißfarben noch struppig, aber unansehnlich und gewöhnlich.

Man hätte ihn für sehr jung halten können. Seine Sprache, sein Gang, seine Westen und seine Kleidung hatten etwas Ungleiches und Mißglücktes, wie bei jungen Leuten, die sich nicht zu geben wissen. Aber dieser unschöne Gang war oft sehr müde, schwer und verdrossen. Und seine Stimme war oft verhalten und von einem anspruchslos ironischen Klang, den die Jugend nicht kennt, sein Mund war oft gekrümmt und bitter, und seiner Stirn waren die Spuren von Denkarbeit, Kopfweh und schlaflosen Nächten aufgegraben. Auch hatte er in Gesellschaften oft eine unverschämte Art zu schweigen und fremden Gesprächen eine übertriebene, höhnische Aufmerksamkeit zu schenken.

Man hätte ihn für einen Philosophen oder doch für einen Grübler halten können. Aber seine Gesinnungen waren ebenso wechselnd und flüchtig wie seine Gewohnheiten, ja es war vielleicht gerade seine Tugend, daß Eigensinn und Rechthabenwollen ihm fern lagen. Nur bringt man es damit nicht recht weit.

Unter Philistern sah er provokant und fast wie ein Wunderkind aus, unter bedeutenden Menschen fast albern. Er schien unter jungen Leuten gesetzt und alt, unter Alten unfertig und verlegen.

Dieser Mensch war zuweilen beim Weinglase unterhaltend und gesprächig, doch seine Reden waren kühl, bitter und herausfordernd. Man kannte ihn nicht wieder, wenn man ihn in einer der wenigen Familien, in denen er verkehrte, mit den Kindern reden und spielen sah. Er duldete sie auf Knie und Schoß, erzählte ihnen naive Märchen, ließ sich ihre Schulhefte zeigen und ihre Anfängerübungen auf dem Klavier vorspielen.

Von allen jenen Künsten, mit welchen naive Glückliche sich die Zeit zu vertreiben wissen, verstand er nur zwei: auf der Geige zu phantasieren und warme Nachmittage lang auf dem Rücken im Grase zu liegen und mit ernsthaften Augen den Wolkenflug zu betrachten. Er übte jedoch beide nur selten.

Er hatte auch einen Freund, einen wahren Freund, der fern von ihm lebte und dem er zärtliche Briefe schrieb, oft zweimal in der Woche. Aber wenn dieser Freund ihn besuchte, zeigte er sich verschlossen, kühl, ironisch und quälte ihn durch Witze oder durch Schweigsamkeit. Im nächsten Brief standen dann herzliche Entschuldigungen wie: »Ja, wenn man könnte, wie man wollte!« oder »Aber nächstens will ich mich ernstlich mit der sogenannten Lebenskunst befassen.«

Was in seiner Seele gut und unbeschädigt war, das verloderte alles in der hoffnungslosen Liebe zu einer schönen Frau, die er sich selbst nicht eingestand, und in nächtlich mit hastiger Hand geschriebenen Versen.

Zuweilen auch beobachtete er sich selbst, erstaunt und mißtrauisch. In einer solchen Stunde schrieb er diese Zeilen nieder.

(1902)

Geschichten um Quorm

Lieber und geehrter Kilian Schwenckschedel!
Es war nicht schön von Ihnen, daß Sie mich auf Ihrem Brief Herr
Doktor genannt haben. Ich bin kein Doktor, und ich kann Zeugnisse darüber vorlegen, daß ich nie studiert habe. Aber Ihr Brief
hat mich gefreut. Daß Sie im April schon wieder wandern wollen, ist doch stark; ich glaubte wirklich Sie würden jetzt festsit-
zen. Das mit dem ewigen Wandern muß doch einmal aufhören,
wenn man zu Jahren kommt. Ich selber bin auch schon viel
zahmer geworden und will bald heiraten. Wenn ich Schlosser
geblieben wäre, hätt ich gewiß schon lange Weib und Kind; aber
das Bücherschreiben ist ein langsames Gewerbe und kostet oft
mehr als es einbringt.
Also, was den ollen Quorm betrifft, hat man Sie ganz recht berichtet. Ich hatte eine Anzahl von seinen Liedern gesammelt und
wollte sie zum Gebrauch für Handwerksburschen herausgeben.
Aber da war kein Verleger, weil an den Kunden doch nichts zu
verdienen ist, und bei dem Reklam, nach dem Sie fragen, ist's
auch nichts. Darum geb ich das Büchlein jetzt für die vornehmen
Leute heraus, die's zahlen können, wenn sie wollen. Aber weil
diese Gattung Leute nicht so gern Lieder liest wie Ihr, hab ich
stattdessen das Leben des Quorm beschrieben, man denkt dann,
es sei ein Roman, und kauft es lieber. Darum sind auch von den
Liedern bloß ein paar in das Büchlein gekommen.
Das mit dem Leben war freilich eine böse Geschichte. Seit wir
zwei vor fünf Jahren uns so oft über den Quorm unterhalten
haben, ist mir von anderen noch so viel über ihn dazu erzählt
worden, daß keine Hälfte davon wahr sein kann. Er soll bei
Köln, oder in Naumburg oder in Graubünden geboren sein,
jeder schwört darauf, er hab es aus seinem Munde, und Sie sagen,
er sei ein geborener Schwarzwälder gewesen. Weiterhin erzählen
manche, er sei guter Leute Kind und ein Student gewesen, habe
einen im Duell erstochen und sei dann Landstreicher geworden.
Andere sagen, er hätte als Gürtler im Hessischen seinen Meister

totgeschlagen und sei acht Jahre im Zuchthaus gewesen. Und so geht's weiter. Jeder weiß was Neues und ich habe zeitweis fest geglaubt, es müsse drei oder vier Quorme gegeben haben, und das ist doch auch nichts. Schließlich habe ich zu allem auch noch ein wenig eigenen Senf gestrichen und mir so einen durchschnittlichen Quorm zurecht geschustert, von dem ich selber nimmer weiß, was wahr und was verlogen ist. Man kann's nun meinethalben ruhig für einen Roman lesen, wenn man's nur liest. Das wünsche ich sehr, denn unser Quorm ist doch eine besondere Haut gewesen und hätte sich, wenn er kein Stromer gewesen wäre, gern auf jeden Katheder setzen dürfen.

Servus, alter Kilian! Wenn's Buch fertig ist, schick ich's Ihnen auch.

Ihr alter Freund H. H.

[Nikolaus Quorm]

I

Von der großen Spalierwand des Dippelholde, des reichen, des Altschulzen, waren in der verwichenen Nacht sämtliche Birnen, mindestens zwei Simmri* feinstes Tafelobst, verschwunden. Unter die Haustürschwelle war ein weißes Briefkouvert gesteckt, das genau gezählt zwei Dutzend Birnenstiele enthielt. Ein Zettel lag dabei, mit Bleistift stand drauf: »Rest folgt später.«

Das hatte der Niklaus getan, der Quormle, der Gutedel, der gewesene Lehrbub und jetzige Junggehilfe des Schlossers Eberhardt. Zu zweifeln gab es nichts. Auch wenn in der Schlosserei nicht in jeden von den vier Schraubstöcken eine Birne geklemmt gewesen wäre, daß der Saft über die Eisenwangen gelaufen war und schmale Gleise mit jungem hellem Rost hinterlassen hätte, wären doch alle über den Täter einig gewesen.

Und sämtliche Verwandte des Dippelholde, sogar seine alte taube Schwester, die Lisabeth, hatten am Morgen, ein jeder vor seinem Schlafzimmerfenster, eine Gucke voll Birnen stehen ge-

---

* Ein Hohlmaß.

funden mit einem Bleistiftzettel: »Guten Appetit! Das wünscht dir der Dippelholde.« Die Entrüstung war nun allgemein, aber vorher war doch viel drüber gelacht worden.

Jetzt stand der Altschulz mit dem Büttel und einer Menge von guten Freunden beim alten Eberhardt in der Werkstatt.

»Ich schlag ihn tot«, rief der dicke Dippel zum zweitenmal.

»Jaja, wird dir aber schwerfallen«, lachte einer.

»Maulhalten!« schrie der Altschulz. »Ich geh nicht vom Platz, bis der Schandbub heimkommt, und dann Gnad ihm Gott. Weiter sag ich nix.«

Es war nämlich so, daß der Junggehilf heute zu einer Arbeit nach Silberbach hinüber bestellt und schon seit aller Gottesfrühe unterwegs war. Bis Mittag konnte er drüben fertig sein. Wahrscheinlich hatte er gerade vorher noch bei der ersten Morgenhelle den Bubenstreich ausgeführt.

Aber wenn auch in der Kammer noch seine verschlossene Kiste stand und am Türnagel seine zweite Hose hing, kam der Bursch doch nicht wieder. Statt seiner kam am Nachmittag die Bötin von Silberbach und schimpfte mächtig, warum man den Schlosser nicht geschickt hätte. Da dämmerte es dem Eberhardt in seinem grauen Schädel. Er stieg noch einmal in die Kammer hinauf und machte die Kiste des Niklaus mit dem Brecheisen auf, und die war leer, und als er an die Türe ging und die dahängenden Hosen in die Hand nahm, fuhr er erschrocken zurück, denn aus den guten blauen Arbeitshosen war das ganze Gesäß, so lang und breit es war, herausgeschnitten.

Also der kam nicht wieder. Aber der Dippelholde erfuhr das erst spät am Abend. Jetzt konnte der Bursche ein paar Dörfer hinter sich haben. Als der Schlosser heimkam und sich zum Bettgehen anschickte, mußte er plötzlich so fest lachen, daß er kaum die Hosenträger herunter brachte. Noch vor acht Tagen hatte er mit dem Gesellen besprochen, wie gemein das war, daß der Altschulz, der reiche Geizkragen, nicht einmal der armen tauben Lisabeth ein einziges Stück von seinen Birnen vergönnte, aus denen er jahraus jahrein ein schönes Geldlein löste, das er doch lang nimmer nötig hatte.

»Guten Appetit wünscht Euch der Dippelholde«, sagte er vor sich hin, schüttelte den Kopf und freute sich bis in den Schlaf hinein über die ganze Geschichte.

Es war nur gut, daß der Dippelholde nicht auch noch wußte, daß der entschwundene Schandkerl im Besitze eines tadellosen Wanderpasses war, auf dem sogar rund und sauber der schulzenamtliche Stempel aufgedruckt stand. Er war nicht einmal gefälscht. Niklaus hatte in letzter Zeit so viel Mitleid mit dem kränklichen Büttelweib gehabt, er hatte ihr sogar zweimal beim Aufwaschen im Rathaus den schweren Kübel die Stiege hinaufgetragen. Dabei waren unter der Hand ein paar weiße Bögen mit aufgedrucktem Stempel mitgelaufen.

Nun schritt der achtzehnjährige Bursche bequem und aufrecht auf der Landstraße, schon weit hinten im Tafelwald, hatte einen alten Berliner auf dem Rücken und eine angebissene Birne in der Hand und pfiff zwischenein »Wem Gott will rechte Gunst erweisen«. Es lohnte sich, ihn anzusehen. Groß und schön, breit und doch auch schlank lief er straßab, den hellen Filz hinten im schwarzen Haar, in der Linken spielend den leichten, noch grünen tannenen Stock. Es war seine erste Wanderschaft, und er ließ nichts hinter sich, das einen Gedanken wert war. Aber wenn's auch die erste war, wußte er doch Bescheid. Von klein auf hatte er genug vom Wanderleben gehört, und durch sein Nest waren wenig fremde Schlosser gekommen, mit denen er nicht einen Abend verredet und die er nicht ausgefragt hatte.

Also jetzt ging es los. Es hielt ihn nichts, kein Vater, keine Mutter, nicht einmal ein Schatz. Aber es zog ihn viel. Es zog ihn schon die Straße, die so schön und weiß landeinwärts und um die Waldberge herum führte, und dahinter lagen und zogen ihn Städte und Dörfer, Herbergen und fremde Werkstätten, andere Leute, Meister und Kameraden, und noch viel Namenloses, Unbekanntes, desto Schöneres. Geld hatte er herzlich wenig, aber er war gesund, stark, gut zu Fuß und bereit, sich ungeniert durch dick und dünn zu schlagen. Da stand ein Meilenstein, und vor lauter Freiheit und Herzensdrang schwang er seinen Tannenstock und hieb damit auf den schiefen runden Stein, daß der Saft spritzte und die Splitter nach rechts und links flogen. Den Stumpen wirbelte er ein paarmal durch die Luft und warf ihn dann im Bogen talhinab in den Bach, verfolgte ihn mit den Augen, bis er am Wiesenland strandete, sich drehte und hängen blieb, dann lief er pfeifend weiter, dachte an den Zorn des Dippelholde und

wunderte sich, wie weit das schon dahinten lag, als wär es nicht
alles erst heut morgen gewesen.

Schlimmes hatte er nicht im Sinn, nur im allgemeinen etwas recht
Flottes und Lustiges, als müsse jetzt ganz ein anderes Stück Leben losgehen. So gegen Abend holte er auch schon den ersten
Kameraden ein, der kaum älter als er selber war, einen Schneider
aus dem Elsaß, der sich ihm anschloß. Sie sprachen zu Nacht in
einer wüsten kleinen Penne ein.

Eine offene Haustür mit krummer Schwelle, ein dunkler Gang
mit Feldsteinen gepflastert, Lichtfäden durch eine Türspalte und
ein Schlüsselloch hervordringend. Die Tür geht auf und fällt von
selber nach innen, so schief hängt sie im Rahmen, und drinnen
Licht und Rauch und Lärm und Schnapsgeruch, Gelächter und
Juchhe und Musik von einer Handharfe, und eine dicke, heiße,
ruchlose Luft.

Die beiden gingen an einen leeren Tisch. Der Wirt war schief
und hinkte und gefiel dem Niklaus nicht. Er bestellte ein Glas
Bier, der Elsässer einen Schnaps. Auf dem nächsten Tisch saß
halb, halb lag er, ein Musikant, ein alter blasser Tropf mit einem
leblosen Gesicht, ein paar Landstreicher dabei. Mitten in der
Stube tanzten drei Paare: Ein altes Weib mit einem angeheiterten
Mann, zwei jüngere Weiber, die eine mit einem fast knabenhaft
jungen, blonden Bürschlein, die andre mit einem gewandten,
strammen Tänzer. Dieser war es, der bei jedem zweiten Sprung
einen langen, vollen Juchzer losließ, den der Kleine fast winselnd
nachzuahmen probierte, während alle drei Weiber ihn auslach-
ten.

Bei der nächsten Pause wurden die Hinzugekommenen plötzlich zum Mittelpunkt der Gesellschaft. Alles stellte sich dicht
vor ihnen auf, starrte sie neugierig, argwöhnisch und auch verächtlich an, stellte eine Menge Fragen und lachte oder spuckte
aus, noch eh die Antwort kam. Der kleine Blonde und das alte
Weib waren die Frechsten. Der Blonde schlug dem Schlosser
lachend auf die Schulter. »Direktemang von Muttern, was?«

»Rindvieh, ich hab keine Mutter«, sagte Niklaus.

»Ah, sosochen. Was haste denn for ne Relichion, Kunde?«

»Geht's dich was an?«

»Bruderherz, sei man nich so verdammt eklich. Glaubste, mer
sehn's der nich an, was de bis und gelernt hast.«

»Was denn?«

»Hört ihr's, ihr Leutchen, er will wissen, was for ne Relichion er hat! Na, was wirste sein? Turmspitzenvergolder biste!«

Alles lachte wiehernd zusammen. Niklaus blieb noch ruhig.

»Jetzt hältst du deinen verdammten Frankfurter Schnabel, sonst hau ich dir eine, daß du deine Zähne schlucken kannst«, rief er ihm zu.

Der Blonde frohlockte: »'n Frankfurter sei ich! Meint der Blechschädel, ich sei'n Frankfurter!« Doch zog er sich drei Schritt weit zurück.

In diesem Augenblick fing der Musikant wieder zu spielen an. Die Alte blieb diesmal sitzen und hänselte den Elsässer, welcher klotzig tat, sich aber nicht recht zu helfen wußte. Der eine von den Fremden hatte schon sein Mädel gefaßt und stieß von neuem laute Juchzer aus.

Da stand Niklaus Quorm auf, nahm dem blonden Kleinen sein Mädel vor der Nase weg und begann mit ihr zu tanzen. Der Frankfurter schrie und zerrte bald an ihm, bald an ihr, doch vergebens. Das Weibsstück schmiegte sich an den Schlosser, lachte und keuchte vor Ausgelassenheit und tanzte wie besessen. Als der Tanz zu Ende war, trat der Blonde schimpfend und drohend vor den Schlosser hin und giftete und geiferte ihn an.

»Jetzt halt's Maul!« drohte Quorm, und als der andre keine Ruhe gab, nahm er ihn mit der Rechten am Kragen, mit der Linken am Hosenbund, schwenkte ihn ein paarmal hin und her, hielt ihn dann mit steifen Armen von sich und fragte: »Was ist? Soll ich dich jetzt fallen lassen? Was meinst?«

Der kleine Kerl sagte gar nichts. Niklaus setzte ihn mit einem Klapf nieder, wie man einen leeren Bierkrug abstellt, und ging an seinen Platz, wo jetzt eine Schüssel mit heißen Erdäpfeln rauchte und eine Knackwurst lag. Er nahm einen Schluck Bier und fing an zu essen.

Kaum hatte er den zweiten Bissen versorgt, so saß ihm die Kleine, mit der er vorher getanzt hatte, auf dem Schoß. »Du«, schmeichelte sie, »gib mal so'n paar Feldhühner her oder 'n bißchen Fettigkeit, ich hab Kohldampf. Kriegst auch 'n Kuß derfür.« Ehe er etwas sagen konnte, hatte sie auch schon das abgeschnittne Wurstende erhappt und versorgt. Er sah sie an, während sie auf seinem Schoße aß, halb unwillig und halb begehrlich. Das Gesicht war nicht übel, bloß der Mund war gemein und schwammig. Und indes er unschlüssig war, ob er sie nun an sich drücken und abküssen solle oder nicht, merkte er auch noch, daß sie nach Fusel roch. Er schüttelte sie von sich.

»Hast ja den Kuß noch gar nicht, Schatz«, schmollte sie, sich wieder an ihn schmiegend.

Da wurde er zornig. »Schieb zum Dreihenker, du Schnapsbutelle!« rief er voll Ekel, und gab ihr auch noch einen Tritt. Da ging sie zu den andern hinüber und streckte ihm die Zunge heraus, so lang sie war. *(1902)*

[Hier endet das Fragment]

Auf der Walze
Aus den Aufzeichnungen eines Sattlergesellen

I

– – Wie ich also denn auf Freiburg kam, verzehrte ich denselben Schinken in der Herberge und erfuhr gleich, in welche Art Gesellschaft oder Schnapphähne ich gefallen war. Nämlich nächsten Tag war in meinem Berliner nicht Schinken noch Käse, noch Geld mehr drinnen zu finden, ich aber trug einen struppen Kopf umher und sehnte mich nach meiner Heimat, wie ein wachsweicher Rekrut. Und bevor ich noch in Basel war, war ich so arm wie ein nackter Sperling, denn ich hatte weder Berliner noch Flebbe mehr, weil beide mir nämlich im Elsässischen gestohlen worden. Weil ich freilich meines Vaters guten Rat vergessen hatte und nicht in der Herberge abgestiegen war, sondern in einer wilden Penne. Und so kam ich auf Basel, konnte dennoch daselbst nicht bleiben, wegen Grenzpolizei, und wanderte leer wie ein Schlauch nach Neuchâtel. Es fehlte aber auch wenig, so hätte mich der Hunger erwürgt, und ich stahl ein Brot und drei Eier, nahe bei Biel in einer Mühle an der Straße, wo dann bald ein welsches Wirtshaus kommt. Alle Leute parlierten französisch, und ich war stolz genug, daß ich es vorher ein wenig vom heiligen Schorsch in Durlach gelernt hatte. Dennoch aber verstand mich niemand, und ich merkte, daß hier noch nicht das rechte

Welschland war; denn alles, was sie redeten, kam mir ganz kurios und unvernünftig vor. Damals erlitt ich denn Elend genug und wäre schier lieber gestorben. Nur in der Stadt Neuchâtel regalierte man mich aufs beste, sogar Wein dazu, und wiesen mir den Weg. Darauf mußte ich bei einem Bauern Weinbergpfähle spitzen und Holz tragen, bis er mir ein wenig Geld geben wollte, und kam dann in den großen Wald Jura, zwischen Murten und Bern, wo sie wenig Deutsch vermochten, und die Zehrung war sparsam, wächst auch kein Wein mehr dort. Man trinkt dort auch niemalen Wein, Bier oder Most, sondern lediglich Branntwein und einen grünen scharfen Schnaps, der ist so stark, man vermischt ihn mit kaltem Wasser und heißt es Absinth. Die Religion war unterschiedlich, jedoch mehr katholisch, aber wenig gute Pfarrhäuser.

– – In Bern redeten sie Deutsch, aber eine unausgebildete Sorte, und die Stadt ist zum Teil ganz alt und schief gebaut, ähnlich wie man Städte im Bayerischen hat. Doch erging es mir überaus wohl, ich traf nämlich zwei Landsleute an. Johann Miegel zahlte mir die Kost und Nachtgeld und brachte mich in seine Werkstatt. Der Meister war laut und mächtig, wollte mich aber doch behalten und wies mir Arbeit. Sogleich fing ein schönes Wohlleben an, ich hatte immer Geld und brauchte nie keins. In unserer Penne nämlich war keine Seele, welche Mundharmonika oder Ziehharfe spielen und schön singen konnte, ich konnte aber alles sehr gut und wurde bald bei allen Gesellen berühmt. Brauchte niemals eine Zeche zu zahlen, und wenn ich sollte Geschichten erzählen, besann ich mich lang und wartete zu, bis sie mich stark drängten und mir Wein einschenkten. Als ich viel getrunken hatte, sagte ich zu allen Gesellen, sie seien Nachteulen, und ich hätte meine Geschichten alle selber ausgedacht und keine einzige wahrhaftige darunter. Da bekam ich mehr Streiche, als mir lieb war. Das nächste Mal fängt einer wieder an. Niklas, eine Geschichte! Ich aber stumm wie ein Aas, bis sie alle wieder zuhören wollten, sei es wahr oder nicht. Und sie glaubten mir alles, namentlich wenn ich von Totschlägen und Hochzeiten erzählte. Da kam mir alles zu gut, was ich beim Oheim gelesen hatte, auch fielen mir immer neue Geschichten ein, jeden Tag, wenn nur einer danach fragte, aber alle verlogen. Auch mußte ich immerzu singen und aufspielen …

II

– – So war ich die längste Zeit in Luzern gewesen. Das Frauen-
zimmer hieß namens Agathe, aber man rief ihr bloß immer
Ageli, aber ich konnte ja doch nicht heiraten und geriet in eine
Traurigkeit. Da ich nichts mehr gut machen konnte, mochte ich
sie gar nimmer sehen und flüchtete vor ihr. Sie stand aber jeden
Abend bei der Werkstatt. Und einmal ging ich mit ihr spazieren,
und wir standen beide unter einem schrägen Nußbaum an dem
Waldstätter See. Hinter dem mächtigen Wasser stieg der große
Rigiberg herauf, und alles war herrlich zu sehen, mancher zahlt
gern Geld dafür, auch Boote im Wasser und große Kähne, bis
dreißig Schuh lang und wohl mehr. Dennoch war es mir traurig,
denn die Ageli weinte schier ohne Unterlaß und sagte: Ich wollt
ich läg im See und du auch!
In derselben Zeit war mir sonderbar ums Herz. Wenn ich jeden
Tag die großen Berge und das viele Wasser sah, verlor ich ganz
die Augen in die Ferne und mir schien, daß überall noch ein
gutes Stück Welt für mich übrig sei. In Luzern hatte ich auch
besser Französisch gelernt, weil zwei Genfer mit mir eingestellt
waren. Ich hörte sagen, ein deutscher Sattlergesell findet in jedem Land oder Weltteil leicht sein Brot, und beschloß mehr und
mehr den Berliner zu packen. Mit der Agathe gab es eine große
Not, und wir weinten alle zwei beide wie die kleinen Kinderlein.
Auch mußte ich ihr fast alles Geld geben. Da hörte ich, daß in
Mailand viel Arbeit sei, und zwei Bekannte von mir wollten hin
machen. Davon lehnte einer mir sieben Franken, und auch der
Meister gab mir ein bares Geschenk, zwar war es wenig. Wir
fuhren über den langen See bis an sein Ende, wo immer mehr
Berge nach Art von allmächtigen Mauern kamen, daß mir Angst
wurde. Wenigstens hatten wir gutes Wetter. Und obwohl ich des
Tags acht Stunden vermag, waren die Sträßlein in dem Gebirge
elend hart und fielen mir so sauer, daß ich jede Nacht wie eine
Leiche dalag. Das erbarmte die andern, und wir fuhren manchmal ein gutes Stück mit Fuhrleuten für wenig Geld. Da habe ich
viel Geschichten verzählt, denn ich wußte gut, daß die Fuhrleute
auf ihrer langen, stillen Fahrt eine gute Gesellschaft so gut brauchen können als Bier und Tabak. Sie schenkten mir außer dem
Mitfahren oft einen halben Schoppen oder eine von ihren Zi-

garren, die innen Stroh haben und unmenschlich lange Stengel sind, davon mir zweimal bitter übel wurde. Auf eine solche Art zwangen wir den Sankt Gotthard, und bald darauf fing ein Welschen an, daß mir Hören und Sehen vergehen wollte. Unser gutes, sauer erlerntes Französisch war nicht besser, als wenn wir Böhmisch gesprochen hätten. Sonst waren zwar die Leute geizig, aber vergnügt und gut; nur durften wir nichts von ihnen haben wollen. Da gab es manche Not, und unser Kleingeld ging nah beieinander. Auch fiel mir nun freilich ein, was mir der gelbe Friedel seinerzeit gesagt hatte, nämlich, daß dieses Italien für uns Kunden das allerschlechteste Land auf der Welt sei. Wie sollte das werden? Denn wir waren noch immer in der Schweiz, und das Elend mit den Italienerleuten fing schon an. Wenn nicht die Poststellen mit den vielen Reisenden gewesen wären, hätte uns bald der leidige Hunger geplagt. Lieber Gott, da stahl ich denn einmal drunten im Weinland eine lange Italienerwurst, die hart und salzig sind, und man kann sie ein Jahr lang haben. Fängt einer von den Kameraden zu räsonieren an, sagte, er fresse nichts Gestohlenes, und ich möge an meiner langen Wurst ersticken, wenn ich sie nicht wieder zurückbringe. Das ging aber nicht, und so versöhnten wir uns wieder miteinander; er fraß aber nichts davon. Und mich wollte nachher der Durst schier umbringen; denn das Zeug war heillos gesalzen, daß ich immer wieder aus dem großen kalten Bache trinken mußte, und ein furchtbares Bauchgrimmen bekam. Es kam von dem kalten Wasser her, aber der andere sagte immer, das kommt von der gestohlenen Wurst.

Ging eine Zeitlang, da kamen wir nach Lugano, wo wiederum ein großes, blaues Gewässer war, viele Schifflein und Hotels, ein schlechter Ort für arme Kunden. Und daselbst bekam ich Streit mit meinen Kameraden, aber einer davon hatte mir sieben Franken gelehnt und schrie: »Du bleibst bei mir, bis ich mein Geld wieder hab.« Ich wollte in dem elenden Lande nicht weitermachen, sondern in Gottes Namen umkehren, da mußte ich ihm meine guten Stiefel geben und die kaputten selber anziehen, und mein Sackmesser aus Bern mußte ich ihm auch hergeben, weil er zu zweit war. *(1904)*

* * *

Vier Skizzen

Madonna

Mir träumt von einem toskanischen Marienbilde ...

Es war ein junger Maler, dem Botticelli aus der Werkstatt gelaufen. Er hatte lange nichts mehr gemalt, statt dessen spielte er verliebten Edeldamen die Gitarre, verfaßte zügellose Sonette und verbrachte seine Nächte mit den Dirnen des Lungarno beim Chianti. Eines Tages aber sah er ein junges Weib, schön wie die Schönheiten des Ghirlandajo, und von diesem Tage an hörte er zu schlemmen und zu lästern auf. Die Frau war eine vornehme Witwe, aus dem Hause der Pazzi, und nahm bald darauf den Schleier.

Der Maler fiel in tiefe Melancholie. In seiner verwahrlosten Werkstätte bereitete er eine runde Holztafel, setzte sie auf die Staffelei und malte in wenigen Wochen das Bildnis jener Schönheit. Er malte sie als Madonna, schöner, schlanker und süßer als alle Marien des Botticelli, des Ghirlandajo und des Fra Filippo.

Vereinsamt und schwermütig trieb er sich dann auf den Plätzen und in den Kirchen der Stadt umher, seine Kunst, sein Leben und seine Liebe verfluchend. Da begegnete ihm ein hagerer Mönch mit tiefen, brennenden Augen, welchem viel Volks nachdrängte. Auch der Maler folgte ihm nach und hörte ihn auf der Piazza della Signoria reden. Sie waren wie nahes Donnern und wie Heroldsrufe des Weltgerichts, die Reden des Savonarola.

Ein Holzstoß war auf dem großen Platze aufgeschichtet, auf den trugen Reiche und Arme viele schöne, sündige Dinge: Novellenbücher, Zauberbücher, Gemälde nackter Frauen, Skulpturen aus Holz, aus Silber, aus Gold, Halsketten, gestickte Prunkröcke. Ein Mönch zündete den Haufen an. Die Menge schrie, weinte, jauchzte, und sie schwieg atemlos, so oft Savonarola redete.

Ein angstvoller Wahnsinn stieg aus dieser Menge und aus den Reden des Mönches dem Maler zu Kopf. Er eilte wie ein Verzweifelter fort, er kam wieder und warf, in ein Tuch gehüllt, seine Madonna auf den brennenden Stoß.

Der Stoß geriet ins Wanken, er neigte sich, und die runde Holztafel, noch nicht vom Feuer versehrt, fiel herab und rollte zu Füßen der Menge hin. Das Tuch fiel davon ab, das Bildnis lag leuchtend vor aller Augen. Ein Murmeln und ein Schrei erhob sich aus der Menge, Hände streckten sich nach dem Kleinod aus.

Da trat Savonarola hinzu. Die Menschen wichen scheu zurück. Er hob die Tafel auf, warf einen flüchtigen Blick seiner lodernden Augen auf das Gemälde und legte es auf die rauchenden Reste des Scheiterhaufens.

Nach einer Minute war das Bild vernichtet.

Es stellte die heilige Jungfrau in einem Kranz von violetten Anemonen vor, mit auf der Brust gekreuzten Händen, und war süßer als alle Madonnen des Botticelli, des Ghirlandajo und des Fra Filippo.

Der Mönch

Ich hatte wieder einmal die Certosa di Val d'Ema besucht, das große Kloster mit den wenigen alten Mönchen nahe bei Florenz. Der führende Fratre erkannte mich, aber er zeigte es nur durch ein stilles Lächeln.

Ich bat ihn, mich zu den Gräbern der Acciajoli zu führen. Und wir stiegen in die kühle Unterkirche hinab, wo ich meine Sehnsucht nach dem Anblick des schönen jungen Lorenzo stillte, der so sanft und eigen die steinernen Finger aneinanderlegt.

Dann begann ich mit dem Mönch zu reden.

»Ein trauriger Aufenthalt hier unten!« sagte ich.

»O, es ist sehr kühl hier«, antwortete er.

»Was ist Eure Beschäftigung?«

»Ich pflege das Obst und führe die Fremden.«

»Und Ihr seid zufrieden?«

»Sollte ich es nicht sein?«

»Habt Ihr niemals traurige Stunden?«

»Nein, Herr. Wie sollte ich?«

»Nun, ich denke in müßigen Zeiten –«

»Es sind stets Fremde zu führen. Auch pflege ich das Obst.«

»Ihr wollt es nur nicht sagen. Oder seid Ihr wirklich immer zufrieden?«
»Sollte ich es nicht sein? Wir lügen nicht, wir Brüder.«
Wir gingen zurück, und ich gab ihm ein Geldstück.
»Wollen Sie nicht die Kreuzgänge sehen?« fragte er
»Ich danke Euch, nein. Lebet wohl!«
Er lächelte merkwürdig. Er hatte doch gelogen.

Die Mönche

Es kam mir so traurig vor! Es ging mir tagelang nach.
Wieder ein Besuch in der Certosa. Ein Engländer, der sehr schlecht italienisch sprach, redete am Portal der Kirche mit dem langbärtigen, einsilbigen Mönche.

»Wo ist der Bruder, der englisch spricht?«
»Es spricht keiner von uns englisch.«
»Aber man sagte mir, es sei ein irländischer Bruder in Eurem Kloster.«
»Der ist gestorben.«
»Ah! – Und Ihr seid siebzehn Brüder, nicht wahr?«
»Jetzt sechzehn, Herr.«
Mehr hörte ich nicht. Der Greis führte den Fremden in die Kirche, um ihm das große Fresko von Poccetti zu zeigen.

Der Bergsee

Irgendwo ist ein Bergsee.
Keiner von den Seen des Schwarzwaldes, der bayrischen Alpen, der Schweiz oder Oberitaliens. Ein kleines Becken, achtzig Schritt lang, fünfzig breit, in Granit eingewaschen.
Der See ist ohne Farbe, krystallen klar, durchsichtig wie die Luft, so daß man jeden Stein auf dem hell graugrünen Grunde sehen könnte.
Auf diesem See ist nie ein Boot gefahren. Nie ist irgend etwas auf seiner Fläche geschwommen: kein Holz, kein Halm, kein Laub, keines Vogels Feder. Er liegt hoch über jener Grenze, an welcher

das Gras und selbst das Moos zurückbleibt. Nie ist ein Murmeltier, ein Vogel, ein Schmetterling, ein Käfer, eine Gemse dort gewesen.

In jenem Wasser ist niemals ein anderes Spiegelbild gewesen als das der Sonne, des Mondes, der Sterne, der Himmelsbläue und der Wolken. Dort ist niemals ein anderer Laut erklungen als der des Windes, des Regens, des Donners und eines rollenden Steins.

Dort ist niemals ein Leid gewesen.

Dort ist niemals ein Leben gewesen. Und aus der Welt der Menschen ist nichts dorthin verirrt als meine Sehnsucht.

(1903)

* * *

Boccaccio

Der Signora Maria in Erinnerung
an unsern Spaziergang im
Mugnonetal in Verehrung
zugeeignet.

Verehrte Herrschaften und vor allem Ihr, schöne und angebetete Damen! Es ist üblich, daß demjenigen, der ein schönes Geschenk oder Kleinod überbringt, ein guter Dank und Lohn zuteil wird; und so werdet auch Ihr, wenn ich Euch einen reichen Schatz ohne allen Anspruch auf Gewinn oder Lohn übergebe und anpreise, es freundlich aufnehmen und mir im Stillen Dank dafür wissen. Dies tue ich aber, indem ich Euch das Buch meines Freundes Giovanni Boccaccio aus Florenz in die Hände lege; denn Ihr werdet, sofern Ihr es verständig leset, in demselben eine solche Fülle von schönen, klugen, erfreulichen, rührenden und lächerlichen Geschichten entdecken, wie sie vielleicht außerdem kein anderes Buch irgendeines Dichters enthält.

Seid ihr nie an einem schönen, warmen Tage im Frühsommer an einem fremden Garten vorübergegangen? Ihr wart allein und verdrossen, und aus dem Garten brachte der Wind den Geruch von Rosen und Orangenblüten, das Silbergetön einer plätschernden Fontäne, die Klänge einer Gitarre und das von Gelächter unterbrochene Plaudern fröhlicher junger Leute zu Euch heraus. Da ergriff Euch Traurigkeit und eine mächtige Sehnsucht, hineinzugehen, die staubige Landstraße mit grünem Rasen und Blumenbeeten zu vertauschen, die Lieder der Sänger und die frohen Gespräche der Glücklichen anzuhören und Eure Sehnsucht an all der Heiterkeit und Freude nach Herzenslust zu sättigen.

Wohlan, Ihr werten Leute, hier ist das Tor des Gartens: es ist geöffnet, und aus den Büschen dringt Blütenduft, Gelächter, Liedergesang und Saitenspiel. Tretet ein, nehmt Platz, sättiget Euer Verlangen! Hört Ihr gerne schöne Lieder an? Oder habt Ihr Lust, Euch eine traurige Liebesmäre erzählen zu lassen? Oder freut es Euch, einen Witz, eine Posse, eine kräftige Anekdote zu vernehmen? Oder von Beispielen des Edelsinns und höchster Tugend zu hören? Tragt Ihr Verlangen nach vielfältigen und unerhörten Abenteuern oder mehr nach galanten Historien, bei welchen die Damen erröten und sich, der guten Sitte halber, ein wenig entrüstet stellen?

Ihr alle möget eintreten, und jeder wird finden, wonach er sich sehnte. Denn die hundert Geschichten des edlen Herrn Boccaccio sind so beschaffen, daß sie die Jünglinge zum Entzücken, die Mädchen zum Erröten oder zur Rührung, die Männer zum Lachen, die Weisen zum Nachdenken nötigen. Man findet in diesen Geschichten die verschiedenen Arten der menschlichen Natur und Temperamente, der Liebe und Freundschaft, der Schicksale in Leben und Sterben, alles auf eine anmutige und wahrhaftige Art erzählt und dargestellt. Für Kinder von zartem und unerfahrenem Alter sind sie nicht geeignet, auch nicht für blöd gewordene Greise, auch nicht für Leute von feindseliger, kleinlicher und mürrischer Sinnesart. Außer diesen aber mögen sie von Jungen und Alten jeder Art mit großem Vergnügen und gewiß auch nicht ohne Nutzen gelesen werden.

Ehe ich weiter von diesem merkwürdigen Buche mit Euch rede, will ich aber erzählen, wer eigentlich jener Herr Boccaccio war (denn er ist leider schon seit längeren Zeiten verstorben), und wie er das Dekameron geschrieben hat.

Wer jemals auch nur die kleinste Novelle von ihm gelesen hat, der kann nicht daran zweifeln, daß jener ein echter Florentiner war. Denn wenn es auch einem Fremden vielleicht möglich gewesen wäre, die schöne und glänzende florentinische Sprache so vollkommen zu erlernen, so würde ihm doch immer noch der bewegliche, kecke und witzige Geist des geborenen Florentiners mangeln, den man nicht lernen kann. Denn wohl haben in späteren Zeiten auch manche weichliche Neapolitaner, leichtsinnige Mailänder, träge Venezianer und plumpe Sienesen hübsche Novellen geschrieben; allein diese alle hatten den Boccaccio zum Lehrmeister, welcher der Vater und Urheber dieser Kunst gewesen ist.

Wenn man nun bedenkt, in welcher Zeit das Buch Dekameron verfaßt wurde, so begreift man leicht, weshalb die Stadt Florenz seine Heimat sein mußte. Diese reiche und prächtige Stadt, welche auch heute noch eine der schönsten auf Erden ist, befand sich eben zu jener Zeit zwar in mancherlei Kämpfen und politischen Nöten, jedoch begann sie schon sichtbar nach jener unvergleichlichen Blüte hinzustreben, welche sie hundert Jahre später erreichte. So erfreute sie sich einer emsigen und glücklichen Tätigkeit auf allen Gebieten und nahm nicht weniger im Handel als in den Künsten täglich an Ruhm und Glück zu, während das mächtige Rom kläglich darniederlag, indem der Papst samt seinem ganzen Hofhalt sich nach Avignon in der Provence verzogen hatte. Es war von Florenz sowohl der berühmte Petrarca als der große Dichter Dante gebürtig, obwohl dieser in der Verbannung gestorben war, wie denn auch infolge beständiger Bürgerkriege des Petrarca Familie vertrieben war und in Arezzo lebte. Und was die Florentiner an jenem göttlichen Dichter gesündigt hatten, suchten sie desto eifriger zu sühnen, indem sie damals und noch lange nachher eine große Zahl von Gelehrten, Dichtern, Künstlern und anderen Männern beherbergten, deren Ruhm ihrer Stadt zur Ehre gereichte und sie gewürdigt hat, bis auf diesen Tag die eigentliche Geburtsstätte des rinascimento zu heißen. Zugleich unterhielten die Kaufleute einen großen Verkehr nach allen Ländern der Welt, und es lebten viele Florentiner Bürger als Händler und Geldwechsler in Rom, Neapel, Mailand, Paris, Byzanz, London, Flandern, auf Sizilien, Malta, Kreta, Cypern und anderwärts, von wo nicht nur Geld und Wohlstand, sondern auch mannigfaltige Nachricht und Kunde fremder Gegenden, Sitten und Begebenheiten täglich in die Stadt kamen. Aus einer so beschaffenen Zeit und Stadt entstammte also der Verfasser des Dekameron. Aber dennoch ist er nicht in Florenz oder in dem benachbarten Certaldo, von wo sein Geschlecht herkam, geboren. Vielmehr fügte es das Schicksal, das ja stets der größte Dichter gewesen ist, daß das Leben dieses weitbekannten Novellenerzählers in einiger Dunkelheit und nicht anders als eine Abenteuernovelle begann.

Höret denn, Ihr lieben Herren und Damen, das Wenige, was man vom Leben dieses herrlichen Dichters heute noch weiß, denn leider ist es lange nicht so viel, als man wünschen möchte! Aus dem Städtchen Certaldo im Elsatal gebürtig, lebte zu Florenz ein Kaufmann namens Boccaccio. Er war ein fleißiger und kluger, allein auch geldgieriger und leichtfertiger Mensch, welcher zahlreiche Handelsreisen teils für fremde, teils für eigene Rechnung unternahm, wobei er ebensosehr für seinen Vorteil wie für sein Vergnügen zu sorgen verstand, jedoch nach Art der Kaufleute auch öfteren Zufällen und Glückswechseln ausgesetzt war. Längere Zeit war er an dem großen Bankgeschäft des altberühmten Hauses der Bardi beteiligt, welches auch in Paris, wie in anderen Städten, eine Filiale besaß und hohes Ansehen genoß. Diesem Pariser Hause hat unser Kaufmann eine Zeitlang vorge-

standen, und wenn er sich dabei als tüchtiger Handelsmann erwies, so ließ er doch in dieser großen und üppigen Hauptstadt
auch sein Vergnügen nicht aus den Augen.

Wenigstens sah er daselbst eines Tages eine junge und sehr hübsche Witwe, welche ihm überaus wohlgefiel und deren Gunst er
sogleich zu erwerben sich bemühte. Dies tat er denn auch, als ein
gewiegter Mann, auf jede Weise, indem er sich für einen Edelmann ausgab, was ihm bei seiner hübschen Gestalt sehr wohl
gelang. Er spielte den Feinen und trat nicht anders auf, als wenn
er der Sohn des vornehmsten Hauses gewesen wäre, obwohl er
im Grunde wenig mehr als ein bäuerisch gebildeter Geldwechsler war. Bald hatte er die Augen der schönen Witwe auf sich
gelenkt und sie seinen ehrerbietigen Bitten zugänglich gemacht,
und da er ihr mit vielen Schwüren die Ehe versprach, sah er sich
in kurzem am äußersten Ziel seiner Wünsche angelangt. Zu bei-
derseitigem Vergnügen erfreuten sie sich längere Zeit ihrer Liebe
ohne Hindernisse, und gewiß hätte der Florentiner noch lange
nicht an die Rückkehr nach seiner Heimat gedacht, wäre nicht
infolge dieser Liebschaft jene Witwe nach Jahresfrist mit einem
hübschen Knäblein niedergekommen. Dieses paßte keineswegs
in die Pläne des leichtsinnigen Italieners, und da die Dame außer
ihrer Schönheit keine Reichtümer besaß, verließ er, ohne sich
seiner Schwüre mehr zu erinnern, sie und die Stadt Paris in aller
Stille und begab sich als ein lediger Mann nach Florenz zurück,
wie es stets die Art solcher Leute war, sich um eine leere Flasche
und um eine schwanger gewordene Geliebte mit keinem Blicke
mehr zu bekümmern.

Das Knäblein aber, das die arme Frau im Jahre 1313 gebar, war
Giovanni Boccaccio.

Von Schmerz und Sorge entkräftet, lebte die unglückliche Dame
nur noch wenige Jahre, und nach ihrem Tode ward Giovanni in
zartem Knabenalter nach Florenz zu seinem Vater gebracht.
Dort besuchte er eine gute Schule, erwarb sich einige Kenntnis
der lateinischen Sprache und wäre am liebsten bei den Büchern
sitzen geblieben, um sich ganz den Studien hinzugeben. Aber
kaum war er etwa dreizehn Jahr alt, so nahm ihn der Vater zu
sich, lehrte ihn die notwendigsten Handgriffe und Rechenkün-
ste der Handelsleute und übergab ihn sodann einem Geldwechsler, damit er bei diesem die Kaufmannschaft erlernen sollte.

Sechs Jahre blieb er denn bei diesem Gewerbe, ohne jedoch etwas Erkleckliches zu lernen oder gar den Handel liebzugewinnen. Vielmehr lief er überall hin, wo er Verse singen oder vortragen hören konnte, und lernte viele Stücke aus den großen Gedichten des Dante und des Virgil auswendig, welche ihn höchlich begeisterten und mit einer unauslöschlichen Liebe zur Poesie erfüllten.

Am Ende dieser sechs Jahre sah jedermann deutlich, daß Giovanni in die Handelschaft paßte wie der Fisch aufs Trockene. Dies sah auch der Vater wohl ein und beschloß daher, seinen Sohn den Studien an Universitäten zu widmen, und zwar wählte er für ihn das Studium des kanonischen Rechts, indem es ihm als einem klugen Manne schien, es sei mit diesem Handwerk nicht wenig Geld zu verdienen, wenn einer es ordentlich verstehe. Weil aber Giovanni um diese Zeit sich eben in Neapel befand, schien es dem Vater am wohlfeilsten, daß er dort seine Studien abmache, ohne daß er geahnt hätte, welcherlei Kenntnisse derselbe sich dort erwerben würde.

Es war nämlich Neapel zu jener Zeit gewiß die allerüppigste Stadt in ganz Italien, zumal da gerade unter dem Könige Robert die Einwohner einen längeren Frieden genossen, woran sie nur schlecht gewöhnt waren. Vom Leben bei Hofe brauche ich wenig zu sagen, indem jedermann die Namen der sechs Neffen des Königs sowie seiner Schwägerin, der sogenannten Kaiserin von Konstantinopel, und seiner Enkeltochter Johanna kennt, welche sämtlich durch alle Welt einen bösen Leumund hatten. Vorab jene Johanna führte ein überaus freches und tadelnswertes Leben, hatte ihres Gatten Bruder zum Buhlen und nahm ihn später, nachdem sie sich des andern durch Mord entledigt hatte, ohne päpstlichen Dispens zum Gemahl. Auch sonst waren in der Stadt, zumal unter den Edelleuten, ein vergnügliches Schlemmen, auch Hader und kleinere Mordtaten im Schwang, und bei Hofe war längst zwischen echten Kindern und Bastarden weder von den Vätern noch von anderen mehr zu unterscheiden.

An diesem Hofe, wo er noch zu Lebzeiten des Königs von seinem jungen Landsmanne Niccolo Acciajuoli eingeführt wurde, ging nun das Studentlein ein und aus. Daselbst war mit Festen, Mahlzeiten, Ball, Tanz und Maskenscherzen ein verschwenderisches Leben, und gewiß hat Boccaccio niemals irgendeine üppige oder lüsterne Geschichte erzählt, welche er nicht in Neapel viel toller und gründlicher selbst mitangesehen hatte. Daß er auf dem Gebiet der gelehrten Studien (das Latein ausgenommen) etwas Erhebliches geleistet oder den Grad eines Doctoris juris canonici erlangt hätte, wird nirgends berichtet. Statt dessen legte er damals den Grund zu seiner tiefen Kenntnis der menschlichen Leidenschaften, da er von hervorragenden Beispielen der Verschwendung und Habgier, des Aberglaubens, der Wollust, der Gefräßigkeit, Mordgier, Verschlagenheit und Eitelkeit rings umgeben war. Am gründlichsten jedoch unterzog er sich dem Studium der Liebe, deren Leiden und Freuden er bis zur Neige an sich selber erfuhr.

Eines Tages nämlich, um die Zeit der Ostern, vermutlich im Jahre 1334, erblickte er in einer Kirche zu Neapel die Dame, welche sein Herz zu Lust und Pein von da an jahrelang gefangenhielt. Diese war Donna Maria, die natürliche Tochter des Königs Robert, welche für eine Tochter des Grafen von Aquino galt und mit einem angesehenen Edelmann vermählt war. Die schöne und vornehme Dame betrachtete bald auch von ihrer Seite den hübschen jungen Florentiner mit Teilnahme und ist eine lange Zeit, nicht ohne Gewissensbisse und Furcht vor ihrem Eheherrn, seine Geliebte gewesen. So genoß, wie in der schönsten Abenteuernovelle, der Bastard eines kleinen Kaufmanns die Tochter eines großen Königs.

Über alledem ließ Boccaccio das kanonische Recht unbehelligt in den Pergamentrollen schlummern und vom Lehrstuhl ertönen. Er trieb nach seiner Neigung Latein und Astrologie, im übrigen wandte er sich der heiteren Seite des Lebens zu und ward nach Kräften seiner Jugend froh. Er verfaßte in diesen Jahren, zumeist für seine Geliebte, eine unglaubliche Menge von Gedichten und mehrere Romane, von welchen heute niemand mehr redet. In diesen legte er seiner Dame den Namen Fiammetta bei, und noch manche Jahre später hat er in wehmütiger Liebeserinnerung diesen Namen einer von den Damen des Dekameron gegeben. Ohne Zweifel ist jene Zeit die heiterste und glücklichste in seinem Leben gewesen. Allein, wie wir sehen, daß auch den goldensten Tagen zu früh die Sonne sinkt, so nahm auch diese Lust zu ihrer Zeit ein Ende.

Im Jahre 1341 befahl der Vater seinem Sohne, nach Florenz zurückzukehren, und nach längerem Zögern machte dieser sich unmutig auf den Heimweg. Der Alte, für den Giovanni ohnehin keine allzu starke Zärtlichkeit empfand, hatte inzwischen auch noch eine gewisse Mona Bice Bostichi geheiratet, worüber der heimkehrende Sohn nicht eben erfreut war. Es geschahen jedoch weit schlimmere und wichtigere Dinge, über welchen er diese kleineren Sorgen vergaß. Es war die Zeit, in welcher der in Florenz so übel beleumdete Herr Gautier von Brienne, genannt Herzog von Athen, sich für eine kurze Zeit zum Tyrannen der Stadt emporschwang. Dieser war ein frecher Abenteurer und hatte im Solde der Republik gegen Pisa gedient, warf sich nun aber mit Hilfe des niedrigsten Pöbels zum Herrscher auf und schlürfte die Monate seiner Herrlichkeit zügellos wie ein Trunkener den letzten Becher. Die Stadt und das ganze Staatswesen drohten in Trümmer zu gehen.

Boccaccio, ein unbestechlicher Republikaner, hat das Schicksal des Herzogs von Athen, der mit Schimpf von der Bürgerschaft vertrieben wurde, in einer Abhandlung beschrieben. Nun schienen ihm allmählich die Zustände in Florenz und im väterlichen Hause so wenig erträglich, daß er schon im Jahre 1344 von neuem nach Neapel ging. Die Rechtsgelehrtheit hatte er schon früher aufgegeben. Und so genau er auch im Dekameron die Pest in Florenz geschildert hat, ist er zur Zeit derselben doch nicht daselbst gewesen, sondern in Neapel, wo freilich der schwarze Tod nicht weniger grauenhaft wütete. Es starb damals auch seine Geliebte Maria, und er widmete ihrem Tode zwar einige trauernde Verse, jedoch war seine ursprünglich so heftige Leidenschaft mit den Jahren erloschen. Es scheint außerdem, als habe Donna Maria ihn schon früher wieder fahren lassen, obwohl er in seiner Erzählung »Fiammetta« das Gegenteil darstellt. Nicht lange darauf starb auch sein Vater, und er mußte wieder nach Florenz zurückkehren.

Von da an erblicken wir sein Bild verändert; sein Leben verlief ohne heftige Erschütterungen, und er alterte als ein tüchtiger und angesehener Bürger. Im Alter von ungefähr 40 Jahren schrieb er sein unsterbliches Dekameron, und man könnte glauben, er habe alle seine Schalkhaftigkeit und fröhlich lachende Untugend darin liegen lassen. Nur noch einmal widerfuhr ihm eine bittere Liebesgeschichte. Er verliebte sich heftig in eine vornehme Witwe, welche ihm aber einen bösen Possen spielte. Nämlich sie stellte sich, als wäre sie geneigt, die Wünsche des Dichters zu erfüllen, und benutzte alsdann die erste Gelegenheit, ihm eine Nase zu drehen und ihn unter dem Hohngelächter all ihrer Bekannten und Freunde kläglich heimzuschicken. Das war Boccaccios letzte Liebe.

Im übrigen, da der Vater ihm eine kleine Erbschaft hinterlassen hatte, lebte er als ein stillgewordener Mann und widmete sich allerlei gelehrten Studien. Den Griechen Leontius Pilatus hatte er, um seine Sprache zu lernen, über zwei Jahre lang bei sich im Hause. Öfters übernahm er im Dienste der Stadt politische Aufträge und Ambassaden, unter anderem besuchte er dreimal als Gesandter den Papsthof zu Avignon. Mit großem Eifer forschte er dem Leben und den Schriften des Dante nach, den er ungemein verehrte. Mit dem etwas älteren Petrarca, welcher damals von sich selber und von jedermann für den größten lebenden Dichter gehalten wurde, pflegte er eine edle und herzliche Freundschaft und war untröstlich, als dieser im Jahre 1374 starb.

Aber das Leben dieses merkwürdigen Mannes, dessen Anfang ein Abenteuer und dessen erste Hälfte ein Hymnus der Liebe zu sein scheinen, verwandelte sich zum Schluß noch in eine fromme Posse. Noch als ein rüstiger Mann hatte er das Dekameron geschrieben, welches bald auf schalkhafte, bald auf leidenschaftliche Art dem Dienste schöner Frauen huldigt und über Mönche und Priester unerschöpflichen Hohn ergießt. Nicht gar viel später aber gelang es einem schwindelhaften Mönche, namens Ciani, ihn zu bekehren, und zwar vermittelst einer nicht einmal sehr durchtriebenen Bauernfängerei, und von da an hörte man ihn seine schönsten Werke nie anders denn als verwerfliche Jugendsünden und Verirrungen bezeichnen. Noch viel schlimmer aber und lächerlicher ist es, daß der vormalige Schalk und Weiberfreund in seinen älteren Tagen zu einem argen Frauenverächter ward und ein Buch mit dem Titel *Corbaccio* geschrieben hat, in welchem man, wenn man Lust hat, Hunderte von schimpflichen, grausamen, haßerfüllten und anklagenden Reden über die Weiber finden kann – dazu in einer Redeweise, welche an Unflätigkeit auch die kühnsten Stellen seiner früheren Werke zehnmal übertrifft. Das sollte seine Rache an jener grausamen Witwe sein; allein der Dichter tat damit, wie wir es oft sich ereignen sehen, nur einen Schnitt ins eigene Fleisch.

Eine späte Ehre ward ihm zuteil, indem er nach mannigfachen Studien und Reisen im Jahre 1373 zum öffentlichen Ausleger der Göttlichen Komödie des Dante zu Florenz ernannt wurde, wofür er jährlich hundert Goldgulden bezog. Diese Vorlesungen hielt er unter großem Zulaufe in der Kirche Santo Stefano bis kurz vor seinem Tode. Er starb am 21. Dezember 1375, zweiundsechzig Jahre alt, und wurde ehrenvoll bestattet. Die Liebe zu der großen Dichtung des Dante verlieh seinen späteren Tagen, trotz des bösen *Corbaccio*, noch eine gewisse ehrwürdige Glorie. Für die nachfolgenden Jahrhunderte aber ist er wieder der Geschichtenerzähler mit der Schelmenmiene geworden, und dem heutigen Geschlecht ist uns an einem einzigen Witz aus einer seiner Novellen mehr gelegen als an der ganzen Gelehrsamkeit und Ehrbarkeit seines ehrenvollen Alters.

Über die Dichtergröße des Boccaccio, welchen man gerne den dritten unter den großen italienischen Poeten nennt, steht in vielen Büchern viel geschrieben, was alles zu wiederholen nicht vonnöten ist. Er war unter denen, welche jemals kunstgerechte Novellen verfaßt haben, nicht nur der Erste, sondern indem er diese scheinbar geringe Kunst früher als irgendein anderer betrieben, ja eigentlich erfunden hat, übte er sie sogleich mit einer solchen Vollendung aus, daß er von keinem seiner unzähligen Nachfolger übertroffen oder auch nur erreicht werden konnte. Nicht weniger groß ist aber sein Verdienst um die italienische Sprache, welche er nicht etwa nur verschönert und ausgeschmückt, sondern in gewissem Sinne eigentlich neu geschaffen hat. Denn obwohl schon lange vor ihm der Florentiner Dante das größte und schönste italienische Gedicht verfaßt hat, war doch das Gebiet der Erzählung und die Prosasprache überhaupt noch von keinem mit einiger Kunst gepflegt worden, indem die Gelehrten häufig lateinisch geschrieben hatten. Die mündliche Sprache des Volks, welche in Florenz mit besonderer Schönheit und Reinheit gebraucht wird, hat Boccaccio als der erste in seinen Erzählungen mit ihrer natürlichen Anmut und Mannigfaltigkeit verwendet und zugleich mit so großer Kunst gepflegt, daß sie in seinen Händen sich in etwas ganz Neues und Herrliches verwandelte.

In den Büchern des Dekameron zu lesen, ist für einen, welcher seine Lust an einer schönen und lebendigen Sprache hat, nicht anders als ein Wandeln unter blühenden Bäumen und als ein Baden in einem reinen Gewässer. Die Worte klingen so frisch, als wären sie soeben erschaffen und vorher noch in keinem Munde gewesen; in jedem kleinen Satz springen klare, lachende Quellen auf, und die Sätze tanzen bald leicht und zierlich, bald rollen sie tönend und wohllaut hin. Vielen will es scheinen, es habe Boccaccio zuweilen seiner Sprache Gewalt angetan, und es mag ein wenig Wahrheit daran sein. Während er die Worte aus der Sprache des Volkes von Gassen und Märkten nahm, bildete er hinwieder den Bau seiner Perioden vornehmlich nach dem Muster der römischen Redner und Autoren, zumal des Cicero, den er ungemein verehrte.

Dadurch mag vielen, auch wenn sie der heutigen italienischen Sprache mächtig sind, das Lesen des Dekameron ein schweres und mühsames Werk erscheinen. Allein es ist nicht nur der Anfang dieses Buches der langen Perioden wegen schwieriger zu lesen als die Folge, sondern es pflegen ohnehin nach einigen Versuchen die meisten an dieser Sprache ein solches Gefallen zu finden, daß sie schnell einige Übung darin erlangen. Und vornehmlich darf derjenige, welchem etwa das Lesen des Dante zu schwerster Mühsal gereichte, so daß er ermüdet davon abließ, durchaus nicht fürchten, hier auf dieselben Schwierigkeiten zu stoßen. Kurzum, wer einigermaßen Italienisch versteht, möge sich nicht scheuen, das Dekameron im originalen Texte zu lesen.* Sobald er nur einige Übung erlangt hat, wird ihm über den Seiten dieses Buches sein, als höre er Vögel zwitschern, Kinder lachen und Wasser rauschen, eine solche innere Kraft und freudige Lebensfülle ist in dieser Sprache verborgen.

---

* Wodurch aber niemand von der Lektüre einer Übersetzung abgeschreckt werden soll! Vor den zahlreichen verkürzten und verstümmelten Ausgaben aber sei dringend gewarnt! Das Dekameron muß notwendig unverkürzt gelesen werden. Zur Zeit ist die einzige vollständige, übrigens ganz vortreffliche deutsche Übersetzung die von Schaum, deren neue Ausgabe in drei Bänden 1903 im Insel-Verlag in Leipzig erschienen ist. [Anm. H. H.]

Was das Dekameron als Dichtung anbelangt, so ist es überaus merkwürdig zu sehen, wie alle Kräfte und Vorzüge des Dichters, welcher ja auch eine nicht geringe Zahl von anderen Werken geschrieben hat, in diesem einen Hauptwerke sich schön und harmonisch vereinigen. Die früheren, vor allem in Neapel entstandenen Dichtungen des Meisters handeln fast ohne eine einzige Ausnahme von der Liebe, und die Erzählung »Fiammetta« ist bei weitem die schönste unter ihnen. Jedoch Boccaccio weiß in allen diesen Dichtungen nichts anderes darzustellen als seine eigenen Gefühle und Liebesgedanken, ohne genügende Mannigfaltigkeit, und die Verse, soweit es sich um solche handelt, sind mit großem Fleiß, aber geringer Erfindungskraft dem Muster des Petrarca nachgeformt, wie denn stets die jungen Poeten solche Berühmtere nachzuahmen bestrebt waren. Von diesen Dichtungen erwecken mehrere eine Ahnung von seinem späteren Werk, als habe die Idee desselben ihm schon längere Jahre am Herzen gelegen.

Aber wie ein frischer und tüchtiger Mann erst in den Jahren der völligen Reife die schwere Kunst des Lebens lernt, die darin besteht, daß der einzelne Mensch seine Schicksale und Gefühle gleich der Welle im Meer ansehen und mit heiterer Bescheidenheit im größeren Leben der Gesamtheit verbergen kann, so besann sich auch dieser Boccaccio erst in späteren Jahren, als schon die Leidenschaft seiner Jugendzeit verglommen war, auf alle seine Kräfte. Was er von Kind auf, aus seiner Bastardkindschaft her, und alsdann in Florenz und Neapel und auf manchen Reisen erfahren hatte, wurde nun zu plötzlicher Klarheit erhoben und im stillen entbunden. Nicht weniger die Leiden und die Wollust der Frauenliebe als der Zauber des Reisens und Schauens, die Erlebnisse und Sitten der Studenten ebenso wie die Sorgen und Plagen der Kaufleute, die Gewohnheiten, Tugenden und Laster derer, die bei Hofe und die in der Wechselbank und die auf den Märkten oder zu Schiffe leben und ihr Brot zu erwerben suchen, die Eigenschaften der Narren wie der Weisen, die Lebensart der Priester, der Richter, der Soldaten, der Seefahrer, der Frauen, der Dirnen sowie alles Ernste, Schöne, Seltsame, Lächerliche und Traurige des menschlichen Lebens, soweit nur jemals ein Mensch es erfahren und beobachtet hat – dieses alles zog er nun aus seinem Gedächtnis hervor.

Gewiß sind von den hundert Erzählungen des Buches Dekameron nur sehr wenige von Boccaccio selbst erfunden worden. Vielmehr hatte er die einen erzählen hören, die anderen selbst erlebt oder sich zutragen sehen, andere auch aus alten Sagen und Liedern und Fabeln genommen. Nur ein Tor möchte wünschen, er hätte sie alle selbst sich ausgedacht. Im Gegenteil ist es einer der größten Vorzüge des Dekameron, daß es gleich einem Speicher oder Juwelenschrank die Erfahrungen und Schicksale unzähliger Menschen und Zeiten in sich beschlossen hält. Viele von den Geschichten kamen aus dem Morgenlande, aus Griechenland und aus Frankreich, Spanien und Germanien her, viele sind schon sehr alt gewesen, andere wieder erst von gestern. Daß aber ein einzelner Mann diese zahllosen kleinen Stücke in seinem Gedächtnis gesammelt, alsdann geordnet und verbessert und am Ende zu einem großen, wundervollen Ganzen zusammengesetzt hat, dazu in einer von ihm selbst geschaffenen, vollkommenen Sprache – und das Ganze so ebenmäßig, rein und klar und in sich selber einig, als wäre alles am selben Tag und aus demselben Geist entstanden –, dieses ist, so oft man es auch betrachte, ein fast unbegreifliches Wunder. Begebenheiten und Lehren, Späße und weise Erfahrungen, die eine uralt, die andere frisch von der Gasse, die eine von Hofe, die andre aus dem Bettelvolk, die eine arabischen, die andre deutschen, die dritte französischen Ursprungs, lustige und klägliche, edle und gemeine, diese alle zusammen zu einem einzigen prächtigen Werk vereinigt, aneinandergefügt und wie die Steine eines Geschmeides jede die Nachbarin hebend und verzierend, und dennoch jede einzelne bis in die geringsten Teile mit aller Kunst und Sorgfalt ausgebaut und zur Vollkommenheit gebracht! Wahrlich, wenn Boccaccio in seinem Leben eine große Torheit und Sünde begangen hat, so war es, als er sein unsterbliches Werk selber als eine müßige und leichtfertige Jugendarbeit und Verirrung verleumdete.

Allerdings genoß er zu seinen Lebzeiten den meisten Ruhm nicht um der Novellen, sondern um seiner gelehrten Werke willen, von welchen heute nur noch die *Vita di Dante* einigen Wert hat. Dennoch zählte er zu den unterrichtetsten Männern seiner Zeit, und indem er einen schönen lateinischen Stil schrieb, sich sehr um die alten Autoren bemühte und auch die damals nur wenig gepflegte Kenntnis des Griechischen auszubreiten bestrebt war, hat er ebenso wie Petrarca einen ruhmvollen Anteil an der Begründung des italienischen rinascimento.

Von der Beschaffenheit, Einrichtung und Konstruktion des Dekameron will ich später sprechen. Über das Schicksal desselben ist wenig zu sagen, als daß es – unendlichen Anklagen und Verleumdungen zum Trotze – schon nach kurzer Zeit über mehrere Länder verbreitet war, auch seither in vielen Übersetzungen und Hunderten von Ausgaben immer wieder gedruckt worden ist. Unglücklicherweise ist keine Handschrift der Novellen von der eigenen Hand des Boccaccio erhalten geblieben, und lange Zeit wurde mit dem Text so nach Willkür umgesprungen, daß es erst später fleißigen Gelehrten gelang, ihn so ziemlich wieder auf den Status quo ante zu bringen.

Das Dekameron hat häufige Wiedergeburten im Geiste anderer großer Dichter und Künstler gefeiert. Gleichwie in dem Schauspiel »Nathan der Weise« die dritte Novelle, von den drei Ringen, eine neue Gestalt annahm und wieder Tausende erfreute, so haben früher und später viele andere, vor allem Shakespeare, aus dem Schatz des Florentiners geschöpft, dessen Spuren in zahlreichen Dichtungen aller Völker zu finden sind. Nicht weniger haben die Zeichner und Maler sich an ihm vergnügt und viele seiner Novellen in Bildern dargestellt; und noch im Jahre 1849 hat der britische Malermeister Millais aus der Novelle vom Basilikumtopf (Tag 4, Novelle 5) eine Szene in einem berühmten Gemälde abgebildet.

Der vielen anstößigen Stellen wegen hat man schon früh des öfteren sogenannte verbesserte und purgierte Ausgaben veranstaltet. Was in solchen Fällen, zumeist von geistlichen Herren, am Text verballhornt und geschändet worden ist, läßt sich leicht denken. Dabei kümmerte man sich übrigens wenig um die derben und heiklen Stellen, sondern vor allem um jene, in welchen Boccaccio der Geistlichkeit unliebsame Wahrheiten gesagt hat. Einmal, ums Jahr 1570, wurden zu Florenz vier Herren ernannt zu der Aufgabe, das Dekameron endgültig von allen gegen die Satzungen der Kirche verstoßenden Stellen zu säubern. Da wurden, wo immer es nötig schien, aus den Mönchen Bürger und Ritter, aus den Nonnen Edeldamen gemacht, zwei von den Novellen wurden zu einem mysteriösen Unsinn verbessert, und als nach langer Mühe die Ausgabe vollendet war, zeigte es sich, daß den Herren eine der heitersten Geschichten durch die Finger geschlüpft war, und jenes Dekameron hatte statt hundert nur neunundneunzig Novellen. Außerdem ist das Buch häufige Male »für die Jugend« ediert worden und wird es in Italien »per giovani modesti« heute noch.

Besonders schlimm erging es ihm mehr als hundert Jahre nach seines Verfassers Tod, zur Zeit des wohl- oder übelbekannten Savonarola. Dieser wütende und vermutlich geisteskranke Mönch, welcher nach Kräften dazu beitrug, Florenz und Italien dem Untergang näherzubringen, hat außer einer Menge von anderen schönen Dingen auch sehr viele Exemplare des Dekameron öffentlich verbrennen lassen.

Wo jedoch eine kräftige Quelle aus der Erde gebrochen ist, hat das Verbauen und das Exorzieren niemals viel geholfen, und es ist schwerer, etwas geistig Lebendiges zu töten, als etwas Totes wieder zum Leben zu bringen. So hat denn auch Boccaccio manche Zeitgenossen und Nachfolger gehabt, deren erloschenen Ruhm die Gelehrten mit unsäglichen Mühen bis auf heute herübergeschleppt haben, indessen er selber inmitten aller Keulenschläge am Leben blieb und heute noch den gleichen Glanz und Zauber hat wie seinerzeit.

Indem ich dieses schreibe, träumt mir von einem Zypressenbaum am Hügelabhang zwischen Vincigliata und Settignano, wo ich vor Zeiten zum erstenmal, im Grase liegend, das köstliche Buch genoß. Es lief ein lauer Wind talab, mit Blütenduft von Limonen und Mandeln beladen, es lag ein süßes Licht über Florenz und allen Bergen, und es sang aus einem fernen Garten eine welsche Laute herüber, allein ich sah es nicht und hörte es nicht; ein süßerer Duft und ein viel köstlicherer Klang stiegen mir aus den gelben Blättern des alten Buches zu Häupten.

Das Buch Dekameron ist auf eine solche Art eingerichtet, daß seine hundert Novellen an zehn Tagen von zehn jungen und edlen Leuten erzählt werden, und darunter sind sieben Mädchen und drei Jünglinge. Auf diese Weise kommt daher jede Novelle nicht aus unbestimmter Ferne, sondern frisch aus dem Munde eines jungen Erzählenden zu uns her geklungen. Und überdies ist also diese Zahl von hundert Geschichten und Schwänken von einer lebendigen Erzählung umflochten, hat auch jeder von den zehn Tagen seine besondere Art und Färbung.

Die Erfindung des Boccaccio ist diese: Zur Zeit des Schwarzen Todes, welcher die Stadt Florenz im Jahre 1348 heimsuchte, waren in dieser Stadt alle früheren Ordnungen und Gewohnheiten vollkommen aufgelöst. Es lagen in den Häusern, auf den Treppen und vor den Türen, ja in allen Gassen da und dort teils Tote, teils Todkranke umher, und die Gefahr der Ansteckung war so groß, daß Eltern und Kinder, Brüder und Schwestern einander flohen und die Erkrankten einsam und ohne Pflege dahinsterben ließen, welche Zustände Herr Boccaccio im Beginn seines Buches mit der größten Genauigkeit und Sichtbarkeit uns schildert. Bei solcher grausamen Verwirrung und Schrecknis trafen sich eines Morgens sieben junge Damen in der herrlichen Kirche Santa Maria Novella, welche zwar damals noch der berühmten Wandmalereien des Ghirlandajo entbehrte, aber auch schon zu jener Zeit eine der schönsten Kirchen von Florenz gewesen ist.

Diese sieben, da sie sich unter gemeldeten Umständen nicht allein in beständiger Todesgefahr, sondern auch jeglicher Freude und Lustbarkeit durchaus beraubt sahen, beschlossen auf den Rat der Pampinea, welche die älteste von ihnen war, sich in Gesellschaft auf das Land zu begeben und dort einige Zeit in Ruhe und heiteren Gesprächen zu verweilen, wobei sie die gegenwärtige Trauer und Bangnis ein wenig vergessen könnten. Und siehe, während sie noch über einige etwa passende Begleiter und über den Ort ihres Aufenthaltes beratschlagten, traten drei edle Jünglinge in dieselbe Kirche, von welchen jeder in eine unter diesen Damen verliebt war. Ihnen eröffnete Pampinea, welche mit einem derselben verwandt war, ihr Vorhaben und forderte sie auf, als Führer und Kavaliere mit ihnen zu kommen; und sogleich waren die jungen Herren, wie man sich denken kann, von Herzen gern dazu bereit. Auch diejenigen von den Mädchen, welche anfänglich einige Scheu gehabt hatten, freuten sich nun darüber, denn es war sogleich vereinbart worden, daß Sitte und Ehrbarkeit in jeder Weise gewahrt blieben.

Also begab sich diese hübsche und fröhliche Gesellschaft edler junger Leute aus der Stadt und hatte die Wahl des Aufenthaltes zwischen gar vielen Landsitzen, denn infolge der Pest stand auch auf dem Lande alles leer und verlassen. Nur zwei Meilen weit vor den Toren fand sich denn auch auf einem Hügel gelegen ein Palast in der schönsten Umgebung, von Blumenmatten, wohlriechenden Gebüschen und Bäumen und fließendem Wasser umkränzt, mit Garten, Hof und Brunnen; auch waren Säle, Kammern und Keller wohl versehen. Hier ließen sie sich mit großem Vergnügen samt ihrer mitgebrachten Dienerschaft nieder, und der Jüngling Dioneus war der erste, welcher allen vorschlug, die Sorgen in der Stadt zu lassen und sich, solange es ihnen gefiele, heitere Tage zu machen.

Alsbald schien es ihnen, auf den Rat der Pampinea, gut, daß an jedem Tage einer aus der Gesellschaft zum Könige ernannt würde, welcher die übrigen samt der Dienerschaft zu beherrschen und alles zum Wohlbehagen und zu guter Unterhaltung Dienliche anzuordnen habe. Und es wurde für diesen ersten Tag als Königin die Pampinea gewählt. Diese wieder bestimmte einen aus der Dienerschaft zum Seneschall, andere zum Aufwarten, zum Kochen und zu sonstigen Diensten, wie in einem wohleingerichteten Hofstaat. Hierauf begab sich jedermann, wohin er wollte, und betrachtete die schönen Gärten, Säle, Lauben, Wiesen, Brunnen und Quellen, bis es Zeit zu Tische war. Die Tafel war voll von trefflichen Speisen und ganz mit Ginsterblüten bestreut, es fehlte nicht an blanken Gläsern noch an Handwasser und weißem Linnengedeck. Nach der Mahlzeit aber suchte jeder sich einen Ort zur Ruhe und schlief eine Weile, bis die Königin aufs neue alle zusammenberief und auf einen schattigen Rasenanger führte. Nachdem sie ein wenig getanzt und gesungen hatten, standen wohl Schach- und Damebretter und genug andere Spiele bereit, allein der Königin und auch allen anderen schien es unterhaltsamer und erfreulicher, daß jeder eine Geschichte, die er wisse, vortrage. So erzählte also jeder eine nach seinem Belieben, und am Ende der zehn Novellen war es Abend geworden, und sie beschlossen diesen ersten Tag damit, daß Emilia eine schöne Canzone sang, während Lauretta einen Tanz dazu aufführte, von Musikinstrumenten begleitet.

Darauf übertrug die Königin ihr Regiment an Philomena, und diese hübsche und kluge junge Dame ordnete an, es sollten am Tage ihrer Regierung solche Geschichten erzählt werden, in welchen einer aus großem Unheil unerwartet doch noch entrinnt und ein glückliches Ziel erreicht. In einer ähnlichen Weise verliefen alle zehn Tage und zwar in dieser Ordnung:

Erster Tag: Unter der Königin Pampinea erzählt ein jeder, was ihm beliebt und einfällt.

Zweiter Tag: Unter der Königin Philomena werden die Schicksale solcher vorgetragen, welche unerwartet aus großem Unheil zu neuem Glücke hervorgingen.

Dritter Tag: Unter der Königin Neiphile spricht man davon, wie einer durch Scharfsinn ein ersehntes Ziel erreichte oder etwas Verlorenes zurückgewann.

Vierter Tag: Unter dem König Philostratus redet man von Verliebten, deren Liebe ein tragisches Ende nahm.

Fünfter Tag: Unter der Königin Fiammetta werden Geschichten erzählt, in welchen Liebende nach allerlei Hindernissen und Unfällen doch noch zum Glücke gelangen.

Sechster Tag: Unter der Königin Elisa ist die Rede von schnellen und witzigen Aussprüchen, Antworten und Neckereien.

Siebenter Tag: Unter dem Könige Dioneus werden Streiche erzählt, welche Ehemännern von ihren Weibern gespielt wurden.

Achter Tag: Unter der Königin Lauretta spricht man von Streichen und Possen, welche sowohl Eheleute wie beliebige andere Personen einander gespielt haben.

Neunter Tag: Unter der Königin Emilia trägt ein jeder vor, was ihm behagt.

Zehnter Tag: Unter dem König Pamphilus ist die Rede ausschließlich von Taten des Edelmutes und der Hochherzigkeit.

Außerdem, daß jede dieser hundert Novellen durch die Art und Person dessen, der sie erzählt, einen besonderen Ton und eine eigene Art von Anmut gewinnt, sind die Erzählungen untereinander noch auf vielfache und zierliche Weise verbunden. Denn indem zumeist über die soeben vorgetragene Novelle sich ein kürzeres oder längeres Gespräch in der Gesellschaft entspinnt, knüpft alsdann der nachfolgende Erzähler fast immer an dieselbe an und bringt eine Historie zum Vortrag, welche das angeschlagene Thema von einer neuen Seite beleuchtet und deutlicher macht, jedoch ohne daß hierdurch jemals der Anschein der Eintönigkeit erweckt würde. Denn bei mancher Ähnlichkeit des Themas ist dennoch jede von diesen Novellen von allen anderen scharf unterschieden, und es gibt keine zwei darunter, die man so leicht miteinander verwechseln könnte. Nächstdem aber ist jeder Schatten von Gleichförmigkeit auch noch durch andere feine Künste vermieden worden, indem z.B. Dioneus, welcher der Hauptspaßvogel der Gesellschaft ist, stets mit völlig unerwarteten neuen Einfällen dazwischentritt, auch allerlei Anspielungen und Neckereien zwischen den Erzählenden vorfallen.

Dazu kommt, daß jeder von den zehn Tagen seine eigene Geschichte hat, mit allerlei kleinen Zwischenfällen, so daß wir außer den täglich erzählten zehn Geschichten auch die übrigen Beschäftigungen und Lustbarkeiten der Gesellschaft erfahren. Daneben ist der Ort, an welchem sie sich aufhält und welchen sie zwischenein auch wechselt, mit Hainen, Teichen, Bächen, Blumen, Wild und Fischen stets auf das Anmutigste und Lebhafteste geschildert, wodurch im Gemüt des Lesenden teils ein fortwährendes Behagen, teils auch eine milde, angenehme Sehnsucht nach solchen auserlesen köstlichen Gegenden erregt wird. Denn der Dichter hat dieselben zwar einigen Örtern ähnlich gebildet, welche man in der Nähe von Florenz und namentlich im Tal des Mugnone antrifft, allein dennoch hat er sie in solcher Art geschmückt und dargestellt, wie es nur ein wahrer Künstler vermag, so daß sie alle etwas Verschöntes und wahrhaft Paradiesisches an sich tragen.

So ist denn unter den zahlreichen Büchern, in welchen ein Einzelner viele verstreute Erzählungen gesammelt hat, in aller Welt kein einziges, welches irgendwie an Schönheit und Kunst dem Dekameron vergleichbar wäre. Der es seinerzeit geschrieben hat, tat es zum Trost der unglücklichen Liebenden und vornehmlich zum Erfreuen der Frauen, welchen denn auch das ganze Werk in einem vortrefflichen Prolog zugeeignet ist.

Man hört gar häufig sagen, das Dekameron sei ein unanständiges und verwerfliches Buch. Und diejenigen, welche dies sagen und gerne predigen, sagen es zum Teil nach dem bloßen Hörensagen, zum Teil aber kennen sie das verwerfliche Buch sehr gut und lesen es in der Stille häufig. Was nun die Unanständigkeit betrifft, welche stets in Büchern viel heftiger als im Leben bekämpft wird, so kann und mag ich sie keineswegs leugnen. Als ich einstmals in demselben Tal des Mugnone, wo es seinen

Schauplatz hat, das Dekameron in einem schönen Frühlings-
monat ganz durchlas, pflegte ich der Wärme wegen frische Limonen dazu zu speisen. Und nun hatte ich die Gewohnheit, daß
ich bei jeder Novelle, die mir unanständig erschien, einen Li-
monenkern in meine Tasche steckte, und als ich ganz zu Ende
gelesen hatte, zählte ich neununddreißig solche Kerne. Hiernach
wäre denn etwas mehr als ein Drittel des Dekameron von unan-
ständiger Beschaffenheit.

Obwohl ich glaube, daß gerade diese neununddreißig Novellen
zu den schönsten und ergötzlichsten gehören, will ich doch den
Inhalt derselben nicht zu verteidigen unternehmen. Es ist eine
Ordnung der Natur, daß die Menschen gleich anderen lebenden
Geschöpfen ihre Art nicht (wie manche Pflanzen tun) sich durch
Knollen fortsetzen, sondern in zwei Geschlechter zerfallen,
woraus beiden Teilen ebensowohl viel Vergnügen als häufiger
Kummer entsteht. Und es ist eine andere Ordnung (diese jedoch
nicht von der Natur), daß die meisten wohlgesitteten Menschen
diese natürlichen Dinge zwar billigen und ihren Gesetzen folgen, aber durchaus nicht davon gesprochen wissen wollen. Und
auch noch viele, welche mündlich nicht selten davon zu sprechen und zu hören pflegen, sehen es doch in gedruckten Büchern nicht gerne.

Unser Novellenbuch hat das Bestreben und die Eigenschaft, ein
Spiegel des wirklichen Lebens zu sein. Wie ich für sicher glaube,
hat wohl an der Hälfte aller wichtigen menschlichen Begebnisse,
Leidenschaften, Schicksale, Freuden und Leiden das Verhältnis
der Geschlechter großen Anteil. Wenn nun das Geschichten-
buch des Boccaccio nur zu einem Drittel von solchen Stoffen
handelt, ist es also doch immer noch um ein Erkleckliches an-
ständiger und schamhafter als das Leben selber. Außerdem sind
diese Stoffe von den Erzählern teils so zart und mit guten Nutz-
anwendungen vorgetragen, teils so fein und erheiternd mit Witz
und Wortspiel verziert, teils auch so burlesk und drollig, daß
ihnen die natürliche Gemeinheit zum guten Teil genommen ist
und daß sie bei gesunden und vernünftigen Lesern gewiß keinen
Schaden anzurichten vermögen. Dazu kommt, daß neben diesen
anderen so viele Geschichten voll Reinheit und Edelsinn stehen,
ja auch unter denen, welche ausschließlich von der Liebe handeln, finden sich nicht wenige Beispiele von seltener Keuschheit,

Treue und Ehrbarkeit. Überdies war der Meister ehrlich genug, jeder Geschichte ihren kurzen Inhalt in Überschriften voranzustellen, so daß, wer gewisse Dinge verabscheut, die davon handelnden Novellen ungelesen überschlagen kann.

Ein besonderer Vorwurf wird ungerechterweise dem Dekameron darüber gemacht, daß die einzelnen Geschichten von Erzählern beiderlei Geschlechts berichtet werden und daß die jungen Damen nicht nur manche derbe Posse mit anhören, sondern auch selbst solche erzählen. Mir ist zwar nicht bekannt, weshalb die Frauen so viel mehr als die Männer vor jenen Dingen Scheu haben sollten, auch kann man jeden Tag sehen, daß dem in Wirklichkeit nicht so ist; dennoch hat auch hierfür der Meister sich fein und deutlich entschuldigt, indem fast jede Novelle im Beginn oder am Schluß einleuchtend erklärt, warum und in welcher Absicht sie erzählt sei. Die Einführung der Erzählungen heiklen Inhalts hat Boccaccio auf eine ungemein heitere und kluge Weise gegeben. Unter den drei Jünglingen der Gesellschaft befindet sich einer namens Dioneus, ein Witzemacher, Spötter und Schalk vom reinsten Wasser. Dieser nun ist der erste, welcher am ersten Tage es wagt, eine sogenannte saftige Geschichte vorzutragen, und er behält sich das Recht vor, ohne Zwang jedesmal gerade das zu erzählen, was er im Augenblick besonders unterhaltend fände. Dieser Dioneus fährt denn auch stets, ohne sich sonderlich an das vorgeschlagene Thema zu halten, in der begonnenen Art fort, und unter den zehn von ihm erzählten Novellen sind nur zwei, die nicht anstößig wären, und auch von diesen beiden ist noch die eine, obwohl frei von Liebesabenteuern, voll von anderen kräftigen Scherzen und Spöttereien.

Die erste von Dioneus erzählte Posse, worin ein Mönch sich in die Liebe einer Dirne mit dem Abte teilt, erregt bei den Damen Erröten und Schelten. Allmählich wagen es nun auch die beiden anderen Jünglinge, ähnliches vorzutragen, bei den Mädchen überwiegt bald das Gelächter den Unwillen, und nach und nach entschlüpft auch ihnen da und dort eine derbe Historie, bis am Ende die Scheu ganz überwunden ist und alle ihren natürlichen Eingebungen folgen, so daß zuletzt auch von den Damen jede wenigstens eine oder zwei derartige Anekdoten zum besten gegeben hat. Dioneus freilich bleibt hierin obenan, nicht nur, was die Anzahl, sondern auch, was die Stärke seiner Possen betrifft.

Welcher Novelle in dieser schlimmen Hinsicht der Vorrang ge-
bühre, mag jeder für sich entscheiden. Aber auch davon abgesehen, daß alle diese von der sinnlichen Liebe handelnden Stoffe
mit vieler Schönheit und Kunst vorgetragen werden, sind Reden
und Benehmen der zehn jungen Leute im übrigen so ehrbar und
tadelfrei, daß man wohl sehen kann, wie Reden und Tun zweierlei Dinge sind und wie Freimütigkeit sich mit guter Sitte sehr
wohl verträgt. Darin könnte sogar mancher von den Erzählern
der hundert Novellen viel Nützliches lernen.
Im Ernst möchte ich keinem klugen Leser raten, die unanstän-
digeren Novellen des Dekameron völlig zu überschlagen. Wer
selbst von guter und reinlicher Natur ist, wird gewiß das wirklich Unsäuberliche von selber liegen lassen. Davon abgesehen,
offenbart sich aber gerade in einigen der derberen Geschichten
die Art des Boccaccio am besten, so daß man in ihnen ebenso die
große Anschaulichkeit und Wahrheit der Darstellung wie die
Lebendigkeit der Sprache bewundern muß. Es sind von alters
her die Florentiner in Witzworten, Anspielungen und schalk-
haften Wendungen der Rede sehr geübt gewesen und sind es
auch heute noch in hohem Grade. Da nun Boccaccio in jenen
Anekdoten und Possen durchaus dieselbe Sprache redet wie das
florentinische Volk auf der Gasse, zeigen dieselben ihrem Inhalt
zum Trotz häufig eine Anmut und Natürlichkeit, welche fast nie
von anderen Schriftstellern erreicht wurde.
Wer noch weiteres zur Verteidigung des armen Giovanni gegen
fromme Vorwürfe für notwendig hält, möge seine eigenen
Rechtfertigungen lesen, welche am ausführlichsten in der Einleitung sowie in der Vorrede zum vierten Tage und im Epilog
sich finden. Wohl dem, der dessen nicht bedarf und sich frohen
Herzens des dargebotenen reichen Genusses erfreut!
Übrigens sind die Novellen des Boccaccio vor Zeiten keineswegs vornehmlich deshalb so getadelt worden, weil sie öfters in
freimütiger Weise von den Vergnügungen der Liebe handeln;
denn von diesen Dingen wurde in jenen Zeiten viel natürlicher
und freier gesprochen, als es heute Sitte ist, wo man zwar in allen
Verderbtheiten große Übung hat, aber davon zu reden sich gewaltig scheut. Auch ist sowohl die deutsche wie die englische
Literatur der älteren Zeit reich an Unflätereien, neben welchen
die bösesten Stellen des Boccaccio noch wie Gebete klingen.

Vielmehr zielten die vielen Anklagen damaliger Zensoren fast ausschließlich darauf, daß im Dekameron häufig, wie man meinte, die heilige Religion und Kirche angetastet und verhöhnt werde. In dieser Hinsicht ist nun freilich die heutige Zeit weniger eilig zum Verdammen geneigt.

In Wirklichkeit findet man in dem ganzen Werke keine noch so kleine Stelle, welche wider die Religion gerichtet wäre oder die Absicht hätte, sie zu verspotten. Im Gegenteil ist öfters von göttlichen Gesetzen und vom christlichen Glauben in den aufrichtigsten und gläubigsten Ausdrücken die Rede. So wird auch von der Gesellschaft der Zehne jedesmal der Freitag und Samstag mit Strenge gefeiert, und an diesen Tagen hören wir weder von Geschichtenerzählen noch von sonstigen Lustbarkeiten. Was aber uns heute billig und gerecht erscheint, damals jedoch zu großer Verdammung gereichte, das ist der Umstand, daß Boccaccio bei jeder Gelegenheit von Priestern, Mönchen und Nonnen, auch von Äbten, Bischöfen, Prioren und hohen geistlichen Herren mit der kühnsten Freimütigkeit gesprochen hat. Er tat dieses teils, indem er die unanständigen und lasterhaften Handlungen, wenn er solche berichtet, fast immer solchen Klerikern in die Schuhe schob, teils redete er aber auch unverhüllt in den strengsten und heftigsten Ausdrücken über Priester und Mönche. Von diesen sagt er, außer an vielen anderen Orten, in der siebenten Novelle des dritten Tages:

»Sie schreien über die Üppigkeit gegen die Männer, damit, wenn sie diese sich vom Halse geschafft haben, die Weiber für die Schreier zurückbleiben. Sie verdammen den Wucher, damit sie, wenn der Sünder durch ihre Hände den ungerechten Gewinst zurückerstattet, sich vorher daraus die weitesten Kutten machen lassen und Bistümer und Prälaturen kaufen können. Sie predigen lauter Gutes – aber warum? Damit sie selbst das tun können, was, wenn sie es den Weltlichen nicht verböten, sie nicht tun könnten! Wenn du den Weibern nachläufst, so kann der Frater nicht bei ihnen ankommen. Wenn du nicht geduldig bist und Beleidigungen vergibst, so darf der Frater es nicht wagen, dir ins Haus zu dringen und deine Familie zu beschmutzen. Ich habe in meinem Leben Tausende von ihnen gesehen, welche nicht allein weltliche Frauen, sondern auch solche aus den Klöstern liebten, verführten und besuchten, und das waren jene, die den meisten Lärm auf den Kanzeln machten.«

Von den allerhöchsten Kirchenfürsten aber handelt die von Neiphile erzählte zweite Novelle des ersten Tages. Nämlich einem reichen und redlichen jüdischen Kaufmann zu Paris, namens Abraham, legt sein Herzensfreund dringlich nahe, er möchte doch die Taufe nehmen und Christ werden, um nicht der ewigen Seligkeit dereinst ledig zu bleiben. Der Jude, als ein sehr verständiger Mann, sieht dessen Richtigkeit wohl ein und beschließt, nach Rom zu reisen und daselbst des Papstes und der Kardinäle Art und Sitten wohl zu beobachten, ob sie wirklich als die Hüter und Verkündiger eines so erhabenen Glaubens zu schätzen seien. Vergebens sucht der erschrockene Freund, welcher allzuwohl weiß, wie es in Rom aussieht und zugeht, ihn abzuhalten. Abraham besteht auf seinem Entschluß und zieht nach Rom, und was er dort zu sehen bekommt, ist Laster über Laster, Habgier, Herrschsucht, Neid, Wollust, Unflat und derlei mehr. Allein der kluge Jude, da er endlich wieder nach Paris heimkehrte, läßt sich zum unendlichen Erstaunen seines Freundes trotzdem taufen. Denn, sagt er, wenn der Papst und alle seine Oberhirten und Unterhirten seit langer Zeit alle statt Gott dem Teufel dienen und sich Mühe geben, Christi Lehre in den Kot zu treten, diese aber dennoch besteht und lebt und sich ausbreitet, so muß sie wahrlich von Gott sein, sonst wäre sie längst umgebracht und von der Erde verschwunden.

Ich weiß nicht, ob diese Anekdote jemals dem Doktor Luther zu seiner Zeit bekannt worden ist. Wenn er sie aber gehört hat, so weiß ich gewiß, daß er seine große Lust daran gehabt hat.

Zum Schönsten und Holdesten, was im Dekameron, ja überhaupt bei irgendeinem berühmten Dichter zu finden ist, zählen jene Novellen, in welchen die Schicksale tragischer Liebe, und jene, in welchen Taten des Edelsinns und der Seelengröße berichtet werden. Schon Petrarca, welcher im übrigen kein großer Bewunderer des Dekameron war, hat an einer derselben (es ist die letzte Novelle, die zehnte des zehnten Tages) ein solches Gefallen gefunden, daß er sie nicht bloß jedermann und immer wieder erzählte, sondern sie auch, zum Zwecke weiterer Verbreitung, selber ins Lateinische übersetzt hat. Nicht minder schön und rührend ist jene schon erwähnte Erzählung vom Basilikumtopfe, handelnd von der Liebe und dem Tode zweier unschuldiger junger Leute, welche nicht nur jenes Bild des Malers Millais, sondern auch eine schöne Dichtung, verfaßt von dem Engländer Keats, veranlaßt hat.

Vielleicht das Zarteste und Edelste aber, das man sich nur ersinnen kann, ist die Geschichte, welche am fünften Tage Fiammetta erzählt, von dem jungen Edelmanne Federigo Alberighi und seinem Falken. Es würde mir eine Sünde scheinen, diese Novelle anders als mit des Boccaccio eigenen Worten wieder zu erzählen, wozu hier nicht der Ort ist. Diese Erzählung stellt, ohne ein einziges überflüssiges Wort, eine edle und treue Liebe dar, welcher kein Opfer je zu groß ist, und ist mit einer so feinen, wehmütigen Einfalt erzählt, daß es schwerlich sonst je einem Dichter gelungen ist, mit so bescheidenen Worten das Herz des Zuhörers so mächtig zu ergreifen.

Ungemein lieblich erscheint mir auch der kleine Traum eines Liebenden, welchen in der sechsten Novelle des vierten Tages Gabriotto träumte. Ihm war im Traum, als wandle er mit seiner Geliebten irgendwo im Freien umher, und diese friedvolle Lust erschien ihm in einem merkwürdigen Bilde, wie er erzählt: »Es kam mir vor, als befände ich mich in einem schönen und reizenden Walde, in welchem ich jagte und eine so schöne, liebliche Hindin gefangen hatte, wie man nur je eine gesehen hat; es schien mir, als wäre sie weißer wie Schnee und mir in kurzer Zeit so zahm geworden, daß sie sich gar nicht von mir trennte. Dagegen kam es mir vor, als wäre sie mir auch so lieb geworden, daß, ob sie gleich nicht von mir ging, sie ein goldenes Halsband um den Hals zu tragen schien, das ich an einer goldenen Kette in den Händen hielt.« – In eben derselben Erzählung ist es überaus schön und rührend zu lesen, wie ein Mädchen ihren toten Geliebten auf ein feines Tuch aus Seide legt, ihm einen Kranz von Rosen um die Stirne flicht und auch den ganzen Leichnam über und über mit Rosen zudeckt.

Neben solchen Schönheiten findet man aber auch eine Menge von merkwürdigen Schilderungen sowohl aus der Natur wie aus dem Leben der Menschen. Über die Verpflichtungen und Gewohnheiten der Kaufleute in fremden Seestädten, wie sie ihre Ware im Hafenmagazin unterbringen und versichern, berichtet die Einleitung der Novelle von Salabaetto (achter Tag, zehnte Novelle). In derselben Geschichte erfährt man auch einiges über das Leben und Gebaren der schlauen und betrügerischen Dirnen von Palermo. Von dem so sehr berühmten Maler Giotto kommt eine Anekdote in der fünften Novelle des sechsten Tages vor. Von einem Pfleger und Kenner reiner toskanischer Weine, welche auch heute noch so köstlich munden, hören wir am selben Tage in der zweiten Novelle. Eine prächtige Beschreibung köstlicher Tafelfreuden im Freien, wobei die nötigen Fische unter den Augen der Gäste im Gartenteich von schönen Mädchen mit der Hand gefangen werden, findet man in der sechsten Novelle des zehnten Tages. Auch von Zauber- und Schlafmitteln, Arzneien und Kuren sowie von Schwarzkünstlern und Taschenspielern ist hier und dort die Rede, nicht weniger von Reise und Schiffahrt, von Bettlern, von Künstlern, von Spaßmachern und Schmarotzern bei Hofe, von Jagd und Tanz, vom Verlieben durch Hörensagen, von Hochzeiten und Festen, von Richtern und Henkern. Wenn einer über die Beschäftigungen und Lebensweise der verschiedensten Menschen und Stände zu jener Zeit Genaues erfahren will, der wird in den sämtlichen Werken der Gelehrten nicht so viel finden und lernen wie in diesem Buche, welches das Treiben und Gebaren der Menschen von damals treuer und deutlicher als ein Spiegel vor unsre Augen stellt. Dazu gehört auch seine Schilderung der schrecklichen Pest, welche mit Recht als ein Meisterstück angesehen wird. Der berühmte Herr Machiavelli, da er am Ende des zweiten Buches seiner *Istorie Fiorentine* dieser Schreckenszeit gedenkt, enthält sich einer weiteren Beschreibung und redet nur von »der Pest, welche Meister Boccaccio mit so herrlicher Beredsamkeit geschildert hat und durch welche die Stadt mehr als 96000 Einwohner verlor«. Und sicherlich hat selten ein so entsetzliches Unglück eine so köstliche Frucht getragen wie die große Pest von Florenz, zu deren Andenken das Dekameron geschrieben worden ist.

Nachdem wir betrachtet haben, in welcher Weise Boccaccio von der Liebe, von der Religion, von edlen Taten und vom täglichen Leben aller Stände redet, bleibt übrig, zu einem fröhlichen Schluß auch noch der Schelmenstücke, Witzworte und Possen des Zehntagebuches zu gedenken. Was diese betrifft, so kann man sagen, daß in den Schwänken des Dekameron der witzige Florentiner Geist sich selber übertroffen habe. Denn wenn schon ohnehin die Florentiner jederzeit Freunde von Schalksspossen als auch wahre Muster im Erzählen derselben und in sonstigen Witzen gewesen sind, so hat Boccaccio diese muntere Kunst wahrhaft unübertrefflich verstanden. Unter denjenigen seiner Nachfolger, welche ihm mit dem größten Glücke nacheiferten und es ihm in manchem gleichzutun schienen, hat kein einziger in so hohem Maße die Gabe besessen, komische Dinge in wenigen Worten mit Grazie und feinem Humor vorzutragen.

Auf diesem Gebiete hat es dem Dichter gewiß noch weniger als auf anderen an Stoff gemangelt, denn an Witzbolden, Schelmen, Schalksnarren und ihren Stücklein ist die Stadt Florenz schon von frühen Zeiten her unglaublich reich gewesen, und auch jetzt noch hört man in ganz Italien nirgends so viele drollige oder bissige Scherzworte, Schimpfnamen, Spottreden und Wortspiele wie in Florenz, und es ist gut, daß die Fremden sie nicht alle verstehen. Von zahllosen Beamten, Malern, Gelehrten, Baumeistern, Goldschmieden, Bildhauern und andern hochberühmten Florentinern sind uns aus allen Jahrhunderten eine Menge von Streichen und lustigen Anekdoten überliefert. Man braucht sich nur etwa an Brunelleschi, den Erbauer der Domkuppel, zu erinnern, der die fabelhafte Ulkerei mit dem dicken Tischler anstellte, oder an den großen Lorenzo dei Medici, genannt il Magnifico, welcher zu seinen Zeiten einer der berühmtesten Fürsten der ganzen Welt gewesen ist und doch noch Zeit und Laune genug hatte, um mit größter Überlegung dem Arzt Manente einen höchst durchtriebenen und gründlichen Streich zu spielen, wie es uns Herr Antonio Francesco Grazzini, beigenannt il Lasca, erzählt hat.

So gab es auch zu Boccaccios Zeiten manche Streichemacher in seiner Vaterstadt, und unter ihnen standen, neben dem lustigen Witzbold Michele Skalza, obenan die beiden Maler Bruno und Buffalmacco samt ihrem Freunde Maso del Saggio. Diese haben teils ihrem sehr einfältigen Freunde Calandrino, der gleichfalls ein Maler war, teils dem Arzte Simone, teils anderen eine Menge Schabernack angetan. Denn kaum hat am achten Tage des Dekameron das Fräulein Elisa ein Stücklein von ihnen erzählt, so

fallen sogleich mehreren Zuhörern andere solche Streiche der beiden ein, welche sie unter vielem Gelächter mitteilen. Diesen Kameraden Bruno und Buffalmacco gelang es einst, dem guten Calandrino ein fettes Schwein zu stehlen, ihm weiszumachen, er hätte es sich selber gestohlen, und sich von ihm noch dafür bezahlen zu lassen, daß sie reinen Mund hielten. Damit nicht genug, machten sie ihn ein andermal in eine Dirne verliebt, knöpften ihm Geschenke für dieselbe ab und holten dann, als er endlich sich seiner Liebe erfreuen wollte, im fatalsten Augenblick seine wütende Frau herbei. Was soll man aber dazu sagen, daß sie bei einer anderen Gelegenheit es verstanden, diesem selben Calandrino einzubilden, er sei schwanger, und ihn, nicht ohne ein ordentliches Entgelt dafür zu nehmen, nach einigen Tagen durch eine Schüssel Haferschleim vor der Niederkunft bewahrten? Ewig unvergeßlich und lächerlich aber ist des famosen Dioneus Historie von Bruder Zippolla, die er am sechsten Tag erzählt. Dies Stücklein spielt in Certaldo, der Heimat des Hauses Boccaccio. Der Bruder Zippolla ist, um die guten Einwohner wieder einmal ordentlich zu schröpfen, zum Almosensammeln nach Certaldo gekommen und hat den Bauern versprochen, er werde ihnen in der Kirche eine wunderbare Reliquie zeigen, nämlich eine Feder des Engels Gabriel. Indes er aber die Messe liest, entwenden ihm einige Spaßvögel die mitgebrachte Papageienfeder und legen statt derselben ein paar Kohlen in sein Kästchen. Alsdann hält er eine herrliche Predigt zum Preise des Engels Gabriel, wie er aber die Feder nehmen und vorzeigen will, findet er sein Reliquienkästchen voller Kohlen. Sogleich beginnt er eine neue Rede, worin er eine schwindelhafte Reise durch allerlei Schlaraffenländer erzählt, wobei er bis zum Patriarchen von Jerusalem gelangt. Dann fährt er fort:
»Der Patriarch zeigte mir so viele heilige Reliquien, daß ich sie unmöglich alle herzählen kann. Doch um Euch nicht ganz trostlos zu lassen, will ich wenigstens von einigen sagen. Er zeigte mir zuerst die Zehe des Heiligen Geistes, so ganz und unversehrt, wie sie nur je gewesen ist, und den Haarbüschel des Seraph, der dem heiligen Franziskus erschien, und einen der Fingernägel der Cherubim, und eine der Rippen des beiläufig zu Fleisch gewordenen Verbum, und etliche der Kleider des allein selig machenden Glaubens, und einige von den Strahlen des Sternes, der den

drei Weisen aus Morgenland erschien, und ein Fläschlein voll Schweiß von dem heiligen Michael, als er mit dem Teufel stritt, und noch anderes mehr. Und weil ich ihm einen Gefallen tat, schenkte er mir einen von den Spänen des Heiligen Kreuzes, und in einer kleinen Flasche etwas von dem Tone der Glocken im Tempel Salomonis, die Feder des Engel Gabriel, außerdem aber gab er mir noch einige Kohlen von denen, auf welchen der allerheiligste Märtyrer Sankt Laurentius gebraten wurde.«

Und so noch lange weiter. Dann zeigt er den ergriffenen Landleuten statt der Papageienfeder die Kohlen und erntet reiche Gaben. Die Leute drängen sich inbrünstig gegen den Altar, um die Reliquie nahe zu sehen, und Bruder Zippolla malt jedem ein großes, fettes Kohlenkreuz aufs schöne Sonntagskleid.

Weltberühmt ist ja auch der Einfall jenes Kochs, welcher in der Küche das eine Bein eines gebratenen Kranichs wegnimmt, was sein Herr bei Tische mit Zorn bemerkt. Der Koch in seiner Angst behauptet, es sei eine Eigenschaft der Kraniche, daß sie nur ein Bein hätten. Nachher geht der Herr mit ihm ins Freie, wo sie bald einige Kraniche erblicken, die alle auf einem Beine stehen. »Seht Ihr wohl?« sagt der Koch freudig. Da klatscht der Herr in die Hände, so daß die Vögel flüchten und dabei ihre beiden Beine zeigen. »Schau, daß Du gelogen hast!« ruft er zornig und will den Koch züchtigen. Der sagt jedoch: »Herr, es ist Euer Fehler. Hättet Ihr vorher bei Tische auch so geklatscht, gewiß hätte dann auch jener Kranich ein zweites Bein herausgestreckt.« Der Herr muß lachen und kann nicht umhin, ihm zu verzeihen.

Es nimmt kein Ende. Da ist die wunderliche Geschichte von der Priesterhose (Tag IX, Nov. 2), des Skalza Witz von den »Baranci« (Tag VI, Nov. 6), die tolle Nachtherberge im Mugnone-Tal (Tag IX, Nov. 6) und eine Menge anderer. Wenn man sie liest und sein unendliches Vergnügen daran hat, könnte man wohl zuweilen meinen, es passierten heutzutage niemals mehr so drollige und gepfefferte Geschichten. Aber dem ist freilich nicht so, sondern diese Sorte von Abenteuern ist unsterblich und ich selber könnte Euch mancherlei von dieser Art, was ich selber erlebt und gesehen habe, erzählen, wenn ich von der herrlichen Kunst und Gabe des großen Giovanni Boccaccio auch nur den zehnten Teil besäße. *(1904)*

Franz von Assisi

[CRUZ VON ASSIS]

Von alters her haben jeweilen große und herrliche Menschen auf
Erden gelebt, welche nicht durch vereinzelte ungeheure Taten
oder durch aufgeschriebene Dichterwerke und Bücher sich
Ruhm zu erwerben trachteten. Dennoch taten solche Geister
gewaltige Wirkungen auf ganze Völker und Zeiten, also daß
jedermann sie kannte und mit Eifer von ihnen redete und mehr
über selbige zu erfahren begehrte, und so kam ihr Name und
eine Kunde von ihrem Wesen in aller Leute Mund und ging auch
im Verlaufe der Jahrhunderte niemals im Gewoge und Wechsel
der Zeiten verloren. Denn jene so gestalteten Menschen taten
ihre Wirkung nicht durch einzelne verstreute Werke oder Reden
und Künste, sondern vielmehr allein dadurch, daß ihr ganzes
Leben aus einem einzigen, großen und einigen Geiste geboren
erschien und als ein helles und göttliches Bild und Beispiel vor
aller Augen stand.

Diese vorbildlichen Menschen haben sich aber, auch wenn sie
kein einziges großes äußeres Werk vollbracht hätten, durch ihr
bloßes Leben zu unvergeßlichen Meistern und Bezwingern der
Herzen gemacht, indem sie ihr gesamtes Tun und Leben aus
einem einzigen höheren Geiste führten, ebenso wie wenn ein
Baumeister und Künstler einen Dom oder Palast nicht nach je-
weiliger Willkür und schwankender Laune, sondern aus einem
klaren und lebendigen Gedanken und Plan untrüglich zu Ende
führt. Sie waren sämtlich feurige und gewaltige Seelen, welche
ein mächtiger Durst nach dem Unendlichen und Ewigen verzehrte und ihnen keine Rast noch Wohlsein vergönnte, als bis sie
außerhalb der Sitten und Art ihrer Tage und Zeitgenossen ein
ewiges Gesetz erkannten, nach welchem sie von Stund an ihr
Tun und Hoffen richteten.

Sie waren Dichter, Heilige, Wundertäter, Weise oder Künstler,
jeder nach seiner besonderen Art und Gabe, allein sie waren alle
darin gleich geartet, daß sie in der Kürze und Hinfälligkeit des
Daseins auf Erden ein Gleichnis des Ewigen und Beständigen
erschauten und daß sie mit sehnlichem Begehren und todes-
mutiger Leidenschaft danach getrachtet haben, Himmel und
Erde in ihrem Herzen zu vermählen und das Irdische und Sterb-
liche mit der Glut ewigen Lebens zu durchflammen. Auf solche

Weise ward ihr Leben von den tödlichen Fesseln der Zeiten und zeitlichen Gebrechen erlöst und steht nunmehr, aller Zufälligkeiten und irdenen Schale entkleidet, als ein Wunder vor der Menschen Gedächtnis.

Jedes in solcher Art geführte Leben eines gewaltigen Menschen ist nichts anderes als eine Rückkehr zum Beginn der Schöpfung und als ein sehnlicher Gruß aus Gottes Paradies. Denn jene großen Träumer und Heldenseelen haben es immerdar verschmäht, aus trüben Wassern zu trinken; sie haben niemals an Scheinbildern ihre Genüge gehabt und sind niemals mit einem Namen anstatt des Wesens noch mit einem Bildnis an Stelle des Wirklichen zufrieden gewesen, vielmehr strebten sie in unersättlichem Drange an die ersten, reinen Quellen aller Kraft und jedes Lebens zurück, gingen mit den geheimnisvollen Seelen der Erde, Pflanzen und Tieren, um als mit ihresgleichen und ihnen eng verwandten Seelen und begehrten – anstatt mit Bildnissen und symbolis und leeren Schatten – in ihren Nöten und Herzensfragen unvermittelt mit Gott selbst zu reden.

Und dadurch haben sie allen anderen Menschen Gott nähergebracht und das Geheimnis der Schöpfung aufs neue wert und teuer gemacht und in heiliger Ahnung gedeutet. Sie haben das Wesen und Gesetz des inneren Menschen immer wieder neu entdeckt, da sie sich der Erde und dem Himmel gleichsam nackt, und als wären sie die ersten Menschen, entgegenstellten, indes wir andere nur in dem Gehäuse sicherer Vorstellungen und ererbter Gewohnheit leben zu können meinen.

Solche wahrhaft tiefen und wesenhaften Menschen sind häufig anfänglich als Narren verschrien worden, und es fehlt ja nicht an Leuten, denen eine derartige Seele immer ein unverständlich und närrisch Ding erscheinen will. Wer aber mit ernstem Herzen das Leben eines großen Menschen betrachtet, dem erscheint es gleich einem aus Schlünden hervorstürmenden Strome und gleich einem brünstigen Schrei der ganzen Menschheit; denn in Wahrheit ist solch ein Leben stets ein zu Gestalt und Person gebildeter Traum und ein sichtbar gewordenes Heimweh und Ewigkeitsverlangen der ganzen Erde, deren flüchtig lebende Geschöpfe immer wieder ihr Los mit den ewigen Sternen zu verbünden trachten.

In jener fernen Zeit, welche wir das aevum medium oder Mittelalter heißen, hatten sich immer mehr zwischen den Geistern und Völkern ungeheure feindliche Gewalten erhoben, und durch die Länder ging ein Zittern und Stöhnen über Kriegesnöte und große Schlachten. Zwischen den Kaisern und Päpsten brannte blutiger Hader, Städte befehdeten die Machthaber, Adel und Volk lagen hier und dort in bitterem Zwist. Und die römische Kirche, als Herrin der Welt, war eifriger mit Waffenrüstungen, Bündnissen und Gesandtschaften, Bann und Strafen als mit dem Frieden der Seelen beschäftigt. Unter den geängsteten Völkern aber entstand tiefe Not. An mehreren Orten traten neue Lehrer und Gemeinschaften auf und boten mit Verachtung des Lebens den schweren Verfolgungen der Kirche Trotz, andere folgten in großen Scharen den gewaltigen Zügen nach dem gelobten Lande. Nirgends war eine Leitung oder Sicherheit, und es hatte ein Aussehen, als wäre das Abendland und Herz der Erde trotz äußerlichen Glanzes nahe am Verbluten.

Da geschah es, daß in Umbrien ein unbekannter und junger Mensch in Gewissensnot und tiefer Demut bei sich beschloß, einfältig und unbekümmert in seinem Leben ein bescheidener und treuer Nachfolger des Heilandes zu sein, und daß Gefährten ihm nachfolgten, anfänglich zwei und drei, alsdann hundert, hernach aber viele Tausend, und daß von diesem demütigen Mann in Umbrien ein Licht des Lebens und ein Born der Erneuerung und Liebe über die Erde ausging, davon ein Strahl noch bis in unsere Tage glänzt.

Dieser war Giovanni Bernardone, genannt St. Franziskus von Assisi, ein Träumer, Held und Dichter. Es ist von ihm nur ein einziges Gebet oder Lied erhalten geblieben, doch hat er uns statt geschriebener Worte und Verse das Andenken seines schlichten und reinen Lebens gegeben, welches an Schönheit und stiller Größe hoch über gar vielen Dichterwerken steht. Wer demnach dieses sein Leben erzählt, der bedarf keiner weiteren Worte und Betrachtungen, deren ich mich denn mit Freuden enthalte.

Im zwölften Säkulum lebte zu Assisi im umbrischen Lande ein Kaufmann, der hieß Pietro Bernardone und war von großem Reichtum und gutem Ansehen unter seinen Mitbürgern, gehörte auch, als ein Tuchverkäufer, dem vornehmsten Handelsstande an. Wie es zu jenen Zeiten Sitte war und notwendig erschien, tat Herr Bernardone öftere weite Reisen nach entfernten Städten und Ländern, um auf den berühmten Märkten seine Tücher einzukaufen. Mit besonderem Vorteil und Vergnügen reiste er aber in das mittägliche Frankenland, wo zumal in der reichen Stadt Montpellier ein großer und immerwährender Handelsmarkt gehalten ward. Daselbst lernte er die fränkische Sprache, auch Brauch und Sitte wohl und sammelte vielerart Kenntnisse in sich an. Es waren ohnedem zu damaliger Zeit die reisenden Kaufleute von einer anderen Art und Lebensweise, als wir sie heute sehen. Jene taten ihre Wanderschaften häufig nicht ohne große Gefahr, worüber sie zu halben Rittern gediehen; dazu trugen sie vielerlei Neuigkeiten und Kenntnisse von einem Lande zum anderen, verwalteten die Geschäfte der Fürsten und Mächtigen und waren ungewollt die Verkündiger und Sendboten von allen neuen Begebenheiten, Lehren, Liedern und Berichten. So machten sie sich nicht allein ein weltgewandtes Wesen und feine Sitten zu eigen, sondern trugen auch die neuen Gedanken weiser Männer und deren Lehren nebst anderer Kunde mit sich über die Länder hinweg.

Genannter Herr Bernardone hatte zum Gemahl eine Domina Pica, von welcher man wenig anderes zu erzählen weiß, als daß dieselbe aus einem adeligen Hause stammte (daher sie denn Domina genannt wurde). Des weiteren dürfen wir glauben, daß Frau Pica ihre Herkunft von den provenzalischen Landen hatte, aus welchen Gegenden auch ihr Eheherr seine Lust an dem freien und wohllauten fränkischen Wesen und an der fränkischen Sprache mitgebracht hatte. Je weniger die alten Autoren über diese edelgeborene Dame zu sagen wissen, desto inniger möchte man wünschen, ein Bildnis ihrer Person zu haben und anzuschauen, welche man sich nicht anders als liebevoll, sanft und heiter vorzustellen vermag, von der Art der Provenzalen, welche ebenso inbrünstig zu beten als lieblich zu singen und zu dichten verstanden. Und wenn man ihres Sohnes Leben und Weise betrachtet, verläßt einen der Gedanke nicht, es müsse dieser Mann eine überaus gütige Mutter gehabt haben.

Es war aber damals überall von nichts so häufig die Rede als von Gegenständen des Glaubens und der Kirche, welch letztere trotz äußeren großen Triumphes einem innerlichen Erstarren und Hinsterben preisgegeben schien. Darüber entstand, vorab unter dem armen Volke, vieles Seufzen, und heute mag es uns erscheinen, als wären damals die Völker gleich einem dürren Ackerlande oder gleich einem verschmachtenden Wild gewesen, welches in Not und Begierde aufschrie und zitterte. Gleichwie ein verirrtes Kind in einer dunkeln Wildnis verzweifelnd sich ängstet und aus tiefer Bangnis um Hilfe schreit, so schrie und bangte mit brennender Leidenschaft in den Seelen jener Menschen ein verdürstendes Heimweh nach frischen Quellen. Propheten erhoben sich hier und dort, Seher und Büßer standen auf, und sehnsüchtige Gemeinschaften versammelten sich, welche jedoch die Kirche als Ketzer und Abtrünnige in Bann tat und verfolgte.

Über diese Bewegungen der Geister, von welchen die mächtigste in fränkischen Landen ihr Wesen hatte, begehrte jedermann Neues zu wissen, und ein reisender Handelsmann bekam von nichts so viel zu hören und wurde überall nach nichts so emsig befragt. Auch Herr Bernardone wußte wohl von diesen Dingen, und es mag sein, daß auch in seinem Hause davon viel geredet wurde. Denn allerorten begehrte die Menschheit nach einem lebendigen Glauben und sehnte sich nach der Kunde von Gott und den ewigen Dingen, welche in Lehren und Gebräuchen der Kirche versiegt und erstorben war.

Neben diesem vernahm und redete Bernardone aber auch von Händeln der Welt, von Krieg und Ritterswesen und von dem Kaiser Friedrich Barbarossa, welcher damalen regierte. Auf den Barbarossa, welchem die italienischen Städte in dem Siege bei Legnano viele Macht entrissen, folgte hernach der Herr Heinrich VI., welcher hinwieder das Land Italien schwer bedrängte. Damalen wurde auch über die Stadt Assisi vom Kaiser ein strenger Vogt gesetzt, dieser war Konrad aus Schwaben, genannt Herzog von Spoleto, und hielt über der Stadt in seiner Feste Land und Leute in strengem Regiment.

Solchergestalt erblickte das Haus des Herrn Bernardone vielerlei Schicksal und Weltbegebenheiten gleichsam gespiegelt, und es war darin ein mannigfaltiges und bewegliches Leben. Auch war die Stadt Assisi, wie sie noch heutigen Tages ist, ein gar schöner und herrlicher Ort und Wohnsitz. Sie ist nämlich an einem hohen Hügel steil bergan gelegen, und hinterwärts ragt der gewaltige Monte Subasio, und von Assisi her ist ein gar weiter, überaus köstlicher Blick über das ganze umbrische Land, welches zu den schönsten und fruchtbarsten in Italien gehört, mit vielen Städtlein, Dörfern, Weilern und Klöstern.

Nun geschah es im Jahr des Herrn 1182 (oder, wie manche meinen, 1181), daß Frau Pica zu Assisi eines Knaben genas, indessen ihr Gemahl auf Reisen im Frankenlande verweilte. Die Mutter beschloß, das Knäblein mit dem Namen Johannes zu nennen. An dem Tage, da dieses geschah, trat in das Haus ein alter Pilger, welchen niemand kannte, und begehrte das Kind zu sehen, nahm es auf die Arme, betrachtete es mit zärtlichem Entzücken und brach in ein lautes Lobpreisen aus, worin er dem Neugeborenen große und herrliche Schicksale weissagte. Darauf wurde der Knabe im Dom auf den Namen Giovanni, das ist Johannes, getauft.

Als jedoch einige Zeit später sein Vater Bernardone von Reisen heimkehrte, nannte er das Kind Franz, und diesen Namen behielt es für immer. Er gab ihm denselbigen, wie man glaubt, aus besonderer Vorliebe für das Frankenland und französisches Wesen. Auch lernte Franziskus schon in zartem Alter die gallische Sprache, welche er auch später, namentlich wenn er zu seiner Freude schöne Lieder sang, gerne anwendete.

Im übrigen erwuchs der Knabe ohne allzu viele Belehrung und wurde nur in den Anfangsgründen der Schreibekunst und des Lateinischen unterwiesen. Auch hat er sein Leben lang ungern und nur mit Mühsal eine Feder geführt. Wenn er aber diesergestalt zu keinem sonderlichen Gelehrten erzogen ward, genoß er die Freuden seiner jungen Jahre um so fröhlicher und blickte mit ungetrübten Augen in den Tag, denn er war von einer freudigen und lichten Gemütsart und allem Schönen und Heiteren von Herzen zugetan.

Indes er so in die Jünglingsjahre hineinwuchs, fing eine Sehnsucht an, ihn zu bewegen, als müßte er etwas Absonderliches und Gewaltiges tun und aus sich machen. So regte sich in seiner jungen Seele verhüllt und dunkel der eingeborene Drang, noch ohne Ziel und Gewißheit, als ein frohes Flügelschlagen. Mit stürmender Leidenschaft warf er sich in das Leben, voll großer Begierde, allen Glanz und Wert der Welt zu erkennen und an sich zu reißen. Vor allem wollte es ihm edel und begehrenswert erscheinen, sich einem ritterlichen und prächtigen Leben hinzugeben, wozu sein ganzes Wesen neigte. Auch erklangen in jenen Jahren von Frankreich her die ersten süßen und mächtigen Minnelieder der welschen Troubadours, welche den feurigen Jüngling mit tiefer Lust und Ahnung bewegten, wie er denn das Frankenland gleichsam als eine ferne Heimat liebte. Ein Ritter und Troubadour zu sein, war sein herzlichstes Träumen und Begehren.

Da nun sein Vater zwar kein Adeliger, jedoch reich und wohl angesehen war, hielt Franziskus mit den jungen Söhnen der Edelleute gute Freundschaft, übte sich in Waffen und im Gesang, gab viel Geld aus und lebte in allen Dingen vollkommen als ein adeliger Jüngling. In vollen Zügen genoß er die Herrlichkeiten der Welt, kleidete sich reich und schön, gab Schmäuse und Gelage, vergnügte sich mit Reiten, Fechten, Spiel und Tanz und jeglicher Lustbarkeit. Denn seine Genossen und Freunde liebten ihn sehr, zum Teil seines Geldes wegen, jedoch nicht minder auch um seine frohe, liebevolle und wahrhaft adelige Art, denn er stand in Feinheit der Sitten und edelmütiger Gesinnung keinem hochgeborenen Barone nach. Vor allem gefiel ihm das Verschwenden und Hinweggeben, das ihm einem echten Ritter besonders anzustehen schien. In Bälde ward er unter den jungen Herrensöhnen ein Anführer und König, princeps juventutis genannt.

Dennoch blieb er weichen und mitleidigen Herzens. Es geschah einstmals, daß ein elender Bettler in seines Vaters Kaufhalle trat und in Gottes Namen um eine geringe Gabe flehte. Franziskus ließ ihn zornig an und jagte ihn hinweg. Aber sogleich tat ihm diese Härte weh und reute ihn so sehr, daß er dem Bettelmanne durch die Gassen nachlief und ihn einholte und doppelt beschenkte.

Unterdessen traten unruhige Zeitläufte ein. Der Kaiserliche Vogt, Herr Konrad Herzog von Spoleto, mußte sich dem Papst ergeben, und sobald er Assisi verlassen hatte, bestürmten die Bewohner der Stadt seine Feste und nahmen sie ein, verwüsteten sie sogleich und ließen keinen Stein auf dem andern. Jedoch gereichte diese verübte Tat der Stadt zu geringem Vorteil. Das niedere Volk nämlich, welches von der Zerstörung der Zwingburg noch nicht ersättigt war, begann einen Kampf auf Brand und Mord wider den Adel, welcher in schlimme Not geriet. Da erflehten einige von diesen Baronen in ihrer Bedrängnis von der Stadt Perugia Hilfe und Schutz, und sogleich begann diese mächtige Stadt einen Krieg mit denen von Assisi und besiegte sie in einer Feldschlacht. In dieser Schlacht kämpfte neben vielen seiner Genossen auch Franziskus mit, jedoch nicht auf seiten jener Heimatverräter, sondern im Dienst der Vaterstadt, und Franziskus fiel samt vielen anderen in die Gefangenschaft der Feinde und wurde nach Perugia gebracht. Dort ward er ein ganzes Jahr gefangengehalten und kehrte erst am Ende des Jahres 1203 nach Assisi zurück.

Während dieser langen Kerkerhaft verlor indessen der Jüngling seine Freudigkeit und Tatenlust so wenig, daß er vielmehr die übrigen Gefangenen erheiterte und tröstete, auch noch heftiger als zuvor von Ritterleben und Kriegesruhm träumte und redete. Und er war kaum aus Perugia entlassen und heimgekehrt, so begann er das vorige kostbare Leben mit Prassen, Hochmut und Vergeuden von neuem und stürzte sich begierig in alle weltliche Lust, recht als dürste ihn, die ganze Herrlichkeit der Erde in verlangende Arme zu schließen und sich jeder Wonne innerst zu ersättigen. Seinem mächtigen und entbrannten Gemüte war es nicht möglich, zu sparen und Maß zu halten, sondern sein Leben lang nahm er an allem, was er tat, mit überwallendem Herzen teil und kannte kein Rasten und Genügen.

Seine Mutter Pica aber, da man ihr den üppigen Wandel ihres Sohnes vorhielt, sprach aus der Ahnung ihres Herzens ihn frei und vertraute fest, daß Gott den Ungestümen in Bälde gute Wege führen werde.

Nach einiger Zeit fiel er in eine schwere Krankheit und spürte die Hand des Todes über sich. Da fing er wohl an zu merken, daß aus einem beständigen Freudenleben keine Genüge und innere

Ruhe erwachsen möge, wußte aber keinen Weg zu anderen Gütern, und doch begehrte er sehnlichst danach, das ganze Leben in großer Liebe zu umfassen. So fiel er in das Gastieren und Wohlleben zurück, trachtete aber beständig nach edlerem Ruhm und wahrer Ehre, redete auch oft davon, wie daß er ein Fürst und großmächtiger Herr über viele zu werden gedenke. Denn in der Ritterschaft schien ihm alles Hohe und jegliches Heil beschlossen.

Da erscholl eine Kunde, daß im Süden von Italien Herr Walter von Brienne in Papstes Diensten die Waffen führe. Und allenthalben beschlossen mutige und begierige Männer und Jünglinge, dahin zu ziehen, denn der Herr Walter von Brienne war ein großer Held und Stern der Ritterschaft, und sein Name hatte einen Klang wie Sausen von Schwert und Speer und wie helltöniger Siegesgesang. Bei selbiger Kunde entbrannte der Jüngling Franziskus, und ihm schien, es läge nun alle Pracht und Ehre der Welt vor ihm gebreitet. Mit ihm rüsteten sich, unter einem gemeinsamen Hauptmann, mehrere adelige Jünglinge seiner Stadt; doch übertraf Franziskus jene alle an Glanz und Prunk der Kleider und Waffen, so daß jedermann sich nicht wenig verwunderte. Auch redete er mit vielen von seinen kühnen und hochfahrenden Gedanken, wie daß er ein Held und Fürst zu werden gedenke, was alles manchen als ein törichtes Prahlen klingen wollte, ihm aber lag es als ein heiliges Vorhaben am Herzen. Sein heißes Gemüt war so beschaffen, daß ihm in keiner Mitte und halben Erfüllung konnte wohl werden, sondern trachtete mit Inbrunst allein nach dem Edelsten und Prächtigsten auf Erden.

Nachdem alles auf das Beste gerüstet war, stieg Franziskus samt seinen Genossen zu Roß, rief mutig Lebewohl und ritt in seinem kostbaren Waffenschmucke aus der Stadt, als ein kühner Weltfahrer und Abenteurer, den Kämpfen und Ehren und Lustbarkeiten der weiten Welt entgegen. Die Hörner taten ihren kecken Ruf, sein schönes Pferd griff aus und schnob ungeduldig in den klaren Tag, sein Gewand glänzte und rauschte in der Sonne, und sein junger Sinn sah vorausträumend goldene Kränze von fernen Zinnen locken.

Da geschah es, daß am ersten Reisetag der Jüngling Gottes Stimme vernahm, also daß er im Herzen erzitterte und die köstlichen Bilder der Lust und Eitelkeit in ihm zerrannen. Es weiß niemand, was in dieser Stunde ihm kund ward und welcherlei Stimmen seine erschrockene Seele zerrissen und niederbeugten. Über den Augenblick, in welchem eines Menschen innere Geschicke entschieden werden, ist immerdar eine Dunkelheit gebreitet als über ein heiliges Geheimnis. Was des Franziskus Gedanken oder innere Gesichte gewesen, davon hat er nie geredet. Aber es muß sein, daß ihm plötzlich die Rätsel des Lebens und Todes klar vor Augen standen und eine heilige Gewalt ihn unentrinnbar nötigte, eine Wahl zu tun und ein Ziel seiner Wege zu suchen. Zu Spoleto fiel ihn sodann ein Fieber an, und bald hernach kehrte er still und gebrochen allein nach Assisi zurück. Seine herrliche Rüstung aber hatte er an einen armen Edelmann verschenkt.

Seine Eltern wie auch alle anderen Leute in der Stadt waren voll Erstaunen und zürnten ihm, lachten ihn aus und hatten ihren Spott mit ihm, der als ein berühmter Herr und Fürst hatte heimkehren wollen. Die vorigen Freunde aber erhofften von seiner Verschwendung aufs neue mit ihm in Saus und Braus zu leben.

Aber er ging nachdenkend umher und litt im Herzen, gleich als von einem Pfeil verwundet. In seiner Seele war es leer und todesbange, Angst und Pein trieben ihn um, denn wohl hatte er die Eitelkeit seiner Träume und Hoffnungen erkannt, allein niemand war da, ihm einen Weg der Rettung zu zeigen. In diesen Tagen mußte Franziskus die Not jener ganzen Zeit in der eigenen Seele erleiden, Schwermut und Todesangst verzehrten ihn, daß er aus verwundetem Herzen um Erlösung zum Himmel schrie. Indem er diesergestalt rang und litt und an seinem Leben verzweifelte, war ihm unbewußt, daß viele Tausende auf Erden diese selben Qualen erlitten und gleich Gefangenen aus dunklen Kerkern emporschrien, noch wußte er oder ahnte, daß er für alle diese Tausende litte und um Erlösung kämpfte.

Es erging an ihn von seinen früheren Freunden und Tafelgenossen eine Einladung, daß er ihnen ein Mahl und Gelage rüste und wieder wie ehemals als ihr Gastgeber und Festkönig sie bewirte und mit ihnen fröhlich sei. Er berief sie alle auf einen gewissen Tag, um ihnen zu Willen zu sein, auch rüstete er ein reiches und kostbares Mahl. Und da sie kamen, riefen sie ihn zum Herrn und König des Mahles aus und gaben ihm, wie das dazumal eine scherzhafte Sitte war, einen Stab als Zepter in die Hände. Da wurde getafelt und gezecht, unter Lust und Getöse, Bechergeläute und Gelächter, bis tief in die Nacht, und da sie alle trunken und übermütig waren geworden, zogen sie noch mit Geschrei und Singen durch die schlafenden Gassen. Nach einiger Weile bemerkten sie, daß Franziskus nicht mehr bei ihnen war, suchten ihn und fanden ihn schweigend und nachdenkend in einer Gasse stehen.

Sie fielen unter Spott und Lachen über ihn her, der wie verwandelt aussah, denn es war zu dieser Stunde Licht in ihm geworden, und seine bedrückte Seele erblickte in der Ferne einen Ausgang aus ihrer Gefangenschaft und Drangsal. Indessen zerrten und umringten ihn seine trunkenen Kameraden lärmend. »Was träumst du?« riefen sie spottend. »Was sinnst du für Rätsel, Franz?« Und einer lachte laut und schrie: »Schaut doch, Freunde, ist es nicht gar, als sänne er darauf, ein Weib zu nehmen?« Der Verhöhnte, da er diese Worte vernahm, richtete sich mit einem bleichen, aber fröhlichen Antlitz auf und sprach mit heller Stimme: »So ist es, du redest wahr. Ich gedenke mir eine Braut zu nehmen, diese ist aber viel edler, reicher und schöner, als ihr zu denken und euch vorzustellen vermöget.« Und er lächelte, indem er dies sagte.

Seine Freunde lachten, liefen davon und ließen ihn stehen, er aber tat den närrischen Königsstab aus der Hand, welchen er noch immer bei sich trug, und mit dem Stabe legte er zur Stunde sein bisheriges Leben und seine vergeudete Jugend von sich ab. Die schöne und edle Braut aber, von welcher er gleichnisweise geredet hatte, war die Armut, welcher er von nun an sich innigst zu vermählen gedachte.

Manch einer, dieses lesend, mag ebenso lachen und seinen Kopf als über einen Narren schütteln, wie Francisci Freunde taten. Seine Sehnsucht aber hatte das gefunden, wonach sie dürstete und was ihm nicht Weisheit noch Kirche noch Weltlust zu geben vermochten. Indem er nämlich mit Schmerzen sich dessen erinnert hatte, daß der Mensch nichts anderes ist als ein Pilger und flüchtiger Gast auf dieser Erde, irrend zwischen Leben und Tod und keiner Habe je gewiß, warf er mit erneuter Liebesbegierde sich an Gottes Brust und trachtete von nun an, allein aus der Einfalt und Glut seines Herzens den Weg zum Leben zu finden. Seinem mit Heimweh suchenden Auge stellte sich das Bild des Heilandes und seiner ersten Jünger dar, und er beschloß, gleich diesen, aller Fesseln entledigt, nicht dem Gesetze, sondern allein der Liebe anzugehören und sich als ein Kind in Gottes Hand zu geben, der den Tieren des Feldes und den Vögeln des Himmels ihre Speise gibt.

Dieses tapfere Vertrauen ist es, was ihn heiligte und zu einem Tröster und Erlöser für Unzählige gemacht hat, daß er aus seiner Not sich keinen anderen Führer als Gott selbst erwählte. So fand er, was kein Priester und kein Gelehrter jener Zeit gefunden, den verlorenen Weg zu Gott zurück, und darüber ging ihm die Erde nicht verloren, ward ihm vielmehr neu geschenkt, denn sein ungelehrtes Dichtergemüt fand die verlorene Einheit der Welt mit Entzücken wieder, indem es so Zeit wie Ewigkeit mit derselben reinen Liebe umschloß.

Von da an wurde der Sohn des reichen Herrn Bernardone, anstatt in der Gesellschaft der adeligen Jugend bei Spiel und Wohlleben, stets allein oder unter den Armen und Elenden gesehen. Denn er schenkte nicht nur jedem Bettler überreich, sondern redete auch herzlich tröstend mit ihm. Ja, die Gewalt seiner demütigen Liebe trieb ihn zu den Niedrigsten und Verachtetsten. Als er einst zu Pferde unterwegs war und einen Aussätzigen am Wege liegen sah, folgte er anfänglich seinem natürlichen Grauen und wendete um, allein bald schämte er sich dessen, schlug denselben Weg nochmalen ein, stieg vom Pferd, beschenkte den Aussätzigen mit seinen Kleidern, redete mit ihm und gab ihm die Hand. Diesen Allerärmsten blieb er von da an in besonderer Liebe treu, und wie denn keine Hingabe und Güte verloren ist und ohne Lohn und Widerhall verbleibt, belohnten diese Ausgestoßenen sein noch ungefestigtes und oft verzagendes Herz mit so zärtlichem Danksagen, daß er bestärkt ward und wahre Tröster an ihnen fand, indessen seine Freunde und auch sein Vater ihn einen Narren schmähten.

Dazwischen trieb ihn sein noch unruhiges Gewissen zu einer Pilgerfahrt nach Rom. Daselbst legte er alles, was er bei sich trug, als Opfer im Dom des heiligen Petrus nieder, vertauschte sein

Gewand mit dem eines Bettlers und nahm desselben Stelle ein. Doch erkannte er schnell, daß er in Rom und bei der Pracht der päpstlichen Kurie vergebens Rettung suche; statt dessen kostete er im Gewand jenes Bettelmannes zum erstenmal die wirkliche Armut und beschloß, ihr auch fürder Treue zu halten.

Nachdem er von Rom zurückgekehrt war, hielt er sich beständig in der Einsamkeit und verweilte zumeist in der Kapelle St. Damian, welche auf einem Hügel nahe der Stadt Assisi liegt. Da fand er in heißem Ringen und Gebete Mut und Freudigkeit und beschloß, alles Vergangene völlig hinter sich zu werfen, allein auf Gott zu vertrauen und ein neues Leben zu beginnen. Von dieser Stunde an erfüllte ihn eine frohe Heiterkeit, so daß er unverzagt alle Erniedrigung und Schmerzen auf sich nahm. Denn sogleich begann eine böse Zeit für ihn.

Er verkaufte, was er im väterlichen Hause noch zu eigen hatte, samt seinem Pferde, und übergab das Geld dem Priester jener Kapelle, denn dieselbe lag verwahrlost und baufällig. Er selber blieb bei dem Priester und begann mit eigenen Händen zu bauen, indem er noch keine andere Weise fand, seine Liebe zu Gott zu zeigen und sein Leben zum Opfer zu bringen. Vor seinem Vater aber, welcher nun aufs äußerste zürnte und ihn mit Gewalt zu sich zurückholen wollte, verbarg er sich und blieb versteckt, bis er sich dessen schämte, aus seiner Grube hervortrat und mit freiem Mute nach Assisi hineinging, um mit seinem Vater zu reden. In allen Gassen liefen ihm die Leute nach, welche von seinem neuerlichen Wesen gehört hatten und verhöhnten ihn, da sie nicht anders glaubten, denn er habe die Vernunft verloren.

Da er so unter dem Geschrei und Hohn des Volkes herankam, war sein Vater, der Herr Bernardone, dermaßen erzürnt, daß er den Franziskus ergriff, ihn schlug und peinigte und in einem dunklen Winkel seines Hauses einkerkerte. Von da entkam er nach einiger Zeit mit Hilfe seiner Mutter. Darauf verklagte ihn Herr Bernardone bei der Obrigkeit, welche wiederum ihn und seine Sache an das geistliche Gericht verwies. So wurde Franziskus auf einen festgesetzten Tag vor des Bischofs Gericht geladen. Als er dorthin gehorsam und freudig kam, fand er die ganze Stadt aus Neugier und Spottlust daselbst versammelt. Da aber sein Vater ihn mit großem Zorne verstieß und enterbte, legte der Jüngling demütig sogleich seine Kleider von sich, welche Herrn Bernardone zugehörten, übergab sie demselben, stand nackend da und bekannte seinen Vorsatz, er wolle künftig allein dem Vater im Himmel angehören. Da vermochte niemand zu spotten, und der Bischof, über so viel Mut und Glauben erstaunend, hüllte den Entkleideten in seinen eigenen Mantel.

Dieses war des Franziskus Vermählung mit der heiligen Armut. Das Kleinod, welchem er manche Jahre nachgejagt, hatte er nun gefunden: den Einklang seines Gemütes mit Gott und der Welt. Fürder bekümmerte ihn keinerlei äußerliche Sorge mehr; als ein Kind begab er sich in Gottes Schutz und redete mit ihm nicht als mit einem weit entfernten und nie gesehenen Geiste, sondern als mit einem gegenwärtigen, lieben und vertrauten Vater.

Und wie er von klein auf ein Dichter, Träumer und Sänger gewesen war, erquoll nun in seiner befreiten Seele ein neuer Born, von Freuden und Liedern überströmend. Seine Lieder sind von niemandem verzeichnet worden, nur ein einziges ist bis zu uns gekommen. Aber sie drangen weit ins Land und sangen Trost und Lebensmut in tausend beklommene Herzen, sie bewegten müde und verzagte Gemüter zu neuer Lust, sie drangen tief in das aufhorchende Volk und entzündeten eine Glut, wie wenige Sänger jemals entzündet haben.

Franziskus wanderte, seiner gewonnenen Freiheit innig froh, durch die Täler und grünen Hügel des Landes als ein Seliger und Beglückter. Seiner kindlich zärtlichen Liebe erschloß sich die Schönheit dieser Erde als eine neugeschenkte und verklärte Welt; blühende Bäume und weiches Gras, fließende und blitzende Gewässer, Himmelsbläue und ziehende Wolken, Blau der Ferne und Feldergrün und der Lustgesang der Vögel wurden ihm befreundet und geschwisterlich lieb. Denn von seinem Auge und Gehör war ein Schleier gefallen, und er erblickte die Welt entsündigt und heilig, ebenso wie am ersten seligen Tage von Paradiesesglanz verklärt.

Und dies war nicht eine flüchtige Verzückung, Rausch oder Selbstbetrug, denn von jenem Tag an blieb Franziskus bis zu seinem Ende, in viel Leid und bitter schweren Zeiten, ein Seliger und Auserwählter, welchem Gottes Stimme aus jedem Halm und Bache erklang und über welchen Schmerz und Sünde keine Macht besaßen. Darum auch haben durch Jahrhunderte ihn Unzählige geliebt und hoch verehrt, sein Bildnis und die Geschichte seines Lebens sind viele tausendmal von Künstlern, Dichtern und Weisen dargestellt und erzählt und besungen und gemalt und gemeißelt worden, wie keines Fürsten und Mächtigen Bild und Taten, und sein Name und Ruf kam als ein Lebenslied und Gottestrost bis in unsere Zeit herüber, und alles, was er sprach und tat, klingt heute so kraftvoll neu wie zu seiner Zeit vor siebenhundert Jahren. Es hat andere Heilige gegeben, deren Seele nicht minder rein und edel war, aber man gedenkt ihrer nur wenig mehr, er aber war ein Kind und Dichter, ein Meister und Lehrer der Liebe, ein demütiger Freund und Bruder jeglicher Geschöpfe, und wenn die Menschen ihn vergäßen, so müßten Steine und Quellen, Blumen und Vögel von ihm reden. Denn als ein echter Dichter nahm er den Bann von allen diesen Dingen, welchen Sünde und Unverstand darüber gelegt, und tat sie neu in ihrer ursprünglichen reinen Schönheit vor unseren Augen auf.

Franziskus war in dieser Zeit eifrig bemüht, die Erneuerung der Kapelle von St. Damian zu vollenden. Als ein Bettler zog er durch seine Vaterstadt und bat jedermann um Geld oder um Steine für den Bau, und obwohl viele ihn schmähten, gaben andere ihm doch, und er vollendete sein Werk. Auch ging er aus, um Öl für die Altarlampe zu bitten, und dabei geschah es einmal, daß er in seinem Bettelgewande (welches ihm des Bischofs Gärtner aus Mitleid geschenkt) in ein Haus trat, worinnen alle seine vormaligen Kameraden ein Gelage feierten. Er erschrak vor Scham und kehrte um, ermannte sich aber alsdann sogleich aufs neue, trat hinein und bat seine ehemaligen Freunde und lustigen Zechbrüder freundlich und in aller Bescheidenheit um eine Gabe für Gottes Haus, verschwieg ihnen auch seine vorige Schwäche und Umkehr nicht. Und das tat er so ehrlich und von Herzen, daß jene ihm nicht anders als freundlich begegnen konnten.

Auch unter den übrigen Bewohnern der Stadt erschien manchen sein jetziges Wesen nicht mehr ledig Narrenwerk und Unverstand, sondern es trat ihnen daraus ein Gruß Gottes und seliges Licht entgegen, welchem sie mit Milde und Ehrfurcht begegneten. Die elenden Aussätzigen, zu welchen Franziskus einstmals als ein vornehmer Herr und Rittersmann mit reichen Gaben gekommen war, liebten ihn um nichts minder, da er nun als ein Armer und Bruder sie besuchte. Viele Bürger aber verfolgten ihn weiter mit Hohn und Schimpf, auch sein Vater und sein eigener Bruder verachteten und lästerten ihn, wo sie konnten, und schämten sich seiner.

Nachdem die Erneuerung selbiger Kapelle ihm wohl gelungen war, wandte er sich zu dem Kirchlein der Portiuncula, welches gleichfalls einer Pflege und Wiederherstellung bedürftig war. Und wie man es häufig sehen kann, daß eines Menschen Herz mit besonderer Liebe an irgendeinem Orte hängt, so ward ihm diese Portiuncula für Lebenszeit zu seinem Liebling, wo er stetsfort Einkehr hielt und häufig stille Stunden, Trost und neue Träume und Lieder suchte. Auch diese kleine und bescheidene Kirche richtete er mit Mühen wieder her, und es begab sich in diesem selbigen Heiligtum, daß er Gottes Stimme deutlicher vernahm und das Ziel seines Lebens erblickte. Er verspürte nämlich gar wohl, daß solches äußerliche Werk, wie er bis dahin an der Kapelle und Kirche getan, dem großen Drang seines Herzens nicht Genüge tat. Da erklang ihm des Heilandes Wort: »Gehet hin und prediget und sprechet: das Himmelreich ist nahe herbeigekommen.« Da schlug ihm sein Herz, und er sah im Geiste die Völker der Erde hungern und dürsten und wehklagende Hände zum Himmel ausstrecken, daß ihnen eine Botschaft der Güte und Liebe werde.

Von da an begann Franziskus zu predigen, und von da an drang seine Stimme milde und stark als ein Liebesruf und lockender Gesang durch die Länder, heilige Sehnsucht aufregend und unzählige dunkle und verirrte Seelen mit dem Licht der Liebe erfüllend. Seine Rede war nicht die eines Schwärmers und Wortemachers, er sprach wie ein Bauersmann mit Bauern und wie ein Städter mit Städtern und wie ein Ritter zu Rittern, er redete mit jedem über das, was sein Herz bewegte, und er redete überall als ein Bruder zu Brüdern, als einer, der gelitten hat, zu Leidenden, als einer, der genesen war, zu den Kranken.

In Assisi begann er zuerst zu reden. Er predigte, wo er einige beisammen stehen fand, auf Märkten und Gassen, an den Toren und Gartenmauern. Sein Wort war einfach und liebevoll; er forderte von keinem zu tun, was nicht er selbst bereit war zu tun, er

trug des Erlösers Bild im Herzen und zeigte es jedem: Siehe, das
ist Demut, siehe, das ist Geduld, siehe, das ist Liebe! Vielen ging
es zu Herzen, nötigte sie zu Nachdenken und Einkehr, und es
begann eine schweigende Verehrung den Prediger zu umgeben,
von dessen Person und Rede eine Kraft und Wärme ausging als
von einem guten und klaren Gestirn. Seine Predigt war anders
als der Priester Predigten, denn er hatte als Lehrmeister und
Vorbilder nicht Bücher, Kirchenlehrer und Wortweise oder
Rhetoren, sondern lediglich sein brennendes Herz und die Vögel des Himmels und die Lieder der vagierenden Sänger. Auch
forderte er keinerlei Ehrfurcht für seine Person, welche er vielmehr willig jedem untertan machte und zu Dienste gab. Aber
sein Antlitz war voll fröhlicher Güte, und sein Auge leuchtete
von einer stetigen und reinen Flamme, und er warb um eines
jeden Seele mit Ernst und mit lieblicher Verlockung, mit Gleichnissen und Liedern, wie ein Liebender die Geliebte ruft und wie
eine Mutter um ihre Kinder unablässig sorgt und wirbt. Und
wenn er geredet hatte, sah man ihn nicht stolz hinwegschreiten
und müßig laufen, sondern jedermann konnte sehen, daß er ein
hartes Leben führte, emsig arbeitete, allen Bedürftigen sich hingab und ohne Scheu im Siechenhause bei den armen Aussätzigen
aus und ein ging.

Nach einiger Zeit gesellte sich zu ihm ein Genosse und Bruder,
von welchem uns aber nichts weiteres berichtet ist. Alsdann kam
eines Tages Herr Bernhard von Quintavalle zu ihm und bat ihn,
daß er eine Nacht im Gespräche mit ihm hinbringe. Dieser Herr
Bernhard war ein vornehmer und sehr reicher Bürger von großem Ansehen. Mit selbigem redete Franziskus jene ganze Nacht
gütige und ernste Worte, und danach ging dieser Bernhard dahin, verkaufte sein Hab und Gut, soviel er hatte, und verteilte
alles unter die Armen. Alsdann folgte er seinem Freunde nach,
und Franziskus erbaute für sich und beide Jünger schlichte
Rohrhütten neben der Portiuncula. Bald schon gesellte sich ein
Jüngling mit Namen Egidius zu denselbigen, und nun zogen sie,
vereinigt oder einzeln, hin und wieder durch das umbrische
Land. Sie arbeiteten hier und dort bei den Landleuten auf dem
Feld, wofür sie an Geldes Statt nur eine geringe Mahlzeit nahmen, und nach der Arbeit redeten sie mit den Leuten, predigten
und sangen ihnen Lieder vor.

Darob nannte Franziskus sich und seine Brüder gerne jocula-
tores Domini, das ist Spielleute Gottes, indem er selbst als ein
Troubadour und singender Pilger Gottes Lob verkündete. Ge-
wißlich war dieses in seinem Leben die fröhlichste Zeit. Ein Gast
und Wandersmann pilgerte er dahin, gleich einem Spielmann
und singenden Vogel, jedermann zu Dienst erbötig, seligen Herzens, und beschenkte jeden mit Güte und Trost, mit Handrei-
chung und Rat, indem er mit den Arbeitern arbeitete, den Trauernden gütige Worte und den Fröhlichen heitere Lieder gab. Im
Volk wurde er bald, wie auch heute noch, um seiner freiwilligen
Armut willen mit scherzhafter Zärtlichkeit »il Poverello« genannt.

An schweren Stunden und Anfechtungen fehlte es freilich keineswegs. Die Familien, deren Söhne dem Franziskus nachgefolgt waren, schalten ihn einen Verführer der Jugend und Ver-
ächter der Kindesliebe, andere fürchteten, ihre Kinder auch an
ihn zu verlieren. Jedoch begegneten die Brüder aller Feindschaft
und Verachtung mit Schweigen und Demut, und durch das
ganze umbrische Land geschah ein Erstaunen und eine Bewegung des Volkes über diese Männer. Viele nahmen sie auf und
beherbergten sie mit solcher Freundlichkeit, daß die Brüder von
Herzen dankbar waren, Geld aber und anderen Besitz, welcher
ihnen dargeboten ward, nahmen sie nicht an, sondern verharrten
redlich in Christi Armut, jedes Tages Sorge Gott allein anver-
trauend.

Von ihren Wanderzügen kehrten die Brüder stets wieder zur
Portiuncula bei Assisi heim, trösteten sich daselbst und wurden
ihrer Liebe und Freundschaft herzlich froh. An Zahl aber waren
sie nun zwölfe geworden.

Bis dahin hatte Franziskus nach keinem anderen Ziel gestrebt,
als die Begierde seiner Seele zu erfüllen umd sich in unbegrenz-
ter Hingabe seines Gottes zu freuen, den Menschen Gutes zu
tun und ihnen die Botschaft der Liebe zu predigen. Nun aber
waren elf Jünger und Freunde um ihn versammelt, welche gleich
ihm Haus und Habe willig verlassen hatten und mit Lehre und
Predigt herumzogen. Es geschah hier und dort, daß die bestell-
ten Priester der Kirche sie scheel betrachteten und ihnen die
Predigt verboten. Und in Wahrheit konnte das Wesen und die

Lehrweise der Brüder vielen wohl als ein Ketzertum erscheinen, gleichwie im Norden das Wesen und Tun der Waldenser.

Dieses begann dem Franziskus als eine Last auf der Seele zu liegen. Sein kindliches Herz, welchem er in einfältigem Vertrauen gefolgt war, sollte nun so vielen Jüngern ein Führer sein, und seine von Liebe brennende Seele sollte für alle die Brüder, welche sie an sich gezogen, Verantwortung tragen. Er hatte niemals gedacht, ein Ketzer oder Prophet oder Neuerer zu sein, denn sein schlichter Kindersinn hing an den Ordnungen der Kirche mit treulichem Glauben. Nun aber ging eine Macht von ihm aus, welche stärker war als die Macht der Priester, und er sah eine Gemeinde um sich heranwachsen, gleich als hätte er sie der Kirche entrissen, welche er doch als eine Mutter ehrte. Als er dieses erkannte, überfielen ihn dunkle Sorgen, und sie blieben bei ihm. Von da an lastete die Größe seiner Macht auf ihm, denn seine Absicht war, die ganze Menschenwelt zu lieben und aus seiner Fülle zu beschenken, aber nicht zu regieren. Wie sollte der demütigste aller Menschen ein Haupt und Herr einer Gemeinde sein?

In solchen Sorgen fand er nicht anders Trost, als daß er beschloß, nach Rom zu ziehen und für sich und seine Brüder die Erlaubnis und Billigung des päpstlichen Oberhirten zu erbitten. Er machte sich also mit seinen Gefährten allsogleich auf den Weg, wählte jedoch zum Anführer der Reise nicht sich selber, sondern den Bruder Bernhard von Quintavalle. Also kamen sie nach Rom.

Dieses geschah im Jahre des Heils 1210, und es regierte um dieselbe Zeit zu Rom der Papst Innozenz der Dritte. Dieser war nun fast in allen Dingen das Widerspiel des Franziskus, übrigens nicht in bösem Sinne. Nur fehlte ihm die Liebe und Milde des Gemütes, denn er war nicht ein sanfter Hirte, sondern vielmehr ein gewaltiger Streiter und Gebieter, welcher die vielfältig bedrohte römische Kirche mit großer Kraft verwaltet und zu erneuter Ehre und Weltmacht erhoben hat. So geschah es als ein Wunder Gottes, daß um dieselbe Zeit ein streitbarer Papst die Kirche aus weltlicher Unmacht rettete und zu hohem Glanze förderte, indessen hinwiederum der gütige und bescheidene Umbrier sie mit einem neuen Geist der Liebe erfüllte.

In Rom erhob sich kein kleines Verwundern über die zwölf Männer aus Assisi, welche keine andere Gunst und Gnade begehrten, als daß sie ein Leben in Armut und Entsagung führen und des Heilandes Lehre ohne Lohn verkünden dürften. Dennoch erkannte der Papst, und auch der Herr Kardinal Giovanni von San Paolo, daß diesen armen und ungelehrten Menschen eine gewaltige Macht inwohnte, und der Heilige Vater begann, dieser Sache ernsthaft nachzudenken. Franziskus hatte für seine Brüderschaft eine kurze und einfache Regel aufgeschrieben, welche fast nur aus Stellen des Evangeliums bestand und welche er den Papst zu bestätigen bat, auch redete und predigte er vor demselben mit Kühnheit und großer Wärme. Trotz dessen vermochte der Papst sich nicht so bald zu entscheiden, und die Brüder wurden lange hingehalten und zu vielen Malen befragt und ermahnt und verloren fast den Mut. Doch am Ende tat jener Kardinal Giovanni eine Rede zum Heiligen Vater des Inhalts, es möchte unmöglich sein, daß die heilige Kirche eine Regel nicht bestätige, welche doch rein und lauter auf den Worten des Evangeliums beruhte. Da widerstand der Papst Innozenz nicht länger, sondern segnete den Franziskus, lobte und ermahnte ihn und gab ihm Lizenz, sein bisheriges Tun und Predigen weiter so zu üben.

Der prächtigen Stadt Rom und dem päpstlichen Hofe gern entronnen, begaben sich die Freunde auf die Heimreise, und obwohl sie aus Mangel an Trank und Nahrung in der heißen Campagna dem Verschmachten nahe kamen, freuten sie sich doch ihrer Freiheit und innigen Brüderlichkeit mit fröhlichem Herzen. Nach ihrer Gewohnheit hielten sie sich hier und dort in Städten und Dörfern auf, arbeitend, singend und predigend. Nicht anders als ein Frühling und junger Mai kam diese Gemeinschaft freudiger Pilger über die Gegenden, Trost und Leben spendend und in vielen Menschen eine Gottesahnung und Verjüngung der Seelen erweckend.

Da sie wieder gegen Assisi kamen, nahmen sie ihren Wohnsitz in einer leeren Hütte, welche man Rivo torto nannte. Dort war berganwärts eine einsame und wilde Gegend, in welche Franziskus sich oftmals einige Tage zu Gebet und Sammlung begab. Denn zwar haßte er den Müßiggang streng und wendete seine ganze Kraft dem Dienst des Nächsten zu, doch war sein Gemüt überaus zart und fein und hat täglich unter dem Anblick des menschlichen Elendes tief gelitten. Dergestalt verwundet, zog er sich häufig still in die Einsamkeit zurück und ließ sein ermüdetes Herz an den Quellen des Lebens rasten und jung werden.

Sich täglich am Leben der Natur zu verjüngen und gleichsam Kräfte der Erde in sich zu ziehen, diese wunderbare und herrliche Kunst, welche man nur bei Dichtern und wahrhaft Seligen findet, hat er beständig als ein unvergleichlicher Meister geübt. Wie ein Kind und wie ein Weiser redete er mit Blumen, Gräsern, Wellen und allerlei Tieren, sang ihnen preisende Lieder, liebte und tröstete sie, freute sich mit ihnen und nahm an ihrem schuldlosen Leben teil. Dieses ist aber nur den Lieblingen Gottes gegeben, daß ihnen Sinne und Herz nicht altern und lebenslang so frisch und dankbar als bei Kindern bleiben. Eine wahrhaftige und lautere Güte des Herzens ist wie ein magisches Geheimnis Salomonis, welches dem Menschen die Sprache der Tiere und das innere Wesen der Pflanzen, Bäume, Steine und Berge erschließt, so daß vor seinen Augen die vielfältige Schöpfung als eine völlige Einheit liegt und keine verborgenen und feindlichen Klüfte und Schattenreiche hat. Franziskus verstand, als ein solcher Liebling Gottes, die Schönheit der Erde wie nur selten ein anderer Dichter sie verstand, er liebte jedes große und kleine Geschöpf, sie aber liebten ihn wieder und gaben ihm Antwort. Wenn er müde war, mit Menschen zu reden, ging er zu den Wiesen, Wäldern und Tälern und vernahm in Quellen und Winden und Vogelgesang die süße, mächtige Sprache des Paradieses. Er wußte gar wohl, daß nichts auf Erden ohne eine Seele ist, und er begegnete jeder Seele, auch der Gräser und Steine, mit brüderlicher Ehrfurcht und Liebe.

Auch in anderen Dingen war Franziskus keineswegs ein finsterer Büßer und Weltverleugner, vielmehr liebte er sehr ein scherzhaftes Wort, eine heitere Ermunterung, und hat auch an schweren Leidenstagen niemandem je eine düstere Miene gezeigt.

Da man zu Assisi vernahm, er habe des Papstes Erlaubnis zum Predigen erlangt, erhob sich eine ungeheure Begierde im Volke, ihn zu hören, und er mußte (die anderen Kirchen waren zu klein) im Dome reden. Da riß die Gewalt seiner Inbrunst die große Menge mit sich dahin als ein Sturmwind. Zu jener Zeit war wiederum ein schwerer Hader zwischen dem armen Volk und den

vornehmen Adeligen und Herren von Assisi im Gang. Des
Franziskus Rede und Beispiel tat aber so mächtige Wirkung,
und es hingen schon so viele mit Treue an ihm, daß beschlossen
ward, er möge der Schiedsrichter unter den kämpfenden Parteien sein. Die ganze Stadt fügte sich willig seinem milden Ur-
teilsspruch, worin er die Feinde versöhnte und den Armen gute
Vorteile vergönnte, und es ward zwischen Adel und Volk ein
Vertrag und Bündnis aufgesetzt und treulich erfüllt. Viele Verbannte kehrten heim, und die Stadt war voll Dank und Freude.
Immer mehrere gesellten sich nun zu des Franziskus Gefährten.
Seine Brüderschaft aber nannte er den Orden der Minoriten, das
ist der Geringen. Das ganze Volk liebte und verehrte ihn mehr
und mehr und es gab viele, welche ihn schon zu jener Zeit einen
Heiligen nannten.
Es wurde ihm das Kirchlein der Portiuncula überlassen, neben
selbigem erbauten sich die Brüder, deren Zahl sich täglich
mehrte, kleine Hütten und wohnten daselbst. Ihren Führer verehrten sie als einen Herrn und Vater, er aber trachtete nicht zu
regieren und Gebote zu geben, sondern ließ jeden nach seiner
Art gewähren. Wer ein Handwerk verstand, der übte sein Handwerk, wer die Gabe zu reden hatte, der predigte, und wessen
Gemüt nach Stille in Gott verlangte, der suchte die Einsamkeit.
Es lag bei der Portiuncula ein Wald, und in diesem Walde hatten
die Brüder ihre Gespräche mit Franziskus und untereinander.
Hin und wieder trat ein Gast herein, begrüßte den Franziskus
und sprach, ihn verlange danach, sein Bruder zu werden. Und
dieses stand ohne weitere Prüfungen jedem frei, sobald er sein
Gut den Armen gab, nichts für sich behielt und das Gelübde der
Armut ablegte. Und es waren Bauern, Städter und Adelige, auch
ehemalige Priester unter den Genossen, gelehrte und einfältige,
feine und grobe, und alle lebten als Brüder miteinander, jeder
den anderen dienend.
Im Jahre des Heils 1212, da Franziskus im Dom von Assisi dem
Volke predigte, befand sich unter den Zuhörenden ein junges
Mädchen aus dem vornehmen Hause der Sciffi, diese hieß Klara.
Derselbigen gingen seine Worte so zum Herzen, daß sie mit ihm
zu reden begehrte, und darauf entsagte sie allem, was sie besaß
und begab sich in seinen Dienst. Er brachte sie, da er keine andere Unterkunft wußte, in ein Kloster der Benediktiner. Bald

aber kamen noch mehrere Frauen mit demselben Verlangen, und es erstand eine Schwesterschaft, welche ihren Wohnsitz zu St. Damian erhielt und deren Dienst vor allem den Kranken gewidmet war. Die Gemeinschaft wuchs immer schneller, und bald waren es viel hundert Brüder und Schwestern.

Von dieser Zeit an verzehrte das Anwachsen und die Leitung des Minoritenordens die besten Kräfte des Franziskus, so daß von seiner Person nicht gar vieles mehr zu berichten überbleibt. Wir haben jedoch eine Menge von kleinen Geschichten und Legenden über ihn überkommen, welche von seinen Genossen aufgezeichnet wurden. Mehrere von diesen Historien findet man im folgenden Kapitel erzählt, die weitere Geschichte des Franziskanerordens aber möge man in den Kirchenhistorien nachlesen, da dieselbe nicht hierher gehört.*

Wie sehr Franziskus alle Tiere liebhatte, und besonders die Vögel, davon reden viele Geschichten und Legenden. Von Siena brachte er einstmals Turteltauben mit, baute selbst ihnen Nester und hatte samt den Brüdern seine Freude an ihrem Wesen. Ein anderes Mal schenkte ein Fischer ihm einen schönen Fisch, den er soeben gefangen hatte. Franziskus dankte ihm, nahm den Fisch und entließ ihn sogleich wieder ins Wasser. Im Kloster zu Rieti wohnten viele Vögel, mit welchen die Minoriten gute Freundschaft halten mußten.

Franziskus war nun zu einem Vater von Tausenden geworden und viele schwere Sorgen lagen auf ihm, so daß er oft todesmüde ward. Seine Liebe und demütige Bereitschaft zu jeder Hilfe verminderte er darüber niemals, doch flüchtete er sein bedrängtes Herz noch öfter und inniger als zuvor in die Stille und Einsamkeit.

Im Sommer des Jahres 1224 begab er sich, voll dunkler Sorgen und vielleicht mit dem Vorgefühl seines Todes, auf den Berg

---

* Hier seien mit Nachdruck die beiden reifsten und edelsten Werke der modernen Franziskusliteratur empfohlen:
P. Sabatier, »La vie de St. François d'Assise« und
H. Thode, »Franz von Assisi und die Anfänge der Kunst der Renaissance in Italien«. [Anm. H. H.]

Alverno, den er liebte. Er war so müde, daß er wider seine Gewohnheit auf einem Maultier reiten mußte. Da er den Berg erreichte, welcher voll großer Wälder war, begrüßten ihn unzählige Vögel und setzten sich auf seine Schultern und Hände, bis er sie segnete und entließ. Denn die unvernünftige Kreatur fühlte seine Liebe wohl und hatte keine Scheu vor ihm.

Daselbst ließ er die drei Brüder, welche ihn geleitet hatten, hinter sich und ging allein in den Wald, baute sich eine kleine Hütte und verblieb dort eine längere Zeit in heiligen Gedanken. In den Legenden aber steht berichtet, es sei ihm daselbst der Gekreuzigte erschienen und habe seinem Leibe die heiligen Stigmen verliehen. Nicht lange darauf befiel ihn noch größere Schwäche und eine schmerzhafte Krankheit der Augen, an welcher er lange zu St. Damian niederlag. In allen Schmerzen lächelte er beständig, pries und lobte Gott, und wenn er allein und blind in seiner Hütte lag, sang er begeisterte Lieder. Dort dichtete er auch den »Sonnengesang«.

Alsdann brachte man ihn nach Monte Colombo und nach Rieti. Sein Leiden war noch übler geworden, und die Ärzte wußten keinen anderen Rat, als daß sie ihm die Stirne mit einem glühenden Eisen brannten. Da sie mit dem schrecklichen Werkzeug an sein Lager traten, begrüßte der Todeskranke das Feuer und rief: »O, Bruder Feuer, du bist schön unter allen Geschöpfen, und ich habe dich immer liebgehabt, darum sei auch du mir nun gnädig!« Danach bat er einen Bruder, er möge ihm Musik vorspielen; der Bruder scheute sich aber dessen und wollte es nicht tun. Da hörte Franziskus in der Nacht einen Engel Gottes süße, unbeschreiblich köstliche Weisen aus dem Paradiese spielen.

Da es Winter ward und der Kranke von der Kälte litt, brachte ein Bruder ihm das Fell eines Fuchses und wollte es ihm innen in seine Kutte nähen. Er befahl aber, es müsse so angenäht werden, daß jeder es auch von außen möge sehen können, damit er nicht als ein Heuchler erfunden würde.

Nun fühlte er sein Ende nahe und ließ sich unter großen Qualen heimwärts nach Assisi bringen. Auf dem Totenbette diktierte er noch einen Brief, worin er mit überwallendem Herzen die ganze Menschheit auf den Knien anfleht, ihrer Seele zu gedenken. Er beginnt: »Ich, Bruder Franz, euer geringer Diener und bereit, eure Füße zu küssen, bitte und beschwöre euch bei jener Liebe, welche Gott selbst ist, diese Worte anzunehmen!«

Da er seinen Arzt befragte, wie lange er noch zu leben habe, und dieser ihm sagte, nur noch eine kleine Zeit, da breitete er die Arme aus und sagte: »Ich heiße dich willkommen, Bruder Tod.« Dann fing er an zu singen, und auch die anwesenden Freunde mußten mitsingen.

Wenige Tage vor seinem Ende ließ er sich in die Portiuncula bringen, welche er recht als seine Heimat betrachtete und liebhatte. Da lag er, den Tod erwartend, lächelnd und voller Güte, und redete noch manche tröstliche Worte zu seinen Gefährten. Sie mußten ihm noch einmal die laudes creaturarum vorsingen, und er segnete sie und auch die entfernten Brüder und Schwestern, ja alle Menschen, so daß von seinem Sterbelager noch ein Strom von Liebe ausging. Danach starb er, am 3. Oktober 1226, gegen den Abend. Und im Augenblicke, da er verschied, ließ sich auf dem Dach seiner Hütte eine große Schar von Lerchen nieder, welche einen lauten Gesang anstimmten.

Legenden

Sankt Franziskus erklärt dem Bruder Leo, was vollkommene Freude ist

Es wanderte einstmals St. Franziskus, da es Winterszeit war, mit dem Bruder Leo des Weges von Perugia nach Santa Maria zu den Engeln und litt nicht geringe Not von der strengen Kälte. Da rief er den Bruder Leo an, welcher ihm vorauswandelte, und sprach zu selbigem: »Bruder Leo, wenn auch unsere Brüder allerorten ein großes Vorbild der Heiligkeit und Erbauung geben, trotzdem schreibe du und bewahre es wohl im Geiste, daß hierin nicht vollkommene Freude zu finden sei.« Und nach einer Strecke Weges rief er abermals: »O Bruder Leo, wenn unsere Brüder die Blinden und Krüppel heilten und die Dämonen austrieben und den Tauben zu hören, den Lahmen zu gehen und den Stummen zu reden verliehen, ja, wenn sie, was noch mehr ist, Gestorbene nach vier Tagen auferweckten – schreibe, daß auch dieses nicht vollkommene Freude ist.« Und abermalen nach einer Weile rief er laut: »O Bruder Leo, wenn die Minoriten sich auf alle Sprachen und Wissenschaften verstünden, so daß sie weissagen könnten und nicht allein die zukünftigen Dinge, sondern auch die Geheimnisse der Herzen und Gewissen zu offenbaren vermöchten – schreibe, daß auch dieses nicht vollkommene Freude ist.« Und nochmals weiterschreitend rief St. Franziskus: »O Bruder Leo, du Schäflein Gottes, wenn unsere Brüder auch der Engel Sprache redeten und wenn sie den Gang der Sterne und die Kräfte der Gewächse kennten, wenn ihnen alle Schätze der Erde offenbar wären und wenn sie die Kräfte der Vögel und der Fische, auch aller Tiere und Menschen, der Bäume und Gesteine, Wurzeln und Gewässer wüßten – schreibe, daß dies nicht die vollkommene Freude ist.« Und wiederum ging er weiter und rief wiederum: »Bruder Leo, wenn unsere Brüder auch so gut zu predigen verstünden, daß sie alle Ungläubigen bekehrten – schreibe, daß auch dies nicht die vollkommene Freude ist.«

Unter solchem Gespräche waren sie wohl zwei Meilen gewandert, da sprach Bruder Leo, mit großer Verwunderung fragend, zu ihm: »Vater, ich flehe dich um Gottes willen, daß du mir sagst, was denn die vollkommene Freude sei.« Und St. Franziskus antwortete ihm: »Wir werden in Santa Maria ankommen, durchnäßt vom Regen und steif von der Kälte, mit Schmutz bedeckt und von Hunger verzehrt, und werden anklopfen, und der Pförtner wird zornig sein und sagen: Wer seid Ihr? – Und wir antworten: Zwei von Euren Brüdern. Und wenn er dann erwidert: Was Ihr sagt, ist gelogen, Ihr seid vielmehr zwei Landstreicher, welche umherziehen und die Welt betrügen und die Armen um ihre Almosen bringen, geht fort von hier! – Und wenn er uns alsdann nicht öffnet, sondern läßt uns draußen stehen in Schnee und Regen, auch Hunger und Frost bis in die Nacht – und wenn wir alsdann solches Unrecht und Mißhandlung in Geduld ertragen, ohne zu zürnen, und wenn wir denken, daß der Pförtner recht habe, uns als so Unwürdige zu erkennen, und daß Gott ihn so reden heißt – o Bruder Leo, schreibe, daß dieses vollkommene Freude ist. Denn höre, Bruder Leo! Höher als alle Gaben und Segnungen des Geistes, welche Christus den Seinen verleiht, ist dieses: sich selbst überwinden und gern aus Liebe zum Heiland Strafe und Schimpf und Leiden erdulden.«

Wie St. Franziskus dem Bruder Masseo antwortete

Einstmals verweilte St. Franziskus in dem Kloster Portiuncula mit dem Bruder Masseo von Marignano, welchen er überaus liebhatte. Eines Tages nun, da St. Franziskus aus dem Wald heimkehrte, wo er gebetet hatte, und am Rande des Waldes stand, wollte eben jener Bruder Masseo seine Demut auf eine Probe stellen. Also trat er gegen ihn hin und rief scheltenderweise ihm zu: »Warum dir? Warum dir? Warum dir?« Antwortete St. Franziskus: »Was will diese deine Rede bedeuten?« Sprach Bruder Masseo: »Das bedeutet: warum läuft denn dir alle Welt nach, so daß, wie es scheint, jedermann danach verlangt, dich zu sehen, dich zu hören und dir zu dienen? Dein Körper ist nicht so sonderlich schön und reizend, auch bist du nicht in Wissenschaften gelehrt, noch auch von hohem Adel, warum denn also geschieht es, daß gerade dir alle Welt nachläuft?«

Da St. Franziskus dieses vernahm, ward sein Geist höchlich erfreut, und er wendete sein Angesicht gen Himmel und blieb also eine Weile stehen, indem seine Seele bei Gott einkehrte. Alsdann kniete er nieder, pries Gott mit Danken und Loben und hernach wendete er sich mit großer Freudigkeit zu dem Bruder Masseo und sprach zu ihm: »Willst du erfahren: Warum mir? Warum mir? Warum mir? Warum alle Welt mir nachlaufe? Das gab mir der höchste Gott, dessen Augen überall die Guten und die Bösen erkennen, und seine heiligen Augen erfanden unter allen Sündern keinen schlimmeren, keinen geringeren und keinen ärmeren denn mich. Gott hat, um sein Wunderwerk zu vollbringen, kein schwächeres Wesen auf der Erde gefunden. Dieserhalb hat er mich erwählt, um die Herrlichkeit und Weisheit der Welt zu beschämen, auf daß man nämlich erkenne, daß alle Macht und alles Gute nur von ihm komme, nicht von dem Geschöpf, und damit niemand sich rühmen und überheben möchte.« Da verwunderte sich Bruder Masseo und erkannte mit Gewißheit, daß St. Franziskus von echter und lauterer Demut wäre.

St. Franziskus gebietet den Schwalben
und predigt den Vögeln

St. Franziskus kam zu dem Schloß Savurniano und schickte sich
an, daselbst zu predigen. Es sangen aber und lärmten im Hofe
sehr viele Schwalben. Da befahl er ihnen, sie sollten so lange
schweigen, bis er gepredigt hätte, und die Schwalben gehorchten
ihm.

Und danach gelangte er in die Gegend zwischen Cannajo und
Bevagno, und während des eifrigen Wanderns hob er seine
Blicke auf und sah Bäume am Wege stehen, auf denen saßen sehr
große Scharen von Vögeln. Darob erstaunte St. Franziskus und
redete so zu seinem Gefährten: »Warte hier an der Straße auf
mich, ich will hingehen und meinen lieben Geschwistern, den
Vögeln, predigen.« Also ging er in das Feld hinein und begann
zu den Vögeln zu reden, welche sich dort befanden. Da kamen
allsogleich auch jene Vögel von den Bäumen herbei, und alle
verhielten sich sehr still, bis er seine Predigt endete, und flogen
erst dann hinweg, nachdem er sie auch noch gesegnet hatte. Und,
wie Bruder Masseo später erzählt hat, ging St. Franziskus unter
den Vögeln umher und berührte ihre Köpfe und streichelte sie,
ohne daß einer davonflog.

Er predigte ihnen aber namentlich solche Worte: »Ihr Vögelein,
meine Brüder, ihr sollt immerdar und an allen Orten Gott preisen, denn er hat euch die Freiheit gegeben, daß ihr nach Belieben
möget fliegen und schweben, auch gab er euch ein gutes und
schönes Gewand. Dazu hat er euch das Element der Luft überlassen, wofür ihr ihm danken sollt. Ihr säet ja nicht und erntet
nicht, und Gott ernährt euch und gibt euch zum Trank die Flüsse
und die Quellen, auch gibt er euch zur Zuflucht die Berge und
Täler und die hohen Bäume, eure Nester darauf zu bauen. Euer
Schöpfer hat euch herzlich lieb, darum dankt ihm und seid stets
eifrig, ihn zu loben.«

Als St. Franziskus also zu ihnen redete, öffneten alle die Vögel
ihre Schnäbel und streckten ihre Hälse, breiteten die Flügel aus,
neigten ihre kleinen Köpfe bis zur Erde und sagten ihm durch
Gebärden und durch Zwitschern, daß er ihnen sehr große
Freude gewähre. Und St. Franziskus freute sich mit ihnen allen,
er ergötzte sich sehr an der so großen Vogelschar, an ihrer

Schönheit und Mannigfaltigkeit, auch wie sie so zutraulich und aufmerksam waren, worüber er voll Andacht in ihnen den Schöpfer lobte.

St. Franziskus deutet dem Bruder Leo eine Erscheinung

Einmal war St. Franziskus schwer krank, und Bruder Leo bediente ihn. Da geschah es, daß dieser Bruder ein Gesicht hatte und sah im Geiste einen überaus breiten und reißenden Strom. Da er betrachtete, wer über den Strom hinübergehe, sah er mehrere Ordensbrüder in diesen Strom hineingehen, und sogleich wurden sie von der Gewalt der Strömung dahingerissen und ertranken. Einige andere gelangten bis zu einem Drittel des Stromes, andere bis zur Mitte, einige bis nahe an das Gestade, aber alle wurden doch entrissen, sowohl durch die Gewalt des Stromes als auch darum, weil jeder ein Bündel auf dem Rücken trug. Als Bruder Leo solchem zuschaute, empfand er ein tiefes Erbarmen mit den Brüdern. Aber während er noch also dastand, siehe, da kam plötzlich eine Schar von Brüdern, welche keinerlei Last noch Bündel an sich hatten, und gingen in den Fluß hinein und kamen unversehrt hinüber.

Nach diesem Traum erwachte Bruder Leo. Und nachdem er die ganze Erscheinung erzählt hatte, sprach St. Franziskus: »Was du geschaut hast, ist wahrhaftig so. Der große Strom ist diese Welt. Die Brüder, welche darin ertranken, das sind jene, welche das Gelübde der Armut nicht innegehalten haben. Jene aber, die ohne Not hinübergelangten, das sind die Brüder, welche in dieser Welt keinerlei Güter suchen und besitzen. Darum gehen sie auch leicht aus der Zeit in die Ewigkeit hinüber.«

Des St. Franziskus Falke auf dem Berg Alverno

Da der selige Franziskus auf dem Berg Alverno verweilte, welches die schmerzlichste und heiligste Zeit seiner Pilgerfahrt gewesen, und daselbst allein in einem Hüttlein wohnte, jedoch krank und sehr schwachen Leibes war, konnte er des Morgens nicht früh genug zum Matutingebet erwachen. Es kam aber je-

den Morgen zur rechten Stunde ein Falke und weckte ihn, indem
er sang und an die Hütte pochte, und er entfernte sich nicht eher,
als bis St. Franziskus sich zum Frühgebet erhoben hatte. Wenn
er aber einmal allzu müde und krank war, so sang der Falke,
gleich als wäre er ein vernünftiges und mitleidsvolles Wesen, zu
einer etwas späteren Stunde. Und auch bei Tage ging St. Franziskus vertraulich mit dem edlen Vogel um.

Und da er den Berg Alverno verließ, nahm er von den Felsen und
Wäldern und von dem Bruder Falken herzlichen Abschied, und
zu dem Berge sprach er: »Gott behüte dich, du Berg Alvernus,
lebe wohl und Friede sei mit dir, du gesegneter Berg, denn ich
werde dich niemals wiedersehen.«

Die laudes creaturarum

Da Franziskus krank zu St. Damian lag und von der heiligen
Klara gepflegt ward, litt er große Qualen und verspürte des Todes Schatten über sich. Dennoch war er freudigen Mutes und
sprach: »Ein kleiner Sonnenstrahl ist mächtig genug, um gar viel
Finsternis zu erhellen.« Er sang und dichtete bei Tage und bei
der Nacht, denn er gedachte an alle Schönheit der Erde und an
alle Tröstung und Gnaden, womit ihn sein guter Gott gesegnet,
an seine vielen Brüder und an die Berge und Täler der Einsamkeit, wo er Gott geschaut hatte, auch an die Flüsse und Fluren
sowie Tiere und Vögel, woran er seine Freude und Erquickung
gehabt. Und eines Tages, da er beten wollte, sang er an Betens
Statt ein Lied, darin er alle Kreaturen ermahnte, den Herrn zu
preisen. Dieses sind die laudes creaturarum, welche man auch
Franzisci »Sonnengesang« nennt (von allen seinen Liedern das
einzige, welches uns erhalten worden) und lauten also:

> Altissimu, onnipotente, bon signore,
> tue so le laude la gloria
> e l'onore et onne benedictione.
> Ad te solo, altissimo, se konfano
> et nullu homo e ne dignu te mentovare.

Laudato si, misignore, cum tucte le tue creature,
spetialmente messer lo frate sole,
lo quale iorno, et allumini per loi;
et ellu ebellu eradiante cum grande splendore;
de te, altissimo, porta significatione.

Laudato si, misignore, per sora luna e le stelle,
in celu lai formate clarite et pretiose et belle.

Laudato si, misignore, per frate vento
et per aere et nubilo et sereno et onne tempo,
per loquale ale tue creature dai sustentamento.

Laudato si, misignore, per sor acqua,
laquale e multo utile et humile et pretiosa et casta.

Laudato si, misignore, per frate focu,
per loquale ennallumini la nocte,
ed ello ebello et iocundo et robustoso et forte.

Laudato si, misignore, per sora nostra matre terra,
la quale ne sustenta et governa
et produve diversi fructi con coloriti flori et herba.

Laudato si, misignore, per quelli ke perdonano per lo tuo
amore
et sostengono infirmitate et tribulatione.
Beati quelli ke sosterrano in pace
ka da te, altissimo, sirano incoronati.

Laudato si, misignore, per sora nostra morte corporale,
da la quale nullu homo vivente po skappare;
guai acquelli ke morrano ne la peccata mortali;
beati quelli ke se trovarane le tue sanctissime voluntati,
ka la morte secunda nol farra male.

Laudate et benedicete misignore et rengratiate
et serviteli cum grande humilitate.

Höchster, allmächtiger, gütiger Herr!
Dir gehören Preis, Ruhm, Ehre und jeglicher Segen.
Dir allein geziemen sie, Höchster,
Und kein Mensch ist wert, Dich zu nennen.

Gepriesen seist Du, o Herr, mit allen Deinen Geschöpfen,
Vornehmlich mit unserem Herrn Bruder, dem Sonnengestirn,
Welches den Tag schafft und uns erleuchtet durch ihn.
Es ist schön und strahlend mit großem Glanze,
Ein Gleichnis Deiner, o Höchster.

Gepriesen seist Du, o Herr, durch Schwester Mond und die
                                        Sterne,
Du hast sie am Himmel gebildet hell, köstlich und schön.

Gepriesen seist Du, o Herr, durch den Wind, unseren Bruder,
Auch durch die Luft und durch die Wolken und heitere und
                                    jegliche Witterung,
Durch welche Du Deinen Geschöpfen Erhaltung gewährst.

Gepriesen seist Du, o Herr, durch unsere Schwester,
                                        das Wasser;
Sehr nützlich ist es, demütig, kostbar und keusch.

Gepriesen seist Du, o Herr, durch unseren Bruder, das Feuer,
Durch welches Du die Nacht hell machst;
Schön ist es und freudespendend, stark und gewaltig.

Gepriesen seist Du, o Herr, durch unsere Schwester
                                und Mutter Erde,
Die uns erhält und regiert
Und mannigfache Früchte hervorbringt und bunte Blumen
                                        und Kräuter.

Gepriesen seist Du, o Herr, durch die, welche um Deiner
                            Liebe willen Verzeihung üben
Und Leid und Trübsal erdulden.

Selig, die im Frieden weilen;
Denn von Dir, Höchster, werden sie die Krone empfangen.

Gepriesen seist Du, o Herr, durch unseren Bruder, den
                                        leiblichen Tod,
Welchem kein Lebender mag entrinnen.
Wehe über die, welche in Todsünde sterben!
Selig die, welche der Tod in Deinen Willen ergeben findet,
Denn der zweite Tod wird ihnen kein Leides tun.

Lobet und preiset den Herrn und danket ihm,
Dienet ihm mit großer Demut!

Zum Beschluß

Eines reinen und edelmütigen Menschen Leben ist jederzeit ein
heilig und wundersames Ding, von welchem unerhörte Kräfte
ausgehen und weit in die Ferne wirken. Dieses vermögen wir am
Leben des Poverello von Assisi noch deutlicher zu sehen als bei
den meisten anderen Helden und großen Geistern der älteren
Zeitalter.
Auch wenn man nur ganz oberflächlich und äußerlich zusieht,
kann man leicht wahrnehmen, daß mehrere Jahrhunderte hindurch in allen italienischen Landen keinem Menschen so un-
mäßige Liebe und Huldigung widerfahren ist als dem bescheidenen und demütigen Franziskus.
Vor allen haben ihn die Künstler hoch gefeiert, für welche er ein
Erlöser und Erwecker geworden ist. Man sieht ja oft, wie ein
schwaches Kind, sobald ein kluger und gütiger Mann es führt,
Mut und Kräfte gewinnt, und so sind dem Liebesruf des Lehrers
von Assisi vor allem die Künstler nachgefolgt, deren Gewerbe
bis dahin zum Teil in größter Verwahrlosung gelegen hatte, nun
aber plötzlich wie ein Frühling hervorbrach und erblühte. Namentlich der weltberühmte Giotto, der erste große Malmeister
der neueren Zeiten, ist recht eigentlich durch seine Dankbarkeit
und starke Liebe zu Franziskus und durch dessen Geist zu solcher Tiefe und seelenvollen Glut der Darstellung getrieben worden, wie wir in seinen wundervollen Werken finden. Ich hätte

wohl schweigen und mich all meiner Worte über den Seligen von Assisi enthalten können, wenn es mir möglich wäre, euch statt dessen in die herrliche Kirche zu Assisi zu führen, an deren Wänden Giotto das Leben des Franziskus abgemalt hat. Denn diese Bilder zeigen nicht nur die Taten und Begebenheiten seines Lebens, sondern sie sind auch gleichsam ein begeistertes Lied, aus dem Geiste des Seligen geboren. Die überaus kühne und inbrünstige Kunst des Giotto ist im Grunde kaum etwas anderes als ein gewaltiger Widerhall der Stimme jenes großen Sängers und Predigers. Wir können häufig wahrnehmen, daß ein lebenskräftiger und tiefer Geist stets wieder in neuen Formen und Verwandlungen redet und sich mitzuteilen strebt; so hat ja zum Exempel der Geist Christi sich je nach dem Wesen der Zeiten in gar vielerlei Arten ausgesprochen. Hat er nicht in Zeitläufen, da Lehre und Predigt versiegt und unkräftig geworden waren, durch Dichter und Seher und große Musiker geredet? Und in den Zeiten, da die Kirche am tiefsten in Sünden und Verfall geraten war, redete er mit neuer Gewalt durch die Werke der Maler, Baumeister und Steinmetzen!

So geschah es auch, daß die zarte und selige Gottesbotschaft, welche in des Franziskus Gestalt zur Erde kam, nicht mit seinem Tode erlosch. Er hatte aus vollen Händen einen guten Samen über die Erde hingestreut, und die Saat ging auf und wuchs und erblühte – hier in eines Malers, dort in eines Dichters oder Bildners oder Weisen Seele. Und wenn auch von seinem Erdenleben kein Bericht und von seinen Liedern kein Ton zu uns gekommen wäre, so hätten wir an deren Statt doch die beredten Zeugnisse Unzähliger, in welchen seine Gestalt und Weise Liebe und Sehnsucht weckte und welche in vielen Sprachen, in Worten und Tönen, Erz, Marmor und holden Farben von ihm redeten.

Es gibt in der Geschichte der neueren Kunst vielleicht keine Menschengestalt, von welcher so viele große Meister geträumt und jeder nach der Art seines Traumes ein verklärtes Bildnis geschaffen haben wie von Franziskus. Er übte noch lange nach seinem Tode eine solche sanfte und tiefe Macht auf die Gemüter, daß er der Liebling aller Künstler ward. Diesen schien sein Leben so voll von Poesie und so sehr der Schilderung und des ewigen Andenkens würdig, daß Hunderte von Malern und Bildnern seine Gestalt und Szenen aus seinem Leben abgebildet haben. Und auch die alten Novellenerzähler verehrten ihn nicht minder und sammelten über ihn alle Geschichten und Sagen, so daß er in Bälde gleich Karl dem Großen oder gleich den mythischen Fabelhelden in aller Munde und von einem reichen Kranz schöner Legenden umgeben war.

Sodann haben nicht wenige Dichter aus seinem Gefühl und Geiste heraus geschrieben und gesungen. Diese Nachfolger und Verehrer des Franziskus bedienten sich zumeist, noch viel früher als Dante, der Volkssprache und müssen als die Vorläufer oder Begründer der italienischen Dichtkunst in Versen angesehen werden. Schon unter den frühesten Schülern und Freunden Francisci finden wir mehrere Dichter, welche teils in lateinischer, teils in italienischer Sprache Gesänge und Hymnen verfaßten. Dem Thomas von Celano, einem Jünger Franzens, wird (obwohl ohne Gewißheit) jenes gewaltige und ergreifende Lied »Dies irae, dies illa« zugeschrieben. Ferner hat Bruder Giacomo von Verona ein großes und schönes Gedicht über den Himmel und die Hölle geschrieben, welches erst von Dante übertroffen ward. Diesen Dichtern folgten die Sänger zahlreicher »laudes« nach, welche namentlich zu Florenz längere Zeit die Träger aller volkstümlichen Dichtkunst gewesen sind. Der größte und mächtigste Nachfolger des Franziskus aber war Jacopone dei Benedetti, nach seiner Vaterstadt Jacopone da Todi genannt, welchen ein schweres Schicksal in bitterem Leide zu einem Dichter von schmerzvoll schönen Gesängen machte. Seine vielen Lieder brennen wie lodernde Fackeln in roter Glut von nächtlichen Bergen trauernd und schön, in leidenschaftlichen und inbrünstigen Flammen.

Man könnte gar leicht noch auf vielen Gebieten des Geistes und der Schönheit des Franziskus übermächtigen Einfluß erweisen. Von solchen großen Menschen, an deren Bild und Gedächtnis ein ganzes Volk mit eifriger Liebe hängt und weiterbildet, hat allezeit die Kunst einen neuen Wirkungskreis und neue Lebenskräfte empfangen. Darin liegt das Unergründliche und Ewige solcher Gestalten, daß allein der Gedanke an sie Wunder tut und Kräfte weckt, daß er Helden zu Taten und Maler zu Bildern und Sänger zu Liedern begeistert, weil sie alle in ihm ein Sehnsucht erweckendes Gleichnis und einen Gruß Gottes an die Erde erblicken.

Wenn einer mich fragen wollte: wie magst du jenen Franz einen gewaltigen Dichter nennen, da er uns doch nichts hinterlassen hat als jene laudes creaturarum? Dem würde ich antworten: er hat uns die unsterblichen Bilder des Giotto und alle die schönen Legenden und die Lieder des Jacopone und alle der anderen und tausend köstliche Werke geschenkt, welche alle ohne ihn und ohne die geheime Liebesmacht seiner Seele niemals entstanden wären. Und er war einer von den rätselhaften Großen, einer der frühesten, welche unbewußt an jenem wundersamen Riesen-werk gebaut haben, welches wir die Renaissance, das ist die Wiedergeburt des Geistes und der Künste, nennen.

Ach, es gibt so gar viele berühmte Schreiber und Dichter, welche hübsche Werklein verfertigt haben! Aber es gibt nur wenige, welche kraft der Tiefe und Glut ihres Innersten Worte und Ge-danken der Ewigkeit und der uralten Menschensehnsucht unter die Völker warfen gleich himmlischen Boten und Sämännern. Und es gibt wenige, welche nicht wegen ihrer schön gemachten Worte und Werke, sondern allein wegen ihres reinen und ade-ligen Wesens durch Jahrhunderte geliebt und bewundert werden und gleich seligen Sternen über uns in der reinen Höhe stehen, golden und lächelnd und gütige Führer und Leiter für die im Dunkel dahintreibenden Irrfahrten der Menschen. *(1904)*

Nachwort des Herausgebers

Hermann Hesse war 21 Jahre alt, als im Herbst 1898 auf eigene Kosten in einer Auflage von 600 Exemplaren seine erste Buchpublikation, das Gedicht-Bändchen *Romantische Lieder* (in unserer Ausgabe Bd. 10, »Die Gedichte«), im Kommissionsverlag E. Pierson, Dresden und Leipzig, erschien. Mit dem Schreiben begonnen hatte er freilich schon lange zuvor. Das erste von ihm überlieferte Manuskript, das kleine Märchen »Die beiden Brüder«, stammt aus seinem 10. Lebensjahr, und wohl seine allererste Veröffentlichung, das Gedicht »Madonna«, war am 1. 3. 1896 in der Wiener Zeitschrift »Das deutsche Dichterheim« zu lesen. Bis sich im Jahre 1903 der Berliner Verleger S. Fischer seines Werkes annahm, waren drei weitere Bücher Hesses, die Prosastudien *Eine Stunde hinter Mitternacht* (1899), die *Hinterlassenen Schriften und Gedichte von Hermann Lauscher* (1901) und ein zweiter Band *Gedichte* (1902) erschienen. Aber nicht Gedichte interessierten den künftigen Verleger Hesses, sondern die Prosa des nur 83 Seiten umfassenden *Hermann Lauscher*-Bändchens, dessen kurze Erzählungen und autobiographische Skizzen ihm so vielversprechend schienen, daß er den jungen Autor einlud, seine künftigen Manuskripte dem S. Fischer Verlag vorzulegen. Weil dieser schon damals einer der progressivsten und angesehensten Publikationsorte für zeitgenössische Belletristik in Deutschland war, vollendete Hesse in kürzester Zeit das begonnene Manuskript seines Romans *Peter Camenzind* und sandte es nach Berlin. Das Buch war so erfolgreich, daß Fischer nichts unterließ, um den jungen Autor von nun an dauerhaft an sein Haus zu binden. Ab dem *Peter Camenzind* erschienen dort seit 1904 von Hesse 16 Einzeltitel in unterschiedlichster Gestaltung (Romane, Erzählungen, Märchen, autobiographische und politische Schriften), bis 1922, nach dem *Siddhartha,* die Entscheidung fiel, künftig auch Hermann Hesses Werke wie bereits diejenigen von Theodor Fontane, Henrik Ibsen, Bernard Shaw, Herman Bang, Gerhart Hauptmann, Arthur Schnitzler, Hugo von Hofmannsthal, Thomas Mann u. a. in einheitlicher Ausstattung als »Gesammelte Werke in Einzelausgaben« erscheinen zu lassen. Diese von E. R. Weiß in hellblaues Leinen mit Golddruck gekleidete Buchreihe setzte 1925 mit dem *Kurgast* ein und bestimmte das Aussehen fast aller fortan publizierten Bücher des Dichters bis zu seinem Tod (1962) und dem 1965 von Ninon Hesse herausgegebenen Band *Prosa aus dem Nachlaß*.

Parallel zu diesen »Gesammelten Werken in Einzelausgaben« legte Peter Suhrkamp (ab 1950 Hesses neuer Verleger) 1952 als »Festgabe zum 75. Geburtstag des Dichters« eine erste 5088 Seiten umfassende und nur geschlossen lieferbare, in weinrotes Leinen und Leder gebundene Ausgabe *Gesammelte Dichtungen* in sechs Bänden vor. Auf die Bezeichnung »Gesammelte Dichtungen« hatte man sich geeinigt, weil diese Ausgabe alles enthielt, was Hesse von seinen fiktionalen und poetischen Schriften überliefert wissen wollte, von der *Frühen Prosa* bis zum *Glasperlenspiel* und den Gedichten. Bereits 2 Jahre später war diese erste geschlossene Werk-Edition vergriffen und wurde 1957, anläßlich Hesses 80. Geburtstag, neu aufgelegt und um einen siebten Band erweitert. Dieser von Siegfried Unseld in Zusammenarbeit mit dem Autor erstellte Band *Betrachtungen und Briefe* umfaßte auf 945 Seiten eine repräsentative Auswahl von Hesses zuvor in Einzelbänden wie *Betrachtungen* (1928), *Krieg und Frieden* (1946), *Briefe* (1951) und *Beschwörungen* (1955) erschienenen Arbeiten. Da es sich dabei um essayistische und autobiographische Texte handelte, wurde die nunmehr siebenbändige Ausgabe *Gesammelte Schriften* genannt.

Diese mittlerweile 6134 Seiten umfassende Edition war dann auch die Grundlage zu der 1970 erschienenen Taschenbuchkassette, einer Werkausgabe der *Gesammelten Werke in zwölf Bänden,* von denen die beiden letzten – in Ergänzung des Bisherigen – erstmals Selbstzeugnisse des Dichters über das eigene Werk, eine Auswahl von Hesses grundsätzlichen Schriften zur Literatur und u. d. T. *Eine Literaturgeschichte in Rezensionen und Aufsätzen* ein Zehntel der in Buchform bisher unveröffentlichten Rezensionen enthielten.

Diese Werkausgabe, die im Verlauf der letzten drei Jahrzehnte innerhalb des deutschsprachigen Raums in 66 Tausend Exemplaren verbreitet werden konnte, wird nun abgelöst durch die vorliegende Edition *Sämtliche Werke*, einer ersten Gesamtausgabe, die auch den literarischen Nachlaß Hermann Hesses einbezieht. Unsere Gesamtausgabe berücksichtigt die umfangreichen Bestände der Hermann Hesse-Sammlungen des Deutschen Literaturarchivs Marbach, insbesondere die Manuskripte und zahlreichen zu Lebzeiten des Dichters in Buchform noch unveröffentlichten Erstdrucke der journalistischen Arbeiten für Zeitungen und Zeitschriften. Soweit er sie in Montagnola aufbewahrt hatte, waren sie im November 1964 als Leihgabe der (ein halbes Jahr zuvor im Einvernehmen mit Hesses Frau Ninon und den Söhnen des Dichters gegründeten) »Hermann Hesse-Stiftung« nach Marbach gekommen und werden seitdem dort als wichtigster Bestandteil des von Bernhard Zeller gegründeten Hermann Hesse-Archivs als Depositum verwahrt.

Zu diesem Bestand hinzu kommen außerdem die uns bis Redaktionsschluß bekannt gewordenen, unveröffentlichten Manuskripte, die sich noch in Privatbesitz befinden. Sie stammen aus dem Nachlaß von Hesses ältester Schwester Adele (1875-1949) und seines Maulbronner Schulfreundes Theodor Rümelin (1877-1920). Entstanden in den Jahren 1892-1896, gehören sie also wie die meisten der in diesem Band erstmals publizierten Arbeiten zum Kontext seiner Jugendschriften.

Jugendschriften

Bereits die frühesten Manuskripte von Hermann Hesse, die sich erhalten haben, umfassen alle Ausdrucksformen, deren er sich auch später bedient hat: Lyrik, Betrachtung, Tagebuch, Erzählung, Märchen, Roman, Reise- und Autorenbilder. Darüber hinaus findet man unter den Jugendschriften auch Gattungen, die in seinem künftigen Werk nicht mehr vorkommen, wie Monographien (*Boccaccio* und *Franz von Assisi*) oder dramatische Versuche, die künftig nur noch eine geringe Rolle spielen und vor allem in Form von Libretti zu Opern fortgesetzt wurden (»Der verbannte Ehemann«, »Bianca«, »Die Flüchtlinge«, »Romeo«, die nie aufgeführt worden sind), sieht man von den Dramen-Fragmenten »Hans und Hedwig« (1907/08) und »Heimkehr« (1919) ab.

Von seinen Jugendschriften hat Hesse nur ganz wenige veröffentlicht, so die Prosa-Phantasien *Eine Stunde hinter Mitternacht* (1899), die autobiographischen Improvisationen der angeblich *Hinterlassenen Schriften und Gedichte von Hermann Lauscher* (1900), die »Stimmungsbilder aus Oberitalien« (1901 nur als Zeitungsfeuilletons) und vereinzelte impressionistische Skizzen (»Drei Zeichnungen«, »Vier Skizzen«). Der *Hermann Lauscher* war bis 1907 und danach erneut von 1920 bis 1933 vergriffen, *Eine Stunde hinter Mitternacht* hat Hesse erst 1941 wieder vorgelegt, die Monographien über *Boccaccio* und *Franz von Assisi* nach ihrem Erstdruck von 1904 überhaupt nie mehr.

In seinem Vorwort zu den Neuausgaben von *Hermann Lauscher* und *Eine Stunde hinter Mitternacht* (1960) spricht Hesse von Jugendsünden, die eine gewisse Bedeutung allenfalls nur für die wenigen Leser hätten, denen es um das Verständnis seiner Entwicklung zu tun sei. Dies würde aus seiner Sicht gewiß auch auf fast alle Arbeiten des vorliegenden Bandes der Jugendschriften zutreffen, wenn man die ersten Ausdrucksversuche eines Menschen, geschweige denn die eines Autors vom Format Hermann Hesses, als »Sünden« bezeichnen will. Daß er sie nicht vernichtet hat wie manches andere, u. a. seinen allererersten Roman, *Schweinigel* (1899), rechtfertigt ihre Überlieferung gewiß ebenso wie die seiner frühen Lyrik, was er 1942 anläßlich einer ersten »Gesamtausgabe« seiner Gedichte folgendermaßen begründet hat: »... als Bekenntnis zu dem, was ich gelebt und getan, als restloses Hergeben des Materials, ohne Retouchierung und Unterschlagung, als Bejahung des Ganzen, samt allen seinen Mängeln und Fragwürdigkeiten.«

Dennoch glaubten wir, Hesses Vorbehalten den meisten seiner Frühschriften gegenüber Rechnung tragen zu müssen. Deshalb wird der Großteil seiner zwischen dem 10. und 26. Lebensjahr entstandenen Manuskripte u. d. T. *Jugendschriften* hier separat vorgelegt in der Reihenfolge ihrer Entstehung und nicht nach Gattungen geordnet, wie es bei den späteren Schriften in den künftigen Bänden der »Sämtlichen Werke« der Fall sein soll.

Das kleine Märchen »Die beiden Brüder«, das der 10jährige Hermann Hesse seiner knapp drei Jahre jüngeren Schwester Marulla (1880–1953) zu ihrem 7. Geburtstag am 27. 11. 1887 schenkte, ist in seiner Geburtsstadt Calw (Bischofstr. 4) entstanden, wohin die Hesse-Familie ein Jahr zuvor (nach fünfjährigem Aufenthalt in Basel) gezogen war, als Hesses Vater Johannes von der Basler Mission seinem Schwiegervater Dr. Hermann Gundert als Gehilfe für die Redaktionsarbeit im Calwer Missionsverlag zur Seite gestellt wurde. Das dreiseitige handschriftliche und am Ende mit zwei ungelenken Kinderzeichnungen geschmückte Manuskript hat Marulla Hesse dem Dichter, wohl um 1950, wieder zurückgegeben. In Hesses 1953 entstandener Betrachtung »Weihnacht mit zwei Kindergeschichten« berichtet er über diesen Fund und vergleicht das kleine Märchen mit einem ganz ähnlichen, womit ihn sein damals 10jähriger Enkel Silver (*1942) zu Weihnachten überrascht hatte. Die Geschichte der beiden Brüder, in einem Ton erzählt, der den Grimmschen Märchen nachempfunden ist, wobei Hesse selbst seine frühe Fabel in der Nachfolge der Geschichte von »Aladdins Wunderlampe« aus *Tausendundeiner Nacht* sieht, hat wohl auch autobiographische Züge. Man kann sie als Versuch der Wiedergutmachung einer von Hesse empfundenen Schuld gegenüber seinem fünf Jahre jüngeren Bruder Hans (1882-1935) verstehen. Vermerkt der Dichter doch noch 1899 in einem Notizbuch, eine der peinlichsten Erinnerungen an seine Kindheit sei ihm, »daß ich als Knabe meinen Bruder Hans, ein sehr feines Kind, oft schlecht behandelte, ja schlug«.

Die drei Gedichtzyklen »Kleine Lieder«, »Liebeslust und Liebesleid« und der lyrische Teil der Elegie vom »Erfrorenen Frühling« umkreisen hauptsächlich zwei seiner ersten, zu Enttäuschungen führenden Verliebtheiten. In Bad Boll war er im Mai 1892 der 22jährigen Elise begegnet, die in seinen damaligen Briefen und Notizen als »Blumenkönigin« vorkommt. »In Boll«, erinnert sich Hesse im April 1948 in einem Brief an Edmund Natter, »habe ich einst nach meinem Ausbruch aus Maulbronn als Knabe ein paar Wochen schönster und tollster Pubertätszeit erlebt.« Noch zwei Jahrzehnte später im *Steppenwolf* heißt es in einem Monolog Harry Hallers: »Ich war ein Knabe, fünfzehn oder sechzehn Jahre alt, mein Kopf war voll von Latein und Griechisch und schönen Dichterversen, meine Gedanken voll von Streben und Ehrgeiz, meine Phantasien voll von Künstlertraum, aber viel tiefer, stärker und furchtbarer als all diese lodernden Feuer brannte und zuckte in mir das Feuer der Liebe, der Hunger des Geschlechts, die zehrende Vorahnung der Wollust.« Da Elise seine Neigung nicht zu erwidern vermochte, kam es am 20. 6. 1892 zu einem Selbstmordversuch des Abgewiesenen. »Elise«, vermerkt Hesse fast fünf Jahre danach in einem Brief an Eberhard Goes vom Februar 1897, »war meine erste Liebe, und da diese durch ihren dunklen Verlauf auf mich entscheidend eingewirkt hat, ist mir die Gestalt des Mädchens zum inneren Eigentum geworden. Gewiß, diese erste Liebe ist vorüber, aber Elisens Name und Bild ist mir teuer geblieben. Sie wurde in mir zu einer Wunderblume, indem ich ihrem Bild allmählich fremde, an andern mir liebe Züge und Eigenschaften lieh. Ich möchte diese Elise mit Paul Verlaines Kosewort ›Meinen Lieblingstraum‹ nennen.« Auf welche Weise er sie künftig poetisch verklärt hat, geht aus seinen Gedichten, dem »Inseltraum« zu Beginn seines Buches *Eine Stunde hinter Mitternacht,* dem Jugenddrama »Lebensfahrt« wie auch aus der Fortsetzung des oben zitierten Briefes hervor. Bald darauf hatte der 15jährige im Bekanntenkreis seines Stiefbruders Theodor Isenberg (1866-1941) Eugenie Kolb (1856-1897) kennengelernt und es lange nicht verwunden, daß die immerhin 20 Jahre ältere Frau ihn gleichfalls zurückwies. (Vgl. *Kindheit und Jugend vor Neunzehnhundert.* H. H. in Briefen und Lebenszeugnissen 1877-1895. Herausgegeben von Ninon Hesse. Frankfurt am Main, 1966 bzw. 1984, S. 230 ff.). Aber vermutlich auch andere vor und während der Maulbronner Schulzeit deprimierend endende Mädchenbekanntschaften klingen in diesen Gedichten an, Verse, die Hesses intensive Beschäftigung mit der Lyrik von Heinrich Heine und Nikolaus Lenau verraten.

Auch die spätromantische Historienmalerei »Spielmanns Fahrt zum Rhein«, die wie eine Bilderfolge Moritz von Schwinds (1804-1871) anmutet, gibt einen Eindruck von Hesses damaliger Lektüre. Der Erlebniskern enttäuschter Liebe wird hier wie im nachfolgenden Bühnenstück »Lebensfahrt« (1894) mit einem Ambiente von angelesenen Requisiten (Ritter, Burg, Schloßgesellschaft, Ruine, Felsenquelle) melodramatisch verknüpft. Das Phantastische daran geht auch aus dem Untertitel »Traum in vier dramatischen Bildern« hervor, dem ersten zuverlässig überlieferten Bühnenstück Hesses. (Ein noch früherer dramatischer Versuch, ein kurzes, zur Aufführung im Familienkreis vorgesehenes elfseitiges Trauerspiel in einem Aufzug, »Der Weihnachtsabend«, das der 13jährige in einem Brief an seine Eltern

erwähnt, ist nicht in seiner eigenen Handschrift überliefert.) Die
»Lebensfahrt«, die wohl eher als interessantes Pubertätsdoku-
ment denn literarisch überzeugt, ist der früheste Versuch einer
fiktionalen Auseinandersetzung Hesses mit dem noch viele
Jahre recht ambivalenten Verhältnis zu seinem Vater.

An seinen ehemaligen Cannstatter Deutschlehrer Dr. Ernst
Kapff schrieb Hesse rückblickend im Mai 1895: »›Gedichtet‹
habe ich schon als Knabe ... eine dichterische Individualität begann sich erst etwa im vierzehnten Jahr auszubilden; ich begriff,
daß klingender Reim und Rhythmus keinen Dichter machen,
und begann schüchtern, eigene Stimmungen lyrisch darzulegen.
Damals übten das Kloster Maulbronn und das Klosterleben einen bedeutenden Einfluß auf mich aus. Doch begann wirkliches
eigenes Dichten erst später. Ich verließ Maulbronn krank und
verdorben durch allzu bunte Lektüre, ich fühlte mich unverstanden, elend, krank und trostlos von Selbstmordgedanken gequält. Es war eine Liebesgeschichte. Damals geriet ich in die
haltlose, revolutionäre, düstere Stimmung, abwechselnd mit
Zeiten der ausgelassensten Lustigkeit.« Auch das kleine Drama
»Lebensfahrt« bestätigt diese Selbstcharakteristik.

Als erster, noch ganz autobiographischer Vorläufer zur Darstellung der Erlebnisse seiner Maulbronner Schulzeit kann das
kurze Prosafragment »Die Fremde« gelten, ein Thema, das
Hesse 1903 mit der Niederschrift seines Romans *Unterm Rad*
wieder aufgegriffen und fiktionalisiert hat. Reminiszenzen aus
der Maulbronner Seminarzeit enthält auch das humoristische
Kurzepos »Hannes und Dadde«, ein »frisch-fröhliches Semi-
narkneiplied«, die wohl erste Auftragsarbeit, die Hesse im Juni
1895 auf Bitten seines ehemaligen Maulbronner Schulfreundes
Theodor Rümelin verfaßt hat.

Die »Lieder vom Leben«, die Hesse 1896 seiner Mutter zu
Weihnachten schenkte, die Improvisationen »Plauderabende«
zu ihrem 55. Geburtstag und das dem Vater zu seinem 51. Geburtstag überreichte Heft »Zum 14. Juni 1898« mit tagebuchar-
tigen, lyrischen Impressionen und Aufzeichnungen über Mu-
sikalisches und Gelesenes sind gewiß als Versuche zu verstehen,
die ratlosen Eltern an seiner Welt teilhaben zu lassen und ihnen
die Ernsthaftigkeit seiner literarischen Interessen und schrift-
stellerischen Ambitionen nahezubringen. Hatte er doch zum

Kummer seiner Verwandten und Lehrer »all ihren Versuchen, mich auf eine geregelte, bürgerliche Bahn zu bringen, hartnäckig meine verzweifelte Sabotage entgegengesetzt.« Die letzten beiden Manuskripte hat er lange Zeit später, vielleicht in der Absicht, sie Freunden einmal als Privatdruck zugänglich zu machen, in einer gekürzten und leicht revidierten Version zusammengefaßt. Diese mit dem Titel »Früheste Prosa« versehene Variante hat sich als undatiertes Typoskript erhalten, das auf der Schreibmaschine getippt wurde, die Hesse Ende 1907 in Konstanz erwarb und noch bis in die 50er Jahre benutzte. Große Teile der Aufzeichnungen »Aus meinem Traumbuch« (des Manuskriptes, das er 1898 seinem Vater schenkte) hat er wohl noch im selben Jahr für die Erzählung »Der Inseltraum« verwertet, mit der sein erstes Prosabuch *Eine Stunde hinter Mitternacht* einsetzt.

Eine Stunde hinter Mitternacht

Das Bändchen, das mehr durch die aparte Jugendstilausstattung als durch den überpersönlichen Gehalt der darin stilisierten Tag- und Nachtträume Beachtung fand, die noch »allzu privat waren, um von anderen als Wirklichkeiten empfunden zu werden« (wie Hesse im April 1942 in einem Brief an Otto Basler schrieb), erschien im Sommer 1899 (zum Geburtstag seines Vaters) in einer Auflage von 600 Exemplaren in dem damals erst seit drei Jahren bestehenden Leipziger Verlag von Eugen Diederichs. Helene Voigt-Diederichs (1875-1961), seit Juni 1899 mit dem Verleger verheiratet, hat die Entscheidung ihres Mannes, das Manuskript zu veröffentlichen, gewiß begünstigt. Denn an einen geschäftlichen Erfolg glaubte Eugen Diederichs zu Recht von Anfang an nicht. Seit November 1897 stand seine künftige Frau in brieflichem Austausch mit Hesse, von dem sie in der Wiener Zeitschrift »Das deutsche Dichterheim« eine lyrische Phantasie über Chopins »Grande Valse« gelesen und ihm daraufhin geschrieben hatte. Die Geschichte der *Stunde hinter Mitternacht* und der Freundschaft Hesses mit der Dichterin aus Schleswig-Holstein ist überliefert in der 1971 von Bernhard Zeller herausgegebenen Edition »Hermann Hesse – Helene Voigt-Diede-

richs. Zwei Autorenportraits in Briefen« sowie im Nachwort, das Siegfried Unseld für die 1989 erschienene Faksimile-Ausgabe der *Stunde hinter Mitternacht* zum Jubiläum des 90jährigen Bestehens des Eugen Diederichs-Verlages geschrieben hat.
Dieses erste Prosabuch Hesses, das die Träume umkreist, von welchen auch in einem gleichnamigen Gedicht vom Oktober 1897 die Rede ist, das der Dichter nicht in das Bändchen aufnahm, kann wohl auch als eine Reverenz an den Jugendstil-Maler Fidus (Pseudonym für Hugo Höppener) verstanden werden, dessen Bilder und Illustrationen Hesse damals so liebte, daß er ihm am 18. 9. 1897 schrieb: »Ich könnte nur in Musik oder in schönen flüsternden Versen erzählen, wie zart und rein diese Kinder, Jünglinge, diese Himmel und Wasser und Gebüsche sind ... wie sie Mitwisser und Freunde meines verborgensten Lebens sind ... Ich bin kein Briefschreiber und Bekanntschaftensucher, aber Ihnen, teurer Fidus, mußte ich danken, wie ich dem großen Chopin danken würde, wenn er noch lebte.«
Der Verkauf des noch recht »unpersönlichen und inhaltslosen Buches« (1926 an Hugo Ball) war, trotz freundlicher Besprechungen der Schriftstellerkollegen Rainer Maria Rilke und Wilhelm von Scholz, mäßig. Im ersten Jahr konnten nur 54 Exemplare abgesetzt werden. Erst 1906 waren die Investitionen des Verlages durch den Verkauf gedeckt. Ab diesem Zeitpunkt zog Hesse das Bändchen denn auch ganz aus dem Verkehr. Es genügte ihm nicht mehr, und vermutlich deckten sich seine Vorbehalte mit denen Rilkes, der am 7. 8. 1899, noch bevor seine Empfehlung des Buches im »Boten für deutsche Literatur« veröffentlicht wurde, seinem damaligen Berliner Verleger Georg Heinrich Meyer geschrieben hatte: »In H. Hesses Buch ist eine der Skizzen ›An Frau Gertrud‹ von hohem Wert. Hier hat ein strenges und stolzes Erlebnis einen Dichter erweckt, der für das Niegesagte breite und ruhige Bilder und für das Oftwiederholte überraschende Formen findet. Hier ist auch alles Abstrakte durch die eine Persönlichkeit, die der verklärten Frau, von einem einzigen Punkte gehalten und bestrahlt und dadurch, daß alles sich um ihre Schönheit versammelt, kommt eine Ähnlichkeit über die Dinge, wie, als ob sie aus der gerechten Hand eines Meisters hervorgegangen wären. Die Enge seiner Kraft indessen ... beweist, daß er nicht ein Meister ist, d.h. ein sich begeistern-

der, sondern ein Begeisterter, Einer, der sich an dem einen Zorn seines Schicksals und an Dante und Botticelli und Chopin erhob bis in den Vorhof seiner selbst und der nun in einem jugendlichen Dank und Rausch seine Finger auf allen Saiten glaubt, während sie nur den einen Accord seiner seligen und verheißungsvollen Trauer zu greifen vermögen ... Hesse spricht sorgfältig und reich; aber viele von den Bildern und Farben, die durch ihre Frische staunen machen, werden sich nicht dauerhaft erweisen und manche seiner Einfachheiten ist in sich selbst wiederkehrendes Raffinement.«

Hermann Lauscher

Die hinterlassenen Schriften und Gedichte von Hermann Lauscher, herausgegeben von Hermann Hesse (1901), sind nach *Romantische Lieder* (1899) und *Eine Stunde hinter Mitternacht* (1899) Hesses dritte Buchpublikation. Die drei darin enthaltenen Prosatexte »Meine Kindheit« (1895), »Die Novembernacht« (1899), Das »Tagebuch 1900« und die neun letzten Gedichte sind so autobiographisch, daß Hesse es für angezeigt hielt, sie einem verstorbenen Verfasser zuzuschreiben, um sie auf diese Weise zu objektivieren. Nur den nächsten Freunden und Kollegen gegenüber, die das Spiel durchschauten, gab er seine Urheberschaft zu erkennen, wie z. B. in der Widmung des Bändchens an Helene Voigt-Diederichs: »Vom Verfasser und Herausgeber mit totlebendigem Gruß gemeinsam überreicht.« In der Öffentlichkeit jedoch hielt er auf Distanz und publizierte sogar eine Rezension über das auf eigene Kosten im Verlag seines damaligen Arbeitgebers, der Reich'schen Buchhandlung, Basel, gedruckte Bändchen, als wäre es von einem Fremden: »Ich empfand [Lauschers] plötzliches Abscheiden als eine Erlösung für seine zwischen Extremen peinlich schwankende Seele. Seinem feurigen, unsteten, doch im Grunde noblen und jedenfalls immer ehrlichen Wesen, wußte ich kein besseres Denkmal als die Herausgabe seiner hinterlassenen Schriften ... auch dürfte sie für Basel ein gewisses Lokalinteresse haben, da der Verstorbene gerade in der Zeit, in welcher das ›Tagebuch‹ entstand, hier lebte.« (Am 2. 12. 1900 in der »Allgemeinen Zeitung«, Basel). Schon von der zeitgenössischen Kritik (in der Zeitschrift »Die Gesellschaft«, Leipzig) wurde der *Lauscher* mit Goethes ebenfalls anonymem Erstling *Die Leiden des jungen Werthers* verglichen, und in diesem Blatt war es auch, wo Richard Schaukal mit dem Ausruf »Ecce poeta!« 1902 das Geheimnis um die Verfasserschaft lüftete.

Die Eingangsgeschichte »Meine Kindheit« schildert Hesses Erinnerungen an seine fünf ersten, von 1881 bis 1886 in Basel verbrachten Jahre, gegenüber dem Spalenring am Müllerweg, »für uns Kinder ein Paradies und Urwald, in dem die Entdeckungen und Abenteuer kein Ende nahmen« (»Basler Erinnerungen«, 1937), die er auch in Erzählungen wie »Julius Abdereggs erste und zweite Kindheit« (1901/02) und »Der Bettler« (1948) wiederaufleben läßt.

Die gespenstische Episode »Die Novembernacht«, eine Erinnerung an seine von 1895 bis 1899 im studentischen Freundeskreis in Tübingen während der Lehrzeit in der Heckenhauer'schen Buchhandlung verbrachten Jahre, gipfelt im Selbstmord des Studenten Enderle (in Wirklichkeit Paul Eberhard, ein ehemaliger Mitschüler im Maulbronner Seminar). 1946 in »Der Trauermarsch. Ein Gedenkblatt für einen Jugendkamerad« hat Hesse weitere Einzelheiten über diesen Fall berichtet.

»Das Tagebuch 1900« dagegen schildert Erlebnisse aus Hesses zweiter, von 1899 bis 1904 in Basel verbrachten Zeit, seinen Besuchen im gastlichen Heim des befreundeten Staatsarchivars Dr. Rudolf Wackernagel im Brunngäßli und auf seinem Sommersitz Wenkenhof bei Riehen. Hier lernte er auch Elisabeth La Roche kennen, die noch eine tiefe Spur in seiner künftigen persönlichen Entwicklung und literarischen Produktion hinterlassen wird. Auch Hesses Ausflüge an den Vierwaldstätter See und die Gründung eines »Klubs der Entgleisten« werden darin geschildert, sowie Lauschers fiktive Gespräche mit Hesse, der mit diesen nun nicht mehr in mitternächtlicher Traumsphäre beheimateten Aufzeichnungen den Versuch unternahm, sich »ein Stück Welt und Wirklichkeit zu erobern und den Gefahren einer teils weltscheuen, teils hochmütigen Vereinsamung zu entkommen.« (Siehe S. 171.)

Auf Umwegen kam das in nur 600 Exemplaren gedruckte *Lauscher*-Bändchen 1902 in den S. Fischer Verlag. Der Schweizer

Schriftsteller Paul Ilg (1875-1957), damals Redakteur bei der Berliner illustrierten Zeitschrift »Die Woche«, hatte Moritz Heimann, den Lektor Samuel Fischers, darauf hingewiesen. (Er empfahl es zu einer Rezension in Fischers »Neuer deutscher Rundschau«). Daraufhin erhielt der damals noch als Antiquar in Basel beschäftigte Hesse Ende Januar 1903 von Heimann die Einladung: »Es würde uns freuen, wenn Sie uns neuere Arbeiten von Ihnen mitteilen würden.«

Die Erstausgabe des *Hermann Lauscher* (zum Preis von 2 Schweizer Franken) war rascher vergriffen als die beiden vorherigen Buchpublikationen Hesses. Und da dem Dichter dieses Buch wichtiger war als sein bald darauf so erfolgreicher Roman *Peter Camenzind*, ließ er es 1908 nachdrucken, zunächst als Subskriptionsausgabe in Wilhelm Schäfers Verlag Die Rheinlande, Düsseldorf (für die »Mitglieder des Verbandes für die Kunstfreunde am Rhein«), wo es drei Auflagen erlebte, ab 1911 bei Albert Langen, München, und erst ab 1933 (mit 25 Illustrationen von Gunter Böhmer innerhalb der »Gesammelten Werke in Einzelausgaben« bei S. Fischer). Seit der Neuausgabe von 1908 erschien das *Lauscher*-Bändchen in erweiterter Form. Hesse ergänzte es damals um die 1900 entstandene »Lulu«-Erzählung und die ein Jahr darauf geschriebene Sequenz »Schlaflose Nächte«, ein Prosa-Gegenstück zu den frühen Gedichtzyklen wie »Liebesleid und Liebeslust«. Auch das ins Phantastische stilisierte »Jugenderlebnis, dem Gedächtnis E. T. A. Hoffmanns gewidmet«, wie die »Lulu«-Erzählung im Untertitel charakterisiert wird, ist eine Liebesgeschichte. Sie geht zurück auf eine Begebenheit, die Hesse mit den studentischen Freunden des »Petit cénacle«, den er 1897 in Tübingen gegründet hatte, im August 1899 in Kirchheim/Teck erlebte. Bei einem gemeinsamen 10tägigen Ausflug in die Sommerferien hatte sich fast jeder der Beteiligten (Otto Erich Faber, Ludwig Finckh, Karl Hammelehle, Hesse, Oskar Rupp und Wilhelm Schönig) in die Cousine des Kirchheimer Kronenwirtes, Julie Hellmann (1878-1972), verliebt. Doch von allen Sympathiebezeugungen, welche die 21jährige damals erfuhr, schien sie diejenigen Hesses am wenigsten bemerkt zu haben. Noch bis in die Basler Jahre hinein spukte Hesse das »Lulu-Mädele« im Kopf herum. Das zeigt auch der dort entstandene und hier erstmals gedruckte »Kranz für die schöne Lulu«. Julie Hellmann blieb unverheiratet und bis zu Hesses Tod in lockerem Briefverkehr mit ihm (vgl. Martin Pfeifer, »Julie Hellmann – Hermann Hesses Lulu. Verzaubert ein Leben lang«, Schöllkopf Verlag, Kirchheim 1991).

Ein Kuriosum ist das für das befreundete Basler Ehepaar Elisabeth (1859-1931) und Rudolf Wackernagel (1855-1925) angefertigte »Notturni«-Manuskript. Es kann wohl als die originellste von 25 verschiedenen gleichnamigen Handschriften gelten, die Hesse im Oktober 1900 persönlich geladenen Bekannten für 20 Fr. zur Subskription anbot, um vom Erlös eine seit langem geplante Reise nach Oberitalien finanzieren zu können. Denn sein bescheidenes Salär von monatlich 100 Fr. als Buchhandelsgehilfe hätte ihm diese Exkursion wohl nicht erlaubt. Obwohl er einige der »Notturni«-Manuskripte auch verschenkte, kamen immerhin 400 Fr. zusammen. (Über die bisher aufgefundenen »Notturni«-Gedichtzyklen siehe das Buch von Richard C. Helt, »A Poet or Nothing at All«. The Tübingen and Basel Years of Hermann Hesse, Berghahn Books, Providence/Oxford 1996.)
Publizistischen Niederschlag fand Hesses erste Italienreise (April-Mai 1901), die er wegen eines nachgesandten Musterungsbescheides nach sieben Wochen vorzeitig abbrechen mußte, in dem Zyklus seiner »Stimmungsbilder aus Oberitalien«. Sie wurden im Sept./Okt. 1901 im »Basler Anzeiger« ein einziges Mal abgedruckt und in Buchform erstmals in dem 1983 erschienenen Sammelband »Hermann Hesse, *Italien*« vorgelegt. Von den drei 1900 entstandenen kurzen dramatischen Versuchen »Die Dichter«, »Die Rosen duften heut so stark« und »Der blaue Tod« hat Hesse nur den Einakter »Die Dichter« im Mai 1921 mit dem Untertitel »Eine Jugenddichtung« in der Zürcher Zeitschrift »Die Schweiz« veröffentlicht. In seinem Buch »Hermann Hesse und das Theater« (Königshausen & Neumann, Würzburg 1991) hat Peter Huber diesen frühen Einakter treffend charakterisiert. In den Dialogen der drei Dichter über die literarische Moderne zwischen Naturalismus und Idealismus sieht er eine poetologische Grundsatzdiskussion zugunsten des ethischen Vorranges der Kunst. Im Dramolett »Die Rosen duf-

ten heut so stark« mit seinem Don-Juan-Motiv und den überraschenden Parallelen zu Hugo von Hofmannsthals etwa gleichzeitig publizierten frühen Dramen entdeckte er »eines der ersten, wenn nicht gar das erste Theaterstück überhaupt, das speziell für die ›Reliefbühne‹, ein zwischen der Jahrhundertwende
und dem Ersten Weltkrieg aufsehenerregendes Reformmodell
des Theaterarchitekten Peter Behrens«, für die Bühne der
Künstlerkolonie auf der Darmstädter Rosenhöhe geschrieben
wurde. »Nach Lage der Dinge hätte nicht viel gefehlt, so wäre
Hesse statt zum Theaterverächter geradewegs zum Theaterre-
former geworden!« (Peter Huber)
Die Prosa-Impressionen »Jasminduft« und »Juninacht« sind
Präludien zu dem kleinen, bisher noch unveröffentlichten Roman *Der Dichter. Ein Buch der Sehnsucht*, der um die Gestalt
der Elisabeth kreist. Hesse hatte Elisabeth La Roche
(1876-1965), die jüngste Tochter der Pfarrerswitwe Esther La
Roche-Stockmeyer, erstmals im Alter von sechs Jahren bei einem Aufenthalt seiner Eltern auf dem Landgut Rechtenberg
kennengelernt, einem Ausflugsziel in Bretzwil bei Basel, wo
auch die befreundeten Familien La Roche und Wackernagel die
Sommerferien verbrachten. 16 Jahre später, im Herbst 1899, sah
er die nunmehr 23jährige bei einem der sonntäglichen Empfänge
im Hause des Basler Staatsarchivars Dr. Rudolf Wackernagel
wieder und verliebte sich in die junge Pianistin. Doch Elisabeths
»Interesse an Basler Bekanntschaften« sei damals »nicht sehr
lebhaft gewesen«, schrieb sie in ihren Erinnerungen. Denn auch
sie war zu dieser Zeit verliebt in den jung verheirateten Geiger
Dr. Carl Christoph Bernoulli, der sie bei Hauskonzerten begleitete. In einem Brief vom 2. 1. 1900 an seine Eltern berichtet
Hesse von einem solchen Konzert in der Basler Steinentorstraße
12, wo Elisabeth mit ihrer Mutter wohnte und mit Bernoulli
einen Satz aus Beethovens Kreutzersonate aufführte. Die Neigung des äußerlich schüchternen jungen Dichters mußte, wie
alle vorherigen, also auch diesmal unerwidert bleiben. Um so
phantastischer mutet die Wunscherfüllung an, die er sich mit
diesem »Buch der Sehnsucht« erträumt, worin seine Leidenschaft für die unerreichbare Elisabeth ins verwegen Sinnliche
überzeichnet wird, vielleicht, um sich damit den Verzicht in der
Realität zu erleichtern. (Man denkt an den Italiener Gabriele

D'Annunzio (1863-1938), dem Hesse sein frühes Gedicht »Villallia« gewidmet hat. Doch die vitale Glut dieser Zuneigung ist noch lange nicht erloschen, wie es die nachfolgenden fiktiven und gleichfalls bisher unveröffentlichten »Briefe an Elisabeth« und die künftige Darstellung der mit ihr verbundenen Erlebnisse im *Peter Camenzind*, vor allem aber die drei Fassungen des *Gertrud*-Romanes, zeigen werden.

Die im selben Jahr, 1901, entstandenen »Drei Zeichnungen«, die Hesse 1926 in sein *Bilderbuch* aufnahm, und die kleine, hier erstmals gedruckte Weinstudie »Roter Veltliner« sind Impressionen und Veduten, die an seine Ausflüge zum Vierwaldstätter See und die erste Italienreise anknüpfen.

Die Dichtung »Zukunftsland« besteht neben dem einführenden Dialog zwischen dem Architekten Niklas und dem Dichter Veit aus zwei bemerkenswerten Erzählfragmenten, »Das Rathaus« und »Sommeridyll«, wobei das erste bis auf die fehlenden Schlußverse als abgeschlossen gelten kann und deshalb 1977 erstmals innerhalb der Ausgabe der *Gesammelten Erzählungen* abgedruckt wurde. »Sommeridyll« dagegen bricht unvermittelt an einer Stelle ab, wo der Konflikt zwischen dem Dichter und Moralisten Veit und seinem Freund, dem eloquenten Bankierssohn und Realpolitiker Gerhard, ausgetragen werden muß. In seinem pädagogischen Alterswerk *Das Glasperlenspiel* hat Hesse diese Problematik in den Figuren von Josef Knecht und seinem Gegenspieler Plinio Designori wieder aufgegriffen und zu Ende geführt. Das zivilisationsferne Sommeridyll, ein am Meer gelegener Landstrich »an der Grenze des der städtischen Republik gehörigen Gebietes«, soll (wie später im *Glasperlenspiel* die pädagogische Provinz Kastalien) als ökologisches und kulturelles Reservat ein Zukunftsland werden, das es in Schutz zu nehmen gilt vor dem Zugriff der Spekulanten, der industriellen und touristischen Zerstörung. Initiatoren dieser Reformbewegung sind der auch in der »Rathaus«-Erzählung agierende städtische Chronist Veit und der Arzt Ugel, Freunde des Architekten Niklas, die sich gegen die konservativen Kräfte der Kommune zu behaupten haben. Ebendies ist dem Ausländer Niklas mit dem Rathaus-Neubau in der Metropole der städtischen Republik geglückt. Gegen die Konkurrenz der einheimischen Mitbewerber konnte er seinen ungleich weitblickenderen und architektonisch reizvolleren Plan realisieren, wobei er allerdings das Risiko eingehen mußte, die realen Baukosten gegenüber denen seines Kostenvoranschlages um das Doppelte zu überziehen. Die in der »Rathaus«-Erzählung dargestellten Konflikte zwischen Ideal und Wirklichkeit, die Interessensverflechtungen von Politik und Wirtschaft und die anschauliche Schilderung baukünstlerischer Detailfragen verraten für einen 24jährigen Verfasser erstaunliche kommunalpolitische und architektonische Kenntnisse. Sie gehen zurück auf Hesses Freundschaft mit dem Architekten Heinrich Jennen (1872-?), mit dem zusammen er im Dezember 1899 in der Basler Holbeinstraße 21 eine gemeinsame Drei-Zimmer-Wohnung bezog. Der aus dem Rheinland stammende Jennen hatte 1900 den ersten Preis in der Konkurrenz um die Erweiterungsbauten des Basler Rathauses gewonnen, die ein Jahr später vollendet wurden. Im Juni 1902 ist er von Basel nach Berlin gezogen, danach verliert sich seine Spur. Der Arzt Ugel trägt Züge von Hesses Jugendfreund, dem damaligen Medizinstudenten Ludwig Finckh, der Chronist Veit, der die Bevölkerung mit einer Flugschrift zu einer Unterschriften- und Spendenaktion zur Baukostenfinanzierung aufruft, dagegen solche des Verfassers.

Ebenfalls Fragment geblieben ist die undatierte, vermutlich 1901/02 entstandene Erzählung »Julius Abdereggs erste und zweite Kindheit«, mit der Hesses Frau Ninon den 1965 erschienenen, von ihr herausgegebenen Band *Prosa aus dem Nachlaß* eröffnet hat. Warum der Autor das Manuskript ursprünglich mit dem Titel »Der Antiquar« versehen wollte, ist aus dem überlieferten Teil der Geschichte, worin die Kindheit und Schulzeit des kleinen Julius geschildert wird, noch nicht zu ersehen. Hesse hat diese Überschrift denn auch gestrichen und durch den jetzigen Titel ersetzt. Möglicherweise bezog er sich auf die weitere Entwicklung des Protagonisten. Vielleicht sollte Julius Abdereggs »zweite Kindheit« in diesen Beruf münden, der Hesse durch seine damalige Tätigkeit in einem Basler Antiquariat vertraut war. Auch die Vorrede an seinen Jugendfreund, den Arzt und Schriftsteller Ludwig Finckh (1876-1964), den »Ugel« in *Hermann Lauscher*, in den »Zukunftsland«- und späteren Erzählungen, gibt darüber keinen Aufschluß. Der zunächst Jura, dann Medizin studierende Reutlinger Apothekersohn Ludwig

Finckh hatte den 20jährigen Hesse im Sommer 1897 in der Tübinger Buchhandlung Heckenhauer kennengelernt. Aufgrund ihrer musischen Veranlagung wurden sie rasch Freunde. Finckh trat dem Petit cénacle bei (siehe *Hermann Lauscher*) und veröffentlichte, ein Jahr nachdem Hesses Erstling *Romantische Lieder* erschienen war, im selben Dresdner Kommissionsverlag Pierson gleichfalls sein erstes Gedichtbuch. Die Abderegg-Erzählung, aus welcher – der Vorrede zufolge – ursprünglich wohl ein Roman werden sollte, erinnert an das Kindheitskapitel im *Hermann Lauscher*, welches ebenfalls im »Gebiet der großen Rheinecke« zwischen dem Elsaß, dem Schwarzwald und der Schweiz angesiedelt ist, eine Landschaft, die Hesse 1919 in seinem »Alemannischen Bekenntnis« mit ganz ähnlichen Beobachtungen gepriesen hat. Der kleine Julius jedoch mit seiner Musikalität, Spielbegabung, Tierliebe, Schüchternheit und den Lernproblemen in der Schule erinnert in vielen Detailschilderungen an Hesses jüngeren Bruder Hans.

Dagegen ist die kurze »Portrait«-Skizze von 1902 ein nicht unkritisches Selbstbildnis ihres 25jährigen Verfassers, der sich wie Hesse damals zu Elisabeth »in hoffnungsloser Liebe zu einer schönen Frau« hingezogen fühlt. Dieser Text wurde mehrfach veröffentlicht, zuerst am 25. 11. 1906 im »Wiener Neuen Tagblatt« und 1926 in Hesses *Bilderbuch*.

Die »Geschichten um Quorm« sind Vorläufer zu der 1907 begonnenen und 1914 wieder aufgegriffenen Landstreichererzählung *Knulp*, deren grobkörniges Kolorit viel den Eindrücken und Erfahrungen verdankt, die der Autor im Alter von 17 Jahren im Verlauf seiner einjährigen Schlosserlehre in der Calwer Turmuhrenfabrik von Heinrich Perrot gehabt hat. Ninon Hesse veröffentlichte die *Geschichten um Quorm* in ihrem Auswahlband *Prosa aus dem Nachlaß* erstmals vollständig, kombiniert mit den »Aufzeichnungen eines Sattlergesellen«, die Hesse 1926 u. d. T. »Auf der Walze« in sein *Bilderbuch* aufgenommen hatte. Die gleichfalls aus diesem Kontext stammende größere Erzählung »Peter Bastians Jugend« erscheint im sechsten Band dieser Ausgabe mit den frühen Erzählungen.

Die »Vier Skizzen«, die erneut auf Hesses erste Italienreise zurückgreifen, wurden im Juni 1902 in den »Monatsblättern für deutsche Literatur«, Berlin/Leipzig, veröffentlicht, in

Buchform erstmals 1983 im bereits erwähnten Themenband *Italien*.

Inzwischen hatte sich Hesse durch seinen 1902 im Berliner Grote Verlag erschienenen, fast 200 Seiten umfassenden Band *Gedichte*, durch erste Buchbesprechungen, vor allem aber durch den Vorabdruck seines Romans *Peter Camenzind* in den Oktober-Dezember-Heften von S. Fischers renommierter Literaturzeitschrift »Neue deutsche Rundschau« in Literatenkreisen einen solchen Namen gemacht, daß Paul Remer, der Herausgeber der im Schuster & Loeffler Verlag (Berlin/Leipzig) erscheinenden Monographiensammlung »Die Dichtung«, ihn einlud, für diese Buchreihe ein Lebensbild des italienischen Novellisten Giovanni Boccaccio (1313-1375) zu verfassen. Hesse, der 1903 ein zweites Mal, diesmal in Begleitung von Maria Bernoulli (mit der er sich, zurückgekehrt von dieser Fahrt, verloben sollte), nach Italien und erneut in Boccaccios Florenz gereist war, hatte das Ambiente also noch frisch vor Augen, als Ende des Jahres die Einladung zur Niederschrift der Monographie eintraf. Schon im März 1904 war das Manuskript fertig und einen Monat später bereits die Buchausgabe. Das Bändchen, mit einer Widmung an »Signora Maria« fand solchen Zuspruch, daß es im gleichen Jahr schon nachgedruckt werden konnte und Hesse den Auftrag einbrachte, für dieselbe Buchreihe eine weitere Monographie über Franz von Assisi zu schreiben. Auch dieses Manuskript war in kürzester Zeit abgeschlossen, so daß Hesse es bereits im Mai 1904 nach Berlin senden und die gleichfalls von Heinrich Vogeler ausgestattete Ausgabe im Herbst erscheinen konnte.

Das Lebensbild des italienischen Novellisten liest sich wie eine von Boccaccio selbst verfaßte Geschichte aus seinem 1470 erschienenen Hauptwerk, dem *Decamerone*; das des Franz von Assisi wie eine Legende aus den *Fioretti*, »um einen längst verstummten Zeugen aus alter Zeit wieder reden zu machen« (wie Hesse am 12. 5. 1904 an Paul Remer schrieb).

Die beiden in wenigen Monaten »in jugendlichem Enthusiasmus mit einer Ahnungslosigkeit und Frechheit, in die ich mich nicht mehr zurückzudenken vermag, hingeschriebenen« Monographien genügten Hesse schon bald nicht mehr, so daß sie nach einigen Auflagen seit 1905 vom Buchmarkt verschwanden. Die damaligen Pressestimmen auf diese beiden Kurzbiographien waren – im Gegensatz zu den Urteilen über Hesses spätere Bücher – durchweg positiv, was sein eigenes selbstkritisches Urteil jedoch nicht zu beeinflussen vermochte. Sie blieben vergriffen bis zu seinem Lebensende und sind erst 1983 im Sammelband *Italien* wieder nachgedruckt worden, gefolgt von Einzelausgaben: *Boccaccio* 1995 in der Insel-Bücherei, *Franz von Assisi* 1988 als insel taschenbuch.

Etwa die Hälfte der hier vorgelegten Jugendschriften wurde nach den mitunter schwer zu entziffernden Handschriften transkribiert, wobei mir vor allem Heiner Hesse, der Sohn des Dichters, und Frau Wilhelmine Wenz geholfen haben. Dank gilt auch Herrn Dr. Peter Huber und Frau Helene Ritzerfeld für die Überprüfung von Zweifelsfällen. Die Transkription folgt dem Wortlaut der Vorlagen, orthographische und sonstige altertümliche Schreibweisen wurden behutsam modernisiert, soweit es sich nicht um bewußte Eigenarten des Verfassers handelt. Den Archiven und Privatpersonen, die uns Kopien der Manuskripte Hermann Hesses zur Verfügung stellten, in erster Linie dem Deutschen Literaturarchiv Marbach und dessen Mitarbeiterin Frau Viktoria Fuchs, Herrn Dr. Burkhart Rümelin sowie den Töchtern von Hesses Schwester Adele, Lene Gundert und Trudel Hanssum, sei an dieser Stelle gleichfalls von Herzen gedankt.

Frankfurt am Main, im Februar 2000   *Volker Michels*

Verzeichnis der Gedichtanfänge und Gedichttitel

Gedichtanfänge

Gedichttitel

Die beiden Brüder: Entstanden 1887 zum 7. Geburtstag von Hesses Schwester Marulla am 27. 11. 1887. Erstdruck in Hesses Betrachtung »Weihnacht mit zwei Kindergeschichten« in »Neue Zürcher Zeitung« vom 6. 1. 1951. Manuskript im Deutschen Literaturarchiv, Marbach.

Kleine Lieder (für Eugenie Kolb): Entstanden 1892 (mit Widmung an Eugenie Kolb vom 1. 12. 1892). Hier erstmals gedruckt. Manuskript in Privatbesitz. Abschrift im Deutschen Literaturarchiv, Marbach.

Liebeslust und Liebesleid: Entstanden Nov. 1891 - Dez. 1892. Hier erstmals gedruckt. Manuskript in Privatbesitz.

Erfrorener Frühling: Entstanden 1892/93. Seinem Halbbruder Karl Isenberg gewidmet. Hier erstmals gedruckt. Manuskript im Deutschen Literaturarchiv, Marbach.

Lebensfahrt: Entstanden im März 1894. Hier erstmals gedruckt. Manuskript in Privatbesitz.

Die Fremde: Entstanden 1895. Hier erstmals gedruckt. Manuskript im Deutschen Literaturarchiv, Marbach.

Hannes und Dadde: Entstanden 1895. Hier erstmals gedruckt. Manuskript in Privatbesitz.

Lieder vom Leben: Entstanden 1892-1896 als Geschenk für seine Mutter Marie zu Weihnachten 1896. Hier erstmals gedruckt. Manuskript im Deutschen Literaturarchiv, Marbach.

Für Adele. (Fünf Gedichte): Entstanden 1896. Hier erstmals gedruckt. Manuskript in Privatbesitz.

Plauderabende: Entstanden Sommer 1896 - Oktober 1897. Zum 55. Geburtstag seiner Mutter Marie am 18. 10. 1897. Hier erstmals gedruckt. Manuskript im Deutschen Literaturarchiv, Marbach.

Zum 14. Juni 1898: Entstanden 1898 zum 51. Geburtstag seines Vaters Johannes. Hier erstmals gedruckt. Manuskript im Deutschen Literaturarchiv, Marbach.

Sarasate: Entstanden 1898. Aufgenommen in »Hermann Hesse. Musik«. Herausgegeben von Volker Michels. Frankfurt am Main, 1976 und 1986.

Früheste Prosa: Hier erstmals gedruckt. Typoskript im Deutschen Literaturarchiv, Marbach.

Eine Stunde hinter Mitternacht: Entstanden 1898/99. Erste Buchausgabe im Juli 1899 (zum 52. Geburtstag seines Vaters Johannes) im Eugen Diederichs Verlag, Leipzig.

Hermann Lauscher: Entstanden 1896-1899. Erste Buchausgabe im November 1900 im Verlag der Reich'schen Buchhandlung, Basel.

Ein Kranz für die schöne Lulu: Entstanden 1900. Hier erstmals gedruckt. Manuskript im Deutschen Literaturarchiv, Marbach.

Notturni: Entstanden 1900. Hier erstmals gedruckt. Manuskript im Deutschen Literaturarchiv, Marbach.

Die Dichter: Entstanden 1900. Erstdruck in »Die Schweiz«, Zürich vom 25. 5. 1921. Hier erstmals in Buchform. Manuskript im Deutschen Literaturarchiv, Marbach.

Die Rosen duften heut so stark: Entstanden 1900. Hier erstmals gedruckt. Manuskript im Deutschen Literaturarchiv, Marbach.

Der blaue Tod: Entstanden um 1900. Hier erstmals gedruckt. Manuskript im Deutschen Literaturarchiv, Marbach.

Stimmungsbilder aus Oberitalien: Erstdruck Sept./Okt. 1901 im »Basler Anzeiger«; Lo scoppio del carro (22. 9. 1901), Fiesole (22. 9. 1901), Il Giardino di Boboli (29. 9. 1901), Triumph des Todes (6. 10. 1901), In den Kanälen Venedigs (13. 10. 1901), Die Lagune (27. 10. 1901). Erstmals in Buchform in »Hermann Hesse. *Italien*«, Frankfurt am Main, 1983.

Initialen: Entstanden 1901. Erstdruck im »Stuttgarter Neuen Tagblatt« vom 14., 16. und 22. 9. 1904. Erstmals in Buchform in »Hermann Hesse. *Italien*«, Frankfurt am Main, 1983.

Der Raffael: Entstanden 1901. Erstdruck in »Hermann Hesse. *Italien*«, Frankfurt am Main, 1983.

Venezianisches Notizbüchlein: Entstanden 1901. Erstdruck in der »Rheinisch Westfälischen Zeitung«, Essen vom 4. bis 18. 5. 1902. Aufgenommen in »Hermann Hesse. *Italien*«, Frankfurt am Main, 1983.

Anemonen: Entstanden 1901. Erstdruck Mai 1904 in »Die Rheinlande, Düsseldorf«. Aufgenommen in »Hermann Hesse. *Italien*«, Frankfurt am Main, 1983.

Aus Venedig: Entstanden 1901. Erstdruck in der »Rheinisch Westfälischen Zeitung«, Essen vom 4. bis 18. 5. 1902. Aufgenommen in »Hermann Hesse. *Italien*«, Frankfurt am Main, 1983.

Jasminduft: Entstanden 1900. Hier erstmals gedruckt. Manuskript im Deutschen Literaturarchiv, Marbach.

Die Juninacht: Entstanden 1900. Erstdruck im »Neuen Wiener Tagblatt« 1907 u. d. T. »Jasminduft«. Aufgenommen in »Am Weg«. Konstanz, 1915.

Der Dichter. Ein Buch der Sehnsucht: Entstanden 1900/01. Hier erstmals gedruckt. Manuskript im Deutschen Literaturarchiv, Marbach.

Briefe an Elisabeth: Entstanden [Mai/Juni] 1900. Hier erstmals gedruckt. Manuskript im Deutschen Literaturarchiv, Marbach.

Drei Zeichnungen: Apollo. Eine Wolke. Abendfarben. Entstanden 1901. Erstdruck in der »Württemberger Zeitung«, Stuttgart vom 13. 10. 1908. Aufgenommen von Hermann Hesse in »Bilderbuch«. Berlin 1926.

Roter Veltliner: Entstanden 1901. Hier erstmals gedruckt. Manuskript im Deutschen Literaturarchiv, Marbach.

Zukunftsland: Manuskript aus dem Nachlaß. »Das Rathaus«. Entstanden 1901. Geschrieben 1903. Vorwort hier erstmals gedruckt. Aufgenommen in »Hermann Hesse. *Gesammelte Erzählungen.*« Herausgegeben von Volker Michels. Frankfurt am Main, 1977. »Sommeridyll«; Entstanden 1901. Hier erstmals gedruckt. Manuskript im Deutschen Literaturarchiv, Marbach.

Julius Abdereggs erste und zweite Kindheit: Entstanden 1901/02. Erstdruck in »Prosa aus dem Nachlaß«, 1965. Herausgegeben von Ninon Hesse. Manuskript im Deutschen Literaturarchiv, Marbach.

Portrait: Entstanden 1902. Erstdruck im »Neuen Wiener Tagblatt« vom 25. 11. 1906. Aufgenommen von Hermann Hesse in »Bilderbuch«, 1926. Manuskript im Deutschen Literaturarchiv, Marbach.

Geschichten um Quorm: »Brief an Herrn Kilian Schwenckschedel in Cleve«, [»Nikolaus Quorm«], »Auf der Walze«. Entstanden 1904. »Prosa aus dem Nachlaß«, 1965. Aufgenommen von Hermann Hesse in »Bilderbuch«, 1926.

Vier Skizzen: Madonna. Der Mönch. Die Mönche. Der Bergsee. Entstanden 1902. Erstdruck im Juni 1902 in den »Monatsblättern für deutsche Literatur«, Berlin/Leipzig. Aufgenommen in »Hermann Hesse. *Italien*«, Frankfurt am Main, 1983

Boccaccio: Entstanden 1904. Erstdruck in der Monographien-sammlung »Die Dichtung«. Herausgegeben von Paul Remer. Schuster & Loeffler Verlag, Berlin/Leipzig 1904. Aufgenommen in »Hermann Hesse. *Italien*«, Frankfurt am Main, 1983

Franz von Assisi: Entstanden 1904. Erstdruck in der Monographiensammlung »Die Dichtung«. Herausgegeben von Paul Remer. Schuster & Loeffler Verlag, Berlin/Leipzig 1904. Aufgenommen in »Hermann Hesse. *Italien*«, Frankfurt am Main, 1983

Inhalt